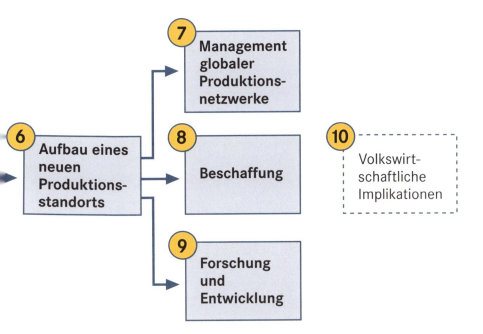

Abele / Kluge / Näher
**Handbuch Globale Produktion**

Eberhard Abele
Jürgen Kluge
Ulrich Näher (Hrsg.)

# Handbuch Globale Produktion

HANSER

**Die Herausgeber:**
Prof. Dr.-Ing. Eberhard Abele, PTW an der TU Darmstadt, Petersenstraße 30, 64287 Darmstadt
Prof. Dr. Jürgen Kluge, McKinsey & Company, Königsallee 60C, 40027 Düsseldorf
Dr. Ulrich Näher, McKinsey & Company, Tal 24, 80331 München
www.mckinsey.de
www.operations.mckinsey.com
www.ptw.maschinenbau.tu-darmstadt.de

**Bibliografische Information Der Deutschen Bibliothek:**
Die Deutsche Bibliothek verzeichnet diese Publikation in der Deutschen Nationalbibliografie; detaillierte bibliografische Daten sind im Internet über <http://dnb.ddb.de> abrufbar.

ISBN-13: 978-3-446-40610-0
ISBN-10: 3-446-40610-7

Die Wiedergabe von Gebrauchsnamen, Handelsnamen, Warenbezeichnungen usw. in diesem Werk berechtigt auch ohne besondere Kennzeichnung nicht zu der Annahme, dass solche Namen im Sinne der Warenzeichen- und Markenschutzgesetzgebung als frei zu betrachten wären und daher von jedermann benutzt werden dürften.

Alle in diesem Buch enthaltenen Verfahren bzw. Daten wurden nach bestem Wissen erstellt und mit Sorgfalt getestet. Dennoch sind Fehler nicht ganz auszuschließen.

Aus diesem Grund sind die in diesem Buch enthaltenen Verfahren und Daten mit keiner Verpflichtung oder Garantie irgendeiner Art verbunden. Autoren und Verlag übernehmen infolgedessen keine Verantwortung und werden keine daraus folgende oder sonstige Haftung übernehmen, die auf irgendeine Art aus der Benutzung dieser Verfahren oder Daten oder Teilen davon entsteht.

Dieses Werk ist urheberrechtlich geschützt.

Alle Rechte, auch die der Übersetzung, des Nachdruckes und der Vervielfältigung des Buches oder Teilen daraus, vorbehalten. Kein Teil des Werkes darf ohne schriftliche Einwilligung des Verlages in irgendeiner Form (Fotokopie, Mikrofilm oder einem anderen Verfahren), auch nicht für Zwecke der Unterrichtsgestaltung – mit Ausnahme der in den §§ 53, 54 URG genannten Sonderfälle –, reproduziert oder unter Verwendung elektronischer Systeme verarbeitet, vervielfältigt oder verbreitet werden.

© 2006 Carl Hanser Verlag München Wien
www.hanser.de
Gesamtlektorat: Lisa Hoffmann-Bäuml
Herstellung: Oswald Immel
Satz: PTP-Berlin
Layout und Umschlagillustration: Ulrich Scholz, Volker Kraus
Umschlaggestaltung: büro plan.it, München
Druck und Bindung: Appl, Wemding
Printed in Germany

# Vorwort

Deutschland gehört zu den Gewinnern der Globalisierung – sowohl in der Vergangenheit als auch heute. Deutsche Unternehmen haben bereits früh an der Globalisierung der Weltwirtschaft partizipiert und halten auch bei dem atemberaubenden Tempo der vergangenen Jahre gut mit. Dabei haben sich die Spielregeln des weltweiten Wettbewerbs um die erfolgreichsten Produkte und die günstigsten Produktionsmöglichkeiten dramatisch verändert. Dies ist spätestens mit dem offiziellen Beitritt der osteuropäischen Länder zur Europäischen Union ins Bewusstsein der Unternehmen gerückt. Außerdem ist mit China ein neues Schwergewicht in die Weltwirtschaft eingetreten – mit gravierenden ökonomischen Folgen für die Industrieländer und deren Unternehmen. Führte schon der Eintritt der südostasiatischen „Tiger-Staaten" zum Umbruch der globalen Produktionsverteilung ganzer Industrien, so setzen sich diese Veränderungen nun in breiterer Front und in kürzer werdender Taktfolge fort und stellen Unternehmen vor große Herausforderungen.

Der Möglichkeit zur globalen Arbeitsteilung müssen sich heute alle Branchen, alle Unternehmen und alle Abteilungen stellen. Unternehmen müssen die Chancen der Globalisierung aktiv nutzen und den Herausforderungen rechtzeitig begegnen. Nachdem die Expansion in den Weltmarkt von vielen deutschen Unternehmen in den 80er und 90er Jahren erfolgreich vorangetrieben wurde, sind viele Märkte heute nicht mehr mit einer reinen Exportstrategie zu erschließen. Durch die Auslandsproduktion „vor Ort" lassen sich Märkte flexibler und oftmals kostengünstiger bedienen. Begünstigt wird diese Entwicklung durch folgende Faktoren:

- Sinkende Barrieren und freier Kapitalverkehr machen den Aufbau weltweiter Produktionsnetzwerke wirtschaftlicher.

- Produktionstechnisches Wissen wird durch die verstärkte Ausbildung von Ingenieuren und Facharbeitern in aufstrebenden Entwicklungs- und Schwellenländern sowie durch die Entsendung von Spezialisten aus den Industrienationen weltweit besser verfügbar.

- Moderne Logistik und eine verbesserte Verkehrsinfrastruktur erlauben den kostengünstigen Transport von Rohstoffen, Einkaufsteilen und Fertigprodukten.

- Moderne Kommunikationsmittel wie Internet, Videokonferenzen oder ein das gesamte Produktionsnetzwerk umspannendes PPS-System ermöglichen rasche Abstimmungsprozesse selbst über größte Entfernungen hinweg.

Die Expansion ins Ausland ist für viele Unternehmen auch deshalb erforderlich, weil ein profitables Wachstum in den gesättigten Heimatmärkten kaum mehr möglich ist. Hingegen wächst gerade der Bedarf nach industriell hergestellten Erzeugnissen in den Entwicklungs- und Schwellenländern Asiens viel schneller als in Westeuropa und den USA.

Die Unternehmen der deutschen Automobilindustrie haben in den vergangenen zehn Jahren gezeigt, welches Potenzial in einer erfolgreichen Globalisierungsstrategie steckt: Heute werden mehr Fahrzeuge aus Deutschland exportiert als hier zugelassen. Noch mehr Einheiten werden von deutschen Herstellern im Ausland montiert. Die Auslandsproduktion stärkt dabei die Wertschöpfung im Inland, auch in der Produktion.

Die Auslandswerke erlangen zusehends Eigenständigkeit: Vor 20 Jahren war die Auslandsproduktion deutscher Unternehmen noch primär dadurch gekennzeichnet, dass einfache, ausgereifte Produkte aus Markt- und Kostengründen in Produktionsstandorten in marktnahen Niedriglohnländern gefertigt wurden – meist zusätzlich zur bestehenden Fertigung im Stammwerk. Heute hingegen werden in Standorten in China, Indien, Südostasien, Mexiko und Osteuropa Serienanläufe von Hightech-Produkten für den Weltbedarf realisiert.

Gleichzeitig zeigen sich im Heimatmarkt die Folgen der Globalisierung in Form neuer Anbieter. Im Konsumgüterbereich haben Unternehmen mit der Produktion in Niedriglohnländern eine wahre Revolution vollzogen: Der inländische Verbrauch an Textilien, Spielwaren und Konsumgüterelektronik wird heute zu 80 bis 90 Prozent durch Importe aus Niedriglohnländern gedeckt. Viele Traditionsunternehmen – von Grundig über Herlitz und Salamander bis Hagenuk – haben diese Herausforderung nicht rechtzeitig erkannt und sind aus dem Wettbewerb ausgeschieden, von Konkurrenten mit Niedriglohnstandorten übernommen oder erst in der Insolvenz grundlegend restrukturiert worden. Der Schaden für den Hochlohnstandort Deutschland ist erheblich, gingen doch nicht nur die Arbeitsplätze in der Fertigung, sondern auch im Bereich Forschung und Entwicklung, im Marketing und im Vertrieb für den Standort Deutschland verloren. Die Wertvernichtung, die sich durch Verluste und Insolvenzen materialisiert, schädigt die Volkswirtschaft zusätzlich.

Selbst vor den klassischen Erfolgsbranchen der deutschen Industrie macht die Konkurrenz aus Niedriglohnländern nicht halt – auch wenn die Folgen oftmals andere sind: So engagieren sich chinesische Werkzeugmaschinenhersteller bei traditionsreichen deutschen Firmen wie Kelch oder Zimmermann. In anderen Bereichen werden Unternehmen ganz übernommen. So erwarb das indische Unternehmen Lakshmi Mittal im Jahr 2005 die amerikanische International Steel Group (ISG), das chinesische Elektronikunternehmen Lenovo die Computersparte von IBM und der taiwanesische Elektronikhersteller BenQ die Handy-Sparte von Siemens.

Diese Bestandsaufnahme wirft die Frage nach Gestaltungsmöglichkeiten der Wertschöpfungskette für die Zukunft der „alten" Industrienationen auf. Unternehmen müssen sich der Realität stellen: An Hochlohnstandorten zu produzieren kann nur dann wirtschaftlich sein, wenn innovative Produkte hoch produktiv gefertigt werden. Anderenfalls ist die Inkaufnahme von Arbeitskostendifferenzen in der Größenordnung von Faktor 10 und mehr unternehmerisch nicht zu rechtfertigen. Statt eines Verharrens im Status quo und der Verteidigung des Bestehenden ist eine Neuorientierung notwendig: Ziel für Unternehmen muss es sein, innerhalb ihres Segments die Deutungshoheit auf dem Weltmarkt zu erlangen und auszubauen. Unternehmen müssen zuallererst wachsen, um auch am Heimatstandort Beschäftigung schaffen und sichern zu können.

Darin liegt die Chance, den Wohlstand in Deutschland durch die Fokussierung auf hohen Wert schöpfende Tätigkeiten weiter auszubauen. Chancen für deutsche Produktionsstätten liegen beispielsweise in der Übernahme und dem Ausbau der Stammwerksfunktion in einem globalen Netzwerk. Schnelle, zuverlässige Serienanläufe, die Betriebsmittel- und Fertigungsverfahrensentwicklung, aber auch die federführende Einbindung und Steuerung von Lieferanten werden hier zentrale Aufgaben sein, die die Produktivität des gesamten Netzwerks bestimmen. Besonders im deutschen Maschinen- und Fahrzeugbau ist die seit Jahrzehnten enge Verzahnung von Produktentwicklung, fertigungstechnologischer Entwicklung sowie leistungsfähigen Materiallieferanten und Dienstleistern einer der zentralen Standortvorteile.

Standortvorteile gerade in Deutschland beruhen in der Vergangenheit auf dem hohen Bildungsniveau bei Facharbeitern wie bei Ingenieuren, aber auch auf der leistungsstarken Ausrüstungsindustrie und großen Kompetenz im Bereich der Automatisierung. Diese Stärken schwinden derzeit relativ zu anderen Nationen. Produktion am Hochlohnstandort Deutschland ist wirtschaftlich schwierig, aber ohne operative Exzellenz unmöglich! Wer Deutschland für Produktionsunternehmen auch zukünftig interessant machen will, der muss beides tun: die oft zitierten Rahmenbedingungen auf der Kostenseite verbessern und die Innovationsfähigkeit bei Produkten und Produktionsmethoden stärken.

Die globale Arbeitsteilung mit Fertigung in produktiven Clustern ist bereits Realität und sie wird weiter zunehmen. Die Bevölkerung der Industrienationen profitiert durch niedrige Preise für einfache Konsumgüter. Entwicklungsländer erleben durch die grenzüberschreitenden Investitionen Wachstumsschübe, die auch dort zu einem deutlich höheren Wohlstandsniveau führen.

Der Standortwettbewerb und die damit einhergehende Verlagerung von Produktionskapazitäten ist kein neues Phänomen. Bereits heute werden viele Produkte des täglichen Lebens nicht mehr in Deutschland produziert. Wie ein Unternehmen so muss auch ein Land heute nicht mehr alles produzieren, was am Markt nachgefragt wird. Diese Rechnung geht aber nur dann auf, wenn der Hochlohnstandort Deutschland in der Lage ist, diese Lücke ständig durch neue, innovative Produkte und Dienstleistungen zu schließen. Investitionen in Forschung und Entwicklung, aber auch in operative Exzellenz müssen es uns ermöglichen, auch zukünftig attraktive Automobile, Werkzeugmaschinen, Flugzeuge und andere Güter am Standort Deutschland herzustellen, die weltweit nachgefragt werden.

\*\*\*

Unternehmen können durch globale Produktion zum einen ihre Umsätze durch eine konsequente **Markterschließung** steigern und zum anderen ihre **Kostenposition** strukturell verbessern und sich so einen substanziellen Wettbewerbsvorteil in bestehenden sowie neuen Märkten sichern. Dieses Buch stellt Vorgehensweisen zur Bewertung und Auswahl von Standorten, zur Gestaltung globaler Produktionsnetzwerke und zum Aufbau von Auslandswerken vor. Ferner werden die Implikationen einer Auslandsfertigung für das Produktionsmanagement, den Einkauf sowie die Forschung und Entwicklung erläutert.

In **Kapitel 1** werden die Motive und die **historische Entwicklung der Globalisierung** beschrieben. Frappierend ist die Dynamik, die derzeit aus der Kombination verschiedener Entwicklungen resultiert: Grundlegende politische Umwälzungen haben die Gesellschaften Osteuropas und Asiens geöffnet, Handelsbarrieren werden durch internationale Abkommen abgebaut, Transport- und Kommunikationskosten sind im längerfristigen Trend stark rückläufig, technische Innovationen eröffnen neue Chancen und die Arbeitskostendifferenzen sind so groß wie nie zuvor. Die weltweiten Faktorkostendifferenzen, Fähigkeiten und Märkte sind erstmals durch eine vernetzte Produktion erschließbar.

Grundlage jeder Globalisierungsüberlegung sollte das Verständnis der verschiedenen **Einflussfaktoren** sein. Sowohl die grundlegenden Zusammenhänge als auch die aktuellere Entwicklung von Standortfaktoren werden daher in **Kapitel 2** detailliert beleuchtet. Gerade aus der vergleichenden Analyse von Ländern und dem systematischen Hinterfragen von Kausalzusammenhängen, z. B. der Einflussfaktoren auf den Faktor Produktivität, lassen sich Einsichten gewinnen, die für die Auswahl von Produktionsstandorten entscheidend sein können.

Die **Methoden und Grundlagen,** die bei der Bewertung und Auswahl von globalen Produktionsstandorten zum Einsatz kommen, werden in **Kapitel 3** vorgestellt. Dabei wird berücksichtigt, dass für die Auswahl eines einzelnen Standorts für das Zweigwerk eines mittelständischen Unternehmens eine andere Vorgehensweise und einfachere Methoden relevant sind als für die Optimierung eines globalen Produktionsnetzwerks mit dutzenden Standorten und hoher Komplexität. Ferner illustrieren praktische Beispiele die unterschiedlichen Phasen der Standortwahl – von der Ländervorauswahl bis hin zur Entscheidung zwischen benachbarten Liegenschaften.

Die Betrachtung sollte dabei über den einzelnen Standort hinausgehen, da sich durch die Analyse der gesamten Lieferkette wesentlich größere Effekte erzielen lassen. Der Materialanteil an den Herstellkosten beträgt in den meisten Branchen 50 bis 80 Prozent. Dieser Block muss im Rahmen einer Globalisierungsstrategie mit bearbeitet werden, etwa durch die integrierte Bewertung der gesamten Wertschöpfungskette. Dabei sind alle relevanten Einflussfaktoren zu berücksichtigen. In **Kapitel 4** wird ein **Konzept zur Gestaltung von globalen Produktionsnetzwerken** entworfen, das diese integrierte Optimierung leisten kann. Durch diesen Ansatz kann ein Großteil der Probleme, die Unternehmen derzeit bei der Globalisierung ihrer Produktion erfahren, vermieden werden.

Bei der Bewertung und Auswahl von globalen Produktionsstandorten muss auch die einfache Übertragung bewährter **Fertigungstechnik** in Frage gestellt werden: Der hoch automatisierte Fertigungsprozess mag die einzige Möglichkeit einer wirtschaftlichen Produktion in Deutschland sein. Wie **Kapitel 5** zeigt, ist er jedoch nicht zwangsläufig für den Standort in einem Entwicklungs- und Schwellenland geeignet. Ebenso ist es aus Markt- oder Kostengründen oft erforderlich, bestehende Produktkonstruktionen an die Kundenerfordernisse und das standortgerechte Fertigungsverfahren anzupassen. Unternehmen können Produktionsstandorte nur dann fundiert auswählen und optimal nutzen, wenn sie Standortfaktoren und Fertigungstechnik gemeinsam betrachten.

Das Buch endet aber nicht mit der Darstellung eines strategischen Standortkonzepts, d. h. dem Masterplan zur Globalisierung der Produktion: Es stellt auch *Best Practices* in der Implementierung vor, die zeigen, wie Unternehmen den praktischen Herausforderungen beim Aufbau und Management von Auslandswerken begegnen können. Erfahrungen mit den praktischen Aufgaben im Rahmen der globalen Produktion werden von vielen Unternehmen leider noch immer nicht hinreichend dokumentiert, analysiert und genutzt.

In den **Kapiteln 6 und 7** werden Hinweise zum **Aufbau von Produktionsstandorten** und dem **Management** eines globalen Produktionsnetzwerks gegeben. Dabei wird nicht nur auf die Erfolgsfaktoren bei der Standortgründung und dem Produktionsanlauf eingegangen, sondern es werden auch die spezifischen Probleme des Personalmanagements im Ausland diskutiert. Den Einsatz teurer *Expatriates* (Stammhausdelegierter) zu minimieren, ist zwar erstrebenswert, aber gerade an Niedriglohnstandorten oftmals mit erheblichen Produktivitäts- oder Qualitätsverlusten verbunden.

Gezielte Methoden zur Substitution von *Expatriates* durch lokale Manager und Fachkräfte bilden nur einen der Hebel, um die Wirtschaftlichkeit von Auslandsstandorten zu verbessern. Die Überwindung oder das bewusste Management hoher Fluktuationsraten ist ein weiterer Aspekt, der an Auslandsstandorten einen wesentlich höheren Stellenwert hat als bei Betrieben im Inland.

Ebenso wie der Aufbau eigener Fertigungskapazitäten im Ausland unterliegen auch die Auswahl und die Entwicklung von **Zulieferern** im Ausland spezifischen Schwierigkeiten, wie **Kapitel 8** zeigt. Die aus Sicht der gesamten Lieferkette günstigste globale Standort- und Lieferantenstruktur lässt sich nur dann erreichen, wenn im Unternehmen sowohl die Fähigkeiten zum *Global Sourcing*, d. h. der standortfernen Beschaffung, als auch die Fähigkeiten zum *Local Sourcing* an neuen Standorten vorhanden sind. Gerade für technologisch anspruchsvolle Komponenten ist der Aufbau von Zulieferern an Auslandsstandorten eine wesentliche Herausforderung. Wie verschiedene Beispiele zeigen, können aber gerade bei Teilen und Komponenten überdurchschnittliche Einspareffekte erzielt werden.

Der Aufbau der Fertigung im Ausland erhöht ferner die Komplexität der Schnittstelle zwischen **Forschung**

**und Entwicklung** (FuE) und der Produktion – ein Umstand, der in **Kapitel 9** diskutiert wird und schon bei der Standortauswahl sorgsam überdacht werden sollte. Abhängig von der Branche und dem strategisch definierten Funktionsumfang des Auslandsstandorts kann dieser ein reiner Produktionsstandort mit einer kleinen entwicklungstechnischen Serienbetreuung oder aber auch Variantenentwicklung für lokale Kunden sein oder sogar die komplette Entwicklungsverantwortung für die gefertigten Erzeugnisse haben.

In **Kapitel 10** werden die **volkswirtschaftlichen Implikationen** der Globalisierung der Produktion aus unterschiedlichen Blickwinkeln betrachtet. Prof. Dr. Dr. h. c. Bert Rürup (Technische Universität Darmstadt) erläutert die Implikationen aus gesamtwirtschaftlicher Perspektive. Prof. Dr. Jürgen Kluge (McKinsey & Company, Inc.) legt die unternehmerische Sichtweise dar und zeigt, welche Rückwirkungen die individuellen Entscheidungen von Unternehmen und Verbrauchern im Kontext der Globalisierung auf die deutsche Volkswirtschaft haben. Hubertus Schmoldt (IG Bergbau, Chemie, Energie) beschreibt die gesellschaftlichen Auswirkungen der Globalisierung der Produktion und leitet daraus Handlungsempfehlungen für die Politik und die Tarifparteien ab. Dr. Dieter Brucklacher (Verband Deutscher Maschinen- und Anlagenbau e.V., VDMA) erläutert die Auswirkungen des weltweiten Wettbewerbs auf den Maschinen- und Anlagenbau.

\* \* \*

Die Zielgruppe dieses Buches ist breit gefächert: Dem Topmanager vermittelt es wesentliche Erkenntnisse zur strategischen Gestaltung von Produktionsnetzwerken. Hilfreich mag es für diese Gruppe sein, dass die Erkenntnisse des Buches auf zahlreichen Gesprächen, Untersuchungen und eigenen Erfahrungen beruhen, die einzelne Unternehmen und Personen in diesem Umfang schwerlich sammeln können. Die aufgezeigten Trends der zukünftigen Entwicklung von Standortfaktoren sind wesentliche Grundlagen zur strategischen Neugestaltung des Produktionsnetzwerks und sollten bei Entscheidungen berücksichtigt werden. Konkrete Hilfestellung bieten die Vorgehensmodelle, die vom Topmanagement genutzt werden können, um ein Projekt zur Neugestaltung des Produktionsnetzwerks zu strukturieren.

Für den Werksleiter, den *Expatriate* oder den Mitarbeiter im Projektteam sind vor allem die praktischen Hinweise relevant. Sie reichen von konkreten Vorschlägen zur Erstellung einer Wirtschaftlichkeitsrechnung bis hin zur Darstellung der operativen Erfolgsfaktoren und dem Vorgehen beim Standortaufbau. Anhand von Unternehmensbeispielen werden erfolgreiche Konzepte zum Standortaufbau vorgestellt. Aber auch Misserfolge einzelner Unternehmen werden analysiert. Die zahlreichen Beispiele und Fallstudien sollen helfen, das Thema „globale Produktion" in seiner praktischen Dimension begreifbar zu machen.

Nicht zuletzt richtet sich das Buch auch an den studentischen Leser höherer Semesters, der das Thema Produktionsmanagement vertieft. Neben strategischen Fragen und operativen Umsetzungskonzepten werden auch Grundlagen zu Investitionsrechenverfahren für Standortentscheidungen dargestellt und diskutiert.

\* \* \*

Angeregt wurde das vorliegende Buch durch das gemeinsame Forschungsprojekt ProNet von McKinsey & Company, Inc., und dem Institut für Produktionsmanagement, Technologie und Werkzeugmaschinen (PTW) an der Technischen Universität Darmstadt. Gegenstand war die Untersuchung der Auswirkungen globaler Produktion auf Industrieunternehmen und die Entwicklung neuer Ansätze zur strategischen Standortplanung. Im Rahmen dieses Projekts wurden Interviews mit über 100 Managern in mehr als 50 Unternehmen in Europa, Amerika und Asien geführt und zahlreiche Fallbeispiele analysiert. Die daraus resultierenden Gestaltungsansätze und methodischen Empfehlungen veranschaulichen die Autoren in der vorliegenden Publikation mit vielen Praxisbeispielen.

Wir danken den Unternehmensvertretern, die uns mit Fallbeispielen und Interviews sehr engagiert zur Seite standen. Den externen Autoren danken wir für ihre

Beiträge zu den volkswirtschaftlichen Implikationen der globalen Produktion. Dem Autorenteam, das mit immensem persönlichem Einsatz die Gespräche mit dem Management und Fachexperten aus der Industrie führte, die Methoden entwickelte und die zahlreichen Beispiele aufbereitete, gilt unser allerherzlichster Dank für die überaus engagierte Arbeit in den vergangenen zwei Jahren.

Prof. Dr.-Ing. Eberhard Abele
Prof. Dr. Jürgen Kluge
Dr. Ulrich Näher

# Inhalt

**1 Einleitung: Globalisierung und globale Produktion** .................................... 2
FRANK JACOB, TOBIAS MEYER

    **1.1 Drei Phasen der Globalisierung** ............................................. 3
        1.1.1  Vor 1930: vorwiegend Vertriebsstandorte im Ausland ................... 3
        1.1.2  1930 bis 1980: weitgehend unabhängige Auslandsproduktion ............ 5
        1.1.3  Ab 1980: weltweit vernetzte Produktion und *cross-funktionale* Zusammenarbeit ..... 6

    **1.2 Ursachen der beschleunigten Globalisierung** ............................... 9
        1.2.1  Faktorkosten- und Wachstumsdifferenzen ............................. 10
        1.2.2  Abbau von natürlichen und staatlichen Handelshürden ................. 10

    **1.3 Ziele globaler Produktion** ................................................. 15
        1.3.1  Ziele der Markterschließung ........................................ 16
        1.3.2  Ziele der Kostensenkung ............................................ 17
        1.3.3  Sekundäre Ziele: Ressourcenerschließung und Risikominimierung ........ 22

    **1.4 Heutige Produktionsnetzwerke deutscher Hersteller** ........................ 27
        1.4.1  Automobilindustrie ................................................. 29
        1.4.2  Werkzeugmaschinenbau .............................................. 31
        1.4.3  Elektro- und Elektronikindustrie ................................... 33

**2 Globale Standortwahl – Einflussfaktoren** ........................................ 36
TOBIAS MEYER

    **2.1 Entscheidungsbasis: Auswahlkriterien für globale Produktionsstandorte und Klärung ihrer Relevanz** ................................................. 37

| | 2.1.1 | Zusammenspiel von Standort- und Prozessfaktoren | 38 |
|---|---|---|---|
| | 2.1.2 | Entscheidungsrelevante Standortfaktoren auf der Ebene von Kontinenten, Ländern und Regionen | 39 |
| 2.2 | **Märkte und Marktentwicklung** | | 43 |
| | 2.2.1 | Marktwachstum – Industrialisierung und Wandel zur Dienstleistungsgesellschaft | 43 |
| | 2.2.2 | Marktwachstum in Entwicklungs- und Schwellenländern – verallgemeinerbare Trends und regionale Besonderheiten | 44 |
| | 2.2.3 | Markt im Zeichen des Drachen – Einfluss Asiens auf den Weltmarkt | 48 |
| 2.3 | **Faktorkosten – Arbeit, Kapital und Material** | | 50 |
| | 2.3.1 | Arbeitskosten | 50 |
| | 2.3.2 | Kapitalkosten und Abschreibungen | 58 |
| | 2.3.3 | Materialkosten | 59 |
| 2.4 | **Produktivität und Skaleneffekte in der Fertigung** | | 61 |
| | 2.4.1 | Physische Produktivitäten und Fähigkeiten | 61 |
| | 2.4.2 | Skaleneffekte, Fertigungstechnik und Verbundvorteile | 67 |
| 2.5 | **Logistik – direkte und indirekte Kosten** | | 72 |
| | 2.5.1 | Direkte Transportkosten | 72 |
| | 2.5.2 | Bestandskosten – Kapitalbindung und Wertverfall | 76 |
| | 2.5.3 | Nutzung unterschiedlicher Transportmodi | 77 |
| 2.6 | **Externe Faktoren – Rahmenbedingungen und Risiken** | | 78 |
| | 2.6.1 | Subventionen und Steuern | 78 |
| | 2.6.2 | Zölle und nicht tarifäre Handelshemmnisse | 80 |
| | 2.6.3 | Währungskurseffekte und andere externe Risiken | 81 |
| 2.7 | **Bewältigung der Migration – Investition, Anlauf- und Restrukturierungsaufwand** | | 94 |
| | 2.7.1 | Investitionen (CapEx) | 95 |
| | 2.7.2 | Aufwand des Produktionsanlaufs | 95 |
| | 2.7.3 | Restrukturierungsaufwand | 98 |

# 3 Investitionen in Auslandsstandorte: Bewertung und Auswahl ... 102
Tobias Meyer

| 3.1 | **Grundsätzliche Vorgehensmodelle** | | 104 |
|---|---|---|---|
| | 3.1.1 | Einfaches Ausschlussverfahren | 105 |
| | 3.1.2 | Portfolio-Analyse | 108 |
| | 3.1.3 | Strategisches Standortkonzept | 110 |
| 3.2 | **Perspektiven der Analyse** | | 113 |
| | 3.2.1 | Enger vs. erweiterter Funktionsumfang | 115 |
| | 3.2.2 | Taktische vs. strategische Standortauswahl | 115 |

| | | | |
|---|---|---|---|
| | 3.2.3 | Statische vs. dynamische Betrachtung | 116 |
| | 3.2.4 | Einstufige vs. mehrstufige Lieferkette | 117 |
| | 3.2.5 | Qualitative vs. quantitative Bewertung | 117 |
| | 3.2.6 | Deterministische vs. stochastische Perspektive | 118 |
| | 3.2.7 | Simulation vs. Optimierung | 119 |
| 3.3 | Methoden und Werkzeuge | | 119 |
| | 3.3.1 | Investitionsrechnung | 120 |
| | 3.3.2 | Entscheidungsunterstützungssysteme | 122 |
| | 3.3.3 | Sensitivitätsanalysen | 126 |
| | 3.3.4 | Zentrale Richtlinien | 127 |
| 3.4 | Unternehmerische Praxis | | 127 |
| | 3.4.1 | Empirische Ergebnisse | 128 |
| | 3.4.2 | Fallstudien | 129 |

**Anhang: Investitionsrechenverfahren** ... 141

## 4 Gestaltung globaler Produktionsnetzwerke ... 144
TOBIAS MEYER, FRANK JACOB

| | | | |
|---|---|---|---|
| 4.1 | Ganzheitlicher Ansatz zur Neugestaltung von Produktionsnetzwerken | | 146 |
| | 4.1.1 | Grundsätze und Rahmenbedingungen für die Gestaltung von Produktionsnetzwerken | 146 |
| | 4.1.2 | Vorgehensmodell zur Erstellung eines strategischen Standortkonzepts | 148 |
| | 4.1.3 | Strategische Zielsetzung und Rahmenbedingungen | 151 |
| | 4.1.4 | Potenziale und Verbundvorteile bestehender Standorte | 159 |
| | 4.1.5 | Erstellung und Validierung des Prozessmodells | 159 |
| | 4.1.6 | Vorgehen bei der Entwicklung der Zielstruktur | 165 |
| | 4.1.7 | Planung der Migration | 166 |
| | 4.1.8 | Implementierung und Management | 168 |
| 4.2 | Idealtypische Netzwerkstrukturen | | 169 |
| 4.3 | Neugestaltung von Produktionsnetzwerken – Fallstudien | | 173 |
| | 4.3.1 | Fallstudie 1: PKW-Getriebe | 174 |
| | 4.3.2 | Fallstudie 2: Konsumgüterelektronik | 189 |
| | 4.3.3 | Fallstudie 3: Strukturteil für Luftfahrzeuge | 191 |
| | 4.3.4 | Fallstudie 4: Versorgungstechnik | 195 |

## 5 Standortgerechte Fertigungstechnik ... 200
TOBIAS LIEBECK, TOBIAS MEYER, EBERHARD ABELE

| | | | |
|---|---|---|---|
| 5.1 | Anforderungen an und Gründe für eine Neugestaltung | | 201 |
| | 5.1.1 | Faktorkosten | 203 |

| | | | |
|---|---|---|---|
| | 5.1.2 | Kompetenz | 203 |
| | 5.1.3 | Stückzahl und Flexibilität | 205 |
| | 5.1.4 | Kundenanforderungen | 206 |
| | 5.1.5 | Externe Auflagen und Risiken | 207 |

**5.2 Gestaltungsoptionen für standortgerechte Fertigungstechnik** ... 208
    5.2.1 Anpassungen bei unveränderter Werkstückkonstruktion ... 213
    5.2.2 Anpassungen mit Änderung der Werkstückkonstruktion ... 219
    5.2.3 Global einheitliche Fertigung und Produkte ... 223

**5.3 Bewertung und Auswahl von Fertigungsverfahren** ... 226
    5.3.1 Auswahl und Neuentwicklung von Fertigungsverfahren aus der Perspektive eines einzelnen Standorts ... 226
    5.3.2 Abstimmung der eingesetzten Fertigungstechnik im Netzwerk ... 230

## 6 Aufbau eines neuen Produktionsstandorts ... 238
SEBASTIAN SIMON, MARINA DERVISOPOULOS, FRANK JACOB

**6.1 Optimierungspotenziale bei Standortgründungen** ... 239

**6.2 Vorbereitung des Standortaufbaus** ... 241
    6.2.1 Beherrschung der Komplexität des Aufbauprojekts ... 241
    6.2.2 Standortwahl in der Zielregion ... 244
    6.2.3 Eigengründung vs. Joint Venture ... 247

**6.3 Personalmanagement** ... 250
    6.3.1 Besetzung von Fach- und Führungspositionen ... 251
    6.3.2 Aufbau des operativen Personals ... 260

**6.4 Hochlauf der Produktion** ... 265
    6.4.1 Hochlaufstrategien ... 266
    6.4.2 Betriebsmitteltransfer vs. Neukauf ... 270

## 7. Management globaler Produktionsnetzwerke ... 274
FRANK JACOB, TOBIAS MEYER, MARKUS LEOPOLDSEDER

**7.1 Aufbauorganisation** ... 275
    7.1.1 Organisationsstruktur ... 275
    7.1.2 Werke als Cost Center und als Profit Center ... 280
    7.1.3 Verrechnungspreisproblematik bei Cost Centern und Profit Centern ... 284

**7.2 Supply Chain Management** ... 287
    7.2.1 Herausforderungen für das globale Supply Chain Management ... 288
    7.2.2 Strukturelle Gestaltung des Distributionsnetzwerks ... 292

|  |  | 7.2.3 | Transportmanagement | 299 |
|---|---|---|---|---|
|  |  | 7.2.4 | Taktische Kapazitätsplanung des Produktionsnetzwerks | 303 |
|  | 7.3 | Produktionssysteme | | 312 |
|  |  | 7.3.1 | Entwurfs- und Pilotierungs-Phase | 312 |
|  |  | 7.3.2 | *Rollout*-Phase | 317 |
|  | Anhang A | | | 321 |
|  | Anhang B | | | 322 |

## 8. Beschaffung .... 324
MICHAEL STOLLE, FRANK JACOB, NICOLAS REINECKE, JAMES HEXTER, MARINA DERVISOPOULOS

|  | 8.1 | Bedeutung der Beschaffung im Produktionsnetzwerk | | 325 |
|---|---|---|---|---|
|  |  | 8.1.1 | Kostenpotenziale | 326 |
|  |  | 8.1.2 | Herausforderungen | 327 |
|  | 8.2 | Segmentierung der Zukaufteile | | 329 |
|  | 8.3 | Einfachere Teile: Etablierung der lokalen Beschaffung | | 330 |
|  |  | 8.3.1 | Systematischer Aufbau lokaler Lieferanten | 332 |
|  |  | 8.3.2 | Aufgaben und Struktur der lokalen Beschaffungsorganisation | 338 |
|  | 8.4 | Komplexere Teile: Gezielter Kompetenzausbau vor Ort | | 341 |
|  |  | 8.4.1 | Weiterentwicklung der Lieferanten | 341 |
|  |  | 8.4.2 | Methodische Weiterbildung der Einkäufer | 343 |
|  | Anhang | | | 347 |

## 9 Anbindung von Forschung und Entwicklung .... 350
SEBASTIAN SIMON

|  | 9.1 | Herausforderung der Schnittstelle zur Produktion | | 351 |
|---|---|---|---|---|
|  | 9.2 | Gestaltung der Schnittstelle zur Produktion | | 354 |
|  |  | 9.2.1 | Option 1: Minimale Ko-Lokation | 356 |
|  |  | 9.2.2 | Option 2: Ko-Lokation der Verfahrensentwicklung | 359 |
|  |  | 9.2.3 | Option 3: Ko-Lokation der Applikationsentwicklung | 359 |
|  |  | 9.2.4 | Option 4: Ko-Lokation der Plattformentwicklung | 360 |
|  |  | 9.2.5 | Option 5: Ko-Lokation der Forschung | 364 |
|  | 9.3 | Ausblick: Globalisierung der Entwicklung | | 365 |

## 10 Volkswirtschaftliche Implikationen ... 372

### 10.1 Gesamtwirtschaftliche Perspektive ... 374
Bert Rürup, Anja Ranscht

10.1.1 Einführung: Definitionen und Ursachen ... 374
10.1.2 Wirkungen der Globalisierung ... 376
10.1.3 Was bedeutet Globalisierung für Deutschland? ... 382
10.1.4 Fazit ... 387

### 10.2 Unternehmensperspektive ... 388
Jürgen Kluge, Tobias Meyer

10.2.1 Die deutsche Industrie ist besser als ihr Ruf ... 388
10.2.2 Stagnierende Binnennachfrage, unterdurchschnittliche Präsenz in Wachstumsbranchen und geringe Profitabilität ... 391
10.2.3 Den Aufbruch meistern. ... 395
10.2.4 Fazit ... 404

### 10.3 Arbeitnehmerperspektive ... 405
Hubertus Schmoldt

### 10.4 Branchenperspektive ... 409
Dieter Brucklacher

10.4.1 Einleitung ... 409
10.4.2 Der deutsche Maschinen- und Anlagenbau im weltwirtschaftlichen Umfeld ... 409
10.4.3 Investieren im Ausland ... 411
10.4.4 Wettbewerb der Produktionsstandorte – wirtschaftspolitische Schlussfolgerungen aus Produktionsverlagerungen ... 416
10.4.5 Fazit ... 419

## Anhang ... 420

### Hintergrundinformationen zur Initiative „ProNet" und der Analysemethodik ... 420
### Abbildungsverzeichnis ... 423
### Tabellenverzeichnis ... 428
### Literaturverzeichnis ... 429
### Stichwortverzeichnis ... 436
### Herausgeber und Autoren ... 441
### Danksagung ... 444

## Handbuch Globale Produktion – Zusammenfassung

Effiziente globale Wertschöpfungsketten aufzubauen ist heute eine wesentliche Kompetenz produzierender Unternehmen, denn den neuen Globalisierungstendenzen werden historisch gewachsene Standortstrukturen nur selten gerecht. Häufig besteht Nachholbedarf, da die Standortstruktur sich nicht so schnell verändert hat wie die Absatzmärkte und Produkte. Die Folge: Unternehmen sind nicht optimal aufgestellt, sie verschenken im weltweiten Wettbewerb erhebliche Potenziale.

Unternehmen verfolgen mit der Globalisierung ihrer Produktion vor allem zwei Ziele: die Erschließung neuer Märkte und die Realisierung von Kostenvorteilen. Entsprechend sind die Nähe zum Markt und die Arbeitskosten die beiden relevantesten Faktoren für eine Produktionsverlagerung. Viele verschiedene Standortfaktoren sind für eine globale Standortansiedlung abzuwägen. Die Relevanz dieser Faktoren hängt von den Eigenschaften der Fertigungsschritte (z. B. der Arbeitsintensität), der Produkte (z. B. der Wertdichte) und der Betrachtungsebene (Erschließung neuer Märkte vs. Arbeitskosten) ab.

Bei der Verlagerung der Produktion gilt es, die großen Arbeitskostenunterschiede zwischen Hoch- und Niedriglohnländern zu nutzen, die für einfache Arbeit auch in den nächsten Jahrzehnten bestehen bleiben. Gleichzeitig sind exzellente Produktivität und Qualität anzustreben. Die Planung jeder neuen Produktionsstätte erfordert deshalb neben einer sorgsamen Auswahl des Standorts auch tiefgreifende Überlegungen zur eingesetzten Fertigungstechnik, der Komplexität des Standortaufbaus und den eigenen Fähigkeiten im Unternehmen sowie zum Personalmanagement und der logistischen Anbindung des neuen Werks. Ferner können das volle Potenzial einer globalen Produktion nur die Unternehmen ausschöpfen, die neben der eigenen Fertigung auch die Beschaffung weltweit dort ansiedeln, wo dies am wirtschaftlichsten ist. Denn der mit Abstand größte Kostenblock ist bei den meisten industriellen Produkten das Material.

Produktionssysteme spielen heute bei der Sicherstellung der maximalen Produktivität in allen Werken eine wichtige Rolle. Auch Forschung und Entwicklung (FuE) sind ein wichtiges Themenfeld. Da sie anderen Standortfaktoren unterliegen, sind sie derzeit noch weniger stark globalisiert. Dem Management der Schnittstelle zwischen Entwicklung und Fertigung kommt daher heute bei der Gestaltung und der Führung globaler Produktionsnetzwerke eine wachsende Bedeutung zu.

Frank Jacob, Tobias Meyer

# 1 Einleitung: Globalisierung und globale Produktion

## Zusammenfassung

Globalisierung ist keine neue Erscheinung – neu ist allein der Begriff. Die Verflechtung der Weltwirtschaft durch Ausdehnung von Absatz, Produktion und Beschaffung von Unternehmen über die eigenen Landesgrenzen hinaus gibt es bereits sehr lange, auch wenn der internationale Handel gerade in den letzten Jahrzenten stark gewachsen ist. Globale Wertschöpfungsketten sind inzwischen nicht mehr die Ausnahme, sondern die Regel – globale Verflechtungen werden sowohl in als auch zwischen Unternehmen zu immer bedeutenderen Erfolgsfaktoren.

Die Voraussetzungen für eine globale Produktion und globale Produktionsnetze haben sich seit der Öffnung des Eisernen Vorhangs und mit dem Abbau von Handelshemmnissen weltweit deutlich verbessert; die erzielbaren Vorteile sind gewachsen. Die Industrie verfolgt mit der Globalisierung von Produktionsnetzwerken vor allem zwei Ziele: die Erschließung neuer Märkte und die Realisierung von Kostenvorteilen.

Die Chancen, die sich aus der globalen Produktion ergeben, sind immens: Zurzeit entstehen weltweit große Absatzmärkte mit schnell wachsender Kaufkraft – nicht nur in China. Gleichzeitig bieten sich beträchtliche Kostenvorteile; so lassen sich durch eine optimierte Standortwahl die Herstellkosten im Idealfall um 20 bis 40 Prozent senken. Wer hier die Zeichen der Zeit ignoriert, gerät ins Hintertreffen und gefährdet den Unternehmenserfolg.

Heutige Standortstrukturen sind meist historisch gewachsen und wurden nur selten strategisch geplant. Häufig liegt daher erhebliches Verbesserungspotenzial in der Optimierung der Netzwerke, indem traditionelle Strukturen, Vorgehensweisen und Lieferbeziehungen neu überdacht werden. Die Ausgangslage der drei Fokusindustrien dieses Buches – Automobilbau, Werkzeugmaschinenbau und Elektronik – ist dabei uneinheitlich, schon in ihrer Kostenstruktur unterscheiden sich diese Branchen ganz erheblich voneinander. Das Verständnis der Trends in diesen Industrien bildet die Grundlage für nachhaltige Verbesserung der Kostenposition und Leistungsfähigkeit der Produktionsnetzwerke.

## Kernfragen Kapitel 1

- Welche Entwicklungsphasen hat die Internationalisierung der Produktion historisch durchlaufen?
- Welches sind die Ursachen und Auslöser für die Zunahme globaler Produktion?
  - Welche Einflussgrößen haben sich geändert?
  - Welchen langfristigen Trends unterliegen diese Einflussgrößen?
  - Welchen Einfluss hat das auf bestehende Industrien?
- Welche Ziele und Motive verfolgen Unternehmen mit der Globalisierung der Produktion?
- Inwieweit sind diese Ziele erreichbar und welche Erfolge haben Unternehmen bisher dabei erzielt?
- Worin unterscheiden sich die Ausgangslagen von Herstellern der drei Fokusindustrien Automobilindustrie, Werkzeugmaschinenbau und Elektronikindustrie?
- Wo stehen die drei Fokusindustrien bezüglich ihrer Globalisierung heute und welchen Entwicklungen und Trends unterliegen sie?
- Welche Implikationen haben diese Ausgangssituationen in Anbetracht der aufgezeigten Entwicklungen?

## 1.1 Drei Phasen der Globalisierung

Globalisierung ist ein altbekanntes Phänomen; globale Handelsbeziehungen gab es praktisch schon immer. Bereits Herodot, der griechische Vater der Geschichtsschreibung, berichtete um 430 v. Chr. detailliert über die Route der Seiden- bzw. Weihrauchstraße, die dazu diente, Gewürze, Seide, Glas, Porzellan und Weihrauch zwischen Asien und Europa auszutauschen.[1] Hoch spezialisierte wirtschaftliche Strukturen bildeten sich entlang den Wertschöpfungsketten dieser Waren in räumlich begrenzten Regionen – diese frühen Know-how-Cluster[2] führten zu **lokalen Monopolen** der Herstellung. Erhebliche – durch Fertigungsvorteile bedingte – regionale Preisunterschiede machten den Handel dieser Waren trotz der noch rudimentären **Transportmöglichkeiten** attraktiv. Seither hat sich der globale Handel kontinuierlich weiterentwickelt. Erst mit dem Anbruch des Industriezeitalters tritt die Globalisierung in eine neue Ära. Vom grenzüberschreitenden Handel bis zur Globalisierung in ihrer heutigen Form lassen sich **drei Phasen** unterscheiden (Abbildung 1.1).

### 1.1.1 Vor 1930: vorwiegend Vertriebsstandorte im Ausland

Tief greifende technische Innovationen wie die Eisenbahn förderten etwa ab 1850 den grenzüberschreitenden Warenaustausch. Die gleichzeitig entstehende **Massenproduktion** und damit verbundene **Skaleneffekte**[3] erlaubten die Fertigung großer Stückzahlen. Die Zulassung von Aktiengesellschaften erleichterte Unternehmen den Zugang zu Kapital und eröffnete ihnen

---

1 Vgl. Franck (1986).

2 Aus ökonomischer Sicht sind Cluster Netzwerke von Produzenten, Zulieferern, Forschungseinrichtungen (z. B. Hochschulen), Dienstleistern (z. B. Design- und Ingenieurbüros) und verbundenen Institutionen, die entlang einer Wertschöpfungskette liegen. Die Mitglieder stehen über Liefer- oder Wettbewerbsbeziehungen und/oder gemeinsame Interessen miteinander in Beziehung. Ein historisch gewachsener Cluster ist z. B. die Konzentration der amerikanischen Automobilindustrie in und um Detroit.

3 Skaleneffekte (Degressionseffekte, Skalenerträge oder Englisch „economies of scale") definieren die Abhängigkeit der Produktionsmenge von den eingesetzten Produktionsfaktoren. Von Skaleneffekten spricht man, wenn die Produktionsmenge stärker als die eingesetzten Faktoren steigt und die Stückkosten mit steigender Stückzahl z. B. durch bessere (Maschinen-/Personal-)Auslastung oder Einkaufskonditionen sinken.

damit mehr Bewegungs- und Gestaltungsfreiheit. Die AGs nutzten diese Chancen zur Ausweitung ihrer Absatz- und Beschaffungsmärkte, zur Intensivierung ihrer internationalen Handelsbeziehungen und zur Gründung von **Vertriebsniederlassungen im Ausland**. Allerdings setzten unzureichende Kommunikationsmöglichkeiten dem Expansionsdrang Grenzen. Die Fernmeldetechnik steckte noch in den Kinderschuhen; Informationen legten Distanzen in der Regel kaum schneller zurück als Güter. Auslandsniederlassungen handelten daher weitgehend autark. Aufgrund der fehlenden Lenkungsmöglichkeit über große Distanzen waren Fertigungen im Ausland nur selten ökonomisch, ein Produktionsnetzwerk im heutigen Sinne existierte nicht. Erst mit der Etablierung der Fernmeldetechnik Anfang des 20. Jahrhunderts ließ sich ein wirtschaftlicher Verbund von Produktionsstätten in mehreren Ländern schaffen. Teilweise verzögert durch den Ersten Weltkrieg und die folgende wirtschaftliche Rezession entstehen erst ab 1920 vermehrt Fertigungsstätten im Ausland.

**Beispiel Siemens:** 1847 wurde Siemens unter dem Namen „Telegraphen-Bauanstalt von Siemens & Halske" gegründet. Als das Unternehmen zu Beginn der 1850er Jahre wegen fehlender Anschlussaufträge in eine Krise geriet, sorgten Geschäfte mit Russland und England für neuen Aufschwung. 1853 begann Siemens & Halske als erste Auslandsaktivität mit dem Bau des russischen Telegrafennetzes. 1858 kam es angesichts guter Geschäfte in England zur Gründung der englischen Tochtergesellschaft. Sie beschäftigte sich vor allem mit dem Legen von Seekabeln, die ab 1863 im ersten Siemens-Auslandswerk in Woolwich gefertigt wurden.

Bereits kurz nach der Unternehmensgründung setzte also ein schneller **Internationalisierungsprozess** ein – zunächst vor allem mit dem **Vertrieb**. Die Standorte waren noch relativ unabhängig voneinander, für eine intensivere Kommunikation und Lieferketten von Wirtschaftsgütern fehlten die Voraussetzungen. Erst ab 1930 nahm die Gründung von Produktionsstandorten im Ausland deutlich zu (Abbildung 1.2).

> **Nicht nur das Ausmaß, auch der Charakter der Globalisierung hat sich weiterentwickelt.**

Abb. 1.1: Entwicklung der Globalisierung in drei Phasen

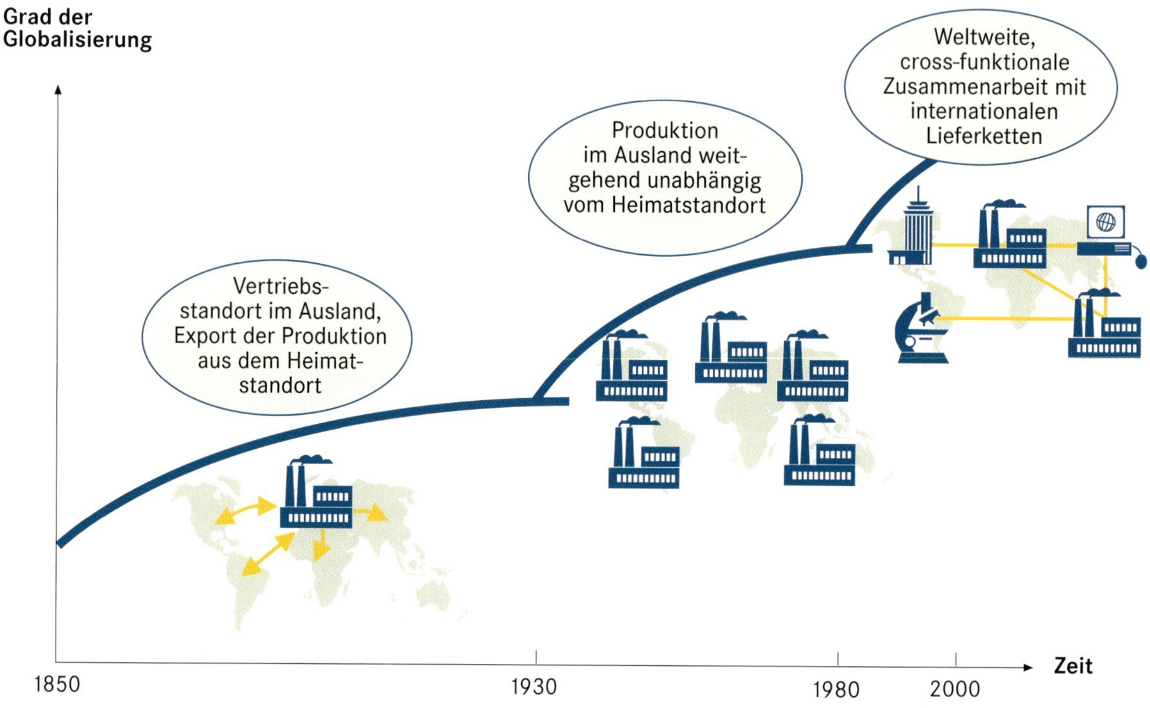

Quelle: McKinsey/PTW

## 1.1.2 1930 bis 1980: weitgehend unabhängige Auslandsproduktion

Nach dem Ersten Weltkrieg und der Weltwirtschaftskrise entstanden leistungsstarke Unternehmen, die sich schnell und stetig weiterentwickelten. Der Siegeszug der **Markennamen** begann. Coca-Cola, Mercedes und IBM wurden nun weltweit bekannt. Eine immer preiswertere und wirkungsvollere Kommunikation ermöglichte die Verwaltung von Unternehmen nie da gewesener Größe. Industriegiganten, die in großem Stil **Synergie- und Skaleneffekte** ausschöpften, bildeten sich durch organisches Wachstum und Akquisitionen.

Unternehmen nutzten ihre Größe und Dominanz auf den Heimatmärkten, um Auslandsmärkte zu erschließen. Die Verzahnung der Produktion zwischen Stammwerk und den Standorten im Ausland war in dieser Periode nicht sehr eng. Die Auslandsproduktionen agierten weitgehend unabhängig; ihr Ziel war die Erschließung neuer Märkte durch **lokale Fertigung**. Die finanzielle Stärke großer Unternehmen versetzte sie in die Lage, diese Strategie schnell umzusetzen: Sie akquirierten bestehende Konkurrenten im Ausland, um sich den riskanten und zeitaufwändigen Aufbau eines eigenen Fertigungsstandorts zu ersparen.

**Beispiel General Motors (GM):** Der Autobauer wuchs auf seinem Heimatmarkt rasant, allein in den ersten drei Jahren seines Bestehens übernahm GM 25 Unternehmen. 1931 löste GM Ford als größten Autobauer der Welt ab und behielt seither diese Position.

Doch die Wachstumsmöglichkeiten flachten auf dem Heimatmarkt mit der Zeit ab. Dies verwundert nicht angesichts eines Marktanteils von zeitweise über 50 Prozent. Nahe liegend in dieser Situation war daher die Expansion ins Ausland – 1925 entstand die erste Auslandsproduktion in Argentinien, 1929 übernahm GM die Adam Opel AG.

Nach dem Zweiten Weltkrieg, in dem GM ausschließlich Kriegsgerät fertigte, ging die Internationalisierung weiter: 1948 startete in Australien die Produktion von Automobilen der Marke Holden[4], im gleichen Jahr eröffnete GM das erste Autowerk Venezuelas. Die

> Pioniere begannen bereits im 19. Jahrhundert mit Vertriebsniederlassungen im Ausland, aber erst ab 1930 auch verstärkt mit der Produktion.

Abb. 1.2: Entwicklung der Siemens-Auslandsaktivitäten
Anzahl Neugründungen je Dekade

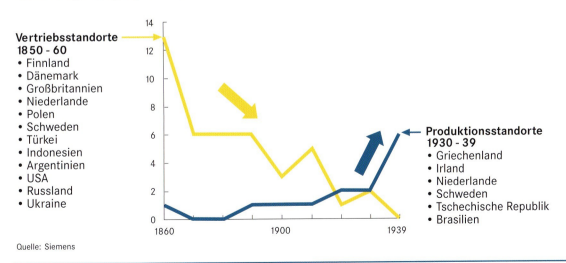

Quelle: Siemens

---

[4] Holden ist eine australische Automarke, die General Motors nach dem Zweiten Weltkrieg auf Initiative der australischen Regierung gründete.

Auslandsstandorte verfügten über weitgehende Freiheiten in Entwicklung, Produktionsmanagement und Produktdesign.

### 1.1.3 Ab 1980: weltweit vernetzte Produktion und *cross-funktionale* Zusammenarbeit

Deregulierungen, eine konvergente Weltwirtschaft, rapider technischer Fortschritt und sinkende transaktionale Kosten[5] prägten diese Periode. Handelshemmnisse fielen, GATT-Runden[6] brachten Zollsenkungen, Zollunionen wie die Europäische Wirtschaftsgemeinschaft (EWG) – Vorläufer der Europäischen Union – wurden gegründet. Die Verflechtungen in der wirtschaftlich starken westlichen Welt nahmen rasch zu. In dieser Zeit wurden Begriff und Bedeutung der Globalisierung endgültig geprägt.

Die innerbetriebliche und überbetriebliche Vernetzung von Unternehmen wuchs in der Folge weit schneller als die Globalisierung der Absatzmärkte (Tabelle 1.1). **CKD- und SKD-Montage**[7] fanden breite Verwendung. Mit zentraler Fertigung der Basiskomponenten ließen sich Skaleneffekte nutzen – gleichzeitig konnten die Produkte dezentral individuell an die Kundenbedürfnisse angepasst werden. Unternehmen, die die Chancen dieser neuen Form der Globalisierung erkannten, verschafften sich einen entscheidenden Wettbewerbsvorteil.

Eine neue Qualität erreicht die globale Kooperation Ende des 20. Jahrhunderts. Unternehmen tauschen nicht mehr nur Waren und Zulieferprodukte länderübergreifend aus. Nun arbeiten Mitarbeiter an weit auseinander gelegenen Standorten täglich an gemeinsamen Projekten. Funktionen einer *Business Unit* wie Forschung und Entwicklung (FuE), Produktion, Personal und Marketing sind weltweit verteilt. Es geht jetzt nicht mehr nur darum, einzelne Unternehmen und Unternehmenseinheiten miteinander zu verbinden, sondern auch Unternehmensfunktionen an den jeweils besten Standorten einzurichten und vernetzt zu managen. Technologien wie das Internet und die digitale Kommunikation schaffen dafür die Basis. Die Vorteile lokaler Know-how-Cluster können so direkt mit den Faktorkostenvorteilen eines weit entfernten Standorts kombiniert werden. Der schnelle Austausch von Informationen und immateriellen Gütern führt zu einer globalen Vernetzung des Wissens. Und diese Entwicklung hat – im historischen Zeitmaßstab – gerade erst begonnen.

**Beispiel General Electric:** GE ist ein Mischkonzern par excellence – nicht zuletzt auch durch die Akquisitionen des langjährigen CEO Jack Welch von fast tausend verschiedenen Firmen. GE gilt als Pionier der Verlagerung unternehmensinterner Dienstleistungen ins ferne Ausland *(Offshoring)*: Anfang der 90er Jahre führte Jack Welch die „70-zu-70-zu-70 Regel" ein. Ziel dieser Regel war es, 70 Prozent der Arbeit in Niedriglohnstandorte zu verlagern. 70 Prozent dieser Tätigkeiten sollten in so genannten *Offshore Development Centers* durchgeführt werden, wiederum 70 Prozent davon mit Standort in Indien. Unter dem Strich bedeutete dies eine Verlagerung von 30 Prozent der GE-Tätigkeit nach Indien. Primär betraf dies administrative und unterstützende (Backoffice-)Funktionen wie Datenverarbeitung, Informationsdienste, operative IT-Beratung und -Unterstützung sowie den telefonischen Kundendienst *(Call Center)*.

Tab. 1.1: Anteil des intra-industriellen Handels am Außenhandel der Industrienationen[8]

|  | 1954 | 1964 | 1980 | 1990 |
|---|---|---|---|---|
| Deutschland | 42 % | 54 % | 65 % | 79 % |
| USA | 54 % | 71 % | 73 % | 85 % |
| Japan | 29 % | 34 % | 25 % | 44 % |
| Andere Industrienationen | 55 % | 65 % | 71 % | 77 % |

---

5 *Transaktionale Kosten: die durch den Austausch von Gütern verursachten Kosten bzw. Aufwendungen. Im Zusammenhang mit Produktionsnetzwerken betrifft dies insbesondere Zölle, Transportkosten und Aufwendungen für Transportversicherungen. Auch die Kapitalbindung im Transport sowie der Wertverlust der Ware während der Transportzeit werden in diesem Kontext zu den transaktionalen Kosten gezählt.*

6 *GATT: General Agreement on Tariffs and Trade, Allgemeines Zoll- und Handelsabkommen.*

7 *CKD (Completely Knocked Down) und die schwächere Form SKD (Semi Knocked Down) bezeichnen Fertigungsarten in der Produktion, bei denen für den Export in einzelne Länder nicht komplette Produkte, sondern Bausätze gefertigt werden. Die Endmontage findet vor Ort statt.*

8 *Vgl. Siebert (1997).*

1.1 Drei Phasen der Globalisierung

Als Folge startete der ursprünglich von Amerika aus agierende Finanzdienstleister des Konzerns GE Capital International Services (GECIS) 1997 seine Globalisierung mit der Eröffnung eines Standorts in Indien. Es folgten weitere Standorte in Mexiko, Asien und Ungarn. Im Jahr 2004 arbeitete GECIS mit 17.300 Mitarbeitern auf drei Kontinenten, mit 12.500 Mitarbeitern alleine in Indien – die Einsparungen beziffert[9] GE je nach Bereich mit 25 bis 60 Prozent.

Vom globalen Teamwork sind bei GE auch hoch qualifizierte Tätigkeiten nicht ausgenommen: Im Zuge des so genannten „Sunrise Development" arbeiten selbst Ingenieure und Konstrukteure rund um die Uhr transkontinental an gemeinsamen Projekten.

**Der Globalisierungstrend beschleunigt sich.**

Die Globalisierung hat im Lauf der Zeit nicht allein ihre Gestalt verändert, sie hat gerade in den vergangenen Jahren deutlich an Schwung gewonnen (Abbildung 1.3). Dies spiegelt sich auch in der Zahl der Direktinvestitionen wider, die seit Mitte der 80er Jahre exponenziell in die Höhe geschnellt ist. Innerhalb von zehn Jahren hat sich der Bestand an Investitionen im Ausland mehr als verdreifacht. Bis 2003 haben Privatanleger, Unternehmen und Staaten weltweit mehr als 8 Billionen US-Dollar in ausländische Firmen, Immobilien oder Finanzierungen investiert. Das entspricht dem kumulierten Bruttonationaleinkommen von Japan, Deutschland und Frankreich in einem Jahr. Und die regionalen Schwerpunkte der Investitionen verlagern sich dabei zunehmend: China hat 2003 erstmals die USA als Hauptinvestitionsziel für Direktinvestitionen überholt.

Inzwischen beschäftigen sich produzierende Unternehmen rund um den Erdball mit dem Aufbau globaler, effizienter Fertigungsnetzwerke. Wie eine Analyse zeigt, wachsen diese Unternehmen überproportional im Ausland; die Auslandsanteile an der Unternehmensaktivität steigen (Abbildung 1.4). Dies betrifft nicht nur den Umsatz, sondern mit der Produktionsansiedlung auch die Vermögenswerte und Angestellten.

Infolge der Globalisierung werden ganze Industrien innerhalb von nur 10 bis 20 Jahren völlig neu definiert; die Schwerpunkte der globalen Produktion verschieben sich dramatisch. Einige Industrien – wie etwa die Textil- oder Unterhaltungselektronik-Industrie – haben eine solche Entwicklung bereits durchlaufen.

Ein prägnantes Beispiel für den radikalen Umbruch eines ganzen Industriesegments ist die Produktion von Fernsehgeräten (Abbildung 1.5). Der Anteil der Produktion in Hochlohnländern fiel innerhalb von zwei Jahrzehnten von 75 auf 20 Prozent. Diese Entwicklung ging einher mit einer grundlegenden Veränderung des Marktes. Neue Wettbewerber aus Niedriglohnländern eroberten nennenswerte Marktanteile. Heute als etabliert geltende Marken wie Samsung, Sharp oder Lucky Goldstar (LG) waren in Europa Anfang der 80er Jahre weitgehend unbekannt, konnten sich aufgrund der attraktiven Preis-Leistungs-Verhältnisse ihrer Produkte aber immer häufiger gegenüber einheimischen Herstellern durchsetzen. Ehemals große Namen der deutschen Unterhaltungselektronik wie Schneider, Grundig oder Telefunken gingen in der Folge Bankrott. Andere europäische Hersteller wie Thomson oder Philips schafften den *Turnaround* nur durch eine drastische Anpassung der eigenen Pro-

**Der Grad der internationalen Verflechtung wächst exponenziell.**

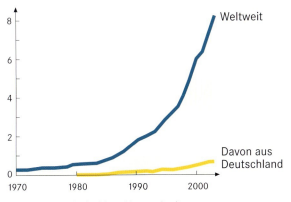

Abb. 1.3: Direktinvestitionen* im Ausland
in Billionen USD

* Bestand an Auslandsinvestitionen weltweit
Quelle: World Trade Organization (WTO)

---

[9] Vgl.: http://www.gecisglobal.com/gecisglobal/growth.jsp

**Der Globalisierungstrend hat sich beschleunigt; Unternehmen wachsen im Ausland schneller als im Heimatmarkt.**

Abb. 1.4: Entwicklung der internationalen Unternehmensaktivitäten*
in Prozent

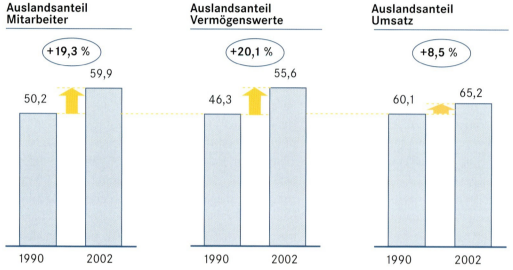

\* Auswertung für produzierende Unternehmen: BASF, Elektrolux, Fiat, General Electric, IBM, Philips, Siemens, Sony und Volkswagen
Quelle: UNCTAD Transnationality Company Ranking

**Der Markteintritt von *Low-Cost-Anbietern* führt häufig zu der rapiden Verlagerung einer ganzen Industrie.**

Abb. 1.5: Entwicklung der Anteile weltweiter Produktionsstandorte von Fernsehgeräten
in Prozent

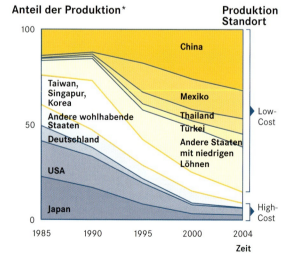

\* Anteil der gefertigten Fernsehgeräte mit Farb-Bildröhre
Quelle: Reeds Electronics Yearbooks, McKinsey

duktionsnetzwerke und Allianzen mit den neuen Wettbewerbern aus Niedriglohnländern.

Eine weitere, die Struktur einer Branche verändernde Entwicklung zeichnet sich derzeit vor allem bei Produkten im Elektronikbereich ab. Zwar investierten traditionelle Produktanbieter zunächst häufig in den Aufbau eigener Produktionsstandorte im Ausland. Doch nach und nach entwickelte sich die Auftragsfertigung zu einer immer attraktiveren Alternative – das Geschäftsmodell der *Electronics Manufacturing Services (EMS) Provider* entstand. Bei diesem Modell erbringen EMS-Provider für OEMs[10] operative Dienste – insbesondere die Fertigung und Montage von Erzeugnissen für Endverbraucher – zu sehr günstigen Konditionen. EMS erzielen gegenüber OEMs deutliche Kostenvorteile durch Spezialisierung, Skaleneffekte und attrak-

---

*10 Als Original Equipment Manufacturer (OEM) bezeichnet man einen Hersteller, dessen Produkte unter einem Markennamen als Einheit vertrieben werden; ein OEM kauft im Normalfall Komponenten anderer Hersteller, integriert sie unverändert in die eigenen Produkte und verkauft das daraus entstandene Gesamtpaket an Endkunden.*

## 1.2 Ursachen der beschleunigten Globalisierung

tive Standorte in Niedriglohnländern wie Malaysia, China, Polen, Ungarn und Mexiko. So steht als Produzent hinter Sony-Handys, HP-Druckern und der Microsoft-Spielkonsole „Xbox" das weltweit größte EMS-Unternehmen Flextronics (vgl. Kapitel 9). Die Namen der EMS – wie Flextronics, Solectron, Elcoteq oder Hon Hai – tauchen fast nirgendwo auf. Dafür sind die Namen der Kunden bekannte Marken.

Die Branche der EMS wirkt als **Katalysator** für den radikalen Umbruch der Elektronikfertigung weltweit. EMS-Unternehmen zeichnen sich durch eine sehr hohe Agilität und eine hohe Anzahl an Änderungen der Produktionsnetzwerk-Struktur aus (Abbildung 1.6).

Die Vergabe von Fertigungsvolumina durch etablierte Hersteller in Hochlohnländern an EMS-Unternehmen führt zu einer **Verlagerung durch Fremdvergabe**. Aber EMS wachsen auch in Hochlohnländern – vor allem durch die Übernahme von Werken ihrer Auftraggeber. Die traditionellen Anbieter müssen allerdings aufpassen, dass sie dabei nicht technisch überholt werden und ihre Stammmärkte verlieren. EMS sind derzeit vor allem ein Thema für die Elektronikindustrie; die Ausweitung dieses Geschäftsmodells etwa auf Automobilzulieferer oder Industriegüter ist derzeit noch nicht vergleichbar weit vorangeschritten, was aber wohl nur noch eine Frage der Zeit sein wird.

## 1.2 Ursachen der beschleunigten Globalisierung

Mangelnde Wachstumsmöglichkeiten auf dem Heimatmarkt, neue Fertigungsverfahren, verbesserte Kommunikationsmöglichkeiten und ein Informationsaustausch in Echtzeit – die genannten Beispiele haben gezeigt, dass diese Faktoren eine große Rolle beim Übergang von einer Epoche der Globalisierung zur nächsten spielen. Und mit den neuen Möglichkeiten verändert sich auch der Charakter der Globalisierung. Dass sich der Trend zu globaleren Unternehmen immer weiter beschleunigt, hat allerdings noch andere Gründe. Wo liegen die eigentlichen Ursachen dafür, dass Unternehmen mit immer mehr Funktionen

**EMS sind die Katalysatoren einer ganzen Industrie.**

Abb. 1.6: Änderung des Produktionsnetzwerks durch die drei größten EMS*-Provider zwischen 1992 und 2002

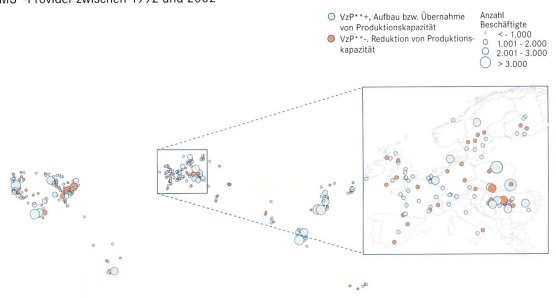

\* Electronics Manufacturing Service
\*\* VzP - Vollzeit-Personen
Quelle: Presseartikel

immer schneller ins Ausland streben? Wie kommt es, dass Unternehmen verstärkt globale Produktionsnetze aufbauen?

**Faktorkosten- und Wachstumsdifferenzen sowie der Abbau von Handelshürden sind die Ursachen des starken Globalisierungstrends.**

Aus wirtschaftlicher Sicht gibt es hierfür vor allem zwei Ursachen: die Differenzen in den Faktorkosten und beim Marktwachstum, die zu Ungleichgewichten in der Attraktivität von Produktionsstandorten führen. Verantwortlich sind daneben jedoch auch politische Gründe: Sich öffnende Märkte und der Abbau von Handelshemmnissen erleichtern Engagements im Ausland. Außerdem sind mit dem Rückgang der einstmals hohen Transport- und Kommunikationskosten natürliche Barrieren der Globalisierung kleiner geworden.

Der wachsende Globalisierungsdruck durch wirtschaftliche Faktoren und der Abbau natürlicher wie staatlicher Hürden führen zu einer dammbruchartigen Entwicklung: Industrien werden in kurzer Zeit radikal umgebaut. Sowohl die Produktionsstandorte als auch Marktumfeld und Wettbewerbssituation ändern sich dramatisch.

## 1.2.1 Faktorkosten- und Wachstumsdifferenzen

Betrachtet man einzig und allein die Herstellkosten verschiedener Produktionsstandorte, so zeigen sich Unterschiede vor allem in den Faktorkosten – und hier speziell in den Arbeitskosten. Augenscheinlich ist die Entwicklung der Arbeitskosten eng an den Wohlstand gekoppelt: In prosperierenden Volkswirtschaften steigt der Lohn, während in anderen die Lohnentwicklung zurückbleibt.

Mit Beginn der Industrialisierung erzielten die Wirtschaftsräume Europas und Nordamerikas rasante Wachstumsraten. Anders in der übrigen Welt: Eine verfehlte Wirtschaftspolitik, die teilweise bis in die Kolonialzeit weit vor 1900 zurückreicht, hemmte lange Zeit die Entwicklung der Länder. In den etablierten Industrieländern entstand relativ zur restlichen Welt ein historisch einmaliges **Wohlstandsgefälle**. Damit einher ging ein etwa gleich großer Unterschied in den lokal üblichen Löhnen. Erst nach 1990 setzte auch außerhalb Europas und Nordamerikas eine deutliche Wirtschaftsentwicklung ein.

Aufgrund des rasanten Wachstums der vergangenen Jahrzehnte sind die Arbeitskosten in den etablierten Industrienationen sehr hoch. Die Volkswirtschaften der übrigen Welt, die in der Vergangenheit nicht mit der wirtschaftlichen Entwicklung Schritt halten konnten, verzeichnen dagegen viel attraktivere Arbeitskosten (Abbildung 1.7). Inzwischen beginnt sich die Faktorkostenlücke wieder langsam zu schließen, findet doch das größte Wachstum derzeit in den sich entwickelnden Ländern statt.

**Globalisierende Unternehmen schätzen vor allem niedrige Arbeitskosten und hohes Wachstum in den aufstrebenden Nationen.**

Dafür werden die Märkte im Ausland umso attraktiver. Die aufstrebenden Nationen erleben heute in einigen Segmenten enorme Marktzuwächse – dies gilt für ihre relativen Wachstumsraten wie auch für das absolute Marktvolumen. In diesen Nationen findet das Wachstum der Weltwirtschaft statt. Sie bieten echtes Marktwachstum, während in den etablierten Volkswirtschaften, den Heimatstandorten der größten Anbieter, die Nachfrage nach vielen physischen Gütern stagniert oder nur langsam wächst und dort fast nur noch ein Verteilungskampf um Marktanteile tobt. Die enormen Wachstumschancen der aufstrebenden Nationen gerade in den vergangenen Jahren sind zum entscheidenden Anstoß für die Globalisierung der Produktion geworden.

## 1.2.2 Abbau von natürlichen und staatlichen Handelshürden

Geht man von der Betrachtung eines einzelnen Produktionsstandorts über zu der Betrachtung von Produktionsnetzwerken und Wertschöpfungsketten inklusive Zulieferer und Kunden, stößt man auf einen Kostentyp, der für die globale Produktion besondere Bedeutung hat – die transaktionalen Kosten. Diese Kosten entstehen für eine Transaktion, also die Lieferung eines Produkts von einem Prozessschritt der Wertschöpfungskette zum

## 1.2 Ursachen der beschleunigten Globalisierung

nächsten oder zum Kunden. Zu den transaktionalen Kosten zählen primär Transportkosten und Zölle. Beide stehen einer Globalisierung entgegen. Während Transportkosten natürliche Hürden sind, die es immer – wenn auch nicht in gleicher Höhe – geben wird, sind Zölle und staatliche Regularien künstliche Hürden, die schon seit einigen Jahren kontinuierlich abgebaut werden.

### 1.2.2.1 Natürliche Handelshürden

Der Transport ist für den globalen Austausch von Gütern historisch der wesentliche Kostenblock. Er lohnte nur für Güter mit einem sehr hohen Wert pro Gewicht und einer großen Preisspanne. Bis zur Verbreitung der Eisenbahn waren deshalb Gewürze, Seide, Glas und Porzellan die am meisten gehandelten Güter. Mit dem Innovationsschub im Transportbereich sanken die Kosten hier kontinuierlich (Abbildung 1.8). 2004 lagen die Kosten für den Seetransport bei weniger als einem Prozent des Werts von 1830. Jetzt ist auch der Transport selbst einfacher Güter mit niedrigem Wert pro Gewicht wirtschaftlich: So kostet beispielsweise der Transport eines Röhren-Farbfernsehers mit einer Diagonale von 70 cm von der Türkei nach Deutschland nur etwa 10 Euro oder etwa 5 Prozent der Herstellkosten.

**Ein deutlicher Rückgang der Transport- und Kommunikationskosten verringert natürliche Barrieren der Globalisierung.**

Die Produktivitätssteigerung der Logistik geht weiter und damit auch der Rückgang der Transportkosten. Schiffe werden immer größer, durch Automatisierung der Steuer- und Ladevorgänge wird die benötigte Mannschaft kleiner und die Risiken des Transports sinken. Aus der Größe der Schiffe ergeben sich natürliche Skaleneffekte: Pro Transporteinheit wird weniger Treibstoff benötigt. Ferner verteilen sich bei Supertransportern mit einer Kapazität von mehr als 8.000 Containereinheiten die Fixkosten – vom Gehalt des Kapitäns bis zur Gebühr für den Lotsen – auf eine sehr große Menge an Gütern. Die Kosten für den Transport eines Standardseecontainers sind so in den vergangenen zehn Jahren um durchschnittlich 2 Prozent pro Jahr gesunken.[11]

**Die weltweiten Arbeitskostenunterschiede sind auf einem hohen Niveau, die Lücke schließt sich aber langsam.**

Abb. 1.7: Entwicklung der Arbeitskostenunterschiede
(im Wesentlichen proportional zu BIP pro Kopf)

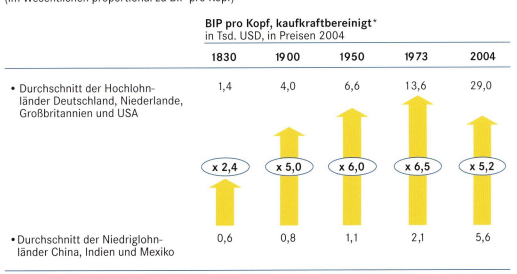

| | **BIP pro Kopf, kaufkraftbereinigt*** in Tsd. USD, in Preisen 2004 | | | | |
|---|---|---|---|---|---|
| | 1830 | 1900 | 1950 | 1973 | 2004 |
| • Durchschnitt der Hochlohnländer Deutschland, Niederlande, Großbritannien und USA | 1,4 | 4,0 | 6,6 | 13,6 | 29,0 |
| | x 2,4 | x 5,0 | x 6,0 | x 6,5 | x 5,2 |
| • Durchschnitt der Niedriglohnländer China, Indien und Mexiko | 0,6 | 0,8 | 1,1 | 2,1 | 5,6 |

\* Kaufkraftbereinigt, PPP (Purchasing Power Parity)
Quelle: Maddison (2001), Statistisches Bundesamt (2005)

---

11 Vgl. Drewry (2003).

> **Transportkosten sind im historischen Maßstab drastisch zurückgegangen und haben als Globalisierungshürde an Bedeutung verloren.**

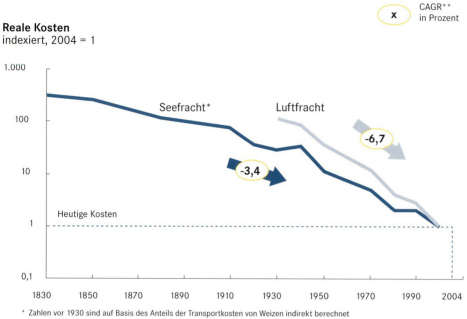

Abb. 1.8: Entwicklung der Transportkosten zwischen 1830 und 2004
(logarithmische Darstellung)

\* Zahlen vor 1930 sind auf Basis des Anteils der Transportkosten von Weizen indirekt berechnet
\*\* Compound Annual Growth Rate – durchschnittliche jährliche Wachstumsrate
Quelle: Baldwin (1999), World Economic Outlook (Mai 1997)

Eine ganz ähnliche Entwicklung ist auch bei den Kommunikationskosten zu beobachten. Der Informationsaustausch ist bei stark verbesserten Möglichkeiten bedeutend preiswerter geworden. So ist z. B. der Preis für einen Anruf von New York nach London kaufkraftbereinigt von 60 US-Dollar 1960 auf 0,40 US-Dollar im Jahr 2000 gefallen[12].

*1.2.2.2 Staatliche Handelshürden*

Die Welt hat sich in den vergangenen zwei Jahrzehnten entscheidend verändert. Die frühere Aufteilung in Hemisphären ist obsolet, der Eiserne Vorhang gefallen. Damit einher geht eine zunehmende Öffnung vormals für westliche Unternehmen unerreichbarer Märkte. Russland, Osteuropa und China sind für sie bereits attraktive Produktionsstandorte.

Diese Entwicklung ist noch längst nicht abgeschlossen, wie das Beispiel China deutlich macht: China veränderte das Umfeld für Geschäftstätigkeiten in den vergangenen zehn Jahren grundlegend und stellte Unternehmensengagements auf eine attraktive Basis. Viel versprechende Änderungen betreffen die Liberalisierung des Handels, den verbesserten Schutz geistigen Eigentums, die Beseitigung von Exportquoten und Forderungen nach Eigenanteilen an der Produktionskette *(Local Content)*.

Aber auch die aufstrebende Wirtschaftsmacht Indien wirbt mit lukrativen Perspektiven im Wettbewerb der weltweiten Standorte. Indien startete 1997 eine Initiative zur Steuer- und Zollsenkung, zur Verbesserung der Infrastruktur und zum Abbau von Subventionen. Am 31. März 2001 hob Indien die letzten mengenmäßigen Beschränkungen für importierte Güter auf und senkte den Spitzensatz für Zölle.

---

*12 Vgl. Masson (2001), S. 6.*

## 1.2 Ursachen der beschleunigten Globalisierung

Trotz der positiven Beispiele und guten Absichten sind die Deregulierungen vielerorts noch nicht weit vorangekommen. In Indien bleiben beispielsweise Investitionen aus dem Ausland nach wie vor reglementiert. So sind in einigen Sektoren noch immer nur Minderheitsbeteiligungen ausländischer Investoren zulässig, etwa bei Mobilfunk-Providern, Banken und Versicherungen.[13] Dahinter steht die Absicht, die nationalen Unternehmen vor harter internationaler Konkurrenz zu schützen.

Dies gilt auch im Fall von China, das den Grad der staatlichen Kontrolle stark von der Industrie abhängig macht (Abbildung 1.9). Lokale Hersteller unterliegen kaum einem Preisdruck, der Wettbewerb wird künstlich beschränkt. Den Preis dafür zahlt der Kunde. So konnten sich einige wenige ausländische Automobilhersteller und ihre lokalen Joint-Venture-Partner bis vor kurzem viermal höherer Margen als irgendwo sonst auf der Welt erfreuen. Chinesische Kunden zahlten für die gleichen Autos deutlich mehr als die Käufer in Europa und den USA.

Neben dem unilateralen Abbau von Regularien kommt es weltweit zu einem multilateralen Abbau staatlicher Handelshemmnisse. Zölle galten historisch als wesentliche Einnahmequelle von Staaten. Dass sie den internationalen Warenaustausch behindern, nahm man in Kauf. Die Einsicht setzte sich erst in den vergangenen Jahrzehnten durch, dass der globale Handel für eine Volkswirtschaft mehr Vorteile bringt als hohe Zölle, und man begann kontinuierlich mit ihrem

**Die Deregulierung des chinesischen Marktes hat noch nicht alle Industriebereiche durchdrungen.**

Abb. 1.9: Industriespezifische Marktöffnung Chinas

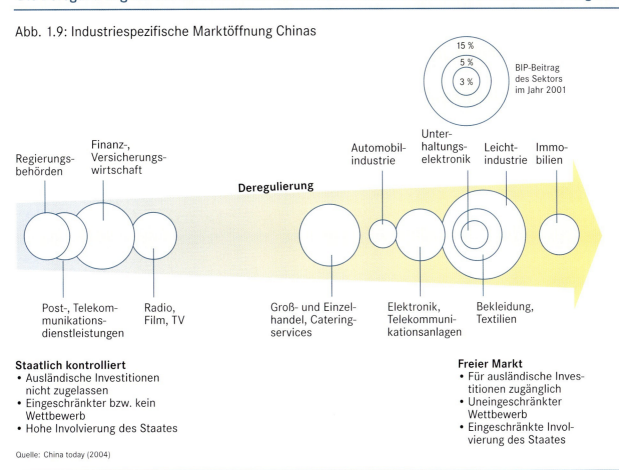

**Staatlich kontrolliert**
- Ausländische Investitionen nicht zugelassen
- Eingeschränkter bzw. kein Wettbewerb
- Hohe Involvierung des Staates

**Freier Markt**
- Für ausländische Investitionen zugänglich
- Uneingeschränkter Wettbewerb
- Eingeschränkte Involvierung des Staates

Quelle: China today (2004)

---

13 Vgl. EIU (2003), S. 18.

Abbau. Die Grundlage hierfür bildeten die GATT-Abkommen. 1947 wurde das erste GATT-Abkommen geschlossen, als der Plan für ein Welthandelsabkommen nicht realisiert werden konnte. Bis 1994 wurden in mehreren Verhandlungsrunden Zölle und andere Handelshemmnisse Schritt für Schritt bis auf ein Fünftel des Ausgangswerts reduziert (Tabelle 1.2).

Am Ende der letzten GATT-Runde, der so genannten Uruguay-Runde, stand im Jahr 1994 die Marrakesch-Erklärung, mit der die Welthandelsorganisation (World Trade Organisation, WTO) gegründet wurde. Sie nahm 1995 ihre Arbeit auf. Dort gelten die GATT-Regeln in Gestalt des *Multilateral Trade Agreement* weiter.

**Regionale wirtschaftliche Zusammenschlüsse schaffen ein günstiges Investitionsklima, von dem alle Beteiligten profitieren.**

Im 20. Jahrhundert schlossen sich parallel zahlreiche Staaten zu Wirtschaftsräumen zusammen. Im Mittelpunkt der Zusammenschlüsse steht die Schaffung einer **Win-Win-Situation**. Unternehmen der Mitgliedsstaaten gewinnen durch einen Zusammenschluss einen größeren Absatzmarkt, Skaleneffekte durch höhere Produktionsvolumina führen zu einer besseren Nutzung der Ressourcen – die Produktivität steigt. Mit zunehmender Produktivität steigen auch Löhne und Kaufkraft, der Absatzmarkt wächst weiter. Gewinner sind alle Beteiligten.

Zusammenschlüsse reichen von reinen Freihandelszonen über Zollunionen mit einheitlichen Einfuhrzöllen für Drittstaaten bis hin zu Wirtschafts- und Währungsunionen. Eine Freihandelszone ist ein Zusammenschluss von mehreren Ländern oder Teilen davon, zwischen denen Zölle und andere Handelsbeschränkungen abgeschafft sind. Die Mitgliedsstaaten behalten jedoch anders als bei einer Zollunion verschiedene Zolltarife gegenüber Drittstaaten bei. Waren aus Drittstaaten werden also auch beim Transport von einem Mitgliedsstaat in den anderen verzollt; dadurch bleiben Grenzkontrollen notwendig.

Zusammenschlüsse verändern gewachsene Strukturen und haben – angesichts großer sozialer und wirtschaftlicher Unterschiede in den Mitgliedsstaaten – erhebliche Auswirkungen. Ein Beispiel: Seit der Gründung der NAFTA 1994 hat Mexiko zwar ein festes ökonomisches Fundament, das Land ist jedoch in einen prosperierenden Norden und einen zurückbleibenden Süden gespalten.[14] Nahe der US-Grenze hat man Ende der 90er Jahre zahlreiche Fertigungsstandorte aus dem Boden gestampft. Insbesondere Unternehmen

Tab. 1.2: Zollsenkungen durch GATT-Runden

|  | Jahr | Zollsenkung | Index |
|---|---|---|---|
|  |  |  | 100% |
| Genf | 1947 | 19% | 81% |
| Annecy | 1949 | 2% | 79% |
| Tournay | 1950/51 | 3% | 77% |
| Genf | 1955/56 | 2% | 75% |
| Dillon-Runde | 1961/62 | 7% | 70% |
| Kennedy-Runde | 1964–67 | 35% | 46% |
| Tokio-Runde | 1973–79 | 34% | 30% |
| Uruguay-Runde | 1986–94 | 40% | 18% |

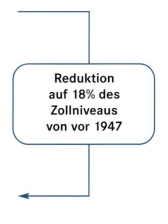

Reduktion auf 18% des Zollniveaus von vor 1947

*14 FAZ (2001).*

aus den grenznahen und ökonomisch starken Staaten Kalifornien und Texas nutzen die attraktiven Faktorkosten. Wanderarbeiter aus dem Süden Mexikos strömen nach Norden, das soziale Gleichgewicht wird dadurch gestört. Solche rapiden Entwicklungen führen auch zu kritischen Stimmen gegen die zunehmende Bildung von Freihandelszonen und den Entfall von Handelshemmnissen.

## 1.3 Ziele globaler Produktion

Markterschließung und Kostensenkung – dies sind in der Regel die Hauptmotive, wenn Unternehmen eine Globalisierung ins Auge fassen. Daneben gibt es weitere Gründe für den Schritt ins Ausland, wie die (günstige) Beschaffung von Zulieferteilen, hochkarätiges Wissen und Qualifikation und die Vermeidung von unternehmerischen Risiken, wie etwa Wechselkursschwankungen. Diese sekundären Motive spielen bei Globalisierungsentscheidungen meist in Verbindung mit einem der beiden Hauptmotive eine Rolle (Abbildung 1.10).

Je nach Motivation wählen Unternehmen ein anderes Vorgehen. Geht es vor allem um die Gewinnung neuer Kunden in anderen Ländern, globalisieren Unternehmen durch die Gründung neuer Vertriebsniederlassungen, sie verstärken ihren Kundenservice vor Ort, gelegentlich eröffnen sie zur Unterstützung ihrer Marktoffensive Produktionsstandorte, um zeitnah auf Kundenwünsche reagieren zu können und die Kompetenz zur Fertigung marktgerechter Produkte zu gewinnen. Sollen aber primär die Herstellkosten in bestehenden Märkten gesenkt werden, so investieren Unternehmen im kostengünstigeren Ausland primär in Betriebsmittel oder verlagern bestehende Anlagen an den neuen Standort.

Marktattraktivität war bisher meist der Grund für Expansionen nach Nordamerika und Asien. Das erste Ziel

**Globale Produktion bietet große Chancen und Herausforderungen.**

Abb. 1.10: Rahmenbedingungen globaler Produktion

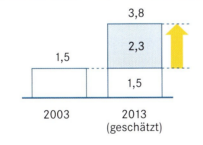

**Markterschließung**
China: reales BIP
in Mrd. USD

**Chancen und Herausforderungen**

- Das Ausland bietet große Wachstumspotenziale
- Unternehmen agieren schnell bei der Markterschließung durch den Vertrieb
- Nachhaltiger Erfolg durch Importe ist oft nicht möglich

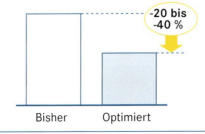

**Kostensenkung**
Produktionskosten vor/
nach Optimierung
Standortstruktur

- Einsparungspotenzial durch Optimierung der gesamten Wertschöpfungskette wird unterschätzt
- Unternehmen sind durch die Komplexität globaler Produktionsnetzwerke oft überfordert

Quelle: McKinsey

bei der Expansion nach Osteuropa ist dagegen vor allem eine Reduktion der Fertigungskosten (Tabelle 1.3). Dies belegt das starke Importwachstum. So stiegen beispielsweise die Importe an Automobilteilen von Osteuropa nach Deutschland in der vergangenen Dekade um durchschnittlich über 30 Prozent (Abbildung 1.11, links). Ein Indiz für die Attraktivität osteuropäischer Fertigungsstandorte sind auch die vielen Ableger westlicher Zulieferfirmen und deren wachsende Arbeitnehmerzahlen (Abbildung 1.11, rechts).

### 1.3.1 Ziele der Markterschließung

Der allgemeine Ratschlag, man könne sich für eine Markterschließung zunächst vorwiegend auf den Ausbau von Vertrieb und Service vor Ort beschränken, gilt heute nicht mehr. Vielmehr hat sich die Erkenntnis durchgesetzt, dass die Produktion in neuen Märkten wichtiger Bestandteil der Markterschließung sein kann. Hierfür gibt es gute Gründe: In den neuen Märkten werden viele Produkte bei einer Markterschließung ohne Produktion vor Ort den Erfordernissen im Zielland nicht ausreichend gerecht. Das liegt zum einen an den transaktionalen Kosten, die die Produkte zu teuer machen. Zum anderen lassen sich die Produkte nicht flexibel genug an die örtlichen Marktbedürfnisse anpassen. Der **Image- und Vertrauensgewinn** beim Kunden durch die Fertigung „vor Ort" ist ein weiteres wichtiges Argument, ein anderes der Wegfall staatlicher Regulierungen, denen Importprodukte ausgesetzt sind.

Wie wichtig gerade „weiche" Rahmenbedingungen für den Erfolg in Entwicklungsländern sind, zeigten die

> **Die Produktion vor Ort schafft für eine Markterschließung oft bessere Voraussetzungen.**

Gespräche im Rahmen der ProNet-Unternehmensbefragung. Selbst bei Investitionsgütern wie Maschinen und Anlagen gehen Manager und Entscheidungsträger davon aus, dass die lokale Präsenz einer Produktionsstätte eine positive Wirkung auf die Wahrnehmung des Unternehmens bei seinen möglichen Kunden hat. Hier geht es um die „gefühlte" Marktnähe, das Vertrauen des Kunden in die langfristige Präsenz des Unternehmens im Markt, die wahrgenommene oder angenommene Flexibilität, Zuverlässigkeit, Betreuungsintensität und -qualität.

Die **lokale Präsenz** kann zur entscheidenden Weichenstellung für den Unternehmenserfolg im jeweiligen Land werden. Das spiegelt sich auch im Unternehmensalltag wider: Der Kunde entwickelt ein größeres Vertrauen in den Service, denn kompetente Ansprechpartner – auch aus der Fertigung – sind stets vor Ort. Und: Er kann mit Reaktionsschnelligkeit und kurzen Wegen in der Kommunikation rechnen – dafür sorgen Ansprechpartner im Unternehmen, die im direkten und im übertragenen Sinn seine Sprache sprechen.

Westliche Unternehmen vertrauen deshalb auch bei absatzorientierter Auslandsaktivität vermehrt auf den Bau eigener Produktionsstätten. Dies gilt angesichts der großen Entfernung, der hohen staatlichen Hürden und der kulturellen Unterschiede insbesondere in Asien. Das frühe Engagement der Volkswagen AG in der Volksrepublik China ist hierfür ein gutes Beispiel.

Tab. 1.3: Gründe für die Attraktivität einzelner Länder/Ländergruppen[15]

| Region | Grund für Attraktivität (in Prozent) | | | Nennungen (absolut) |
|---|---|---|---|---|
| | Markt | Kosten | Sonstige[2] | |
| China/Indien | **52** | 32 | 16 | 87 |
| Osteuropa (EU) | 13 | **59** | 28 | 36 |
| Sonstige[1] | 26 | 40 | 34 | 75 |

*1 Brasilien, Philippinen, Rumänien, Thailand (jeweils dreimal genannt) und andere.*
*2 Im Fragebogen genannt: „Know-how" und „Andere".*

*15 Vgl. Ergebnis der ProNet-Umfrage.*

## 1.3 Ziele globaler Produktion

VW gelang es, sich mit dem frühzeitigen Aufbau einer chinesischen Produktionsstätte über lange Zeit eine dominante Marktstellung im bevölkerungsreichsten Land der Erde zu sichern (Box: „China – der am schnellsten wachsende Markt?").

Für viele Kunden ist auch die Verbindung einer Marke mit einer Nationalität ein Wert an sich. So sagt Porsche-Vorstand Michael Macht über den Produktionsstandort Deutschland, dass US-Amerikaner bereit sind, für ein Spitzenauto „made in Germany" 1.500 Euro mehr zu zahlen.[16] Hier wäre also eine lokale Produktion am Markt nicht unbedingt der Schlüssel zum Erfolg. Anders bei EADS, dem Hersteller z. B. der Airbus-Flugzeuge:

Für den US-Markt ist eine Fertigung vor Ort und ein US-nationales Image erfolgsentscheidend. Dies ist für EADS auch der ausschlaggebende Grund, intensiv am Aufbau von US-Aktivitäten zu arbeiten. Dazu ein EADS-Sprecher: „Nur wenn wir in den USA als amerikanisches Unternehmen akzeptiert werden, können wir erfolgreich sein."[17] Lokale Präsenz sowie die Verbindung von Marke und Nationalität stellen – wie die Erfahrung zeigt – nicht selten einen schwer lösbaren Zielkonflikt dar.

### 1.3.2 Ziele der Kostensenkung

Die Sicherstellung eines Herstellkostenvorteils als Motiv der Auslandsaktivität veranlasst immer mehr Un-

---

**Osteuropa entwickelt sich zum bedeutendsten Auslandsstandort deutscher Automobilzulieferer.**

Abb. 1.11: Bedeutung des Produktionsstandorts Osteuropa für die deutsche Automobilzulieferindustrie

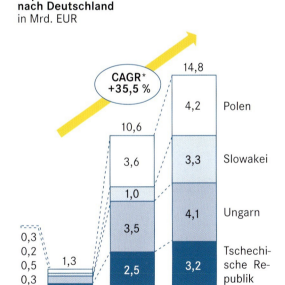

**Importe Automobilzulieferindustrie nach Deutschland** in Mrd. EUR

**Zahl der Beschäftigten ausgewählter Zulieferer in EU-Erweiterungsstaaten** Anzahl Beschäftigte

| Land | Zulieferer | Anzahl | Zulieferer | Anzahl |
|---|---|---|---|---|
| Polen | Bosch | 500 | Faurecia | 3.154 |
| | Delphi | 6.039 | Valeo | 4.600 |
| | Leoni | 1.600 | TRW | 2.800 |
| | Mahle | 1.300 | Autoliv | 1.176 |
| Slowakei | Beru | 110 | FAG Kugelfischer | 650 |
| | Bosch | 1.500 | Knorr-Bremse | 1.200 |
| | ContiTech | 500 | Leoni | 1.190 |
| | Delphi | 1.970 | Veritas | 700 |
| | Eissmann | 390 | | |
| Ungarn | Autoliv | 840 | Lear Corporation | 5.068 |
| | Bosch | 3.300 | LUK | 650 |
| | Continental | 1.127 | Michelin | 2.100 |
| | Delphi | 2.100 | Valeo | 700 |
| | Denso | 2.530 | Visteon | 1.200 |
| | Knorr-Bremse | 800 | | |
| Tschechische Republik | Autopal | 4.415 | Hella | 700 |
| | Behr | 650 | Johnson Control | 2.900 |
| | Bosch | 6.500 | Knorr-Bremse | 310 |
| | Brose | 1.000 | Magneton | 850 |
| | Continental | 1.800 | Mann+Hummel | 630 |
| | Denso | 1.600 | Pal | 450 |
| | Eberspächer | 250 | Safina | 330 |
| | Edscha | 300 | TRW | 2.962 |
| | Federal-Mogul | 900 | VDO | 1.900 |
| | Hayes Lemmerz | 410 | | |

\* Compound Annual Growth Rate – durchschnittliche jährliche Wachstumsrate
Quelle: VDI Nachrichten (2004b), McKinsey/PTW (ProNet-Umfrage)

---

[16] http://www.staufen-akademie.de/michael_macht.html.
[17] Vgl. Spiegel Online (2004).

## China – der am schnellsten wachsende Markt?

Geht es um Zielländer der Globalisierung, so stand in den vergangenen Jahren China an erster Stelle der Berichterstattung. Man kann schon fast von einem „China-Hype" sprechen. Es gibt wohl kaum ein globalisierungsbereites Unternehmen, in dem das Reich der Mitte nicht schon auf der Tagesordnung stand – sei es als Markt oder als Produktionsstandort. Drei Gründe machen dies verständlich: Das Bruttosozialprodukt Chinas wächst schneller als das jedes anderen Landes dieser Größe, China ist von der Anzahl potenzieller Kunden der größte Markt weltweit und nur wenige Länder haben noch niedrigere Faktorkosten.

Wichtige Fakten werden allerdings häufig missverständlich dargestellt. Betrachtet man etwa das zu erwartende Marktwachstum bis 2013, so wird China zwar relativ gesehen am stärksten wachsen. Das absolut größte Marktwachstum wird jedoch nach wie vor in den USA erwartet (Abbildung 1.12).

Fehlbewertungen gehen meist auf die Übertragung von Einzelfakten auf Gesamtchina zurück. So ist einerseits von extrem niedrigen Stundenlöhnen die Rede. Im gleichen Atemzug wird berichtet, dass Metropolen wie Schanghai oder Peking – etwa in der Infrastruktur – praktisch westliches Niveau erreicht haben. Dass dort aber auch die Stundenlöhne für Mitarbeiter gleicher Qualifikation zum Teil um den Faktor 10 über denen im Hinterland liegen, ist nur

---

**Relativ wächst der chinesische Markt zwar am schnellsten, der größte absolute Zuwachs wird jedoch in den USA erwartet.**

---

Abb. 1.12: Reales Bruttoinlandsprodukt
in Bill. USD*

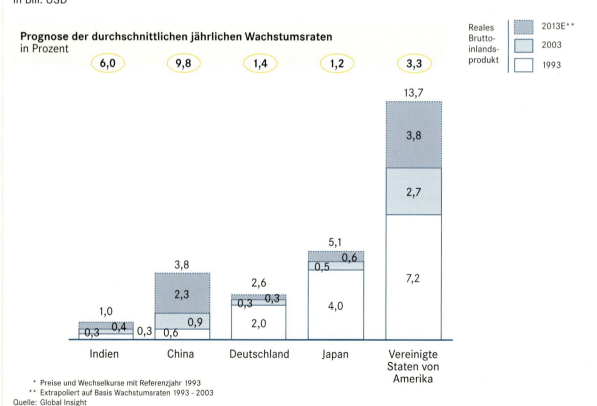

\* Preise und Wechselkurse mit Referenzjahr 1993
\*\* Extrapoliert auf Basis Wachstumsraten 1993 - 2003
Quelle: Global Insight

## 1.3 Ziele globaler Produktion

wenigen bewusst. In China hängen die durchschnittliche Kaufkraft und der Grad der Industrialisierung viel stärker von der jeweiligen Region ab als in jedem westlichen Land (Abbildung 1.13). Noch stärker werden diese Kostenvorteile nivelliert, wenn man nicht nur die geringeren Qualifikationen betrachtet. Die Gehälter für leitende Tätigkeiten liegen gewöhnlich bereits heute bei 25 bis 50 Prozent des US-Niveaus.

Hoch entwickelte Regionen wie Schanghai sind landesweit die Ausnahme, noch immer ist die Hälfte der Bevölkerung in der Landwirtschaft tätig. Die Änderungen in Bezug auf Konsumtrends und Lebensgewohnheiten der Bevölkerung sind allerdings rasant: Zwischen 1999 und 2002 hat sich die Anzahl verkaufter Fernseher verdoppelt, die Zahl der Computer vervierfacht und die der Handys verfünffacht. Mit mehr als 100 Millionen Internetnutzern hat China 2005 eine Rekordmarke erreicht; bei der Internetnutzung rangiert China damit nach den USA weltweit an zweiter Stelle.[18]

Aber nicht nur die Dynamik des Konsumverhaltens der Bevölkerung ist rekordverdächtig, sondern auch die Verwendung der erwirtschafteten Erträge: Knapp 43 Prozent des Bruttoinlandsprodukts fließen direkt in Investitionen. In Deutschland sind es im Vergleich gerade einmal 18 Prozent. Der Effekt ist klar – das

**China ist ein sehr heterogener Absatzmarkt; der Anteil des privaten Konsums ist vergleichsweise gering.**

Abb. 1.13: Struktur des chinesischen Marktes, 2002

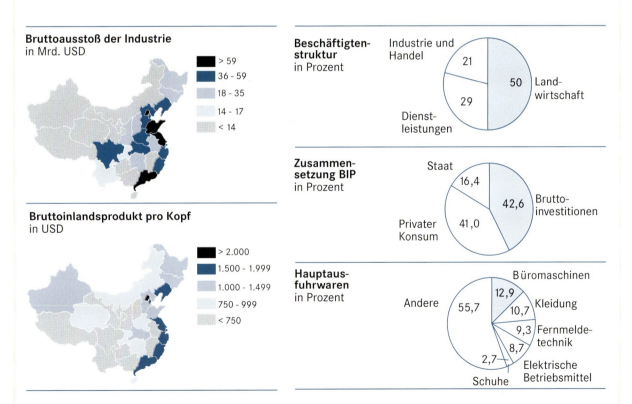

Quelle: China today (2004), McKinsey

---

[18] Vgl. Heise (2005).

rasante Wachstum wird weitergehen. Aber auch für den Absatzmarkt sind die Implikationen bedeutend: Vor allem Investitionsgüter werden in China nachgefragt. Der private Konsum hat mit 41 Prozent hingegen einen deutlich geringeren Anteil als z. B. in Deutschland mit 61 Prozent.

Diese Zahlen sind imposant, doch China steht noch vor großen Herausforderungen: Das Streben nach Know-how und die Abneigung des Landes, den Schutz geistigen Eigentums durchzusetzen, ist für westliche Unternehmen ein zentrales Problem. So berichtet im Rahmen der ProNet-Unternehmensbefragung ein Werkzeugmaschinenhersteller: „Die Chinesen haben praktisch während des Baus begonnen, unser Werk zu kopieren, sie kauften die gleichen Anlagen und warben unsere Belegschaft sechs Monate nach Produktionsstart ab. Wir werden sicher nicht mehr nach China gehen." Auch die Erfahrung eines anderen Herstellers mit dem „Fleiß" seiner Mitarbeiter beleuchtet die Schwierigkeiten des unternehmerischen Alltags in China beispielhaft: „[...] wenig später fanden wir heraus, dass die Belegschaft nachts weiterarbeitete und die Produktionsausbeute auf eigene Rechnung verkaufte."

**Fazit:** China ist zweifelsfrei ein bedeutender Absatzmarkt mit hohen Wachstumsraten. Vorteile werden allerdings häufig verallgemeinert und dadurch verfälscht und überbewertet.

ternehmen zum Aufbau einer Produktion an neuen Standorten. Grundlage für die Standortwahl ist die Bewertung der Standortfaktoren. Einzubeziehen sind in die Berechnung die *„Total Landed Costs"*, d. h. die Summe aus Herstell- und transaktionalen Kosten für die gesamte produktive Wertschöpfungskette.

Mit einer Internationalisierung der Produktion und geschickt geknüpften Produktionsnetzwerken haben es viele Unternehmen verstanden, Kosten zu sparen und den Wettbewerbsdruck zu mindern. Gute Beispiele dafür sind die Fertigungen der Automobilzulieferindustrie in Osteuropa und die Auslagerung der Produktion der Textilindustrie nach Asien.

**Nur wer Produktionsnetzwerke grundlegend optimiert, kann langfristig im Wettbewerb bestehen.**

Als wirksame Einsparungshebel erweisen sich vor allem niedrigere Faktor- und Materialkosten, insbesondere Lohn- und Energiekosten oder auch Einsparungen bei Investitionsaufwendungen durch Subventionen und Steuervergünstigungen. Welcher Kostenhebel dominiert, hängt wesentlich von der Ausgangssituation des Unternehmens ab. Wie sich in zahlreichen Projekten gezeigt hat, sind die Einsparungspotenziale meist erheblich (Abbildung 1.14).

**Üblicherweise können durch optimierte Produktionsnetzwerke Kosteneinsparungen zwischen 20 und 45 Prozent realisiert werden.**

Abb. 1.14: Ergebnisse der Optimierung von Produktionsnetzwerken etablierter Unternehmen mit Produktion an Hochlohnstandorten
Kosten der Verfügbarkeit, in Mio. EUR p. a.

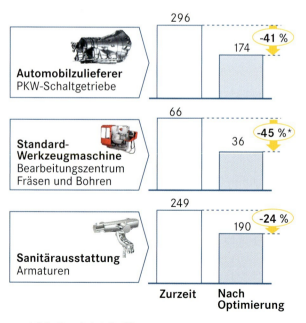

* Teilweise reduzierte Qualität
Quelle: McKinsey/PTW

## 1.3 Ziele globaler Produktion

Wie hoch die Einsparungen sein können, lässt sich am Beispiel der Überlaufventilproduktion in China zeigen (Abbildung 1.15). Zur Belieferung des lokalen Marktes eröffnete ein Überlaufventilhersteller einen zweiten Produktionsstandort in China. Die Kostenvorteile waren so erheblich, dass schon kurz nach Produktionsanlauf der Werkleiter die Belieferung des europäischen Marktes vom neuen Standort aus befürwortete und sich damit durchsetzte. Als Transferpreis wurden 57 Prozent der Herstellkosten des deutschen Standorts festgelegt.

Das Potenzial zur Kosteneinsparung durch Globalisierung kann Chance und Bedrohung zugleich sein. Wer modernste, teure Produktionsanlagen auslasten will, braucht ein Absatzvolumen im Weltmaßstab. Wettbewerber, die durch die Ausnutzung der Kostenvorteile der Globalisierung Marktanteile auch ohne kostspielige Betriebsmittel an sich ziehen, können durch diese Fragmentierung die Wirtschaftlichkeit teurer Produktionsanlagen eines ganzen Segments gefährden. Wer hier Schlüsselpositionen nicht als Erster in Besitz nimmt, ist häufig auf der Verliererstraße, wie so mancher Nachzügler gerade in Europa erfahren musste.

Grundig beispielsweise hat es über eine Dekade lang versäumt, sein Produktionsnetzwerk wettbewerbsfähig zu gestalten. Zwar verfügte das Unternehmen über Auslandsfertigung, jedoch waren diese Standorte nicht geeignet, um strukturelle Nachteile auszugleichen – als Folge musste Grundig Insolvenz anmelden (siehe Box: „Das Beispiel Grundig"). Rover – nach dem Zweiten Weltkrieg noch einer der größten Autohersteller der Welt – konnte aus einem ähnlichen Grund mit dem Wettbewerb nicht mithalten und ging nach langer Talfahrt 2005 Bankrott. Auch der Nähmaschinenhersteller Pfaff hat die Zeichen der Zeit nicht erkannt[19]. Sein Produktionsnetzwerk ist den Herausforderungen durch

**Die wesentlichen Kosteneinsparungen resultieren aus den Lohn- und Materialkosten.**

Abb. 1.15: Beispiel eines erfolgreichen Aufbaus einer Produktion von Überlaufventilen in China
in Prozent

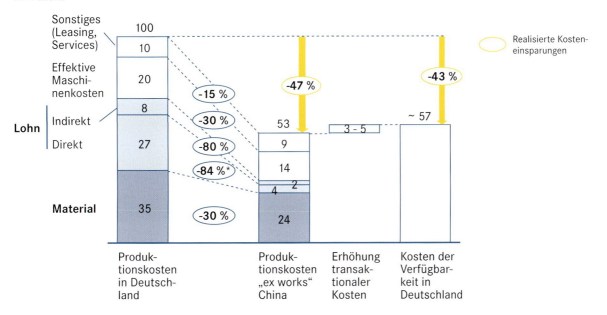

\* Bruttolohn je Arbeiter: Deutschland 54.000 EUR; China 9.000 EUR
Quelle: McKinsey/PTW (ProNet-Umfrage)

---

[19] Vgl. Zirbik (2003).

neue Konkurrenten aus den aufstrebenden Ländern Asiens nicht mehr gewachsen. Das Unternehmen ist zwischen 1981 und 2003 beträchtlich geschrumpft; die Mitarbeiterzahl sank von 9.539 auf 863.

### 1.3.3 Sekundäre Ziele: Ressourcenerschließung und Risikominimierung

Zugang zu lokalen materiellen und immateriellen Ressourcen sowie die Verringerung der Geschäftsrisiken – Beweggründe wie diese gelten als sekundäre Motive, die in Verbindung mit den Hauptmotiven die Entscheidung für die Globalisierung der Produktion maßgeblich beeinflussen. Hinter den beiden Stichworten Ressourcen und Geschäftsrisiken verbirgt sich eine ganze Reihe erfolgsrelevanter Faktoren. Da geht es um die Nähe zu Hauptrohstofflieferanten, dem Branchenschwerpunkt oder Technologieführern, um die Absicherung der Unternehmen gegen Währungsschwankungen, Versorgungsengpässe und Produktionsausfälle, aber auch um staatliche Sonderkonditionen, wie Ansiedlungshilfe und Steuervergünstigungen.

Die Änderung der Standortstruktur und die Verlagerung der Produktion in die Nähe der Quelle verfügbarer und kostengünstiger Vorprodukte kann sich für so manches Unternehmen vorteilhaft auswirken. Das gilt z. B. für die schnell wachsende petrochemische Industrie im Mittleren Osten, die praktisch ohne Transportkosten für den Rohstoff Öl auskommt.

Nicht nur für so genannte High-End-Fertigungsverfahren können wissensorientierte Motive ausschlaggebend sein. Unternehmen profitieren sowohl von – fachlichem wie länderspezifischem – Wissenstransfer als auch von der Verfügbarkeit qualifizierten, kostengünstigen Personals am Standort. Gerade für Produktionen mit niedrigen Stückzahlen werden häufig Mitarbeiter mit besonderer Ausbildung benötigt. Durch die Wahl von Standorten, an denen Mitarbeiter das notwendige Wissen für die effiziente Fertigung von Produkten mitbringen, sichern sich Unternehmen so bei markt- und fertigungsnaher Entwicklung und zeitkritischem Serienanlauf klare Vorteile.

Wenn sich eine Industrie an einem Standort konzentriert und dort gehäuft das entsprechende Know-how vorhanden ist, spricht man von **Cluster-Bildung.** Für Unternehmen, die dieses Know-how nutzen und eine führende Rolle in dieser Branche spielen wollen, ist eine Produktionsstätte an diesem Standort oft eine zwingende Notwendigkeit.

### Das Beispiel Grundig

Mit über 38.000 Beschäftigten war Grundig Ende der 80er Jahre ein namhafter Hersteller von Unterhaltungselektronik. Als ein Symbol des deutschen Wirtschaftswunders war das Unternehmen mit Fernsehgeräten, Rasierern und Büroelektronik groß geworden. Zu Beginn der 90er Jahre änderte sich plötzlich die Wettbewerbssituation rasant (Abbildung 1.16). Neue Marken drängten auf den Markt – sie überzeugten Käufer vor allem durch günstige Preise. Die neuen Anbieter produzierten kostengünstig zunächst vorwiegend in Korea, Taiwan, der Türkei, später auch in China. Grundig hingegen fertigte seine Geräte in Deutschland, Österreich, Frankreich und Spanien – einen großen Teil davon im Werk am Stammsitz in Nürnberg.

Grundig besaß einen guten Namen und einen hohen Marktanteil, besonders in Deutschland und Österreich – unmittelbarer Handlungsdruck schien nicht gegeben. Doch die Situation verschärfte sich zusehends: Die neuen Hersteller gewannen an Erfahrung, steigerten die Qualität ihrer Produkte und vergrößerten mit verbesserten Prozessen ihren Kostenvorteil. Zwischen 1990 und 2004 fiel der durchschnittliche Preis für vergleichbare Fernsehgeräte um 2 Prozent pro Jahr. Eine forcierte Produktionsverlagerung anderer Hersteller in Niedriglohnländer beschleunigte den Preisrückgang. Diese Ent-

## 1.3 Ziele globaler Produktion

wicklung traf Grundig in einer Phase steigender Produktionskosten. Das Unternehmen versuchte, durch zusätzliche Investitionen in die Automatisierung mitzuhalten – die Lücke zwischen Marktpreis und Herstellkosten wurde aber immer größer.

Grundig investierte deshalb in Maßnahmen zur Kostensenkung und hatte Erfolg – die Verbesserungsraten waren vergleichbar mit denen anderer Hersteller. Die Lücke blieb jedoch noch immer konstant, die Kosten lagen weiterhin über den erzielbaren Preisen. Andere Hersteller hatten inzwischen das Image eines Billiganbieters mit schlechter Qualität abgelegt. Die Marktanteile von Grundig schwanden.

Als Reaktion darauf begann Grundig die Restrukturierung der eigenen Produktion: Die Montage von Fernsehgeräten wurde in Frankreich (1992) und in Spanien (1993) eingestellt. Als Werke verblieben vor allem Wien und Nürnberg. Dieser Rückzug führte jedoch auch nicht mehr zu den notwendigen Kostensenkungen – Grundig meldete 2002 Konkurs an.

Analysiert man die Handlungsoption für Grundig auf Basis der Bilanzen der vergangenen Dekade, so wird offensichtlich, dass sich das Unternehmen zuletzt 1995 hätte retten können. Die notwendigen Investitionsmittel für eine Restrukturierung und den Aufbau neuer Produktionsstandorte standen schon 1996 – sechs Jahre vor dem Konkurs – nicht mehr zur Verfügung (Abbildung 1.17). Nachdem das Liquiditätsminimum unterschritten wurde, war es nicht mehr möglich, Grundig ohne Beschaffung zusätzlichen Eigenkapitals zu retten. Das zögerliche Handeln führte damit schon früh in eine Sackgasse – der *Point of No Return* war überschritten.

Vergleicht man rückblickend diese Entwicklung mit der anderer Hersteller mit ähnlicher Ausgangssituation, so erkennt man, was Grundig möglicherweise gerettet hätte: die Verlagerung der Produktion mit dem Ziel der Nutzung von Faktorkostenvorteilen.

Der Grundig-Wettbewerber Thomson war 1992 in einer ähnlich schlechten Lage, ergriff jedoch konse-

**Grundig konnte die strukturelle Wettbewerbslücke nicht schließen.**

Abb. 1.16: Lücke zum Wettbewerb
in EUR pro Einheit*

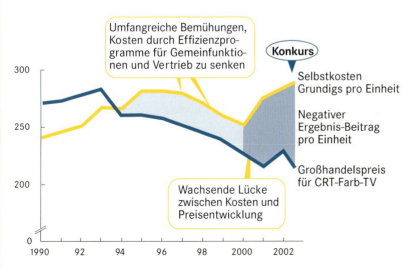

* Normalisiert auf Farb-TV mit Standardröhre
Quelle: Geschäftsberichte, Reeds Electronics Yearbooks, McKinsey/PTW

quent drastische Gegenmaßnahmen. 1996 befanden sich etwa 80 Prozent der Thomson-Produktion an Hochlohnstandorten, bereits zwei Jahre später waren es nur noch 40 Prozent mit weiter fallender Tendenz. Thomson gelang so der Turnaround. Das Unternehmen schreibt seit 1998 wieder Gewinne.

**Fazit:** Die Globalisierung bietet nicht nur Chancen. Wer zu lange wartet, gefährdet in einer intensiven Wettbewerbssituation seine wirtschaftliche Existenz. Aus einer Situation der Schwäche heraus ein Produktionsnetzwerk umzubauen ist bedeutend schwerer, als dies vorausblickend in ertragsstarken Zeiten zu tun.

**Die kumulierten Ausgaben für die Standortverlagerung hätten die Kreditlinie bereits 1996 überstiegen.**

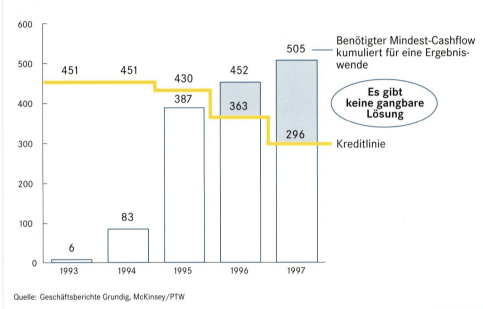

Abb. 1.17: Kreditlinie gegenüber notwendigen Ausgaben für die Restrukturierung von Grundig in Mio. EUR

Quelle: Geschäftsberichte Grundig, McKinsey/PTW

Ein Paradebeispiel für eine solche Situation ist das deutsche Ventilatoren-Cluster in der Hohenlohe (Abbildung 1.18). Die Wiege der Ventilatorenindustrie ist die Ziehl-Abegg AG in Künzelsau, die sich bis heute in Familienbesitz befindet. Aus dem Unternehmen gingen Firmen hervor, die heute miteinander in Konkurrenz stehen und alle in der Region angesiedelt sind. Hier sitzen die Weltmarktführer der Branche – in einigen Bereichen mit mehr als 80 Prozent Marktanteil und Tochterfirmen in aller Welt. Um die Hohenloher Firmen herum drängen sich kleinere Zulieferer und Neustarter, die zum Teil ehemalige Mitarbeiter gegründet haben. EBM z. B. hat die Gründung dieser Zulieferbetriebe gefördert, um eigene Engpässe in der Produktion auszugleichen und starke Partner zu schaffen. Ähnliche Cluster bilden sich heute auch in außereuropäischen Ländern. Dies gilt beispielsweise für die Chip-Industrie im Silicon Valley oder für die so genannte „Mainboard-Straße" in Taiwan. Für Unternehmen, die hier in der Spitzenliga mitspielen wollen, ist die Partizipation am Cluster unumgänglich.

Neben der Erschließung sowohl materieller als auch immaterieller Ressourcen ist die **Risikominimierung** ein weiteres wichtiges Ziel der Standortplanung. Eine Möglichkeit, Risiken zu verringern, liegt in der Streu-

*1.3 Ziele globaler Produktion*

ung von Risiken durch **Diversifikation**, denn Diversifikation kann mögliche Gefahren dämpfen: Bei politischen und sozialen Umbrüchen, Terrorgefahr und Krieg, die meist nur einen Standort betreffen, kann eine Produktion in verschiedenen Ländern die Ausfälle ausgleichen. Nicht nur in diesen seltenen Fällen ist eine Diversifikation vorteilhaft, sondern auch bei ganz alltäglichen Risiken wie Währungskursschwankungen, die existenzbedrohende Auswirkungen haben können. Fallen die Kosten eines Unternehmens – z. B. bei einem einzigen Produktionsstandort in Europa – primär im Euro-Raum an und wird der Umsatz vorwiegend im Dollar-Raum erzielt, schlägt eine Änderung des Wechselkurses direkt auf das Ergebnis des Unternehmens durch. Allein in den vergangenen fünf Jahren kam es im Euro-Dollar-Verhältnis zu Schwankungen von 40 Prozent – kein produzierendes Unternehmen hat eine vergleichbar hohe Marge. Ohne Gegenmaßnahmen wie *Hedging*[20] führt dies zwangsläufig zu Perioden mit erheblichen unternehmerischen Verlusten.

*Hedging* ist zum einen durch Absicherung an den Finanzmärkten möglich. Näherliegend ist es aber, das Ungleichgewicht zu beheben durch ein so genanntes

---

**Cluster entwickeln sich historisch um einen Kondensationskeim; beteiligte Unternehmen befruchten ihre Geschäftstätigkeit wechselseitig.**

Abb. 1.18: Clusterentwicklung Ventilatoren

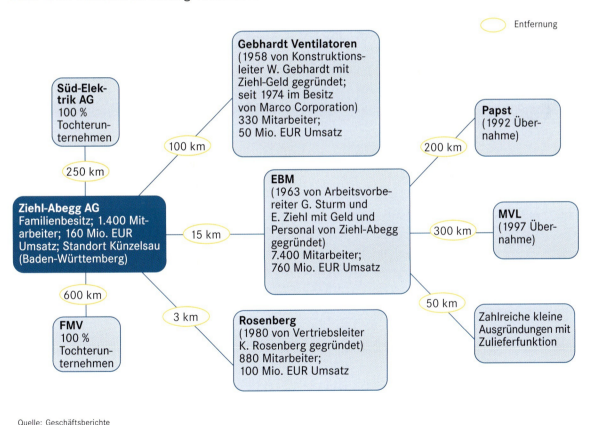

Quelle: Geschäftsberichte

---

20 Das Hedge-Geschäft *(kurz: Hedging, von engl.: „to hedge", „sich mit einer Hecke abgrenzen, absichern gegen Risiken")* dient zur Absicherung einer *Transaktion gegen Risiken wie bspw. Wechselkursschwankungen oder Veränderungen in den Rohstoffpreisen. Die Person oder Firma, die ein Geschäft hedgen möchte, geht zu diesem Zweck eine weitere Transaktion ein, die mit dem zugrunde liegenden Geschäft gekoppelt ist. Dies findet gewöhnlich in Form eines Termingeschäfts statt.*

### Interview mit Prof. Porter zum Thema Cluster

Michael E. Porter, Professor an der Harvard Business School, gilt als Experte für Wettbewerbsstrategie und internationale Wettbewerbsfähigkeit. Wie können Regionen und Länder Wachstum, Innovationskraft und Arbeitsplätze erhalten und fördern? Diese Kernfrage beschäftigt den gelernten Luftfahrtingenieur seit seiner Berufung an die Elitehochschule.

*Professor Porter, was sind Cluster, und warum sind sie wichtig für die Wettbewerbsfähigkeit einer Volkswirtschaft?*

Cluster sind eine Organisationsform von Industrien, die höhere Produktivität und mehr Innovationen erzeugen als räumlich weiter aufgefächerte Strukturen. In einem Cluster stehen sich auf relativ begrenztem Raum verschiedene Unternehmen und Institutionen gegenüber, die alle auf den Wettbewerb einwirken: Hersteller, Zulieferer, Dienstleistungsanbieter, Universitäten und andere Ausbildungsstätten.

*Was hat das für Auswirkungen?*

Ein Cluster beeinflusst den Markt in dreierlei Weise. Erstens entsteht mehr Effizienz. Transaktionen können ohne hohe Logistik- oder Transportkosten erfolgen. Kommunikationswege werden kürzer, Marktteilnehmer können rasch aufeinander reagieren. Cluster erzeugen außerdem Güter, auf die dort angesiedelte Firmen relativ kostengünstig zugreifen können. Wer außerhalb der Region arbeitet, muss für den Zugang Handel treiben und bezahlen.

Ein gutes Beispiel sind Fachkräfte in einem Sektor. Man kann sie einfach anheuern, sie versetzen von einem Betrieb zum anderen. Anderswo muss ich sie erst einmal ausbilden. Das trifft auf eine ganze Reihe von Inputs zu: Arbeitskräfte, Marktkenntnisse, Technologie – in einem Cluster werden sie zu quasi öffentlichen Gütern, auf die jeder zugreifen kann. Zweitens forcieren Gelegenheiten Innovationen. Wenn viele Unternehmen und Marktteilnehmer auf engem Raum konzentriert sind, erkennt man Marktlücken schneller. Neue Güter oder Dienstleistungen drängen sich einem förmlich auf, die technische Expertise liegt vor der Tür. Außerdem kann man solche Chancen schneller kommerzialisieren. Alle Elemente des Wertschöpfungsprozesses, von der Idee bis zum Produkt, können im Handumdrehen zusammengesetzt werden. Dazu kommt der bessere Zugriff auf Kapital. Finanzinstitutionen, die mit einem Cluster zu tun haben, besitzen branchenspezifische Erfahrung – vom Wein- bis zum Automobilbau – und können bei Risikokapital schneller und besser entscheiden.

Drittens schlägt sich ein Cluster in der Gründungsrate neuer Firmen nieder. Die Schwellen zum Markteintritt liegen niedriger – aus oben genannten Gründen. Man kann leichter Kapital auftreiben, wichtige Zulieferer und Abnehmer finden.

[...]

*Quelle: McKinsey (2002).*

---

*Operational Hedging* – also durch ein Angleichen der Währungsstruktur der Kosten an die Währungsstruktur des Umsatzes. In unserem Beispiel ließe sich ein Ausgleich mit einem verstärkten Bezug von Zukaufteilen im Dollar-Raum oder mit eigener Wertschöpfung – sprich Produktion – im Dollar-Raum schaffen. Bei gleichen Währungsstrukturen ist das Risiko von Währungskursschwankungen eliminiert; bei globalem Verkauf ist damit eine globale Produktion nur allzu nahe liegend.

Risikostreuung ist nicht nur ein gutes Konzept für Produktionsstandorte. Auch in der Beschaffung lässt sich mit Diversifikation – und zwar durch die Einbindung mehrerer Zulieferer – das Risiko vermindern. BMW und DaimlerChrysler haben erst kürzlich nach Lieferproblemen bei Bosch die Nachteile einer zu einseitigen Ausrichtung bemerkt. Bosch als ihr einziger Zulieferer von Einspritzpumpen (**Single Sourcing**) konnte die Aggregate aufgrund interner Schwierigkeiten nicht termingerecht liefern. Die Produktion der beiden Automobilhersteller stand still – ein Schaden in dreistelliger Millionenhöhe war die Folge.[21]

## 1.4 Heutige Produktionsnetzwerke deutscher Hersteller

Während die Globalisierung der Absatzmärkte in den vergangenen Jahren und Jahrzehnten rapide voranschritt, blieb die der Produktion in vielen Fällen dahinter zurück. Der Grund: Nur die wenigsten der heute existierenden Produktionsnetzwerke wurden strategisch geplant; meist ergaben sie sich im Lauf der Unternehmenshistorie. Standorte wurden gegründet, wo sich Gelegenheiten boten, ohne dass dahinter eine langfristige Strategie für das Gesamtnetzwerk gestanden hätte. Akquisitionen und Fusionen unterstützten diesen Wildwuchs.

> **Heutige Produktionsnetzwerke sind meist historisch gewachsen und wurden nicht strategisch geplant.**

Typisches Beispiel ist ein amerikanischer Baumaschinenhersteller: Von seinen 70 Produktionsstandorten weltweit wurden nur 10 in den vergangenen 25 Jahren auf Basis konkreter strategischer Anforderungen ausgewählt. Der Rest der Standortstruktur ist historisch gewachsen, teilweise durch Übernahme anderer Unternehmen. Gleichzeitig haben sich jedoch das Produktportfolio und die Absatzmärkte des Unternehmens in den vergangenen 25 Jahren dramatisch verändert: Statt ehemals 10 werden heute 45 Prozent des Umsatzes im Ausland erzielt. Damit wird das gegenwärtige Produktionsnetzwerk immer mehr zur Belastung, da die neuen Märkte nicht zu optimalen Kosten und mit maximaler Flexibilität bedient werden können.

So wie dieser Hersteller müssen viele etablierte produzierende Unternehmen ihre Standortstruktur schnellstmöglich an geänderte Wettbewerbsbedingungen anpassen. Denn jedes weitere Verharren in der gewachsenen Standortstruktur birgt ernsthafte Risiken: Wer die Potenziale einer wirklich globalen Produktion nicht nutzen kann, riskiert eine schleichende Verschlechterung seiner strukturellen Kostenposition. Wird diese nicht durch klar überlegene Produkteigenschaften (über-)kompensiert, kann schon der Markteintritt eines Wettbewerbers mit strukturellen Kostenvorteilen schmerzhafte Folgen haben (wie am Beispiel Grundig gezeigt). Vielfach aber werden notwendige Entscheidungen immer wieder aufgeschoben; gerade auch die Restrukturierung heimischer Standorte ist in den Unternehmen häufig umstritten.

Um aus diesem Dilemma auszubrechen, bedarf es der Tatkraft und Entschlossenheit – aber auch des strategischen Weitblicks und der langfristigen Orientierung: Denn kurz- bis mittelfristig kann eine Veränderung der Standort- und Lieferantenstruktur kaum positive Ergebnisbeiträge liefern, sondern stellt eher eine Belastung dar.

Was die drei Fokusindustrien dieses Buches – Automobilbau, Werkzeugmaschinenbau und Elektronik – angeht, so unterscheiden sie sich schon von ihrer Kostenstruktur her ganz erheblich (Abbildung 1.19). Entfallen im Automobilbau fast 70 Prozent der Kosten auf Material und Zukaufteile, sind es in der Elektronikbranche etwas über 50 Prozent und im Maschinenbau sogar weniger als die Hälfte. Da hier die Arbeitskosten einen relativ großen Kostenblock darstellen, ist auch der Kostendruck auf die Eigenproduktion entsprechend stärker. So erklärt sich, warum zwei Drittel der Maschinenbauunternehmen – mehr als in beiden anderen Industrien – primär aus Kostengründen im Ausland produzieren.

Dabei scheinen sowohl der Maschinenbau als auch der Automobilbau im internationalen Vergleich recht erfolgreich zu sein: Dafür sprechen hohe Exportquoten und vor allem ein hoher Nettoexportüberschuss[22]. Etwas anders ist die Situation in der Elektroindustrie: Zwar geht auch hier ein erheblicher Anteil in den Export, doch wird im Gegenzug sehr viel nach Deutschland importiert – im Ergebnis fast ein Nullsummenspiel (Nettoexportüberschuss: 1 Prozent). Auch in ihrer

---

21 Vgl. *ManagerMagazin* (2005).

22 *Der Nettoexportüberschuss gibt an, wie viel Prozent des Produktionswerts in Deutschland mehr produziert als konsumiert wurden.*

Internationalisierung hinkt die Elektronikindustrie den beiden anderen hinterher: Der Bestand an Direktinvestitionen im Ausland entspricht gerade einmal den Kapitalkosten eines Jahres. Vor allem die Automobilindustrie ist hier bedeutend fortschrittlicher.

Entsprechend unterschiedlich sind auch die Ausgangslagen und die Trends in den drei Industrien.

In der **Automobilindustrie** haben sowohl deutsche Unternehmen als auch der Standort vom starken Wachstum des Premiumsegments profitiert. Die Hersteller haben aktiv neue Märkte im Ausland erschlossen und die Expansionsschritte auch durch den Aufbau von Auslandswerken und die lokale Beschaffung unterstützt. Zunehmender Wettbewerbsdruck vor allem durch asiatische Hersteller, die bezüglich Image und Qualität stetig aufholen und zum Teil sogar schon führend sind, machen dennoch Steigerungen in Produktivität und Kosteneffizienz für deutsche Unternehmen unverzichtbar.

Im **Werkzeugmaschinenbau** – einem weltweit unterdurchschnittlich wachsenden Segment – hat Deutschland seine Position weiter ausgebaut. Der Standort hat bisher von der Exportstrategie der Unternehmen profitiert. Durch Engineering-Know-how und die Fähigkeit, eine ausgereifte Prozesskette über den gesamten Herstellprozess anbieten zu können, in Verbindung mit Dienstleistungskonzepten rund um die Werkzeugmaschine konnten deutsche Hersteller attraktive Absatzmärkte erschließen. Allerdings profitieren chinesische, taiwanesische und indische Werkzeugmaschinenher-

---

**Die Ausgangssituationen der betrachteten Branchen sind sehr unterschiedlich.**

Abb. 1.19: Strukturelle Unterschiede der Branchen

| | Automobilbau | Maschinenbau | Elektroindustrie |
|---|---|---|---|
| **Kostenstruktur** in Prozent (Sonstiges / Kapital / Arbeit / Material) | 7 / 6 / 18 / 69 (100 %) | 15 / 5 / 31 / 49 (100 %) | 11 / 7 / 26 / 56 (100 %) |
| **Gründe für Auslandsproduktion** in Prozent der Nennungen | Markt 45 / Kosten 55 | Markt 34 / Kosten 66 | Markt 41 / Kosten 59 |
| **FuE-Intensität** in Prozent der Erwerbstätigen | 9,5 | 3,1 | 7,0 |
| **Exportquote** in Prozent | 59 | 51 | 43 |
| **Netto Exportüberschuss** (Differenz zw. Ausfuhren und Einfuhren pro Bruttoproduktionswert) in Prozent | 29 | 34 | 1 |
| **Verhältnis der Direktinvestitionen** (Bestand der Direktinvestitionen pro Bruttoproduktionswert) aus Deutschland : nach Deutschland in Prozent | 37,4 : 4,0 | 8,3 : 6,8 | 6,8 : 4,8 |

Quelle: Treier (2005), Statistisches Bundesamt (2005)

steller zunehmend von der hohen Inlandsnachfrage und bauen ihr Angebot im Standardmaschinensegment derzeit aus. Die zusätzlichen Exportanstrengungen dieser Hersteller werden dazu führen, dass das Volumensegment verstärkt unter Preisdruck gerät. Insbesondere mit Blick auf das Standardmaschinensegment werden europäische Hersteller um eine Neugestaltung ihrer Produktionsnetzwerke nicht herumkommen.

In der **Elektro- und Elektronikindustrie** – insbesondere im Wachstumssegment der Kommunikations- und Unterhaltungselektronik – ist Deutschland als Produktionsstandort faktisch nicht mehr vorhanden. Auch deutsche Unternehmen sind bis auf wenige Ausnahmen fast völlig aus diesem Bereich verdrängt worden. Die wenigen bestehenden Unternehmen sind zumeist nur in Marktnischen tätig und erfolgreich. Die Verdrängung fand dabei nur im Low-End-Bereich durch Wettbewerber aus Niedriglohnländern statt. Das große Segment der High-End-Produkte ging an Wettbewerber aus Hochlohnländern verloren, die zu einem erheblichen Anteil auch an Hochlohnstandorten produzieren. Gerade in der Elektronikbranche zeigt sich, wie wichtig der richtige Standort-Mix ist.

Die Ursachen für diese unterschiedliche Lage der drei Branchen liegen vor allem in globalen Trends und Entwicklungen der vergangenen Dekaden begründet. Auf wesentliche Ursachen dieser Entwicklungen gehen die folgenden Abschnitte näher ein.

### 1.4.1 Automobilindustrie

Die deutsche **Automobilindustrie** hat sich seit den 50er Jahren erfolgreich entwickelt. Selbst in den vergangenen 25 Jahren konnte Deutschland – trotz abnehmender Anteile an der Weltbevölkerung sowie der Wertschöpfung im Verarbeitenden Gewerbe – seine starke Position in der Wachstumsbranche Automobilbau erfolgreich behaupten. Die PKW-Weltproduktion wurde in diesem Zeitraum um etwa das Fünffache auf 52,7 Millionen Fahrzeuge pro Jahr gesteigert, der Anteil deutscher Konzernmarken liegt bei etwa 21 Prozent. Selbst als Produktionsstandort konnte Deutschland seine Stellung in den vergangenen zehn Jahren halten: Die Inlandsproduktion wuchs in diesem Zeitraum um rund 27 Prozent und damit fast so stark wie die Weltproduktion. Dabei wird die ausschließliche Betrachtung der Stückzahlen der Bedeutung des Standorts nicht einmal ganz gerecht, da hier zu Lande überdurchschnittlich hochwertige Fahrzeuge gefertigt werden. Bemerkenswert ist in diesem Zusammenhang auch der hohe Exportanteil an der Inlandsproduktion deutscher Hersteller (Abbildung 1.20): Mit 3,67 Millionen Fahrzeugen übertraf er 2004 sogar die Inlandsnachfrage (3,27 Millionen).

Noch mehr Fahrzeuge werden allerdings von deutschen Herstellern im Ausland gefertigt, insbesondere in den USA, China, Brasilien und Großbritannien. Nicht zuletzt deshalb konnte Deutschland seinen Anteil an der weltweiten Wertschöpfung in der Automobilindustrie seit langer Zeit weitgehend konstant halten, nämlich währungskursbereinigt bei etwa 15 Prozent.[23] Die Werke im Ausland tragen dazu bei, da

> **Das Wachstum der deutschen Automobilhersteller stützt sich primär auf den Absatz und die Produktion im Ausland.**

Abb. 1.20: Automobilproduktion deutscher Hersteller 1957 - 2004
in Mio. Fahrzeugen p. a.

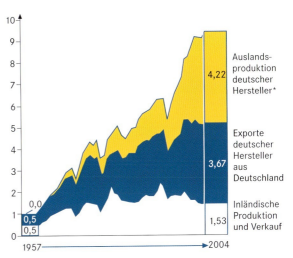

* Exkl. ausländische Konzernmarken (z. B. Chrysler)
Quelle: VDA

---

*23 Zum Vergleich: Der Anteil der deutschen Volkswirtschaft am Welteinkommen beträgt etwa 6 Prozent.*

sie häufig Großkomponenten (z. B. Motoren) aus deutscher Produktion verbauen; dadurch wird der gestiegene Importanteil bei anderen Vorprodukten weitgehend kompensiert.

Die Strategie, kritische Großkomponenten und ausgewählte Spitzenfahrzeuge im Inland zu produzieren, wird zwar nur von einigen Herstellern konsequent verfolgt (Abbildung 1.21: BMW Group, inklusive der von Rover übernommenen ursprünglich britischen Marke Mini). Doch gilt für fast alle deutschen Hersteller, dass ihre außereuropäischen Standorte – einmal abgesehen von fusionierten Konzernmarken – vor allem bei SKD- und CKD-Montagen eine deutlich geringere Wertschöpfungstiefe aufweisen und mit weniger lokalen Zulieferern arbeiten als die deutschen Standorte. Dadurch generiert ihre Auslandsproduktion in erheblichem Umfang Wertschöpfung in Deutschland.

Dass sich dies nicht unbedingt in den Mitarbeiterzahlen widerspiegelt, liegt daran, dass die **Wertschöpfungstiefe** der Branche insgesamt rückläufig ist: Zwischen 1995 und 2002 ging sie um durchschnittlich 0,5 Prozent pro Jahr zurück. Ein wesentlicher Grund dürfte darin zu suchen sein, dass sich die Komponenten unterschiedlicher Hersteller – von Kraftstoffpumpen über die Motorelektronik bis zum Interieur – immer stärker ähneln; die daraus resultierenden Kostenvorteile können oft nur durch Outsourcing erschlossen werden, die Wertschöpfungstiefe in der Automobilindustrie ist daher zwischen 1995 und 2002 um durchschnittlich 5 Prozent pro Jahr zurückgegangen.

**Vor allem die Montage der Fahrzeuge findet nahe am Absatzmarkt statt.**

Abb. 1.21: Produktionsnetzwerk der BMW Group

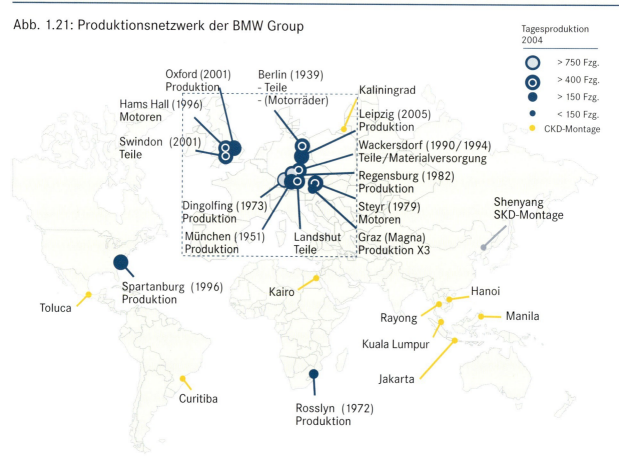

Quelle: BMW

*1.4 Heutige Produktionsnetzwerke deutscher Hersteller*

Während also Komponenten von hoher **Wertdichte**[24] zur Erzielung von Skaleneffekten vorwiegend am heimischen Standort gefertigt wurden, diente der Aufbau ausländischer Montagewerke insbesondere dem Ziel, lokale Märkte besser zu erschließen, Kostennachteile bei Komponenten mit geringer Wertdichte abzubauen und Währungsrisiken zu mindern. Meist folgte man bei der Verlagerung von Fertigungsbereichen dem Lockruf des Marktes, nur selten ging es um die Verbesserung der strukturellen Kostenposition. Als Konsequenz hat die deutsche Automobilindustrie nach wie vor einen erheblichen Kostennachteil.

Dass sie sich dennoch im internationalen Vergleich so gut behauptet, liegt im Wesentlichen an ihrem Fokus auf Premiumfahrzeugen: In diesem Segment haben deutsche Hersteller die „Deutungshoheit" über Kundenverhalten und Konsumtrends. Bei den preisgünstigeren Automobilen und den Nutzfahrzeugen ist der Erfolg allerdings weitaus geringer. Die am schnellsten wachsende Automarke auf dem deutschen Markt ist derzeit Kia mit einer Absatzsteigerung von 60 Prozent pro Jahr. Eine annähernd vergleichbare Dynamik zeigen nur die anderen koreanischen Hersteller – Kias Muttergesellschaft Hyundai und die in Chevrolet umbenannte Marke Daewoo des GM-Konzerns.[25]

Bedrohungen dieser Art können deutsche Autohersteller nur durch Steigerung ihrer (Kosten-)Effizienz abwehren. Ziel muss es sein, auch mit Fahrzeugen im mittleren und unteren Preissegment ähnliche Erfolge zu realisieren. Die Globalisierung der Produktion – und die damit mögliche Nutzung von Standortvorteilen – kann wesentlich zur Stärkung der Wettbewerbsfähigkeit beitragen, denn sie erlaubt es den Unternehmen, innovativ und qualitätsorientiert sowie gleichzeitig kosteneffizient zu sein. Selbst bei Unternehmen, die auf ein spezifisches Marktsegment fokussiert sind, offerieren die Vielfalt und der unterschiedliche technologische Reifegrad der Komponenten und Teile genug Spielraum, um spezifische Standortvorteile effektiv nutzen zu können. Automobilunternehmen sollten daher ihr Produkt- und ihr Teileportfolio klarer aufteilen und hinsichtlich der spezifischen Standortanforderungen positionieren. Ausgehend von diesen Anforderungen sollten die Produktionsstandorte für die betreffenden Produkte und Teile ausgewählt und in ihrer Leistungsfähigkeit gemessen werden. Sowohl die Schritte der Hersteller als auch die der großen Zulieferer in diese Richtung waren bisher zu zaghaft und unkoordiniert.

### 1.4.2 Werkzeugmaschinenbau

Die Werkzeugmaschinenindustrie ist, gemessen am Welt-Produktionsvolumen, in den vergangenen 20 Jahren nominal um durchschnittlich nur 0,5 Prozent gewachsen – real sogar geschrumpft (Abbildung 1.22). Deutsche Hersteller haben es jedoch geschafft, sich von diesem Abwärtstrend abzukoppeln: Ihr Marktanteil ist in den vergangenen zwei Jahrzehnten von 17 auf 25 Prozent[26] gestiegen, ihr Absatzvolumen bleibt inflationsbereinigt in etwa konstant.

Dieser Erfolg ist eng verknüpft mit dem der deutschen Automobilbauer: 2003 ging mehr als die Hälfte der in Deutschland produzierten Werkzeugmaschinen an die Automobilindustrie und ihre Zulieferer.[27] Entsprechend eng korrelieren die Umsatzzahlen der Werkzeugmaschinenhersteller mit der Investitionstätigkeit der Automobilbauer.

Sehr unterschiedlich sind dagegen die Industriestrukturen: In Deutschland gibt es über 400 unabhängige Werkzeugmaschinenhersteller, die Mehrheit davon (mit über 50 Prozent des Produktionsvolumens) in Baden-Württemberg. Die durchschnittliche Betriebsgröße liegt bei 160 Beschäftigten – gegenüber 863 im Automobilbau. Diese deutlich mittelständischere Branchenstruktur erklärt sich zum einen aus der Vielfalt der Bearbeitungsaufgaben; zum anderen hat der hohe Anteil kundenspezifischer Bauteile zur Folge, dass sich Skaleneffekte und Synergien durch Zusammenschlüsse von Unternehmen schwerer realisieren las-

---

24 *Als Wertdichte wird die geleistete Wertschöpfung – also der Wert des Produkts – pro Volumen bezeichnet. Bei hohen Wertdichten ist der Anteil der Transportkosten an den Gesamtkosten geringer.*

25 *Vgl. Ponder (2005).*

26 *Ohne Teile und Zubehör.*

27 *Vgl. VDW (2004).*

sen. Hier dürfte auch ein Hauptgrund liegen, warum die Wertschöpfungstiefe in den vergangenen Jahren um nur 0,4 Prozent jährlich zurückging: Werkzeugmaschinen sind nach wie vor sehr kundenspezifische Erzeugnisse, die Zukaufteile weniger standardisiert als in der Automobilindustrie.

Für Investoren ist die Werkzeugmaschinenindustrie nicht sehr attraktiv, denn es fehlt an Wachstumsvisionen. So ist auch die weltweite Entwicklung eher durch Konsolidierung geprägt: Die USA waren als Hersteller von Werkzeugmaschinen praktisch vom Markt verschwunden, unternehmen aber erhebliche Anstrengungen zum Wiederaufbau einer nationalen Werkzeugmaschinenbranche. In jüngster Zeit bedroht jedoch ein schnell wachsender Konkurrent die Stellung Deutschlands: China – inzwischen viertgrößter Erzeuger von Werkzeugmaschinen. Wachstumsraten von über 20 Prozent[28] pro Jahr lassen ahnen, dass es dabei nicht bleiben wird.

**Trends im Absatzmarkt der Werkzeugmaschinenindustrie geben Hinweise auf die künftige Entwicklung anderer Branchen.**

Ursache dieser rasanten Entwicklung ist neben den Herstellkosten vor allem der boomende chinesische Markt. China steuert 20 Prozent zur Weltnachfrage bei und bildet damit den größten Absatzmarkt für Werkzeugmaschinen – der deutsche Markt ist gerade einmal halb so groß. Diese Dominanz des chinesischen Marktes, der ja in anderen Branchen zunächst „nur" in puncto Wachstum führt, erklärt sich durch eine Besonderheit der Investitionsgüterindustrie: Investitionen sind immer Vorläufer zukünftiger Produktion. Somit nimmt der Werkzeugmaschinenbau gewisser-

**Die weltweite Produktion an Werkzeugmaschinen ist von Stagnation geprägt; der deutsche Marktanteil steigt langsam, aber stetig.**

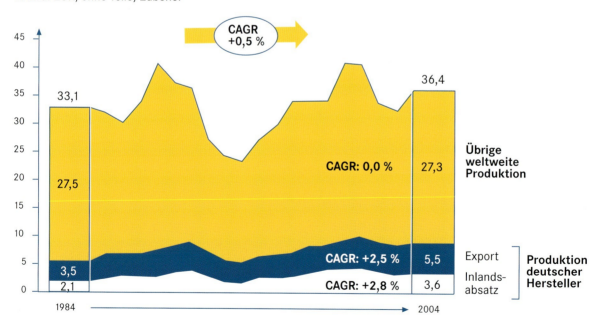

Abb. 1.22: Nominale Weltproduktion Werkzeugmaschinen
in Mrd. EUR, ohne Teile/Zubehör

Quelle: VDW (2004)

---

28 Vgl. VDW (2004).

## 1.4 Heutige Produktionsnetzwerke deutscher Hersteller

maßen eine Entwicklung vorweg, die in anderen Branchen folgen wird.

Insgesamt ist die Branche in einer problematischen Situation: Mangelndes Wachstum des Gesamtmarkts erschwert eine einfache Erweiterung des Produktionsnetzwerks im Ausland, da die Auslastung der Werke dadurch sinken würde. Andererseits werden die Hersteller durch Verharren in bestehenden Strukturen verwundbar gegenüber neuen Wettbewerbern aus aufstrebenden Nationen. Nur ein planvoller Umbau des Produktionsnetzwerks, bei dem die eigenen Möglichkeiten sorgfältig mit dem Umstrukturierungsbedarf abgeglichen werden, kann langfristigen Erfolg auch in kostensensitiven Marktsegmenten sichern. Gerade zur Erschließung neuer Märkte kann ein Umdenken hinsichtlich der Produkteigenschaften und Fertigungsverfahren in Richtung Einfachheit und niedrigste Kosten bei gleichzeitig hohem Qualitätsstandard und Dienstleistungsangebot notwendig sein.

### 1.4.3 Elektro- und Elektronikindustrie

Die deutsche Elektro- und Elektronikindustrie ist nur noch in zwei Bereichen in nennenswertem Umfang weltweit präsent: als Zulieferer für die Automobilindustrie und in der Elektrizitätserzeugung und -verteilung. Die überaus kapitalintensive Fertigung von Halbleitern konnte nur durch hohe Subventionen in Deutschland gehalten und dorthin angezogen werden. Doch was die Kommunikations- und Unterhaltungselektronik – *den* Wachstumsbereich des vergangenen Jahrzehnts – angeht, so hat sich der Standort Deutschland aus der Riege führender Produktionsstandorte verabschiedet. Mehr noch: Deutsche Unternehmen sind aus diesem Bereich weitgehend verdrängt worden. Offenbar gelingt es ihnen nicht, ein Premiumsegment durch innovative und hochwertige Produkte zu erschließen, wie dies die deutsche Automobilindustrie geschafft hat. Als Folge kann die vergleichsweise schlechtere Kostenstruktur nicht ausgeglichen werden, Marktanteile gehen verloren. Dies führte bereits in der Vergangenheit bei Produkten des Breitenmarkts zu einer letztlich unterkritischen Stückzahl und damit einer kaum wettbewerbsfähigen Kostenposition, die häufig zum Verkauf oder zur Schließung von Werken führte.

Doch nicht nur in der Kommunikations- und Unterhaltungselektronik hat Deutschland an Bedeutung eingebüßt. Auch im Bereich Büromaschinen und Computer ist der deutsche Wertschöpfungsanteil in den vergangenen 25 Jahren von 25 auf unter 3 Prozent gesunken. Im Bereich Haushaltselektronik ist die Wertschöpfung praktisch nur noch bei Gütern mit geringer Wertdichte (z. B. Waschmaschinen und Trockner) am Standort verblieben, und selbst dieser Bereich erhält in jüngster Zeit verstärkt Konkurrenz von Standorten in Osteuropa und der Türkei.

Die Verteilung der weltweiten Wertschöpfung zeigt aber deutlich, dass der Verlust von Weltmarktanteilen in der Konsumgüterelektronik nicht primär auf die Konkurrenz aus Niedriglohnländern zurückzuführen ist (Abbildung 1.23). Vielmehr konnten insbesondere auch die USA in den vergangenen Jahren ihren Anteil

> **Die Verdrängung Deutschlands aus der Elektronikindustrie ist nicht nur auf die Konkurrenz aus Niedriglohnländern zurückzuführen.**

Abb. 1.23: Wertschöpfungsanteile in der Elektronik*
in Prozent

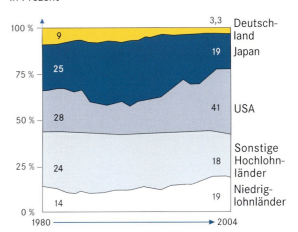

\* Radios, Fernseher und Kommunikationselektronik (ISIC 3832) sowie Elektrogeräte und elektrische Haushaltswaren (ISIC 3833)
Quelle: Global Insight

deutlich ausbauen – weitaus stärker noch als alle Niedriglohnländer zusammen.

Heute ist die Elektronikindustrie weltweit stark durch Cluster geprägt, die entlang den typischen Wertschöpfungsschritten entstanden sind (Halbleiterfertigung, Verdrahtung, Bestückung, Fertigung Strukturteile und Vormontage, Montage und Konfektionierung). Dies gilt zumindest für Produkte mit hoher Wertdichte. Nimmt man beispielsweise ein modernes Gerät der Unterhaltungselektronik, so konzentriert sich der komplexe Schritt der Halbleiterherstellung *(Front-End-Fertigung)* aufgrund der hohen Kapitalintensität und erheblicher Subventionen auf Industrienationen wie Deutschland und die USA, aber auch aufstrebende Nationen wie Taiwan. Die relativ einfache Vereinzelung, Rahmung und Bedrahtung der Chips hingegen ist in Niedriglohnländern wie Malaysia, Indonesien und China angesiedelt. Der Schwerpunkt der Bestückung inklusive der Fertigung entsprechender Maschinen liegt in Taiwan, wo unter anderem fast alle Hersteller von Computer-Mainboards auf engstem Raum konzentriert sind. Die Fertigung der Plastikteile sowie die Montage finden häufig in China statt, im Falle von Produkten mit hoher Variantenzahl – wie etwa PCs – jedoch eher in der Nähe des Absatzmarkts.

Die Vorstellung, man könne die Fertigung der Elektronikbranche kurz- bis mittelfristig wieder in größerem Umfang nach Deutschland zurückholen, ist unrealistisch – selbst für Premiumsegmente. Den Kostennachteil des Hochlohnstandorts zu überwinden und die Produktion am Hochlohnstandort zu halten erfordert einen substanziellen Vorsprung an Wissen und Erfahrung, der in den meisten Bereichen der Elektronikindustrie und gerade im Bereich der Konsumgüterelektronik nicht mehr besteht. Ferner wirken die mit der Verlagerung von Produktion entstehenden Ausgaben – von zusätzlichen Investitionen bis hin zu Restrukturierungskosten – dämpfend: Faktisch bewirken sie sogar eine „Hysterese-Kurve" für die Produktion, indem diese der Attraktivität von Standorten eine Zeit lang hinterherhinkt.

Die Chance für deutsche Unternehmen besteht vielmehr darin, technologische Umbrüche zu nutzen, die die Spielregeln der Branche für die kommenden ein bis zwei Jahrzehnte neu definieren. Die letzte Runde dieser Basisinnovationen – beispielsweise die Entwicklung von TFT- und Plasmafernsehern, DVD- und Festplattenrekordern sowie tragbaren MP3-Abspielgeräten – wurde leider verpasst, obwohl die Grundlagen zu erheblichen Teilen in Deutschland entwickelt wurden. Unternehmen sollten durch den richtigen Mix von innovativen Standorten (auch in Hochlohnländern) und Werken mit günstigen Faktorkosten die Voraussetzungen schaffen, wieder in breite Marktsegmente einsteigen zu können. Die Hochlohnstandorte müssen dabei insbesondere die Fähigkeit besitzen, durch enge Interaktion zwischen FuE und Produktion den Zeitraum bis zur Serienreife und Kammlinie der Produktion zu minimieren.

\* \* \*

Für eine Globalisierung der Produktion gibt es zahlreiche gute Gründe. Die meisten Unternehmen sind sich dieser möglichen Vorteile bewusst. Doch kennen sie auch die Herausforderungen und Hürden? Wissen

---

**Die meisten Unternehmen realisieren weniger als 10 Prozent des Einsparungspotenzials bei neuen Produktionsstätten.**

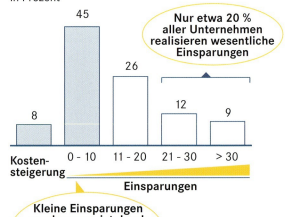

Abb. 1.24: Eingesparte Produktionskosten bezogen auf das Stammwerk
in Prozent*

\* Kostenposition der 77 von Umfrageteilnehmern in den vergangenen 5 Jahren eröffneten Werke über alle Länder
Quelle: McKinsey/PTW (ProNet-Umfrage)

sie, wie sie den passenden Standort finden, wie sie das Risiko beim Produktionsanlauf minimieren und wie sie den neuen Standort in bestehende Strukturen einbinden können? Die Zusammenhänge sind komplex, die Antworten auf diese Fragen je nach Unternehmen sehr unterschiedlich.

Die ProNet-Umfrage hat gezeigt, dass viele Unternehmen an der Aufgabenstellung scheitern (Abbildung 1.24): Mehr als die Hälfte der befragten Unternehmen erzielt mit einem neuen Produktionsstandort gerade einmal eine Kosteneinsparung von maximal 10 Prozent. Die Gründe sind vielfältig und reichen von mangelnden Ressourcen und Erfahrungen bei der Umsetzung über eine zu zögerliche und unvollständige Realisierung bis hin zu einer zu niedrigen Erwartungshaltung bezüglich der Einsparungspotenziale – wer sich wenig vornimmt, wird auch nur wenig erreichen.

Etwa 20 Prozent der befragten Unternehmen können als erfolgreiche Globalisierer gelten: Ihnen ist es gelungen, die richtige Balance herzustellen zwischen hoch gesteckten Zielen einerseits und einer realistischen Verplanung vorhandener Ressourcen und Fähigkeiten andererseits. Dafür gibt es zwar keine Universallösung, doch steht als Basis einer unternehmensspezifischen Analyse eine Reihe universell gültiger Einfluss- und Erfolgsfaktoren zur Verfügung. Die folgenden Ausführungen bieten für die Globalisierung der Produktion einen praxisnahen Leitfaden.

## Zum Weiterlesen

Davis, I. „The Biggest Contract". In: *The Economist,* 28. Mai 2005, London, S. 87–89.

Drucker, P. F. *The Essential Drucker.* Oxford: Butterworth-Heinemann, 2001.

Porter, M. *The Competitive Advantage of Nations.* New York: Free Press, 1998.

Reich, R. *Die neue Weltwirtschaft.* Frankfurt am Main: Fischer, 1996.

Siebert, H. *Weltwirtschaft.* Stuttgart: UTB, 1997.

Welge, M. W. und D. Holtbrügge *Internationales Management.* Stuttgart: Schäffer-Poeschel Verlag, 2003.

Tobias Meyer

# 2 Globale Standortwahl – Einflussfaktoren

## Zusammenfassung

Kostensenkung und Markterschließung sind die beiden Hauptmotive für eine Globalisierung der Produktion. Die Arbeitskosten und die Nähe zum Markt sind deshalb die beiden relevantesten Standortfaktoren für die Produktion, gefolgt von der Verfügbarkeit qualifizierten Personals. Entscheidungsträger sollten sich aber bewusst sein, dass die Relevanz der einzelnen Standortfaktoren von den Eigenschaften der Fertigungsschritte (z. B. der Arbeitsintensität), der Produkte (z. B. der Wertdichte) und der Betrachtungsebene (Standortwahl auf Ebene von Kontinenten oder von benachbarten Industriegebieten) abhängt. Zudem unterscheidet sich die Betrachtung je nach Unternehmensfunktion: Ein Standort kann durchaus für den Vertrieb attraktiv sein, nicht jedoch für die Fertigung von Vorprodukten.

Bei der Erschließung von Auslandsmärkten ist es wichtig, die jeweiligen Marktstrukturen zu kennen und zu verstehen: Die USA wachsen beispielsweise in absoluten Werten immer noch deutlich stärker als China; das Wachstum hat jedoch einen anderen Charakter. China und andere Entwicklungs- und Schwellenländer durchlaufen Phasen, in denen sukzessive immer höherwertige Gebrauchs- und Konsumgüter nachgefragt werden, deren Absatzmarkt in den etablierten Industrienationen längst gesättigt ist. Dort wächst primär der Dienstleistungssektor.

Bei den Arbeitskosten kommt es vor allem darauf an, den großen Unterschied zwischen Hoch- und Niedriglohnstandorten zu nutzen, der nicht selten den Faktor 5 bis 10 beträgt. Die hohen Arbeitskostenunterschiede werden auch in den nächsten Jahrzehnten bestehen bleiben. Allerdings gilt dies nicht im gleichen Maß für höher qualifizierte Arbeitskräfte.

Erfolgreich global tätigen Unternehmen gelingt es nahezu überall auf der Welt, exzellente Produktivität und Qualität zu erreichen. Diese Unternehmen bauen auf bestehenden Erfahrungen auf, stellen sich auf die unterschiedlichen Gegebenheiten ein und nutzen standortgerechte Fertigungstechniken und Beschäftigungsstrategien.

## 2.1 Entscheidungsbasis: Auswahlkriterien für globale Produktionsstandorte und Klärung ihrer Relevanz

Die Wahl eines neuen Produktionsstandorts wird durch zahlreiche Einflussfaktoren bestimmt, die sich teilweise im Lauf der Zeit deutlich ändern. Deshalb ist es nicht nur wichtig, die bestimmenden Faktoren zu kennen, sondern auch die Trends, denen sie folgen. Nur so kann eine zuverlässige Faktenbasis für die langfristig orientierte Entscheidung über die Produktionsstandorte und Beschaffungsquellen geschaffen werden.

Dies gilt besonders für den Aufbau von Produktionsnetzwerken und Produktionsstandorten in Ländern, die weit vom Heimatstandort entfernt sind und sich von ihm wirtschaftlich und kulturell deutlich unterscheiden. Die Bewertung der zahlreichen Einflussfaktoren ist gerade bei einem internationalen Betrachtungsumfang sehr komplex.

Entscheidungsträgern muss es gelingen, die entscheidungsrelevanten Fakten bei der Standortwahl zu berücksichtigen. Ob an einem chinesischen Standort momentan 0,8 oder 1 Euro Arbeitskosten für einen angelernten Arbeitnehmer anfallen, ist für fast alle internationalen Industrieunternehmen weitgehend unerheblich. Ob qualifizierte lokale Mitarbeiter gewonnen, geschult und im Unternehmen gehalten werden können, die eine produktive Fertigung mit hohem Qualitätsniveau aufrechterhalten, ist hingegen weitaus bedeutender.

Chancen und Risiken von Auslandsinvestitionen mit dem Zielsystem des Unternehmens in Einklang zu bringen, die verfügbaren finanziellen und personellen Ressourcen festzulegen und die Veränderungsfähigkeit des Unternehmens einzuschätzen, sind wichtige Aufgaben des Topmanagements zu Beginn der Entwicklung einer Globalisierungsstrategie. Erfolgskritisch ist dabei die Kenntnis der Umfeldentwicklung, also z. B. die Entwicklung des Marktes, der Faktorkosten, der Logistikkosten, der Zölle und anderer Einflussfaktoren. Dieses Kapitel beschreibt die wesentlichen Eigenschaften und globalen Unterschiede dieser Einflussfaktoren.

### Kernfragen Kapitel 2

- Welche Einflussfaktoren sind bei der globalen Standortwahl relevant?
- Welche Faktoren sind für einzelne Branchen und Regionen besonders wichtig?
- Wie sehen Ausgangslage und Trends der relevanten Einflussfaktoren aus?
  - Märkte: Welche grundlegenden Trends sind zu beobachten?
  - Faktorkosten: Schließt sich die Arbeitskostenlücke? Wie schnell könnte dies geschehen?
  - Produktivität: Werden Faktorkostenvorteile in Niedriglohnländern durch geringe Produktivität und Qualität zunichte gemacht?
  - Fertigungstechnik: Welche Betriebsmittel und Verfahren sollten eingesetzt werden? Welche Implikationen ergeben sich durch Skaleneffekte?
  - Logistik: Wie entwickeln sich die Frachtraten? Welche Auswirkungen haben längere Transportzeiten?
  - Externe Faktoren: Welchen Einfluss haben Steuern, Subventionen, Währungskurse, Produktpiraterie und andere Risiken auf die Standortwahl?
  - Migration: Welche Ausgaben sind beim Aufbau eines Auslandswerks und einer eventuellen Restrukturierung bestehender Standorte zu erwarten?

## 2.1.1 Zusammenspiel von Standort- und Prozessfaktoren

Bei der Bewertung der Wirtschaftlichkeit und Leistungsfähigkeit von Produktionsnetzwerken empfiehlt sich eine bewusste Unterscheidung zwischen den Eigenschaften der Standorte und denen der Fertigungsprozesse (Abbildung 2.1). Diese Unterscheidung ist essenziell. **Prozessfaktoren** gewichten **Standortfaktoren** hinsichtlich ihrer Relevanz. Entsprechend ist ein Standort nicht grundsätzlich attraktiv oder unattraktiv für die Fertigung – er ist nur attraktiv oder unattraktiv für einen spezifischen Fertigungsschritt eines Produkts. Bei einer arbeitsintensiven Fertigung einfacher Standardprodukte sind Arbeitskosten das dominierende Kriterium, bei variantenreichen Hightech-Produkten in der Regel nicht.

**Standortfaktoren** spiegeln die Eigenschaften eines Ortes wider und bestimmen seine Attraktivität für die Fertigung eines spezifischen Produkts. Zu den quantitativen Standortfaktoren zählen die Faktorkosten bzw. -preise, beispielsweise Arbeitskosten, aber auch die geografische Lage (die z. B. Transportdistanzen und -kosten bestimmt). Einige Standortfaktoren wie Zölle und Steuern ergeben sich unmittelbar aus der Gebietszugehörigkeit.

Produkt- und produktionsbezogene Faktoren (**Prozessfaktoren**) beschreiben den Fertigungsprozess eines bestimmten Produkts. Zu den quantitativen Prozessfaktoren zählen die Inputfaktormengen, die zur Herstellung eines Produkts erforderlich sind, wie Arbeit, Energie, Kapital und Rohstoffe. Die Inputfaktormengen hängen von den Produkteigenschaften und der Fertigungstechnik ab und lassen sich variieren – beispielsweise durch eine Änderung des Automatisierungsgrads der Fertigung. Die **Inputfaktormengen** sowie die anderen quantitativen Prozessfaktoren haben einen direkten Einfluss auf die Kosten der Produktion;

---

**Es lassen sich zwei Kategorien von Einflussfaktoren unterscheiden.**

Abb. 2.1: Einflussfaktoren der Standortwahl – Standort- und Prozessfaktoren       EXEMPLARISCH

| Standortfaktoren | | Prozessfaktoren (produkt- und produktionsbezogene Faktoren) | |
|---|---|---|---|
| **Faktorkosten** | • Arbeitskostensatz (je Stunde)<br>• Kapitalkostensatz<br>• Beschaffungskosten für Teile, Rohstoffe, Energie usw. | **Inputfaktormengen** | • Arbeitsinhalt (nach Qualifikationsstufen)<br>• Nominaler Kapitalbedarf für Betriebsmittel<br>• Zukaufteile und Rohstoffe<br>• Eigengefertigte Vorprodukte<br>• Raumbedarf |
| **Produktivität** | • Arbeitsproduktivität (regionaler Einfluss)<br>• Kapitalproduktivität (regionaler Einfluss) | | |
| **Sonstige quantitative Faktoren** | • Transportkosten<br>• Potenzielle Restrukturierungs- und Schließungskosten<br>• Distanzen zu Märkten u. a. | **Sonstige quantitative Faktoren** | • Volumen und Gewicht<br>• Lieferzeitanforderungen<br>• Instandhaltungskostenanteil u. a. |
| **Qualitative Faktoren** | • Verfügbarkeit von Land und Infrastruktur; Eigentumsrechte<br>• Rechtssicherheit, Schutz von intellektuellem Eigentum<br>• Regulierung/Schutzanforderungen u. a. | **Qualitative Anforderungen** | • Prozesskomplexität<br>• Know-how/Patente<br>• Umweltverträglichkeit u. a. |

Quelle: McKinsey

aus den qualitativen Prozessfaktoren ergeben sich die indirekten Anforderungen an den Standort – so z. B. die Forderung nach Versorgungs- oder Rechtssicherheit.

Wie wichtig es ist, sich in diesem Kontext auch mit **Entwicklungstrends** auseinander zu setzen, zeigt das Beispiel der Firma Sony. Bewertungen können sich im Lauf der Zeit ändern, z. B. durch den Wandel qualitativer Einflussfaktoren. Sony verlagerte in den 90er Jahren die Produktion digitaler Kameras und Camcorder von Japan nach China, um Kosteneinsparungen bei den damals aufwändig in relativ kleinen Stückzahlen gefertigten Produkten zu erreichen. 2002 kam es zu einer Rückverlagerung nach Japan. Eine drastische Verkürzung der Produktlebenszyklen von digitalen Kameras bei deren gleichzeitiger Wandlung von rein funktionalen Produkten zu *High-Fashion-Produkten* machte eine große Nähe der Produktionsstätten zur Lieferantenbasis und dem Hauptabsatzmarkt erforderlich. China hatte 2002 nach Einschätzung von Sony weder die hinreichende Reife als Beschaffungsmarkt noch als Absatzmarkt.[1]

Die Berücksichtigung **qualitativer Kriterien** – beispielsweise des Know-how-Schutzes – bei der Standortwahl ist durchaus schwierig. Der in unterschiedlichen Publikationen vorgeschlagene ausschließliche Vergleich einzelner Standortfaktoren[2] bzw. ihre pauschale Gewichtung und Verdichtung zu Indices[3] ist wenig aussagekräftig. Die zu erwartende Wirtschaftlichkeit potenzieller Auslandsstandorte wird mit diesen Methoden nicht klar beurteilt.

Bei einigen qualitativen Einflussfaktoren ist die Ableitung eines quantitativen Zusammenhangs, z. B. die Berücksichtigung des Risikos politischer und sozialer Umbrüche über einen höheren Kapitalkostensatz, möglich und sinnvoll. Diese qualitativen Kriterien können dann wie quantitative Faktoren, beispielsweise die Arbeitskosten, einfach über mathematische Zusammenhänge aggregiert werden.

Eine **Quantifizierung** ist aber bei Weitem nicht bei allen qualitativen Faktoren sinnvoll. Eine bessere Infrastruktur kann Mängel bei der Rechtssicherheit nicht kompensieren. Qualitative Merkmale sollten dennoch unbedingt bei der Standortauswahl beachtet werden. So können beispielsweise Mindestanforderungen etabliert werden, an denen sich die Vorauswahl von Ländern orientiert, etwa hinsichtlich der politischen Stabilität. Zumindest sollten die qualitativen Eigenschaften der potenziellen Produktionsstandorte bei deren Vergleich mit aufgeführt werden, um so für das Management Transparenz zu schaffen. Dabei sollte explizit ausgewiesen werden, ob und wie die Faktoren in dem Auswahlprozess berücksichtigt wurden.

### 2.1.2 Entscheidungsrelevante Standortfaktoren auf der Ebene von Kontinenten, Ländern und Regionen

Die Relevanz einzelner Standortfaktoren variiert für Fertigungsschritte mit unterschiedlicher Kostenstruktur und Komplexität. Verschiebungen in der Bedeutung einzelner Standortfaktoren für den Entscheidungsprozess ergeben sich jedoch auch auf geografischer und Branchenebene. Bei vielen Standortfaktoren zeigt sich ferner ein spezifisches Relevanzproblem:[4] Die Ausprägung einiger Standortfaktoren, wie beispielsweise der Arbeitskosten, beeinflusst das Unternehmen zumindest teilweise selbst.

Die Relevanz dieser **semi-externen Faktoren** ist daher auch von den Entscheidungen des Unternehmens geprägt. So sind geringe Arbeitskosten für ungelernte Arbeiter nur dann ein relevanter Faktor, wenn die eingesetzten Fertigungsverfahren in hohem Maße den Einsatz gering qualifizierter Arbeiter ermöglichen. Die Adaptierung der Fertigungsverfahren hingegen ist nur attraktiv, wenn an einem Standort gefertigt wird, der sehr niedrige Arbeitskosten aufweist – ein komplexer Zirkelschluss.

---

1 Vgl. Jiang (2003), S. 26: „[...] the latest camera design on the Chinese market is typically six months behind products on the Japanese and U.S. markets. Therefore by producing [...] in China, the manufacturer would not gain any useful information for the supply chain-wide forecasting system."

2 Vgl. bspw. Produktion (2004b).

3 Vgl. bspw. Peren (1998).

4 Vgl. Welge (2003), S. 90.

**Arbeitskosten** – der auf der Ebene von Ländern wichtigste Standortfaktor[5] – sind für nahezu alle Standorte weltweit kein Diktum, sondern ergeben sich als Marktpreise, die das Unternehmen zumindest auf lokaler Ebene und in Grenzen mit beeinflusst. Ebenso sind Produktivität und Qualität in der Regel stärker vom Unternehmen als vom Standort abhängig. Je nachdem wie Unternehmen ihre eigenen Möglichkeiten einschätzen, beurteilen sie auch Standortfaktoren.

> **Erfolgreiche Unternehmen sehen globale Produktion primär als Chance: Kostenpotenziale durch niedrigere Arbeitskosten und Umsatzsteigerung durch Nähe zum Markt.**

Selbstbewusste Unternehmen mit großer Erfahrung beim Aufbau von Werken, auch in Entwicklungs- und Schwellenländern, orientieren sich stärker an den Kosten. Die Schulung von Mitarbeitern und Schaffung der örtlichen Rahmenbedingungen trauen sich diese Unternehmen selbst zu. Das Kriterium „Arbeitskosten" hat daher für diese Gruppe von Unternehmen, die bereits erfolgreich globalisiert sind, bei der Auswahl von Produktionsstandorten mit Abstand die größte Bedeutung. Auch die Relevanz von Kundenanforderungen ist für diese Unternehmen sehr hoch (Abbildung 2.2). Die stärkere Fokussierung auf die Chancen und die Kostenposition des Produktionsnetzwerks zeigt sich ferner durch eine stärkere Beachtung von Transportkosten, Zollaufwendungen, Steuern und Subventionsmöglichkeiten bei der Standortwahl.

Anders Unternehmen, die erst in geringem Umfang international aufgestellt sind oder beim Standortauf-

**Arbeitskosten werden als relevantestes Auswahlkriterium gesehen.**

Abb. 2.2: Relevanz von Kriterien bei der Auswahl von Produktionsstandorten
(Auswahlebene: Länder)

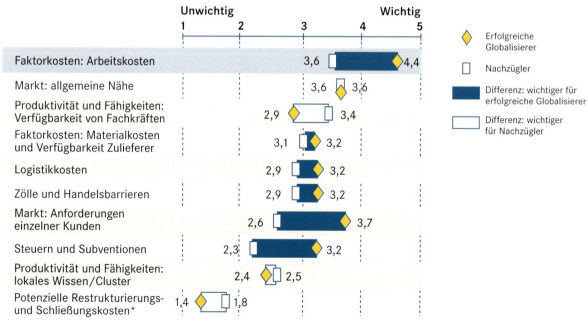

\* Weitere Kriterien (Einstufung): politische und soziale Stabilität (3,0/2,8), Skaleneffekte (2,7/3,0), Währungskurseffekte (2,4/2,7), Risiken/Eintrittsbarrieren (2,6/2,4), Landeigentum/Infrastruktur (2,2/2,3)
Fragen A3 und E7: „Welches sind die Hauptgründe bei der Auswahl eines spezifischen Landes/einer Region als Produktionsstandort?"
Quelle: McKinsey/PTW (ProNet-Umfrage)

---

5 Vgl. Ernst & Young (2004), S. 15, und Hardock (2000), S. 180 (zitiert Umfrage des VDMA, bei der „Personalkosten" als das mit Abstand wichtigste Kriterium vor „Qualifikation und Motivation", „Unternehmensbesteuerung" und „Arbeitsproduktivität" beurteilt wurde).

bau im Ausland Rückschläge erlitten haben. Diese Unternehmen orientieren sich stärker an den Risiken als an den Chancen der Globalisierung. Sie gewichten daher die Verfügbarkeit ausgebildeter Fachkräfte höher.

> **Nachzügler sehen primär die Risiken: Sie gewichten die Verfügbarkeit von Fachkräften höher und sichern dadurch die Machbarkeit von Auslandsengagements ab.**

Die Einschätzung der Bedeutung von Standortfaktoren wird nicht nur durch das Zielland, sondern auch durch das **Herkunftsland** des Unternehmens bestimmt. Deutsche und japanische Unternehmen, die ihren Heimatstandort in Ländern mit sehr hohen Arbeitskosten haben, achten beispielsweise bei der Standortwahl in den USA stärker auf die Arbeitskosten als amerikanische Kollegen. Umgekehrt messen Amerikaner Transportkosten eine größere Bedeutung bei[6] – auch wenn sie im geografisch kleineren Europa investieren. Dies zeigt, dass es Entscheidungsträgern schwer fällt, Verhaltensmuster abzulegen, die zwar bei der Erschließung des Heimatmarkts erfolgreich waren, aber nicht zwangsläufig auf andere Länder übertragbar sind.

> **Das Herkunftsland, nicht nur das Zielland, der Unternehmen prägt die Einschätzung der Relevanz von Standortfaktoren.**

Ein weiteres Beispiel dafür ist die Tatsache, dass deutsche Industrieunternehmen[7] die Verfügbarkeit von qualifiziertem Personal als das wichtigste Kriterium bei der Auswahl von Produktionsstandorten betrachten. Hier attestieren sie dem Standort Deutschland einen großen Vorteil. Wenn man sich vor Augen führt, dass Unternehmen am Hochlohnstandort Deutschland oftmals hoch automatisiert fertigen, ist diese Einschätzung durchaus plausibel.

Ebenso wirkt sich die **Art der Produkte**, die im Ausland gefertigt werden sollen, auf die Bedeutung der Standortkriterien aus. **Im Beispiel** planen Unternehmen primär die Auslandsfertigung von Vorprodukten. Entsprechend wenig darf es verwundern, dass diese Unternehmen dem Kriterium „Nähe zum Kunden" nur eine geringe Bedeutung beimessen, da die Vorprodukte ohnehin in den Stammwerken weiterverarbeitet werden und sich deren Position gegenüber den Kunden nicht ändert.

Die Ergebnisse der Befragungen machen deutlich, wie wichtig eine differenzierte Betrachtung und eine klare Definition der relevanten Standortkriterien für das einzelne Unternehmen im Kontext seiner strategischen Ziele sind.

Die Relevanz einzelner Standortfaktoren ändert sich auch mit der **Betrachtungsebene** und dem Fortschritt der Standortauswahl. Die Bedeutung der Auswahlkriterien für die Standortwahl ist nur teilweise identisch, wenn es sich um eine Entscheidung zwischen zwei Kontinenten – beispielsweise die Ansiedlung einer Produktionsstätte in Amerika oder Asien – oder um eine Wahl zwischen Investitionen in verschiedenen Ländern – z. B. Korea, China oder Taiwan – handelt (Abbildung 2.3). Bei der Wahl zwischen Ländern oder Einzelstaaten sind beispielsweise häufig Steuern und Zölle relevante Kriterien, denen bei der Auswahl auf kontinentaler wie auch lokaler Ebene (mit Ausnahme einiger Staaten wie der USA oder der Schweiz) eine geringere Bedeutung zukommt. Was für die Entscheidung auf Kontinent- und Länderebene gilt, ist auf lokaler Ebene oftmals nicht mehr in gleichem Maße relevant. Bei der Wahl des geeigneten Vororts, der Industrieparks und der einzelnen Liegenschaften spielen beispielsweise Unterschiede bei den Transportwegen zu Kunden und Lieferanten nur noch eine geringe Rolle. Auch hier ändert sich also die Relevanz der einzelnen Entscheidungskriterien.

\*\*\*

Für die Wahl von Produktionsstandorten auf der Ebene von Ländern und Regionen gibt es einige Einflussfaktoren mit allgemein hoher Relevanz. Sie werden im

---

[6] Vgl. Tong (1980): Befragung zur Relevanz von Standortkriterien internationaler Unternehmen bei Investitionen in den USA (254 Befragte): Transport: 3,70 (von max. 5); Motivation der Arbeiter: 3,67; Raum für Erweiterungen: 3,65; Nähe zum Markt: 3,65; u. a. Die jeweilige Bedeutung der Kriterien ist abhängig vom Investor (z. B. Anteil ausländischen Eigentums, Stammsitz).

[7] Vgl. Produktion (2004a): Umfrage unter 93 Industrieunternehmen.

Folgenden mit den entsprechenden Entwicklungstrends detailliert beschrieben.

Dabei ist zwischen den Einflussfaktoren zu unterscheiden, die sich auf die operativen Kosten von Standorten auswirken und solchen, die bei der Migration, d. h. dem Aufbau und der Schließung von Standorten, anfallen. Die ausschließliche Betrachtung der operativen Kosten entspricht einer **statischen Perspektive**, die eine Bewertung der langfristigen Kosten der Verfügbarkeit der Produkte im Markt *(Total Landed Costs)* zum Ergebnis hat. Diese Betrachtung ist hilfreich, um den strategischen Nutzen einer Netzwerkneugestaltung zu ermitteln. Nicht zuletzt ist die Idealposition eines optimal konfigurierten Netzwerks auch die beste Position, die Wettbewerber mit vergleichbaren Produkten und ähnlicher Fertigungstechnik erreichen können. Die Einbeziehung der Ausgaben der Verlagerung, d. h. Investitionen und zahlungswirksame Einmalaufwendungen, führt zu einer **dynamischen Perspektive**.

Die folgende Darstellung der Einflussfaktoren beschreibt grundlegende Fakten und nachhaltige Trends, die die Globalisierung der Produktion maßgeblich bestimmen. Der Fokus der Darstellung liegt auf den Standortfaktoren, d. h. den Eigenschaften von Ländern und Regionen, die für nahezu alle Unternehmen relevant sind. In der Darstellung wird bewusst zwischen Niedriglohnländern sowie Entwicklungs- und Schwellenländern unterschieden. Gerade durch den Einfluss des Kommunismus in Osteuropa sind Länder in ihrer wirtschaftlichen Entwicklung gehemmt oder sogar zurückgeworfen worden und weisen daher heute zwar niedrige Arbeitskosten, aber davon abgesehen eine bereits weit fortgeschrittene gesellschaftliche Entwicklung auf. Diese Länder sind nicht in dem Umfang von den Schwierigkeiten geprägt, die Entwicklungs- und

**Die Relevanz der Einflussfaktoren ändert sich mit der Betrachtungsebene.**

Abb. 2.3: Betrachtungsumfang und Relevanz Einflussfaktoren

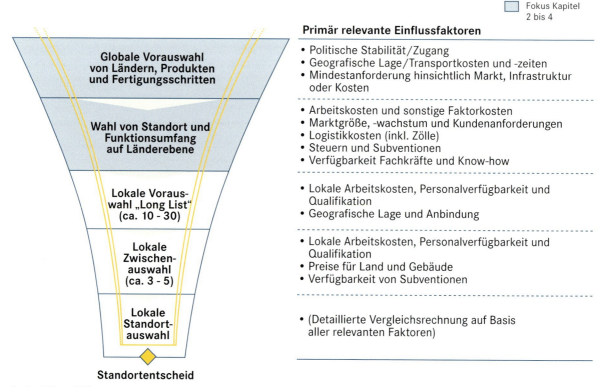

Quelle: McKinsey/PTW

Schwellenländer auszeichnen, in denen die Mehrheit der einfachen Arbeiter allenfalls geringe Erfahrungen mit westlichen Lebens- und Arbeitsweisen gemacht hat.

## 2.2 Märkte und Marktentwicklung

Die Entwicklung der Märkte ist eine entscheidende Triebfeder bei der Globalisierung der Produktion. Unternehmen wollen vom Wachstum lokaler Märkte profitieren und neue Absatzmöglichkeiten erschließen. Sie stellen sich daher zunehmend global auf und decken den gesamten Weltmarkt ab. Um Auslandsinvestitionen adäquat zu planen und zu bewerten, bedarf es einer Abschätzung der grundlegenden Markttrends.

> **Ziel ist, zum richtigen Zeitpunkt am richtigen Ort präsent zu sein.**

Dies betrifft sowohl die Entwicklung ganzer Branchen als auch das Wachstum einzelner Produktsegmente. Deren Entwicklung lässt sich durch die Analyse von Abhängigkeiten und den Vergleich von Ländern erstaunlich gut abschätzen. Unternehmen sollten strukturelle Analysen nutzen, um zum richtigen Zeitpunkt am richtigen Ort in neue Märkte einzutreten, ihr Engagement auszubauen oder sich zurückzuziehen.

### 2.2.1 Marktwachstum – Industrialisierung und Wandel zur Dienstleistungsgesellschaft

Die Industrialisierung Nordamerikas, Westeuropas und Japans erfasste einen Wirtschaftsraum mit ca. 500 Millionen Einwohnern und vollzog sich in etwa von 1930 bis 1970. In den 25 Jahren nach 1970 entwickelten sich in vielen Industrien relativ stabile oligopolistisch geprägte Märkte. Seit Mitte der 90er Jahre zeigt sich nun aufgrund des starken Wachstums in China, Indien und Teilen Südostasiens – einer Region mit ca. 3.000 Millionen Einwohnern – eine **neue Dynamik**, die diese Länder als Absatzmärkte ganz besonders attraktiv erscheinen lässt. Paradoxerweise sind die Märkte in einigen Bereichen so offenkundig attraktiv, dass der intensive Markterschließungsdruck großer Unternehmen gerade in kapitalintensiven Industrien dazu führt, dass kaum eines der beteiligten Unternehmen mittelfristig hinreichende Gewinne in den vermeintlich attraktivsten Segmenten erwirtschaftet.

Das starke Wachstum der Entwicklungs- und Schwellenländer ist allerdings bei Betrachtung der absoluten Zahlen zu relativieren. Trotz moderater Wachstumsraten erreichen die hoch entwickelten Industrienationen ausgehend von einem hohen Niveau in absoluten Größen noch immer beträchtliche Zuwächse.

So ist die US-amerikanische Volkswirtschaft im Jahr 2004 noch siebenmal so groß wie die chinesische, und der Zuwachs des Bruttoinlandsprodukts wird auch in den nächsten 20 Jahren in den USA größer als in China sein. Der US-Markt bleibt daher für Unternehmen weiterhin sehr attraktiv – allerdings weniger für die produzierenden Bereiche.

Warum Asien und insbesondere China bei Industrieunternehmen ein so hohes Interesse wecken, zeigen die weltwirtschaftliche Entwicklung der vergangenen zehn Jahre sowie die Extrapolation der Wachstumstrends bis 2013 (Abbildung 2.4). Das hohe gesamtwirtschaftliche Wachstum in den sich entwickelnden asiatischen Volkswirtschaften ergibt sich aus der Ausweitung der industriellen Produktion. Gleichzeitig verzeichnen diese Länder eine starke Nachfrage nach einfachen Gebrauchsgütern, z. B. Waschmaschinen, deren Absatz in den USA, Westeuropa und Japan längst die Sättigungsgrenze erreicht hat.

> **Entwicklungs- und Schwellenländer wachsen stark im industriellen Bereich, hoch entwickelte Volkswirtschaften fast nur noch im Dienstleistungssektor.**

Während also in den aufstrebenden Ländern Südostasiens die Industrieproduktion das starke Wachstum trägt, wird das (in relativen Größen) moderate Gesamtwachstum in den hoch entwickelten Volkswirtschaften hauptsächlich durch den Dienstleistungssektor getragen. Die Unternehmen des Verarbeitenden Gewerbes profitieren vom Wachstum in den Hochlohnländern daher nur wenig und müssen ihre Wachstumsziele durch Diversifikation, Verdrängung oder

Expansion in stärker wachsende ausländische Märkte verwirklichen.

Die stärkere Ausrichtung auf den Dienstleistungssektor in den hoch entwickelten Industrienationen geht einher mit deutlich geringeren Investitionsquoten. Die Investitionsquote in China liegt derzeit bei über 40 Prozent und damit auf gleicher Höhe mit dem Anteil des privaten Konsums. Die Investitionsquote in Deutschland, den USA und anderen Industrienationen beträgt dagegen nur noch etwa 18 Prozent, der private Konsum dominiert.

Bei der Beurteilung des Marktpotenzials unterschiedlich entwickelter Volkswirtschaften gibt die Betrachtung des Bruttoinlandsprodukts bereits auf der aggregierten Ebene Hinweise auf deutlich anders strukturierte Märkte und Schwerpunkte der Nachfrage.

## 2.2.2 Marktwachstum in Entwicklungs- und Schwellenländern – verallgemeinerbare Trends und regionale Besonderheiten

Länder durchlaufen relativ ähnliche Entwicklungen von einer agrargeprägten Volkswirtschaft hin zur hoch entwickelten Industrienation. Ähnlich verhält sich die Entwicklung des Marktvolumens und der Struktur einzelner Marktsegmente. Sie lässt sich daher vergleichsweise gut abschätzen. Die Nachfrage nach einfachen Gütern mit klarer, global gleichermaßen nutzbarer Funktionalität wächst zu Beginn der Industrialisierung eines Landes sehr stark, bis die Sättigung erreicht wird.

Je nach relativem Nutzen der Güter werden sie sehr früh (z. B. Fernsehgeräte und Fahrräder) oder später (z. B. Automobile) in der wirtschaftlichen Entwicklung

**Den größten Marktzuwachs bei industriellen Produkten verzeichnet Asien und insbesondere China.**

Abb. 2.4: Reales Bruttoinlandsprodukt (BIP)*
in Bill. USD

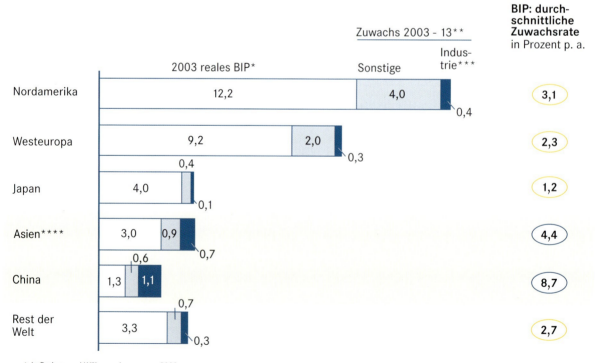

\* In Preisen und Währungskursen von 2002
\*\* Extrapoliert auf Basis des Wachstums 1993 - 2003
\*\*\* Verarbeitendes Gewerbe ohne Bauindustrie
\*\*\*\* Asien ohne China und Japan
Quelle: Global Insight; McKinsey-Analyse

## Länder entwickeln sich hinsichtlich der Nachfrage nach Warengruppen ähnlich.

nachgefragt. Liegt das Bruttoinlandsprodukt (BIP) pro Kopf bei ca. 100 US-Dollar, kommt es in stärkerem Maße zur Nachfrage nach Fernsehern. Ab ca. 300 US-Dollar BIP pro Kopf[8] löst das Motorrad den nicht motorisierten Transport beispielsweise per Fahrrad ab. Die Nachfrage nach Fahrrädern als Transportmittel ist in vielen Ländern zunehmend gesättigt, sobald diese Marke erreicht wird. Ab 800 bis 1.500 US-Dollar BIP pro Kopf kommt es vermehrt zum Autokauf, der ab ca. 20.000 US-Dollar BIP pro Kopf – also recht spät in der Entwicklung – erste Sättigungseffekte zeigt. Neben der absoluten Höhe der durchschnittlichen Wertschöpfung beeinflussen noch andere Faktoren, wie z. B. die Verteilung des Einkommens, die Nachfrageentwicklung. Für viele Gebrauchsgüter gilt die Entwicklungskurve: Zuerst werden die Güter der nächsten Entwicklungsstufe in relativ geringem Umfang durch Teile der Oberschicht und oberen Mittelschicht nachgefragt. Dann steigt die Nachfrage rasant, weil sich das entsprechende Produkt als Standard-Haushaltsgerät, zur individuellen Fortbewegung oder zur Unterhaltung in der breiten Bevölkerung durchsetzt. Die Phase starken Wachstums endet mit dem Einsetzen einer allgemeinen Sättigung, wodurch es kaum noch zu Neuverkäufen kommt. Letztlich sinkt sogar der Ersatzbedarf aufgrund der Substitution durch höher entwickelte Produkte. Diesem Verfall des Marktes entgehen nur die Produkte der höchsten Entwicklungsstufe, wie beispielsweise das Automobil als das am höchsten etwickelte Produkt zur individuellen Fortbewegung.

Ein Beispiel, welches sich auf andere Länder in ähnlicher Situation übertragen lässt, ist der chinesische Fahrradmarkt. Der Absatz von Fahrrädern in China ist seit Ende der 80er Jahre kaum mehr gewachsen und hat mit ca. 40 Millionen Einheiten (40 Prozent der Weltproduktion) und einem Bestand von im Durchschnitt ca. 1,8 Fahrrädern pro Haushalt die Sättigungsgrenze erreicht. Die Inlandsnachfrage war in den vergangenen Jahren leicht rückläufig. Gleichzeitig ist die Produktion von Motorrädern seit 1990 von weniger als 1 Million Einheiten p. a. auf geschätzte 15 Millionen Einheiten im Jahr 2003 gestiegen. Der Bestand an Automobilen pro Haushalt ist hingegen auch 2004 mit durchschnittlich ca. 0,04 Stück noch sehr niedrig (der US-amerikanische Vergleichswert liegt bei 1,9 Stück).

Ein Zusammenhang lässt sich auch zwischen dem Stahlkonsum eines Landes und dem Bruttoinlandsprodukt herstellen. Bei der klassischen Industrialisierung in Europa, den USA und Südkorea folgte dem steilen Anstieg des Stahlkonsums mit zunehmendem Bruttoinlandsprodukt ein Einpendeln auf deutlich niedrigerem Niveau. Ein erheblicher Anteil der Nachfrage kann durch so genannte *Mini Mills* gedeckt werden, die zumeist Schrott verarbeiten und damit bereits genutzten Stahl in den Materialkreislauf zurückführen.

Die heutigen Entwicklungsländer – insbesondere China und Indien – erleben derzeit aufgrund ihres steigenden Wohlstands (BIP pro Kopf) eine starke Zunahme des Stahlkonsums, sie werden jedoch angesichts der verstärkten Substitution von Stahl durch andere Werkstoffe (z. B. Kunststoff und Aluminium) und des früheren Anstiegs des Dienstleistungsanteils am BIP den zeitweiligen Spitzenverbrauch der klassischen Industrieländer voraussichtlich nicht erreichen (Abbildung 2.5).

Die Frage nach dem **richtigen Zeitpunkt** des Markteintritts lässt sich nicht allgemein beantworten, da dieser stark von den Skaleneffekten der Branche, der Wertdichte und Auftragsbezogenheit der Produkte und der Größe des Unternehmens abhängt. Wenn die Rahmenbedingungen es ermöglichen, erscheinen der sehr frühe Markteintritt und die lokale Produktion als Schritte mit hohem Risiko, aber auch hohem Erwartungswert hinsichtlich der Rendite. Unternehmen, die Rückschläge ohne essenzielle Bedrohung verkraften können, sollten daher jetzt nicht nur China, sondern auch Malaysia, Thailand und Vietnam (als Gruppe) und Indien im Auge haben. Diese Länder sind im Begriff, durch den Abbau von Handelsbeschränkungen, Bekämpfung der Korruption, Ausbau der noch schlechten Infrastruktur und freizügigere Kapitalmarkt- und Investitionsbedingungen die Voraussetzung für Wachs-

---

*8 In Preisen von 2002.*

tum zu schaffen und sich als potenzielle Produktionsstandorte zu empfehlen.

Die **frühe Präsenz im Markt** sichert den langfristigen Erfolg allerdings nicht automatisch, wie beispielsweise die aktuellen Verluste von Marktanteilen von Volkswagen in China zeigen. Die Situation im chinesischen Automobilmarkt verdeutlicht, wie schwer es gerade in offensichtlich attraktiven Märkten und in durch Skaleneffekte geprägten Industrien ist, sich strategisch richtig zu positionieren. Übermäßige Investitionen und Überkapazitäten führen zu Phasen, in denen keines der in dem Dilemma befindlichen Unternehmen eine angemessene Rendite erzielt. Dies zeigt beispielsweise auch die Ex-post-Betrachtung der starken Wachstumsphase der Mobilfunkbetreiber.

Das Erkennen solcher Phasen – auf die beispielsweise die Stahlindustrie momentan zusteuert – kann das strategische Dilemma als solches zwar nicht vermeiden, aber dennoch dabei helfen, die profitableren Handlungsoptionen wahrzunehmen. In anderen Marktsegmenten gelang es Unternehmen durchaus, zur richtigen Zeit am richtigen Ort zu sein. Nokia beispielsweise baute seinen Marktanteil in China während der starken Wachstumsphase des Gesamtmarkts noch aus. Hero sah in Indien den Wandel der Nachfrage aufgrund der Substitution des Fahrrads durch das Motorrad voraus – der Fahrradhersteller Hero wandelte sich zum Motorradhersteller Hero-Honda. Gerade bei langlebigen, etablierten Gebrauchs- und Investitionsgütern lässt sich die Entwicklung durch eine vergleichende Analyse von Ländern oftmals besser abschätzen. Die Nachfrageentwicklung ganzer Warensegmente zeigt deutliche Parallelen zwischen Ländern, die Rückschlüsse auf die künftige Marktentwicklung erlauben.

Der Vergleich der Nachfrageentwicklung unterschiedlicher Länder in Abhängigkeit von der gesamtwirtschaftlichen Leistungsfähigkeit erlaubt zwar Rück-

---

**Der Zusammenhang zwischen der Entwicklung des Stahlverbrauchs und des Bruttoinlandsprodukts ist in vielen Ländern ähnlich.**

---

Abb. 2.5: Intensität des Stahlverbrauchs pro Land, 1980 - 2003

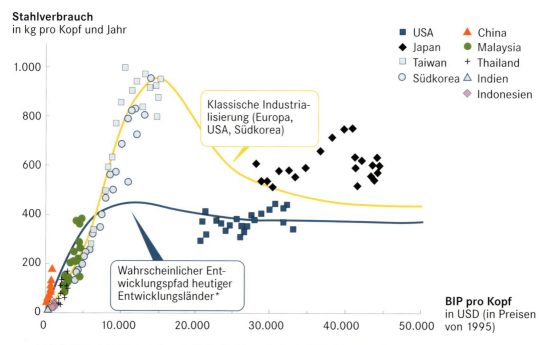

* Gründe: Stahlsubstitution durch alternative Werkstoffe; früherer Anstieg des BIP-Anteils des Dienstleistungssektors
Quelle: IMF Yearbooks, IISI Yearbooks, McKinsey-Analyse

schlüsse auf die Entwicklung des Marktvolumens für ganze Warensegmente. Doch die Ähnlichkeit beim Verlauf der Nachfrage nach Warengruppen während der Transformation von agrargeprägten Entwicklungsländern hin zu Industrienationen und zur post-industriellen Dienstleistungsgesellschaft darf nicht hinwegtäuschen über strukturelle Unterschiede bei der Präferenz für bestimmte Produkte. Eine weltweit ähnliche Kundenpräferenz ist bislang nur in sehr wenigen Bereichen anzutreffen. Die Präferenzen für bestimmte Produktarten und Produkteigenschaften sind nach wie vor stark lokal geprägt. Hier ist eine einfache Übertragung der Ergebnisse auf ein anderes Land nicht möglich. Unternehmen müssen die spezifischen Kundenpräferenzen zunächst verstehen, bevor sie in die jeweiligen Märkte eintreten und regionale Produktvarianten anbieten können, die den Marktanforderungen gerecht werden.

### Die Anforderungen an Produkte sind stark regional geprägt.

Auch zehn Jahre nach der Entwicklung der Mobiltelefonherstellung zum globalen, durch wenige Anbieter dominierten Massenmarkt ist der Anteil an aufklappbaren Mobiltelefonen *(Clamp Shells)* in Nordamerika noch wesentlich höher als in Europa und Asien. Und die nüchternen, kompakten Mobiltelefone, die europäische Kunden bevorzugen, sind in Süd- und Südostasien, wo schrillere Farben und Klingeltöne bevorzugt werden, kaum absetzbar.

Große Unterschiede in der **Produktpräferenz** zeigen sich auch bei der Automobilnachfrage. Während der Kraftwagenabsatz in Schwellenländern mit positiver gesamtwirtschaftlicher Entwicklung in der Regel stark steigt, gilt dies nicht automatisch für jedes beliebige Produktsegment. So erwerben Nordamerikaner zu 45 Prozent SUVs bzw. Pick-up-Trucks und nur zu 1 Prozent Kleinwagen; in Japan ist das Verhältnis bei vergleichbarem Wohlstandsniveau nahezu umgekehrt (Abbildung 2.6).

Beispiele für Produkte oder Produktvarianten, die von global tätigen Unternehmen speziell für ausgewählte Länder und Regionen entwickelt wurden, gibt es zu-

nehmend. So hat sich die Anzahl der Modellreihen weltweit seit dem Jahr 1999 etwa um 60 Prozent erhöht. Die M- und R-Klasse von Mercedes-Benz sind beispielsweise speziell für den nordamerikanischen Markt entwickelt und entsprechend eng auf die lokalen Kundenpräferenzen abgestimmt worden. Die Fahrzeuge werden lokal produziert. Aber auch die Anzahl der Varianten steigt: So wird für den europäischen Markt eine angepasste, um 24 Zentimeter kürzere Variante der R-Klasse gebaut. Der Smart K ist ein weiteres Beispiel. Das Sondermodell wurde speziell für den japanischen Markt adaptiert, der aufgrund der staatlichen Förderung von verbrauchsgünstigen Kleinwagen besonders attraktiv ist. Der Smart K ist noch etwas kleiner als das normale Serienmodell und erfüllt damit die Auflagen hinsichtlich der Außenmaße und des Verbrauchs, um in Japan bei Steuern und Versicherung begünstigt zu werden.

Zur Beobachtung der Marktentwicklung und der Bewertung der Marktattraktivität gehören auch Untersuchungen zur Segmententwicklung. So ist beispielsweise im deutschen Automobilmarkt das mittlere

### Die regionalen Präferenzen für Produkteigenschaften sind sehr unterschiedlich.

Abb. 2.6: Marktanteile Fahrzeuge unter 6 t, 2003
in Prozent

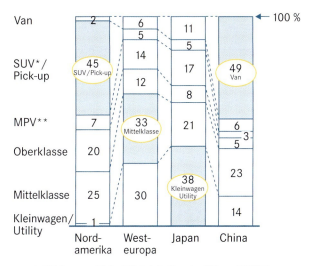

\* SUV: Sports and Utility Vehicle (z. B. Mercedes M-Klasse, BMW X5)
\*\* MPV: Multi-Purpose Vehicle (z. B. VW Touran, Opel Zafira, Renault Espace)
Quelle: McKinsey-Analyse

Preissegment in der Kompaktklasse (z. B. VW Golf, Ford Focus) von 93 auf 61 Prozent zurückgegangen – zugunsten der Premiumhersteller (z. B. BMW mit der 1er-Reihe) und zugunsten der Hersteller von Basismodellen wie Kia, Hyundai oder Skoda. Ähnlich schnell, wie sich Deutschland von einem bauchigen zum sanduhrförmigen Markt mit hohen Anteilen von Premium- und Basismodellen entwickelt, vollzieht sich auch die Entwicklung in anderen Märkten.

### 2.2.3 Markt im Zeichen des Drachen – Einfluss Asiens auf den Weltmarkt

Die große Wachstumsdynamik in China, Indien und Teilen Südostasiens hat allein angesichts einer Marktgröße von 3.000 Millionen Einwohnern massive Auswirkungen. Aufgrund der Größe und der rasanten Entwicklung können Schwankungen im Gleichgewicht von Angebot und Nachfrage bei Massenwaren massive Auswirkungen auf den gesamten Weltmarkt haben. Dies sei am Beispiel der chinesischen Stahlindustrie verdeutlicht.

Der starke Anstieg des Stahlkonsums pro Kopf ließ China wegen seiner hohen Bevölkerungszahl schnell in der Rangliste der Stahlkonsumenten (und -produzenten) aufsteigen. Entsprach der Konsum in China Anfang der 90er Jahre lediglich etwa 60 Prozent des Verbrauchs in Westeuropa, so wird der Verbrauch 2005 voraussichtlich mehr als das Doppelte des westeuropäischen Bedarfs betragen, der seinerseits in den vergangenen zehn Jahren um insgesamt 18 Prozent gewachsen ist (Abbildung 2.7).

Noch bis 2004 hinkte die inländische Produktion Chinas der rasant steigenden Nachfrage hinterher und machte China zum weltweit größten Importeur von Stahl. Bereits 2005 änderte sich die Situation grundlegend – die heimische Stahlproduktion in China leg-

**Chinas Aufstieg zum globalen Stahlgiganten**

Abb. 2.7: Entwicklung Stahlkonsum/-produktion in China und Westeuropa
in Mio. t p. a.

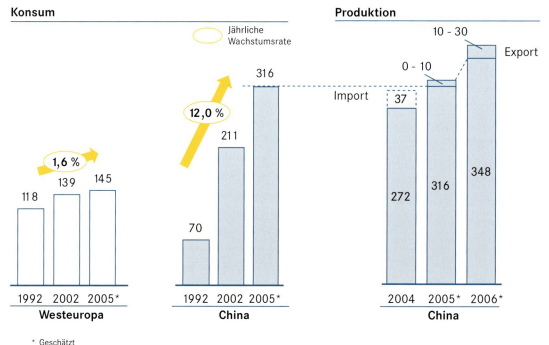

* Geschätzt
Quelle: IISI, ISSB (Juni 2005), Presseartikel, McKinsey-Analyse

te kräftig zu. Der Angebotsschub könnte netto sogar erstmals zu Exporten von chinesischem Stahl führen; der Überschuss Chinas könnte zukünftig auf einige Prozentpunkte der Weltproduktion anwachsen. Angebots- und Nachfrageschwankungen haben in der Stahlindustrie wie in anderen kapitalintensiven Industrien mit hohen Fixkostenanteilen einen dramatischen Einfluss auf die Preise. Ist der durchschnittliche Preis für warmgewalzten Stahl von Januar 2003 bis August 2004 von ca. 300 auf 700 US-Dollar pro Tonne gestiegen, so ist er bis Juni 2005 bereits wieder auf rund 420 US-Dollar pro Tonne gefallen.

### Niedriglohnländer sind Brutstätten für aggressive Wettbewerber.

Starkes Marktwachstum und hohes Marktpotenzial sind nur die eine Seite der wirtschaftlichen Dynamik der Entwicklungs- und Schwellenländer. Die nachhaltige Veränderung des Wettbewerbsumfelds ist die andere. In Niedriglohnländern entstehen im Rahmen der wirtschaftlichen Entwicklung neue Wettbewerber mit einer strukturell anderen Kostenposition als etablierte Unternehmen mit Stammsitz und Produktion größtenteils in Hochlohnländern. In China wachsen – beispielsweise in der Kommunikationselektronik, der Computerbranche und bei Haushaltsgeräten (Weiße Ware) – Unternehmen heran, die mit ihrer internationalen Expansionsstrategie auf Basis ihrer starken Stellung im chinesischen Markt etablierten Unternehmen auf dem Weltmarkt zunehmend Konkurrenz machen werden.[9]

Diese jungen *Greenfield-Unternehmen* profitieren dabei auch davon, dass sie ohne Rücksicht auf gewachsene Strukturen **wettbewerbsfähige Wertschöpfungsketten** aufbauen können und dabei die eigene Wertschöpfung auf Bereiche fokussieren, in denen sie besonders kompetent und leistungsfähig sind. Durch die Nutzung von relativ neuen Geschäftskonzepten wie der weitgehenden Produktion durch Auftragsfertiger, sind die jungen Wettbewerber agiler als ihre etablierten Konkurrenten. Diese können bei komplexen industriellen Produkten ihre höheren Preise zwar oft durch Leistungsvorteile verteidigen. Gelingt es etablierten Anbietern durch zu starke Fokussierung auf Spezial-

produkte jedoch nicht, ausreichende Produktionsvolumina im Massensegment zu erreichen, verschlechtert sich ihre Wettbewerbsfähigkeit aufgrund erhöhter Fixkostenanteile und der erforderlichen kürzeren Amortisationszeit von FuE-Aufwendungen auch bei höherwertigen Produkten.

### In einigen Industrien müssen Märkte besetzt werden, um das ungestörte Wachstum zukünftiger Konkurrenten zu vermeiden.

Unternehmen sollten sich der Auswirkungen der Globalisierung auf das für sie relevante Wettbewerbsumfeld bewusst sein und strategische Standortoptionen regelmäßig prüfen (vgl. dazu Abschnitt 4.1). Etablierte, international expandierende Unternehmen sind aufgerufen, nicht nur Marktwachstum und Marktpotenzial zu beobachten, sondern auch die sich aus dem rasanten Wachstum von Anbietern aus Niedriglohnländern ergebende nachhaltige Veränderung des Wettbewerbsumfelds[10], die etablierte Anbieter aus Hochlohnländern vor gewaltige Herausforderungen stellt und in verstärktem Maße stellen wird. So ist und bleibt für deutsche Unternehmen – abgesehen von der Fahrzeug- und Maschinenbaubranche – die Entwicklung und kostengünstige Herstellung von Produkten, die auch außerhalb Europas marktfähig sind, noch immer eine große, weitgehend unbewältigte, aber keineswegs neue Herausforderung.[11]

\*\*\*

Der Weltmarkt wird sich angesichts der rasanten wirtschaftlichen Entwicklung der bevölkerungsreichen Länder Asiens in vielen Bereichen strukturell ändern und etablierte Unternehmen aus den Industrieländern vor wachsende Herausforderungen stellen. Die etablierten Unternehmen sollten aus einer Position der Stärke rechtzeitig handeln, die Markttrends global beobachten und daraus Rückschlüsse auf ihre jeweils relevanten Märkte und Marktsegmente ziehen. Ziel muss es sein, unter Beachtung der eigenen Möglichkeiten zur

---

9 Vgl. *ManagerMagazin* (2004), S. 88.
10 Vgl. Abele (2004a) und Abele (2004c).
11 Vgl. Henzler (1985a) und Henzler (1985b).

richtigen Zeit in attraktive Märkte einzutreten. In einigen Industrien kann es auch erforderlich sein, Märkte aus strategischen Wettbewerbsgründen zu besetzen und so die Entwicklung des Wettbewerbsumfelds besser beeinflussen zu können.

Gerade die Entwicklung bei Massenwaren – vom einfachen Stahl bis zu Kleinwagen – ist für etablierte Hersteller nicht unproblematisch. Sobald die Nachfrage in China und Indien ins Stocken gerät, werden Produzenten aus diesen Ländern den Weltmarkt zumindest in einigen Segmenten mit Exporten überfluten.

Etablierte Anbieter aus Hochlohnländern haben diesen Importen nur wenig entgegenzusetzen – selbst ihre Grenzkosten sind meist aufgrund der höheren Arbeitskosten nicht konkurrenzfähig. Die Frontlinie dieser Entwicklung, die zunächst nur für einfache Produkte gilt, wird sich im Lauf der Zeit weiter in Richtung höherwertiger, komplexerer Produkte bewegen.

## 2.3 Faktorkosten – Arbeit, Kapital und Material

Die lokalen Faktorpreise haben einen entscheidenden Einfluss auf die Herstellkosten eines Produkts.[12] Dies gilt besonders für Produktionsprozesse mit einem hohen Wertschöpfungsanteil. Von den Elementarfaktoren Arbeit, Kapital und Rohstoff kommt dem Standortfaktor Arbeitskosten in den meisten Bereichen des Verarbeitenden Gewerbes die größte Bedeutung zu, weil der Arbeitsinhalt der Fertigung in der Regel substanziell ist und die Differenzen der Arbeitskosten zwischen Standorten überaus groß sind.

Die **Arbeitskosten** wirken sich auch auf die Preise von zu beschaffendem Material aus. Bei den Materialkosten lassen sich Vorprodukte und Rohmaterialien unterscheiden. Bei verarbeiteten Produkten, die lokal beschafft werden sollen, sind die Auswahl und der Aufbau lokaler Zulieferer die zentralen Herausforderungen. Bei Rohmaterialien spielen vor allem die natürliche Verfügbarkeit, die Besteuerung und Regulierung sowie die lokale Wettbewerbsstruktur eine wichtige Rolle. Transport- und Energiekosten, aber auch Kapitalkosten, haben vor allem für die Grundstoffindustrie eine große Bedeutung.[13]

Bei den **Kapitalkosten** sind nicht nur die Kosten der Refinanzierung zu beachten, sondern auch die länderspezifischen Investitions- und Ausfallrisiken. Das Risiko, dass eine Betriebsstätte beispielsweise aus politischen oder gesellschaftlichen Gründen ihren Betrieb nicht aufrechterhalten kann, sollte bei der Bewertung der Investition berücksichtigt werden.

### 2.3.1 Arbeitskosten

Kein Zweifel – die neuen aufstrebenden Industrienationen verzeichnen gegenüber den etablierten Industriestandorten deutliche Arbeitskostenvorteile. Trotz steigender Löhne infolge der dynamischen Wirtschaftsentwicklung bleiben diese Vorteile längerfristig erhalten.

Die Betrachtung des durchschnittlichen Arbeitskostenniveaus lässt jedoch häufig vergessen, dass spezielle Qualifikationen und Fähigkeiten, weil sie rar sind, auch in diesen Ländern einen relativ hohen Preis haben. Die Lohnspreizung in Entwicklungs- und Schwellenländern ist größer als in den hoch entwickelten Industrienationen, insbesondere im Vergleich zu Ländern in West- und Nordeuropa. Die strukturellen Unterschiede im Arbeitskostengefüge sollten beachtet werden. Sie sind für die Wirtschaftlichkeit eines Produktionsstandorts oftmals wesentlich bedeutender als die Unterschiede bei den Löhnen für einfache Arbeiter. Gerade bei der Fertigung in Niedriglohnländern wie China, Indien, Indonesien, Vietnam, Rumänien oder der Ukraine sind die absoluten Arbeitskosten für einfache Arbeiter im Vergleich zu Standorten in Westeuropa so gering, dass die Differenzen für internationale Unternehmen nahezu bedeutungslos sind. Viel wichtiger ist, ob die Fertigungs- und Logistikprozesse trotz der widrigen Rahmenbedingungen zuverlässig sind und welche Kosten für das Fach- und Führungspersonal einschließlich der Mitarbeiter aus den Stammwerken *(Expatriates)* anfallen.

---

*12 Vgl. Gutenberg (1965).*
*13 Vgl. McKinsey (2005), S. 24 f.*

## 2.3 Faktorkosten – Arbeit, Kapital und Material

Tab. 2.1: Durchschnittliche Arbeitskosten je tatsächlicher Arbeitsstunde (für 2004; bei langfristigen, durchschnittlichen Wechselkursen)

| Länder | Angelernter Arbeiter | Erfahrener Facharbeiter |
|---|---|---|
| Höchstlohnländer, z. B. Deutschland | ca. 27 USD | ca. 36 USD |
| Hochlohnländer, z. B. Großbritannien | ca. 18 USD | ca. 24 USD |
| Osteuropäische EU-Beitrittsländer, z. B. Polen | ca. 5 USD | ca. 9 USD |
| Andere osteuropäische Länder, z. B. Rumänien | ca. 2 USD | ca. 4 USD |
| Asiatische Niedriglohnländer, z. B. China, Indien | ca. 1 USD | ca. 3 USD |

Auch innerhalb der Gruppe der aufstrebenden Entwicklungs- und Schwellenländer gibt es strukturell bedingt deutliche Arbeitskostenunterschiede. Dies gilt auch innerhalb eines Landes. Relative Unterschiede zwischen Ballungsräumen und ländlichen Regionen sind zwar auch in hoch entwickelten Ländern vorhanden, in Entwicklungs- und Schwellenländern aber zumeist deutlicher ausgeprägt.

**Eine 30-prozentige Arbeitskostendifferenz ist bei einem Niveau von 1 US-Dollar pro Stunde für fast alle internationalen Unternehmen irrelevant.**

Um Standortentscheidungen richtig zu treffen, geht es gerade beim Faktor Arbeit weniger um die penible Optimierung einzelner Bestandteile, sondern vielmehr um das Erkennen der wesentlichen Unterschiede und Trends entlang allen relevanten Treibern. Letztendlich kommt es auch darauf an, unternehmensinterne Anforderungen an die Gegebenheiten anzupassen und vice versa. Das Beschäftigungsmodell sollte beispielsweise auf die Fertigungskomplexität und die örtliche Arbeitskostenstruktur abgestimmt sein, um einen Kostenvorteil zu generieren und eine zuverlässige und qualitätsgesicherte Produktion zu gewährleisten.

### 2.3.1.1 Arbeitskostenniveaus in Industrie-, Entwicklungs- und Schwellenländern

Die Situation ist – zumindest auf der Makroebene – weitläufig bekannt[14], auch wenn die veröffentlichten Zahlen aufgrund der unterschiedlichen Fokussierung auf bestimmte Gruppen von Beschäftigten oder Kostenelemente voneinander abweichen. Die Arbeitskostendifferenz aus Sicht eines deutschen Standorts beträgt grob Faktor 5 bis 10 für Osteuropa und Faktor 10 bis 20 für asiatische Niedriglohnländer (Tabelle 2.1).

In die Bestimmung des Arbeitskostensatzes, d. h. der Kosten pro effektiv gearbeiteter Stunde, gehen neben den Löhnen und Lohnnebenkosten pro Jahr, Monat oder Woche auch die unterschiedlichen Arbeitszeiten ein. Während in den Ländern Westeuropas zumeist nur ca. 1.500 Stunden effektiv gearbeitet werden, sind dies in Osteuropa und Asien bis zu 2.300 Stunden.[15] Die Arbeitskostenunterschiede pro Stunde sind daher für diese Länder noch höher als die Unterschiede des

**Die hohen Arbeitskostendifferenzen bleiben in den nächsten 20 bis 30 Jahren bestehen. In Bezug auf China und Indien werden es sogar eher 50 Jahre sein.**

Bruttoeinkommens pro Jahr andeuten. Hauptgründe für die längere Jahresarbeitszeit sind die höheren Wochenarbeitszeiten, weniger Urlaubstage und der geringere Krankenstand. Für Hochlohnländer wirken sich die zunehmend stärkere Flexibilisierung der Arbeitszeiten und die Orientierung der Lohnstrukturen an den Anforderungen der Betriebe vorteilhaft aus.[16]

---

14 Vgl. bspw. Produktion (2004c), ifo (2005), S. 20, BCG (2004), S. 19, sowie Statistisches Bundesamt (2005), ILO (2004), EIU (2004).

15 Vgl. bspw. UBS Price and Earnings Report 2003.

16 Vgl. Arbeitszeitmodelle in der Automobilindustrie, z. B. bei Volkswagen. Vgl. auch Spiegel (2005): Interview mit dem 2. Vorsitzenden der IG Metall, Bertold Huber.

Eine Angleichung der Arbeitskosten in den Entwicklungs- und Schwellenländern an das Niveau der jetzigen Hochlohnländer ist allenfalls sehr langfristig zu erwarten. Mittel- bis kurzfristig wird die Differenz – zumindest in absoluten Werten – sogar noch steigen: Ein Kostenzuwachs von 3 Prozent für einen Arbeiter in Deutschland entspricht beispielsweise mit ca. 1 US-Dollar pro Stunde einem Zuwachs von fast 100 Prozent bezogen auf die durchschnittlichen Arbeitskosten in China. Angesichts des hohen Ausgangsniveaus der heutigen Industrieländer dürften Nationen wie China und Indien auch bei rasantem (relativen) Wachstum etwa ein halbes Jahrhundert für eine Annäherung benötigen (Abbildung 2.8).

Selbst hinsichtlich der stärker entwickelten **osteuropäischen Länder**, die der Europäischen Union (EU) beigetreten sind, muss nicht mit einer kurzfristigen Angleichung der Arbeitskosten gerechnet werden. Bei einer durchschnittlichen Wachstumsrate der Arbeitskosten von 6 Prozent und von 2 Prozent in Deutschland wird es über 20 Jahre dauern, bis die Arbeitskosten für einen einfachen Arbeiter in der Tschechischen Republik und in Polen auf die Hälfte des deutschen Niveaus gestiegen sind. Eine signifikante Angleichung dürfte also generell erst nach zwei bis drei Jahrzehnten einsetzen.[17]

**Der EU-Beitritt hat für Spanien und Portugal nur kurzfristig zu einem Anstieg der relativen Arbeitskosten geführt.**

Der Beitritt von Spanien und Portugal zur EU 1986 ist teilweise mit dem Beitritt der osteuropäischen Länder im Jahr 2005 vergleichbar. Er führte kurz- bis mittelfristig zu einem Anstieg der Arbeitskosten relativ zu anderen Mitgliedsstaaten, langfristig wirkten jedoch ausgleichende Effekte. So haben im Fall von Spanien und Portugal eine höhere Inflation und die entsprechende Anpassung der Währungskurse in den frühen 90er Jahren den Anstieg der relativen Arbeitskosten

**In absoluten Zahlen wird die Arbeitskostendifferenz zwischen Hoch- und Niedriglohnländern zunächst sogar noch wachsen.**

Abb. 2.8: Entwicklung erfolgreicher Schwellenländer

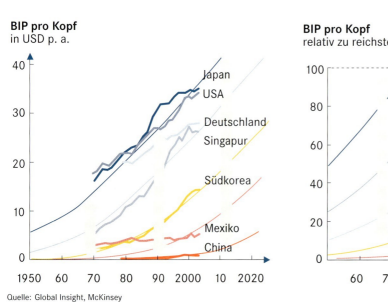

Quelle: Global Insight, McKinsey

*17 Vgl. Sinn (2005).*

weitgehend kompensiert. In der langfristigen Betrachtung ist das relative Arbeitskostenniveau in Portugal mit etwa 20 Prozent, das Spaniens mit etwa 50 Prozent der Arbeitskosten in Deutschland weitgehend stabil geblieben. Analog dazu wäre für die osteuropäischen Beitrittsländer in den Jahren 2005 bis 2007 ein weiterer deutlicher relativer Anstieg der Arbeitskosten zu erwarten, der aber den langfristigen Trend kaum nachhaltig beschleunigt. Ob die Vergleichbarkeit zwischen den iberischen und den osteuropäischen Staaten gegeben ist, bleibt abzuwarten. 2005 erscheint die Entwicklung einiger langfristiger Indikatoren positiver als nach dem Beitritt der iberischen Staaten. Die Löhne in den osteuropäischen Beitrittsländern sind in den vergangenen drei Jahren in nationalen Währungen durchschnittlich um insgesamt etwa 20 Prozent gestiegen – in Ungarn stärker als in Polen. Interessanterweise haben die Währungen gegenüber dem Euro sogar leicht an Wert zugenommen, was den Anstieg auf Euro-Basis noch etwas höher ausfallen lässt.

In Ländern mit einer weniger erfolgreichen wirtschaftlichen Entwicklung kann auch durch eine deutliche Abwertung der nationalen Währungen – wie die Beispiele Mexiko und Brasilien zeigen – die Lücke zu den wohlhabenden Industrienationen langfristig erhalten bleiben oder sich sogar vergrößern.

**In den Industrienationen steigen die Lohnnebenkosten überproportional.**

Dass diese Angleichung so schleppend stattfindet, hängt auch damit zusammen, dass der Anstieg der Arbeitskosten in den Hochlohnländern oftmals nicht so moderat ist, wie der Blick auf die Nettolöhne glauben macht. Durch die Überalterung der Bevölkerung der Industrienationen und das Fortschreiben sozialer Ansprüche der Beschäftigten gerade in etablierten Industrien steigen die Lohnnebenkosten deutlich überproportional. Dies gilt in den USA für einen Teil der Betriebe in noch stärkerem Maße als in Deutschland: Die Kosten für die Krankenversicherung von Mitarbeitern bei Boeing sind beispielsweise in den vergangenen vier Jahren um 30 Prozent auf 1,7 Milliarden US-Dollar gestiegen. Diese Summe entspricht etwa 3,3 Prozent des Umsatzes und ist damit fast so hoch wie der gesamte Gewinn des Unternehmens. Ähnlich ist die Situation bei den großen Autoherstellern in den USA. Diese geben mittlerweile teilweise über 1.000 US-Dollar pro Fahrzeug für die Gesundheit ihrer derzeitigen und ehemaligen Mitarbeiter aus.

### 2.3.1.2 Arbeitskostentrends – Einfluss des Entwicklungsstadiums

Eine realistische Bewertung der Entwicklung der durchschnittlichen Arbeitskosten in der Produktion muss auch die **sektorale Wirtschaftsstruktur** der Länder einbeziehen. Anders als in den hoch entwickelten Industrienationen und in Ländern wie der Tschechischen Republik oder Ungarn ist der Anteil der Beschäftigten in der Landwirtschaft in Ländern wie China, aber auch in Rumänien und der Ukraine relativ hoch: In China beispielsweise arbeiten noch etwa 50 Prozent der Beschäftigten in der Landwirtschaft – in einem Sektor, der nur 15 Prozent des Bruttoinlandsprodukts (BIP) erzeugt. Ähnliche Zahlen gelten für Indien, Indonesien und andere asiatische Entwicklungsländer;

---

**Der Beitritt Portugals und Spaniens zur EU führte nur vorübergehend zu einem schnelleren Anstieg der Arbeitskosten.**

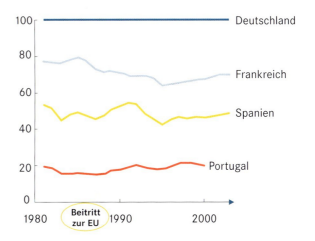

Abb. 2.9: BIP pro Kopf*
relativ zu Deutschland, Index = 100

\* Korreliert eng mit dem durchschnittlichen Arbeitskostenniveau
Quelle: Global Insight, McKinsey/PTW

aber auch in der Ukraine werden 19 Prozent des BIP und in Rumänien 13 Prozent des BIP in der Landwirtschaft erwirtschaftet. Auch hier liegt der jeweilige Anteil der Beschäftigten deutlich darüber.

**Die Ausgangslage der Niedriglohnländer ist strukturell sehr unterschiedlich.**

Produktivitätssteigerungen im Bereich der Agrarwirtschaft, z. B. durch einfache Mechanisierung, werden einen erheblichen Rückgang des Bedarfs an Arbeitskräften zur Folge haben. In Malaysia, das sich in den vergangenen 30 Jahren mit überdurchschnittlicher Geschwindigkeit entwickelt hat, ist der Anteil der in der Landwirtschaft beschäftigten Personen von ca. 54 Prozent (Anteil Wertschöpfung: 29 Prozent) auf 15 Prozent (Anteil Wertschöpfung: 8 Prozent) gesunken.

Viele der bevölkerungsreichen Entwicklungsländer haben diese Entwicklung noch vor sich. Der Angebotsdruck von gering Qualifizierten auf den Arbeitsmarkt wird dadurch weiter zunehmen und das Arbeitskostenniveau somit weiter unter Druck bleiben.

Mit dem Abbau von Beschäftigung in der Landwirtschaft entwickelt sich auch eine hohe Anzahl verdeckt Arbeitsloser, die in keiner offiziellen Statistik erscheinen. In Indien beispielsweise betrug die offizielle Arbeitslosenquote im Jahr 2003 ganze 10,4 Prozent. Geschätzte weitere 15 Prozent der erwerbsfähigen Bevölkerung (im Alter von 16 bis 60 Jahren) suchten aktiv nach Arbeit. In der offiziellen Statistik sind sie nicht erfasst, da sie keinen Anspruch auf Unterstützung haben oder lediglich zur stillen Reserve gezählt werden.

**Der zu erwartende Rückgang der Beschäftigung in schwach produktiven Sektoren wird die Arbeitskosten für gering qualifizierte Arbeitnehmer niedrig halten.**

In China ist die Diskrepanz zwischen veröffentlichten und tatsächlichen Zahlen ähnlich hoch. Die offizielle Arbeitslosenquote (die sich nur auf Städte bezieht) wurde im Jahr 2001 mit lediglich 3,9 Prozent ausgewiesen. In den ländlichen Regionen Chinas herrscht im kommunistischen System per definitionem Vollbe-

**Der Anteil der Beschäftigten im Agrarsektor ist in vielen Ländern immer noch sehr hoch.**

Abb. 2.10: Vergleich der sektoralen Beschäftigungsstruktur, 2003
in Prozent

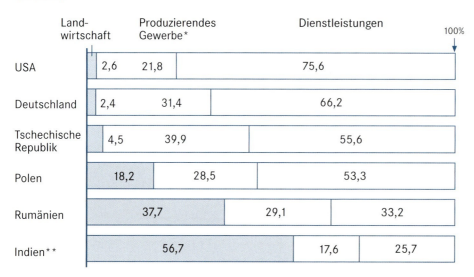

| | Landwirtschaft | Produzierendes Gewerbe* | Dienstleistungen |
|---|---|---|---|
| USA | 2,6 | 21,8 | 75,6 |
| Deutschland | 2,4 | 31,4 | 66,2 |
| Tschechische Republik | 4,5 | 39,9 | 55,6 |
| Polen | 18,2 | 28,5 | 53,3 |
| Rumänien | 37,7 | 29,1 | 33,2 |
| Indien** | 56,7 | 17,6 | 25,7 |

\* Inkl. Bauindustrie
\*\* Für 2000 (Datenbasis: Indian Ministry of Labour)
Quelle: Statistisches Bundesamt (Statistisches Jahrbuch 2004 für das Ausland)

## 2.3 Faktorkosten – Arbeit, Kapital und Material

schäftigung. Rechnet man die de facto Nichtbeschäftigten in den ländlichen Regionen mit ein, so erhöht sich die Arbeitslosenquote auf ca. 7 Prozent. Zählt man ferner die arbeitslosen Wanderarbeiter hinzu, so steigt die Quote weiter an. Allein in China sind ca. 100 Millionen ländliche Wanderarbeiter[18] in den urbanen Regionen des Landes tätig oder suchen nahezu kontinuierlich nach kurzfristigen Beschäftigungsmöglichkeiten. Die hohe Zahl Arbeit suchender, gering qualifizierter Personen dämpft die Lohnentwicklung für einfache Arbeiter stark.

In Ländern wie der Tschechischen Republik, wo sowohl die Anzahl der Beschäftigten in gering produktiven Sektoren (insbesondere der Landwirtschaft) als auch die Anzahl der verdeckt Arbeitslosen deutlich geringer ist, wirkt sich eine verstärkte Nachfrage nach Beschäftigten durch die Ansiedlung von Produktionsstätten internationaler Unternehmen auf das Arbeitskostenniveau für gering Qualifizierte entsprechend schneller aus.

### 2.3.1.3 Arbeitskostenstruktur – Unterschiede nach Qualifikation, Branche und Region

Die Betrachtung der durchschnittlichen landesweiten Arbeitskosten ist bei der Standortwahl nur begrenzt sinnvoll, da je nach Region, Branche oder Qualifikationsniveau zum Teil große Unterschiede bestehen können. Für Unternehmen mit Stammsitz in etablierten Industrieländern dürfte dies nicht neu sein, zeigen sich die Unterschiede doch auch dort (Abbildung 2.11). Die

**Arbeitskosten sind in Ländern strukturell unterschiedlich.**

Abb. 2.11: Strukturelle Unterschiede bei den Arbeitskosten – Beispiele
Bruttoarbeitskosten in USD pro Stunde

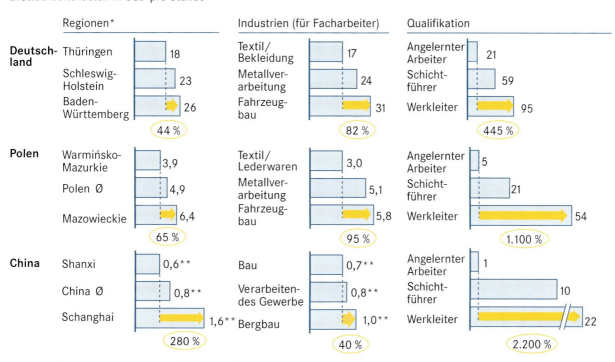

\* Exkl. Sozialbeiträge und freiwillige Sozialleistungen des Unternehmens
\*\* Verarbeitendes Gewerbe
Quelle: Statistisches Jahrbuch 2004, China Labor Statistical Yearbook 2004, Polish Central Statistical Office, Umrechnung mit langfristig durchschnittlichen Währungskursen (z. B. 1,00 EUR = 1,16 USD), McKinsey-Analyse

---

18 Vgl. China Today (zitierte Quelle ist das Ministerium für Landwirtschaft); andere Quellen sprechen von 80 bis 150 Millionen Wanderarbeitern im Jahr 2004.

Arbeitskosten in Westdeutschland sind im Schnitt 45 Prozent höher als in Ostdeutschland, in einigen Industrien wie im Textilbereich beträgt der Unterschied sogar 60 Prozent. In den USA sind die Arbeitskosten im Mittleren Westen ca. 30 Prozent höher als im Mississippi-Delta.

### Die Arbeitskosten variieren auch innerhalb eines Landes stark hinsichtlich Qualifikation, Region und Industrie.

In Entwicklungsländern sind die Unterschiede oft wesentlich größer: Verdient in Deutschland ein Schichtführer knapp das Doppelte des einfachen Arbeiters, kann der Unterschied in China aufgrund der schlechten Verfügbarkeit qualifizierten Personals durchaus den Faktor 10 betragen.

In Niedriglohnländern wird sich in den nächsten Jahren der schnelle Anstieg der Arbeitskosten für spezifisch qualifizierte Mitarbeiter fortsetzen und intensivieren. Qualifikation und Migration werden erst langfristig die Arbeitskosten wieder an das durchschnittliche Niveau angleichen.

Bis dahin sollten Unternehmen, die beispielsweise große Produktionsstätten in ländlichen Regionen Osteuropas errichten oder nach qualifiziertem Vertriebspersonal in China suchen, mit einem engen Arbeitsmarkt und höheren Arbeitskosten rechnen und diese in den Wirtschaftlichkeitsrechnungen für entsprechende Investitionsprojekte adäquat berücksichtigen.

Ein in seiner Bedeutung nicht zu unterschätzender Faktor sind auch die Kosten für das Management von Produktionsstandorten in Niedriglohnländern. Da geeignetes Personal für die Besetzung von **Fach- und Führungspositionen** nur begrenzt zur Verfügung steht, müssen dort in starkem Umfang **Expatriates** Verantwortung übernehmen. Deren Einsatz ist deutlich teurer. Die Kosten liegen dabei nicht nur über dem lokalen Niveau, sondern auch über den Kosten im Heimatland, da der Mitarbeiter in der Regel auch für Umzug, die zusätzlichen Versorgungsanforderungen der Familie und die Arbeitserschwernis entschädigt werden will. Ferner fallen durch Reisen und Änderungen im Arbeitsablauf nicht nur zusätzliche Kosten an, auch die Produktivität der betroffenen Mitarbeiter leidet.

### Die Spreizung der Arbeitskosten ist in Niedriglohnländern deutlich größer.

Viele Unternehmen wurden durch die hohen Kosten und die schlechte Abkömmlichkeit erfahrener Mitarbeiter aus den Stammwerken vom Aufbau von Auslandsstandorten abgehalten. Dies gilt insbesondere für mittelständische Betriebe, die ihren Bedarf an Führungskräften für den Auslandseinsatz nur schwer decken können, weil sie von leistungsbereiten Managern mit internationaler Orientierung oftmals nicht als sonderlich attraktive Arbeitgeber wahrgenommen werden.

In internationalen Unternehmen hingegen gibt es immer mehr junge Mitarbeiter, die einem Auslandseinsatz im Hinblick auf ihre Karriereplanung positiv gegenüberstehen. Dies wirkt sich dämpfend auf die Kosten für Expatriates aus, die bis vor kurzem nicht selten das Zwei- bis Dreifache der heimischen Arbeitskosten ausmachten.

Die hohen Aufwendungen, z. B. für den Umzug, die private Schulausbildung der Kinder oder die Unterbringung, haben Unternehmen dazu bewogen, nach günstigeren Alternativen zu suchen und, wenn irgend möglich, lokale Mitarbeiter oder günstigere Drittland-Manager einzusetzen (vgl. dazu Abschnitt 6.3).

### Das durchschnittliche Arbeitskostenniveau in Niedriglohnländern hat für internationale Unternehmen oft nur eine geringe Bedeutung.

Im Vergleich zum Landesdurchschnitt verzeichnen internationale Unternehmen in Niedriglohnländern oft höhere Arbeitskosten. Das gezahlte relative Premium ist in der Regel größer, je geringer die durchschnittlichen Arbeitskosten sind (Abbildung 2.12). Die höheren Arbeitskosten für internationale Unternehmen im Vergleich zu lokalen Betrieben haben mehrere Ursachen:

- **Region:** Internationale Unternehmen siedeln sich zumeist in Ballungsräumen mit höheren Arbeitskosten an.

*2.3 Faktorkosten – Arbeit, Kapital und Material*

- **Branche:** Internationale Unternehmen übernehmen in Niedriglohnländern häufig eine Vorreiterrolle. Sie sind eher in Branchen tätig, in denen hohe Anforderungen an Mitarbeiter bestehen, qualifiziertes lokales Personal aber knapp ist – wie z. B. in der Fertigung von elektronischen Bauteilen und in der Automobilindustrie.

- **Qualifikation:** Internationale Unternehmen konzentrieren sich zumeist auf die Fertigung komplexer Produkte mit anspruchsvollen Fertigungsverfahren. Weniger aufwändige Produktionsprozesse vergeben sie extern. Damit steigen auch die Qualifikationsanforderungen an den einfachen Werker und das geforderte Entgelt.

- **Image und Beschäftigungspolitik:** Internationale Unternehmen gelten in der Regel als anspruchsvoll und zahlungsbereit. Entsprechend hoch sind die Lohnansprüche im Vergleich zum lokalen Niveau. Andererseits erreichen internationale Unternehmen durch Zahlung höherer Löhne auch eine höhere Verweildauer der Mitarbeiter im Unternehmen, was beispielsweise für eine innerbetriebliche Qualifizierung von Mitarbeitern sinnvoll ist.

**Eine Strategie der langfristigen Beschäftigung kann für komplexe Fertigungsschritte trotz höherer Löhne essenziell sein.**

Unternehmen sollten sich bewusst machen, welche Vor- und Nachteile der Auftritt als internationales Unternehmen auf dem lokalen Arbeitsmarkt hat und ob der Standortaufbau in Eigenregie möglichen Alternativen wie einem lokalen Joint Venture vorzuziehen ist. Die Unterschiede hinsichtlich der Arbeitskosten sind durchaus signifikant. So zahlen in China die Niederlassungen internationaler Unternehmen ihren Angestellten in der allgemeinen Verwaltung (Controlling, Rechnungswesen usw.) etwa 30 Prozent mehr als Joint Ventures mit einem chinesischen Partner und etwa 50 Prozent mehr als rein chinesische Unternehmen.

*2.3.1.4 Arbeitskostengestaltung – strategische Optionen*

Unternehmen, die ohne Partner aus eigener Kraft einen Produktionsstandort eröffnen wollen, können mit ihrer **Ansiedlungsstrategie** ihr Arbeitskostenniveau und seine Entwicklung mitbestimmen. Dies ist besonders für Unternehmen interessant, die höher qualifi-

**Internationale Unternehmen zahlen in Niedriglohnländern ein substanzielles Premium.**

Abb. 2.12: Arbeitskostenaufschlag für internationale Unternehmen
in Prozent der durchschnittlichen Arbeitskosten je Land

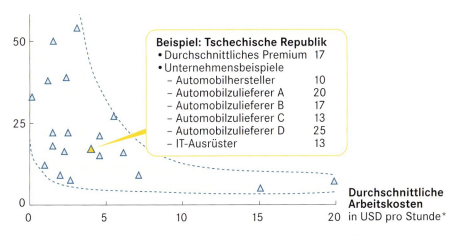

\* Durchschnittliche Arbeitskosten, d. h. Lohnkosten inkl. aller Nebenkosten, für einen Arbeiter
Quelle: Unternehmensdaten, McKinsey-Analyse

> **Eine Do-it-yourself-Strategie bei der Standortwahl erfordert kritische Größe und Erfahrung in Niedriglohnländern, hat aber das größte Potenzial.**

ziertes Personal benötigen und dadurch vom überdurchschnittlich schnellen Wachstum der Arbeitskosten für qualifizierte Mitarbeiter in Teilen der Niedriglohnländer betroffen sind. Zwei sehr unterschiedliche Strategien stehen in Abhängigkeit von der Unternehmensgröße und -erfahrung zur Auswahl:

**Do-it-yourself-Strategie:** Unternehmen mit kritischer Größe etablieren neue Standorte in noch schwach entwickelten Regionen mit guten Basisvoraussetzungen (z. B. Qualität der Schulausbildung) und sind dadurch in der Lage, den entstehenden örtlichen Talent-Pool bei minimalen Kosten voll zu nutzen und nach ihren Maßgaben zu entwickeln. Durch gezieltes Training und systematische Mitarbeiterentwicklung wird das Image auf dem Arbeitsmarkt gestärkt.

Diese Strategie erfordert eine gewisse Erfahrung mit dem Personalmanagement in Niedriglohnländern sowie eine kritische Masse an Beschäftigten, weil nur dann geeignete Trainings- und Weiterbildungsmaßnahmen effizient durchführbar sind. General Electric hat beispielsweise sehr früh den Weg nach Indien eingeschlagen und beschäftigt dort mittlerweile ca. 20.000 Arbeitnehmer.

**Gemachtes-Nest-Strategie:** Unternehmer, die nur über wenig Erfahrungen im Ausland und speziell in Entwicklungsländern verfügen, sollten dies bei der Auswahl des Standorts und des Personals berücksichtigen. Die Ansiedelung in Ballungsräumen mit besserer Infrastruktur, einem reiferen Arbeitsmarkt und effizienterer Verwaltung bietet niedrigere Hürden als die Eröffnung eines Standorts im schwach entwickelten Hinterland. Auch durch die bessere Verfügbarkeit lokaler Zulieferer und Dienstleistungsunternehmen können die initialen Investitionen und Aufwendungen minimiert werden. Die Potenziale des Auslandsstandorts mögen aufgrund der höheren Arbeitskosten, Mieten und Grundstückspreise sowie der geringeren Subventionen zwar nicht so groß sein, das Risiko des Engagements wird jedoch minimiert. Die Ressourcenanforderungen werden deutlich reduziert durch den geringeren Bedarf an eigenen Mitarbeitern und eine frühe Amortisierung der Investitionen im Vergleich zu dem Aufbau eines Standorts in einer schwächer entwickelten Region.

Auch hinsichtlich der **Beschäftigungsdauer** der Mitarbeiter können Unternehmen unterschiedliche Strategien verfolgen. Bei einer Strategie der langfristigen Beschäftigung können komplexere Fertigungsverfahren eingesetzt werden. Gleichzeitig ist eine hohe Verweildauer der Mitarbeiter durch entsprechende Anreize sicherzustellen, um den Aufwand für die notwendige Schulung zu rechtfertigen und eine hohe Produktivität zu erreichen. Bei einer Strategie minimaler Arbeitskosten wird eine hohe Fluktuationsrate in Kauf genommen und es werden lediglich deren negative Auswirkungen minimiert. So kann durch eine stark arbeitsteilige Fertigung der Schulungsaufwand auf wenige Stunden reduziert werden. Die Beschäftigungsstrategie sollte bereits im Planungsprozess diskutiert und festgelegt werden, weil sie sich maßgeblich auf die Gestaltung der Arbeitssysteme und die Beschaffung von Betriebsmitteln auswirkt (vgl. auch Abschnitt 6.3.2).

Entscheidend für die richtige Einschätzung der Arbeitskosten eines potenziellen Produktionsstandorts ist daher nicht nur die Analyse des lokalen Arbeitsmarkts, sondern auch die Abstimmung der eigenen Anforderungen und Fertigungsprozesse mit den örtlichen Gegebenheiten.

### 2.3.2 Kapitalkosten und Abschreibungen

Während für die anderen Inputfaktormengen zumindest de facto ein Marktpreis existiert, nach dem sich die Faktorkosten im Rahmen der Wirtschaftlichkeitsrechnung ausrichten können, ist es nicht möglich, die Kapitalkosten direkt zu bewerten. Investitionen in Produktionsanlagen stellen für Unternehmen ein finanzielles Risiko dar. Wird der Betrieb der Anlagen durch politische oder gesellschaftliche Rahmenbedingungen gestört, ist die Amortisation der Investition gefährdet.

## 2.3 Faktorkosten – Arbeit, Kapital und Material

Die Fremdkapitalzinsen oder die angestrebte Verzinsung des Eigenkapitals alleine decken solche Risiken nicht ab. Es erscheint daher angemessen, entlang der Einschätzung des Ausfallrisikos für einen bestimmten Standort spezifische Kapitalkostensätze zu bestimmen, die einen potenziellen Wertverlust abdecken. Die Einschätzung des Ausfallrisikos kann sich dabei beispielsweise an Indices zur sozialen und politischen Stabilität[19] oder am Kreditstatus des Landes[20] ausrichten (Abbildung 2.13).

Wie bei den **effektiven Kapitalkosten** sollen auch hinsichtlich der erwarteten Abschreibungsfristen Unterschiede zwischen einzelnen Standorten berücksichtigt werden. Wenn abweichende Erwartungen hinsichtlich der wirtschaftlichen Nutzungsdauer von Maschinen und Anlagen für verschiedene Standorte bestehen, so sollten die Abschreibungssätze als Standortfaktor mit berücksichtigt werden. Bei vergleichbarer betrieblicher Nutzungsdauer sind unterschiedliche bilanzielle Abschreibungsregeln nur im Rahmen der steuerlichen Optimierung des Produktionsnetzwerks ein relevanter Standortfaktor. Die bilanziellen Abschreibungsregeln sollten daher im Kontext der steuerlichen Gestaltung beachtet werden (vgl. dazu Abschnitt 2.6.1).

### 2.3.3 Materialkosten

Der Anteil des Materialaufwands an den Herstellkosten liegt für die meisten Unternehmen zwischen 50 und 80 Prozent. Dabei ist zu unterscheiden zwischen verarbeitetem Material, welches produktbezogen von Zulieferern gefertigt wird, und standardisierten Vorprodukten und Rohstoffen. Aus Sicht des einzelnen Unternehmens dominiert in der Regel der Anteil der von Zulieferern produktbezogen gefertigten Vorprodukte. Betrach-

> Eine Vielzahl von Investitionsrisiken kann durch länderspezifische Kapitalkostensätze zumindest indirekt berücksichtigt werden.

Abb. 2.13: Indikatorenschema und länderspezifische Kapitalkostensätze

| Land | Kategorie, Indices | | | | | Rating Indexpunkte | Risikopremium in Prozentpunkten |
|---|---|---|---|---|---|---|---|
| | Korruption | Rechtssystem | Wirtschaftspolitik | Rechnungslegung/ Unternehmensführung | Marktregulation | | |
| Finnland | 3 | 11 | 23 | 17 | 9 | 13 | -1,83 |
| Großbritannien | 20 | 3 | 25 | 33 | 13 | 19 | -0,44 |
| Hongkong | 26 | 12 | 14 | 33 | 15 | 20 | -0,21 |
| USA | 28 | 19 | 27 | 20 | 10 | 21 | 0,00 |
| Deutschland | 28 | 14 | 33 | 17 | 32 | 25 | 0,86 |
| Japan | 38 | 24 | 31 | 22 | 22 | 28 | 1,51 |
| Südafrika | 55 | 34 | 28 | 33 | 18 | 34 | 2,85 |
| Thailand | 72 | 33 | 29 | 20 | 21 | 35 | 3,11 |
| Frankreich | 39 | 47 | 33 | 33 | 32 | 37 | 3,53 |
| Polen | 63 | 35 | 47 | 40 | 19 | 41 | 4,43 |
| Italien | 52 | 32 | 45 | 63 | 24 | 43 | 4,94 |
| Argentinien | 65 | 64 | 33 | 30 | 27 | 44 | 5,06 |
| Russland | 78 | 44 | 39 | 40 | 31 | 46 | 5,64 |
| China | 74 | 39 | 39 | 56 | 43 | 50 | 6,49 |
| Libanon | 83 | 60 | 65 | 44 | 42 | 59 | 8,47 |

Quelle: In Anlehnung an Kurtzman (2004)

---

[19] Vgl. WEF (2005) und IMD (2003).

[20] Vgl. OECD (2005) sowie Ratingagenturen (z.B. Moody's) zu Kreditausfallraten.

tet man ganze Unternehmensnetzwerke, stellen die Kosten für standardisierte Vorprodukte, Rohstoffe und Energie aber typischerweise immerhin einen Anteil von 10 bis 20 Prozent dar.

Beide Materialgruppen – produktbezogen gefertigtes Material und standardisierte Vorprodukte, Rohstoffe und Energie – sind bei der Auswahl geeigneter Produktionsstandorte relevant. Der Bezug von produktspezifischem Material stellt das Unternehmen vor die Herausforderung, Zulieferer lokal zu entwickeln oder das Material global zu beschaffen (vgl. dazu Kapitel 8).

Die Preise für standardisierte Vorprodukte, Rohstoffe und Energie können sich von Standort zu Standort deutlich unterscheiden. Die Marktpreise für Rohmaterialien und Energie differieren primär aus zwei Gründen:

- Die **Kostenstrukturen** unterscheiden sich aufgrund natürlicher Verfügbarkeit (Erze sind beispielsweise in Ländern mit natürlichen Vorkommen wegen kurzer Transportwege deutlich günstiger.

- **Staatliche Regulierung** und Besteuerung führen insbesondere bei Energieträgern und Strom zu Kostenunterschieden in der Größenordnung von Faktor 10.

Die natürliche Verfügbarkeit wirkt sich vor allem bei Rohstoffen und Vorprodukten mit geringer Wertdichte auf den lokalen Marktpreis aus. Auch bei Vorprodukten wie Stahl führt die geringe Wertdichte zu erheblichen globalen Preisunterschieden. Wasser und Elektrizitätspreise sind auch aufgrund der Besteuerung und regulativen Vorgaben an die Versorgungsqualität und Entsorgung sehr unterschiedlich (Abbildung 2.14). Für Unternehmen, deren Fertigung in erheblichem Maße auf Rohmaterialien und Energie angewiesen ist, sind die Preise dieser Inputfaktoren ein wichtiger Standortfaktor.

Auch die verschiedenen **Wettbewerbsstrukturen** der Länder wirken sich auf die zu zahlenden Rohmaterialpreise aus. In den etablierten Industrienationen haben sich gerade für die einfachen Vorprodukte und Basisdienstleistungen Oligopole gebildet, die zum Teil hohe Margen erwirtschaften.

Der Einfluss der Wettbewerbsstruktur ist auch für einfach verarbeitete Produkte signifikant. In vielen Entwicklungsländern herrscht gerade bei der Fertigung einfacher Vorprodukte ein intensiverer Wettbewerb, der durch viele kleine Anbieter forciert wird, die mit arbeitsintensiven Fertigungsverfahren produzieren und dadurch Skalennachteile durch Arbeitskostenvorteile ausgleichen können. In der Folge sind einfache Aluminium- und Graugussteile, Plastikspritzgussteile und -folien, Verpackungsmaterialien und Transportdienstleistungen in Entwicklungsländern typischerweise 10 bis 50 Prozent günstiger als in den etablierten Industrienationen.

Auch der **Marktzugang** von Unternehmen wirkt sich auf die erzielten Materialpreise aus. Dies ist ein Grund, warum Unternehmen mit einer unterkritischen Masse von Personal und einem fehlenden lokalen Image in Beschaffungsmärkten höhere Preise zahlen als lokale Unternehmen. Westliche Unternehmen zahlen beispielsweise in Südostasien und China in der Regel 5 bis 10 Prozent höhere Preise für standardisierte

> **Die Preise für Rohmaterialien und Energie unterscheiden sich weltweit teilweise um mehr als den Faktor 10.**

Abb 2.14: Rohmaterial- und Energiekosten im Vergleich

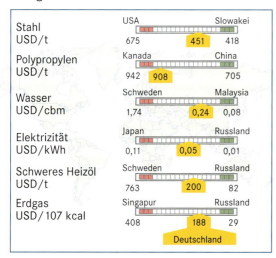

Quelle: Verschiedene Datenbanken, McKinsey-Analyse

Elektronikkomponenten als ihre lokal ansässigen und produzierenden Wettbewerber.

## 2.4 Produktivität und Skaleneffekte in der Fertigung

Niedrige Faktorkosten können nur dann wirkungsvoll genutzt werden, wenn auch hinreichende **Produktivität** und **Qualität** an den Fertigungsstandorten in Niedriglohnländern erreicht werden. Die Praxis von Unternehmen zeigt: Weltklasse-Unternehmen erreichen hohe Produktivität und Qualität fast überall – aber es kann viele Jahre dauern, bis sie sich die entsprechenden Fähigkeiten angeeignet haben. Neue Werke und Zulieferer aufzubauen erfordert gerade an Niedriglohnstandorten mehr Aufwand und Zeit.

Besonders bei der Produktion in Niedriglohnländern ist die adäquate Abstimmung zwischen der Standortwahl und der Fertigungstechnik erfolgskritisch. Die Aufgabe geht über die Wahl des richtigen Automatisierungsgrads unter Berücksichtigung des Ausbildungs- und Erfahrungsniveaus der Mitarbeiter vor Ort hinaus.

Skaleneffekte können in vielen Industrien ein graduelles Wachsen an neuen Standorten erschweren. Die in den Stammwerken eingesetzten Fertigungssysteme mit hoher Produktivität und Kapazität können trotz höherer Faktorkosten wirtschaftlicher sein als eine Fertigung in kleinen Stückzahlen am Auslandsstandort mit niedrigeren Faktorkosten. Allerdings sollten Unternehmen in diesem Fall verstärkt über eine alternative Fertigungstechnik nachdenken, die eventuell geringere Fixkosten verursacht und daher auch bei kleineren Stückzahlen wirtschaftlich ist.

### 2.4.1 Physische Produktivitäten[21] und Fähigkeiten

Es gibt unterschiedliche Definitionen von Produktivität – nicht alle sind für die Entscheidung über Produktionsstandorte relevant und hilfreich.

Aus volkswirtschaftlicher Perspektive ist die Produktivität in Entwicklungsländern so niedrig, dass eine Fertigung dort kaum sinnvoll erscheint. In Indien beispielsweise ist die Wertschöpfung (als BIP) pro Kopf mit ca. 450 Euro immerhin etwa 80-mal niedriger als in den USA. Bereinigt um Kaufkraftunterschiede und damit realistischer, wenn es um die Bewertung der Produktivität der Herstellung einfacher Waren und Dienstleistungen geht, entspricht die Differenz immer noch dem Faktor 12. Unter der Voraussetzung, dass internationale Unternehmen ihre Erfahrung in Niedriglohnländern sowie ihr technisches Wissen optimal einsetzen, gelten jedoch grundsätzlich andere Regeln. Bei professioneller Betriebsführung lassen sich auch in Niedriglohnländern Produktivitäten erreichen, die denen von Hochlohnländern entsprechen. Dabei ist zu berücksichtigen, dass eine geringere Arbeitsproduktivität bei höherer Kapitalproduktivität an Niedriglohnstandorten durchaus wirtschaftlich und daher erstrebenswert ist.

Auch wenn niedrige **Arbeits- und Kapitalproduktivität** in Niedriglohnländern eine erhebliche Gefahr für die Realisierung von Kostenvorteilen darstellen: Diese Gefahr ist beherrschbar. Hero-Honda und Flextronics, aber auch Bosch und Hyundai beweisen dies täglich. Welcher physische Output pro Werker erreicht wird, ist deutlich stärker vom Unternehmen als vom Standort abhängig, wie sich am Vergleich der Produktivität von Automobilwerken in Indien zeigt (Abbildung 2.15).[22] Während lokale Unternehmen in alten Werken nur ca. 7 Prozent des Niveaus von Unternehmen in den USA erreichen, ist das Produktivitätsniveau von neuen Werken, die mit einem ausländischen Partner aufgebaut wurden, mit dem US-Niveau nahezu vergleichbar.

> **Produktivität ist primär vom Unternehmen abhängig – nur sekundär vom Standort. Weltklasse-Unternehmen erreichen hohe Produktivität und Qualität nahezu überall.**

---

21 *Physische Arbeits- und Kapitalproduktivität: der physische Output von Produkten per Input in Form von Arbeitsstunden, investiertes Kapital, Kilowattstunden elektrischer Energie usw.*

22 *Vgl. MGI (2003), insbesondere im Teil „Auto" S. 4, 6 und 105.*

Japanische Automobilhersteller gehen zum Teil sogar so weit, ihr technisches und betriebswirtschaftliches Wissen nicht nur an eigenen Produktionsstandorten in Niedriglohnländern zu nutzen: Durch ein spezielles Programm helfen die Automobilhersteller ihren **Zulieferern**, die optimierten und ausgereiften Produktionssysteme der Hersteller auf die Produktionsprozesse der Zulieferer zu übertragen. Die Unterstützung, die von der Betriebsmittelkonfiguration über die Produktionsplanung und -steuerung bis zur Produktentwicklung reichen kann, verbessert die Fähigkeiten der Zulieferer auch zum Wohle des Automobilherstellers. Die Hersteller profitieren von der hohen Qualität und den niedrigen Kosten der gelieferten Teile. In einem beispielhaften Fall konnte die Arbeitsproduktivität eines Zulieferers durch ein solches Programm innerhalb von drei Jahren um 45 Prozent gesteigert werden. Gleichzeitig ging die Fehlerrate der Teile von 1.000 ppm *(Parts per Million)* auf 50 ppm zurück.

Exzellente Produktivität und Qualität sind auch in Niedriglohnländern erreichbar, allerdings ist der Weg dahin mühsam: Unternehmen werden in höherem Maße als in hoch entwickelten Ländern Vorleistungen abverlangt. Dies gilt sowohl für den Aufbau eigener Fertigung als auch für die Entwicklung lokaler Zulieferer, die eine **stärkere Betreuung** bei der Teileentwicklung und Unterstützung bei der Finanzierung von z. B. Werkzeugen benötigen. Unternehmen, die heute Produktionsstätten auf Weltklasseniveau an Niedriglohnstandorten betreiben, haben das dafür erforderliche Know-how über Jahrzehnte aufgebaut.

Die Produktivität wird durch zahlreiche Determinanten bestimmt, davon werden im Folgenden nur die wesentlichen Aspekte diskutiert:

- **Arbeits- und Kapitalproduktivität** sind bei einer partiellen Substituierbarkeit der Inputfaktoren, z. B. durch Automatisierung, direkt voneinander abhängig und müssen gemeinsam betrachtet werden. Der Vergleich der Arbeitsproduktivität von Werken in verschiedenen Ländern allein ist nicht ausreichend. Die Bereinigung um unterschiedliche Kapitalintensitäten ist für das Erstellen aussagekräftiger Analysen zwingend erforderlich.

- Die **Verfügbarkeit und Qualität von Fach- und Führungskräften** hat einen direkten Einfluss auf die Produktivität der Fertigung. Erfolgreiche Unternehmen nutzen in der Regel standortgerechte Fertigungsverfahren und darauf abgestimmte personalwirtschaftliche Maßnahmen; damit können sie von Anfang an über geeignetes Personal verfügen.

- Die **gesamtwirtschaftliche Entwicklung** der Niedriglohnländer wirkt sich auf die Rahmenbedingungen der Fertigung aus, z. B. auf das allgemeine Ausbildungsniveau, und somit auf die Produktivität. Es gibt Anzeichen für einen sich verstärkenden Rückkopplungseffekt, d. h. für eine rasche Verbesserung der Rahmenbedingungen in stark wachsenden Entwicklungsländern.

- Die Infrastruktur des Standorts hat Einfluss auf seine Produktivität. Schwächen der Infrastruktur können Maßnahmen wie die Installation von Notstromaggregaten erforderlich machen, die einen substanziellen Rückgang der Produktivität vermeiden helfen, aber mit zusätzlichen Kosten und Investitionen verbunden sind.

> **Die bereinigte Arbeitsproduktivität in Werken internationaler Unternehmen in Hoch- und Niedriglohnländern ist nahezu identisch.**

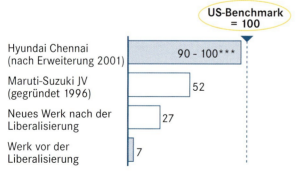

Abb 2.15: Arbeitsproduktivität* – Beispiel: Automobilfertigung in Indien**

\* Bereinigt um den Einfluss unterschiedlicher Automatisierungsgrade
\*\* Fahrzeuge pro Mitarbeiter, indiziert und angepasst entsprechend unterschiedlicher Wertschöpfungstiefe der Automobilwerke
\*\*\* Schätzung
Quelle: McKinsey Global Institute (MGI) FDI Report 2003: Automotive

## 2.4 Produktivität und Skaleneffekte in der Fertigung

Bei dem Vergleich der physischen **Arbeits- und Kapitalproduktivität,** die einzelne Standorte erreichen, sind alle relevanten Inputfaktoren einzubeziehen. Gerade bei einer Substituierbarkeit von Inputfaktoren, z. B. von Arbeit durch Kapital aufgrund einer höheren Automatisierung, ist der Vergleich nur eines Faktors irreführend. Die Arbeitsproduktivität in Automobilwerken in Mexiko ist beispielsweise 30 bis 35 Prozent niedriger als die in den USA.[23] Zumindest ein Teil dieser Differenz ist dabei durch den bewussten Einsatz arbeitsintensiverer Fertigungsverfahren erklärbar, die zum Teil auch wegen der geringeren Größe der Werke erforderlich sind. Im Ergebnis ist die Produktion in Mexiko weniger kapitalintensiv und erlaubt die Nutzung kleinerer Werke. Die Kapitalproduktivität ist aufgrund des geringeren Kapitaleinsatzes höher als bei den Vergleichsstandorten im Hochlohnland USA.

Auch der Vergleich der Produktivität von Werken in der Elektronikfertigung verdeutlicht den starken Einfluss unterschiedlicher Kapitalintensitäten auf die Arbeitsproduktivität. Während Werke in Niedriglohnländern ohne Berücksichtigung der unterschiedlichen Kapitalintensitäten im Durchschnitt nur etwa halb so hohe Arbeitsproduktivitäten aufweisen wie die Werke in Hochlohnländern, ändert sich das Bild nach einer Bereinigung deutlich: Zieht man die Kapitalkosten von der Wertschöpfung ab, beträgt der Vorteil der Hochlohnländer bei der Arbeitsproduktivität nur noch etwa 10 bis 15 Prozent – im Vergleich zu etwa 500 Prozent höheren Arbeitskosten (Abbildung 2.16).

Die Vergleiche offenbaren die hohe Attraktivität von Niedriglohnstandorten gerade für einfache Produkte mit geringen logistischen Anforderungen und arbeitsintensiven Fertigungsverfahren. Gleichzeitig stellt sich damit die Frage, wann welches Land besonders für die Fertigung eines bestimmten Produkts geeignet ist. Die Analyse der Entwicklungstrends des Ausbildungsniveaus einzelner Länder und des Bruttoinlandsprodukts

**Die bereinigte Arbeitsproduktivität in Werken internationaler Unternehmen in Hoch- und Niedriglohnländern ist nahezu identisch.**

Abb. 2.16: Vergleich von Werken in der Elektronikfertigung

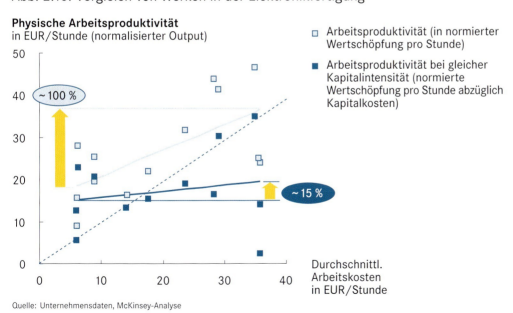

Quelle: Unternehmensdaten, McKinsey-Analyse

---

23 Vergleichsbasis sind die Werke von General Motors, DaimlerChrysler und Ford; vgl. auch MGI (2003), S. 60.

pro Kopf (als erste Näherung für die Arbeitskosten) über einen längeren Zeitraum zeigt einen typischen **Entwicklungspfad** (Abbildung 2.17). Zu Beginn der wirtschaftlichen Entwicklung und Industrialisierung steigt der Bevölkerungsanteil mit einer grundlegenden Schulausbildung stark an. Erst deutlich zeitverzögert setzt die starke Wachstumsphase des Wohlstandsniveaus und der Arbeitskosten ein. Zuletzt erreicht die Ausbildung an Schulen und Hochschulen zumindest quantitativ das Niveau, welches Länder wie die USA und Norwegen weitgehend erreicht haben.

Die schnelle Zunahme der Basisausbildung vor einem signifikanten Anstieg des Wohlstands- und Arbeitskostenniveaus bietet produzierenden Unternehmen sehr attraktive Möglichkeiten. Das erklärt die schrittweise Verlagerung relativ einfacher Fertigungsprozesse: Textilien und Konsumelektronikprodukte werden beispielsweise seit Längerem vorwiegend in Niedriglohnländern gefertigt, auch wenn die Regulierung durch Zölle und nicht tarifäre Handelshemmnisse die Entwicklung gebremst haben. Dabei wurde z. B. ein erheblicher Teil der Textilproduktion, die traditionell in den Südstaaten der USA angesiedelt war, zunächst nach Mexiko verlagert. Nachdem die wirtschaftliche Entwicklung der Niedriglohnländer Asiens so weit vorangeschritten war, dass eine hinreichende Zugänglichkeit, Infrastruktur, Basis an Zulieferern und Arbeitnehmern gegeben war, verlagerten sich weite Teile der Textilindustrie dorthin.

> **Einfache Fertigung wird sich global ausbreiten und dort ansiedeln, wo bei ausreichender Ausbildung und Infrastruktur die geringsten Arbeitskosten anfallen.**

**Länder durchlaufen ein Fenster hoher Attraktivität für die Fertigung: relativ hohes Ausbildungsniveau bei geringen Arbeitskosten**

Abb. 2.17: Entwicklung von Ausbildungs- und Einkommensniveau
EDU-Index*, relativ zu den USA im Jahr 2000

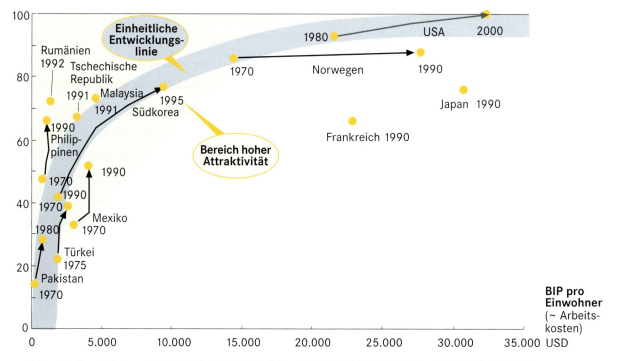

* Integrative Kennzahl für den gewichteten Anteil der Bevölkerung, der Grund- und Mittelschule bzw. Gymnasium und Hochschule absolviert hat
Quelle: UNESCO, Global Insight, McKinsey/PTW

*2.4 Produktivität und Skaleneffekte in der Fertigung*

Ein weiteres Beispiel: Die Fertigung von Fernsehgeräten verlagerte sich in den 80er Jahren zunächst von den damaligen Hochlohnländern nach Singapur, Taiwan und Südkorea. Zehn Jahre später waren die Arbeitskosten in diesen Ländern so weit gestiegen, dass die einfachen und wenig kapitalintensiven Fertigungsprozesse weiter verlagert wurden, z. B. nach Thailand, Mexiko und in die Türkei. Die vormaligen Favoriten verloren an Attraktivität: Die Gelegenheit für eine wirtschaftliche Gestaltung einfacher Fertigungsprozesse war vorbei.

**Der Markt für hoch qualifizierte Arbeitnehmer ist eng: Nur etwa jeder neunte Absolvent in Niedriglohnländern ist derzeit geeignet und verfügbar.**

Obwohl die **Anzahl der Absolventen** von Universitäten und vergleichbaren Institutionen in Niedriglohnländern hoch ist und mit ca. 5,5 Prozent p. a. wesentlich stärker wächst als in Hochlohnländern, ist das Angebot an Arbeitskräften, die als Fach- und Führungskräfte in internationalen Unternehmen geeignet sind, in Niedriglohnländern nach wie vor eher gering.

Die Ausbildung in vielen Entwicklungs- und Schwellenländern entspricht nicht den Qualifikationsanforderungen internationaler Unternehmen, so dass im Durchschnitt nur weniger als ein Fünftel der Absolventen in Niedriglohnländern als Mitarbeiter geeignet erscheinen. Neben schlechten Kenntnissen der englischen Sprache (vor allem in Brasilien und China) ist die Qualität und Ausrichtung der Ausbildung ebenso ein Handikap.

Die allgemeine Qualität der Ausbildung wird – von Topuniversitäten abgesehen – vor allem für Indien kritisiert. In anderen Ländern wie China und Russland ist die Ausbildung dagegen zu theoretisch, so dass die Absolventen nicht unmittelbar im Betrieb einsetzbar sind, weil sie nicht über die praktischen Grundlagen der Maschinenbedienung und des Arbeitsablaufs verfügen. Etwa 40 Prozent der potenziell geeigneten Absolventen in Niedriglohnländern sind nicht verfügbar, weil sie nicht in den von internationalen Unternehmen favorisierten Regionen leben und nicht bereit sind, ihren Wohnsitz dorthin zu verlegen. Um die verbleibenden Arbeitnehmer, die für eine Tätigkeit in internationalen Unternehmen sowohl geeignet wie auch verfügbar sind, stehen internationale Unternehmen im Wettbewerb mit lokalen Unternehmen und staatlichen Institutionen. Diese Konkurrenz hat in Entwicklungs- und Schwellenländern allerdings eine geringe Auswirkung, da internationale Unternehmen leicht in der Lage sind, Löhne zu zahlen, die zwar deutlich über dem lokalen Niveau liegen, aber im internationalen Vergleich immer noch sehr niedrig sind (Abbildung 2.18).

Neben der Knappheit hoch qualifizierter Mitarbeiter und Absolventen ist auch die mangelnde Verfügbarkeit und unzureichende Ausbildung von **Facharbeitern** in vielen Niedriglohnländern ein entscheidendes Problem. Der Mangel an erfahrenen Fachkräften mit ausgeprägter Improvisationsfähigkeit gefährdet gerade die erfolgskritische Anlaufphase eines neuen Werkes.

**Hochqualifizierte Arbeitskräfte sind auch in Niedriglohnländern knapp.**

Abb. 2.18: Anzahl junger, hoch qualifizierter Arbeitnehmer*, 2003
in Mio. Personen (geschätzt)

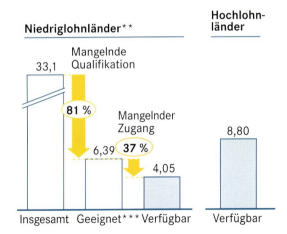

\* Absolventen des Ingenieurwesens, BWL/VWL, Biologie, Statistik usw. mit ≤ 7 Jahren Berufserfahrung
\*\* Inkl. BR, BU, CL, CN, CO, CR, CZ, ET, HU, IN, ID, LV, LT, MY, MX, PH, PL, RO, RU, SK, SL, SA, TH, TK, UR, VE
\*\*\* Inkl. Absolventen, die außerhalb ihres Hauptfachs arbeiten wollen
Quelle: McKinsey Global Institute (MGI)

Unternehmen mit Stammsitz in hoch entwickelten Ländern nutzen in ihren Stammwerken zumeist eine komplexe Fertigungstechnik mit hohem Automatisierungsgrad. Der Fachkräftemangel hat für diese Unternehmen einen besonderen Stellenwert, weil sie dringend auf Personal angewiesen sind, das fachlich dazu in der Lage ist, eine neue Produktion aufzubauen und mit der gegebenen Fertigungstechnik umzugehen.

Die **geringe allgemeine Qualifizierung** und knappe Verfügbarkeit erfahrener Fachkräfte könnte durch betriebsinterne Maßnahmen (z. B. Schulungen in den Stammwerken) ausgeglichen werden. Die Qualifizierung eigener lokaler Mitarbeiter ist nur bei einer hinreichend niedrigen Fluktuationsrate sinnvoll. Diese zu erreichen ist allerdings in vielen Entwicklungs- und Schwellenländern schwierig.

Eine Alternative bietet die Entwicklung standortgerechter Werkstückkonstruktionen und einer adaptierten, weniger komplexen Fertigungstechnik (vgl. auch Kapitel 5), deren Einsatz auch zu einer anderen, in der Regel differenzierten Arbeitsteilung führt. Dadurch sinken die Qualifikationsanforderungen und notwendigen Einarbeitungszeiten. Dieser Weg kostet zwar erst einmal Zeit und Geld, er ist jedoch vor dem skizzierten Hintergrund langfristig oft wirtschaftlicher. Dafür spricht auch, dass der Mangel an qualifizierten Facharbeitern voraussichtlich in vielen Entwicklungsländern von Dauer sein wird, weil der Anstieg des Angebots an ausgebildeten Fachkräften bis auf Weiteres durch eine stark ansteigende Nachfrage überkompensiert wird.

In der indischen Automobilzulieferindustrie beispielsweise werden bei erfolgreicher Entwicklung bis 2015 geschätzte 560.000 zusätzliche Facharbeiter benötigt.[24] Die derzeit vorhandenen **Ausbildungskapazitäten** stellen jedoch nur die Verfügbarkeit von ca. 50 Prozent des erwarteten Personalbedarfs sicher. Auch in China ist die Verfügbarkeit gut ausgebildeter Fachkräfte ein erhebliches Problem.[25] Die Volksrepublik begegnet dieser Herausforderung mit der Förderung des Studiums technischer Fachrichtungen: Schon 2001 war hier die Anzahl der Absolventen im Bereich Maschinenbau mit ca. 100.000 etwa 11-mal so hoch wie in Deutschland, wenngleich die Ausbildung in China aufgrund mangelnder Praxisnähe[26] weiterhin nicht alle Anforderungen der Unternehmen erfüllt.

Nur begrenzt vorhanden ist jedoch nicht allein praxisnahes Know-how, auch Wissen um technologische Neuerungen und gesellschaftliche Trends – als Basis für erfolgreiche Innovationen – ist nicht überall verfügbar. Der notwendige Zugang zu Wissen außerhalb des Unternehmens ist stark abhängig vom Vorhandensein anderer Unternehmen, Forschungseinrichtungen und sonstiger Institutionen in der Region.[27] Gerade bei etablierten Industrien wie dem Automobilbau, die sich kontinuierlich weiterentwickeln, ist die strukturelle Wissensbasis in den Industrieländern weitaus stärker und bedingt in erheblichem Maße die Attraktivität dieser Standorte.

Eine Steigerung der Arbeits- und Kapitalproduktivität ist auch durch die **gesellschaftliche Transformation** von Entwicklungsländern hin zu Konsumgesellschaften zu erwarten. Dies geht über offensichtliche Aspekte, z. B. die Verbesserung der Infrastruktur und der Rechtssicherheit, hinaus. So besteht beispielsweise eine auffallende Korrelation zwischen dem Rückgang des Arbeitsausfalls aufgrund von Arbeitskämpfen, d. h. Streiks und Aussperrungen, und der Verschuldung der Arbeiterschaft durch die Aufnahme von Konsumentenkrediten.[28] Sowohl die Notwendigkeit eines regelmäßigen Einkommens zur Begleichung der Kreditraten als auch die Einsicht, dass Produktivitätssteigerungen in einem wettbewerbsintensiven Umfeld der einzige Weg zu höheren Einkommen sind,[29] führen offenbar zu einer verbesserten Motivation und Produktivität der Belegschaften.

Die relativ schlechte **Infrastruktur** vieler Niedriglohnstandorte kann substanzielle Auswirkungen auf die Produktivität haben oder erhebliche zusätzliche

---

*24 Vgl. ACMA (2005), S. 28.*
*25 Vgl. Abele (2004b), S. 609.*
*26 Vgl. Abele (2004b), S. 611.*
*27 Vgl. Porter (1990); für eine Übertragung auf die Verhältnisse in Thüringen, Deutschland vgl. Fernau (1997).*
*28 Vgl. Economic Times (2005), S. 1 und S. 12.*
*29 Vgl. auch Lewis (2004).*

Aufwendungen durch das Unternehmen erfordern. Die Effekte einer schlechten Infrastruktur sind langfristig. Im Großraum Delhi (als zumindest eingeschränkt repräsentatives Beispiel für urbane Regionen in Entwicklungsländern) besteht eine reale Unterdeckung des Bedarfs an Elektrizität von ca. 10 Prozent des Spitzenbedarfs, bei Wasser beträgt der Unterdeckungsgrad ca. 16 Prozent. Gleichzeitig existiert (nicht zuletzt aufgrund der Preisregulierung) ein Mangel an Kapital zur Finanzierung von Erweiterungsinvestitionen[30], so dass nicht mit einer nachhaltigen Verbesserung der generellen Versorgungssituation zu rechnen ist. Strom- und Wasserabschaltungen werden daher weiterhin die Regel sein. Unternehmen können eine kontinuierliche Versorgung nur durch eine eigene autarke Infrastruktur erreichen und müssen dafür entsprechende Investitionen tätigen.

Da nur knapp 20 Prozent der Elektrizitätsnachfrage im Großraum Delhi produziert werden, besteht neben geplanten Abschaltungen der Stromversorgung (die vor allem Wohngebiete betreffen) weiterhin eine hohe Neigung zu irregulären Stromausfällen durch Störungen des ebenfalls unterentwickelten Leitungsnetzwerks. Ähnliche Rahmenbedingungen gelten in weiten Teilen Chinas. Somit ist bei der Bewertung der Wirtschaftlichkeit einer eventuellen Investition in den genannten Regionen entweder von einer geringeren Maschinenverfügbarkeit und Materialergiebigkeit auszugehen oder von einem erweiterten Investitionsbudget, welches auch die Beschaffung von Aggregaten und Zusatzgeräten zur Absicherung einer kontinuierlichen Stromversorgung abdeckt. In beiden Fällen wird die Kapitalproduktivität negativ beeinflusst.

Die Rahmenbedingungen – von der Ausbildung bis zur Infrastruktur – welche die Produktivität eines Standorts positiv oder negativ beeinflussen, wirken sich auch auf das erreichbare Qualitätsniveau aus. Insbesondere die Nutzung moderner Fertigungstechnik und die Anwendung professioneller Managementmethoden führen sowohl zu einer hohen Produktivität als auch Qualität.

Gerade bei der Fertigung einfacher Standardteile, aber mittlerweile selbst bei komplexen Systemen, haben Standorte in Niedriglohnländern gewaltige Fortschritte hinsichtlich der Fertigungsqualität gemacht. Vernachlässigt man die unterschiedliche Teileauswahl, so lassen sich oftmals kaum noch Unterschiede zwischen etablierten und neuen Standorten und Zulieferern ausmachen (Abbildung 2.19).

### 2.4.2 Skaleneffekte, Fertigungstechnik und Verbundvorteile

Die Auswahl der Fertigungstechnik steht in engem Zusammenhang mit der Standortwahl. Die Auswahl des Standorts ist stark durch die Kosten und erforderliche Qualifikation der verfügbaren Mitarbeiter geprägt. Die

**Autozulieferer: hohe Qualität auch an Niedriglohnstandorten**

Abb. 2.19: Fertigungsqualitäten nach Ursprungsland

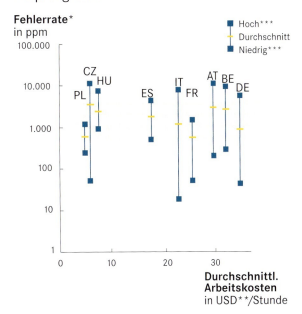

\* Basierend auf 100 Mio. Automobilteilen; jedes Land wird durch mindestens 10 Zulieferer repräsentiert
\*\* Bei langfristigem, inflationsbereinigtem Durchschnitt von 1,16 USD pro 1 EUR
\*\*\* 10: 90-Perzentil; ohne Bereinigung um unterschiedliche Teile-/Fertigungskomplexität
Quelle: Unternehmensdaten, McKinsey-Analyse

---

30 Für 2005/06 besteht eine Unterdeckung des Finanzbedarfs von Rs 2,440 crore (ca. 590 Millionen US-Dollar; geschätzter Jahresumsatz von ca. 1 Milliarde US-Dollar).

erforderliche Qualifikation der Mitarbeiter ergibt sich aus der Komplexität der Fertigungsverfahren. Diese lässt sich in vielen Fällen durch die Wahl einer alternativen Fertigungstechnik beeinflussen. Die Anpassung der Fertigungstechnik an die Standortgegebenheiten hat häufig auch Einfluss auf die Kapitalintensität und die Fixkosten der Produktion. Automatisierte Systeme mit hoher Kapitalintensität und hohen Fixkosten weisen erhebliche Skaleneffekte auf, die eine zentralisierte Fertigung begünstigen und eine sukzessive Expansion und Verlagerung an Auslandsstandorte erschweren. Diese Effekte sind bei der Standortwahl mit zu berücksichtigen.

Die wesentlichen Faktoren und Effekte, die in diesem Abschnitt diskutiert werden, sind in Tabelle 2.2 zusammengefasst.

*2.4.2.1 Skaleneffekte und Verbundvorteile*

Ein Teil der Kosten für das Vorhalten von administrativen und unterstützenden Prozessen – von der Werkleitung über die Kantine bis zum Betriebsarzt – sind weitgehend fix, d. h. von der Produktionsmenge unabhängig. Diese Fixkosten des Produktionsstandorts können die Fertigung sehr kleiner Einheiten unwirtschaftlich machen: Die Umlage der **Fixkosten** erhöht die Herstellkosten der in geringen Stückzahlen gefertigten Werkstücke so stark, dass Vorteile bei den variablen Kosten überkompensiert werden. Bei zu geringen Stückzahlen ist daher die Errichtung vollwertiger Produktionsstandorte in Entwicklungs- und Schwellenländern, die zu einem zuverlässigen Betrieb zusätzliche Ausgaben zur Herstellung der lokalen Infrastruktur erfordern, oftmals unwirtschaftlich.

Die durchschnittliche Auslastung von Betriebsmitteln mit **diskreten und minimalen Kapazitäten**, z. B. von Fertigungsmaschinen und Werkzeugen, steigt mit dem Fertigungsvolumen und der Anzahl von Maschinen je Fertigungsstufe. Abbildung 2.20 stellt die Analyse der Skaleneffekte in der Fertigung einer Automobilkomponente dar.

Die im linken Graphen deutlich zu erkennenden Effekte der diskreten Maschinen- und Werkzeugkapazität

Tab. 2.2: Übersicht über die Effekte von unterschiedlicher Fertigungstechnik, Skalenerträgen und Verbundvorteilen auf die Standortwahl

| Faktor | | Effekte (Beispiele) |
|---|---|---|
| **Skaleneffekte** | Fixkostendegression | Verteilung von fixen, d. h. nicht von der Produktionsmenge abhängigen Kosten auf größere Stückzahlen |
| | Diskrete Kapazität von Fertigungsmitteln | Höhere Auslastung diskreter Fertigungskapazitäten durch größere Stückzahlen |
| | Skalenerträge in der Produktion | Höherer marginaler Output pro Input bei größeren Produktionsvolumina, z. B. in der Stahlherstellung |
| | Skalenerträge in der Beschaffung | Abschöpfung von Fixkostendegression und Skalenerträgen bei Zulieferern |
| | Skaleneffekte im Transport | Nutzung von Fixkosten- und Preisdegression bei Transportunternehmen |
| | Dynamische Skaleneffekte | Lernkurveneffekte, technischer Fortschritt und Rationalisierung erhöhen die Produktivität |
| **Verbundvorteile** | | Synergien zwischen Unternehmensfunktionen (z. B. FuE und Produktion) und Unternehmen |
| **Alternative Fertigungstechnik** | | Substitution von Arbeit durch Kapital, z. B. durch Automatisierung |

verschmelzen bei der summarischen Betrachtung aller Produktionsprozesse (Abbildung 2.20, rechter Graph).

Bei vielen Fertigungsverfahren existieren **Skalenerträge,** d. h. mit der Produktionsrate steigende Grenzproduktivitäten. In der Stahlherstellung führt die zunehmende Größe des Hochofens beispielsweise zu einem günstigeren Verhältnis von Volumen zu Oberfläche und dadurch zu einer besseren Energieeffizienz. Ähnliches gilt für Schiffe. Auch durch Spezialisierung, z. B. die Fertigung nur eines Produkts auf einer Maschine, können Einsparungen durch die Fertigung größerer Stückzahlen erzielt werden, z. B. durch eine Reduzierung der Rüstvorgänge.

Die Größeneffekte, die in der eigenen Fertigung erzielt werden, können in ähnlicher Form von Lieferanten erreicht werden. Die Beschaffung großer Mengen von einem einzigen Zulieferer ist daher zumeist wirtschaftlicher als ein Aufteilen der Beschaffungsmenge, d. h., es existieren **Skaleneffekte in der Beschaffung.** Einschränkend ist jedoch zu beachten, dass die Konzentration auf einen oder wenige Zulieferer die Marktstruktur verändern, langfristig die eigene Verhandlungsposition schwächen und das Versorgungsrisiko erhöhen kann.

Generell ist die Realisierbarkeit von Skaleneffekten im Einkauf stark von der Kostenstruktur des Zulieferers und der Marktstruktur abhängig. In China beispielsweise existieren aufgrund der niedrigeren Fixkosten einer gering automatisierten Fertigung und einer einfachen Vertriebsstruktur oftmals geringere Skaleneffekte in der Beschaffung als in den etablierten Märkten Westeuropas und Nordamerikas. Auch wenn die Preisdegression mit der Menge im Einkauf nur gering sein mag, sollten Unternehmen bei Entscheidungen über eine Änderung der Zulieferbasis nicht ihre internen Fixkosten bei der Zulassung eines neuen Zulieferers vernachlässigen. Diese Kosten entstehen durch

---

**Die Effekte von Fixkosten sind substanziell.**

Abb. 2.20: Fertigungs- und Materialkosten bei Berücksichtigung diskreter Maschinenkapazität
in EUR/Einheit

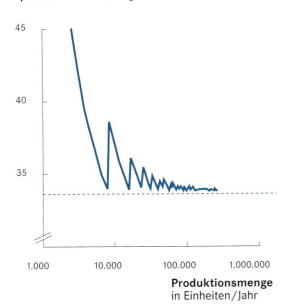
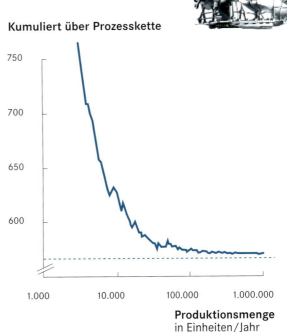

Quelle: McKinsey/PTW

die Auditierung und administrative Verwaltung des Zulieferers sowie durch den Aufwand für die Vertragsverhandlungen und die Prüfung von Werkstücken. Solche Aufwendungen können erheblich sein und sprechen für eine Konzentration auf wenige Zulieferer und Schnittstellen.

Ähnlich wie bei den Skalenerträgen in der Produktion existieren auch entlang allen **Transportmodi Skaleneffekte**, da die Versendung großer Mengen pro Gewichts- oder Volumeneinheit kostengünstiger ist.[31] Stückgut ist im Seetransport *(Less-than-Container Load – LCL)* pro Kilogramm frachtpflichtiges Gewicht *(Payable Weight)* ca. 40 bis 50 Prozent teurer als die Verschiffung in vollen Containereinheiten *(Full Container Load – FCL)*. Vergleichbar ist die Preisdifferenz zwischen einer 50- und einer 500-kg-Luftfracht-Sendung (Abbildung 2.21).

Bei innerbetrieblichen Transport-, Beschaffungs- oder Distributionsnetzwerken sind starke Skaleneffekte zu beobachten, da mit steigendem Volumen im Netzwerk die durchschnittliche Abhol- und Liefermenge steigt *(Pick-up/Drop Factor)*, die Notwendigkeit zur Konsolidierung über Sortierzentren *(Handling Events)* sinkt, Umwege im Transport vermieden werden *(Detour Factor)* und die Auslastung von Fahrzeugen *(Load Factor)* und anderen Betriebsmitteln steigt. Aus Sicht des einzelnen Versenders können hohe Frachtraten pro Sendungsvolumen durch die Akkumulierung von Volumina über einen bestimmten Zeitraum kompensiert werden – allerdings werden dadurch geringere Lieferfrequenzen und höhere Lagerbestände bedingt.

Lernkurven, technischer Fortschritt und Rationalisierungserfolge stellen **dynamische Skaleneffekte** dar, die Produktion wird mit steigender kumulativer Fertigungsmenge effizienter und damit kostengünstiger.[32] Die durchschnittlichen Herstellkosten sinken. Während technischer Fortschritt und Rationalisierung nicht streng an die längerfristige Existenz eines Standorts gekoppelt sind, können Lernkurveneffekte die Wirtschaftlichkeit neuer Standorte im Vergleich zu existierenden Standorten deutlich verschlechtern. Im Flugzeugbau wird beispielsweise von einer Senkung der Fertigungskosten und Durchlaufzeiten von ca. 15 Prozent bei jeder Verdoppelung der Stückzahl ausgegangen. Die Abläufe wandeln sich von der Projektzeit mit hohen Zeitanteilen ohne direkte Wertschöpfung (Planung, Kontrolle, Handhabung) hin zu einer Serienfertigung mit höherer Produktivität. Nur ein Teil der Lernkurveneffekte kann durch den (temporären) Transfer von Mitarbeitern auf den neuen Standort übertragen werden.

Die Ansiedlung verschiedener Unternehmensfunktionen an einem Standort kann zu **Verbundvorteilen** führen. So bewirkt die physische Nähe der Produktion zu Produkt- und Prozessentwicklung oft einen regeren Austausch von Ideen und Erfahrungen, der wiederum fertigungsgerechtere Produktkonstruktionen und eine besser zu handhabende Fertigungstechnik zur Folge hat. Die kürzeren und direkteren Kommunikationswege machen das Unternehmen reaktionsfähiger und da-

**Große Luftfrachtsendungen weisen bezogen auf das Gewicht geringere Transportkosten auf.**

Abb. 2.21: Luftfrachtraten (netto, *airport-to-airport*)
indexiert

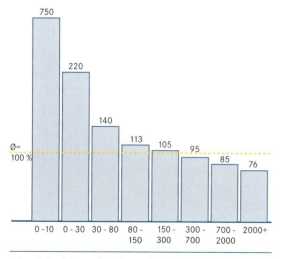

Gewichtsklasse (kg „Payable Weight" pro Sendung)

Quelle: IATA Air Cargo Annual (CASS Daten), McKinsey-Analyse

---

[31] Basis: Unternehmensdaten und IATA (2003).
[32] Vgl. Coenenberg (2003), Kapitel 7: „Erfahrungskurve als Instrument der Kostenkalkulation" (S. 185 ff.).

durch robuster. Fehlerursachen können schneller gemeinsam identifiziert und beseitigt werden.

Die **quantitative Bewertung** von Skalen- und Verbundeffekten für ganze Werke sowie ihre Berücksichtigung bei der Optimierung von Produktionsnetzwerken ist nicht trivial. Approximativ lassen sich Skalen- und Verbundeffekte bei der Standortplanung durch die Berücksichtigung von Fixkosten und einer alternativen Fertigungstechnik abbilden. Die Skaleneffekte im Einkauf sind durch diese Methoden nur teilweise erfassbar: Der Einfluss der Marktstrukturkomponente, z. B. die spezifische Preisbildung in oligopolistischen Märkten, entzieht sich einer einfachen Analyse und Parametrisierung.

Allerdings sollten in jedem Unternehmen spezifische Erfahrungswerte vorhanden sein, die im Rahmen der Standortwahl und Gestaltung der Beschaffungsstrategie genutzt werden. Dies gilt in ähnlicher Form für die realitätsnahe Beschreibung von dynamischen Skaleneffekten, z. B. durch Lerneffekte und den Volumenausgleich über Produktgenerationen hinweg, sowie von Skaleneffekten im Transport.

*2.4.2.2 Alternative Fertigungstechnik*

Der Einsatz **standortgerechter Fertigungstechnik,** d. h. eines anderen Fertigungsverfahrens und Automatisierungsgrads, ist bei unterschiedlichen Faktorkosten je Standort zur Reduktion der direkten Fertigungskosten erstrebenswert. Voraussetzung ist jedoch, dass Inputfaktoren – insbesondere Kapital und Arbeit – gegeneinander substituiert werden können. Auch sollten Inputfaktoren einen konstanten oder abnehmenden Grenznutzen aufweisen, was bei vielen, aber nicht allen Fertigungstechniken der Fall ist.

Kleinere Hochöfen und Kraftwerke sind ineffizienter als große und erlauben nur in begrenztem Umfang die Reduktion der Kapitalintensität. Anders bei vielen Montageprozessen: Hier können relativ teure Faktoren (z. B. Kapital) oftmals recht unproblematisch durch günstige (z. B. Arbeit) ausgetauscht und die Skaleneffekte dadurch verringert werden. Es gibt also eine wirtschaftliche Alternative zu kapitalintensiven Großanlagen.

Produktionsstandorte in Ländern wie der Tschechischen Republik, Polen, Ungarn und Malaysia können von einer alternativen Fertigungstechnik profitieren. Auf den lokalen Arbeitsmärkten ist Personal vorhanden, mit dem automatisierte und komplexe Arbeitssysteme betrieben werden können, wenn dies wirtschaftlich sinnvoll oder aus Qualitätsgründen erforderlich ist. Gleichzeitig können aufgrund der niedrigen Arbeitskosten aber auch Produktionsprozesse genutzt werden, die eine geringere Kapitalintensität aufweisen und niedrigere Fixkosten verursachen.

Praxisbeispiele zeigen jedoch, dass Unternehmen auch an Standorten mit sehr unterschiedlicher Faktorkostenstruktur vergleichbare Produktionsprozesse einsetzen.[33] Die Wirtschaftlichkeit einer Entwicklung und Nutzung alternativer Produktionsprozesse kann nicht allein durch eine Betrachtung der Grenzkosten der Fertigung beurteilt werden. Fixe Kosten für die Entwicklung, die Freigabe und das Qualitätsmanagement alternativer Produktionsprozesse sowie Effizienzverluste durch geringe Standardisierung von Prozessen und Betriebsmitteln sind wesentliche Faktoren, die es für Unternehmen wirtschaftlicher machen können, trotz stark unterschiedlicher Faktorkosten identische Produktionsprozesse an unterschiedlichen Standorten einzusetzen.

---

**Alternative Fertigungstechnik mit geringeren Fixkosten kann kleinere Werke an attraktiven Standorten ermöglichen.**

---

Im Rahmen der Neugestaltung von Produktionsnetzwerken sollten alternative Fertigungstechniken zur Verbesserung der Wirtschaftlichkeit in Betracht gezogen werden. Dabei ist neben der standortgerechten Bewertung und Auswahl bereits genutzter Fertigungsverfahren auch an eine **Erweiterung des Technikportfolios** zu denken. Die Erweiterung ist insbesondere für Unternehmen erforderlich, die noch keine Werke an Niedriglohnstandorten haben. Die Entwick-

---

*33 Vgl. ManagerMagazin (1995): Beispiele der Unternehmen Siemens (Fertigung von Kabelbäumen in der Tschechischen Republik), Audi und Opel (jeweils Automobilfertigung in Ungarn).*

lung alternativer Fertigungsverfahren wird in vielen Unternehmen kontrovers gesehen. In diesem Kontext wird oftmals auch in Frage gestellt, ob die geforderte Qualität mit einem weitgehend manuellen Prozess erreicht werden kann. Dieser Einwand ist für gewisse Fertigungsverfahren berechtigt.[34] Allerdings ist bei der überwiegenden Anzahl von Produktionsprozessen zumindest eine partielle Verringerung des Automatisierungsgrads und des Kapitalbedarfs möglich, z. B. durch manuelle Ausführung von Neben- und Kontrollprozessen.

\* \* \*

Unternehmen können eine hohe **Produktivität** und **Qualität** fast überall auf der Welt erreichen. Dazu sind aber in Entwicklungsländern häufig höhere Anstrengungen erforderlich – gerade beim Neuaufbau eines Standorts. Unternehmen müssen – von der Ausbildung bis zur Infrastruktur – teilweise Aufgaben übernehmen, die in hoch entwickelten Volkswirtschaften vom Staat oder anderen Institutionen durchgeführt werden. Die Erwägung einer alternativen Fertigungstechnik kann die Produktion an Auslandsstandorten wirtschaftlich attraktiver und operativ leichter umsetzbar machen. Die Entwicklung und Umsetzung der für die jeweilige Branche und Region geeigneten Maßnahmen für eine hohe Produktivität und Qualität dauert in der Regel etwa fünf Jahre. Bei sehr komplexer Fertigung können aber auch mehr als zehn Jahre zum Aufbau entsprechenden Wissens und der Institutionalisierung der erforderlichen Fähigkeiten benötigt werden.

## 2.5 Logistik – direkte und indirekte Kosten

Die Logistikkosten sind ein wesentlicher Einflussfaktor, der entscheidend von der Distanz des Produktionsstandorts zu den zu versorgenden Märkten bestimmt ist. Von sekundärer Bedeutung sind die Transportraten (z. B. pro Kilometer) und -geschwindigkeiten, die für die einzelnen Transportrelationen relevant sind. Produkteigenschaften wie die Wertdichte und die Prognostizierbarkeit der Nachfrage bestimmen die Bedeutung der Logistikkosten für die Standortwahl für ein spezifisches Produkt. Insgesamt sind folgende Kostenpositionen entscheidend:

- **Direkte Transportkosten,** d. h. die Frachtraten für den Luft- und Seetransport, die Zubringung auf dem Landweg sowie die Aufwendungen für die Disposition

- **Kosten der Bestände** bestehen aus den Kapitalbindungskosten sowie aus dem Wertverfall und den marktseitigen Opportunitätskosten bei verlängerten Lieferzeiten. Höhere Kapitalbindungskosten entstehen durch längere Transport-, Umschlags- und Verladezeiten sowie durch die damit verbundenen höheren Sicherheitsbestände, die zur Aufrechterhaltung der Servicegrade benötigt werden. Die Kosten des Wertverfalls während des Transports sind insbesondere bei Produkten mit kurzem Produktlebenszyklus und starkem Preisverfall signifikant. Darüber hinaus können gerade bei Produkten, die auf Basis eines spezifischen Auftrags gefertigt werden *(Make-to-Order)*, längere Lieferzeiten zu geringerer Wettbewerbsfähigkeit und der Notwendigkeit von Preisnachlässen führen.

Im Folgenden wird zunächst nur die Ermittlung der direkten Transportkosten und Transportzeiten diskutiert. Wie Unternehmen die Kosten für das Vorhalten von Lagerbeständen berechnen und beeinflussen können, wird anschließend beschrieben. Abschließend erfolgt ein Ausblick auf die Möglichkeit, durch den gezielten Einsatz unterschiedlicher Transportmodi die Leistungsfähigkeit des Produktionsnetzwerks zu erhöhen bzw. die Kosten zu senken.

### 2.5.1 Direkte Transportkosten

Die Bedeutung der Transportkosten für die Wahl des Produktionsstandorts hängt stark von der **Wertdichte** (monetärer Wert pro Gewicht) der zu transportierenden Produkte ab. Andere Determinanten der Transportkosten sind die Variantenvielfalt und die Lieferzeitanforderungen. Sie haben in vielen Branchen zu einer zwingenden Nutzung von Luftfracht für den interkontinentalen Transport geführt, so dass auch bei Produk-

---

*34 Hero-Honda setzt bspw. auch am Niedriglohnstandort Indien aus Qualitätsgründen Schweißautomaten ein, z. B. für die Schweißung von Kraftstoffbehältern (vgl. Kapitel 5).*

## 2.5 Logistik – direkte und indirekte Kosten

tionsstandorten in Übersee mit kurzen Lieferzeiten und geringen Lagerbeständen gearbeitet werden kann.

Die adäquate **Bestimmung von Transportkosten** für die Analyse von Produktionsstandorten ist oft ein schwieriges Unterfangen: Wird die Anzahl potenzieller Standorte nicht a priori stark eingeschränkt, so gehen die Transportrelationen zwischen allen Werken und allen Märkten, für die Transportkosten und -zeiten zu ermitteln sind, in die Hunderte. Ferner kann die Berücksichtigung unterschiedlicher Transportmodi, z. B. von Luftfracht und Seefracht, erforderlich sein. Selbst wenn es möglich ist, bei Logistikunternehmen oder Reedereien die aktuellen Frachtraten für alle potenziell

> **Bei Standort- und Lieferantenentscheidungen sind nicht die aktuellen, sondern die langfristig zu erwartenden Transportkosten relevant.**

relevanten Transportrelationen abzufragen, ist das Ergebnis nicht unbedingt hinreichend genau. In Abbildung 2.22 sind für den Transportmodus Seefracht beispielhaft alle wesentlichen Faktoren aufgeführt, die die kurz-, mittel- und langfristige Entwicklung der Frachtraten bestimmen. Dabei ist ersichtlich, dass hier eine erhebliche Volatilität besteht. Kurzfristige Schwankungen sind zwar für eine langfristig orientierte Investitionsentscheidung nicht relevant. Dennoch erschwe-

> **Für die Auswahl von Produktionsstandorten sind nur die langfristigen Treiber der Transportkosten relevant.**

### Abb. 2.22: Seefrachtraten – Einflussfaktoren

SCHEMATISCH

☐ Primär relevant für Standortentscheid

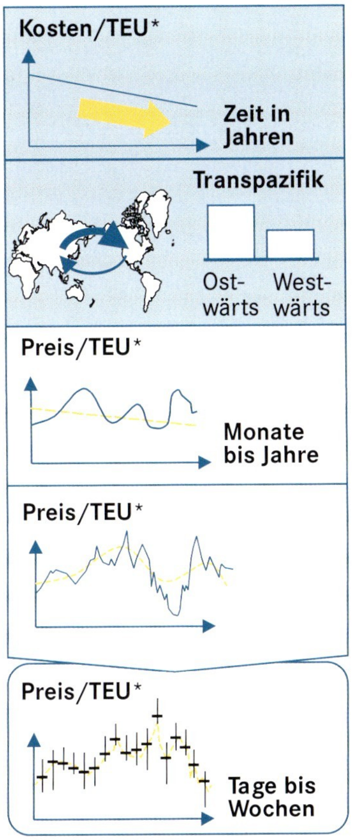

| Beobachtungen | | Ursachen | |
|---|---|---|---|
| Trend der Erstellungskosten | Kosten/TEU* ↘ Zeit in Jahren | • Größere Containerschiffe haben eine höhere Treibstoffeffizienz und Geschwindigkeit<br>• Größe und Automatisierung senken Arbeitsbedarf auf Schiffen | **Langfristig** |
| Ungleichgewichte im globalen Handel | Transpazifik – Ostwärts/Westwärts | • Ungleichgewichte in den Handelsströmen führen zu Ungleichgewichten bei den Frachtraten<br>• Der Kausalzusammenhang zwischen Transportleistung und Rate ist gestört, da Engpässe auf Segmenten die Raten bestimmen | |
| Schiffskapazität: Nachfrage vs. Angebot | Preis/TEU* Monate bis Jahre | • Die zyklische wirtschaftliche Entwicklung führt zu Nachfrageschwankungen<br>• Die Anpassung des Angebots an die Nachfrage erfordert Zeit (für den Bau von Schiffen) | |
| Zuschläge und lokale Restriktionen | Preis/TEU* | • Unruhen, Katastrophen usw. können Zuschläge bedingen, z. B. bei Versicherung und Raten<br>• Engpässe, z. B. bei der Umschlagkapazität von Häfen, führen vorübergehend zu Verzögerungen und zusätzlichen Kosten | |
| Hochgradig volatile Angebotspreise | Preis/TEU* Tage bis Wochen | • Kapazitätsreservierungen der Logistikunternehmen bei den Reedern und lokale Engpässe/Leerkapazitäten bedingen Preisunterschiede von ca. ± 20 % zwischen Logistikunternehmen oder für unterschiedliche Versandtermine | **Kurzfristig** |

\* TEU: Twenty Foot Equivalent Unit (Maßeinheit für die Container-Transportkapazität von Schiffen und Hafeneinrichtungen, 1 TEU = 20 fuß Containereinheit
Quelle: McKinsey

ren sie die Bestimmung der langfristig zu erwartenden Transportkosten auf der Basis aktueller Daten.

Für die zuverlässige Analyse der Wirtschaftlichkeit von Produktionsnetzwerken empfiehlt sich die Verwendung **konsistenter Transportkostenannahmen**, die

- Entweder auf **Basis der Erstellungskosten** abgeschätzt werden können (z. B. für landbasierte Transporte mit LKW bei einem wettbewerbsintensiven, polypolistischen[35] Markt mit Preisbildung nach der Regel „Kosten plus X")

- Oder durch die **statistische Auswertung großer Datenmengen** generiert werden können (z. B. im Bereich Luftfracht, auf Ebene von Transportrelationen mit einer oligopolistischen Marktstruktur).

Bei der Bestimmung der Transportkosten und -zeiten nach einer der beiden Methoden sind alle Einflüsse aufzunehmen, die langfristig im Zeithorizont der Amortisierung einen signifikanten Einfluss haben. Indische Häfen beispielsweise sind trotz partieller Privatisierung in den vergangenen Jahren immer noch deutlich ineffizienter als die Häfen in Singapur, Hongkong und Schanghai. Mit einer durchschnittlichen Abfertigungszeit für Containerschiffe von zwei bis vier Tagen[36] wird die Transportzeit beträchtlich verlängert, wobei zusätzlich noch von längeren Zeiten bei der Zollabfertigung und dem landbasierten Transport auszugehen ist. Dieser Nachteil wird trotz Anstrengungen der indischen Betreiber in den nächsten Jahren nicht vollständig abgebaut werden. Er sollte somit in einer Modellrechnung zur Unterstützung von Standortentscheidungen berücksichtigt werden. Die Verwendung punktuell erhobener Daten aus verschiedenen Quellen ist aufgrund der hohen kurzfristigen Volatilität der Frachtraten nicht ratsam, weil dadurch Standorte relativ zu anderen bevorteilt oder benachteiligt werden. Dies lässt sich durch eine systematische Berechnung der langfristigen Transportraten für alle relevanten Transportrelationen vermeiden. Durch diese Berechnung kann zwar das Niveau der tatsächlichen Raten nicht besser vorhergesagt werden, aber es werden relative Abweichungen zwischen den einzelnen Relationen vermieden.

### Der Transport aus Niedriglohnstandorten ist nicht zwangsläufig teurer als der Transport aus Hochlohnstandorten.

Die Analyse der **globalen Transportkosten** zeigt, dass die Berücksichtigung von Transportkosten bei der Standortwahl nicht zwangsläufig Nachteile für Niedriglohnstandorte mit sich bringt. Vielmehr hängt die Wirtschaftlichkeit des Transports von der Lage der zu beliefernden Märkte ab. Unterstellt man nur einen einzigen Standort zur Versorgung des gesamten Weltmarkts, ergibt sich für einen Transport per See und Land ungefähr das in Abbildung 2.23 dargestellte Bild. Zentralamerika, Venezuela und Kolumbien sind beispielsweise hinsichtlich der Transportkosten attraktive Standorte, weil von hier aus die an den Küsten der USA gelegenen Großstädte gut per Schiff erreicht werden können. Die Tschechische Republik ist zentral in Europa gelegen und erlaubt auch aufgrund der niedrigeren Kosten für Fahrer eine überaus günstige Versorgung des Wirtschaftsraums der EU.

### Die interkontinentalen Frachtraten sind im langfristigen Trend rückläufig.

In den sechs bis acht Jahren vor 2003 sind die nominalen Frachtraten durchschnittlich um ca. 3,8 Prozent p. a. im Seetransport und um ca. 2,0 Prozent p. a. bei der Luftfracht zurückgegangen.[37] Dieser langfristige Trend setzte sich von 2002 bis 2005 nicht fort. Aufgrund höherer Treibstoffpreise und großer Nachfrage nach Containerschiffen sind die Transportraten in letzter Zeit gestiegen. Dabei schlägt sich beim Transport von Seecontainern insbesondere der deutliche Anstieg der Nachfrage nieder. Im Luftfrachtbereich werden die höheren Kosten für Treibstoff verstärkt an den Kunden weitergegeben.[38] Preisdämpfend hat sich in den vergangenen Jahren

---

35 *Polypolistische Märkte zeichnen sich (im Gegensatz zu Oligopolen und Monopolen) durch eine Vielzahl von Anbietern aus.*

36 *Vgl. CII (2004), S. 71. Teilweise kürzere Zeiten in privatisierten Terminals (wenn nicht „verstopft").*

37 *Analyse auf der Basis von Drewry (2004) und IATA (2003).*

38 *Vgl. entsprechende Ankündigungen von DHL, FedEx und Lufthansa Cargo Ende 2004.*

## 2.5 Logistik – direkte und indirekte Kosten

bei einigen Transportrelationen die Verfügbarkeit kostengünstiger Beilade-Kapazität *(Belly Space)* in Passagierflugzeugen bemerkbar gemacht.

Höhere Treibstoffkosten beeinflussen auch die Entwicklung der Kosten von landbasierten Transporten, die in Europa maßgeblich durch staatliche Eingriffe (z. B. Maut-Erhebung) bestimmt sind.

**Unklarheit bezüglich der zukünftigen Entwicklung: effizientere Transportmittel, aber höhere Treibstoffpreise**

Damit bleibt der langfristige **Trend der Transportkosten** schwer prognostizierbar, vor allem weil die Entwicklung der Rohstoffpreise nicht sicher eingeschätzt werden kann. Beim LKW-Transport werden etwa 15 Liter Diesel zum Transport eines 20-Fuß-Standardseecontainers pro 100 Kilometer benötigt (zwei 20-Fuß- oder ein 40-Fuß-Container passen auf einen typischen LKW), beim Seetransport immerhin etwa ein Drittel dieser Treibstoffmenge. Mittelgroße Containerschiffe mit ca. 3.500 TEU Kapazität verbrauchen etwa 70 bis 100 Tonnen Schweröl täglich. Für den Transport eines 20-Fuß-Containers von Deutschland in die Küstenregionen Chinas werden insgesamt etwa 800 Liter Treibstoff benötigt, eine Erhöhung des Rohölpreises um 10 US-Dollar per Barrel erhöht die direkten Kosten des Seetransports um etwa 2 bis 3 Prozent. Beim Lufttransport ist der Einfluss aufgrund des höheren Treibstoffverbrauchs pro Transportleistung also noch höher. Für den Transport von 10 Tonnen Ware von Deutschland nach China werden etwa 20.000 Liter Treibstoff benötigt. Der Anstieg des Rohölpreises um 10 US-Dollar per Barrel erhöht die Transportkosten um etwa 0,15 US-Dollar per Kilogramm oder etwa 5 Prozent. Deshalb empfiehlt sich bei Gütern mit hohem Transportkostenanteil eine Sensitivitätsanalyse der Produktionsnetzwerkstruktur in Bezug auf unterschiedliche Entwicklungsszenarien.

Auch die Robustheit der Lieferkette hinsichtlich **Transportverzögerungen** sollte geprüft und kritisch hin-

**Transportkosten führen nicht zwangsläufig zu einer geringeren Attraktivität von Niedriglohnstandorten.**

Abb. 2.23: Durchschnittliche Transportkosten zum Weltmarkt* mit See-/Landtransport

**Transportkosten für Containereinheit (TEU)** in USD (von Tür zu Tür); geschätzt

1.400  2.100  2.400  2.700  3.000  3.500  4.000  6.000

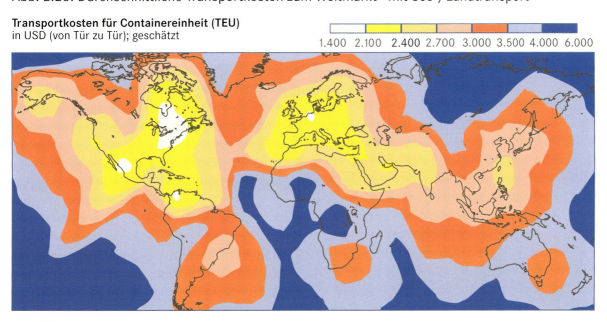

* Länder sind mit dem jeweiligen Bruttoinlandsprodukt gewichtet
Quelle: Drewry (2003), Reedereien, McKinsey/PTW (Logistics Model v 1.3)

terfragt werden. In China haben die enorme Nachfrage nach Rohstoffen wie Erzen sowie der Export von zumeist in Containern verschifften Gütern die Nachfrage nach Transportleistungen drastisch erhöht. Das Umschlagvolumen chinesischer Häfen (ohne Hongkong) ist 2004 um geschätzte 30 Prozent[39] gewachsen. Shenzhen und Schanghai sind mittlerweile nach Hongkong und Singapur (als Hafen mit relativ geringem Anteil von Im- und Exporten) die größten Containerhäfen der Welt mit einer Umschlagleistung, die jeweils der Summe von Rotterdam und Hamburg entspricht. Die Wachstumsraten und die starke Abhängigkeit der heimischen Produktion und des Vertriebs von Zulieferungen aus dem Ausland bringen aber auch Probleme mit sich. So haben die Verzögerungen durch Streik und Überlastung der Häfen an der Westküste der USA im Jahr 2004 zu erheblichen Einschränkungen der Lieferfähigkeit von Unternehmen in den USA geführt. Schiffe mussten teilweise bis zu zwei Wochen warten, bevor sie in Long Beach oder Oakland abgefertigt werden konnten. Die hohe Auslastung des Suezkanals hat dazu geführt, dass die Havarie eines einzelnen Schiffes erhebliche Verzögerungen im internationalen Containerverkehr zu Folge hatte.

Die Beispiele zeigen, dass die hohe Zuverlässigkeit und Effizienz, die in den vergangenen Jahrzehnten im internationalen Transportgeschäft erreicht wurde, bei der Standortplanung keine Selbstverständlichkeit ist.

### 2.5.2 Bestandskosten – Kapitalbindung und Wertverfall

Unternehmen sollten neben den direkten Transportkosten auch weitere Elemente der Logistikkosten korrekt erfassen. Insgesamt können diese die direkten Transportkosten deutlich übertreffen. Die Kosten der Bestände im Transport und der Sicherheitsbestände können durch den Ansatz eines entsprechenden Kapitalkostensatzes auf den Wert der gelagerten Produkte approximativ erfasst werden. Darin sollten auch die durch längere Transportketten verursachten Kosten der operativen Lagerhaltung, der Konfektionierung und des Bestandsmanagements enthalten sein. Diese zusätzlichen indirekten Kosten sind insbesondere dann ganz erheblich, wenn aufgrund der marktfernen Produktion von einer auftragsbezogenen Fertigung *(Make-to-Order)* zu einer Belieferung aus vorgefertigten Beständen *(Make-to-Stock)* übergegangen werden muss.

> **Die Konfektionierung oder Produktion von langsam drehenden Produktvarianten im Markt kann einen Auslandsstandort gut ergänzen und Bestände senken.**

Gerade bei Produkten mit hoher Variantenvielfalt sowie stark volatiler und schlecht prognostizierbarer Nachfrage sind die zur Aufrechterhaltung der Lieferfähigkeit erforderlichen Sicherheitsbestände erheblich und es ist eine abgestimmte Auswahl des Produktionsstandorts und der dort gefertigten Varianten notwendig. Das Halten von Beständen wird in der Praxis zuneh-

> **Transportkosten sind langfristig rückläufig.**

Abb. 2.24: Transportkosten – Trend

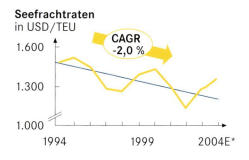

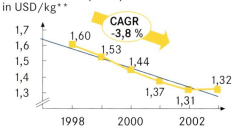

\* Schätzung basierend auf der verfügbaren Schiffskapazität und erwarteten Nachfrage
\*\* Nettoluftfrachtraten (Flughafen zu Flughafen) ohne Serviceleistungen, Landtransport usw.
Quelle: Drewry (2003), IATA Air Cargo Annual 2002 (2003)

---

[39] Vgl. Drewry (2004), S. 22.

## 2.5 Logistik – direkte und indirekte Kosten

mend kritisch gesehen, da die Variantenanzahl und Bedarfsvolatilität in vielen Marktsegmenten steigt. Gleichzeitig werden Bestände durch kürzere Produktlebenszyklen schneller entwertet.

Unternehmen sollten daher bei der Gestaltung ihrer globalen Lieferketten neue Wege gehen, um den genannten logistischen Herausforderungen adäquat zu begegnen. Die Verzögerung der Variantengenerierung stellt dazu eine Möglichkeit dar. Ein Hersteller von Baseballkappen bezieht beispielsweise ungefärbte Rohware aus China. Am Fertigungsstandort in Kalifornien werden auftragsbezogen innerhalb von 24 Stunden mehrere 10.000 Kappen durch Färben und automatisches Sticken des Namenszugs gefertigt. Die auftragsbezogene Fertigung ist unvermeidbar, da die Verkaufszahlen von Baseballkappen stark mit dem Erfolg der jeweiligen Teams in der Schlussrunde *(Playoffs)* korrelieren und daher schlecht prognostizierbar ist. Ein Investitionsgüterhersteller setzt marktnahe Produktionsstandorte zur Fertigung von Produkten mit geringer Nachfrage pro Variante ein, während die Herstellung der absatzstarken Produktvarianten an wenigen Standorten weltweit konzentriert ist. Gerade zur Versorgung des westeuropäischen Marktes lassen sich Fertigung in Niedriglohnländern und Marktnähe durch eine gestaffelte Struktur (Beitrittsländer, Osteuropa/Türkei, Fernost) gut nutzen und so kann ein optimiertes Produktionsnetzwerk mit hoher logistischer Leistungsfähigkeit verwirklicht werden.

### 2.5.3 Nutzung unterschiedlicher Transportmodi

Bei der Bewertung von Transportkosten und -zeiten sollten Unternehmen im Rahmen der Standortplanung auch kritisch prüfen, wie sie die entsprechenden operativen Abläufe verbessern können. Ein erhebliches Optimierungspotenzial bieten beispielsweise alternative Transportmodi, d. h. der Transport per LKW, Schiene, Binnenschiff, Luftfahrzeug, Container- oder Spezialschiff. Die wesentlichen Charakteristika, die die optimale Struktur der Transportketten insgesamt bestimmen, sind die Wertdichte eines Produkts, die Variantenanzahl und Bedarfsvolatilität sowie die Fehlerraten und Folgen der Nicht-Verfügbarkeit.

Um die Leistungsfähigkeit und Effizienz des Transports zu erhöhen, bieten sich Unternehmen zwei grundsätzliche Hebel, bei denen unterschiedliche Transportmodi genutzt bzw. miteinander kombiniert werden:

- **Paralleler multimodaler Transport:** Ein Teil der Transportmenge pro Relation, d. h. pro Transportverbindung von A nach B, wird mit Hilfe des einen Transportmodus, der Rest zur gleichen Zeit mit Hilfe eines anderen Transportmodus versendet. Die parallele Nutzung von Luft- und Seefracht kann beispielsweise die Notwendigkeit zum Vorhalten von Sicherheitsbeständen deutlich reduzieren.

- **Serieller multimodaler Transport:** Für einen Teil der Transportstrecke wird der eine Transportmodus, für die Reststrecke ein anderer Transportmodus gewählt. In Europa sind kombinierte Verkehre beispielsweise beim transalpinen Transport häufig, und auf interkontinentalen Relationen können See- und Luftfracht seriell genutzt werden.

> **Bei Gütern mit einer Wertdichte zwischen 15 und 80 Euro pro Kilogramm kann der parallele multimodale Transport die Logistikkosten um bis zu 50 Prozent senken.**

Für Güter mit einer Wertdichte über ca. 80 Euro pro Kilogramm Bruttogewicht ist auf interkontinentalen Transportwegen meist der Transport via Luftfracht sinnvoll. Die Einsparungen durch eine geringe Kapitalbindung überkompensieren die höheren Transportkosten. Für Produkte mit hoher Bedarfsvolatilität, schnellem Wertverfall durch kurzen Produktlebenszyklus und hohen Kosten der Nicht-Verfügbarkeit kann der Grenzwert der Wertdichte für die Nutzung von Luftfracht niedriger liegen. Produkte mit einer geringen Wertdichte können interkontinental nur als Seefracht wirtschaftlich transportiert werden. Für den Bereich einer Wertdichte von etwa 15 bis 80 Euro pro Kilogramm ist es in der Regel sinnvoll, die Grundlast der Nachfrage per Seefracht und die Bedarfsspitzen per Luftfracht zu transportieren. Dieser **parallele multimodale Transport** kann Unternehmen helfen, ihre Sicherheitsbestände oder verlorene Aufträge dramatisch zu reduzieren.

Ferner kann der Transport eines kleinen Anteils von Produkten per Luftfracht zur Reduzierung von Qualitätsrisiken genutzt werden. So kann auch der Alptraum vermieden werden, den ein *Supply Chain Manager* in der Automobilindustrie erlebte: Über sieben Wochen wurden fehlerhafte Teile produziert und versendet. Der Fehler wurde erst entdeckt, als die ersten Teile dieser Chargen im Endprodukt verbaut wurden – fehlerhafte Teile wurden aber noch Wochen danach im Werk angeliefert.

Der **serielle multimodale Transport** kann gewählt werden, um die spezifischen Vorteile eines Transportmodus über einen Teil der Transportstrecke zu nutzen. Im transalpinen Verkehr unterliegen LKW beispielsweise Restriktionen wie Nachtfahrverboten, die den Einsatz von schienenbasierten Verkehren sinnvoll erscheinen lassen. Bei der Anlieferung von Containern in den großen Seehäfen besteht oft die Wahl zwischen einem Weitertransport per Binnenschiff, Schiene oder LKW. Die Entscheidung über den Transportmodus kann dabei auch sendungsspezifisch nach den jeweiligen Erfordernissen gestaltet werden. Die Lieferkette wird dadurch robuster und effizienter. Ein Automobilzulieferer nutzt beispielsweise das Binnenschiff zum Transport von Containern von Rotterdam nach Süddeutschland. Ist die Anlieferung der Teile allerdings dringlich, kann die Gesamttransportzeit durch den teureren Weitertransport per LKW um zwei bis drei Tage verkürzt werden. Ein Versandunternehmen für Bekleidung nutzt in vergleichbarer Form den Umschlag von Containern in Singapur und der Golfregion und lädt einen Teil der Güter zum Weitertransport per Luftfracht um. Dadurch wird die Transportzeit um ein bis zwei Wochen verkürzt. Gleichzeitig profitiert das Unternehmen von den günstigen Luftfrachtraten, da insgesamt wesentlich mehr Güter in die Golfregion geflogen werden als Volumen für die Rückflüge zur Verfügung steht.

\*\*\*

Zusammenfassend ist festzuhalten, dass Transport- und Kommunikationsmöglichkeiten zwar in den vergangenen Jahrzehnten kostengünstiger und einfacher geworden sind, gleichzeitig aber die Ansprüche an die logistische Leistungsfähigkeit von Produktionsnetzwerken deutlich gestiegen sind. Fahrzeughersteller bieten heute ihren Kunden an, die Ausstattung noch bis wenige Tage vor der Auslieferung zu ändern, und höhere Variantenzahlen und kürzere Produktlebenszyklen machen es immer schwerer, marktfern zu produzieren. Unternehmen müssen daher die Bedeutung der Logistik für die Auswahl von Produktionsstandorten richtig einschätzen und den Standort mit den logistischen Maßnahmen in einen leistungsfähigen Verbund integrieren (vgl. dazu auch Kapitel 7). Die Gestaltung der Logistik ist dabei mit den Möglichkeiten der Produktarchitektur und -konstruktion abzustimmen, die eine spätere Individualisierung der Produkte und damit eine spätere Zuordnung von Produkten zu spezifischen Aufträgen ermöglichen.

## 2.6 Externe Faktoren – Rahmenbedingungen und Risiken

Mit einer stärkeren globalen Ausrichtung können Unternehmen Chancen nutzen – allerdings bedingt die Internationalisierung auch zusätzliche Risiken.

**Subventionen** bieten die Chance, Ausgaben für neue Standorte zu mindern. Sie sind ebenso wie **Steuern** insbesondere auf der regionalen und lokalen Ebene entscheidungsrelevante Faktoren. Die Höhe von Subventionen ist ebenso wie Steuer- und Zollregelungen in fast allen Ländern zumindest teilweise verhandelbar. Parallele Diskussionen mit mehreren Staaten und Regionen um die Ansiedelungskonditionen empfehlen sich daher. **Zölle** und andere Handelshemmnisse verlieren zwar tendenziell an Bedeutung, haben aber in einigen Industrien noch prägende Wirkung und sollten deshalb bei der Standortwahl beachtet werden. **Währungskurseffekte** werden von Unternehmen immer noch zu sehr als Risiko wahrgenommen – obwohl sie bei Anwendung der richtigen Maßnahmen durchaus auch eine Chance darstellen. Dies kann von Risiken durch die Weitergabe von Wissen oder die **Verletzung eigener Schutzrechte** nicht behauptet werden: Hier muss es primär darum gehen, den potenziellen Schaden zu begrenzen.

### 2.6.1 Subventionen und Steuern

Die Relevanz von Subventionen, Steuern, Zöllen und von nicht tarifären Handelshemmnissen bei der Gestaltung von Produktionsnetzwerken ist stark durch die Industrie und die Vorauswahl der Länder sowie die wesentlichen Absatzmärkte bestimmt. Im Regelfall sollten Zölle und Subventionen approximativ in der quantitativen Bewertung berücksichtigt werden. Die Berücksichtigung steuerlicher Effekte muss differenziert geschehen. Die Standortwahl für einige Prozessschritte[40], z. B. die Verpackung und den Versand, kann substanzielle steuerliche Implikationen nach sich ziehen, die zumindest annäherungsweise berücksichtigt werden sollten. Die legalen Möglichkeiten zur Minimierung der Steuerlast sollten daher im Rahmen der Standortwahl wenigstens grob ausgelotet werden, dann können entsprechende Bedingungen für die Standortplanung abgeleitet werden. Eine vollständige Integration der steuerlichen Optimierung in die Gestaltung des Produktionsnetzwerks ist aber nur in Ausnahmefällen sinnvoll. Der Komplexitätszuwachs (nicht nur entscheidungstheoretisch, sondern auch hinsichtlich der Abstimmung im Unternehmen) ist immens und der Nutzen einer vollständigen gegenüber einer approximativen Integration gering.

**Subventionen** müssen in nahezu allen Regionen (mit Ausnahme des Wirtschaftsraums der EU) zäh mit den öffentlichen Institutionen ausgehandelt werden; gewährt werden sie zumeist in Form von Steuernachlässen, Infrastrukturmaßnahmen, Schulungsgeldern, Forschungsunterstützung und bevorzugten Krediten. Ausnahmen sind Europa, insbesondere Ostdeutschland, und Hightech-Branchen, die von Regierungen als entwicklungspolitisch wichtig empfunden werden. In diesem Bereich ist auch mit direkten Zahlungen zu rechnen.

AMD hat beispielsweise Zuwendungen in Höhe von etwa 500 Millionen Euro für die Errichtung der neuen Produktionsstätte Fab 36 in Dresden erhalten. Ein Automobilhersteller hat es durch parallele Verhandlungen mit mehreren Regierungen geschafft, jeweils etwa 100 Millionen Euro direkte Subventionen für zwei Investitionsprojekte in Osteuropa zu erhalten. Auch wenn die Abschätzung der Subventionen bei einer Standortentscheidung anfänglich schwierig, wenn nicht unmöglich ist, sollten Unternehmen die Möglichkeit, Subventionszuwendungen zu erhalten, nutzen und durch gezielte Verhandlungen mit mehreren

potenziellen Standorten die wirtschaftliche Attraktivität der Investition maximieren.

Die nominalen **Unternehmenssteuersätze** in den meisten hoch entwickelten Industrieländern liegen bei etwa 40 Prozent – das realistisch erreichbare Niveau einer weltweiten Besteuerung liegt weit darunter. Durch die Verringerung des effektiven Gewinnsteuersatzes wird der freie Cashflow des Unternehmens gestärkt und seine Handlungsfähigkeit erweitert. Neben dem Einfluss auf die Bewertung des Unternehmens ist die steuerliche Optimierung besonders für die Manager interessant, deren Leistungsziele anhand der Gewinne nach Steuern festgeschrieben sind. Bei dem Einsatz von Instrumenten zur steuerlichen Optimierung ist allerdings darauf zu achten, dass diese nur bei der Thesaurierung von Gewinnen eine hohe Relevanz haben. Bei der Ausschüttung ist hingegen in der Regel primär der steuerliche Wohnsitz des Anteilseigners von Bedeutung.

> **Steuerliche Aspekte sollten primär bei der Auswahl von Standorten mit Distributionszentren beachtet werden.**

Der Einfluss von Steuern auf die internationale Standortwahl ist komplex, da sich je nach Wahl des Standorts für einen bestimmten Prozessschritt sowohl Implikationen für den Produktionsprozess selbst als auch für die steuerliche Bemessungsgrundlage und den Steuersatz für andere Prozesse in der Wertschöpfungskette ergeben können. Die Nutzung eines Konzernunternehmens *(Principal Trading Company)* in einem Staat mit geringem Steuersatz, z. B. der Schweiz, kann die zu zahlenden **Gewinnsteuern** deutlich verringern. Durch die (begrenzte) Flexibilität bei der Festsetzung von Transferpreisen können Gewinne in dem steuergünstigen Unternehmensteil akkumuliert werden.[41] Einige Länder, beispielsweise Belgien, erlauben die Verschiebung eines Teils des im Land erwirtschafteten Gewinns ins steuergünstige Ausland als Investitionsanreiz in ausgewählten Branchen.

---

*40 Vgl. Murphy (1998).*
*41 Vgl. Perridon (1999), S. 93–95.*

Durch die gezielte Ansiedelung von Unternehmensfunktionen wie Auftragsannahme sowie Konfektionierung und Versand kann teilweise auch die zu entrichtende **Umsatzsteuer** minimiert werden. Dieses Kriterium ist zumeist für die Standortauswahl zwischen Ländern relevant. Eine Ausnahme bilden die USA, in denen Umsatz- und Grundsteuersätze zumindest teilweise auf lokaler Ebene durch die einzelnen Staaten, *Counties*, und Städte festgelegt[42] werden. So erheben beispielsweise Alaska oder New Hampshire keinerlei Umsatzsteuern, während in Colorado in der Stadt Fort Collins im Larimer County eine Umsatzsteuer von 6,7 Prozent anfällt, die anteilig von Staat, *County* und Stadt festgelegt wird. Die Firma Dell hat in den USA die Standortwahl unter anderem im Hinblick auf diese Steuerart entschieden, die sich direkt auf den Bruttoverkaufspreis der versendeten Computer auswirkt.

Die Optimierung der Steuerlast kann auch Aspekte des **Risikomanagements** beinhalten. Gerade die Steuersysteme in Entwicklungs- und Schwellenländern sind teilweise verwirrenden Änderungen unterworfen, die für die bilanzielle Bewertung und die Gewinn- und Verlustrechnung von signifikanter Bedeutung sein können. In Indien beispielsweise wird die Herabsetzung der Raten für die (degressive) Abschreibung die steuerlich relevanten Gewinne in den kommenden Jahren zwar deutlich erhöhen, durch die gestiegene Steuerbelastung den freien Cashflow der Unternehmen aber reduzieren.[43] Die Liquiditätsplanung von Unternehmen ist davon unmittelbar betroffen. Gerade in Staaten mit wechselnden Mehrheiten können sich Investoren nicht auf eine stetige staatliche Steuer- und Finanzpolitik verlassen[44], die Grundlage für eine langfristige Optimierung ist damit nicht gegeben.

### 2.6.2 Zölle und nicht tarifäre Handelshemmnisse

Anders als Steuern, sollten Zölle explizit bei der Standortwahl und der Optimierung von Produktionsnetzwerken berücksichtigt werden. Zollsätze sind in der Regel nominal fixiert und (mit Ausnahmen z. B. für Sonderwirtschaftszonen) nicht verhandelbar.

Die Zuordnung zu der jeweiligen **Zollkategorie** sowie die Bestimmung des zu verzollenden Wertes unterliegen jedoch teilweise subjektiven Einschätzungen und bieten daher ein gewisses Optimierungspotenzial. So können die Einfuhr von Komponenten an Stelle von Fertigprodukten sowie die gezielte Steuerung des Ursprungslands *(Country of Origin)* eine deutliche Absenkung der Zollaufwendungen bewirken. Werden Teile in Italien hergestellt und mit einer geringen Wertschöpfung in der Ukraine oder in Russland montiert, wechselt nicht notwendigerweise das Ursprungsland. Entsprechend ist bei einem Reimport des montierten Produkts in die EU kein Zoll auf den gesamten Wert des Produkts zu entrichten. Wird hingegen ein Produkt aus Komponenten montiert, die in Asien beschafft wurden, sollte durch eine hinreichende Wertschöpfung in Rumänien ein Wechsel des Ursprungslands erreicht werden. Dies ist zumindest dann vorteilhaft, wenn das Endprodukt innerhalb der EU abgesetzt werden soll. Rumänien ist assoziiertes Mitglied der Zollunion, der Import von Waren aus Rumänien in die EU daher zollfrei.

Die **Bedeutung von Zöllen** ist zwar global deutlich zurückgegangen, aber für einige Regionen, Länder und Branchen immer noch ein dominantes Standortkriterium. In den 80er Jahren betrugen die ungewichteten Durchschnitte der angewandten Zollraten in Lateinamerika und Fernost noch etwa 30 Prozent und erstaunliche 65 Prozent für Südasien. Selbst die Zölle von hoch entwickelten Industrienationen sind heute oft noch so hoch, dass sie für Standortentscheidungen durchaus relevant sind. Dies wird vor allem deutlich, wenn man sie zu dem Wertschöpfungsanteil des OEM *(Original Equipment Manufacturer)* in Relation setzt, der in der Regel 15 bis 40 Prozent beträgt. In der EU lag 2004 der ungewichtete Durchschnitt der Zollraten

---

*42 Vgl. Karakaya (1998): Befragung (Fokus USA) zur Relevanz von 27 Standortfaktoren: Verfügbarkeit von Facharbeitern: 1,94; Transport: 1,84; Regulationen und Steuersätze der Bundesstaaten und Grundsteuern: 1,80; u. a.*

*43 Vgl. Raghunatha (2005).*

*44 Budgetentwurf der indischen Regierung für 2005, der als Kompromiss sowohl sozialistische (z. B. Beschäftigungsgarantien, staatliche Kreditvergaben usw.) als auch kapitalistische Maßnahmen (z. B. Senkung der Zölle und Unternehmenssteuern, Zulassung ausländischer Investoren usw.) beinhaltet.*

bei 5,6 Prozent, in den USA bei 4,8 Prozent des Wertes der eingeführten Güter.

Mit Ausnahme weniger Branchen mit weltweit vernachlässigbaren Zöllen, z. B. für Strukturteile in der Luftfahrzeugindustrie, sollten zumindest die Grundzüge der Verzollung bei der Bewertung von Standorten und der Gestaltung von Produktionsnetzwerken berücksichtigt werden. Dies kann ein durchaus mühsames Unterfangen sein, weil die Zolldaten nicht immer einfach zu ermitteln sind. Die Zollsätze orientieren sich an den Handelsrelationen (Land zu Land) und an den Produktgruppen und sind entsprechend zahlreich. Zwar existieren umfassende Datenbanken von kommerziellen Anbietern, die Klassifizierung der Produkte sowie die Identifizierung möglicher Optimierungshebel sind jedoch keineswegs trivial und nicht durch Datenbanken abzudecken.

Oftmals ist die Konsultierung der Zollbehörden erforderlich, um eine abschließende Sicherheit über die Einstufung des jeweiligen Produkts und damit über den anzuwendenden Zollsatz zu erhalten. Die Analyse von Standortkonfigurationen hinsichtlich des Effekts komplizierter Zollrückerstattungen kann sinnvoll sein, wenn Zölle einen wesentlichen Anteil an den Kosten der Verfügbarkeit im Markt haben.

**Zölle können durch die abgestimmte Wahl der Produktionsstandorte und der Produktkonstruktion optimiert werden.**

Eine **Optimierung des Produkts**, der Montagesequenz und der Standortwahl im Hinblick auf Zölle und Steuern kann sich auszahlen. Der Fokus von Managern sollte darauf liegen, Mitarbeiter der Finanzabteilung, Rechnungsprüfer, Produktkonstrukteure und Fertigungsplaner an einen Tisch zu bringen, um die Potenziale eines abgestimmten Vorgehens zu bewerten.

Denken Fertigungsplaner und Ingenieure im Kontext der Gestaltung von Produktionsnetzwerken oftmals an Betriebsmittel, operative Abläufe und Bauteileigenschaften, so beschäftigen sich Betriebswirte, Anwälte und Rechnungsprüfer mit juristischen Personen, Rechtsformen und vertraglichen Vereinbarungen. Die größte Herausforderung besteht darin, die Auffassungen und möglicherweise konfligierenden Teilziele der Beteiligten im Hinblick auf den Nutzen für das gesamte Unternehmen auszurichten und zu harmonisieren.

**Nicht tarifäre Handelshemmnisse** können in vielfältigen Formen auftreten. Hier seien nur die Begrenzung des Anteils ausländischen Eigentums und das Quotensystem im Textilbereich und die Auswirkungen dieser Regulierungen auf Unternehmen kurz beschrieben (vgl. die Fallbeispiele auf den folgenden Seiten). Diese Betrachtungen dienen dabei lediglich der Verdeutlichung der potenziellen Risiken für Unternehmen, die zukünftige staatliche oder überstaatliche Regulationen beinhalten können.

Der Markteintritt in regulierte Märkte mit staatlich auferlegter Limitation der Handlungsoptionen, z. B. in China und Indien, wurde für viele Unternehmen zum strategischen Dilemma[45]: Die Konkurrenz um die begrenzte Anzahl von genehmigten Joint Ventures trieb die Aufwendungen (auch unter Einbeziehung der Opportunitätskosten durch Know-how-Transfer) teilweise über den erzielbaren Nutzen hinaus. Unternehmen können sich dem skizzierten Dilemma und der kollektiven Wertvernichtung, z. B. durch den Aufbau von Überkapazitäten, nur durch ein abgestimmtes Verhalten gegenüber dem regulierenden Staat entziehen.

## 2.6.3 Währungskurseffekte und andere externe Risiken

Die Einflussfaktoren bei der Gestaltung von Produktionsnetzwerken unterliegen hinsichtlich ihrer aktuellen Einschätzung und der zukünftigen Entwicklung Unsicherheiten. **Unbekannte** Ereignisse mit **nicht vorhersagbarem** Einfluss auf das Unternehmen (Unkenntnis), z. B. ungewohnte Naturkatastrophen oder Terroranschläge, und **bekannte** Ereignisse mit **nicht vorhersagbaren** Eintrittswahrscheinlichkeiten

---

*45 Vgl. FAS (2005): Darstellung des Bieterproblems bei Versteigerungen einer Einheit eines Gutes durch einen Monopolisten. Das Experiment zeigt, dass (obwohl das Durchschnittsgebot nahe am realen Wert liegt) der „Gewinner" der Auktion fast immer einen deutlich überhöhten Preis zahlt.*

## Externe Faktoren – Auswahl von Produktionsstandorten bei der Mercedes Car Group (MCG)

DaimlerChrysler, nach GM weltweit der zweitgrößte Automobilhersteller, hat 2004 rund 4,7 Millionen Fahrzeuge produziert und einen Umsatz in Höhe von 142 Milliarden Euro erwirtschaftet. Davon entfielen 1,2 Millionen Fahrzeuge und 50 Milliarden Euro Umsatz auf die Mercedes Car Group (MCG) mit den Marken Mercedes-Benz, smart und Maybach. Die MCG beschäftigt ca. 106.000 Mitarbeiter. Die wichtigsten Märkte sind Westeuropa, wo 67 Prozent der Fahrzeuge abgesetzt werden (davon knapp die Hälfte in Deutschland), und Nordamerika mit einem Anteil von 20 Prozent.

Die Fahrzeuge werden weltweit an sechs Standorten gefertigt (Sindelfingen, Rastatt, Bremen, Tuscaloosa [USA], Juiz de Fora [BR] und East London [SA]). Ferner existieren drei Aggregate- und Komponentenwerke in Deutschland sowie sieben Standorte zur CKD-Montage[46] (davon sechs in Asien).

Die Expansion in die internationalen Märkte erfordert unterschiedliche Strategien, um die Fahrzeuge jeweils wirtschaftlich produzieren zu können. Bei einer kontinuierlichen Nachfrage von mehr als 100.000 Einheiten pro Jahr liegt es z. B. nahe, ein vollwertiges Auslandswerk zu errichten. So wurde beispielsweise im Jahr 1996 das Werk Tuscaloosa eröffnet, um den nordamerikanischen Markt zu versorgen.

Bei einer geringeren Marktnachfrage machen Skaleneffekte eine vollständig lokale Produktion unwirtschaftlich. Bei hohen Zöllen und Marktzugangsbeschränkungen ermöglicht die CKD-Montage aber dennoch eine wirtschaftliche Fertigung vor Ort. Die variablen Fertigungskosten sind bei der CKD-Montage zwar höher, die Fixkosten aber deutlich geringer, wodurch die erforderlichen Stückzahlen geringer sind. Bei einem Zollsatz von 50 Prozent auf Fahrzeuge und von 20 Prozent auf Teile und Komponenten, d. h. einer Zolldifferenz von 30 Prozentpunkten, ist eine lokale Montage beispielsweise schon ab ca. 1.000 Fahrzeugen pro Jahr wirtschaftlich (Abbildung 2.25).

Die Fertigung in den CKD-Montagewerken nutzt dabei Teilesätze, die aus Deutschland importiert und durch lokal bezogene Komponenten ergänzt werden. Die CKD-Teilesätze umfassen sogar voluminöse Karosserieteile (Abbildung 2.26), die wegen hoher Werkzeugkosten zentral gefertigt werden. Diese Teile werden in den CKD-Montagewerken nur noch verschweißt und lackiert; anschließend erfolgt die Endmontage der Fahrzeuge auf einfachen, gering automatisierten Linien.

Das Konzept der CKD-Montage bietet der Mercedes Car Group und anderen Automobilherstellern die Möglichkeit, flexibel auf wechselnde regulative Vorgaben in den jeweiligen Ländern zu reagieren. Die Bildung der asiatischen Handelszone AFTA ist für

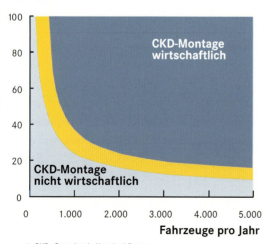

Abb. 2.25: Entscheidungsschema zur Errichtung von CKD*-Montagewerken

* CKD: Completely Knocked Down
Quelle: DaimlerChrysler

---

46 CKD (Completely Knocked Down) *bezeichnet Fertigungsarten in der Fahrzeugproduktion, bei denen für den Export in einzelne Länder nicht komplette Fahrzeuge, sondern Bausätze geliefert werden.*

Hersteller und Zulieferer in diesem Zusammenhang eine besondere aktuelle Herausforderung. Denn für die Qualifizierung für die AFTA müssen Unternehmen in der ASEA-Region einen Wertschöpfungsanteil von 40 Prozent erreichen – fraglich ist, ob, bis wann und vor allem wie dies gelingen kann.

Bei der Standortwahl und der Zuordnung neuer Produktionslinien zu den einzelnen Werken werden von der Mercedes Car Group neben den Kosten auch andere Parameter betrachtet. Ein Beispiel dafür ist der Einfluss von Währungskursschwankungen auf den Kapitalwert des R-Klasse-Projekts (Abbildung 2.27). Weil die Fahrzeuge der R-Klasse voraussichtlich zu weit mehr als 50 Prozent in den USA verkauft werden, ist das Risiko durch Währungskursschwankungen bei einer Fertigung in den USA deutlich geringer als bei einer Fertigung an einem deutschen Standort. Durch die Fertigung von Aggregaten und Komponenten in Deutschland entspricht der Anteil der Wertschöpfung im Euro-Raum ungefähr dem Anteil der im Euro-Raum verkauften Einheiten. Das Währungskursrisiko ist damit weitgehend eliminiert.

**Fazit:** Eine marktnahe Fertigung ist auch für Automobilhersteller wichtig – dafür sprechen vor allem Handelshemmnisse und Risikoerwägungen. Ein klares Konzept zur Errichtung und Versorgung von CKD-Montagewerken kann helfen, auch bei geringen Stückzahlen wirtschaftlich zu produzieren.

Abb. 2.26: Aufspannen von Karosserieteilen vor der Verschweißung mit handgeführten Klemmen

Quelle: DaimlerChrysler

Abb. 2.27: Effekt von Währungskursschwankungen auf Produktprofitabilität
relativ zu Basisszenario

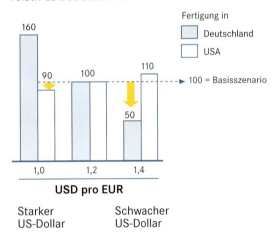

Quelle: DaimlerChrysler

(Ungewissheit), z. B. die Entwicklung von Währungskursen, erschließen sich nur schwer einer systematischen Bewertung. Ihnen kann beispielsweise durch Diversifikationsstrategien begegnet werden.

**Bekannte Ereignisse** mit (gut) **vorhersagbaren** Eintrittswahrscheinlichkeiten (Risiko im engeren Sinn), z. B. Schadensraten bei PKW, können quantitativ bes-

ser erfasst werden, beispielsweise als Realoptionen.[47] Dabei werden Kapazitätserweiterungen, Vorhaltung von Überkapazitäten, teilweise Erfüllung der Nachfrage, Werksschließungen, Fremdvergabe von Produktionsumfängen usw. als reale Handlungsoptionen des Un-

---

47 Vgl. Cohen (1998), S. 7

### Der radikale Umbruch der Textilindustrie: ein Beispiel für die Folgen der gehemmten Globalisierung eines Sektors

Wie radikal Industrien sich nach dem Fall von Handelshemmnissen wandeln und welche Herausforderungen sich für die involvierten Unternehmen ergeben, ist derzeit in der Textilindustrie zu beobachten: Seit dem Fall des 1974 installierten **Quotensystems** zum 1. Januar 2005 haben sich die globalen Handelsströme zugunsten von Exporten aus China dramatisch gewandelt. Hersteller wie Fapai Fashion sind in den vergangenen Jahren durch den harten Wettbewerb im nationalen Markt hoch produktiv, prozesssicher und qualitätsorientierter geworden. Sie haben sich durch Aufbau von Fertigungskapazitäten und Steigerung der Produktivität auf die Chancen des freien Textilhandels vorbereitet. So wurden seit 1994 beispielsweise 55 Prozent aller Webmaschinen weltweit in China installiert. Im Januar 2005 sind die Exporte von Textilien aus China in die USA im Vergleich zum Vorjahresmonat um 75 Prozent, nach Deutschland um 115 Prozent gestiegen.[48] Der radikale Umbruch des vormals in seiner Globalisierung gehemmten Sektors wird weiter voranschreiten.[49] Dabei zeigen sich neben den niedrigen Löhnen[50] als Haupttreiber auch die Vorteile einer starken Spezialisierung von Regionen.

In der Region um Datang (China) wurden beispielsweise 2004 von ca. 2.500 Unternehmen insgesamt geschätzte 9 bis 10 Milliarden Socken hergestellt.[51] Weil sich ca. 30 Prozent der Weltproduktion in einer Region anhäufen, werden nicht nur Skaleneffekte in der Produktion erzielt, sondern auch im Vertrieb und im FuE-Bereich. Datang wird durch die zahlreichen Anbieter speziell für Großeinkäufer attraktiv. Das enge Zulieferernetzwerk ermöglicht einen effizienten Erfahrungsaustausch und die kostengünstige Entwicklung neuer Produkte. Die Textilindustrie ist ein Beispiel für einen Umbruch, der durch Faktorkostendifferenzen bedingt ist, sich aber aufgrund der Änderung staatlicher Regulierung in abrupten Schritten vollzieht. Dieser Umbruch ist kein Einzelfall. Der Wandel verlief in anderen Industrien, z. B. bei der Herstellung von LC-Displays und Bestückung von Leiterplatten in Taiwan, allerdings kontinuierlicher und damit weniger offensichtlich und spektakulär.

**Fazit:** Die Bildung von Clustern in Niedriglohnländern wird zu einer nahezu vollständigen Verlagerung der Produktion für ausgewählte Produktsegmente in diese Regionen führen.

---

48 Vgl. International Textile Manufacturers Federation, Global Trade Information Service (Chinesisches Handelsministerium).

49 Vgl. Breuer (2005).

50 Einige Autoren sehen andere Faktoren, z. B. Subventionen und günstige Währungskurse, mit als Gründe für die enorme Wettbewerbsfähigkeit Chinas in der Textilindustrie. Die hohe Lohnkostendifferenz wird aber nahezu durchgängig als Hauptfaktor anerkannt; vgl. auch Lee (2005).

51 Vgl. bspw. Fortune (2004).

---

ternehmers betrachtet und konkrete Wahrscheinlichkeiten für Eintritt und Entwicklung der Einflussfaktoren unterstellt.

Die Globalisierung von Unternehmen bedingt zusätzliche Risiken beispielsweise durch Währungskurseffekte, die bei rein nationaler Tätigkeit keine Rolle spielen. Allerdings kann die Globalisierung der Unternehmenspräsenz – in Absatz, Beschaffung und Produktion – auch zur Risikodiversifizierung, Risikovermeidung und Nutzung von Arbitrageeffekten führen und damit gerade die Exponiertheit gegenüber katastrophalen Risiken mindern.

Unsicherheiten, die für Unternehmen zumeist erst mit der Globalisierung von Produktion und Absatz relevant werden, sind unter anderem:

- Effekte von Währungskursschwankungen

- Änderung tarifärer und nicht tarifärer Handelshemmnisse

## 2.6 Externe Faktoren – Rahmenbedingungen und Risiken

- Schwankungen des Zeitbedarfs und der Kosten des Transports via See- bzw. Luftfracht einschließlich der Verzollung.

Unsicherheiten, die für Unternehmen mit der Globalisierung einen neuen Stellenwert einnehmen, sind beispielsweise:

- Änderung von gesetzlichen Bestimmungen, z. B. des Eigentums- und Gesellschaftsrechts

- Einzelne bürokratische Prozesse, z. B. Genehmigungsverfahren

- Unsicherheiten in der Lieferkette aufgrund der Länge und Komplexität der Transportwege und Kommunikationshürden.

Im Folgenden soll nur auf die Effekte von **Währungskursschwankungen** und auf die besonderen Risiken für geistiges Eigentum bei Auslandsengagements näher eingegangen werden. An diesen Beispielen werden Maßnahmen verdeutlicht, die auch auf andere Bereiche anwendbar sind.

### 2.6.3.1 Risiken aus Währungskursschwankungen

Unternehmen sehen **Währungskurseffekte** als wichtiges Themenfeld an, welches insbesondere in Zeiten **ungünstiger Einflüsse** wahrgenommen und kommuniziert wird. Die Analyse von 50 repräsentativ ausgewählten Unternehmensmitteilungen[52] zeigt, dass Unternehmen Währungskurseffekte insbesondere dann in Mitteilungen erwähnen, wenn ein negativer Effekt auf den Gewinn bestand. So erfolgt die Erwähnung von Währungskurseffekten in ca. 80 Prozent der Fälle zur Erklärung eines nominalen Rückgangs oder eines nur geringen Anstiegs von Umsatz und Gewinn. Etwa 20 Prozent der Nennungen sind neutral oder erklären eine positive Entwicklung, sie stammen fast ausschließlich von Unternehmen, die den Einfluss von Währungskursschwankungen regelmäßig ausweisen, wie beispielsweise die Allianz AG seit einiger Zeit in allen Jahresberichten.

Bei der Auswahl von Standorten hat das Kriterium „Währungskurseinfluss" für Entscheidungsträger im Durchschnitt nur eine mittlere Relevanz.[53] Zumeist wird die Beeinflussbarkeit der Währungskurseffekte durch die Auswahl von Produktionsstandorten und von Zulieferern nur begrenzt wahrgenommen. Die Absicherung von Risiken aus Währungskurseffekten wird von der großen Mehrzahl der Manager eher mit Finanzinstrumenten in Verbindung gebracht. Deren Einsatz gilt aber oft als zu aufwändig oder schränkt den finanziellen Spielraum wegen des Einflusses auf die Kreditlinie zu stark ein.

Ferner zeigt sich, dass der alleinige **Einsatz von Finanzinstrumenten** die Währungskurseinflüsse auf Gewinn und Cashflow langfristig kaum verringert.[54] Die geringe Wirksamkeit von Finanzinstrumenten bei der Verringerung der Volatilität von Gewinn und Cashflow in der Praxis ist auch dadurch bedingt, dass die Unternehmen oft keine Klarheit über ihre Ausgangsposition haben. Bei den komplexen Abhängigkeiten von Preisen für End- und Vorprodukte und den Währungskursen sowie bei den Abhängigkeiten zwischen Währungen kann nur schwer bestimmt werden, welche Ungleichgewichte mit welcher Fristigkeit abgesichert werden müssen.

Dies gilt jedoch nicht für Produkte, für die bereits ein Kaufvertrag mit festem Kaufpreis in der Nominalwährung besteht, und für die das Risiko durch Währungskursschwankungen damit sowohl hinsichtlich der Währungen wie der Höhe feststeht *(Transaction Exposure)*. Bestehen Kaufverträge mit hoher Vorlaufzeit – wie beispielsweise im Luftfahrzeugbau üblich – ist es möglich, das entsprechende Risiko effektiv über Finanzinstrumente abzusichern. Die Firma Airbus Industrie bzw. die Muttergesellschaft EADS sichert bei-

---

[52] Ausgewogene Stichprobe von europäischen und US-Unternehmen im Jahr 2000 bei starkem US-Dollar bzw. schwachem Euro und 2004 bei schwachem US-Dollar und starkem Euro.

[53] ProNet-Umfrage: Unter 16 Kriterien stehen „Währungskurseinflüsse" hinsichtlich ihrer Relevanz auf dem 9. Rang.

[54] Vgl. Copeland (1996): Vergleich der durchschnittlichen Schwankung des Gewinns und des Cashflows von zwei Unternehmensgruppen. Die (kleinere) Gruppe, die finanzielle Instrumente zur Absicherung gegenüber Währungskurseinflüssen nutzt („Financial Hedging"), hat keine geringeren Schwankungen. Die Autoren folgern, dass „Operational Hedging" wirkungsvoller ist.

## Währungsrisiken und Wettbewerbsstrategie – Airbus nutzt Finanzderivate zur Absicherung gegen Währungskursschwankungen

Zivile Großflugzeuge werden fast ausschließlich in US-Dollar verkauft, die Kosten von Airbus sind aber zu etwas mehr als der Hälfte nominal und real an Währungen außerhalb der US-Dollar-Zone gekoppelt. Für das Jahr 2004 ging EADS für Airbus von einem realen Währungsungleichgewicht *(Effective Exposure)* von ca. 10 Milliarden US-Dollar p. a. aus. Die Kosten und Umsätze des Hauptkonkurrenten Boeing fallen fast ausschließlich in US-Dollar an. Daher stellt ein schwacher Euro für Airbus einen großen Vorteil dar. Entsprechend hatte Airbus in den Jahren 2000 bis 2002 gegenüber Boeing einen deutlichen Kostenvorteil durch Währungskurseffekte und daher eine höhere Flexibilität bei der Preisgestaltung. Dass die bestellten Flugzeuge größtenteils erst Jahre nach dem Vertragsabschluss ausgeliefert werden, ist dabei weitgehend unerheblich, da es die Nutzung von Finanzderivaten erlaubt, den aktuellen Währungskurs nahezu unverändert in die nähere Zukunft fortzuschreiben[55].

Airbus hatte sich Ende 2002 den vorteilhaften Währungskurs von 2000 bis 2002 für fast den gesamten Auftragsbestand gesichert (Abbildung 2.28). Durch Derivatgeschäfte in direkter Verbindung mit Kaufverträgen *(Micro Hedging)* waren Ende 2003 ca. 43 Milliarden US-Dollar zum Durchschnittskurs von 0,95 US-Dollar = 1 Euro gesichert. Die daraus in den Jahren 2004 und 2005 erzielten Effekte lagen in der Größenordnung von ca. 2 Milliarden Euro, was dem Doppelten des Bilanzgewinns entspricht. Die günstigen Währungskursverhältnisse dürften Airbus beim Ausbau des

---

**Durch auslaufende Derivate wird EADS 2004 und 2005 ergebniswirksame Effekte von ca. 2 Mrd. EUR auffangen.**

---

Abb. 2.28: Währungskurssicherung bei EADS/Airbus

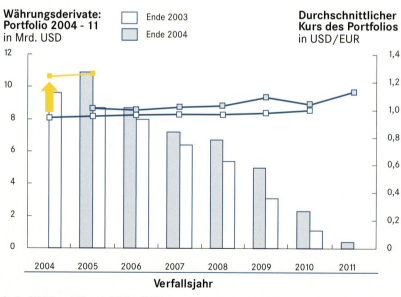

Quelle: EADS Financial Reports 2003 und 2004

---

55 Die Kurse für Forward Sales mit einer Laufzeit von bis zu 5 Jahren orientieren sich stark am aktuellen Währungskurs. Anderweitig könnten Arbitrageeffekte erzielt werden.

Marktanteils geholfen haben. Lag dieser (als Anteil der Bestellungen) 1995 bei einem Kurs von 1,46 US-Dollar = 1 Euro noch bei weniger als 20 Prozent, so wurde 2002 bei einem Kurs von 0,94 US-Dollar = 1 Euro erstmals ein Marktanteil von über 50 Prozent erreicht.

2003 und 2004 änderte sich die Situation: Der US-Dollar verlor gegenüber dem Euro mehr als 30 Prozent an Wert. EADS hat mit dem Einsetzen dieses Trends das Kostensenkungsprogramm „Route '06" gestartet. Die angestrebten 1,5 Milliarden Euro Einsparungen werden erforderlich sein, um allein die Rückkehr des Euro zu einem langfristigen Durchschnittskurs von etwa 1,16 US-Dollar = 1 Euro zu kompensieren. Durch die Nutzung von Finanzderivaten hat EADS aber einen Vorteil erkauft: Zeit, um reagieren zu können.

**Fazit:** Währungsungleichgewichte und -kursschwankungen sollten bei der Festlegung der Wettbewerbs- und Standortstrategie insbesondere in oligopolistischen Märkten mit berücksichtigt werden. Die Absicherung von Kaufverträgen mit Finanzderivaten kann dabei erreichen, dass das Unternehmen günstige Währungskursverhältnisse besser nutzen und Zeit gewinnen kann, sich auf ein schlechteres Währungskursverhältnis einzustellen.

---

spielsweise ihre Lieferverträge mit Luftfahrtunternehmen und Finanzgesellschaften, die größtenteils auf dem US-Dollar basieren und mit einem durchschnittlichen Vorlauf von ca. vier Jahren abgeschlossen werden, entsprechend ab[56].

Die tatsächlichen Auswirkungen von Währungskursschwankungen auf den Gewinn sind jedoch nicht nur durch die Währungsanteile von Kosten und Umsatz und die nominalen Währungskursfluktuationen bestimmt. Dafür lassen sich vier wesentliche Gründe anführen:

- Es besteht eine Abhängigkeit der **Marktpreise für Vorprodukte** und Dienstleistungen von den Währungskursen: Die Abhängigkeit der Preise vom Wechselkurs der Nominalwährung gegenüber den Leitwährungen US-Dollar, Euro und Yen ist von Produkt zu Produkt unterschiedlich. Die Anpassung der lokalen Marktpreise infolge von Wechselkursänderungen ist zu berücksichtigen, um den realen Währungskurseffekt zu ermitteln.

- Es besteht eine Abhängigkeit der **Marktpreise für eigene Produkte** von den Währungskursen[57]: Die Anpassung der Preise für eigene Produkte an das geänderte Marktpreisniveau kann erforderlich sein, um Marktanteile zu halten (im Falle einer Abwertung der lokalen Währung), oder vorteilhaft sein, weil durch eine Anpassung an das gestiegene Marktpreisniveau höhere Preise erzielbar sind.

- Es besteht eine **wechselseitige Abhängigkeit von Währungskursen** untereinander: Die Fluktuation der Kurse von Währungen stark verflochtener Wirtschaftsräume, z. B. Dänemarks und der Euro-Zone, ist schwächer als die Währungskursfluktuation in Währungsräumen mit relativ schwachen Handelsbeziehungen. Dies erscheint plausibel, da durch Handel ein schnellerer Ausgleich von Ungleichgewichten möglich ist. Die Abhängigkeit kann durch eine Kovarianzanalyse bestimmt und in Simulationen approximativ berücksichtigt werden.[58]

- **Bilanzierung** zum Stichtag *(Translation Exposure)*: Internationale Unternehmen besitzen im Ausland sowohl Aktiva, z. B. Beteiligungen, als auch Passiva, z. B. Kredite, deren Wertansatz in lokaler Währung und nicht in der Bilanzwährung erfolgt. Somit ergibt sich im Falle von Währungskursschwankungen eventuell eine geänderte bilanzielle Bewertung mit Einfluss auf die Gewinnermittlung.

Diese Interdependenzen führen dazu, dass einfache Modelle den Einfluss von Währungskursschwankungen auf Gewinn, Cashflow und Marktkapitalisierung von Unternehmen nicht hinreichend erklären kön-

---

*56 Vgl. EADS-Geschäftsberichte.*
*57 Vgl. Hau (1999)*
*58 Vgl. zur Simulation von Zeitreihen von Währungskursen auch Billio (2002).*

nen.⁵⁹ Im Folgenden wird die Abhängigkeit lokaler Preise von den Währungskursen, die das effektive wirtschaftliche Ungleichgewicht *(Economic Exposure)* bedingt, exemplarisch untersucht. Dabei zeigt sich insbesondere, dass das Argument des Ausgleichs von Währungskursschwankungen durch eine Änderung der jeweiligen Kaufkraft⁶⁰ zwar für einige global gehandelte Güter gilt, nicht jedoch für andere.

Die Abhängigkeit der Marktpreise von Währungskursen ist ein Grund, dass das nominale Währungsungleichgewicht nicht dem realen entspricht. Das reale Währungsungleichgewicht ist den meisten Unternehmen nicht bekannt und wird oft überschätzt.⁶¹ Die Ex-ante-Ermittlung des tatsächlichen Einflusses von Währungskursänderungen ist aus den genannten Gründen schwierig, da insbesondere die Änderung der Preisniveaus für Vor- und Endprodukte je nach Produkt stark variiert und für die Unternehmen oft nicht hinreichend transparent ist. Beispielhaft werden nachfolgend die Abhängigkeiten der Preisniveaus ausgewählter Produktgruppen von der Entwicklung des Wechselkurses des Euros bzw. der Deutschen Mark gegenüber dem US-Dollar analysiert. Abbildung 2.29 stellt die Preisindices für Molkereiprodukte auf der Basis lokaler Währungen in Deutschland und den USA sowie das Währungskursverhältnis indexiert dar.

Erkennbar ist, dass die Preisindices für Molkereiprodukte in lokaler Währung im Vergleich zum Wechselkursverhältnis relativ wenig volatil sind. Ferner ist als Trend ein signifikanter Anstieg des Preisniveaus in den USA zu beobachten, obwohl der US-Dollar im Betrachtungszeitraum im Trend gegenüber dem Euro bzw. der Deutschen Mark aufgewertet war und daher (als Einfluss des Währungskurses) ein relativer Rückgang des Preisniveaus in den USA zu erwarten gewesen wäre.

Abbildung 2.30 zeigt die Zeitreihen, die um die langfristigen (linearen) Trends bereinigt wurden. Dabei ist zu erkennen, dass die kurz- und mittelfristigen Differenzen zwischen dem Preisniveau in Deutschland und dem Preisniveau in den USA eng mit dem Währungskursverhältnis korrelieren, d. h. die Preise in lokalen Währungen weitgehend unabhängig vom Währungskursverhältnis sind. Dies erscheint plausibel, weil Molkereiprodukte überwiegend lokal hergestellt werden. Der Anteil des transatlantischen Handels am jeweiligen inländischen Verbrauch ist aufgrund geringer Wertdichte, Verderblichkeit, unterschiedlicher Kundenpräferenzen und Handelsrestriktionen sehr gering.⁶²

Bei Molkereiprodukten erklärt der Währungskurseffekt 66 Prozent der absoluten Schwankungen (d. h. der kurz- und mittelfristigen Differenz) der Preisindices in Deutschland und den USA. Im Vergleich dazu werden bei leichtem Heizöl nur 11 Prozent der kurz- und mittelfristigen absoluten Preisdifferenz durch Währungskursschwankungen bedingt, d. h., die Preise in lokaler Währung folgen weitgehend den Währungskursver-

> **Die Preisindices für lokale Produkte werden von Währungskursschwankungen kaum beeinflusst.**

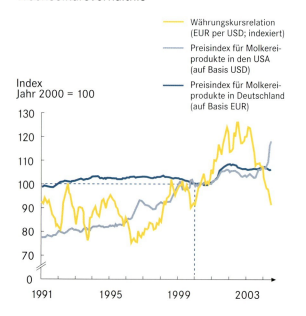

Abb. 2.29: Preisindex für Molkereiprodukte in Deutschland und den USA sowie Wechselkursverhältnis

Quelle: Global Insight, www.oanda.com, Statistisches Bundesamt, McKinsey-Analyse

---

*59 Vgl. Bodnar (2003).*
*60 Vgl. bspw. Madura (2003).*
*61 Vgl. Copeland (1996).*
*62 Datenbasis: Statistisches Bundesamt (2005).*

## 2.6 Externe Faktoren – Rahmenbedingungen und Risiken

hältnissen oder die Differenzen sind durch andere Effekte als das Währungskursverhältnis bestimmt. Bei Spot-Preisen für Rohöl ist der Einfluss von Währungskursen auf die Preisdifferenz noch geringer, bei Termingeschäften ist er fast null: Für Rohöl gleicher Qualität existiert dann ein nahezu perfekter Markt. Der Rohölpreis in Euro folgt auf Basis aktueller Wechselkurse dem Rohölpreis in US-Dollar (und umgekehrt). Die Währungskursverhältnisse werden fast vollständig durch die nominalen Preisverhältnisse widergespiegelt.

> **Bei Rohölkäufen ist – unabhängig von der nominalen Währung – das effektive Währungsungleichgewicht gegenüber dem US-Dollar gering.**[63]

Für Unternehmen ist das reale Währungsungleichgewicht daher nicht nur abhängig von der nominalen Währung, in der Vorprodukte gekauft und Endprodukte verkauft werden, sondern auch von den **Preisreaktionen** für die Güter infolge von Währungskursänderungen.

Ist die zukünftige Umsatz- und Kostenstruktur nicht bekannt oder nicht prognostizierbar, ist auch die Absicherung mit Finanzinstrumenten nicht effektiv möglich. Die Nutzung von Gestaltungsmöglichkeiten globaler Produktionsnetzwerke kann aber auch unter diesen Bedingungen helfen, Risiken zu minimieren und den erwarteten Gewinn zu maximieren. Operativ kann der Unsicherheit durch Währungskursschwankungen mit folgenden **Maßnahmen** begegnet werden:[64]

- **Statisch**
  - **Elimination:** Ausgleich des realen Währungsungleichgewichts durch Anpassung der effektiven Kosten- bzw. Umsatzstruktur.
  - **Abwälzung:** Preisanpassungsklauseln in Verträgen, Preisanpassungen oder Vertragsabschluss in anderer Währung.[65]

- **Dynamisch**
  - **Produktion:** Verlagerung der Lohn- und Gehaltszahlungen, Lohnnebenkosten und indirekter Kosten in eine attraktive Währungszone mit abgewerteter Währung – d. h., im internationalen Vergleich werden günstigere Faktorpreise erzielt.
  - **Beschaffung:** Verlagerung der Kosten für Material und Dienstleistungen in eine attraktive Währungszone mit abgewerteter Währung – d. h., im internationalen Vergleich werden günstigere Faktorpreise erzielt.
  - **Absatz:** Verstärkte Anstrengungen zur Absatzsteigerung in Märkten mit aufgewerteten Währungen. Preisanhebung in Märkten mit abgewerteten

> **Die Preisdifferenz schwankt mit dem Währungskurs – der lokale Preis ändert sich also nicht durch Währungseinflüsse.**

Abb. 2.30: Differenz der Preise von Molkereiprodukten in den USA und Deutschland vs. Währungseffekt

Quelle: Global Insight, Statistisches Bundesamt, McKinsey-Analyse

---

63 Annahme: Bei Warentermingeschäften (z. B. Kauf auf Ziel, d. h. mit Liefertermin und Zahlung in der Zukunft) werden Währungsrisiken durch Finanzderivate gesichert.

64 Vgl. dazu auch Boyabatli (2004).

65 Vgl. Min (1991): Ergebnisse einer Befragung zu den Strategien von US-Unternehmen zur internationalen Beschaffung (u. a. zu Zahlungsgepflogenheiten und Flexibilitäten).

Währungen – d. h. geringe Erlöse pro Stück im Währungskorb der Selbstkosten – zum (partiellen) Ausgleich des realen Margenrückgangs. Ein Rückgang des Absatzvolumens kann dabei durchaus in Kauf genommen werden, wenn dadurch die Erwirtschaftung mittel- bis längerfristig negativer Umsatzmargen verhindert werden kann.

☐ **Produktwahl:** kombinierte Nutzung der drei genannten Hebel durch Forcierung von Produkten mit attraktiver Produktions-, Beschaffungs- und Absatzstruktur.

Abbildung 2.31 zeigt die wesentlichen Maßnahmen, die im Rahmen einer globalen Produktionsstrategie genutzt werden können sowie ihre potenzielle Wirkung. Die rückblickende Betrachtung weist dabei den potenziellen Nutzen einer reaktiven Anpassung der Kosten- und Absatzstruktur nach. In der Simulation sind Annahmen bezüglich der Preiselastizität der Nachfrage für das Endprodukt und der Abhängigkeit des Marktpreises von den Währungskursverhältnissen hinterlegt, die approximativ den Parametern von höherwertigen Automobilteilen nachempfunden sind.

Die Simulation des Einflusses von Währungskursschwankungen auf die Marge des jeweiligen Produkts zeigt dabei: Eine weitreichende dynamische Anpassung der Kosten- bzw. der Umsatzstruktur erhöht das reale Währungsungleichgewicht, kann aber gleich-

---

**Unternehmen können negative Währungskurseffekte weitgehend vermeiden.**

Abb. 2.31: Operative Maßnahmen* zur Reduktion des Risikos durch Währungskursschwankungen

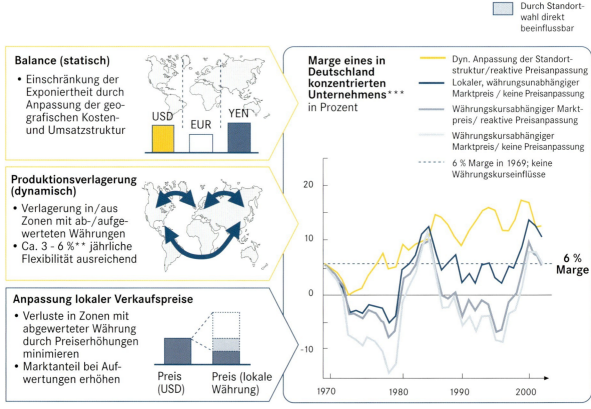

\* Finanzielle Instrumente, z. B. Forward Sales, sind in der Darstellung nicht berücksichtigt
\*\* Der optimale Wert ist abhängig von der tatsächlichen Entwicklung der Währungskurse, der Preiselastizität und den Kosten für eine Flexibilisierung von Produktion und Einkauf
\*\*\* Kosten zu 65 % EUR/ 25 % USD/ 10 % JPY, Umsätze zu 50 % USD/ 30 % EUR/ 20 % JPY, jährliche Verlagerung: 3 %
Quelle: McKinsey (ProNet Hedging Model)

## 2.6 Externe Faktoren – Rahmenbedingungen und Risiken

zeitig den Erwartungswert der Marge steigern. Risiko, z. B. als Standardabweichung der Gewinnmarge über einen bestimmten Zeitraum, und Erwartungswert stehen in einem klassischen Zielkonflikt.

Als pragmatische Lösung dieses Zielkonflikts wird vorgeschlagen, unter Berücksichtigung von Flexibilitätskosten und dem Nutzen einer dynamischen Anpassung[66], Grenzen für das maximale Ungleichgewicht für jede Währung zu definieren. Diese Lösung wurde im Rahmen eines Modells implementiert, das in Kapitel 4 beschrieben wird.

### 2.6.3.2 Risiken für geistiges Eigentum

Die Risiken durch Verletzung von Schutzrechten wie Patenten und Markennamen sowie die missbräuchliche Weitergabe und Nutzung von Wissen durch Geschäftspartner, Mitarbeiter und Dritte steigt im Rahmen der Globalisierung massiv an.

Gerade Unternehmen in Entwicklungs- und Schwellenländern nutzen die begrenzten Fähigkeiten und den mangelnden Willen von Staaten, Schutzrechte durchzusetzen, um Produkte illegal zu fertigen und zu vertreiben. Die durch die Zollbehörden in den Importländern aufgegriffenen Waren zeigen das ganze Spektrum – es reicht von der DVD über Mobiltelefone bis hin zu Automobilersatzteilen (Abbildung 2.32).

Die Verletzung gewerblicher Schutzrechte ist in den Entwicklungs- und Schwellenländern selbst oftmals noch wesentlich bedeutender, da die Hürden geringer sind. Sowohl Gesetzgebung als auch Rechtsdurchsetzung reichen in Entwicklungs- und Schwellenländern oftmals nicht aus, um die Markennamen und sonsti-

**Die Verletzung gewerblicher Schutzrechte ist bei Importwaren aus China und Thailand am höchsten.**

Abb. 2.32: Beschlagnahmungen durch das Deutsche Zollamt

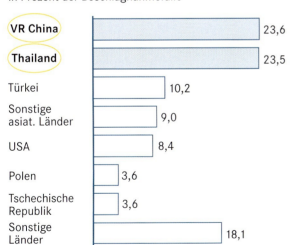
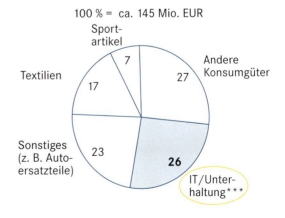

\* 2004 hat das Deutsche Zollamt insgesamt 8.564 Beschlagnahmungen vorgenommen
\*\* Inkl. des wirtschaftlichen Schadens
\*\*\* Software/Hardware, Bild-/Ton-/Datenträger
Quelle: Deutsches Zollamt (2004): Gewerblicher Rechtsschutz, Jahresbericht 2003

---

66 Vgl. Huchzermeier (1994) und Huchzermeier (1996): simulativer Ansatz zur Bestimmung des Wertes von Realoptionen bei der Produktwahl (Beschaffungsstruktur) und der Wahl eigener Fertigungsstandorte. Dabei werden die Interdependenzen von Währungskursen berücksichtigt.

gen Schutzrechte internationaler Unternehmen zu schützen. Am Beispiel Software ist erkennbar, dass es einen signifikanten Zusammenhang zwischen dem Wohlstandsniveau bzw. Arbeitskosten und der Häufigkeit gibt, mit der gewerbliche Schutzrechte verletzt werden (Abbildung 2.33).

Während die Verletzung gewerblicher Schutzrechte ein latentes Risiko ist, welches Unternehmen adäquat managen sollten, birgt die Weitergabe von Wissen im Rahmen der Globalisierung der Produktion ein spezifisches Risiko, welches in größerem Umfang von eigenen Entscheidungen abhängt. Wissen wird beim Standortaufbau an lokale Mitarbeiter, Zulieferer, Behörden, Joint-Venture-Partner und sonstige Geschäftspartner weitergegeben und kann durch diese missbräuchlich verwendet werden. Zum unmittelbaren wirtschaftlichen Schaden durch Umsatzverluste kommt bei Verletzung von Markenrechten der Imageschaden hinzu, wenn die gefälschten Produkte von minderwertiger Qualität sind.

**In Niedriglohnländern wird geistiges Eigentum oft schlecht geschützt.**

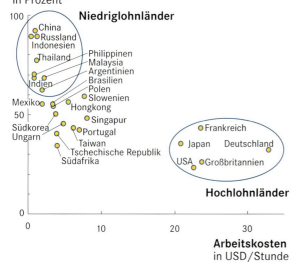

Abb. 2.33: Technologieschutz und Lohnniveau

\* Anteil illegaler an insgesamt verwendeter Business-Software
Quelle: Business Software Alliance: Global Software Piracy Study 2003, McKinsey/PTW

Präventive Maßnahmen, Maßnahmen zur Identifizierung und reaktive Maßnahmen[67] können Unternehmen helfen, Risiken aus der Weitergabe von Wissen und der Verletzung gewerblicher Schutzrechte zu minimieren. Die Beantragung von Schutzrechten[68] (Patent, Marke, Gebrauchsmuster, Geschmacksmuster oder Urheberrecht) in allen relevanten Ländern ist dabei häufig die notwendige Voraussetzung, um später Ansprüche geltend und durchsetzbar machen zu können. Entsprechende Kosten sollten bei der Erwägung eines Markteintritts mit berücksichtigt werden. Auch sollten sich Unternehmen gerade bei einem geplanten Markteintritt in Südostasien oder China bewusst sein, dass bestehende gewerbliche Schutzrechte allenfalls eine notwendige, keinesfalls aber ausreichende Maßnahme sind, um die Risiken aus Missbrauch zu minimieren.

Eine **präventive Maßnahme** zur Vermeidung des Missbrauchs gewerblicher Schutzrechte ist beispielsweise die Verwendung fälschungssicherer Komponenten und Kennzeichnungen (Etiketten, Sicherheitsfäden, Sicherheitslabels, Hologramme, *Microtags* usw.). Diese ermöglichen die schnelle Identifikation von gefälschten Produkten durch eigene Mitarbeiter, Kunden und die Zollbehörden. Das Risiko einer missbräuchlichen Weitergabe von Wissen kann durch die Fertigung von kritischen Komponenten in Ländern mit hohem Schutzniveau reduziert werden, was allerdings die Handlungsfreiheit bei der Standortwahl deutlich einschränkt. Auch die **Aufteilung der Fertigung** von Produkten kann das Risiko deutlich mindern, weil dann keiner der Zulieferer oder Auftragsfertiger die gesamte Fertigung kennt und beherrscht. Entsprechende Möglichkeiten sollten bei der Festlegung der Produktarchitektur vorgesehen werden.

Die **Identifizierung von Schutzrechtsverletzungen** kann unter anderem durch einen regelmäßigen Besuch von relevanten Messen gefördert werden. Im Bereich des Maschinen- und Anlagenbaus wird etwa die Hälfte aller Schutzrechtsverletzungen auf Messen entdeckt.

---

67 Vgl. Schreier (2004), Vögele-Ebering (2004) und Deutsches Zollamt (2005).

68 Vgl. zu den Schutzrechtarten und den Verfahren zur Erteilung von Schutzrechten Specht (2002), S. 239-254.

## Verdacht auf Produktpiraterie: GM klagt gegen die SAIC-Tochter Chery

General Motors hat Ende des Jahres 2003 das bereits seit 1998 in Südkorea erfolgreiche Kleinwagenmodell Daewoo Matiz (Daewoo gehört seit 2001 zu GM) nur leicht verändert unter dem Namen Chevrolet Spark in China eingeführt. Bereits ein halbes Jahr zuvor stellte die chinesische Firma Chery (Tochter des GM-Joint-Venture-Partners SAIC) auf einer Messe ein äußerlich ähnliches Fahrzeug vor: den Chery QQ (siehe Abbildung 2.34). Laut GM handelt es sich bei dem Chery QQ um einen weitgehenden Nachbau des Matiz bzw. Spark, sowohl in Bezug auf die Karosserie als auch auf Ausstattungsmerkmale, Fahrwerk und Antrieb. Es wird vermutet, dass interne Produktdaten vom Gemeinschaftswerk SAIC-GM-Wuling, das den Chevrolet Spark herstellt, an Chery weitergegeben wurden.

Der Chery QQ war auf Anhieb sehr erfolgreich: Durch die frühere Markteinführung und den geringeren Preis im Vergleich zum Spark (QQ: 55.000 Yuan, Spark: 67.000 Yuan) wurde bereits im Jahr 2003 ein Umsatz in Höhe von ca. 175 Millionen US-Dollar erzielt. Der Verkauf des Spark hingegen verlief sehr schleppend (lediglich gut 200 Zulassungen im Jahr 2003).

Im Jahr 2004 versuchte GM, den Konflikt mit Chery über chinesische Behörden in einem Mediationsverfahren zu klären. Dieses Verfahren war ergebnislos – GM reichte Ende 2004 eine Klage vor einem chinesischen Gericht ein.

**Fazit:** Schutzrechtsverletzungen und die legitime Nutzung von (übertragenem) Know-how sind nicht immer einfach unterscheidbar. Der wirtschaftliche Schaden eines potenziellen Mißbrauchs kann sehr hoch und Schadenersatz rechtlich nicht durchsetzbar sein.

Abb. 2.34: Produktvergleich Chevrolet Spark – Chery QQ

| | Daewoo Matiz/Chevrolet Spark | Chery QQ |
|---|---|---|
| **Hersteller:** | Daewoo, Südkorea/SAIC-GM-Wuling, China | Chery, China |
| **Mutterkonzern:** | GM und SAIC → | SAIC |
| **Markteinführung:** | 1998 als Matiz (Südkorea), Ende 2003 als Spark (China) | Mitte 2003 (China) |
| **Preis (China):** | 67.000 RMB | 55.000 RMB |
| **Absatz in China (2003):** | 213 | 25.186 |

Quelle: China Business Info Center, 20.06.2003 (CBIZ.cn), Automotive Resources Asia (2004): China Market News Release 2003 Chevrolet Deutschland, Motor-Informations-Dienst (mid)

Auch Produkt- und Markenfälscher sind auf einen breiten Marktzugang angewiesen und sind deswegen häufig auf den einschlägigen Industriemessen präsent. Eine gezielte Auswertung der Verkaufs- und Reklamationsdaten kann Unternehmen helfen, auf missbräuchlich agierende Wettbewerber aufmerksam zu werden. Vertriebsmitarbeiter im Außendienst sollten besonders hinsichtlich der potenziellen Risiken und Anzeichen für gefälschte Produkte im Markt sensibilisiert werden, da diese Mitarbeiter in der Regel als Erste mit gefälschten Produkten in Kontakt kommen. Die Kooperation – auch mit Wettbewerbern – in Verbänden und mit Händlern kann helfen, Schutzrechtsverletzungen schnell aufzudecken. Da missbräuchlich agierende Unternehmen oftmals Produkte mehrerer Marken fälschen, besteht unter etablierten Unternehmen ein Anreiz zur Kooperation.

Eine der wirkungsvollsten **reaktiven Maßnahmen** ist die sofortige Beschlagnahmung von gefälschten Produkten. Die Zollämter betrachten die Verfolgung von Marken- und Produktpiraterie in der Regel als wichtige Aufgabe und verfolgen Verletzungen auch selbständig aktiv. Die Anzeige von Verdachtsfällen kann den Zollämtern in Produktions-, Transfer- und Vertriebsländern die Arbeit aber erheblich erleichtern. Die Klage gegen Importeur und Hersteller im Produktionsland kann die Schutzrechtsverletzung langfristig unterbinden. Dabei sollte bei international tätigen Unternehmen auch über Klagen in Drittländern wie den USA nachgedacht werden. Dies kann auch die Chancen auf eine gütliche Einigung mit dem Hersteller oder Importeur verbessern, die in vielen Fällen die einträglichste Lösung darstellt.

Durch die Ausweitung der WTO (World Trade Organization) verpflichtet sich eine steigende Anzahl von Staaten auch in Asien, Schutzrechtsverletzungen, die von ihrem Land ausgehen, effektiv zu bekämpfen. Die multilaterale Vereinbarung TRIPS *(Agreement on Trade-Related Aspects of Intellectual Property Rights)* legt für alle WTO-Mitgliedsländer Mindeststandards für den Schutz geistigen Eigentums fest. Diese Mindeststandards umfassen gesetzliche Vorgaben und die Sicherstellung des tatsächlichen Vorgehens gegen Schutzrechtsverletzungen, die von diesen Ländern ausgehen. Die WTO stellt ein Gremium zur Klärung von Streitigkeiten in Bezug auf die TRIPS-Vereinbarung bereit und verhängt bei Verstößen Handelssanktionen.

\* \* \*

Unternehmen sollten sich bewusst sein, dass eine Globalisierung der eigenen Produktion und der Beschaffung vorhandene Risiken vergrößert und zu neuen Risiken führt. Neben einer quantitativen Bewertung und der Festlegung von Bedingungen für die Standortwahl (z. B. länderspezifischen Kapitalkostensätzen und einer Beschränkung des Währungskursungleichgewichts) sollten konkrete Maßnahmen definiert werden, die die relevantesten Risiken betreffen. Die Aufteilung der Fertigung und Vergabe an mehrere Zulieferer kann dabei ebenso genutzt werden wie die Beantragung zusätzlicher Schutzrechte.

## 2.7 Bewältigung der Migration – Investition, Anlauf- und Restrukturierungsaufwand

Entscheidungsträgern in Unternehmen ist oftmals bewusst, dass die derzeitige Standortkonfiguration keineswegs optimal ist. Vielfach bestehen auch Ideen, an welchen Standorten bessere Bedingungen für die Produktion von Teilen, Komponenten und Fertigprodukten anzutreffen sind. Wesentlicher Hinderungsgrund für den Aufbau eines neuen Standorts und die Verlagerung von Produktionskapazitäten sind die damit verbundenen Ausgaben sowie deren Finanzierung. Beim Aufbau zusätzlicher Fertigungskapazität an einem neuen Auslandsstandort sind Investitionen und Aufwendungen für den Produktionsanlauf ausschließlich aus dem freien Cashflow oder durch Kreditaufnahme zu finanzieren – ein Schritt, der Unternehmen oft schwer fällt. Bei der substitutiven Verlagerung, bei der an bestehenden Werken in dem Umfang Kapazität abgebaut wird, in dem am neuen Standort aufgebaut wird, können zwar die zusätzlichen Ausgaben für Maschinen und Gebäude durch den Transfer und die Veräußerung bestehenden Eigentums verringert werden, gleichzeitig fallen aber Restrukturierungskosten an. Diese können die Wirtschaftlichkeit einer substitutiven Verlagerung deutlich verschlechtern und die Maßnahme unattraktiv machen.

## 2.7.1 Investitionen (Capex)

Als Capex *(Capital Expenditures)* gelten die **Investitionen in Sachanlagen** (Grundstücke, Gebäude und Betriebsmittel) sowie in immaterielle Vermögensgegenstände (ohne Firmenwerte). In der statischen Betrachtung der Wirtschaftlichkeit eines Unternehmens werden die Aufwendungen für die Nutzung von Betriebsmitteln durch Abschreibungen berücksichtigt. Diese Perspektive gilt auch für die Gewinn- und Verlustrechnung. Die Abschreibung erfolgt grundsätzlich über den erwarteten Nutzungszeitraum, es bestehen aber gesetzliche Vorgaben, die sowohl handels- als auch steuerrechtlich bedeutsam sind und abweichende Nutzungsdauerannahmen vorsehen können. Im Gegensatz dazu werden für die Kapitalflussrechnung im Jahresabschluss alle im Zusammenhang mit der laufenden Geschäftstätigkeit stehenden zahlungswirksamen Ausgaben und Einnahmen betrachtet. Diese dynamische Perspektive wird auch bei der Bewertung der Wirtschaftlichkeit von Investitionsprojekten genutzt. Es wird dabei zumeist von der Fiktion ausgegangen, dass getätigte Investitionen im laufenden Geschäftsjahr in voller Höhe als Zahlungsstrom anfallen. Diese Perspektive ist insbesondere relevant für die Betrachtung der Liquidität eines Unternehmens, also der Zahlungsfähigkeit und der Möglichkeit, weitere Investitionen aus eigenen Mitteln zu tätigen.

Der **Verkauf von Anlagevermögen,** das in Verbindung mit der Verlagerung von Produktionskapazität nicht mehr für die operative Geschäftstätigkeit eines Unternehmens benötigt wird, kann in erheblichem Umfang zur Finanzierung einer Neugestaltung eines Produktionsnetzwerks beitragen. Aufgrund der zumeist höheren Preise für Land und Gebäude an Hochlohnstandorten im Vergleich zu Entwicklungsländern ist gerade bei einem entsprechenden Verlagerungsschritt mit einem deutlichen Beitrag der Verkaufserlöse zur Finanzierung des aufzubauenden Standorts zu rechnen. Dies gilt natürlich nur dann, wenn entsprechendes Eigentum an dem zu schließenden Standort vorhanden ist. Bei der Bewertung von Standortoptionen kann es allerdings ratsam sein, die Effekte aus Verkaufserlösen zumindest partiell auszuklammern. Durch den Verkauf von Gebäuden und Grundstücken werden oft stille Reserven gehoben, deren Zugang in keinem Kausalzusammenhang zu dem zu bewertenden Investitionsprojekt steht: Der Verkauf könnte in der Regel auch ohne den Aufbau eines neuen Standorts erfolgen. Die Bewertung unter der Annahme, dass alle Gebäude und Flächen gemietet werden, schafft oft eine bessere Vergleichsbasis.

Entsprechend dieser Logik ist auch zu beachten, dass nur teilweise abgeschriebene Betriebsmittel keinen Einfluss auf zukünftige Investitionsentscheidungen haben. Restwertabschreibungen sind nicht zahlungswirksam. Da der Beschaffung neuer Maschinen bereits durch die Berücksichtigung der entsprechenden Investition Rechnung getragen wird, sind die wirtschaftlichen Implikationen auch in der dynamischen Betrachtung adäquat abgebildet.

Um Investitionen zu tätigen, bedarf es **liquider Mittel,** die durch die laufende Unternehmenstätigkeit generiert oder durch Kredite oder Kapitalerhöhungen zugeführt werden müssen. Die Restriktion eines limitierten Bestands an liquiden Mitteln ist für die Planung der Produktionsnetzwerkgestaltung zu berücksichtigen. Die Finanzplanung für die Errichtung eines neuen Produktionsstandorts sollte nicht außer Acht lassen, dass Einzahlungen, z. B. aus dem Verkaufserlös für ein nicht mehr benötigtes Gebäude am alten Standort, oftmals erst nach den Auszahlungen, z. B. für die Errichtung eines neuen Werkes, anfallen und ein entsprechender temporärer Liquiditätsbedarf besteht.

## 2.7.2 Aufwand des Produktionsanlaufs

Wesentliche Kostentreiber des Produktionsanlaufs sind eine langsame Hochlaufgeschwindigkeit und damit einhergehende Stückzahlverluste. Ein spätes Erreichen der Kammlinie beeinträchtigt insbesondere bei Produkten mit kurzem Produktlebenszyklus die Rentabilität entscheidend. Ist an Standorten von unterschiedlichen Anlaufkurven auszugehen, so sind die finanziellen Implikationen bei der Standortentscheidung mit zu berücksichtigen.

**Anlaufaufwendungen** beinhalten unter anderem: die Schulung neuer Mitarbeiter, die Zusatzaufwendungen zur Aufrechterhaltung der Lieferfähigkeit während der Verlagerung (Sonderschichten, erhöhte Bestände usw.), den Zusatzaufwand für *Expatriates* (z. B. Fach- und Führungskräfte aus dem Stammwerk, die zur Einweisung der Mitarbeiter am Auslandsstandort erforderlich sind), Materialmehraufwand durch Ausschuss oder Aufwendungen für Nacharbeit. Ferner entstehen Kosten durch anfängliche Unterauslastung der Anlagen oder eine erforderliche Anlagenduplizierung, die aber nicht oder nur teilweise zahlungswirksam sind. Viele der zusätzlichen Kosten werden häufig erst im Verlauf des Aufbaus des Auslandsstandorts sichtbar und von vielen Unternehmen zu Beginn des Standortentscheidungsprozesses nicht adäquat in die Kalkulationen einbezogen. Die Struktur der Anlaufaufwendungen unterscheidet sich sehr stark von Unternehmen zu Unternehmen.

Im Durchschnitt beläuft sich der Anlaufaufwand auf knapp über 20 Prozent der Investitionen in Gebäude und Betriebsmittel, in etwa 10 Prozent der Fälle kann er sogar mehr als die Hälfte betragen (Abbildung 2.35).

Der Zusatzaufwand im Rahmen des Produktionsanlaufs setzt sich aus mehreren Positionen zusammen: Es gibt nicht den einen dominierenden Kostenblock; vielmehr müssen viele verschiedene Positionen berücksichtigt werden:

- **Trainingsaufwendungen** für neue Mitarbeiter, die entweder im Stammwerk oder durch *Expatriates* am neuen Produktionsort geschult werden. Je nach Ausbildungsstufe, durchzuführendem Prozessschritt und Standort des Werkes sollte die Anzahl der benötigten Tage und Art des Trainings festgelegt werden, um den Mitarbeiter zur Durchführung des jeweiligen Prozessschritts zu befähigen und Probleme beim Serienanlauf zu vermeiden. Die Einbindung von Betriebsmittellieferanten und von lokalen Trainingseinrichtungen kann helfen, die Aufwendungen für die

**Anlaufkosten entsprechen im Durchschnitt etwa 20 Prozent der gesamten Investitionssumme.**

Abb. 2.35: Höhe und Struktur von Anlaufkosten

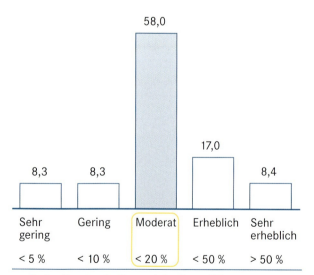

Quelle: McKinsey/PTW (ProNet-Umfrage)

erforderlichen Trainingsmaßnahmen zu minimieren. Der Besuch eines zumindest kleinen Teils der Belegschaft im Stamm- oder Leitwerk wird allerdings in vielen Fällen als ein wesentlicher Erfolgsfaktor für den Produktionsanlauf angesehen. Entsprechende Aufwendungen sollten daher bei der Erstellung der Wirtschaftlichkeitsrechnung eingeplant werden.

- Zusätzliche **Lagerbestände** können zur Einhaltung der Servicegrade erforderlich sein unter der Berücksichtigung der Ausfallzeiten zu verlagernder Maschinen und der eventuell längeren Transportzeit vom neuen Werk zum Kunden. Insbesondere bei Erweiterungsinvestitionen an einem neuen Standort sind Sicherheitsbestände neu aufzubauen. Diese Investitionen in Bestände sind als entsprechende Ausgaben zu berücksichtigen und bedingen ferner Kapitalbindungskosten. Zum Aufbau von Überbrückungsbeständen sind oft externe Fertigungskapazitäten oder Zusatzschichten zu nutzen. Die Kosten für die so erzeugten Produkte sind daher höher und der Verlagerung bzw. dem Aufbau des neuen Standorts kausal zuzurechnen.

- **Aufwendungen für** *Expatriates* sind länderspezifisch und werden daher gesondert je Land angesetzt. In der Vergangenheit wurden gerade für Einsätze in China erhebliche Auslandszulagen, zusätzliche Boni, Aufwandsentschädigungen und geldwerte Vorteile gewährt. In China setzten sich die entsprechenden Zahlungen folgendermaßen zusammen: etwa 71 Prozent Grundgehalt, 17 Prozent Auslandsbonus, 10 Prozent veränderliche Anteile und 2 Prozent leistungsabhängige Bonuszahlungen. Die Zahlungen reichen insgesamt von 83.500 US-Dollar p. a. für eine Fachkraft bis zu 220.000 US-Dollar für einen Werkleiter. Hinzu kommen Aufwandsentschädigungen für Umzug und Schulgebühren sowie geldwerte Vorteile wie Unterkunft mit westlichem Standard und Firmenwagen (oftmals mit Chauffeur) – insgesamt zusätzlich etwa 20 bis 50 Prozent des Gehalts. Seit 2003 ist eine Abschwächung der Neigung internationaler Unternehmen zur Leistung hoher Zusatzzahlungen festzustellen, da der Markt für internationale Fach- und Führungskräfte gerade in Asien eine breitere Basis erreicht. Auch wenn der Bedarf nach wie vor sehr hoch ist, besteht ein erheblicher Pool von *Expatriates*, die längerfristig in den entsprechenden Ländern bleiben wollen, sowie eine verstärkte Bereitschaft junger Führungskräfte zu Auslandsaufenthalten auch in Entwicklungs- und Schwellenländern.

- Die Kosten für Transport und Installation vorhandener **Betriebsmittel,** die nicht aktivierbar sind, sind ebenfalls als Anlaufkosten des neuen Produktionsstandorts zu erfassen. Dazu zählen neben den Kosten für die Demontage von Fertigungsmaschinen und sonstigen Anlagen die Kosten für die Verpackung und Verladung, für den Transport und die Transportversicherung der Betriebsmittel sowie die Kosten für die Remontage, Inbetriebnahme und Abnahme der einzelnen Maschinen. Dabei kann davon ausgegangen werden, dass die komplette interkontinentale Verlagerung einer Werkzeugmaschine (Volumen etwa ein 20-Fuß-Container) ungefähr 22.000 US-Dollar kostet.

- Der Serienanlauf an einem neuen Standort verursacht ferner **direkte Mehraufwendungen** durch Ausschuss (Material und Kosten der eigenen Wertschöpfung), Nacharbeit und durch einen zusätzlichen Prüfaufwand. Die Abnahme der Linie durch das eigene Qualitätsmanagement oder auch durch den Kunden ist ebenso zu berücksichtigen wie Funktions- und Ermüdungstests an den ersten in Serie produzierten Werkstücken.

Die Anlaufaufwendungen unterscheiden sich zwischen Ländern in der Regel nicht so sehr, dass sie einen signifikanten Einfluss auf die Wahl neuer Standorte haben. Aber in den meisten Fällen würde schon eine Erhöhung der Anlaufaufwendungen um etwa 50 Prozent über den Erwartungswert den Aufbau neuer Fertigungskapazität für viele Prozesse nicht mehr wirtschaftlich erscheinen lassen, gerade wenn eine hohe Rendite des eingesetzten Kapitals angestrebt wird.

Besonders bei relativ geringen Margen ist die Berücksichtigung des Faktors „Anlaufaufwand" essenziell – weniger in Bezug auf die Frage, wo Kapazität aufgebaut werden soll, als vielmehr hinsichtlich der Frage, ob und wie viel in neue Kapazität investiert wird.

### 2.7.3 Restrukturierungsaufwand

Restrukturierungsmaßnahmen sind Teil eines vom Management geplanten und kontrollierten Programms, das entweder das von dem Unternehmen abgedeckte Geschäftsfeld oder die Art, wie dieses Geschäft durchgeführt wird, wesentlich verändert.[69] Die Neugestaltung der Produktionsstandortstruktur fällt in der Regel unter diese Definition. Für entsprechende Aufwendungen können und müssen unter Umständen Rückstellungen gebildet werden. Negative Effekte der Neugestaltung des Produktionsnetzwerks auf den Unternehmensgewinn können daher vor der eigentlichen Durchführung zum Tragen kommen.

Unter Restrukturierungsaufwendungen und den entsprechenden Maßnahmen sind dabei nicht nur Aufwendungen für die Reduktion der Belegschaft zu verstehen, vielmehr fallen darunter auch Einmalaufwendungen für die Beendigung oder Rückführung des Betriebsumfangs einzelner Werke oder ganzer Geschäftsbereiche. Ebenso können die erwarteten Verluste aus Betriebsveräußerungen in ein Restrukturierungsprogramm aufgenommen werden.

Typische Restrukturierungsaufwendungen sind Abfindungszahlungen, Sanierungskosten, Konventionalstrafen für die vorzeitige Auflösung von Verträgen sowie Restwertabschreibungen und Verluste aus der Veräußerung von Anlagevermögen. Bei der Erfassung dieser Elemente in der Wirtschaftlichkeitsrechnung ist zu beachten, dass nur die erste Gruppe zahlungs-

**Abfindungszahlungen stellen den weitaus größten Anteil an Restrukturierungskosten.**

Abb. 2.36: Höhe und Art von Restrukturierungskosten

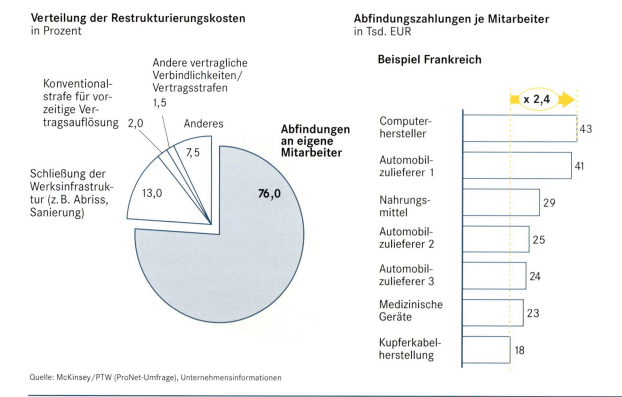

Quelle: McKinsey/PTW (ProNet-Umfrage), Unternehmensinformationen

*69 Vgl. Definition nach IAS 37.*

## 2.7 Bewältigung der Migration – Investition, Anlauf- und Restrukturierungsaufwand

wirksame Ausgaben darstellt und daher für die dynamische Betrachtung relevant ist. Die Zusammensetzung der Restrukturierungsaufwendungen von Betriebsstätten produzierender Unternehmen, die in den vergangenen fünf Jahren geschlossen oder verkleinert wurden, ist in Abbildung 2.36 dargestellt. Diese Restrukturierungsaufwendungen sind klar von Abfindungszahlungen für die eigenen Mitarbeiter dominiert, wobei hier der regionale Schwerpunkt der Befragung in Westeuropa zu berücksichtigen ist.

**Abfindungszahlungen** können kaum generell quantifiziert werden; die Varianz bei den geleisteten Zahlungen ist ausgesprochen hoch. Dies gilt selbst innerhalb des gleichen gesetzlichen Umfelds, wie Abbildung 2.36 (rechter Graph) anhand von sieben Restrukturierungsbeispielen in Frankreich zeigt: Die durchschnittlich an Mitarbeiter gezahlten Abfindungen variierten zwischen 18.000 und 43.000 Euro, mit einem Mittelwert von 29.000 Euro. Die unterschiedliche Höhe der Abfindungszahlungen ist dabei nicht nur durch die Beschäftigungsstruktur (insbesondere die durchschnittliche Dauer der Beschäftigung im Betrieb) geprägt. Auch die Art der Einigung mit den Arbeitnehmervertretern hat in vielen Ländern einen Einfluss, selbst dann, wenn gesetzliche Regelungen bzw. etabliertes Richterrecht existieren. Gerade bei der substituierenden Verlagerung von Produktionskapazität, bei der ein fortlaufender Betrieb zur kontinuierlichen Versorgung der Kunden sichergestellt werden muss, versuchen Unternehmen, Arbeitsniederlegungen durch gütliche Einigungen vorzubeugen.

Der Vergleich von gesetzlich vorgeschriebenen oder typischen Abfindungszahlungen in unterschiedlichen Ländern zeigt jedoch deutlich, dass die Höhe von **Abfindungszahlungen** ein **relevanter Standortfaktor** ist (Abbildung 2.37), wenn auch nicht so sehr bei der Wahl

**Die Unterschiede zwischen Ländern hinsichtlich der zu zahlenden Abfindungen sind gewaltig.**

Abb. 2.37: Einkommensniveau und Abfindungshöhe in Jahresgehältern

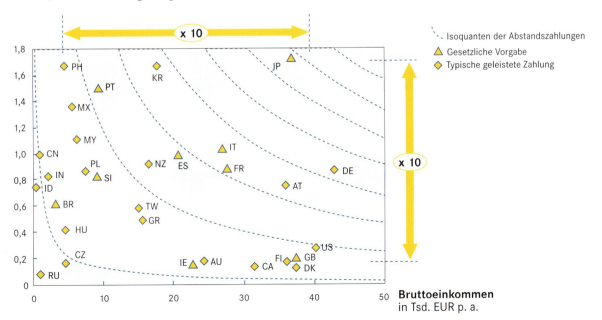

Quelle: UBS Prices and Earnings Report 2003, verschiedene Berichte und Unternehmensinformationen, McKinsey/PTW

zwischen Niedriglohnstandorten. In einigen Hochlohnländern sind so hohe Abfindungszahlungen erforderlich, dass sich investierende Unternehmen auf lange Sicht nicht zurückziehen können. Gerade bei einer Betrachtung möglicher Risiken hat diese geringe Flexibilität einen hohen Preis. So entspricht die zu zahlende Abfindung bei zehn Jahren Betriebszugehörigkeit für einen Arbeiter in Spanien zehn Monatsgehältern, während der amerikanische Arbeiter durchschnittlich eine Abfindung erhält, die etwa seinem Einkommen in zehn Wochen entspricht. Berücksichtigt man weiterhin das unterschiedliche Lohnniveau zwischen verschiedenen Ländern, so kann es zu Unterschieden in der Höhe von Abfindungszahlungen bis zu einem Faktor 100 kommen. Die höchsten Abfindungszahlungen werden in Japan und Deutschland geleistet mit etwa 65.000 bzw. 39.000 Euro, die niedrigsten in Russland mit einigen Hundert Euro.

Restrukturierungskosten haben in der dynamischen Betrachtung von Produktionsnetzwerken einen ähnlichen Effekt wie Anlaufkosten: Beide Faktoren hemmen die Veränderung des Netzwerks durch Aufwendungen, die bei Kapazitätserweiterungen, dem Aufbau neuer Standorte, der Kapazitätsreduktion sowie Standortschließungen anfallen. Beide Kategorien von Einmalaufwendungen sind allerdings nur während des Übergangs von der bestehenden zur Zielstruktur (Migration) des Produktionsnetzwerks relevant und fallen beim stetigen Betrieb nicht mehr an.

\* \* \*

Die in diesem Kapitel dargestellten Einflussfaktoren der Standortwahl, die zumeist Eigenschaften von Ländern oder Regionen widerspiegeln, sind die in typischen Situationen relevantesten Faktoren. Dies haben die zahlreichen Gespräche mit Managern und die Vielzahl von quantitativen Analysen im Rahmen von Fallstudien und realen Standortentscheidungen gezeigt. Allerdings sollte bei der Betrachtung von Standortfaktoren nicht vergessen werden, dass diese nur im Kontext der betrachteten Produkte und Fertigungsprozesse eine Aussage über die Attraktivität eines Standorts als Produktionsstätte liefern können. Die Analyse der relevanten Standortfaktoren ist daher nur eine frühe Phase im Prozess der Standortwahl. Die gewonnenen Erkenntnisse sind aber auch für die Interpretation und Synthese von quantitativen Analysen und Wirtschaftlichkeitsrechnungen wichtig.

## Zum Weiterlesen

Das, G. *India Unbound: The Social and Economic Revolution from Independence to the Global Information Age.* New York: Anchor Books, 2002.

Drewry. *The Annual Container Market Review and Forecast 2004/2005.* London, UK: Drewry Shipping Consultants, Ltd., 2004.

Gutenberg, E. *Grundlagen der Betriebswirtschaftslehre.* Band 1: Die Produktion. Berlin u. a.: Springer, 1965.

Huchzermeier, A. und M. Cohen. Valuing Operational Flexibility under Exchange Rate Risk. In: *Operations Research*, Vol. 44 (1996), Nr. 1, S. 100–113.

ILO. *Yearbook of Labour Statistics.* Geneva: International Labour Organization (ILO), 2004 (siehe auch: http://laborsta.ilo.org/).

IMD. *World Competitiveness Yearbook 2003.* Lausanne: IMD, 2003.

Lewis, W. W. *The Power of Productivity: Wealth, Poverty, and the Threat to World Stability.* Chicago: The University if Chicago Press, 2004.

Tobias Meyer

# 3 Investitionen in Auslandsstandorte: Bewertung und Auswahl

## Zusammenfassung

Unternehmen sollten entsprechend ihren spezifischen Anforderungen ein Vorgehen und ein Set von Methoden wählen, durch welche die Zielsetzung einer Neugestaltung der Standortkonfiguration am besten adressiert wird. Die unterschiedlichen Vorgehensmodelle bei der Standortwahl gleichen sich insofern, als die Vielzahl der betrachteten Optionen im Laufe des Auswahlprozesses schrittweise eingegrenzt wird, unterscheiden sich jedoch deutlich in ihrem Betrachtungsumfang, ihrer Leistungsfähigkeit und Komplexität. Mit dem richtigen Vorgehen und adäquaten Bewertungsmethoden sollten die Schwächen überwunden werden, die in der Vergangenheit dazu geführt haben, dass die Erwartungen in neue Produktionsstandorte sehr häufig nicht erfüllt wurden.

Als Vorgehensmodell bietet sich für den Mittelständler das einfache Ausschlussverfahren als geeignetes Mittel an, während für Unternehmen mit stark verketteten Fertigungsstrukturen das integrierte Standortkonzept geeignet ist. Die Portfolio-Analyse wiederum ist ein Vorgehen, das sich als erster Schritt für den Konzernvorstand zur Entwicklung einer globalen Standortstrategie eignet.

Als Methoden zur Bewertung von Standortoptionen stehen eine Vielzahl von Ansätzen bereit, die sich durch die Kombination von Investitionsrechenverfahren, Betrachtungsperspektive und der Art der Implementierung in DV-Systemen ergeben. Die Auswahl der geeigneten Methode kann nur im Kontext der konkreten Anwendung erfolgen, wobei sich allerdings abzeichnet, dass einige Verfahren, die eine Standortauswahl ausschließlich auf Basis von Checklisten und Indices vorsehen, hierfür nicht geeignet sind. Unternehmen sollten sich bewusst sein, dass im Rahmen des Auswahlprozesses unterschiedliche Methoden anzuwenden sind und eine quantitative Bewertung der Wirtschaftlichkeit in der Regel eine essenzielle Notwendigkeit ist, ohne die keine Investitionsentscheidungen getroffen werden sollten.

## Kernfragen Kapitel 3

- Welches sind adäquate Ansätze für den Mittelständler, den Vorstand eines diversifizierten Konzerns und die Leiter eines integrierten Großunternehmens oder Geschäftsbereichs?
- Wie lässt sich die Wirtschaftlichkeit von Auslandsinvestitionen bewerten?
- Welche Aspekte sind bei der Bewertung zu beachten und welche unterschiedlichen Perspektiven ergeben eine umfassende Transparenz?
- Welche Rolle spielen dabei qualitative Kriterien?
- Wie lässt sich die langfristige Kostenwirkung einer Standortentscheidung bewerten, wie die Wirtschaftlichkeit konkreter Verlagerungsschritte?
- Welche Rechenverfahren und sonstigen Werkzeuge zur Bewertung sind sinnvoll?
- Wie sollten Wirtschaftlichkeitsanalysen aufbereitet werden, damit sie dem Topmanagement eine möglichst effektive Entscheidungshilfe bieten?

Schwächen in der strategischen Planung sind ein wesentlicher Grund dafür, dass Unternehmen die vorab kalkulierten Potenziale nicht in vollem Unfang realisieren: Einsparungspotenziale durch Faktorkostenvorteile und Effekte durch operative Verbesserungen werden oftmals überschätzt – nicht, weil die Effekte nicht im Kern realisiert werden könnten, sondern weil Zusatzkosten an den Schnittstellen zu anderen Unternehmen und eigenen Unternehmensfunktionen sowie die Kosten der Migration nicht adäquat berücksichtigt werden. Entscheidungen über neue Standorte werden gefällt, ohne dass die Implikationen hinreichend bekannt sind.

Standortoptionen auf ihre wirtschaftliche Attraktivität hin zu beurteilen, ist keine triviale Aufgabe. Eine Vielzahl potenziell relevanter Einflussfaktoren ist richtig zu bewerten und zu einer ganzheitlichen Beurteilung zusammenzufassen. In der Regel erfordert dies ein sequenzielles Vorgehen, indem man von einer größeren Zahl möglicher Optionen zu einer engeren Auswahl und schließlich der endgültigen Lösung gelangt (Abbildung 3.1). Mittels verschiedener Methoden der Investitionsrechnung lässt sich dabei für jede potenzielle Maßnahme die Wirtschaftlichkeit bestimmen.

Entscheidend dabei ist es, den Betrachtungsumfang und die Perspektive je nach Zweck der Standortentscheidung richtig zu wählen. Eine Fokussierung auf die reinen Fertigungskosten ist beispielsweise in der Regel zu eng – Einsparungen bei den Fertigungskosten von 10 bis 15 Prozent sind bei hohen Einmalaufwendungen für den Standortaufbau und die Verlagerung nicht so attraktiv, wie es auf den ersten Blick erscheinen mag. Die Nichtbeachtung von Verbundvorteilen in der bisherigen Standortstruktur – beispielsweise zwischen der Produktion und FuE – kann zusätzliche Kosten verursachen, die in der Wirtschaftlichkeitsrechnung zumindest implizit beachtet werden sollten. Ferner genügt es in der Regel nicht, nur den Kapitalwert und die Amortisationsdauer einzelner Maßnahmen im Auge zu haben – vielmehr müssen Standortentscheidungen aufgrund ihres Langfristcharakters im Kontext der gesamten Wettbewerbssituation gesehen werden. Im Folgenden werden eine Vielzahl von Ansätzen vorgestellt, die je nach Unternehmenssituation zur Auswahl von Produktionsstandorten geeignet sein können.

## 3.1 Grundsätzliche Vorgehensmodelle

Die Vorgehensmodelle bei der Standortwahl und der Neugestaltung globaler Produktionsnetzwerke unterscheiden sich primär nach Ausgangslage und Zielsetzung des Unternehmens: Sie bestimmen, wie viele Standorte, Produkte und Prozesse mit welcher Genauigkeit zu untersuchen sind (Abbildung 3.2).

- Das **einfache Ausschlussverfahren** dient der Auswahl eines Produktionsstandorts für ein klar umrissenes Produktfeld bzw. Produktionsvolumen: Eine gegebene Anzahl von Optionen wird schrittweise reduziert. Die Betrachtung beschränkt sich weitgehend auf die eigene Produktion; Schnittstellen zu Zulieferern und Abnehmern sowie anderen Unternehmensbereichen werden nur implizit berücksichtigt. Das Vorgehen ist daher insbesondere für mittelständische Unternehmen mit einer geringen Anzahl von Standorten und wenigen Schnittstellen zu Zulieferern und Kunden geeignet.

- Die **Portfolio-Analyse** eignet sich für Konzerne und Unternehmen mit einer Vielzahl unterschiedlicher, wenig überlappender Geschäftsfelder. Zielsetzung ist die Priorisierung, d. h. die Bestimmung der Geschäftsfelder mit dem größten Internationalisierungspotenzial.

- Der **integrierte Ansatz** umfasst eine Vielzahl von Produkten, Fertigungsschritten sowie Standorten und berücksichtigt alle relevanten Einflussfaktoren und

> Das Vorgehen bei der globalen Standortwahl sollte die Anzahl der betrachteten Optionen zunehmend eingrenzen.

Abb. 3.1: Betrachtungsumfang und Auswahlprozess

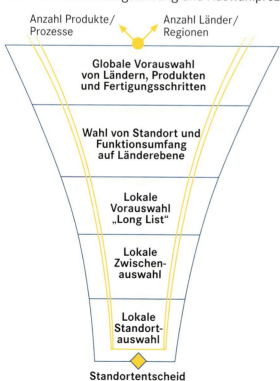

Quelle: McKinsey/PTW

## 3.1 Grundsätzliche Vorgehensmodelle

Interdependenzen: Das gesamte Produktionsnetzwerk kann aus übergreifender Sicht optimiert werden.

Derzeit favorisieren die meisten Unternehmen – auch größere globale Unternehmen – das einfache Ausschlussverfahren. Im Durchschnitt benötigen sie dafür sechs Monate.[1] Die beiden anderen Ansätze können in gewissem Sinn als Erweiterung dieses konventionellen Vorgehens gesehen werden[2]: Denn sowohl bei dem strategischen Standortkonzept als auch bei der Portfolio-Analyse muss die Standortentscheidung abschließend auf lokaler Ebene (Städte, Gemeinden, Grundstücke) weiter konkretisiert werden. Dabei findet in der Regel wieder sequenzielles Vorgehen Anwendung, indem – wie auch beim einfachen Ausschlussverfahren – der Lösungsraum auf Basis unterschiedlicher Kriteriengruppen schrittweise eingegrenzt wird.

Entscheidungsträger sollten sich der Vor- und Nachteile der unterschiedlichen Vorgehensweisen bewusst sein. Diese werden im Folgenden detailliert dargestellt und die Vorgehensweisen zur Standortwahl näher beschrieben.

### 3.1.1 Einfaches Ausschlussverfahren

Ein (neuer) Produktionsstandort wird üblicherweise in einem pragmatischen Ausschlussverfahren bestimmt: Eine anfangs oft hohe Zahl von Standortoptionen wird immer genauer bewertet und durch Ausschluss unattraktiver Optionen schrittweise eingeschränkt (Abbildung 3.3). Produktvolumen und Fertigungstechnik stehen dabei weitgehend fest. Dieses Vorgehen erlaubt eine rasche Fokussierung auf die attraktivsten Optionen.

**Je nach Erkenntnisziel sollte ein anderes Vorgehen gewählt werden.**

Abb. 3.2: Vorgehensmodelle bei der Standortwahl

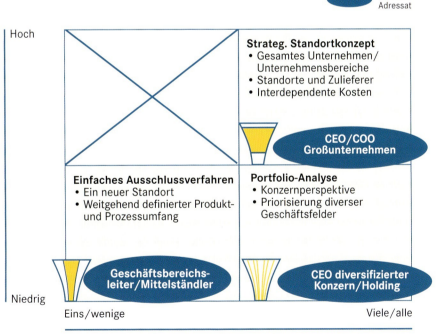

Quelle: McKinsey/PTW

---

[1] ProNet-Umfrage (Frage B.5).
[2] Vgl. bspw. Eversheim (1977) und Eversheim (1996).

**Das einfache Verfahren ist schnell durchführbar, erlaubt aber keine Realisierung von Netzwerksynergien.**

Abb. 3.3: Betrachtungsumfang bei einfachem Ausschlussverfahren

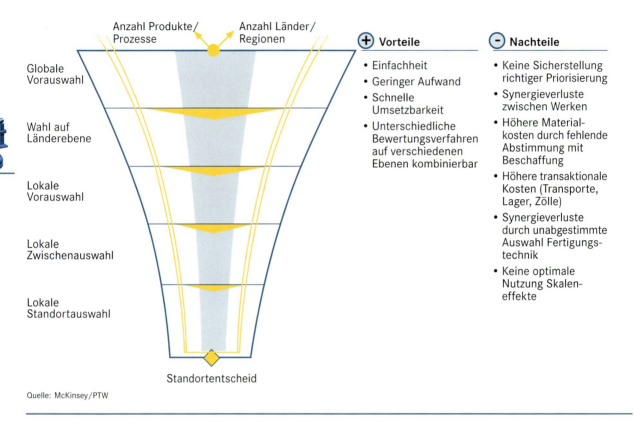

Quelle: McKinsey/PTW

Vermeiden sollte man allerdings die pauschale Einstufung von Standorten als „attraktiv" oder „nicht attraktiv": So gelten für Auslandsstandorte, die zur Markterschließung genutzt werden sollen, grundsätzlich andere Anforderungen als für solche, die ausschließlich der Versorgung bestehender Märkte dienen. Standorte können durchaus als Markt, jedoch nicht als Produktionsstandort attraktiv sein (und umgekehrt).

Eine nach einfachen Ausschlusskriterien durchgeführte Standortwahl beschränkt sich in der Regel auf einen engen Betrachtungsumfang an Ländern, Fertigungsschritten und Produkten.[3] Es werden üblicherweise folgende Schritte durchlaufen:

**1. Globale Vorauswahl:** Zunächst wird anhand einiger Mindestanforderungen geprüft, inwiefern bestimmte Länder und Regionen für das Unternehmen überhaupt als Produktionsstandort in Frage kommen. Die Prüfung geschieht dabei vor dem Hintergrund der vordefinierten Produktionsumfänge mit ihren spezifischen Eigenschaften hinsichtlich Kapitalintensität, Know-how-Sensibilität, Fertigungskomplexität usw. Die Nichterfüllung eines Kriteriums führt zum Ausschluss der betreffenden Option. Die Kriterien sind unternehmensspezifisch zu wählen und sollten auch qualitative, „weiche" Faktoren mit einschließen.[4] So können beispielsweise Faktoren wie die Wissensintensität von Produktionsprozessen – beispielsweise in der Rüstungsindustrie – eine Option von vornhe-

---

[3] Vgl. auch Hack (1999).

[4] Vgl. Zheng (2002); vgl. Godau (2001), insbesondere S. 40: Die Bedeutung „weicher" Standortfaktoren ist demnach bei der Vorauswahl besonders hoch, während die Beurteilung von Standortalternativen stärker durch quantitative bzw. „harte" Faktoren bestimmt ist.

rein unmöglich oder zumindest klar unwirtschaftlich erscheinen lassen.

Die **Vorauswahl** sollte erfahrenen Entscheidungsträgern überlassen werden, da „weiche" Kriterien wie „hinreichende politische Stabilität" oder „erforderliche Marktnähe" nicht selten auf Basis von Einschätzungen beurteilt werden müssen. Nach diesen Regeln durchgeführt, kann die Vorauswahl eine deutliche geografische Fokussierung erreichen[5] und dadurch den Aufwand und die Komplexität der Standortwahl deutlich reduzieren, ohne deren Qualität zu beeinträchtigen.

**2. Auswahl der Zielregion/des Ziellands:** Im Gegensatz zur Vorauswahl von Ländern und Regionen sollte die Auswahl der Zielregion oder des Ziellands eine quantitative Analyse der Wirtschaftlichkeit der anvisierten Investition enthalten. Daher sollte für die vorausgewählten Länder und Regionen zumindest eine Abschätzung der Kostenposition der dort unter Umständen zu fertigenden Produkte erfolgen.

Es kann auch in dieser Stufe zusätzlich eine Auswahl nach **Ausschlusskriterien** erfolgen, z. B. nach einer maximalen Transportzeit zu den relevanten Märkten oder einer Grenze für die durchschnittlichen Arbeitskosten. Als Ergebnis sollte eine Zielregion mit wenigen Alternativen definiert sein. Für diese wird der nächste Bewertungs- und Auswahlschritt durchgeführt.

**3. Lokale Vorauswahl** *(Long List):* Bei der Bestimmung attraktiver Standorte im Zielland bzw. der Zielregion werden verstärkt lokale Standortfaktoren zugrunde gelegt, die sich teilweise von denen der globalen Standortwahl unterscheiden: Kriterien wie die Attraktivität einer Region für Expatriates oder der Verkehrsanschluss werden wichtiger, für das gesamte Land geltende Kriterien wie Zölle und Steuern treten in den Hintergrund. Ähnlich wie die globale Vorauswahl führt auch die lokale Vorauswahl zu einer Anzahl von Standortoptionen, die grundlegende Anforderungen erfüllen, aber noch detaillierter bewertet sind.

**4. Lokale Zwischenauswahl einzelner Standorte *(Short List):*** Im Rahmen der lokalen Zwischenauswahl erfolgt eine weitere Einschränkung der Auswahl durch quantitative Analysen, beispielsweise eine Investitionsrechnung unter Annahme unterschiedlicher Faktorkosten und Preise für Grundstücke, Gebäude und Anlagen. Zielsetzung der Zwischenauswahl ist die Festlegung von drei bis fünf Optionen, die eine hohe Attraktivität haben. Für diese Optionen werden Gespräche und Verhandlungen beispielsweise mit dem Grundstückseigentümer eingeleitet. Dadurch können genauere Annahmen in die Wirtschaftlichkeitsrechnung einfließen.

Gleichzeitig empfehlen sich parallele Verhandlungen auch aufgrund der größeren Transparenz hinsichtlich der Kosten der verschiedenen Optionen und ihrer Realisierbarkeitsaussichten. Unternehmen beschränken sich oftmals zu früh auf eine Option und verschlechtern dadurch ihre Verhandlungsposition, da ein Abbruch der Verhandlungen *(Walk Away)* höhere Opportunitätskosten durch den Zeitverlust verursacht, der bei parallelen Verhandlungen nicht in dem Maße gegeben ist.

**5. Investitionsvorschlag und Entscheidung:** Auf Basis einer vergleichenden Wirtschaftlichkeitsrechnung wird nun von den verbleibenden Standorten einer ausgewählt. Die Annahmen der Wirtschaftlichkeitsrechnung beruhen dabei auf verhandelten, direkt umsetzbaren Werten beispielsweise hinsichtlich der Kaufpreise oder Mieten/Pachten für Gebäude und Grundstücke. Als Auswahlindikatoren kommen der Kapitalwert, der ROI oder die Amortisationsdauer in Frage. Die Entscheidungsträger sollten zumindest zwei bewertete Handlungsoptionen zu einem Ausgangsszenario *(Base Case* oder *Do-Nothing-Szenario)* vergleichen können, bevor sie eine bindende Entscheidung treffen.

In jeder Phase des Prozesses wird also der Lösungsraum, der sich im vorhergehenden Schritt ergeben hat, detaillierter analysiert und bewertet. Sollte sich dabei die Planung aus einer früheren Phase als unmöglich oder offenkundig unvorteilhaft erweisen, werden die betroffenen Parameter abgeändert, und die Änderungen fließen in die übergeordnete Planung mit ein. Stellt sich beispielsweise in Schritt 5 heraus, dass die Investition nicht im Rahmen der zuvor getroffenen An-

---

*5 Vgl. Eversheim (1996), Abb. 9-35.*

nahmen realisiert werden kann, ist diese Planung auf Basis der nun vorliegenden konkreteren Informationen zu revidieren.

Dass sich im Laufe des Auswahlprozesses Ungenauigkeiten und Inkonsistenzen ergeben, ist nichts Ungewöhnliches, denn die Bewertung auf den oberen Ebenen bedient sich aggregierter und damit approximativer Parameter. Ein iteratives Vorgehen ist folglich nicht völlig vermeidbar. Hierarchische Planungssysteme[6] integrieren es von vornherein und sehen definierte Rückkopplungsmechanismen vor.

Die Grundsätze einer solchen hierarchischen Planung gelten auch für die Standortwahl und die Gestaltung von Produktionsnetzwerken: Steht beispielsweise in einer Region kein adäquat ausgestattetes Industriegebäude zu den veranschlagten Kosten zur Verfügung, sind die Annahmen in der übergeordneten Planung entsprechend anzupassen.

Üblicherweise werden in späteren Phasen dieses Verfahrens die Kosten oder der abstrakte Nutzen[7] der verbleibenden Standortoptionen miteinander verglichen. Es finden sich dabei Ansätze, die die Notwendigkeit einer finanziellen Bewertung der Wirtschaftlichkeit von Investitionen nicht adäquat berücksichtigen.[8]

Der Vergleich von Standortoptionen auf Basis von Indices[9] und Nutzwerten generiert zwar eine gewisse Transparenz hinsichtlich der Vorteilhaftigkeit einer Option gegenüber anderen; eine Entscheidungsunterstützung im eigentlichen Sinne bieten diese Bewertungsmethoden jedoch nicht, da eine zusammenfassende Beurteilung der Wirtschaftlichkeit fehlt. Entscheidungsträger fordern daher meist eine Investitionsrechnung für einen neuen Standort, um neben dem Detailvergleich auch einen Überblick über die Wirtschaftlichkeit der Investition zu erhalten.

### 3.1.2 Portfolio-Analyse

Die Portfolio-Analyse eignet sich zur Priorisierung und Abschätzung der Attraktivität von Standortoptionen für verschiedene Geschäftssegmente. Die Analyse eignet sich dabei insbesondere für diversifizierte Konzerne als Werkzeug des Konzernvorstands zur Zielfestlegung für die Geschäftsbereiche (Abbildung 3.4). Die Ausgestaltung des Auswahlprozesses für die priorisierten Geschäftssegmente sowie die zur Bewertung eingesetzten Methoden können variieren (vgl. dazu auch Abschnitte 3.2 und 3.4).

Die Portfolio-Analyse eignet sich besonders für stark diversifizierte Unternehmen und ist ein geeignetes Verfahren, um das Potenzial einer Neugestaltung der Standortkonfiguration zu bewerten. Die Analyse gliedert sich in drei Phasen:

**1. Segmentierung der Produktionsaktivitäten und Festlegung der Bewertungskriterien:** Zur Segmentierung sollte das Kriterium herangezogen werden, bei dem die geringsten Wechselwirkungen auftreten: Werden beispielsweise Produktlinien weitgehend unabhängig voneinander gefertigt, sollte die Produktionstätigkeit des Unternehmens nach diesem Kriterium segmentiert werden. Operieren die Standorte weitgehend unabhängig voneinander und sind dabei nur durch wenige Transportbeziehungen miteinander vernetzt, so sollte die Analyse pro Standort erfolgen.

**2. Bewertung der Segmente:** Nun wird das Optimierungspotenzial der definierten Segmente, d. h. der absolute und relative Nutzen einer Verlagerung der jeweiligen Aktivitäten, bewertet. Hierzu kann auf Methoden der Investitionsrechnung (Kostenvergleichsrechnung, Kapitalwertverfahren), auf andere geeignete Verfahren (z. B. Nutzwertanalyse) oder auch eine Kombination aus beiden zurückgegriffen werden.

**3. Vergleich und Ableitung des Handlungsbedarfs:** Abbildung 3.5 zeigt schematisch eine solche vergleichende Betrachtung aller Segmente eines Unternehmens (hier definiert als Werke): In diesem Fall würde man den größten Handlungsbedarf bei dem Segment sehen, das durch einen großen orangefarbenen Kreis

---

6 Vgl. Drexl (1994).
7 Vgl. Eversheim (1996), S. 9-42 bis 9-52.
8 Vgl. bspw. Peren (1998), S. 71 ff.
9 Vgl. Uphoff (1978).

dargestellt ist, denn dieser steht für einen negativen Ergebnisbeitrag bei gleichzeitig hohem Potenzial durch Verlagerung. Die Position in der Matrix beschreibt die Attraktivität einer Verlagerung der Produktion.

Die Bewertung aller Standorte, Produkte oder Geschäftsfelder auf das jeweilige Optimierungspotenzial liefert eine wertvolle Entscheidungsvorlage für die Priorisierung anstehender Aktivitäten durch das Topmanagement.

Die Klassifizierung von **Geschäftssegmenten** – im Beispiel nach Werken – ist in mehrfacher Hinsicht aufschlussreich. Der Graph ermöglicht die Darstellung der vier wesentlichen Dimensionen der Analyse:

- Die Größe der Kreise stellt den absoluten Kapitalwert einer Verlagerung dar. Damit wird sichergestellt, dass größeren Geschäftssegmenten eine höhere Aufmerksamkeit zukommt.

- Die Farbe stellt die momentane Rentabilität des Geschäftssegments dar. Geschäftssegmente mit negativer Kapitalrendite sind orange gefärbt. Dadurch wird vermittelt, für welche problematischen Bereiche in einem Konzern eine Optimierung der Standortstruktur einen Beitrag zur Sanierung leisten kann und für welche Bereiche ein anderer Ansatz gefunden werden muss.

- Die horizontale Position der Geschäftssegmente zeigt den langfristigen Effekt einer Neugestaltung der Standortstruktur. In dem vorliegenden Fall werden die Einsparungen bei den operativen Aufwendungen für Material, Fertigung und Logistik als Indikator herangezogen.

**Die Portfolio-Analyse ist das Werkzeug des CEO zur Priorisierung.**

Abb. 3.4: Betrachtungsumfang bei Portfolio-Analyse

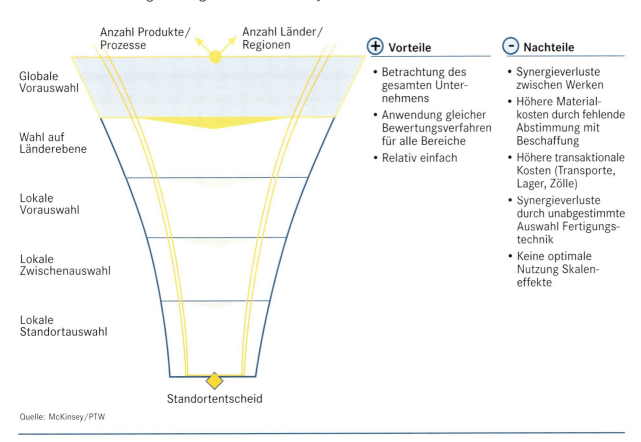

Quelle: McKinsey/PTW

**Die Portfolio-Analyse identifiziert die Geschäftssegmente mit dem größten Potenzial aus Neugestaltung der Standortstruktur.**

Abb. 3.5: Portfolio-Analyse von Produktionsprozessen

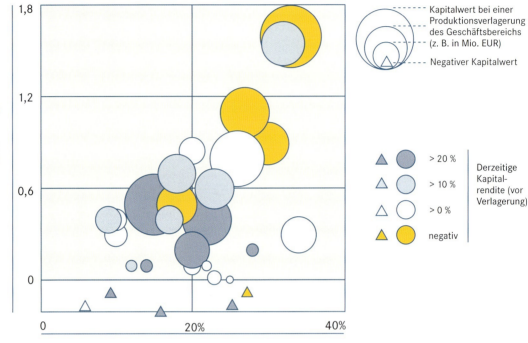

Quelle: McKinsey

- Die vertikale Position beschreibt die (kurzfristige) Attraktivität der Maßnahme. Dabei werden nicht nur die Einsparungen bei Verlagerung der Produktion beachtet, sondern auch die mit der Umsetzung verbundenen Ausgaben wie zusätzliche Investitionen sowie zahlungswirksame Aufwendungen für den Produktionsanlauf an neuen Standorten und die etwaige Restrukturierung von bestehenden Standorten. Es besteht zwar eine gewisse Korrelation zwischen dem langfristigen Effekt (gemessen als *Total Landed Costs*) und der kurzfristigen Attraktivität (gemessen als Kapitalwert). Je umfänglicher die Investitionsumfänge und Einmalaufwendungen bei einer Änderung der Standortstruktur in den einzelnen Geschäftssegmenten sind, desto weniger signifikant ist diese jedoch.

### 3.1.3 Strategisches Standortkonzept

Bei der Gestaltung ganzer Produktionsnetzwerke kann der Betrachtungsumfang nicht so einfach eingegrenzt werden (beispielsweise durch regionalen Fokus auf Westeuropa) wie bei der Auswahl einzelner, weitgehend allein stehender Produktionsstandorte: Denn üblicherweise wirkt sich die Detailplanung für jedes Werk auch auf andere Teile des Produktionsnetzwerks aus. Die Interdependenzen zwischen unterschiedlichen Fertigungsstufen, Produkten und Unternehmensfunktionen sind insbesondere bei komplexen Serienprodukten – beispielsweise Automobilen und Maschinen – hoch. Eine Nichtbeachtung dieser Zusammenhänge kann unter anderem zu einer deutlichen Erhöhung der Logistikkosten und einer unzureichenden Ausnutzung von Skaleneffekten und Verbundvorteilen führen (Abbildung 3.6).

## 3.1 Grundsätzliche Vorgehensmodelle

In verketteten Produktionsstrukturen sind folgende Abhängigkeiten zu beachten:

- Um die Lieferbeziehungen zwischen den einzelnen Fertigungsschritten sowie die gemeinsamen Fixkosten (z. B. bei Fertigungslinien) angemessen erfassen zu können, muss die **gesamte Erzeugnisstruktur** in die Betrachtung eingeschlossen werden.

- Die **Materialflüsse** zwischen Standorten müssen erfasst werden, um die Transaktionskosten (z. B. Transportkosten, Bestandskosten, Zölle) sowie Skaleneffekte korrekt bestimmen zu können.

- **Wechselbeziehungen** zwischen Standorten in Fragen der Fertigungstechnik und/oder der Produktkonstruktion müssen berücksichtigt werden, um standortgerechte Produktionsprozesse definieren und Fixkosten sowie Einmalaufwendungen innerhalb des Netzwerks korrekt zuordnen zu können.

- Schließlich müssen auch die **Lieferketten** sowie die **Kosten- und Umsatzverteilung** für jedes Unternehmen im Netzwerk erfasst werden: zum einen weil die Zuverlässigkeit und Flexibilität von Lieferketten stetig steigenden Anforderungen genügen muss; zum anderen weil die voranschreitende Standardisierung und Plattformbildung zunehmend Skaleneffekte in vorgelagerten Fertigungsstufen ermöglicht. Damit liefert die integrierte Betrachtung mehrerer Wertschöpfungsstufen eine wichtige Entscheidungshilfe bei der Bestimmung der Fertigungstiefe je Standort sowie der Risikominimierung.

All diese Interdependenzen sollten (zusätzlich zu den oben beschriebenen Ausschlusskriterien) in die Ent-

**Ein integriertes Vorgehen ist nur im Rahmen eines größeren Transformationsprogramms sinnvoll anwendbar.**

Abb. 3.6: Betrachtungsumfang bei integriertem Vorgehen

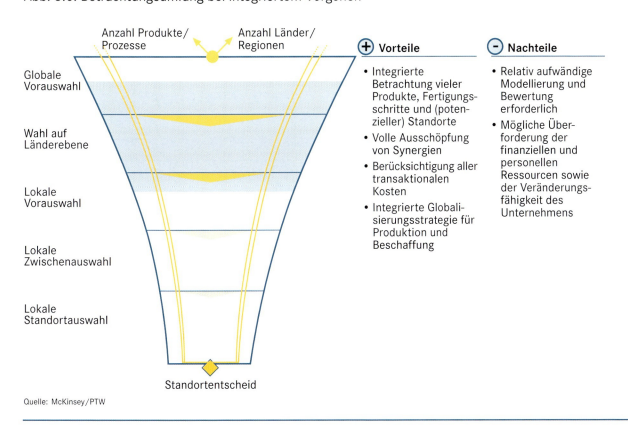

Quelle: McKinsey/PTW

scheidungsfindung einfließen. Geschieht das nicht, wird das Potenzial einer globalen Produktion unter Umständen nur teilweise ausgeschöpft: Das entstehende Netzwerk kann erhebliche Ineffizienzen aufweisen, insbesondere an den Schnittstellen zwischen neuen und bestehenden Standorten und Unternehmensfunktionen. Als Folge kann es vorkommen, dass die erwarteten Einsparungen bei den direkten Fertigungskosten einzelner Produkte – aus übergreifender Sicht gesehen – durch höhere Logistik- und Gemeinkosten, Zölle und negative Skalen- und Verbundeffekte ganz oder teilweise kompensiert werden.

Beim Aufbau komplexer globaler Netzwerke benötigen Unternehmen daher ein strategisches Standortkonzept, das im Rahmen des sequenziellen Auswahlprozesses zum Einsatz kommt (Abbildung 3.7). Es ergänzt die konventionelle Standortplanung in zwei Aspekten: Zum einen werden nicht nur Länder und Regionen, sondern auch der Umfang der betrachteten Produkte und Fertigungsschritte sukzessive eingeschränkt – ausgehend von einer Portfolio-Analyse, in welcher der gesamte Produktionsumfang auf Potenziale durch Verlagerung geprüft wird. Zum anderen werden bestehende Interdependenzen in angemessener Weise berücksichtigt.

**Unternehmen sollten bei der Standortwahl das Spektrum der unterschiedlichen Produkte berücksichtigen und Interdependenzen zwischen Standorten beachten.**

Als Bestandteil des Produktionsnetzwerks sind dabei auch die Fertigungsschritte der Zulieferer zu sehen, die kritische Produkteigenschaften definieren. Sie sind folglich mit zu betrachten – zunächst unabhängig von der

**Das strategische Standortkonzept ist Kernelement einer integrierten Vorgehensweise.**

Abb. 3.7: Integriertes Vorgehen und Bedeutung des lokalen Standortkonzepts

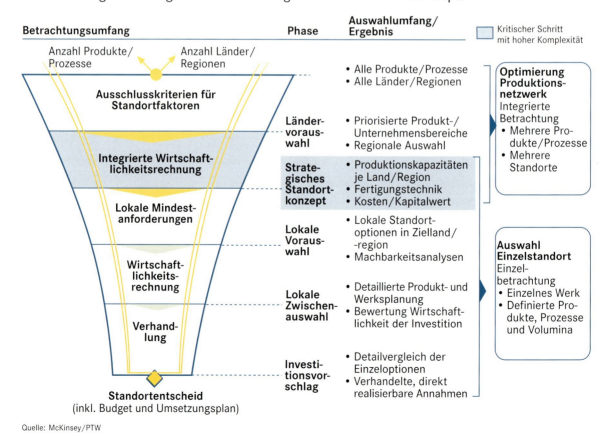

Quelle: McKinsey/PTW

tatsächlichen örtlichen Flexibilität der bestehenden Zulieferer. Oftmals lässt sich diese Flexibilität noch schaffen, indem die Standortwahl mit dem Zulieferer abgestimmt oder auch neue Zulieferer am Zielstandort aufgebaut werden. Dies ist eine Vorgabe an den Bereich Einkauf, der daher intensiv in die Arbeit zur Optimierung des Produktionsnetzwerks einbezogen werden sollte. Doch selbst wo dies nicht gegeben ist, sind doch die Veränderungen an Logistikkosten und Lieferzeiten für die Leistungsfähigkeit des Gesamtsystems relevant und sollten bei der Entscheidung hinsichtlich eigener Standorte berücksichtigt werden. Nicht zuletzt kann eine solche unternehmensübergreifende Betrachtung genutzt werden, um die eigene Wertschöpfungstiefe im Rahmen der Standortwahl mit zu optimieren und gegebenenfalls (temporär) anzupassen. Dabei können neben den eigenen Kernkompetenzen – als zweifelsohne wichtigster Eckpfeiler – auch Überlegungen zur Minimierung von Restrukturierungskosten oder der Überbrückung des zum Aufbau von Zulieferern erforderlichen Zeitraums durch temporäres *Insourcing* eine Rolle spielen.

Wesentliche Elemente eines strategischen Standortkonzepts sind zum einen die wirtschaftlich optimale **Zielstruktur**, zum anderen ein **Migrationsplan** mit den wichtigsten Schritten zur Umsetzung, die beispielsweise den Ausbau eines vorhandenen Werkes (soweit in der Zielregion vorhanden) und/oder die Gründung eines neuen Werkes umfassen können. Von diesen übergreifenden Konzeptelementen werden dann Maßnahmen für die einzelnen Standorte abgeleitet. Bei größeren Unternehmen geht damit eine Verlagerung der organisatorischen Zuständigkeit einher: Wird die Optimierung des Produktionsnetzwerks insgesamt durch den Ressortleiter Produktion bzw. den Bereich Unternehmensentwicklung vorangetrieben, kann die Planung für den einzelnen Standort durch ein eigens abgestelltes Projektteam um den künftigen Werksleiter oder – bei vorhandenen Standorten – innerhalb der regionalen Unternehmensorganisation vorangetrieben werden. Die Zentralbereiche haben dann meist nur noch unterstützende Funktion.

Durch die **integrierte Betrachtung** lassen sich deutlich höhere Einsparungen erzielen als durch isolierte Betrachtung einzelner Fertigungsschritte – insbesondere bei vielstufiger Fertigung und einer komplexen, durch unterschiedliche Teilelieferungen gekennzeichneten Standortstruktur. Aufgrund des hohen Komplexitätsgrads sind allerdings spezielle Werkzeuge (beispielsweise Optimierungsmodelle) erforderlich, um ein Höchstmaß an Effektivität zu erreichen. Damit wäre auch der wesentliche Nachteil des integrierten Vorgehens genannt: die anspruchsvolle Durchführung. So kann es äußerst aufwändig sein, komplexe Strategien, Politiken und Controllingsysteme zu entwickeln und kontinuierlich zu betreuen. Auch kann sich zeigen, dass die Geschäftssysteme, die unter theoretischen Annahmen optimiert wurden, in der Realität wenig robust sind – und damit weder effektiver noch effizienter als die bestehenden, theoretisch unvorteilhaften Systeme. Vor diesem Hintergrund empfiehlt sich ein integriertes Vorgehen nur im Rahmen einer grundsätzlichen Neugestaltung des Produktionsnetzwerks und bei stark verketteten Fertigungsstrukturen.

Der hier nur grob skizzierte Ansatz des strategischen Standortkonzepts wird in Kapitel 4 vertieft: Da die erste und die letzten beiden Phasen weitestgehend dem konventionellen Vorgehen entsprechen, wird dort auf den erweiternden Teil – die integrierte Bewertung von Prozess- und Standortfaktoren – detaillierter eingegangen.

## 3.2 Perspektiven der Analyse

Die Wirtschaftlichkeit einer Investition lässt sich nach zahlreichen Kriterien beurteilen, welche auch die unterschiedlichen Verfahren und Methoden charakterisieren (siehe Tabelle 3.1). Welche Betrachtungsweise und Ansätze zur Standortwahl im Einzelfall anzuwenden sind, richtet sich nach Ausgangssituation und Zielsetzung des Unternehmens.

Auf sieben der in Tabelle 3.1 dargestellten Betrachtungsdimensionen soll näher eingegangen werden, da sie gerade bei der Gestaltung von Produktionsnetzwerken den Entscheidungsprozess erheblich beeinflussen können.

Tab. 3.1: Perspektiven der Wirtschaftlichkeitsanalyse

| Kriterium | Ausprägungen | |
|---|---|---|
| Funktionsumfang | **Andere**<br>■ Absatz/Vertrieb<br>■ Finanzen<br>■ FuE-Management<br>■ ... | **Produktion im weiteren Sinne**<br>■ Produktionskapazitäten je Produkt je Werk<br>■ Transport-/Bestandsmanagement<br>■ Beschaffungsplanung (in Zusammenarbeit mit Einkauf) |
| Fristigkeit der Planung | **Taktisch**<br>■ Kapazitätsanpassungen, Öffnung/ Schließung von Standorten<br>■ Zeithorizont: > 1 Jahr und < 3 Jahre | **Strategisch**<br>■ Kapazitätsanpassungen, Öffnung/Schließung von Standorten<br>■ Zeithorizont: > 3 Jahre |
| Zeitliche Perspektive | **Statisch/eine Periode**<br>■ Langfristiger, eingeschwungener Zustand<br>■ Zielwert: Kosten oder Gewinn | **Dynamisch/mehrere Perioden**<br>■ Entwicklung über Zeit<br>■ Zielwert: Kapitalwert der Nettoeinzahlungen |
| Betrachtungsumfang | **Einstufig**<br>■ Ein Fertigungsschritt<br>■ Entkoppelte Betrachtung mehrerer Fertigungsschritte | **Mehrstufig**<br>■ Integrierte Betrachtung mehrerer Fertigungsschritte<br>■ Höhere Komplexität aufgrund von Interdependenzen, z. B. Lagerbestand<br>■ Abbildung Abhängigkeiten, z. B. via Stückliste |
| Art der Betrachtung | **Qualitativ**<br>■ Lediglich nominal oder ordinal skalierte Merkmale[10], z. B. „gute" Infrastruktur<br>■ Ausschlusskriterien, Stärken-Schwächen-Analyse von Standorten | **Quantitativ**<br>■ Metrisch skalierte Merkmale, z. B. Umsätze, Produktionsmengen<br>■ *Landed-Cost-Analyse,* Kapitalwertberechnung der Neugestaltung der Netzwerkkonfiguration |
| Detaillierung | **Makroumwelt**[11]<br>■ Analyse von Themenfeldern/ zusammenfassenden Indikatoren<br>■ Beispiel: hohe politische Stabilität | **Mikroumwelt**<br>■ Analyse/Bewertung auf der Basis detaillierter Einzelfaktoren<br>■ Beispiel: Kosten je effektiv gearbeitete Stunde |
| Unsicherheit | **Deterministisch/Gewissheit**<br>■ Parameter werden als gewiss betrachtet | **Stochastisch/Risiko**<br>■ Parameter unterliegen Unsicherheiten |
| Lösungsgenauigkeit | **Exakt**<br>■ Die Lösung entspricht mit Sicherheit dem globalen Optimum | **Heuristisch**<br>■ Die Lösung entspricht nur zufällig dem globalen Optimum |
| Lösungsfindung | **Simulation**<br>■ Vorgabe des Ergebnisses<br>■ Errechnung des Zielwerts/der Zielwerte<br>■ Erweiterung durch stochastische Wahl der Ergebnisparameter[12] | **Optimierung**<br>■ Ermittlung des Ergebnisses unter Optimierung des Zielwerts/der Zielwerte durch einen Algorithmus |

Quelle: McKinsey/PTW

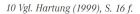

*10 Vgl. Hartung (1999), S. 16 f.*
*11 Vgl. Kutschker (2005), S. 435.*
*12 Vgl. Domschke (1998), S. 7.*

## 3.2.1 Enger vs. erweiterter Funktionsumfang

Bei der Analyse von Produktionsstandorten sollten auch die Schnittstellen zu anderen Funktionen beachtet werden, da nur so eine genaue Bewertung der anfallenden direkten und insbesondere indirekten Kosten erreicht werden kann. Ferner sollte die Betrachtung über den Status quo der Produktion an bestehenden Standorten hinausgehen und auch das Verbesserungspotenzial erfassen.

Bei der Bewertung von Schnittstellen der Produktion zu anderen Unternehmensfunktionen und Unternehmen sollte über die direkten Kosten hinausgegangen werden. Gerade in innovativen, sich schnell entwickelnden Industrien ist die Nutzung von Verbundvorteilen beispielsweise zwischen Produktion und Entwicklung ein relevanter Faktor, der bei der Standortwahl berücksichtigt werden sollte. Dies kann beispielsweise durch die Festlegung eines Opportunitätskostensatzes erfolgen, der bei allen potenziellen Standorten anfällt, an denen keine relevanten Funktionen ansässig sind und daher keine Verbundvorteile genutzt werden können. In anderen Fällen mag die Abhängigkeit so stark sein, dass ausgewählte Fertigungsschritte oder Produkte in den Stammwerken oder an Standorten mit bestehenden Entwicklungsabteilungen gefertigt werden müssen und dies als Randbedingung bei der Gestaltung des Produktionsnetzwerks zu beachten ist. Die Analyse von Effektivitätspotenzialen[13] durch lokale Cluster kann ein zusätzliches Element sein. Diese Verbundvorteile mit anderen Unternehmen sollten zumindest dann beachtet werden, wenn sie nicht ohne eine lokale (Großserien-)Produktion erzielt werden können.

Die Berücksichtigung des **Verbesserungspotenzials** bestehender Standorte ist eine andere Erweiterung der Betrachtung, die die Aussagekraft einer Standortanalyse erheblich erhöhen kann. Als *Best Practice* kann hier die Beschreibung einer zukünftigen Entwicklungsstufe von bestehenden Standorten und deren Einbeziehung bei der Bewertung der Handlungsoptionen gelten – ein Vorgehen, das bereits von einigen Großunternehmen[14] im Rahmen der Standortplanung genutzt wird. Die Annahmen hinsichtlich der zukünftigen Produktivität des Standorts werden dabei durch eine Abschätzung der Verbesserungspotenziale der bestehenden Fertigung festgelegt. Dabei sollten auch die Aufwendungen für die Effizienzsteigerungsprogramme und die Einführung von Produktionssystemen beachtet werden, die zur Erreichung der höheren Produktivität erforderlich sind (vgl. Abschnitt 7.3).

Ergeben sich Veränderungen am Ressourcenbedarf[15], ist dies nicht nur für die Standortwahl als solche relevant: Daneben können Rationalisierungsmaßnahmen an bestehenden Standorten auch für die Terminierung und Sequenzierung von Verlagerungsschritten bedeutsam sein. Sie können zu einer Senkung der späteren Restrukturierungskosten führen und kurzfristig Ressourcen freigeben, die für noch dringendere oder attraktivere Verlagerungsprojekte eingesetzt werden können (vgl. auch Abschnitt 4.1.5).

## 3.2.2 Taktische vs. strategische Standortauswahl

Die Entscheidung über die Errichtung und Schließung von Produktionsstandorten ist zweifelsohne eine strategische: Ein Auslandsengagement jenseits des Projektgeschäfts ist langfristig angelegt, hat erhebliche Implikationen für das Unternehmen und erfordert bei der Errichtung eines Produktionsstandorts in der Regel substanzielle Ausgaben. Ebenso sind Schließungen mit erheblichen Ausgaben verbunden und beeinflussen die Leistungsfähigkeit des Unternehmens.

Die Zuordnung von Produkten und die mittelfristige Kapazitätsplanung von Standorten ist hingegen taktischer Natur. Die hierbei beachteten Kriterien sind weitgehend losgelöst von denen, die bei der strategischen Standortwahl relevant sind: Freie Kapazitäten und direkt nutzbares Produkt- und Verfahrens-Know-how spielen eine wesentlich größere Rolle.[16]

---

13 Vgl. Kinkel (2004), Abb. 2.2-1, S. 40.

14 Die untersuchten Fallbeispiele zeigen, dass insbesondere US-Unternehmen die Option Lean Manufacturing an bestehenden Standorten als Alternative zur Produktionsverlagerung in die Analyse einbeziehen.

15 Zum Konzept des Lean Manufacturing vgl. bspw. Drew (2005).

16 Vgl. bspw. Schellberg (2002).

Entscheidungsträger sollten sich des latenten Zielkonflikts zwischen der taktischen und der strategischen Standortplanung bewusst sein: Während die strategische Planung eine langfristige Ausrichtung an den geringsten Kosten (Material-, Fertigungs- und Logistikkosten) anstrebt, ist die Perspektive der taktischen Planung signifikant anders. Ein erheblicher Anteil der Kosten beispielsweise für bestehende Anlagen und Personal wird als fix angesehen. Die stärkere Ausrichtung an einer Marginalkostenlogik ist zwar im Sinne einer kurzfristigen Optimierung nicht falsch, steht aber potenziell im Konflikt mit den langfristigen Zielen.

### 3.2.3 Statische vs. dynamische Betrachtung

**Statische** Methoden gehen von gleich bleibenden Parameterwerten (z. B. Absatzmengen, Faktorkosten) aus. Sie betrachten den „eingeschwungenen" Zustand eines Standorts oder eines Produktionsnetzwerks. Um dennoch eine Zukunftsorientierung zu erreichen, werden häufig langfristige Durchschnittswerte angesetzt. Zeitliche Unterschiede zwischen Ereignissen (beispielsweise zwischen dem Bau einer Halle und der Aufnahme der Fertigung, zwischen Auszahlungen für die Errichtung eines Gebäudes und Einzahlungen in Form der ersten Mietzahlungen) bleiben bei dieser Betrachtung weitgehend außer Acht.

Meist ziehen Unternehmen bei der statischen Betrachtung des Produktionsnetzwerks die langfristig zu erwartenden Kosten bzw. Aufwendungen heran. Eine gleichzeitige Betrachtung des erwarteten Deckungsbeitrags bzw. des Gewinns ist möglich, in der Praxis im Rahmen der Standortwahl aber eher unüblich.

Die **dynamische Betrachtung** einer potenziellen Standortstruktur erlaubt es, die Veränderung von operativen und wirtschaftlichen Parametern im Zeitverlauf zu berücksichtigen. Dies sind insbesondere:

- Diskontinuierliche Zahlungsströme, z. B. durch Investitionen/Desinvestitionen

- Diskontinuierliche Zahlungsströme und Erfolgsbeiträge durch Einmalaufwendungen, z. B. für Restrukturierungen, und außerordentliche Erträge, z. B. durch Veräußerung von Aktiva oberhalb der Buchwerte

- Veränderung von Faktorkosten, Marktvolumina, Marktanforderungen (z. B. Lieferzeiten) und Produkteigenschaften (z. B. Wertdichte) im Zeitverlauf.

Im Rahmen der dynamischen Betrachtung ist es daher sinnvoll, von einer erfolgsorientierten[17] zu einer zahlungsstromorientierten Betrachtungsweise überzugehen und entsprechende Verfahren der Investitionsrechnung anzuwenden.

Ob im Einzelfall eher eine statische, langfristige Betrachtung angemessen ist oder eine dynamische Betrachtung auf Basis einer Kapitalwertrechnung, richtet sich nach der Branche und dem Wettbewerbsumfeld, in denen das Unternehmen agiert: In reifen, sich stetig entwickelnden Industrien wird eine planerische, formale Herangehensweise eher angemessen sein als in Märkten, die einer hohen Dynamik unterliegen.[18]

> **Eine detaillierte, langfristige Planung der Standortstruktur ist nur in einem relativ stabilen Umfeld sinnvoll.**

Um die finanziellen Implikationen von Auslandsinvestitionen differenziert bewerten zu können, nutzen Unternehmen oft **kombinierte Verfahren**.[19] So kann eine langfristig orientierte Kostenvergleichsrechnung Aufschluss über die erreichbare Kostenposition ausgewählter Produkte geben, während eine dynamische Betrachtung der Zahlungsstromeffekte als Basis für die Berechnung des Kapitalwerts und der Amortisationsdauer einer Maßnahme dient. Die Verwendung unterschiedlicher Verfahren erscheint insbesondere dann sinnvoll, wenn diese auf der gleichen Datenbasis aufbauen. Unterschiedliche Verfahren können sowohl im Verlauf der Bewertung (z. B. Vorauswahl von Optionen auf Basis eines einfacheren Verfahrens) als auch bei der abschließenden Bewertung (z. B. parallele

---

17 Vgl. Abb. 3.1 sowie Perridon (1999).
18 Vgl. Mintzberg (1999), insbesondere S. 396 ff.
19 Vgl. Thommen (1998), S. 551.

## 3.2 Perspektiven der Analyse

Darstellung einer Kostenvergleichs-, Amortisations- und Kapitalwertrechnung) hilfreich sein. Nicht zuletzt finden sie im Rahmen des integrierten Ansatzes Verwendung bei der Gestaltung der Zielstruktur (statisch) sowie der Migrationsplanung (dynamisch).

### 3.2.4 Einstufige vs. mehrstufige Lieferkette

Die Fokussierung auf nur einen Fertigungsschritt, wie beispielsweise die Montage einer Komponente, vereinfacht die Bewertung eines Produktionsstandorts deutlich, führt aber gleichzeitig zu Ungenauigkeiten in Hinblick auf die Bewertung der gesamten Netzwerkkosten.

Die einstufige Fertigung ist einfach abzubilden und stellt homogene Anforderungen an den Fertigungsstandort. Insbesondere sind keine Lieferbeziehungen zwischen Produktionsstandorten zu beschreiben. Lieferzeiten und Servicegrade können unter der Annahme hinreichender Verfügbarkeit von Vorprodukten und Rohmaterialien einfach berechnet werden.

Die Analyse von Standortoptionen für lediglich einen Fertigungsschritt in der Lieferkette ist nur dann sinnvoll, wenn die Abhängigkeiten innerhalb des Netzwerks vergleichsweise gering sind und der Fertigungsschritt einen hohen Anteil an der Wertschöpfung des Endproduktes hat. Dies ist beispielsweise bei der Fertigung von einfachen Bekleidungsstücken weitgehend der Fall, nicht jedoch bei der Montage von Automobilkomponenten. Gerade wenn Zölle, Transport- und Bestandskosten in derselben Größenordnung wie die Wertschöpfung des Fertigungsschritts liegen, sollte unbedingt eine Analyse entlang mehrerer Fertigungsschritte erfolgen. Durch die Beachtung der Mehrstufigkeit der Lieferkette bei der Standortwahl können Synergien zwischen Fertigungsschritten besser genutzt und die transaktionalen Kosten minimiert werden.

### 3.2.5 Qualitative vs. quantitative Bewertung

**Quantitative Methoden**, die zur Beurteilung von Standortoptionen herangezogen werden, reichen von einfachen Kostenvergleichsrechnungen bis hin zu komplexen Kapitalwertbetrachtungen und der umfassenden Analyse der *Total Landed Costs,* d. h. der gesamten Kosten der Produktverfügbarkeit im Markt.

> **Die transparente Abgrenzung der quantitativen Bewertung von qualitativen Faktoren ist für Entscheidungsträger überaus wichtig.**

Die **qualitative** Bewertung nutzt Kriterien, die sich nur schwer messen und in Wirtschaftlichkeitsbegriffe übersetzen lassen – wie etwa die politische Stabilität eines Landes, der Grad an Korruption, das Ausmaß der Kriminalität usw. Um „weiche", qualitative Faktoren in einer Investitionsrechnung mit berücksichtigen zu können, kann auch über eine Quantifizierung dieser „weichen" Faktoren nachgedacht werden. Die Quantifizierung „weicher" Einflussfaktoren[20], z. B. der politischen Stabilität, ist jedoch keineswegs einfach.

Wird die Einbeziehung dieser Faktoren in die quantitative Wirtschaftlichkeitsrechnung angestrebt, besteht ein entscheidender Schritt darin, diesen Teil der qualitativen Faktoren quantifizierbar zu machen, denn die modellhafte Abbildung und Bewertung erfordert quantitative, d. h. metrisch oder ordinal skalierte Merkmale, um die Ermittlung eines Gesamtindikators, z. B. des Kapitalwerts, zu ermöglichen. Dies kann im Falle des Kriteriums „politische und wirtschaftliche Stabilität" beispielsweise durch Definition eines länderspezifischen Kapitalkostensatzes geschehen, der das jeweilige Investitionsrisiko reflektiert. Das Investitionsrisiko kann dabei durch historische Betrachtung der Ausfallrisiken von Investitionen in instabilen Ländern approximativ bestimmt werden. Auf dieser Basis ist dann der erforderliche interne Zinssatz ermittelbar, der solche Risiken mit abdeckt.

Dabei ist für die Kommunikation entscheidend, dass die relevanten quantitativen und quantifizierbaren Faktoren klar von jenen Faktoren abgegrenzt werden, die nicht quantifizierbar sind und folglich nicht in die Wirtschaftlichkeitsbetrachtung eingehen können. Dieses Vorgehen ist wesentlich, um hinreichende Transparenz für den Entscheidungsträger zu schaffen.

---

*20 Vgl. bspw. Harding (1988), S. 24 f.*

Qualitative Bewertungskriterien können auf drei verschiedene Weisen in die Betrachtung eingehen:

- **Checklisten:** Für eine Reihe von Kriterien werden Mindest- oder Festanforderungen festgelegt. Länder, Regionen oder Orte, die ein Kriterium nicht erfüllen, werden aus der Menge potenzieller Produktionsstandorte ausgeschlossen.

- **Bildung Indices oder Nutzwerte:** Dazu ist eine metrische Interpretation der nominal oder ordinal skalierten Faktoren erforderlich: Das (gewichtete) Mittel verschiedener Merkmalsausprägungen für jeden Einflussfaktor wird in einem übergreifenden Index zusammengefasst.

- **Abgleich mit einem Anforderungsprofil:** Die Soll-Ist-Differenzen werden pro Standort zu einem Index zusammengefasst.

Abbildung 3.8 skizziert typische Checklisten-Verfahren, die eine Standortauswahl über Ausschlusskriterien vorsehen. Wie sich zeigt, sind die möglichen Einsichten sehr beschränkt: Weder lässt sich die Eignung eines Standorts als Produktionsstätte im Netzwerk sicher einschätzen, noch lassen sich Rückschlüsse auf die Wirtschaftlichkeit einer Investition ziehen. Solche Verfahren sollten daher ausschließlich zur Vorauswahl von Produktionsstandorten genutzt werden. Dabei sollte eine hinreichende Anzahl an detailliert zu untersuchenden Standortoptionen übrig bleiben, um alle potenziell attraktiven Konfigurationen zu erfassen.

### 3.2.6 Deterministische vs. stochastische Perspektive

Die deterministische Betrachtung geht davon aus, dass die getroffenen Annahmen mit Sicherheit eintreffen. Allein aufgrund der Langfristigkeit von Standortent-

**Einfache Ausschlussverfahren eignen sich in der Regel allenfalls zur Vorauswahl von Standorten.**

Abb. 3.8: Einfache Verfahren zur Standortwahl – Beispiele

| „Mathematik für Standortentscheidungen" | | |
|---|---|---|
| Kriterien | Untergrenze | Obergrenze |
| • Entfernung zum Kunden (km) | 0 | 1.529 |
| • Monatseinkommen im Verarbeitenden Gewerbe (EUR) | 1.674 | 4.250 |
| • Arbeitskosten pro Stunde in wichtigen Branchen (EUR) | 8,9 | 28,2 |
| • Produktivität (EUR p.a.) | 20.121 | 115.235 |
| • Unternehmenssteuern (%) | 12,5 | 40 |
| • Entfernung zur Autobahn (km) | 0 | 1.529 |
| • Entfernung zum internationalen Flughafen (km) | 0 | 1.529 |
| • Kriminalität (indexiert) | 15 | 26,4 |
| • Korruption (indexiert) | 4,2 | 9,7 |
| • Strompreis (EUR pro KWh) | 0,037 | 0,097 |
| • Gaspreis (EUR) | 5,73 | 10,44 |
| • Entfernung zu Lieferanten (km) | 0 | 1.657 |
| • Beschäftigtenanteil im Verarbeitenden Gewerbe (%) | 0,0149 | 0,1422 |
| • BWS im Verarbeitenden Gewerbe nach Kaufkraft | 71 | 28.214 |
| • Arbeitslosenquote im Umkreis 30 km (%) | 1,15 | 29,2 |
| • Beschäftigtenquote im Umkreis 30 km (%) | 0,0034 | 0,2522 |
| • Wachstumschancen | 2 | 40 |
| • Geburtenrate (per 1.000 Einwohner) | 4,1 | 17,5 |
| • Wirtschaftsförderung (indexiert) | 3 | 1 |
| • ... | ... | ... |

| „Entscheidungshilfe für mittelständische Unternehmen" | | | | | | |
|---|---|---|---|---|---|---|
| | | | Länder | | | |
| Kriterien | Gewicht* | 5 | 4 | 3 | 2 | 1 |
| • Politische und wirtschaftliche Stabilität | | | | | | |
| • Infrastruktur im Land | | | | | | |
| • Währungssituation und Wechselkurse | | | | | | |
| • Inflationsrate | | | | | | |
| • Personalkosten | | | | | | |
| • Mitarbeiterqualifikation und -leistungsbereitschaft | | | | | | |
| • Mitarbeiterverfügbarkeit | | | | | | |
| • Immobilienpreise (Bau- und Mietkosten) | | | | | | |
| • Energiekosten | | | | | | |
| • Umweltauflagen | | | | | | |
| • Rechtlicher Rahmen und Rechtssicherheit | | | | | | |
| • Außenhandelsbestimmungen, Zölle, Grenzsituation | | | | | | |
| • Bürokratische Hemmnisse, Verwaltungseffizienz | | | | | | |
| • Gewinntransferbedingungen, Steuern | | | | | | |
| • Arbeitsrecht/Gewerkschaftssituation | | | | | | |
| • Eigentumsverhältnisse/-garantie | | | | | | |

Erfüllung durch Alternative eintragen (nach Schulnotenprinzip) von 1 = „Sehr gut" bis 5 = „Schlecht"

Gewicht jeweils mit Erfüllung multiplizieren. Dann Summen der Erfüllungen pro Alternative bilden, ebenso Summe der Gewichte. Schließlich jede Summe der Alternativen durch Summe der Gewichte dividieren. Je kleiner der Zahlenwert einer Alternative ist, desto besser erfasst sie die Anforderungen

Quelle: Jacob (2005)

* 1 = „Weniger wichtig" bis 3 = „Sehr wichtig"

scheidungen sind die zu treffenden Annahmen jedoch mit Unsicherheiten versehen.

Die explizite Berücksichtigung der Risiken durch unterschiedliche Entwicklungen der Umwelt ist durch stochastische Parameter möglich. Deren Erfassung und Verarbeitung in Wirtschaftlichkeitsrechnungen ist jedoch komplex, so dass Unternehmen sich in der Regel auf die Analyse ausgewählter Szenarien beschränken.

Mit **Szenario-Analysen** kann oftmals nur ein Teil der Effekte durch Unsicherheiten adäquat untersucht werden. Da sowohl die Werte von Einflussfaktoren, für die keine tatsächlichen Erfahrungswerte vorliegen (z. B. real zu zahlende Löhne für Arbeiter einer bestimmten Qualifikation an einem bestimmten Ort), als auch die zukünftige Entwicklung aktuell bekannter Faktoren[21] (z. B. von Währungskursen) Unsicherheiten unterliegen, ist die Anzahl möglicher Szenarien sehr groß. Die konventionellen Ansätze der Szenario-Analyse können diese Unsicherheiten nur begrenzt bewerten. Die Präsentation von Szenarien sollten daher nicht zur Verdeckung oder Verdrängung der Risiken genutzt werden. Vielmehr sollten die berücksichtigten Aspekte und sonstige Annahmen klar ausgewiesen werden und unbewertete Unsicherheiten in diesem Zusammenhang mit aufgeführt werden. Dadurch wird es den Entscheidungsträgern ermöglicht, diese erfahrungsbasiert zu bewerten und mit in die Entscheidung einfließen zu lassen.

### 3.2.7 Simulation vs. Optimierung

Die Methoden zur Lösungsfindung haben einen nicht unerheblichen Einfluss auf Art und Inhalt der diskutierten Optionen und damit auf das Standortkonzept selbst. Bei Verwendung einer **Simulation** werden die eigentlichen Ergebnisparameter (z. B. die Produktionsmengen je Produkt und Standort) vorgegeben und lediglich der Zielwert (z. B. die Produktionskosten) errechnet. Verbessert wird die Lösung, indem man verschiedene Szenarien vergleichend analysiert und anpasst. Da das globale Optimum im Grunde nicht wirklich bekannt ist, erhält die richtige Definition der Szenarien – also der zu bewertenden Lösungsmöglichkeiten – hohe Bedeutung und wird bei Standortprojekten entsprechend kontrovers diskutiert.

Wird ein **Optimierung**salgorithmus angewandt, müssen keine Szenarien definiert werden; es sind nur die Parameterwerte und Randbedingungen festzulegen. Diese Werte und Restriktionen sind jedoch in der Praxis auf Basis einer soliden Faktenbasis ableitbar und ihre Richtigkeit ist für das Management leicht plausibilisierbar. Die Lösungsparameter (z. B. Standort und Produktionsumfang) werden mittels eines Optimierungsalgorithmus bestimmt. Rahmenvorgaben sind dabei die Zielfunktion, Nebenbedingungen und Parameterwerte, die definiert und üblicherweise in einem formalen Entscheidungsmodell abgebildet wurden. Für eine Optimierung steht die Bandbreite der Verfahren des *Operations Research* zur Verfügung.[22] Optimierungsverfahren haben gerade bei komplexen Planungsaufgaben zentrale Vorteile. Die manuelle Festlegung der Lösungsparameter ist initial sehr schwierig und fördert oftmals ein Verharren im Status quo. Werden Optimierungsverfahren eingesetzt, so wird das Ergebnis zunächst ausschließlich auf Basis der Parameterwerte und Restriktionen erstellt. Es ist daher weitgehend unbeeinflusst von den subjektiven Meinungen der Entscheidungsvorbereiter. Erfahrungen und Restriktionen können trotzdem in Form von Randbedingungen berücksichtigt werden, die allerdings explizit aufgestellt werden müssen und daher ungleich transparenter sind.

## 3.3 Methoden und Werkzeuge

Die im Rahmen der Standortwahl einsetzbaren Methoden und Werkzeuge sind zahlreich: Während bei der Vorauswahl einfache Schemata verwendet werden, können bei der quantitativen Bewertung der Einsatz detaillierter Richtlinien und die Unterstützung durch spezielle Softwarepakete erforderlich sein. Im Folgenden werden einige ausgewählte Methoden und

---

*21 Vgl. bspw. Kinkel (2004), S. 254: „Wichtige Einflussfaktoren können sich im Zeitverlauf verändern und die Prognose zukünftiger Faktorausprägungen ist mit hoher Unsicherheit verbunden."*

*22 Vgl. bspw. Domschke (1998).*

Werkzeuge beschrieben, die bei der Standortwahl relevant sind. Die Auswahl ist keineswegs vollständig und die Anwendung der einzelnen Methoden und Werkzeuge nicht exklusiv. Vielmehr sollte je nach den Erkenntniszielen und Rahmenbedingungen ein Set von Methoden und Werkzeugen zusammengestellt werden, das das gewählte Vorgehen angemessen unterstützt.

### 3.3.1 Investitionsrechnung

Zur Beurteilung der finanziellen Attraktivität von Standortoptionen eignen sich unterschiedliche Verfahren der Investitionsrechnung, darunter statische Verfahren (Kosten-, Gewinn- und Rentabilitätsvergleiche, statische Amortisationsrechnung) wie auch dynamische Verfahren (Bewertung der Amortisationszeit, Kapitalwertmethode, interne Zinsfußmethode, Annuitätenmethode, modifizierte Kapitalwertmethode). Anhang 2 enthält eine detaillierte Beschreibung dieser unterschiedlichen Verfahren und gibt Hinweise zur Auswahl.

An dieser Stelle sollen fünf übergreifende Punkte diskutiert werden, die bei der Erstellung einer Investitionsrechnung zu beachten sind, um aussagekräftige Ergebnisse zu erhalten:

- Die Auswahl eines adäquaten **Zielwerts**

- Die **Konsistenz** der Elemente der Investitionsrechnung mit den Standards der Erfolgs- bzw. Kapitalflussrechnung

- Die **Abgrenzung** der im Rahmen der Standortentscheidung betrachteten Kosten/Leistungen, Aufwendungen/Erträge und Auszahlungen/Einzahlungen

- Die **transparente Darstellung** der Ergebnisse

- Die Berücksichtigung der aus **Managementsicht** relevanten Indikatoren.

**1. Auswahl des Zielwerts:** Welches Verfahren der Investitionsrechnung im Einzelfall in Frage kommt, hängt vom Erkenntnisziel ab. Erkenntnisziele können beispielsweise die langfristigen Gesamtkosten des Produktionsnetzwerks, die Kostenposition einzelner Produkte, die kurzfristige Wirtschaftlichkeit von Produktionsverlagerungen, die Auswirkung der Standortwahl auf den Cashflow oder die Effekte von Standortentscheidungen auf die Kosten der Fertigungsschritte von Zulieferern sein. Die Zielerreichung wird mit Hilfe geeigneter Indikatoren beurteilt, deren Werte durch die Investitionsrechnung bestimmt werden. Bei der Anwendung von Optimierungsverfahren ist einer dieser Indikatoren als Zielwert zu definieren, während durch andere Parameter Randbedingungen verankert werden können. Der Zielwert muss zwei wesentliche Anforderungen erfüllen:

- Er muss die Fragestellung und das **strategische Ziel** des Unternehmens in angemessener Weise widerspiegeln. So ist der Vermögensendwert in aller Regel als Zielwert ungeeignet, wenn davon auszugehen ist, dass der Standort über den Betrachtungszeitraum hinaus weitergeführt wird. Angemessener ist unter dieser Annahme der Kapitalwert unter Einbeziehung der unendlichen Reihe der erwarteten Zahlungsströme.

- Er muss die zumeist **multidimensionalen Ziele** der Entscheidungsträger in sich vereinen. Dazu wird in Unternehmen auf finanzielle Indikatoren (z. B. Kosten, Kapitalwert oder Cashflow-Effekt) zurückgegriffen, in die andere Einflussfaktoren eingehen müssen: So können beispielsweise zur Bewertung des Servicegrads die Opportunitätskosten für verlorene Aufträge zum Ansatz gebracht werden; politische Risiken in einem Land können in Form eines länderspezifischen Kapitalkostensatzes berücksichtigt werden. So spiegelt der Zielwert auch diese Einflussfaktoren wider.

**2. Konsistenz mit Erfolgs- und Kapitalflussrechnung:** Die Verfahren der Investitionsrechnung bauen auf unterschiedlichen Elementen der Erfolgs- bzw. Kapitalflussrechnung auf. Um aussagekräftige Investitionsrechnungen zu erstellen, ist es erforderlich, dass sie sich strikt auf einer Ebene der Erfolgs- bzw. Kapitalflussrechnungen bewegen (Abbildung 3.9). Wird beispielsweise eine Kapitalwertrechnung auf Basis der Zahlungsstromeffekte vorgenommen, bleiben Auf-

## 3.3 Methoden und Werkzeuge

wendungen, die nicht zahlungswirksam sind, außer Acht (z. B. Restwertabschreibungen oder Buchgewinne aus Veräußerungsgeschäften).[23]

**3. Abgrenzung des Betrachtungsumfangs:** Die Entscheidung, welche Kosten/Leistungen, Aufwendungen/Erträge sowie Auszahlungen/Einzahlungen in der Investitionsrechnung zu erfassen sind, ist oft nicht trivial: Denn während die Kosten der physischen Verlagerung aufwandsgleich (d. h. nicht aktivierbar), zahlungswirksam und der Einzelmaßnahme direkt zurechenbar sind, lassen sich der Aufwand des Produktionsanlaufs sowie die Opportunitätskosten der Verlagerung oft nicht zweifelsfrei zuordnen (Abbildung 3.10). Ferner sind diese Aufwendungen nur in Teilen unmittelbar zahlungswirksam. Daher ist sorgfältig zu definieren, welche Kostenelemente zu berücksichtigen sind und welche von der Investitionsentscheidung unberührt bleiben; auch bei der späteren Interpretation des Zielwerts ist dies entsprechend zu beachten. So ist beispielsweise zu klären, inwieweit die Kosten für die Entwicklung neuer, standortgerechter Fertigungsverfahren dem Anlaufaufwand des Standorts zugeschlagen werden. Ebenso ist der Zusatzaufwand für die Entsendung von Mitarbeitern abzugrenzen, damit die künftige Kostenposition eines Produkts richtig beurteilt werden kann.

**4. Transparente Auswertung und Darstellung:** Die Bedeutung der Transparenz von Wirtschaftlichkeitsrechnungen für Entscheidungsträger wird oft unterschätzt. Die Standortwahl ist nicht als isoliertes Entscheidungsproblem zu sehen; vielmehr hat die Gestaltung des Produktionsnetzwerks komplexe Auswirkungen auf andere funktionale Bereiche des Unternehmens. Diese Rückwirkungen und Abhängigkeiten lassen sich weder vollständig quantifizieren noch integriert abbilden und bewerten. Deshalb ist es essen-

**Die Kostenvergleichs- und Kapitalwertberechnung unterscheiden sich in ihrer Systematik.**

Abb. 3.9: Finanzwirtschaftliche Betrachtungsweisen

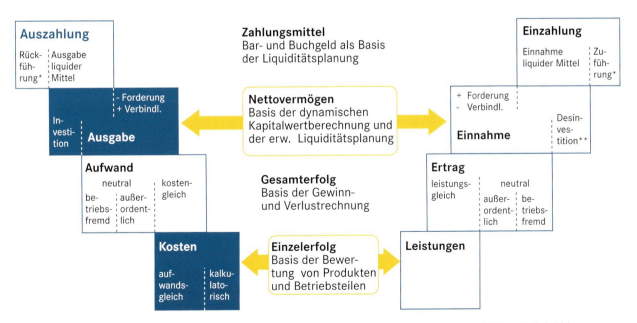

\* Rückführung von Fremdkapital oder Entnahme von Eigenkapital/Gewinnen. Zuführung: Aufnahme von Fremdkapital oder Erhöhung der Kapitaleinlage
\*\* Reiner Tausch von Aktiva, z. B. durch Verkauf von Sachanlagen zum Buchwert. Bei Verkauf ober-/unterhalb der Buchwerte entsteht eine Überlappung mit den Erfolgsgrößen, z. B. durch Erzielung eines außerordentlichen Ertrags
Quelle: McKinsey/PTW (in Anlehnung an Perridon [1999], S. 7)

---

23 Vgl. auch Coenenberg (1997), S. 38.

ziell, dass Entscheidungsträger die Annahmen und Methodik von Wirtschaftlichkeitsbetrachtungen im Rahmen der Standortwahl nachvollziehen. Nur so kann sichergestellt werden, dass die Annahmen und die sich ergebenden Handlungsoptionen konsistent mit den Maßnahmen anderer Unternehmensbereiche und -funktionen sind – vom Marketing über die Produktentwicklung bis hin zum Personalmanagement.

Ein Verständnis der finanziellen Implikationen einer Standortentscheidung kann durch eine detaillierte Darstellung der Aufwendungs-, Ertrags-, EBITA- und Cashflow-Effekte der Standortwahl erreicht werden. Dabei sollte insbesondere eine Darstellung der Effekte über Zeit und eine Aufgliederung nach den Ursachen (Einsparungen bei den operativen Aufwendungen, Einmalaufwendungen usw.) erfolgen.

Auch sollten Entscheidungsträger wissen, wie sich Änderungen der wichtigsten Inputfaktoren – beispielsweise der Arbeitskosten – auf diese Indikatoren auswirken. Dazu ist die Erstellung entsprechender Sensitivitätsanalysen erforderlich.

Schließlich sollten auch wichtige qualitative Faktoren, die nicht in der Investitionsrechnung abgebildet werden können (beispielsweise die Verbundvorteile mit FuE), untersucht und beschrieben werden. So wird den Entscheidungsträgern deren Berücksichtigung bei dem Vergleich unterschiedlicher Handlungsoptionen erleichtert.

**5. Berücksichtigung der aus Managementsicht relevanten Indikatoren:** Entscheidungsträger messen den unterschiedlichen Wirtschaftlichkeitsindikatoren bei der Auswahl von Standorten unterschiedlich hohe Bedeutung bei (Abbildung 3.11). Auffällig ist dabei, dass die Amortisationsdauer als Indikator für relevanter gehalten wird als der Kapitalwert einer Maßnahme, da sie implizit auch eine Aussage über das Risiko der Maßnahme enthält. In der Regel werden jedoch mehrere Indikatoren als Entscheidungsgrundlage genutzt. Tendenziell steigt ihre Anzahl, je unklarer die Vorteile der Maßnahme sind. Diese Zusammenhänge sind bei der Darstellung der Ergebnisse der Investitionsrechnung explizit zu berücksichtigen.

## 3.3.2 Entscheidungsunterstützungssysteme

Die Betrachtung des gesamten Produktionsnetzwerks – inklusive aller Interdependenzen – sowie der Einsatz unterschiedlicher Investitionsrechenverfahren machen die Bewertung und Auswahl von Standortstrukturen zu einem komplexen Unterfangen. Die Komplexität des Planungsproblems ist inhärent; eine Vereinfachung – der Ansatz, der sich bei vielen operativen Abläufen als der geeignetste erweist – ist nicht ohne Effizienzverluste möglich. Daher ist die Beherrschung dieser Komplexität im Rahmen der integrierten strategischen Standortplanung ein zentraler Erfolgsfaktor.

Systeme zur Entscheidungsunterstützung bieten hier die benötigte Hilfestellung: Geeignete DV-Systeme erlauben die quantitative Analyse komplexer Zusammenhänge in einem einheitlichen Vorgehen. Damit sind sie eine logische Weiterentwicklung einfacher Werkzeuge der Unternehmensführung (wie etwa der Kostenrechnung oder der Stärken-Schwächen-Analyse). Die bisherige Nutzung solcher Systeme ist aber keineswegs umfassend. Nachfolgend werden Probleme hinsichtlich der Nutzung von Systemen zur Entscheidungsunterstützung bei der Standortwahl erläutert und neuere Trends skizziert. Die Betrachtung der traditionellen Probleme bei der Entscheidungsunterstützung durch DV-Systeme und Verfahren des *Operations Research* ist auch deshalb bedeutsam, weil ein Teil dieser Hindernisse auch heute noch besteht oder Systeme gezielt so gestaltet werden sollten, dass bekannte Probleme vermieden werden.

Der Bereich der Entscheidungsunterstützungssysteme wird eines in den kommenden Jahren im Rahmen der strategischen Planung eine stark wachsende Bedeutung haben.

*3.3.2.1 Verfahren des* Operations Research
   *bei der Standortwahl*

Verfahren des *Operations Research* zur Standortwahl existieren seit den 70er Jahren in größerer Anzahl.[24]

---

[24] Vgl. Vidal (1997) und Bhutta (2004).

## 3.3 Methoden und Werkzeuge

**Alle durch die Verlagerung verursachten Aufwendungen sollten bei der Wirtschaftlichkeitsrechnung berücksichtigt werden.**

Abb. 3.10: Einmalaufwand bei Produktionsverlagerungen

Quelle: McKinsey/PTW

**Die Amortisationszeit ist für Entscheidungsträger bei Standortentscheidungen der wichtigste Indikator.**

Abb. 3.11: Indikatoren zur Bewertung von Standortoptionen

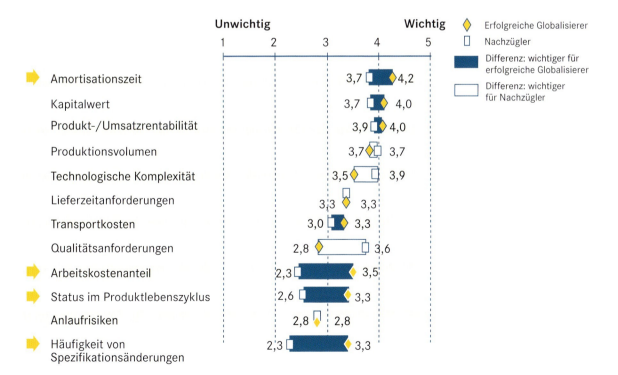

Frage A9: „Welche Indikatoren verwendet Ihr Unternehmen, um zu entscheiden, welche Produkte an einen anderen Standort verlagert werden?"
Quelle: McKinsey/PTW

Von wenigen Ausnahmen abgesehen, finden sie jedoch in der Praxis bislang nur geringe Verbreitung.[25] Im Wesentlichen dürfte dies auf zwei Schwächen zurückzuführen sein:[26]

- **Mangelnder Realitätsbezug:** Einflussfaktoren mit hoher Relevanz für die unternehmerische Praxis (z. B. Einfluss der Variantenvielfalt, Zölle, Lieferzeitenrestriktionen und Sicherheitsbestände) werden durch Ansätze aus dem akademischen Umfeld nicht hinreichend gewürdigt.

- **Wenig anwenderfreundliche Darstellung:** In der akademischen Literatur wird in der Darstellung der Optimierungsansätze zumeist auf plastische Abbildungen der verwendeten Prozessmodelle, Annahmen und Ergebnisse verzichtet. Die im Management gängigen Werkzeuge zur Vermittlung komplexer Zusammenhänge werden oft nicht genutzt. Der Großteil der Beiträge beschäftigt sich mit Optimierungsverfahren eher theoretisch bzw. konzeptionell (z. B. Lösungsalgorithmen) und nur wenige Aufsätze mit praxisnahen Anwendungen, die einen nachweislichen Nutzen bieten.

Die Ansätze der 70er und frühen 80er Jahre[27] waren auch aufgrund des technologischen Stands zu einfach und der Betrachtungsumfang zu klein, um in der Praxis nachhaltig Beachtung zu finden. Allerdings begannen bereits einige Unternehmen, quantitative Optimierungsverfahren auf ihre Anwendbarkeit in der Standortplanung zu untersuchen.[28] Seit Mitte der 80er Jahre existieren Ansätze, die zwar hinsichtlich der Problemgröße (d. h. der Anzahl von Standorten, Produkten und Fertigungsstufen) nach wie vor sehr beschränkt[29], hinsichtlich ihrer sonstigen Struktur jedoch zunehmend realistisch sind und beispielsweise Zölle und Fixkosten berücksichtigen. In den 90er Jahren wird die Anwendung dieser Modelle auf komplexere Strukturen[30] und unternehmensübergreifende Produktionsnetzwerke diskutiert.

Dabei zeigen sich jedoch zwischen Theorie und Praxis Unterschiede, die insbesondere die Vollständigkeit bei der Erfassung von Einflussfaktoren der Standortwahl, z. B. Aufwendungen für Training, Produktionsanlauf oder Werksschließungen, sowie die Problemgröße betreffen. Nur wenige Ansätze[31] nutzen detaillierte Prozessmodelle mit realistischen Faktoreinsatzmengen und berücksichtigen die spezifische Komplexität von Fertigungsverfahren, z. B. durch Anforderungen an den Ausbildungsstand der Mitarbeiter.

*3.3.2.2 Geänderte Voraussetzungen für die Anwendung*

In jüngerer Zeit gewinnen Systeme der Entscheidungsunterstützung in vielen Bereichen des strategischen, taktischen und operativen Managements an Bedeutung. Gründe liegen nicht nur in der gestiegenen Komplexität der Geschäftsprozesse, sondern auch in

> **Bessere Datenverfügbarkeit ermöglicht den Einsatz computergestützter Systeme im strategischen Entscheidungsprozess.**

der besseren Verfügbarkeit von Daten. Wurde beispielsweise das Kaufverhalten von Einzelhandelskunden vor 30 Jahren noch weitgehend auf der Basis von Umfragen und Erfahrungen beurteilt, so werden entsprechende Daten heute unmittelbar am *Point of Sale* erhoben (beispielsweise bei der elektronischen Erfassung des Warenverkaufs an der Kasse).

---

*25 Vgl. Cohen (1998).*

*26 Vgl. auch Vos (1996): Beschreibung und Kritik von Ansätzen (Schwerpunkt Operations Research): (1) Die vorherrschenden akademischen Ansätze sind zu theoretisch und für den Praktiker nicht mehr verständlich/umsetzbar, (2) Einflussfaktoren mit nachgewiesener praktischer Relevanz werden ignoriert, da sie sich nicht in die etablierten Schemata integrieren lassen.*

*27 Vgl. bspw. Hansmann (1974) und Liebmann (1971).*

*28 Vgl. Breitman (1987): Der Beitrag beschreibt die Entwicklung eines Systems zur Entscheidungsunterstützung, das auf eine Initiative von General Motors im Jahr 1973 zurückgeht.*

*29 Vgl. bspw. Haug (1992): Modell mit einer Fertigungsstufe, einem Endprodukt und zwei Perioden.*

*30 Vgl. Arntzen (1995): Anwendung eines gemischt ganzzahligen Modells in mehreren Projekten der Firma Digital Equipment Corporation (DEC). Vgl. auch Kirka (1995): Anwendung eines linearen dynamischen Mehrprodukt-Modells mit mehreren Ressourcen bei einem KMU.*

*31 Vgl. Paquet (2003): dynamisches Optimierungsmodell auf der Basis eines detaillierten Produktionsprozessmodells zur Auswahl von Produktionsstandorten in den USA. Der Ansatz enthält neue, wegweisende Elemente, aber nicht die spezifischen Faktoren der internationalen Standortwahl.*

Auf Basis solcher Daten sind Rückschlüsse möglich, die im strategischen Planungsprozess von Bedeutung sein können;[32] so lassen sich beispielsweise Aussagen zur Preiselastizität der Nachfrage auf Basis der empirischen Daten gewinnen. Als Folge können vormals als „weich" wahrgenommene, komplexe Faktoren in eine quantitative Analyse eingehen. In der Produktion eröffnen DV-Systeme im operativen Bereich (z. B. in Fertigungsmaschinen) die Erfassung von Maschinen- und sonstigen Betriebsdaten, die die taktische und strategische Entscheidungsvorbereitung mit quantitativen Fakten unterstützen können.

> **Die strukturierte Modellierung der gesamten Produktionskette ermöglicht eine genauere Bewertung der Kostentreiber und Komplexität in der Fertigung.**

Voraussetzung für den Einsatz eines Entscheidungsunterstützungssystems ist die Modellierung der Geschäftsprozesse. Dazu ist die Prozessstruktur zu erfassen, zu parametrisieren und in einem formalen Modell abzubilden.

Das Vorgehen an sich ist dabei keineswegs neu: In vielen produzierenden Unternehmen werden entsprechende Modelle als Grundlage für die taktische Produktionsplanung (d. h. die Terminierung der einzelnen Montageschritte, die Material- und die Personalbedarfsplanung) eingesetzt; die Materialbedarfsplanung auf Basis strukturierter Stücklisten ist dabei eine Anwendung mit sehr weiter Verbreitung.

Auf welche Weise die Prozessstruktur im formalen Modell abgebildet wird, hängt davon ab, welche Methoden zur Weiterverarbeitung eingesetzt werden sollen. So kann bei einfachen Standortstrukturen eine Szenario-Analyse auf Basis einer Tabellenkalkulation ausreichend sein. Der Einsatz einfacher Simulationsverfahren auf dieser technischen Basis ist denn auch bislang gängige Praxis.[33] Auch Mischformen von Simulation und Optimierung kommen vor – so etwa, wenn Transportströme von Algorithmen optimiert und gleichzeitig andere Lösungsparameter manuell bestimmt werden.[34]

### 3.3.2.3 Entscheidung über die Nutzung

Die verstärkte Bedeutung von Verfahren des *Operations Research*, insbesondere Optimierungsverfahren, bei der Standortwahl ist nicht nur auf die bessere Verfügbarkeit dieser Systeme zurückzuführen, sondern auch auf die gestiegene Komplexität der Standortplanung. Die gestiegene Komplexität ist bedingt durch die folgenden zwei Entwicklungen:

- Die wachsende Anzahl relevanter Einflussfaktoren der Standortwahl erhöht die Komplexität der Bewertung und ist eine direkte Folge der Globalisierung der Produktion. Durch die Ausdehnung der Aktivitäten über die Grenzen des Heimatlands hinaus agieren Unternehmen in einem deutlich inhomogeneren Umfeld. Die Differenzen bei Faktorkosten, Produktivitäten und transaktionalen Kosten sind erheblich und müssen bei der Standortwahl verstärkt berücksichtigt werden.

- In den Industrieländern haben sich in den 80er und 90er Jahren immer mehr Unternehmen auf einen kleineren Teil der Fertigungskette fokussiert, dies gilt gerade für die großen Hersteller. Auch die Spezialisierung der Werke hat tendenziell zugenommen. Dadurch ist die Anzahl der werk- und unternehmensübergreifenden Schnittstellen größer geworden, was die Komplexität bei der Standortwahl erhöht.

Die rein auf Szenarien und Simulationen basierenden Verfahren stoßen an ihre Grenzen, denn die (meist manuelle) Vorbereitung und Analyse der Szenarien gestaltet sich überaus aufwändig. In der Praxis wird dies häufig dann deutlich, wenn sich nach bereits de-

---

32 Vgl. Simon (2002), S. 330 ff., für Beispiele von Systemen zur Entscheidungsunterstützung aus dem Bereich des Vertriebs. Untersucht werden z. B. der Effekt einer Preissegmentierung bei einem Luftfahrtunternehmen und die Preisgestaltung bei der Modelleinführung im Automobilbereich.

33 Vgl. Kinkel (2004), S. 250 ff., Hartweg (2003), S. 67 ff.

34 In mehreren praktischen Beispielen nutzen Unternehmen die (begrenzten) Optimierungskapazitäten auf der Basis von MS-Excel-Modellen (z. B. mit „What's best"). Auf diese Weise werden z. B. die Transportströme zwischen den Werken und zwischen Werken und Märkten optimiert.

taillierten Analysen gegen Ende einer Projektphase völlig neue Konstellationen zeigen, welche den bislang untersuchten überlegen sind. Die detaillierte Analyse dieser zusätzlichen Szenarien führt nicht selten zu erheblichen Verzögerungen im Projektverlauf – was oftmals im Vergleich zur Umsetzung einer unvorteilhaften Lösung das kleinere Übel ist. Bei komplexeren Fragestellungen ist daher die Abbildung als mathematisches Modell zielführender, auf dessen Basis auch kommerzielle Software zur Optimierung eingesetzt werden kann.[35]

Welches Lösungsverfahren zu wählen ist, hängt von dem betrachteten Produktionsverbund, den relevanten Einflussfaktoren sowie den Anforderungen an die Genauigkeit der Lösung ab: Bei deterministischen Einflussfaktoren lassen sich Verfahren der linearen, der ganzzahligen und gemischt ganzzahligen Programmierung einsetzen. Bei stochastischen Einflussfaktoren dagegen können mathematische Verfahren häufig nicht verwendet werden – oder sie erhöhen die Modellkomplexität und die benötigte Rechenzeit so stark, dass die Anwendung auf praktische Problemgrößen nicht praktikabel ist.

**Risiken** einer Unterstützung der Entscheidungsvorbereitung durch DV-Systeme liegen in der häufig geringen Fehlertransparenz: Auf Basis des aggregierten Ergebnisses lassen sich Fehler teils gar nicht oder nur schwer identifizieren. Im Falle eines Produktionsnetzwerks können beispielsweise in folgenden Bereichen Fehler auftreten:

- **Unzutreffende oder ungenaue Regeln** zur Erstellung zusammenfassender Indikatoren (z. B. Summe der Produktionskosten oder des Cashflow-Effekts).

- **Fehlerhafte Quantifizierung** von qualitativen Einflussfaktoren und Parametern (z. B. Risiken der politischen Instabilität, die in die länderspezifische Kapitalkostenrate eingehen).

- **Unzutreffende Annahmen,** z. B. über die Entwicklung bestimmter Aufwendungen oder erforderliche Investitionen (z. B. deutliche Unterschätzung des mittelfristigen Arbeitskostenwachstums in Polen).

Die Risiken von Fehleinschätzungen sind an sich naturgemäß nicht von der Anwendung von Systemen der Entscheidungsunterstützung abhängig. Aufgrund der Möglichkeit, komplexe Zusammenhänge in diesen Systemen abzubilden, ist das Risiko, dass Fehler unentdeckt bleiben, aber deutlich höher. Um diese Risiken für das Management beherrschbar zu machen, kommt der Schaffung der nötigen Transparenz besondere Bedeutung zu: Werden die Effekte einzelner Einflussgrößen detailliert dargestellt, kann die vorgeschlagene Lösung auf Plausibilität geprüft werden. Auch wird der Erfahrungsschatz der Verantwortlichen hinsichtlich der zu treffenden Annahmen so im Entscheidungsprozess mit nutzbar gemacht.

### 3.3.3 Sensitivitätsanalysen

Die Schaffung umfassender Transparenz und Bewertung von Risiken im Rahmen der Standortwahl sollte Ziel der Entscheidungsvorbereitung sein. Führende Unternehmen nutzen dabei verstärkt Methoden, die Zielkonflikte quantitativ bewerten und Entscheidungsträgern damit eine bessere Entscheidungsbasis bieten. So kann die Bewertung der Kosten zur Erreichung eines zusätzlichen Prozentpunkts Servicegrad hilfreich sein, um über einen angemessenen Zielwert für diesen Indikator zu entscheiden. Ebenso können durch die Festlegung eines maximalen Währungsungleichgewichts das Risiko durch Währungskursschwankungen beschränkt und die Auswirkungen auf die Kosten analysiert werden. So wird der Zielkonflikt zwischen minimalen Kosten und minimalem Risiko transparent.

Die dynamische Bewertung von Zukunftsbildern[36] in Form von Szenario-Analysen kann für Sensitivitätsanalysen genutzt werden, ist aber in ihrer Anwendbarkeit begrenzt. Eine konsistente Bewertung des Einflusses einzelner Faktoren mit Hilfe der Szenario-Analyse ist aufgrund der Vielzahl der relevanten Einflussfaktoren überaus aufwändig. Beim Einsatz von

---

*35 Vgl. bspw. ILOG (2005), Aksen (1998), Lustig (2001).*
*36 Vgl. Kinkel (2004), S. 256 f.*

Verfahren der linearen oder gemischt ganzzahligen Optimierung kann der Einfluss einzelner Faktoren durch die Ermittlung der *Shadow Costs* untersucht werden, die die Änderung des Zielwerts bei einer marginalen Änderung der untersuchten Parameter darstellt. Für Entscheidungsträger ist es beispielsweise hilfreich zu verstehen, welche Mehrkosten (beispielsweise in Prozent der Gesamtkosten) die Minderung des effektiven Währungsungleichgewichts verursacht und welche konkrete Maßnahme am besten geeignet ist, um dieses Ziel zu erreichen.

### 3.3.4 Zentrale Richtlinien

Die von zentralen Konzernfinanzabteilungen vorgeschlagenen Formate zur Erstellung von Wirtschaftlichkeitsrechnungen erleichtern Entscheidungsträgern in der Praxis das Verständnis der einzelnen Entscheidungsvorlage und helfen, die im Rahmen der Entscheidungsvorbereitung erforderlichen Analysen zielführend zu strukturieren. Allerdings ist die Granularität dieser Richtlinien bei der Festlegung des Betrachtungsumfangs und des Vorgehens häufig zu grob, während hinsichtlich des formalen Prozesses und der einzubeziehenden Abteilungen eine größere Detaillierung vorliegt. Dadurch werden entscheidungsrelevante Punkte nicht hinreichend transparent. So gehen beispielsweise Zölle üblicherweise bei Entscheidungsvorlagen in den Herstellkosten auf; gleichzeitig sind diese Aufwendungen aber in besonders starkem Maße von der Standortwahl abhängig. Sie gesondert auszuweisen ist auch deshalb wichtig, weil im Falle sehr hoher Zollaufwendungen das Optimierungspotenzial durch konstruktive Veränderungen zur Beeinflussung der Zollklassifizierung der Teile groß ist und entsprechende Maßnahmen prioritär angegangen werden sollten. Gerade hier bedarf es der Unterstützung des Managements, da sich durch gezielte Veränderung der Standortstruktur, Produktionsprozessallokation und Konstruktion zusätzliche Kostenvorteile erschließen lassen.

Ähnliches gilt für Optimierungshebel, die nur unter Beteiligung mehrerer Bereiche im Unternehmen erschlossen werden können. Ein Beispiel ist die Entwicklung und Implementierung standortgerechter Fertigungsverfahren und Produktkonstruktionen: Während die Bewertungsmaßstäbe für Auslandsinvestitionen oftmals durch eine Stabsabteilung im Bereich Finanzen vorgegeben werden, liegt die Verantwortung für die Errichtung und den Betrieb des Standorts im Bereich Produktion, die Verantwortung für die Produktkonstruktion im Bereich Forschung und Entwicklung und die Verantwortung für die Bereitstellung des benötigten Materials bei dem (zentralen) Einkauf. Es bedarf klarer Vorgaben, um eine Teiloptimierung der Funktionsbereiche zu verhindern und diese in adäquater Form in den Bewertungs- und Entscheidungsprozess einzubinden.

Das Topmanagement sollte Vorgaben für die Bewertung der Wirtschaftlichkeit von Auslandsstandorten auch dazu nutzen, die Organisation ganz bewusst zum Nachdenken über teils unbequeme Themen anzuregen. So liegt die Entwicklung standortgerechter Fertigungsverfahren in der Regel nicht im Kerninteresse des Bereichs FuE oder des Qualitätsmanagements, da diese vielmehr an der Weiternutzung der erprobten und zuverlässigen, wenn auch teureren Fertigungstechnik interessiert sind.

## 3.4 Unternehmerische Praxis

Unternehmen wenden eine Vielzahl von Methoden an, um Produktionsstandorte auszuwählen und Produktionsnetzwerke zu gestalten. Diese gliedern sich zum einen nach dem Detaillierungsgrad, der im Verlauf des Auswahlprozesses steigt. Zum anderen gibt es aber auch andere Methoden für dieselben Auswahlstufen, die sich in den Dimensionen Komplexität und Genauigkeit unterscheiden. Ein wichtiges Kriterium bei der Methodenwahl ist daher das Verhältnis zwischen dem Aufwand einerseits und den Gesamtkosten bzw. dem Optimierungspotenzial andererseits.

Um die heutige Praxis besser beurteilen zu können, wurden 15 Produktionsstandortentscheidungen von Unternehmen näher betrachtet. Im Folgenden sind die wesentlichen Erkenntnisse zusammengefasst und einzelne Vorgehensweisen anhand von Fallbeispielen veranschaulicht und diskutiert.

### 3.4.1 Empirische Ergebnisse

Zentraler Baustein des Entscheidungsprozesses bei der Standortwahl ist stets die Investitionsrechnung: In keinem der untersuchten Fälle wurde eine Investitionsentscheidung ausschließlich auf Basis qualitativer Kriterien getroffen; allenfalls wurde quantitative Wirtschaftlichkeitsrechnung durch qualitative Elemente ergänzt. In **Konzernen** ist die Investitionsrechnung in der Regel formalisiert und damit das Bewertungsverfahren festgelegt. Meist handelt es sich dabei um ein Kapitalwertverfahren, das in Verbindung mit einfachen Methoden zur Risikobewertung eingesetzt wird. In **kleineren und mittelständischen Betrieben** ist die einfache Investitionsrechnung oftmals das einzige Instrument zur Bewertung von Standortentscheidungen für die Produktion. Eingehende Werte, z. B. die Höhe der erwarteten Investitionen oder die Anlaufkosten, werden durch einfache Nebenrechnungen ermittelt oder direkt abgeschätzt.

Bemerkenswerterweise setzen sowohl Groß- als auch mittelständische Unternehmen zur Bewertung von Rationalisierungsinvestitionen sehr häufig die modifizierte Kapitalwertmethode ein (d. h. den Abgleich von Auszahlungsdifferenzen mit einem Basisszenario). Selbst bei Erweiterungsinvestitionen ist dies üblich: Hier werden die Kosten von Szenarien mit einer identischen Absatzannahme miteinander verglichen und so die geeignetste Standortstruktur bestimmt. In der Praxis überwiegen einfache Verfahren und ein enger Betrachtungsfokus (Abbildung 3.12).

> **Konventionelle Ansätze zur Standortwahl berücksichtigen Interdependenzen nur unzureichend. Die Folge sind oft unerwartet höhere Kosten.**

Nur etwa ein Viertel der Unternehmen nutzt standardisierte Verfahren zur Standortwahl sowie zur Bewertung von Auslandsinvestitionen; nur etwa 20 Prozent betrachten im Auswahlprozess vier oder mehr potenzielle Standorte. Bei einem Drittel der Unternehmen wird nur für einen Standort eine Wirtschaftlichkeitsrechnung durchgeführt – mögliche Alternativen werden nicht systematisch untersucht. Nur etwa 10 Prozent stimmen sich während des Entscheidungsprozesses intensiv mit ihren Zulieferern ab,

**Die meisten Unternehmen gehen bei Standortentscheidungen sehr pragmatisch vor.**

Abb. 3.12: Verfahren und Analyseumfang bei der Standortwahl
in Prozent

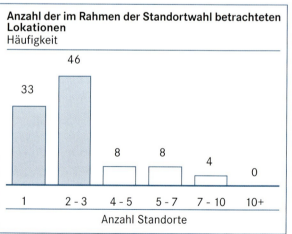

Frage C7: „Nutzt Ihr Unternehmen ein stand. Werkzeug oder Verfahren zur Bewertung der Attraktivität potenzieller Produktionsstandorte?" (basierend auf 52 Interviews)
Frage G3: „Wie viele Länder werden typischerweise als potenzielle neue Produktionsstandorte in Betracht gezogen?" (basierend auf 27 Interviews)
Quelle: McKinsey/PTW (ProNet-Umfrage)

## 3.4 Unternehmerische Praxis

zwei Drittel überhaupt nicht. Dieser Pragmatismus in Sachen Standortwahl mag unter anderem darauf zurückzuführen sein, dass die Standortwahl für den einzelnen Entscheidungsträger meist ein relativ seltenes Ereignis ist – der Anreiz, auf diesem Gebiet Spezialkenntnisse aufzubauen, bleibt gering.

Vor diesem Hintergrund erklärt sich, warum Unternehmen mit dem Aufbau neuer Fertigungsstandorte häufig nur unbefriedigende Resultate erzielen (vgl. auch Abschnitt 1.4). Gerade bei der Verlagerung der Produktion an marktferne Standorte und dem Reimport der Produkte entsteht ein Mehr an Logistik- und Fixkosten. Im Ergebnis sinken die Gesamtkosten der Marktversorgung nur geringfügig. Ein Hauptgrund dafür dürfte darin liegen, dass die vielfältigen Interdependenzen innerhalb eines Produktionsnetzwerks nicht hinreichend berücksichtigt werden – die Einfachheit der Standortwahl in der Praxis zeigt hier ihre Nachteile. Vor dem Hintergrund, dass insbesondere kleinere und mittlere Unternehmen nicht in der Lage sind, den Aufwand für komplexe Analysen im Rahmen der Standortwahl zu leisten/tragen, gilt es unter der Vielfalt der Methoden die zu nutzen, die im konkreten Fall das beste Aufwand-Nutzen-Verhältnis haben.

### 3.4.2 Fallstudien

Im Folgenden werden verschiedene Ansätze und Bewertungsverfahren anhand von Einzelbeispielen aus der Praxis beschrieben und diskutiert. Die dargestellten Beispiele stellen jeweils nur einen – meist den entscheidenden – Schritt im gesamten Auswahlprozess dar (Abbildung 3.13). Der Fokus liegt dabei auf der Standortwahl auf Länderebene; die in den Fallbeispielen angewandten Verfahren der Wirtschaftlichkeitsrechnung

**Die Relevanz von Einflussfaktoren ändert sich mit der Betrachtungsebene.**

Abb. 3.13: Betrachtungsumfang und Relevanz der Einflussfaktoren

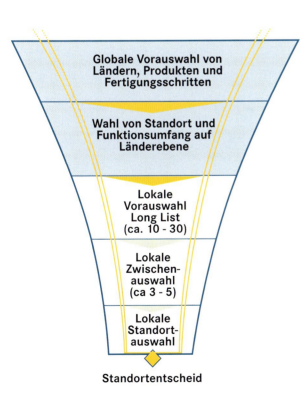

Quelle: McKinsey/PTW

lassen sich oftmals aber auch auf benachbarten Stufen einsetzen.

Die Beispiele werden anonymisiert dargestellt; sie lassen keine Rückschlüsse auf existierende Unternehmen und ihre Absichten zu.

In diesen Praxisbeispielen geht es primär um die globale Standortauswahl auf Ebene von Kontinenten und Ländern. Auf die Aspekte der lokalen Standortwahl (d. h. auf Ebene von Bundesländern, Bezirken, Städten und einzelnen Liegenschaften) geht Kapitel 6 ein, da sie über die wirtschaftliche Bewertung, die Thema dieses Kapitels ist, weit hinausgehen.

**Fallstudie 1: Vorauswahl von Ländern**

Ein stark diversifizierter europäischer Maschinenbaukonzern mit ca. 2 Milliarden Euro Umsatz und 21 Produktionsstandorten beabsichtigt eine Überprüfung seiner Standortstruktur nach einheitlichen Standards: Insbesondere an das maximale wirtschaftliche Risiko und die minimal erforderliche politisch-soziale Stabilität stellt der Konzernvorstand klar umrissene Anforderungen. Im ersten Schritt des Auswahlprozesses wird daher konzernweit ein einheitliches Schema zur Vorauswahl von Ländern anhand qualitativer Kriterien genutzt.

Das Verfahren ist zur Vorauswahl von Produktionsstandorten geeignet, da die Einstufung als Ausschlusskriterium genutzt wird. Ferner erlaubt die Verwendung des Bewertungsschemas eine konsistente Berücksichtigung der qualitativen Standortfaktoren „politische Stabilität" und „wirtschaftliche Stabilität" in der quantitativen Investitionsrechnung. Die beiden qualitativen Makrofaktoren sind dabei definiert als:

- **Politische Stabilität:** Bedrohung der operativen Abläufe und des Werterhalts der Investition durch Krieg, soziale Unruhen, internationale Sanktionen, Korruption und sonstige Kriminalität sowie politische Einflussnahme.

- **Wirtschaftliche Stabilität:** Bedrohung der operativen Abläufe und des Werterhalts der Investition durch Hyperinflation, staatliche Einflussnahme und Kaufkraftverlust bzw. abnehmende Attraktivität des lokalen Marktes.

Die Einordnung der Länder in das Bewertungsschema (Abbildung 3.14) erfolgt zentral durch eine Konzernabteilung. Dadurch wird die einheitliche Anwendung des Bewertungsstandards für das gesamte Unternehmen sichergestellt und damit bei Standortentscheidungen die Risikopräferenz des Konzerns schon in der Vorbereitung von Investitionsentscheidungen beachtet. Die Einordnung hat mehrere Implikationen:

Zum einen wird das entsprechende Land vollständig oder partiell als Standort ausgeschlossen. Eine Einstufung in der Kategorie „E" beispielsweise schließt sämtliche eigenen Produktionsaktivitäten in dem entsprechenden Land aus. Die Einstufung der wirtschaftlichen Stabilität auf „C" oder schlechter bedingt, dass in dem Land nur exportfähige Güter gefertigt werden sollten, da kein hinreichendes Vertrauen in eine kontinuierliche lokale Nachfrage an dem potenziellen Fertigungsstandort besteht.

Zum anderen wird durch die Einstufung auch der in der Investitionsrechnung anzusetzende Kapitalkostensatz festgelegt. Durch die Nutzung höherer Kapitalkostensätze für die Bewertung von Investitionen in Ländern mit geringerer politischer oder wirtschaftlicher Stabilität wird dem höheren Ausfallrisiko Rechnung getragen.

Das Konzept, qualitative Einflussfaktoren in Form eines standortspezifischen Kalkulationszinses zu berücksichtigen, lässt sich auf weitere Einflussfaktoren ausdehnen. Damit kann auch der erwartete Kapitalverlust abgedeckt werden, der mit erhöhten externen Risiken einhergeht. Die Nutzung einer Vielzahl von Kriterien kann durch die Verwendung von Indices erreicht werden, die alle wesentlichen Risiken bei Investitionsprojekten berücksichtigen (vgl. Abschnitt 2.3.2). Zur Einstufung können dabei makroökonomische Kennzahlen und Befragungsergebnisse genutzt werden, so dass der Aufwand für die Erhebung von Primärdaten gering ist.

## 3.4 Unternehmerische Praxis

**Fazit:** Die Umsetzung einheitlicher Standards betreffend die Bewertung von länderspezifischen Investitionsrisiken ist durch die Vorgabe eines einfachen Schemas zur Vorauswahl von Ländern und der Festlegung länderspezifischer Kapitalkostensätze möglich.

### Fallstudie 2: Überprüfung der globalen Standortstruktur

Ein nordamerikanischer Hersteller von Industriemaschinen und -fahrzeugen mit mehr als 20 Milliarden US-Dollar Umsatz betreibt im Ausgangszustand ca. 70 Werke. Davon sind etwa 30 Produktionsstandorte primär mit der marktnahen Montage von Endprodukten befasst, die übrigen produzieren Teile und Komponenten. Die Wertschöpfungstiefe ist mit rund 40 Prozent relativ hoch, verglichen etwa mit Herstellern von Personen- und Lastkraftwagen (ca. 25 Prozent). Das Unternehmen strebt an, durch systematische Überprüfung seiner Standortstruktur weltweit eine kostengünstigere Marktversorgung zu erreichen. Dazu sind für einen definierten Fertigungsumfang die optimal als Standorte geeigneten Kontinentalregionen zu bestimmen. Als Methode wird die statische Kostenvergleichsrechnung eingesetzt.

Zur Disposition gestellt werden die marktnahen Standorte zur Produktmontage (inklusive der dort eingesetzten Fertigungsverfahren) sowie ein geringer Anteil der Teile- und Komponentenfertigung. Nicht betrachtet werden die Standorte der Zulieferer sowie der Großteil der Teile- und Komponentenfertigung – wobei gleichzeitig die Lieferzeiten und Servicegrade bis auf wenige Ausnahmen auf bisherigem Niveau zu halten sind. Diese Entscheidung des Topmanagements ist zu hinterfragen: Da große Teile des Netzwerks außer Acht

**Die Vorauswahl anhand von Ausschlusskriterien kann auch zur Bestimmung des Kapitalkostensatzes genutzt werden.**

Abb. 3.14: Einfaches Schema zur Ländervorauswahl – Eignungsklassifizierung für Produktionsprozesse

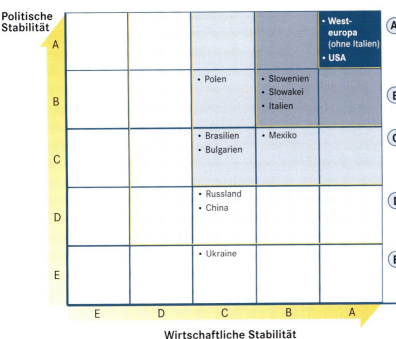

Quelle: EIU (2004), McKinsey/PTW

bleiben, besteht das Risiko, dass an den Schnittstellen höhere Kosten entstehen und der wirtschaftliche Effekt einer Produktionsverlagerung von vornherein gemindert wird.

Betrachtete **Kostenelemente** sind:

- Variable Kosten der Fertigung, insbesondere Arbeitskosten

- Fixkosten der Fertigung, z. B. Verwaltungskosten pro Werk

- Logistikkosten (Transportkosten, Bestände in Transit und Sicherheitsbestände)

- Zölle.

Als Wirtschaftlichkeitsindikator werden die Gesamtkosten der Produktverfügbarkeit im Markt *(Total Landed Costs)* herangezogen. Zahlreiche mögliche Standortstrukturen werden dann anhand dieses Indikators unter verschiedenen Umfeldszenarien (Annahmen zur Entwicklung von Marktnachfrage, Arbeitskosten usw.) in einer Tabellenkalkulation verglichen. Die einzelnen Szenarien sind dabei jeweils einzeln zu definieren, manuell einzugeben und auszuwerten. Anschließend werden sechs der kostengünstigsten Strukturen im Detail betrachtet: Hierbei wird analysiert, wie sich potenzielle Veränderungen an verschiedenen Einflussfaktoren (beispielsweise Aufwertung der Währungen von Niedriglohnländern gegenüber dem US-Dollar) auf die Kostenposition auswirken würden. Vergleichsmaßstab bei der Optimierung sind die *Total Landed* Costs bei Weiterführung des Produktionsnetzwerks in seiner jetzigen Struktur. Zusätzlich wird für jede Standortstruktur ein Indexwert für qualitative Kriterien wie unter anderem politische Risiken erstellt und dem Topmanagement mitgeteilt.

Als Resultat des Verfahrens können einige umsetzungsfähige strategische Handlungsoptionen – Standortstrukturen mit zugeordneten Produktionsvolumina und Angabe des Einsparungspotenzials – zur Entscheidung vorgelegt werden. Das Vorgehen kann somit als praktikabel gelten. Allerdings veranschaulicht dieses Beispiel auch die **Grenzen einer manuellen Lösungsfindung:** Obgleich der Untersuchungsumfang auf die Montagewerke beschränkt war, ist die Anzahl möglicher Standort-Produkt-Kombinationen kaum beherrschbar. Gleichzeitig sind die zugrunde gelegten Annahmen zum Teil sehr einfach: So wird beispielsweise die Kostenstruktur lediglich für ganze Geschäftsbereiche, nicht für einzelne Fertigungsschritte detailliert, und die geografische Detaillierung beschränkt sich auf kontinentale Regionen, beispielsweise Westeuropa (und nicht auf Länder oder lokale Regionen). Die Umsetzung der strategischen Planung erfordert daher zunächst eine Konkretisierung auf reale Produkte, Länder und Werke.

**Fazit:** Das Unternehmen legt Wert auf eine detaillierte Abbildung der Kostenstruktur sowie eine Sensitivitätsanalyse; hingegen werden Produkte und Standorte nur auf einer stark aggregierten Ebene betrachtet. Damit ergeben sich nur wenige, nach Produkten und Standorten kaum detaillierte Szenarien. Die so erstellte strategische Planung ist für eine direkte Umsetzung nicht hinreichend konkret; die manuelle Bewertung auf aggregierter Ebene kann nicht alle relevanten Aspekte wie spezifische Produkteigenschaften und Zolloptimierung erfassen.

### Fallstudie 3: Optimierung der Standortwahl für einzelne Produkte

Ein nordamerikanischer Hersteller medizinischer Produkte mit mehr als einer Milliarde US-Dollar Umsatz möchte das Einsparungspotenzial ermitteln, das eine optimierte Standortwahl auf der Ebene einzelner Produkte und Werke bietet. Dazu werden verschiedene Szenarien analysiert, in denen die Zuordnung von Produktionsvolumina zu existierenden und potenziellen Werken variiert wird. Kalkulationsmethode ist die statische Kostenvergleichsrechnung (per Tabellenkalkulation); verglichen werden die Kosten der Produktverfügbarkeit im Markt.

Folgende Elemente werden in der Kostenvergleichsrechnung berücksichtigt:

- Kosten der Fertigung unter Annahme gleicher Fertigungsverfahren, Arbeits- und Kapitalproduktivitäten

- Zölle, Transportkosten und Bestände im Transport (aber keine Berücksichtigung der Sicherheitsbestände)

- Wirtschaftliche Effekte unterschiedlicher Beschaffungsstrategien (auf der Basis der Kostenstruktur der beschafften Teile und Komponenten).

Das Optimierungsverfahren wird zusätzlich durch einen Algorithmus unterstützt, der nach Vorauswahl der relevanten Märkte und aktiven Standorte teilweise automatisch Produktionsvolumina und Transporte zuweist.

**Fazit:** Im Vergleich zur manuellen Optimierung ermöglicht der Ansatz eine schnellere Analyse. Nicht beachtet werden allerdings Fixkosten, die pro Standort z. B. durch die Bereitstellung von Maschinen für einen Fertigungsschritt anfallen. Auch werden nur die Kosten einer Eigenfertigung detailliert, nicht jedoch die einer Fremdfertigung. Im Ergebnis lässt das Verfahren eine relativ genaue Bewertung konkreter Handlungsoptionen zu, bildet aber nicht alle Netzwerkeffekte adäquat ab.

### Fallstudie 4: Analyse der Kapitalwertpotenziale durch Optimierung der Standortstruktur

Ein europäisches Konglomerat mit Schwerpunkt im Maschinenbau mit mehr als 2 Milliarden Euro Umsatz strebt eine Optimierung seiner Standortstruktur an. Eine Vorauswahl von Ländern mit akzeptablen Standortbedingungen wurde bereits getroffen. Aufbauend darauf soll für die einzelnen Geschäftsbereiche eine Bewertung vorgenommen werden, die die Potenziale durch eine Änderung des Produktionsstandorts aufzeigt.

Eine spezielle Herausforderung liegt dabei in der Analyse der resultierenden Kapitalwertpotenziale:

Wie bei stark diversifizierten Großunternehmen oft der Fall, sind sowohl die Anzahl der Produkte bzw. Produktsegmente als auch die Anzahl der (historisch gewachsenen) Produktionsstandorte hoch und die Analyse ist entsprechend komplex. Häufig werden im Zuge der Standortauswahl nicht nur die regionalen Produktionsanteile verändert, sondern auch die Anzahl der Standorte deutlich verringert. Auch die Einführung neuer Fertigungstechnik hat Rückwirkungen auf die Skaleneffekte und beeinflusst damit insbesondere die Wirtschaftlichkeit kleinerer Standorte. Die Berücksichtigung aller Interdependenzen ist jedoch für eine Analyse zur Priorisierung zu komplex und aufwändig.

Im Praxisbeispiel wird die in Abbildung 3.15 dargestellte pragmatische Analyselogik einheitlich auf alle Geschäftsfelder angewendet, um die Neugestaltung auf die Geschäftsbereiche zu fokussieren, die das höchste Potenzial aufweisen.

Das Vorgehen vereinfacht die dynamische Betrachtung, denn Einsparungen bei den operativen Kosten unterliegen der Annahme, dass die Produktion vollständig in einem Schritt verlagert wird. Somit wird der zeitliche Hochlauf der Einsparungen lediglich grob geschätzt und nicht optimiert. Ebenso werden die zusätzlichen Auszahlungen, die mit der Neuordnung der Netzwerkkonfiguration einhergehen (zusätzliche Investitionen und zahlungswirksame Einmalaufwendungen) nur approximativ bestimmt. Interdependenzen zwischen den Geschäftsfeldern und der Einfluss unterschiedlicher Fertigungstechnik werden nicht explizit berücksichtigt. Aus den so ermittelten Zeitreihen der Einsparungen und der zusätzlichen Auszahlungen wird der Kapitalwert der Produktionsverlagerung für den jeweiligen Geschäftsbereich errechnet.

**Fazit:** Das Verfahren hat sich als Element der strategischen Standortplanung von diversifizierten Konzernen bewährt. Es ermöglicht eine schnelle Analyse der Geschäftsbereiche, die sich nachfolgend weitgehend konsistent detaillieren lässt. Nachteilig ist die Vernachlässigung der Interdependenzen zwischen Produkten und Werken. Daher lässt sich das Verfahren nur bei geringer (vertikaler wie horizontaler) Verflechtung der Produktion der Geschäftsbereiche ohne weiteres einsetzen.

### Fallstudie 5:
### Bewertung von Standortoptionen für Produkte

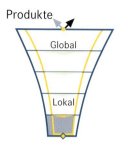

Ein nordamerikanischer Hersteller, so genannter Weißer Ware, mit einem Umsatz von mehr als 10 Milliarden US-Dollar und ca. 40 Produktionsstandorten weltweit möchte für ein definiertes Produktvolumen den optimalen Produktionsstandort ermitteln. Die Produktionsverlagerung verfolgt sowohl Absatz- als auch Kostenziele, d. h., Erweiterungs- und Rationalisierungsinvestitionen sind gleichermaßen möglich.

Dazu werden mehrere Szenarien analysiert, die sich nach der Allokation von Produkten zu Standorten unterscheiden und auch mögliche Kapazitätsanpassungen berücksichtigen. Die bisherige Verteilung der Produktionsvolumina auf die bestehenden Werke ist in zwei Basisszenarien mit unterschiedlichen Gesamtmengen hinterlegt: So wird sichergestellt, dass auch bei Simulation von Erweiterungsinvestitionen dem Basisszenario sowie den jeweiligen Alternativszenarien konsistente Annahmen zu Nachfragemengen zugrunde gelegt werden.

Damit kann die modifizierte Kapitalwertmethode angewendet werden: Die Handlungsoptionen werden anhand des Kapitalwerts über zehn Jahre bewertet, ohne Berücksichtigung des Unendlichkeitswerts oder eventueller Restwerte von Investitionen.

**Bei einer zuverlässigen Abschätzung des Kapitalwertes einer Produktionsverlagerung sind viele Elemente zu berücksichtigen.**

Abb. 3.15: Schema einer dynamischen Investitionsrechnung   PRAXISBEISPIEL

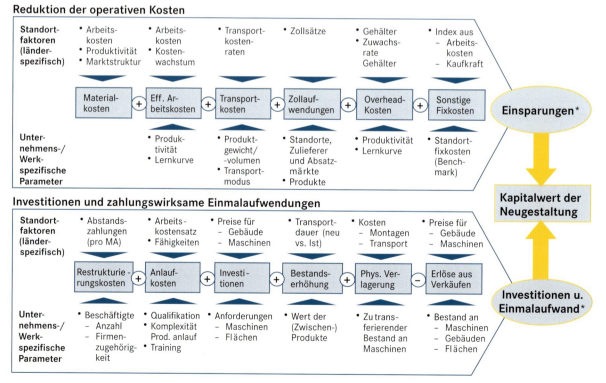

\* Soweit zahlungswirksam
Quelle: McKinsey

Das Verfahren ist in einer Tabellenkalkulation implementiert und erlaubt die Aggregation einzelner Produktallokationen zu Gesamtszenarien. Allerdings werden dabei die Abhängigkeiten zwischen den Produkten nicht explizit berücksichtigt.

**Fazit:** Das Verfahren wurde erfolgreich zur Bewertung definierter Maßnahmen zur Produktionsverlagerung eingesetzt. Da Kapazitäten pro Produkt, Jahr und Standort betrachtet wurden, lassen sich die bewerteten Maßnahmen direkt umsetzen und können in die zentrale Investitions-, Beschaffungs- und Produktionsplanung sowie die Planungen der Werke überführt werden. Eine Schwäche des Verfahrens sind die fehlenden Regeln zur automatischen Ermittlung von Einmalaufwendungen und Nettoinvestitionen – diese müssen jeweils vom Anwender selbst bestimmt werden.

### Fallstudie 6:
### Neuaufbau eines einzelnen Werks

Ein Produktionswerk eines Konzerns mit ca. 240 Mitarbeitern wird operativ als weitgehend eigenständiger, mittelständischer Betrieb geführt. Aufgrund des hohen Kostendrucks bei den technologisch ausgereiften Produkten soll die Produktion an einen Standort mit günstigeren Arbeitskosten verlagert werden. Eine dynamische Wirtschaftlichkeitsrechnung soll Transparenz hinsichtlich der finanziellen Implikationen einer Verlagerung schaffen und ein Schema zur Bewertung unterschiedlicher Standortoptionen bereitstellen.

Als Analyseansatz dient eine dynamische Investitionsrechnung auf Basis von Auszahlungen bzw. Auszahlungsdifferenzen, anhand derer drei alternative Handlungsoptionen mit dem Ausgangszustand verglichen werden – ein durchaus typisches Vorgehen. Der Aufbau der Rechnung für jedes Szenario ist einfach und pragmatisch (Abbildung 3.16). Inputfaktoren werden zumeist direkt geschätzt bzw. durch einfache Nebenrechnungen ermittelt. Die Analyse konzentriert sich weitgehend auf die Kosten der eigenen Wertschöpfung. Schnittstellen zu anderen Unternehmensbereichen und -funktionen werden nicht beachtet, die Schnittstellen zu Lieferanten und Kunden nur in Form erhöhter Transportkosten –, aber beispielsweise ohne Beachtung der Implikationen für die Bestände.

**Fazit:** Bei stark eingeschränktem Handlungsspielraum kann bereits eine einfache Investitionsrechnung aufschlussreich sein. Allerdings kann die Umsetzung zu höheren Kosten an den Schnittstellen führen, da Netzwerkeffekte in der Betrachtung vernachlässigt wurden.

\* \* \*

Die Optimierung der Standortstruktur erweist sich zunehmend als zentraler Ansatz zur nachhaltigen Steigerung der Wettbewerbsfähigkeit. Unternehmen sollten daher die geeigneten Vorgehensweisen, Rechenverfahren und Werkzeuge kennen, um eine effektive Globalisierungsstrategie entwickeln und umsetzen zu können. In diesem Kapitel wurden unterschiedliche Herangehensweisen vorgestellt und anhand einiger Beispiele erläutert. Im konkreten Fall werden Unternehmen auf jeder Stufe des Auswahlprozesses die Kombination wählen müssen, die angesichts ihrer spezifischen Ausgangslage die gesteckten Ziele am besten erfüllt.

Die zentralen Erfolgskriterien bei der strategischen Standortplanung sollen hier nochmals zusammenfassend hervorgehoben werden. Das Vorgehen bei der Standortwahl sollte **entscheidungsorientiert** sein. Ausgehend von aussagekräftigen Analysen zum Wettbewerbsumfeld empfiehlt sich der Einsatz eines Bewertungs- oder Optimierungsmodells als Werkzeug zur Festlegung der Zielstruktur und der konkreten Schritte zur Umsetzung. Als zweites Erfolgskriterium lässt sich die **Einbeziehung von anderen Segmenten, Zulieferern und Abnehmern** identifizieren. Die integrierte Betrachtung anderer Produktionseinheiten sowie vorgelagerter Wertschöpfungsstufen ist unerlässlich, um Effekte auf den großen Block der Materialkosten erzielen zu können, Lieferrisiken zu minimieren und Skaleneffekte nutzen zu können.

Die strategische Standortwahl sollte mit den Zulieferern, Kunden und Know-how-Partnern gemeinsam in Angriff genommen werden – zunächst unabhängig von der Frage, welches der Unternehmen in der Umsetzungsphase die operative Verantwortung tragen wird. Bei der Verlagerung durch Fremdvergabe (als einer Form zur Umsetzung) wird das betreffende Unternehmen erst durch die Produktion in der Zielregion Teil des Netzwerks. Bei der Analyse von Standortoptionen und der Planung der Migration ist dabei auch darauf zu achten, dass **Kosten und Nutzen** in einem sinnvollen Verhältnis zueinander stehen. Die realitätsnahe Abbildung der wirtschaftlichen und operativen Verhältnisse bedingt personellen Aufwand und bedarf Zeit. Der Grad der Detaillierung sollte sich daher strikt nach dem Verhältnis von Zusatznutzen und dem zusätzlichen Aufwand richten; diese Fokussierung geht in der Praxis allzu oft verloren.

Diese Kriterien werden von bestehenden Ansätzen nur teilweise erfüllt – in vielen Bereichen besteht erheblicher Verbesserungsbedarf. Das folgende Kapitel 4 beschreibt einen konkreten Ansatz, der insbesondere für Großunternehmen mit stark verflochtener Fertigungsnetzwerkstruktur geeignet ist.

Abb. 3.16: Praxisbeispiel: Pragmatische Investitionsrechnung für eine Produktionsverlagerung (in Mio. EUR p. a.)   SCHEMATISCH

| Kostendifferenz zu Basisszenario | 2004 | 2005 | 2006 | 2007 | 2008 | 2009 | 2010 | 2011 | 2012 | 2013 | Total |
|---|---|---|---|---|---|---|---|---|---|---|---|
| Personalkosten | -0,4 | 1,9 | 4,2 | 8,6 | 8,7 | 8,8 | 8,8 | 8,8 | 8,8 | 8,7 | 66,9 |
| Transportkosten | 0,0 | -0,3 | -0,6 | -0,7 | -0,7 | -0,7 | -0,7 | -0,7 | -0,7 | -0,7 | -5,8 |
| **Investitionen und Verkauf von Aktiva** | | | | | | | | | | | |
| Land und Gebäude | -7 | -8,5 | | | | | | | | | -15,5 |
| Maschinen und Anlagen* | -0,9 | -1,7 | -0,2 | | | | | | | | -2,8 |
| Erlös Alt-Werk | | | | 1,5 | 15 | | | | | | 16,5 |
| **Anlauf-, Schließungs-, Transferkosten** | | | | | | | | | | | |
| Training neuer Mitarbeiter | -2,6 | -2,4 | -0,9 | | | | | | | | -5,9 |
| Ext. Produktion/Unterstützung | | -0,6 | -0,6 | -0,3 | | | | | | | -1,5 |
| Abstandszahlungen | -1,1 | -2,1 | -2,3 | -1,3 | | | | | | | -6,8 |
| Bonus-/Motivationszahlungen | -2,4 | -1,6 | -1,0 | | | | | | | | -5,0 |
| Maschinentransfer | | | -0,4 | -0,2 | | | | | | | -0,6 |
| Projektkosten/Risikovorsorge | | | -0,9 | -1,5 | | | | | | | -2,4 |
| **Nominaler Nettozahlungsüberschuss** | -14,4 | -16,7 | -1,6 | 21,3 | 8,0 | 8,1 | 8,1 | 8,1 | 8,1 | 8,0 | **37,1** |
| **Diskontiert (WACC 11 %)** | -14,4 | -15,0 | -1,3 | 15,6 | 5,3 | 4,8 | 4,3 | 3,9 | 3,5 | 3,1 | **9,9** |

**Anzahl Mitarbeiter** im Jahresmittel

| | | 2004 | 2005 | 2006 | 2007 | 2008 | 2009 | 2010 | 2011 | 2012 | 2013 |
|---|---|---|---|---|---|---|---|---|---|---|---|
| Werk A | Facharbeiter | 270 | 180 | 100 | 0 | 0 | 0 | 0 | 0 | 0 | 0 |
| | Angestellte | 65 | 45 | 30 | 0 | 0 | 0 | 0 | 0 | 0 | 0 |
| Werk B | Facharbeiter | 50 | 200 | 320 | 320 | 320 | 320 | 320 | 320 | 320 | 320 |
| | Angestellte | 20 | 70 | 75 | 75 | 75 | 75 | 75 | 75 | 75 | 75 |

**Annahmen** (Kosten pro Mitarbeiter in Tsd. EUR in 2004)

| Arbeitskosten Standort A | Facharbeiter | 30 |
|---|---|---|
| Wachstumsrate 3 % p. a. | Angestellter | 36 |
| Arbeitskosten Standort B | Facharbeiter | 6 |
| Wachstumsrate 10 % p. a. | Angestellter | 12 |

**Annahmen** (Kosten pro Mitarbeiter in Tsd. EUR)

| Boni Standort A | Facharbeiter | 6 |
|---|---|---|
| | Angestellter | 12 |
| Abstandszahlungen | Facharbeiter | 20 |
| | Angestellter | 22 |

\* Soweit zahlungswirksam
Quelle: McKinsey

## In zehn Jahren zum globalen Unternehmen – Investitionsentscheidungen bei der Deutschen Post World Net

Der Konzern Deutsche Post World Net (DPWN) ist mit einem Umsatz von 43,17 Milliarden Euro und 380.000 Mitarbeitern das weltweit größte Logistikunternehmen und wird diese Position durch die geplante Akquisition von Exel weiter ausbauen. Das Unternehmen bietet unter den Marken Deutsche Post und DHL nahezu alle Logistikdienstleistungen an – vom Briefversand bis zum Transport per Seecontainer. Die Deutsche Post World Net verfolgt seit Mitte der 90er Jahre eine offensive Internationalisierungsstrategie. Heute werden mehr als 50 Prozent des Umsatzes außerhalb Deutschlands erwirtschaftet, Tendenz steigend.

Produktionsstandorte sind für Logistikunternehmen primär Sortierzentren, Depots und Lager, über welche Briefe, Pakete, Expresssendungen und Paletten umgeschlagen werden. Die Deutsche Post World Net hat in den vergangenen Jahren zahlreiche Entscheidungen über Großinvestitionen getroffen, z. B. für die Luftlogistikzentren in Leipzig und Wilmington, USA. Für die Vorbereitung von Investitionsentscheidungen nutzt das Unternehmen ein zentrales Regelwerk und stellt damit eine einheitliche Bewertung sicher (Abbildung 3.17).

### Transparenz schaffen – Entscheidungsvorlagen für Investitionsprojekte

Zur Bewertung von Investitionsvorhaben wird bei der Deutschen Post World Net im Kern die Kapitalwertmethode angewendet. Bei Rationalisierungsinvestitionen werden Einsparungen als positive Zahlungsstromdifferenz gewertet. Der Betrachtungshorizont ist die anzugebende Projektdauer; Unendlichkeitswerte werden in der Regel nicht berücksichtigt. Alle zukünftigen Ausgaben, die durch die Investitionsentscheidung bindend werden (z. B. für langfristige Mietverhältnisse), werden in der Rechnung kapitalisiert. Für die Kapitalisierung wird dabei mit dem marginalen Fremdkapitalzins ein geringerer Zinssatz als für die Abzinsung von Erträgen und Einsparungen genutzt. Dadurch wird eine einheitliche Bewertung von Kauf- und Mietoptionen gewährleistet und gleichzeitig – im Sinne kaufmännischer Vorsicht – konservativ gerechnet.

Abb. 3.17: Investitionsplanungs- und Entscheidungsprozess bei Deutsche Post AG    SCHEMATISCH

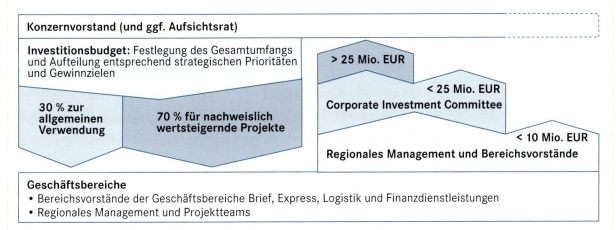

Quelle: Deutsche Post AG

Für jedes Investitionsvorhaben wird je ein Szenario bei pessimistischer, neutraler (wahrscheinlichster) und optimistischer Beurteilung des Wettbewerbsumfelds untersucht. Die Wirtschaftlichkeitsanalyse ist nach drei Kategorien strukturiert: Projektkosten, Umsatzeffekte und Kosteneinsparungen. Die Kategorien sind weiter differenziert.

So sind bei Umsatzeffekten sowohl erwartete Mengen- wie Preiseffekte getrennt zu spezifizieren. Eine Tabellenkalkulation zur Bewertung der Wirtschaftlichkeit *(Business Case Calculator)* unterstützt die Projektteams und stellt die einheitliche Anwendung der Regeln im ganzen Konzern sicher.

### Entscheidungen treffen – Gremien und Prozesse

Die gesamte Investitionssumme sowie die Aufteilung auf die Geschäftsbereiche werden durch den Konzernvorstand festgelegt *(Top-down-Vorgabe)*. Die Geschäftsbereiche haben dabei die Verpflichtung, 70 Prozent der Summe durch konkrete Projekte zu hinterlegen und diese in die entsprechenden Gremien einzubringen.

Investitionsvorhaben werden durch die Geschäftsbereiche vorbereitet. Die Vorschläge sind mit den Zentralbereichen Einkauf, Immobilien, IT und Finanzen/Leasing abzustimmen, wenn Kriterien erfüllt sind, die eine Abstimmung sinnvoll erscheinen lassen. Dadurch wird sichergestellt, dass die Expertise der Fachabteilungen genutzt wird und Synergien zwischen den Investitionsvorhaben unterschiedlicher Geschäftsbereiche gehoben werden. Die Prüfung der Investitionsvorhaben durch zentrale Gremien stellt auch sicher, dass diese den Vorgaben der strategischen Zielsetzung entsprechen (Abbildung 3.18).

**Abb. 3.18: Gremien auf der Ebene des Konzernvorstands bei Deutsche Post AG**

**Konzernvorstandsausschüsse**

| Investition und Beschaffung | Mergers & Acquisitions (seit 1986) |
|---|---|
| • Vorstände: Finanzen, Express, Europa, Logistik/Corporate Services<br>• Bereichsleiter: Controlling, Einkauf | • Vorstände: Vorsitzender, Finanzen<br>• Bereichsleiter: Konzernstrategie, Finanzen, Recht |

Quelle: Deutsche Post AG

### Erfahrungen mit Auslandsinvestitionen – ein Gespräch mit Dr. Edgar Ernst, Mitglied des Vorstands Deutsche Post AG

*Dr. Ernst, Unternehmen verfügen nur über begrenzte Investitionsmittel: Wie werden bei der Deutschen Post World Net Prioritäten gesetzt?*

Anfänglich sind tatsächlich mehr Ideen als Geld vorhanden. Zunächst bestimmen wir daher, wie groß das Investitionsvolumen in Summe sein soll. Wir orientieren uns dabei auch an dem Kreditrating, das wir von den Agenturen erhalten wollen und berücksichtigen daher nicht nur die Finanzverbindlichkeiten, sondern auch Pensionen und sonstige Verpflichtungen.

Dr. rer. pol. Edgar Ernst ist seit 1992 Mitglied des Vorstands der Deutsche Bundespost Postdienst und nachfolgend der Deutschen Post AG. Er ist damit einer der dienstältesten Finanzvorstände eines im DAX gelisteten Unternehmens. Dr. Ernst sprach mit dem Autor über die praktischen Erfahrungen mit Auslandsinvestitionen.

Quelle: Deutsche Post AG

Zur Festlegung der Prioritäten treffen wir uns einmal jährlich zur Klausur. Im Durchschnitt ergab die Planung in den vergangenen Jahren ein Volumen von etwa 1,8 Milliarden Euro. Das sind immerhin etwa 7 Millionen Euro pro Werktag.

*Wie wird diese Top-down-Planung dann umgesetzt?*

Die Vorstände stimmen die *Top-down-Planung* in ihren Geschäftsbereichen ab und setzen so die strategischen Prioritäten des Vorstands um. *Bottom-up* ist die Fachseite (d. h. Bereichsvorstände und das regionale Management) federführend. In der Logistik geht es bei Investitionen meist um Gebäude und oft um Sortieranlagen. Deshalb sind auch die Bereiche Einkauf und Immobilien einzubinden.

Die Einbindung der Zentralfunktionen wurde oftmals zunächst kritisch gesehen. Aber zunehmend zeigt sich auch dort, dass wir an Leistungsfähigkeit gewonnen haben. Nehmen Sie das Projekt in Wilmington, wo wir gerade einen Hub, also einen zentralen Umschlagpunkt, zur Erweiterung des Luftnetzwerks bauen. Im Nachhinein geben uns die Projektmitarbeiter vor Ort Recht: Durch die Kompetenz des Einkaufs und die Nutzung der Standards, die wir bereits zentral mit Siemens Dematic als Zulieferer vereinbart hatten, konnten wir die Sortiertechnik 15 Prozent günstiger beschaffen als ursprünglich veranschlagt.

*Bei der Deutschen Post World Net ist der Konzernvorstandsausschuss für Projekte mit einem Volumen von mehr als 10 Millionen Euro zuständig; bei über 25 Millionen Euro wird darüber hinaus im gesamten Konzernvorstand beraten. Warum sind diese Grenzen so definiert?*

Wir haben eine ABC-Analyse über unsere Investitionsprojekte gemacht und sind dabei zu dieser Aufteilung gekommen, die natürlich immer ein Stück weit willkürlich ist. Zielsetzung ist die richtige Fokussierung, da braucht man einen praktikablen Filter.

*Wie stellen Sie sicher, dass Investitionsvorhaben wirtschaftlich sinnvoll sind?*

Insgesamt ist die Gestaltung des Vorbereitungs- und Entscheidungsprozesses wichtiger als die Zahlen für ein konkretes Projekt. Durch die Verankerung geeigneter Entscheidungsprozesse und Bewertungsregeln ist die Qualität der eingebrachten Vorlagen bereits gut. Wir sind hier in vielen Bereichen bereits sehr weit; im Projektcontrolling können wir noch besser werden, daran arbeiten wir. Die Erfahrung lehrt doch: Wenn ein Investitionsvorhaben verabschiedet ist, hört man erst einmal nichts mehr davon. Deshalb fehlt bei manchen Themen dann die erforderliche Management Attention, wenn sie gebraucht wird. Um diesem Phänomen zu begegnen, lassen wir Großprojekte nun typischerweise im Drei-Monats-Rhythmus berichten. Dort werden schriftlich sowohl quantitative als auch qualitative Aspekte des Projektfortschritts dargestellt. Eine Ampel signalisiert den Gesamtstatus. Das Projekt „Luftlogistikzentrum Wilmington" beispielsweise – das kann ich bereits heute sagen – werden wir termingerecht abschließen, wenn nicht sogar etwas früher.

*Dr. Ernst, über ihren Tisch sind Hunderte wenn nicht Tausende von Entscheidungsvorlagen gegangen. Welches sind die Informationen und Kennzahlen bei Investitionsentscheidungen, auf die Sie als Erstes schauen?*

Ich möchte zunächst das Thema verstehen, deshalb lese ich die zusammenfassende Projektbeschreibung. Danach schaue ich auch auf die Zahlen, wobei mich dabei weniger eine konkrete Zahl interessiert, sondern eher die Entwicklung maßgeblicher Kennzahlen über einen gewissen Zeitraum. Dazu gehören CapEx, also die Investitionen, und Expenses, also die zahlungswirksamen Aufwendungen, und sonstige Effekte, insbesondere in den ersten drei Jahren, und zwar in absoluten Zahlen. Interessant ist auch, welcher Anteil der Ausgaben bereits durch Rückstellungen abgedeckt ist.

*Die Deutsche Post World Net engagiert sich bei Kooperationen im Ausland immer sofort mit einem Kapitalanteil. Welches sind die Überlegungen hinter dieser Strategie?*

Unsere Strategie ist es, immer die Mehrheit an Unternehmen zu halten, sie nachfolgend zu 100 Prozent zu erwerben und dann zu integrieren. Diese Strategie lässt sich aber nicht immer sofort verwirklichen: Wir sind beispielsweise noch dabei, den Expressdienst Bluedart in Indien zu erwerben. Securicor SOE in Großbritannien, ein Unternehmen mit Express-, Paket- und Stückgutnetzwerk, hatten wir zunächst nur zu 50 Prozent erworben – aus steuerlichen Gründen.

Grundsätzlich versuchen wir jedoch stets, die Mehrheit zumindest auf längere Sicht zu übernehmen. In Spanien haben wir beispielsweise über *Put- und Call-Optionen* sichergestellt, dass wir sukzessive die Mehrheit an dem Logistikunternehmen Guipuzcoana übernehmen konnten In einer Netzwerkindustrie ist die Mehrheit an den Knotenpunkten erforderlich. Ein verlässliches System lässt sich nicht aufbauen, wenn Ihnen die Partner weglaufen können. Auch ein *Re-Branding* und die operative Integration sind in der Regel nur möglich, wenn Sie Unternehmen vollständig erwerben.

Finanzinvestitionen hingegen sind aus unserer Sicht nicht erstrebenswert. Sie haben auch keine Außenwirkung, da beispielsweise Umsätze nicht konsolidiert werden. Nur wenn rechtliche Gründe gegen eine Mehrheitsbeteiligung sprechen und klare Vorteile erkennbar sind, denken wir auch über Finanzinvestitionen nach. An Sinotrans halten wir z. B. eine Minderheitsbeteiligung. Wir haben uns dadurch faktisch einen Sitz im Board gekauft, das auch die Aufsicht über das Joint Venture hat, welches wir mit Sinotrans betreiben. Wir sichern uns dadurch den notwendigen Zugang zu wichtigen Informationen.

*Wie beurteilen Sie diese Strategie der Mehrheitsbeteiligung und Integration in der Rückschau?*

Sie war mit Sicherheit richtig. Nehmen Sie das Beispiel DHL: Dort haben wir schrittweise den hundertprozentigen Erwerb erreicht. Das Wertsteigerungsprogramm STAR wäre sonst nicht durchführbar gewesen.

*Die Deutsche Post World Net expandiert stark im Ausland. In Sydney werben Rettungsschwimmer für DHL, in Delhi sieht man die dort typischen Minibusse mit DHL-Logo. Das Unternehmen hat weitergehende Wachstumsambitionen angedeutet, gerade auch in Asien. Wie wollen Sie diese erreichen?*

Wir haben derzeit einen Marktanteil an Transportleistungen von und nach Asien von ca. 27 Prozent, innerhalb Asiens liegt dieser Anteil sogar bei 40 Prozent. Unser Investitionsfokus liegt derzeit auch deshalb im Ausland, weil wir im Inland an unsere Grenzen stoßen. Wir haben hier in den 90er Jahren massiv investiert und dadurch neue Plattformen geschaffen. Bei Zukäufen sind wir begrenzt, das hat auch die Entscheidung des Kartellamts zu Trans-o-Flex gezeigt.

In Asien würde ich gern noch mehr akquirieren, es gibt jedoch nicht genug lohnenswerte *Targets*. In China wollen wir beispielsweise Städte auch mit landbasierten Transporten verbinden und entsprechende Leistungen anbieten. Dieses Angebot müssen wir selbst aufbauen, weil es einfach kein entsprechend ausgerichtetes Unternehmen gibt, das wir kaufen könnten.

*Welche Maßstäbe legen Sie an, um die spezifischen Risiken in Niedriglohnländern zu adressieren und welche Erfahrungen haben Sie dort gemacht?*

Bei der Bewertung verwenden wir generell die *Discounted-Cashflow-Methode*. Bei Investitionen in Ländern mit höheren Risiken erwarten wir auch einen höheren Zins.

Mit DHL haben wir auch über IT-Zentren direkte Erfahrungen in Niedriglohnländern gemacht, zuletzt durch die Verlagerung des europäischen Zentrums von London nach Prag. Das hat gut funktioniert, weil wir in Prag gut ausgebildete Mitarbeiter gewinnen konnten, die oft sogar dreisprachig sind. Insgesamt ist die Personalverfügbarkeit für die Qualifikationen, die wir brauchen, an vielen Niedriglohnstandorten jedoch kritisch. Das mag für Unternehmen anders sein, die einfache Montagearbeiten und Ähnliches ausführen. Wenn es um Einsparungen geht, darf man jedoch nicht immer nur an die Arbeitskosten denken. Auch bei den Mieten haben wir in Prag im Vergleich zu London deutlich weniger zu zahlen.

Die Verlagerung komplexer Prozesse verläuft allerdings nicht immer so reibungslos wie im genannten Beispiel. Ich habe vor einigen Jahren ein Projekt betreut, in dessen Rahmen IT-Leistungen nach Indien verlagert werden sollten. Das hat nicht funktioniert; die Kommunikation und die Abstimmung zwischen den Mitarbeitern waren einfach nicht ausreichend. Das einzig wirklich Wertvolle an diesem Projekt war die gewonnene Erfahrung.

## Zum Weiterlesen

Coenenberg, A. G. *Jahresabschluß und Jahresabschlußanalyse.* 16. Auflage. Landsberg/Lech: Verlag moderne industrie, 1997.

Coenenberg, A. G. *Kostenrechnung und Kostenanalyse.* 5. Auflage, Stuttgart: Schäffer-Pöschel Verlag, 2003.

Drexl, A., B. Fleischmann, H.-O. Günther, H. Stadtler und H. Tempelmeier. Konzeptionelle Grundlagen kapazitätsorientierter PPS-Systeme. In: *Zeitschrift für betriebswirtschaftliche Forschung,* Vol. 46 (1994), S. 1022–1045.

Eversheim, W. und G. Schuh. Betriebshütte – Produktion und Management. Berlin u. a.: Springer, 1996.

Owen, S. H. und M. S. Daskin. Strategic Facility Location: A Review. In: *European Journal of Operational Research,* Vol. 111 (1998), S. 423–447.

Perridon, L. und M. Steiner. *Finanzwirtschaft der Unternehmung.* 10. Auflage. München: Verlag Vahlen, 1999.

## Anhang: Investitionsrechenverfahren

### A.3.1 Statische Investitionsrechenverfahren

Statische Verfahren unterstellen einen stetigen Geschäftsverlauf und ignorieren damit die Zeitdifferenzen (z. B. zwischen Aus- und Einzahlungen). Betrachtet wird das Geschäftssystem im eingeschwungenen stabilen Zustand.

*(1) Kostenvergleichsrechnung*

Dieses Verfahren vergleicht unterschiedliche Standortkonfigurationen auf der Basis ihrer Kosten bzw. Aufwendungen. Entscheidend dabei ist die Definition der einfließenden Elemente der Kosten- und Leistungsrechnung. Unregelmäßig auftretende Ausgaben, z. B. Investitionen, werden dabei nicht direkt, sondern über Kosten und Aufwendungen, z. B. Abschreibungen, erfasst. Typischerweise[37] berücksichtigt werden Aufwendungen für Arbeitnehmer, Material, den Betriebsmittelerhalt (z. B. externe Instandhaltungsleistungen), Mieten und Abschreibungen sowie kalkulatorische Kosten, z. B. Kapitalkosten. Bei der internationalen Standortwahl sind ferner transaktionale Aufwendungen und Kosten relevant, die durch die Produktströme zwischen Standorten bedingt sind. Dies sind Transportkosten, Zölle und die Opportunitätskosten durch zusätzliche Bestände.

Die Kostenvergleichsrechnung eignet sich zum Vergleich mehrerer Standortkonfigurationen unter vergleichbaren Randbedingungen. Insbesondere muss von gleichen Annahmen hinsichtlich der Absatzmengen und Marktstruktur ausgegangen werden. Die statische Kostenvergleichsrechnung zeigt Schwächen in zwei Bereichen. Erstens sind Durchschnittswerte anzusetzen, die bei einer trendartigen Entwicklung den wahren Verlauf nur sehr ungenau widerspiegeln. Zweitens wird durch eine Betrachtung auf der Basis von Kosten oder Aufwendungen (d. h. nur einer Seite der betrieblichen Erfolgsrechnung) nur eine relative Wirtschaftlichkeit gegenüber anderen Handlungsop-

---

*37 Vgl. Perridon (1999), S. 40.*

tionen ermittelt, die keine direkten Rückschlüsse auf die Wirtschaftlichkeit des Projektes und die Kapitalrentabilität der Investition zulässt. Erst der Vergleich eines Vorhabens mit der unveränderten Weiterführung des Geschäftsbetriebs ohne die Investition erlaubt eine absolute Bewertung der Wirtschaftlichkeit.

*(2) Gewinnvergleichsrechnung*

Die Gewinnvergleichsrechung unterscheidet sich von der Kostenvergleichsrechnung in so weit, als dass beide Seiten der betrieblichen Erfolgsrechnung (z. B. Aufwendungen und Erträge) berücksichtigt werden.

Die Gewinnvergleichsrechung eignet sich im Rahmen der Standortwahl insbesondere dann, wenn eine funktionenübergreifende Entscheidung erforderlich ist. Beispielsweise könnte ein Markteintritt in den USA für ein in Deutschland ansässiges Unternehmen nur im direkten Zusammenhang mit einer Fertigung in den USA sinnvoll sein. Die Entscheidungen zu Markteintritt (Ertrag / Leistung) und Produktionsstandort (Aufwand / Kosten) wären damit gekoppelt. Voraussetzung für eine sinnvolle Anwendung des Verfahrens ist es, dass die Zurechenbarkeit von Aufwendungen und Erträgen bzw. Kosten und Leistungen zu der konkreten Investitionsentscheidung möglich ist

*(3) Rentabilitätsvergleichsrechung*

Die Rentabilitätsvergleichsrechnung bezieht im Vergleich zur Gewinnvergleichsrechnung zusätzlich noch das eingesetzte Kapital mit ein und stellt den Jahresgewinn einer Investition zu diesem ins Verhältnis[38].

Die Rentabilitätsvergleichsrechnung teilt die Probleme der vorgenannten Verfahren. Der Einsatz der Rentabilität des eingesetzten Kapitals als Bewertungskriterium erscheint insbesondere dann sinnvoll, wenn die Möglichkeiten der Unternehmung zur Refinanzierung begrenzt sind. Bei Unternehmen mit einfachem Zugang zu Eigenkapital (z. B. durch die Emission von Aktien) oder Fremdkapital (z. B. aufgrund hoher Solvenz und Eigenkapitalquote) erscheint die Eignung der Kapitalrentabilität als einziger Zielwert fraglich. Eine Fixierung auf eine maximale Kapitalrendite könnte u. a. eine Beschränkung auf momentan profitable Nischen bewirken, die langfristig nicht alleine haltbar sind.

*(4) Amortisationsrechnung (statisch)*

Die Amortisationszeit *(payback period)* in statischer Betrachtung ergibt sich als Quotient der Anfangsinvestition und dem erwarteten, durchschnittlichen, durch die Investition generierten Einnahmeüberschuss. Die Amortisationszeit als Indikator der Wirtschaftlichkeit von Investitionsvorhaben und des damit verbundenen Risikos hat in der Praxis hohe Relevanz, wobei diese Bewertung auch die dynamische Amortisationsrechnung mit einschließt.

## A.3.2 Dynamische Investitionsrechenverfahren

*(5) Amortisationszeit (dynamisch)*

Die Amortisationszeit *(payback period)* in dynamischer Betrachtung ergibt sich als Zeitpunkt, an dem die kumulierten, durch die Investition generierten Einzahlungsüberschüsse die Anfangsinvestition kompensieren.

Aus der Amortisationszeit können sowohl Rückschlüsse hinsichtlich der Wirtschaftlichkeit wie des Risikos eines Projektes gezogen werden. Eine kürzere Amortisationszeit zeigt eine geringere Abhängigkeit von Ereignissen in der ferneren Zukunft an, deren Vorhersage im Allgemeinen einer höheren Unsicherheit unterliegt.

*(6) Kapitalwertmethode*

Die Kapitalwertmethode ermittelt den Kapitalwert C der mit dem zu bewertenden Investitionsvorhaben in Zusammenhang stehenden Zahlungsströme. Die Netto-Einzahlungen einer Periode werden dabei auf den Betrachtungszeitpunkt abgezinst und kumuliert.

$$C = \sum_{t=0}^{T} \frac{(E_t - A_t)}{(1+z)^t} \cong \sum_{t=1}^{T} \frac{E_t^{netto}}{(1+z)^t} - I_0 \qquad (A.2.1)$$

---

[38] Vgl. Perridon (1999), S. 51.

*Anhang: Investitionsrechenverfahren*

$C$: Kapitalwert
$E_t$: Einzahlungen in Periode $t$, d. h. Bar-Umsätze, Begleichung von Verbindlichkeiten durch Kunden, Einzahlungen aus Veräußerungen etc.
$A_t$: Auszahlungen in Periode $t$, d. h. zahlungswirksame Aufwendungen, CapEx etc.
$I_0$: Anfangsinvestition (einschl. Einmal-Aufwand)
$z$: Zins

*(7) Interne Zinsfußmethode*

Der interne Zinsfuß stellt die Verzinsung des eingesetzten Kapitals über die Laufzeit des Investitionsprojektes dar. Dabei wird davon implizit ausgegangen, dass rückfließende Mittel zum gleichen Zins angelegt werden können.

Die Ermittlung des Zinsfusses $r$ ist insofern schwierig, als dass eine Gleichung n-ten Grades vorliegt, die allerdings für typische Parameter durch einige Iterationen des Newton-Verfahrens bzw. durch Interpolation von Schätzungen von $r$ in hinreichender Genauigkeit lösbar ist.

$$0 = \sum_{t=0}^{T} \frac{(E_t - A_t)}{(1+r)^t} \quad (A.2.2)$$

$r$: Interner Zinsfuß

*(8) Annuitätenmethode*

Die Annuitätenmethode ist nicht nur hinsichtlich der Bewertung einer Investition hilfreich, sondern auch bei der Gewinnplanung. Die Annuität stellt den gleichmäßigen, durch die Investitionen induzierten Einzahlungsüberschuss dar, d. h. den Mittelrückfluss nach Berücksichtigung von Zins- und Tilgungszahlungen einer hypothetisch vollständig zum Zins $z$ (fremd) finanzierten Investition.

$$A = \left(\sum_{t=0}^{T} \frac{(E_t - A_t)}{(1+z)^t}\right) \cdot \frac{(1+z)^n \cdot z}{(1+z)^n - 1} \quad (A.2.3)$$

$A$: Annuität, d. h. gleich bleibender Betrag, der nach Tilgung und Verzinsung in jeder Periode als Teil des freien Cashflow zur Verfügung steht[39].

*(9) Modifizierte Kapitalwertmethode zur Beurteilung von Rationalisierungsinvestitionen*

Das modifizierte Kapitalwertverfahren zur Beurteilung von Rationalisierungsinvestitionen ähnelt der Kostenvergleichsrechnung insoweit, als nur Auszahlungen (bei der Kostenvergleichsrechnung: Kosten oder Aufwendungen) betrachtet werden und damit eine weitgehende Entkoppelung von Fragestellungen der Produktion und des Absatzes erfolgt. Dabei ist das Verfahren nur zur relativen Bewertung von Alternativen geeignet, wobei als Vergleichsbasis auch der strukturelle *status quo* herangezogen werden kann, d. h. der Weiterbetrieb der derzeit existierenden Produktionsstruktur. Analog besteht die Möglichkeit einer *ceteris paribus* Betrachtung durch Annahme konstanter marktseitiger Parameter, d. h. gleich bleibender Einzahlungen in allen Alternativszenarien. Praktisch wird diese Nebenbedingung oft durch die Vorgabe eines einheitlichen Lieferprogramms für alle betrachteten Szenarien implementiert, d. h. konstante zu liefernde Stückzahlen je Markt vorgegeben. Die Annahme gleicher Stückzahlen je Periode und Markt ist eine wichtige Voraussetzung für die Aufrechterhaltung der relativen Vergleichbarkeit von Szenarien bei der Anwendung dieses Verfahrens.

$$C^* = \sum_{t=0}^{T} \frac{(A_t^B - A_t)}{(1+z)^t} \cong \sum_{t=1}^{T} \frac{E_t^{netto}}{(1+z)^t} - I_0 \quad (A.2.4)$$

$C^*$: Kapitalwert der Zahlungsstromdifferenz
$A_t^B$: Auszahlungen im Basis-Szenario in der Periode $t$, d. h. zahlungswirksame Aufwendungen, Re-Investitionen etc. bei struktureller Belassung des *status quo*
$A_t$: Auszahlungen in der Periode $t$, d. h. zahlungswirksame Aufwendungen, Investitionen, Re-Investitionen etc., bei Tätigung der Rationalisierungsinvestition
$E_t^{netto}$: Netto-Einsparungen (Einzahlungsüberschuss des Projekt-Effekts)
$I_0$: Anfangsinvestition (einschl. Einmal-Aufwand)
$z$: Zins

---

39 Vgl. Perridon (1999), S. 67.

Tobias Meyer, Frank Jacob

# 4 Gestaltung globaler Produktionsnetzwerke

## Zusammenfassung

In nahezu allen Industrien kann durch globale Produktion ein bedeutender strategischer Wettbewerbsvorteil erzielt werden. Unternehmen können durch eine umfassende Neugestaltung des Produktionsnetzwerks langfristig Einsparungen erzielen, die in der Regel etwa 20 bis 40 Prozent der Herstellkosten betragen. Die Globalisierung von Produktion und Einkauf schafft auch die Plattform für den Eintritt in neue Märkte. Allerdings erfordert die Planung und Implementierung einer nachhaltigen Globalisierungsstrategie auch deutliche Anstrengungen, die häufig unterschätzt werden.

Um das Potenzial einer globalen Produktion auszuschöpfen, ist ein integrierter Ansatz erforderlich, der die ganze Wertschöpfungskette umfasst und die Fertigungstechnik und organisatorischen Prozesse explizit mit in Betracht zieht. Die Bewertung von Verbesserungspotenzialen sollte auch bestehende Standorte einschließen. Diesen im internen Wettbewerb gleiche Chancen einzuräumen ist auch deshalb sinnvoll, weil eine umfassende Restrukturierung oft kaum finanzierbar ist. Allerdings sollte der Vergleich bestehender Werke mit neuen Alternativen auf Basis eines langfristig angelegten Kostenvergleichs erfolgen. Eine ausschließliche Orientierung an den marginalen Kosten oder Ausgaben ist zu kurzsichtig.

Die Betrachtung des gesamten Produktionsnetzwerks stellt aus Sicht des Einzelunternehmens eine integrierte Optimierung der Konfiguration eigener Standorte und der Beschaffung dar. Kriterium für die Neugestaltung sind daher nicht die Fertigungskosten des einzelnen Prozessschritts, sondern die Kosten des gesamten Netzwerks. Nicht alle attraktiven Optionen sind dabei auch ohne Weiteres umsetzbar, insbesondere wenn der Anpassungsbedarf des bestehenden Netzwerks sehr groß ist. Daher ist die Transparenz der finanziellen Implikationen verschiedener Optionen und der Zielkonflikte beispielsweise zwischen einer kurzen Amortisationsdauer und hohen langfristigen Einsparungen überaus wichtig.

## Kernfragen Kapitel 4

- Wie erkennen Unternehmen, wann in welchen Geschäftsbereichen ein Überdenken der Standortstruktur erforderlich ist?
- Welche Grundsätze sollten bei der Neugestaltung von Produktionsnetzwerken beachtet werden?
- Warum ist die Abstimmung zwischen der eigenen Standortwahl und der Globalisierung der Beschaffung wichtig und wie wird diese Abstimmung erreicht?
- Welches Vorgehen empfiehlt sich bei einer umfassenden Neugestaltung des Produktionsnetzwerks?
- Wie kann die Fertigung so abgebildet werden, dass eine realistische Bewertung der Kosten für alle (potenziellen) Standorte möglich ist?
- Wie sollte ein strategisches Standortkonzept erstellt werden?
- Welche Vor- und Nachteile haben typische Netzwerkkonfigurationen?
- Wie kann die Migration von der bestehenden Basis aus so gestaltet werden, dass sie für die beteiligten Unternehmen finanziell und operativ machbar ist?

Die Ziele einer Neugestaltung der Standort- und Lieferantenstruktur sind im Allgemeinen klar: Zum einen geht es darum, neue Märkte zu erschließen, zum anderen darum, die Wettbewerbsposition durch niedrigere Herstellkosten zu verbessern.

**Die Erfolge bei der Kostensenkung durch globale Produktion bleiben deutlich hinter den Erwartungen zurück. Unternehmen agieren zu langsam.**

Die bisher von Unternehmen an neuen Standorten erzielte Reduktion der Herstellkosten ist mit durchschnittlich 13 Prozent erstaunlich gering[1] – insbesondere vor dem Hintergrund von Arbeitskostendifferenzen in der Größenordnung von Faktor 10. Unter Berücksichtigung zumeist erhöhter Aufwendungen für die Logistik, für die erschwerte Abstimmung und Einbindung des Standorts in das Unternehmensnetzwerk sowie der Verlagerungskosten ist der Netto-Einspareffekt in den meisten Fällen sogar noch deutlich kleiner. Ein Export vom neuen Standort in bestehende oder zu erschließende Märkte ist unter diesen Bedingungen in der Regel kaum attraktiv. Eine der wesentlichen Ursachen für die relativ geringen Einsparungen wurde in Kapitel 3 identifiziert: Die Anwendung konventioneller Verfahren der Standortplanung bewirkt Entscheidungen, die zu höheren Kosten an den Schnittstellen in Produktionsnetzwerken führen und nicht alle Optimierungshebel berücksichtigen. Daher bleiben Auslandsstandorte häufig sowohl hinsichtlich ihrer Kostenposition als auch hinsichtlich der Leistungsfähigkeit als Triebfeder der Markterschließung hinter ihren Möglichkeiten zurück.

Das **strategische Standortkonzept** kann die erforderliche Abstimmung im Produktionsnetzwerk herbeiführen und als Masterplan für die Globalisierung dienen. Dieses Kapitel beschreibt konkret die Schritte, die erforderlich sind, um im unternehmensspezifischen Kontext eine Globalisierungsstrategie für die Produktion zu erstellen und umzusetzen. Der Ansatz

---

*1 Vgl. Ergebnis der ProNet-Umfrage.*

basiert auf den in Kapitel 3 dargestellten Erkenntnissen über die Stärken und Schwächen bestehender Ansätze. Ferner flossen bei der Entwicklung des Konzepts die Erfahrungen zahlreicher Manager ein, die zu den Entscheidungs- und Erfolgskriterien bei Standortwahl und -aufbau befragt wurden. Nicht zuletzt wurde der Ansatz in zahlreichen Projekten genutzt und auf Basis der Erfahrungen weiterentwickelt.

## 4.1 Ganzheitlicher Ansatz zur Neugestaltung von Produktionsnetzwerken

Der nachfolgend dargestellte Ansatz zur Neugestaltung von Produktionsnetzwerken geht in mehreren Dimensionen über konventionelle Ansätze zur Standortplanung hinaus. Der Betrachtungsumfang ist größer und umfasst nicht nur einzelne Werke und Produkte, sondern ganze Fertigungsnetzwerke. Standortauswahl und strategische Beschaffung werden als integrierte Aufgabe verstanden.

Die Anpassung der Fertigungstechnik an die standortspezifischen Gegebenheiten wird ebenso betrachtet wie die Optimierungspotenziale an bestehenden Standorten. Alle relevanten Einflussfaktoren – von Arbeitskosten bis Zöllen – fließen mit in die Bewertung ein. Es wird klar unterschieden zwischen einer Phase zur Festlegung der Zielstruktur *(Greenfield Perspective)* und einer Phase zur Optimierung der Wirtschaftlichkeit der Migration auf Basis des bestehenden Netzwerks *(Brownfield Perspective)*. Zur Optimierung der Zielstruktur wie der Migration wird ein modernes Optimierungsverfahren eingesetzt.

Das Vorgehen stellt sicher, dass relevante Abhängigkeiten mit in die Bewertung einfließen und die Kosten des gesamten Produktionsnetzwerks minimiert werden. Diesen Vorteilen steht ein höherer Aufwand bei der Analyse und Bewertung gegenüber, der sich für diejenigen Unternehmen lohnt, die über eine kritische Größe von zumindest einigen Hundert Mitarbeitern verfügen und einen ausreichenden Veränderungswillen haben. Anderenfalls ist es sinnvoller, einen der einfacheren, in Kapitel 3 beschriebenen Ansätze zu wählen.

### 4.1.1 Grundsätze und Rahmenbedingungen für die Gestaltung von Produktionsnetzwerken

Nur eine Standortstrategie, die an die allgemeine Wettbewerbssituation der jeweiligen Industrie und an die spezifische Wettbewerbssituation des Unternehmens angepasst ist, kann einen nachhaltigen Beitrag zum Unternehmenserfolg leisten. Dennoch gibt es einige allgemein gültige Erkenntnisse darüber, welche Grundsätze bei der Festlegung der Standortstrategie beachtet werden sollten. Diese Grundsätze, die nachfolgend dargestellt werden, basieren auf der Analyse erfolgreich globalisierter Unternehmen und den Erfahrungen von Entscheidungsträgern.[2] Die Validität der Grundsätze wird auch durch die Fallstudien bestätigt, die dieses Kapitel abrunden.

> **Durch eine integrierte Betrachtung der gesamten Fertigungs- und Lieferkette lassen sich deutlich höhere Kosteneffekte erzielen.**

Die vergleichende Analyse einer isolierten Optimierung einzelner Fertigungsschritte wie der Endmontage und einer integrierten Optimierung der gesamten Prozesskette macht deutlich, wie sehr sich die Potenziale beider Ansätze voneinander unterscheiden: Die integrierte Optimierung erzielt im Durchschnitt fast doppelt so hohe Einsparungen (gemessen an den *Total Landed Costs*) wie die isolierte Standortwahl für einzelne Fertigungsschritte. Gleichzeitig nimmt bei einer integrierten Optimierung die Relevanz des Standortfaktors „Arbeitskosten" deutlich zu.

Der Arbeitskosteneffekt zieht sich durch die gesamte Wertschöpfungskette. Aus Sicht des einzelnen Unternehmens wirkt er sich damit auch auf den großen Block der Materialkosten aus, die durch eine Verlagerung der Beschaffungsbasis gesenkt werden. Bei einer isolierten Betrachtung einzelner Fertigungsschritte bewegt sich die Relevanz der Arbeitskosten etwa in der gleichen Größenordnung wie die der Transportkosten oder Zölle.

*2 Vgl. ProNet-Umfrage; vgl. auch Abele (2005b).*

## 4.1 Ganzheitlicher Ansatz zur Neugestaltung von Produktionsnetzwerken

**Mit standortgerechter Fertigungstechnik lassen sich in einigen Fertigungsschritten deutlich höhere Kosteneffekte erzielen.**

Der Anteil der Einsparungen bei der Neugestaltung von Produktionsnetzwerken, der durch standortgerechte Fertigungstechnik erreicht wird, ist abhängig von der jeweiligen Industrie und dem Produkt. Sind unterschiedliche Fertigungsverfahren an verschiedenen Standorten in einigen Industrien wie der Halbleiterfertigung aufgrund der hohen Entwicklungskosten von vornherein unwirtschaftlich, so lassen sich bei der Teilefertigung und Montage von einfachen Konsumgütern in der Regel deutliche Effekte erzielen, wenn unterschiedliche Verfahren genutzt werden. In den vier betrachteten Fallbeispielen (vgl. Abschnitt 4.5) sind zwischen 5 und 80 Prozent der Einsparungen abhängig von der Anwendung alternativer Fertigungsverfahren. Dabei wurden sowohl unterschiedliche Automatisierungsgrade als auch alternative Fertigungsverfahren mit Änderung der Produktionskonstruktion analysiert. Die Produkte haben dabei jeweils eine identische Funktionalität. Die Fallbeispiele belegen, dass die Erweiterung des Technologieportfolios im

**Die Neugestaltung der Standortstruktur sollte proaktiv und – wenn möglich – vor einer umfassenden Globalisierung des Marktes erfolgen.**

Rahmen der Internationalisierung der Produktion unbedingt geprüft werden sollte. Während die Prüfung für einige Unternehmen nur zu einer geringen Anpassung

**Die Betrachtung der gesamten Lieferkette erhöht die Relevanz des Faktors „Arbeitskosten" und die erzielbaren Einsparungen.**

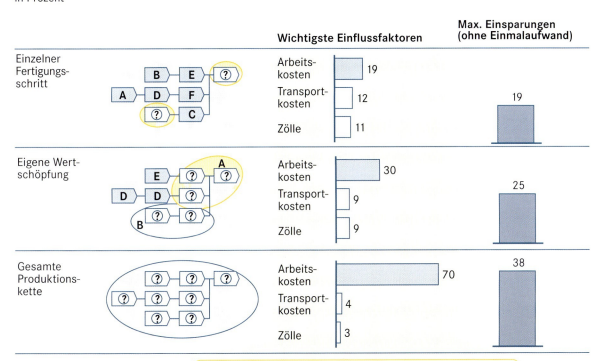

Abb. 4.1: Sensitivitätsanalyse in Prozent

Quelle: ProNet Value Chain Optimizer v9

der Automatisierung des Materialflusses und der Werkstückhandhabung führen wird, werden andere Unternehmen feststellen, dass ihnen der Aufbau von Auslandsstandorten durch die Entwicklung alternativer Fertigungstechnik erheblich erleichtert wird.

Die substanzielle Verlagerung von Produktionskapazitäten in einem Industriesegment bewirkt eine nachhaltige Veränderung der **Industriekostenkurve.** Dadurch ändern sich auch die Wettbewerbsbedingungen und Preisstrategien der beteiligten Unternehmen. Im Ergebnis bewirkt die Preis- und Umsatzentwicklung einen strategischen Vorteil für dasjenige etablierte Unternehmen, das als Erstes seine Produktionskapazitäten in Niedriglohnstandorten ausweitet *(First-Mover Advantage)*. Dieses etablierte Unternehmen hat zumindest in sich kontinuierlich entwickelnden Industrien einen Know-how-Vorteil gegenüber lokalen Wettbewerbern in Niedriglohnländern. Den etablierten Konkurrenten mit Werken in den hoch entwickelten Industrienationen kann sowohl durch Entwicklung und Fertigung von Hightech-Produkten in den Stammwerken als auch durch kostengünstige Fertigung einfacherer Standardprodukte in den Niedriglohnstandorten begegnet werden.

Viele Unternehmen, die den Schritt ins kostengünstigere und marktnahe Ausland zu spät wagen, werden aus dem **Massensegment** verdrängt. Dadurch ist die Erschließung preissensitiver Märkte in stark wachsenden Entwicklungs- und Schwellenländern gefährdet. Ferner müssen FuE-Aufwendungen schneller amortisiert werden, da Produktinnovationen nicht über einen längeren Lebenszyklus in Premium- und nachfolgend in einfacheren Standardprodukten, sondern ausschließlich in Premiumprodukten verwendet werden können. Insbesondere im Maschinen- und Automobilbau wird jedoch die erfolgreiche Präsenz auch in den preissensitiveren Volumensegmenten zunehmend zur Voraussetzung für den gesamten Unternehmenserfolg. Wie das Beispiel Porsche Cayenne zeigt, kann die Partizipation an einer kostengünstigen Massenfertigung an Niedriglohnstandorten auch durch eine Kooperation – im Fall Porsche mit Volkswagen – gesichert werden. So können die Skalen- und Standortvorteile für die kostengünstige Produktion genutzt werden, aber gleichzeitig wird eine Verwässerung des Markenimages vermieden.

Bei einer den Kapitalwert maximierenden Neugestaltung von Produktionsnetzwerken ist in der Regel in den ersten zwei bis drei Jahren nach Beginn der Umsetzung mit signifikant **negativen Erfolgsbeträgen** und Cashflow-Effekten zu rechnen. Unternehmen können dieser Herausforderung – der nachhaltigen Verbesserung der strukturellen Kostenposition bei kurz- und mittelfristiger Belastung durch die Umgestaltung – nur durch rechtzeitiges Handeln begegnen und nicht erst nach einer Erosion der Wettbewerbssituation. Die rechtzeitige strategische Neuausrichtung des Produktionsnetzwerks ist für viele Unternehmen eine existenzielle Notwendigkeit und ein Beitrag zur Sicherung des langfristigen Unternehmenserfolgs.

### 4.1.2 Vorgehensmodell zur Erstellung eines strategischen Standortkonzepts

Das in Abbildung 4.2 dargestellte Vorgehensmodell zur Entwicklung eines strategischen Standortkonzepts beruht auf den beschriebenen Grundsätzen für eine erfolgreiche Neugestaltung von globalen Produktionsnetzwerken und hat sich bereits in zahlreichen Anwendungen bewährt. Im Entscheidungsprozess der Standortwahl – von der groben Vorauswahl bis zur Verabschiedung der Investition für eine konkrete Produktionsstätte – ist das strategische Standortkonzept das Element, welches eine abgestimmte Planung im Produktionsnetzwerk sicherstellt (vgl. Abschnitt 3.1.3). Seine Entwicklung ist gleichzeitig der komplexeste Schritt im Entscheidungsprozess, da eine Vielzahl von Optionen jeweils anhand mehrerer Kriterien bewertet wird.

Das **strategische Standortkonzept** umfasst folgende Elemente:

- Die **Kapazitäten** für **Fertigungsprozesse** und **Produkte** (mit spezifischen Prozessfaktoren) an den bestehenden und potenziellen Produktionsstandorten (mit unterschiedlichen Standortfaktoren)

- Die Auswahl der **standortgerechten Fertigungstechnik** und der Produktkonstruktionen unter Beachtung der wirtschaftlichen Effekte für das gesamte Netzwerk

- Die Entscheidung zwischen der **internen Fertigung** und der **externen Vergabe** an Zulieferer oder Auftragsfertiger mit gegebenenfalls unterschiedlichen Faktorkosten, Produktivitäten usw.

- Die Festlegung von **Lieferbeziehungen**, d. h. der Allokation von Märkten zu Produktionsstandorten und der internen Teileversorgung sowie der sich daraus ergebenden Transporte und Anforderungen an Sicherheitsbestände.

Bei Betrachtung der **Migration** von der bestehenden Standortkonfiguration hin zur Zielstruktur sind zusätzlich diskrete Umsetzungsschritte zu definieren und zu terminieren, d. h., die Zeit ist hier als zusätzliche Dimension zu berücksichtigen.

Das Vorgehensmodell zur Erstellung des strategischen Standortkonzepts besteht aus sieben Modulen sowie der Implementierungs- und Managementphase. Ausgehend von der Analyse des Handlungsdrucks werden die Voraussetzungen für einen fundierten Vergleich der Wirtschaftlichkeit von Standortkonfigurationen geschaffen. Dabei kommt ein Optimierungsmodell zum Einsatz, das nachfolgend detailliert beschrieben und anhand von vier Fallstudien illustriert wird. Die Implementierung wird in den nachfolgenden Kapiteln ausführlich dargestellt: Kapitel 6 – Aufbau eines neuen Produktionsstandorts, Kapitel 7 – Management globaler Produktionsnetzwerke, Kapitel 8 – Beschaffung und Kapitel 9 – Anbindung von Forschung und Entwicklung.

**Modul 1 – strategische Rahmenbedingungen und Zielsetzung:** In diesem ersten Modul werden die Rahmenbedingungen analysiert, unter denen sich die Neugestaltung des Produktionsnetzwerks vollzieht. Dazu ist das Wettbewerbsumfeld grundlegend zu bewerten, Opportunitäten und Risiken für einzelne Ge-

**Ein strukturierter Ansatz sichert maximale Effekte.**

Abb. 4.2: Integrierte Globalisierungsstrategie – Übersicht

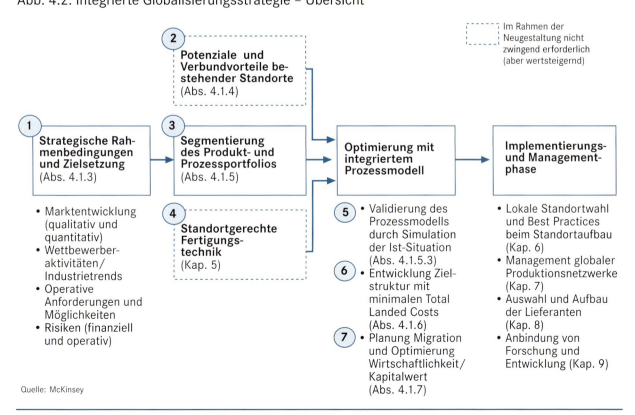

Quelle: McKinsey

schäftsbereiche, Produkte oder Werke sind zu erkennen. Es werden fünf Indikatoren und die zur Einstufung erforderlichen Analysen beschrieben (Abschnitt 4.1.3), die dem Management helfen können, den Handlungsdruck zur Neugestaltung des Produktionsnetzwerks zu bestimmen. Die Notwendigkeit zur Neugestaltung des Produktionsnetzwerks muss sich dabei auch aus den strategischen Zielen des Unternehmens ergeben. Dazu zählen unter anderem Marktanteilsziele in den verschiedenen Marktsegmenten und Regionen, der technologische Anspruch (*Shaper*- vs. *Follower-Strategie*) und die Frage, ob eine „*First-Mover*"- oder „Gemachtes Nest"-Strategie bei der Auswahl von Standorten in Entwicklungs- und Schwellenländern verfolgt werden soll.

**Modul 2 – Potenziale bestehender Standorte:** Das zweite Modul des Vorgehensmodells (vgl. Abschnitt 4.1.4) dient dazu, Potenziale bestehender Produktionsstandorte zu ermitteln. Die potenzielle Verbesserung der Effizienz bestehender Werke, z. B. durch ein Rationalisierungsprogramm mit dem Abbau von Beständen und der Erhöhung der Personal- und Maschinenproduktivität, ist eine Alternative der Weiterentwicklung des Produktionsnetzwerks, die eventuell wirtschaftlicher ist als der Aufbau neuer Auslandsstandorte. Ferner ist der Nutzen der bestehenden Standorte für das gesamte Produktionsnetzwerk über die Fertigung im engeren Sinne hinaus zu beachten. Insbesondere sind dabei Verbundvorteile mit dem FuE-Bereich zu bewerten. Auch die Fähigkeit von Stammwerken zur Prozessinnovation und kontinuierlichen Verbesserung ist wertvoll und kann zur Effizienzsteigerung aller Werke genutzt werden.

**Modul 3 – Segmentierung des Produktionsportfolios:** Das dritte Modul umfasst die Segmentierung des Produkt- und Prozessportfolios (vgl. Abschnitt 4.1.5), es schafft dadurch die erforderliche Struktur für die Bewertung der Wirtschaftlichkeit von Standortkonfigurationen. Die Bedeutung dieses Moduls wird oft unterschätzt. Durch einen zu hohen Detaillierungsgrad der Analyse wird der Entscheidungsprozess verlangsamt. Die Auswahl nicht repräsentativer Fertigungsschritte und Produkte führt zu ungeeigneten Standortvorschlägen.

**Modul 4 – Standortgerechte Fertigungstechnik:** Das vierte Modul (vgl. Kapitel 5) ist ebenso wie die Analyse der Potenziale bestehender Standorte nicht zwingend notwendig, um Produktionsstandorte auszuwählen. Es kann den wirtschaftlichen Nutzen und die Umsetzungsfähigkeit des Konzepts jedoch deutlich vergrößern.

Das Aufzeigen alternativer Produktionsprozesse ist im Kern eine Aufgabe für Fertigungsingenieure, wobei auch die Kenntnis der Produktionsprozesse von Wettbewerbern hilfreich ist. Ziel dieses Moduls ist die Entwicklung zusätzlicher, derzeit nicht im Unternehmen eingesetzter Fertigungstechniken und Produktkonstruktionen.

Die technologischen Alternativen sollen bei unterschiedlicher Faktorkostenstruktur oder geringeren Produktionsmengen wirtschaftlicher sein als die derzeit eingesetzte Fertigungstechnik. Ausgehend von der Produktion an Hochlohnstandorten ist dabei eine Reduzierung der Kapitalintensität, der Fertigungskomplexität und der Fixkosten der Fertigung anzustreben.

**Modul 5:** Das fünfte Modul dient dazu, die Validität des Prozessmodells zu prüfen (vgl. Abschnitt 4.1.5.3). Eine Methode, die sich in der Praxis bewährt hat, ist ein Vergleich der durch das Modell berechneten Gesamtkosten der Produktion (unter Annahme der tatsächlichen Produktionsmengen, Faktorkosten usw.) mit den tatsächlichen Kosten *(Base Case)*. Dabei sollten auch die Kostenstruktur und die Beschäftigtenzahl je Fertigungsschritt abgeglichen werden. Durch den Vergleich wird sichergestellt, dass das Prozessmodell die Realität hinreichend genau abbildet.

**Modul 6:** In den Modulen 6 und 7 wird das eigentliche strategische Standortkonzept erstellt. Die Entwicklung der idealtypischen Zielstruktur anhand einer Kostenvergleichsrechnung folgt dabei in Modul 6 (vgl. Abschnitt 4.1.6) den folgenden Fragen:

- Wie viele Produktionsstandorte werden benötigt?

- Wo soll welcher Fertigungsschritt für welche Produkte angesiedelt sein?

- Welche Implikationen ergeben sich für die eigenen Werke, welche für Zulieferer?

- Wie sieht die Kostenposition eines optimalen Produktionsnetzwerks aus?

**Modul 7:** Aufbauend auf der Kenntnis der Zielstruktur wird in diesem Modul (vgl. Abschnitt 4.1.7) die Migration auf Basis der bestehenden Standortstruktur geplant. Dabei steht die Optimierung der Wirtschaftlichkeit der konkreten Umsetzungsschritte im Mittelpunkt mit folgenden Fragen:

- Wann ist Kapazität für welche Produktionsprozesse an welchen Standorten zu schaffen oder abzubauen?

- Wie beeinflussen Trends bei den Faktorkosten, der Absatzmenge und anderen relevanten Faktoren die Struktur des Produktionsnetzwerks und die Kostenposition?

- Welche finanziellen Implikationen ergeben sich beispielsweise hinsichtlich des Kapitalbedarfs für Investitionen, Restrukturierungsaufwendungen und Anlaufaufwendungen?

**Implementierungs- und Managementphase:** Das letzte Modul des Vorgehensmodells umfasst die Umsetzung auf Werkebene und das fortlaufende Management des Netzwerks. Aufgaben für das lokale Managementteam erstrecken sich dabei vor allem auf die lokale Standortauswahl in der Zielregion, die Vorbereitung der Investitionsvorlage, die detaillierte Planung des Standorts und den Anlauf der Produktion.

Die Auswahl und der Aufbau der Lieferantenbasis fallen dem Einkauf zu, der dazu in der Regel ein lokales Team zusammenstellen sollte. Die Anbindung der neuen Produktionsstätten an Forschung und Entwicklung sollte einer zentralen Prüfung unterzogen werden und ist individuell entsprechend den gefertigten Produkten und den Fertigungsschritten am Standort zu entscheiden. Dies gilt auch für die Gestaltung von Transport- und Bestandsmanagement sowie für die Produktionsplanung. Relevante Themen aus diesen Bereichen werden in den Kapiteln 6 bis 9 vertieft.

## 4.1.3 Strategische Zielsetzung und Rahmenbedingungen

In diesem Abschnitt werden fünf Indikatoren beschrieben, die Unternehmen helfen können, die Dringlichkeit einer Neuausrichtung des Produktionsnetzwerks zu bestimmen. Dabei werden nur die Grundzüge skizziert. Je nach Unternehmenssituation können die Indikatoren für eine einmalige Analyse der Unternehmenssituation genutzt werden oder sie dienen als Basis eines unternehmensspezifischen Kennzahlensystems zur kontinuierlichen Beobachtung des Wettbewerbsumfelds. Unterschieden wird dabei zwischen Frühindikatoren, die es ermöglichen, Chancen und Risiken vorausschauend zu identifizieren, gleichlaufenden Indikatoren, die die aktuelle Position gegenüber Markt und Wettbewerbern transparent machen, und einem Spätindikator.

*4.1.3.1 Indikator 1: neue Märkte und Absatzverlagerung (Frühindikator)*

Die Veränderung der Umsätze in regionalen Märkten kann unterschiedliche Ursachen haben:

- **Kurzfristig** ist der Marktanteil durch die Attraktivität des aktuellen Produktportfolios und der Einführung neuer Produkte bestimmt. Die Größe des Gesamtmarkts ist relativ stabil.

- **Mittelfristig** schwankt das Volumen des gesamten Marktes oftmals mit dem Konjunkturzyklus. Dieser Effekt kann vergleichsweise einfach eliminiert werden.

- **Langfristig** verändern sich Märkte strukturell. Diese Veränderungen sind für Unternehmen bei der strategischen Standortwahl von primärem Interesse.

Sich rasch entwickelnde Volkswirtschaften durchlaufen hinsichtlich der strukturellen Änderungen Phasen, in denen die Nachfrage nach bestimmten Produktsegmenten sehr stark wächst, bis die Sättigung erreicht wird.

In Indien und China ist beispielsweise die Fahrradproduktion für den inländischen Verbrauch nach starkem Wachstum in den 60er und 70er Jahren seit Anfang der 90er Jahre kaum oder nicht mehr gewachsen. Der Fahrradmarkt ist gesättigt und Fahrräder werden in verstärktem Maße durch Motorräder und Autos substituiert (vgl. Abschnitt 2.2.2).

Die strukturelle Veränderung von Märkten hat auch deutliche Implikationen für Unternehmen. Umbrüche müssen frühzeitig erkannt und Marktanteile während der Expansionsphase gewonnen werden. Wie in Kapitel 2 dargestellt, bewerten Entscheidungsträger eine marktnahe Produktion als wichtigen Erfolgsfaktor einer flexiblen und kostengünstigen Marktversorgung.

Entsprechend frühzeitig sollten daher die Implikationen von strukturellen Veränderungen auf der Absatzseite eines Unternehmens bedacht werden. Abbildung 4.3 zeigt beispielsweise die Veränderung der Absatzstruktur eines Druckmaschinenherstellers. Der rapide Anstieg des Auslandsanteils am Absatz wurde bisher nicht durch eine Änderung des Produktionsnetzwerks begleitet.

**Eine Verschiebung des Marktes sollte bei der Standortwahl berücksichtigt werden – dies ist aber nicht immer der Fall.**

Abb. 4.3: Regionale Auftrags- und Mitarbeiterverteilung in Prozent — BEISPIEL: DRUCKMASCHINENHERSTELLER

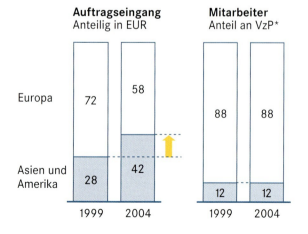

* Vollzeit-Personen
Quelle: Unternehmensdaten, McKinsey-Analyse

*4.1.3.2 Indikator 2: Fähigkeiten und Cluster (Frühindikator)*

Die drei Faktoren „Ausbildung", als Maß für die allgemeinen Fähigkeiten lokaler Mitarbeiter, „Technologieverlagerung von Wettbewerbern" und „Entwicklung von Clustern" sollten von Unternehmen kontinuierlich beobachtet werden. Dabei sind einige Aspekte wie das allgemeine Ausbildungsniveau für alle Industrien relevant, während fachspezifische Kenntnisse und Know-how-Cluster in der Regel einen industriespezifischen Bezug haben.

**Die Entwicklung des Ausbildungsniveaus ist ein wichtiger Indikator für die zukünftige Standortattraktivität, der immer öfter gegen etablierte Industrienationen spricht.**

Die Bedeutung von **Ausbildung** und Forschung für die erfolgreiche wirtschaftliche Entwicklung ist mittlerweile in nahezu allen Nationen anerkannt. Ein hohes Bildungsniveau ist schon heute kein Alleinstellungsmerkmal von westlichen Industrienationen und Japan mehr und wird in zehn Jahren ein noch geringerer Standortvorteil sein. Gerade China, Indien, die Länder Südostasiens und Teile des Mittleren Ostens schließen rasch auf. China hat seine Ausgaben für Bildung von 2,0 Prozent des Bruttoinlandsprodukts in den 90er Jahren auf nunmehr fast 3,5 Prozent gesteigert. Indien hat bezogen auf das BIP traditionell hohe Ausgaben, die mit einem Durchschnitt von etwa 4 bis 5 Prozent in der gleichen Größenordnung liegen wie die der Industrienationen. Saudi-Arabien investiert über 9 Prozent des BIP in die Bildung und versucht dadurch, Bereiche zu entwickeln, die hoch wertschöp-

**Die Technologieverlagerung von Wettbewerbern ist ein starker Indikator für lokale Fähigkeiten.**

fend sind und damit einen hohen Lebensstandard ohne Abhängigkeit von Ölreserven ermöglichen. Auch wenn nach wie vor bei einem erheblichen Anteil von Absolventen in Niedriglohnländern Eignungsprobleme hinsichtlich der Beschäftigung in internationalen Unternehmen erhalten bleiben werden, so erreichen diese Länder durch eine gezielte Spitzenförderung doch, dass eine zunehmende Anzahl hoch qualifizierter Absolventen nach internationalen Standards ausgebildet werden kann.

Wichtig für die Bestimmung lokaler Fähigkeiten ist der **Machbarkeitsnachweis** durch einen Mitbewerber, der beispielsweise eine neue Fertigungstechnologie erstmals in einem Niedriglohnland installiert. Der Machbarkeitsnachweis durch eine erfolgreiche Technologieverlagerung gibt im jeweiligen Kontext sowohl Aufschluss über die unternehmerischen Fähigkeiten des Wettbewerbers als auch über den Standort.

Von besonderem Interesse ist hierbei die Nutzung der lokalen Zuliefererbasis durch Wettbewerber. Die Art der durch Wettbewerber in bestimmten Regionen in Niedriglohnländern vergebenen Zulieferteile gibt Aufschluss über die Fähigkeiten der dort ansässigen Unternehmen. Unter Beachtung der Risiken durch unerwünschten Know-how-Abfluss sollte erwogen werden, die Aufbauarbeit der Wettbewerber mitzunutzen. Daher sollte der Zeitpunkt geprüft werden, ab dem an eine Teilevergabe an Zulieferer in der entsprechenden Region zu denken ist.

## Cluster werden gerade in dynamischen Industrien immer wichtiger.

Komparative Vorteile können sich sowohl zu Gunsten von Niedriglohnstandorten als auch zu Gunsten von Hochlohnstandorten entwickeln. Hochlohnstandorte sind insbesondere bezüglich der reiferen, sich kontinuierlich weiterentwickelnden Industrien im Vorteil, wenn von dem jeweiligen Standort die Deutungshoheit[3] für das Industriesegment ausgeht. An den Vorteilen eines solchen Know-how-Clusters voll zu partizipieren, erfordert häufig auch, mit Teilen der Produktion im Cluster vertreten zu sein. Dabei schreitet die geografische Konzentration der Produktion einzelner Industriesegmente zunehmend voran und ist in stabilen, homogenen Märkten nahezu zwingend.[4]

Singapur und Malaysia ergänzen sich beispielsweise gegenseitig und haben daher als Region gute Rahmenbedingungen für Produzenten von Konsumgüterelektronik. Während in Singapur Know-how für die Herstellung von Halbleitern, die Konstruktion und Vermarktung von Produkten vorhanden ist, können in Malaysia kostengünstig einfache Teile hergestellt und die Geräte montiert und verpackt werden. Obwohl die Region nur einen Anteil von 0,6 Prozent am weltweiten Bruttoinlandsprodukt (BIP) hat, werden hier etwa 10 Prozent der Konsumgüterelektronik wie Mobiltelefone, Drucker, Scanner, Modems und Spielekonsolen gefertigt. Taiwan, als weiteres Beispiel einer im weltweiten Vergleich kleinen Region (Anteil am weltweiten BIP 1,0 Prozent), unternimmt deutliche Anstrengungen, um neben der bereits bestehenden Stärke in der Produktion von aktiven Halbleiter-Bauelementen (Anteil Taiwans an der Weltproduktion etwa 11 Prozent[5]) und LCDs (Anteil an der Weltproduktion von LCD-Panels und -Monitoren etwa 55 Prozent) die Position des Landes in den Bereichen Software und Biotechnologie zu stärken.[6] Es ist wahrscheinlich, dass Taiwan seine Wissensbasis in den Bereichen stärken wird, die gemeinsam mit bereits bestehenden dominanten Bereichen lukrative Synergien ergeben.

Unternehmen sollten die Entwicklung von Clustern sowohl aus Gründen der Know-how- und Mitarbeiterverfügbarkeit als auch aufgrund der in der Regel guten Lieferantenstruktur aktiv beobachten. Die Ansiedelung von Produktion innerhalb eines relevanten Industrieclusters wirkt sich insbesondere dämpfend aus auf die Anlaufkosten, die Kosten für *Expatriates* und oftmals auch auf die Materialkosten. Ferner sind in vielen Fällen positive Effekte im Hinblick auf die Zuverlässigkeit der Materialversorgung, die Maschinenverfügbarkeit und Produktivität festzustellen. Nicht zuletzt fördert die lokale Nähe zu Wettbewerbern den Austausch von *Best Practices* in der Fertigung. Clustereffekte sollten dabei nicht nur in die Überlegungen zur Standortwahl von Hightech-Unter-

---

3 Vgl. Kluge (2003), Kapitel 7: „Schlüsselkonzept Deutungshoheit", S. 339 ff.
4 Vgl. Porter (1998) und Erling (2005).
5 Auf Basis Wafer Starts per month.
6 Vgl. Schulz (2004).

nehmen einfließen. Auch in etablierten Bereichen – von der Automobilzulieferindustrie bis hin zur Textilindustrie – entstehen neue Cluster, die sich in der Regel auf ein Sub-Segment spezialisieren und daher neben etablierten Clustern bestehen können.

*4.1.3.3 Indikator 3: Umsatz- und Kostenanteile je Region (gleichlaufender Indikator)*

Ein auf kontinentaler Ebene unausgewogenes Verhältnis von Produktions-, Beschaffungs- und Absatzvolumina deutet insbesondere bei Gütern mit relativ geringer Wertdichte auf die Notwendigkeit hin, die Produktionsstandortstruktur zu überdenken. Lange Transportwege von den Montagewerken zum Markt erhöhen die Kosten und reduzieren gleichzeitig die Fähigkeit, den Markt flexibel und mit kurzen Lieferzeiten versorgen zu können. Eine signifikante Unausgewogenheit von Währungszonen kann ein weiterer bedeutender Beweggrund sein, über eine Neugestaltung des Produktionsnetzwerks nachzudenken. Die Unausgewogenheit führt zu höheren Risiken aus Währungskursschwankungen, die mittelfristig erhebliche Effekte auf Gewinn und Cashflow haben können. Währungskurseffekte in der Größenordnung von mehreren Prozent des Umsatzes – und damit teilweise höher als die Gewinnmarge – sind keine Seltenheit.

Eine geografische Unausgewogenheit ist besonders bei einfachen Gütern dann kritisch, wenn im Vergleich zum Absatz ein überproportionaler Anteil der Produktmenge in Hochlohnregionen produziert wird. Dadurch haben neue Marktteilnehmer in Niedriglohnländern einen strukturellen Wettbewerbsvorteil, der auf niedrigeren Faktorkosten, geringeren Logistikkosten und größerer Marktnähe beruht. Abbildung 4.4 zeigt die Verteilung von Produktion und Absatz in kontinentalen Regionen für einen Automobilzulieferer. Die unausgewogene Struktur bedingt dabei auch ein erhebliches Risiko durch Währungskursschwankungen. Im vorliegenden Fall würde eine Aufwertung des Euro die Wettbewerbssituation des Unternehmens verschlechtern.

*4.1.3.4 Indikator 4: Änderung der Standortstruktur von Wettbewerbern (gleichlaufender Indikator)*

Die globale Produktion beeinflusst die Kostenkurve einzelner Wettbewerber bis hin zur Änderung von Industriekostenkurven und führt damit zu signifikanten strukturellen Umbrüchen. Unternehmen sollten diese Einflüsse beobachten und entsprechende Implikationen für die eigene Wettbewerbsstrategie in den einzelnen Geschäftsbereichen definieren. Themenbereiche im Fokus der Unternehmensführung können dabei sein:

- Die Ausgangslage und Veränderung der Standortstruktur **bestehender Wettbewerber** durch expansive und substituierende Verlagerung

- Das Wachstum (Umsatz, Kundenkreis, Fähigkeiten) und die globale Präsenz von Unternehmen aus Niedriglohnländern, d. h. von **potenziell neuen Wettbewerbern.**

Abbildung 4.5 stellt die standortbedingten Arbeitskostenunterschiede in der Produktion zweier miteinander konkurrierender Unternehmen dar. Unter-

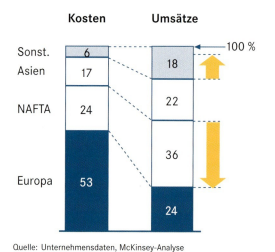

**Ein großes Ungleichgewicht zwischen Markt- und Produktionsstruktur birgt Risiken**

Abb. 4.4: Regionale Balance von Produktion und Absatz
in Prozent

BEISPIEL: AUTOMOBILZULIEFERER

Quelle: Unternehmensdaten, McKinsey-Analyse

nehmen A hat eine deutlich schlechtere strukturelle Kostenposition:

- Die Arbeitskosten in den Hochlohnländern sind ca. 7 US-Dollar pro Stunde höher.

- Nur ca. 10 Prozent der Mitarbeiter in der Produktion des Unternehmens A sind in Niedriglohnländern beschäftigt (im Vergleich zu ca. 40 Prozent bei Unternehmen B).

Der kumulierte Kostennachteil für Unternehmen A beträgt etwa 2,5 Milliarden US-Dollar pro Jahr. Dieser ist – soll eine vergleichbare Rentabilität wie für Unternehmen B erreicht werden – durch eine höhere Produktivität oder höhere Preise auszugleichen.

Unternehmen sollten die Kostenstruktur bestehender und potenzieller Wettbewerber kennen und deren Entwicklung dauerhaft beobachten. Bei einem bestehenden oder zu erwartenden strukturellen Kostennachteil müssen Maßnahmen definiert sein, die diesen Nachteil kompensieren. Bei zunehmender gegenseitiger Übernahme von *Best Practices* in der Produktion ist dies in der Regel nicht allein durch eine höhere Produktivität zu erreichen. Auch marktseitig sollte das Unternehmen so ausgerichtet sein, dass die spezifischen Fähigkeiten optimal genutzt werden können. Ist dies nicht möglich, muss die Standortstruktur durch eine expansive und substituierende Verlagerung angepasst werden (Abbildung 4.6).

Die Veränderung der Kostenkurve bestehender Wettbewerber sowie der Markteintritt neuer Wettbewerber haben Auswirkungen über das direkte Konkurrenzverhältnis hinaus. Gerade in reifen Industrien und oligopolistischen Märkten kann die Globalisierung zu fundamentalen Preisänderungen führen (Abbildung 4.7). Dies gilt insbesondere dann, wenn der Kostenvorteil der Produktion an neuen Standorten, z. B. bei der Stahlherstellung in Brasilien, aufgrund niedriger Arbeitskosten und der Nähe zu Rohstoffen und Markt erheblich ist, die Produktion an den bestehenden Standorten aber kapitalintensiv ist und daher einen hohen Fixkostenanteil hat. In einer solchen Situation werden etablierte Wettbewerber auch bei Marktpreisen unterhalb der Vollkosten der eigenen Herstellung weiterproduzieren und so zu einem anhaltenden Verfall der Preise beitragen.

Bei der Beobachtung der Fähigkeiten von Wettbewerbern sind auch Unternehmen zu beachten, die nur potenziell zum Kreis der direkten Wettbewerber zählen. Der rasante wirtschaftliche Aufschwung in Asien hat Unternehmen hervorgebracht, die wegen einer soliden Geschäftsbasis im Heimatmarkt potenziell die Fähigkeiten und Mittel zur internationalen Expansion haben. Auch wenn die Erfahrungen dieser Unternehmen in anderen Märkten (z. B. Nordamerika und Westeuropa) noch gering sind, so gefährdet allein der ver-

**Der Arbeitskostennachteil stammt zu zwei Dritteln aus geringerer Präsenz in Niedriglohnländern.**

Abb. 4.5: Vergleich der Arbeitskostenstruktur in der Produktion

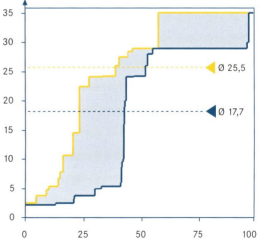

## Der Aufbau von Auslandsproduktion kann unterschiedliche Ursachen und Folgen haben.

Abb. 4.6: Veränderung von regionalen Produktionsanteilen
Nach Anzahl Beschäftigter, Index 1999 = 100

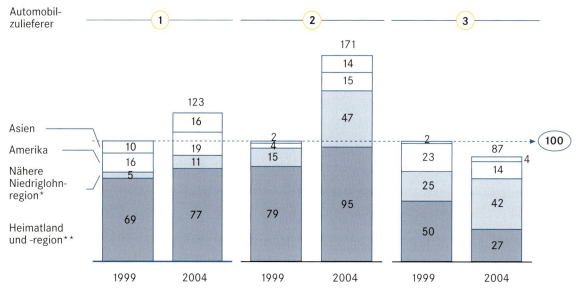

\* Z. B. Osteuropa für westeuropäische Unternehmen; Mexiko für US-Unternehmen
\*\* Z. B. Westeuropa, USA
Quelle: McKinsey (Datenbasis: Geschäftsberichte, Unternehmensinformationen)

## Der Markteintritt von Wettbewerbern aus Niedriglohnländern kann die Industriekostenkurve deutlich beeinflussen.

Abb. 4.7: Industriekostenstruktur

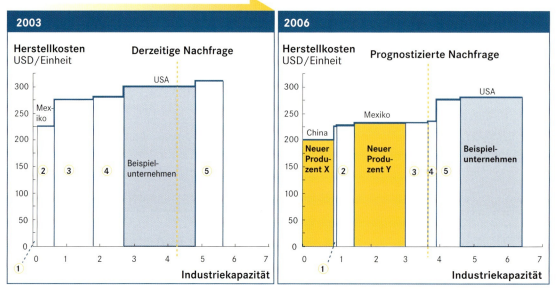

Quelle: McKinsey

suchte Markteintritt die Marge etablierter Unternehmen in den jeweiligen Marktsegmenten.

Das Wachstum von Unternehmen mit **Stammsitz in asiatischen Niedriglohnländern** und zunehmender internationaler Präsenz ist sehr dynamisch (Abbildung 4.8). Die Wachstumsraten liegen dabei zumeist deutlich oberhalb des Wachstums der jeweiligen Marktvolumina, werden also durch Verdrängung lokaler und internationaler Wettbewerber erreicht. Dieser Trend wird nachhaltig sein, wenn etablierte Unternehmen Bereiche ihrer Produktion nicht neu ausrichten, bevor die entsprechenden Märkte voll von der Globalisierung erfasst werden. Unternehmen mit Ursprung in Niedriglohnländern werden auch bei relativ starkem Anstieg der lokalen Kostenbasis, z. B. der zu zahlenden Löhne, noch jahrzehntelang einen substanziellen Kostenvorteil haben. Bei Erweiterung der Fähigkeiten und Verbesserung der Produktivität kann dieser strukturelle Kostenvorteil zum Gewinn von Marktanteilen eingesetzt werden.

*4.1.3.5 Indikator 5: Anstieg der Importe aus Niedriglohnländern und signifikanter, nachhaltiger Preisverfall (Spätindikator)*

Die historische Betrachtung zeigt einen Zusammenhang zwischen der Entwicklung des Importanteils aus Niedriglohnländern am inländischen Verbrauch und der Preisentwicklung. Der Anstieg der Importe aus Niedriglohnländern geht mit einem signifikanten Preisverfall einher, der jenseits dessen liegt, was Unternehmen durch Produktivitätssteigerungen im Rahmen der kontinuierlichen Verbesserung ausgleichen können. Dieser Zusammenhang ist nicht nur erkennbar für einzelne Produktkategorien, sondern

**Führende Unternehmen aus Niedriglohnländern erreichen die kritische Größe für eine internationale Expansion.**

Abb. 4.8: Aufstrebende Unternehmen mit Ursprung in Niedriglohnländern

| Industrie | Unternehmen | Umsatz, Wachstum* und Gewinn, in Mrd. USD | | | Bemerkungen |
|---|---|---|---|---|---|
| Grundstoffe und Bau | Sinopec | 72,2 | 39 % | 4,35 | Asiens größtes Öl-Unternehmen |
| | Baosteel | 19,9 | 37 % | 2,62 | Hält starke internat. Beteiligungen |
| | China Construction** | 9,1 | 40 %**** | K. A. | Über 220.000 Beschäftigte |
| | Tata Steel** | 2,4 | 25 % | 0,39 | Stahlhersteller mit besten Kosten |
| Elektronik | Haier*** | 12,3 | 26 % | 0,22 | Internat. Marktpräsenz und Produktion |
| | Huawei | 5,6 | 46 % | 0,47 | Über 24.000 Beschäftigte |
| | TCL | 4,9 | 42 % | 0,03 | Mehrere internat. JV und Präsenz |
| | Lenovo | 3,0 | 15 % | 0,16 | Größter PC-Hersteller in China |
| Dienstleistung | China Mobile | 23,2 | 22 % | 5,07 | Ca. 200 Mio. Kunden |
| | TCS | 1,8 | 15 % | 0,41 | Größter Softwarehersteller Asiens |
| | Wipro Technologies | 1,6 | 26 % | 0,33 | Großer internationaler Zulieferer |
| | Infosys Technologies | 1,5 | 46 % | 0,42 | Softwareexporteur mit internat. Präsenz |

\* Umsätze und Gewinn für 2004; Umsatzwachstum in 2004 (Vergleich zu 2003); nicht bereinigte Währungskurseffekte < 3 Prozentpunkte
\*\* Umsätze und Gewinn für 2003; Umsatzwachstum in 2003 (Vergleich zu 2002); nicht bereinigte Währungskurseffekte < 3 Prozentpunkte
\*\*\* Haier Group, d.h. einschließlich der börsennotierten Tochterunternehmen Quindas Haier und Haier Electronics; Umsätze zwischen den Unternehmen der Gruppe sind möglicherweise nicht vollständig konsolidiert.
\*\*\*\* Schätzung
Quelle: Bloomberg, OneSource, Internetrecherche, Jahresberichte, McKinsey-Analyse

sogar auf der Ebene ganzer Industriebereiche, z. B. Bekleidung, Lederwaren oder Automobilkomponenten (Abbildung 4.9).

Unternehmen sind in der Regel in der Lage, Erhöhungen von 1 bis 5 Prozent p. a. bei den Faktorkosten für die eigene Wertschöpfung durch Produktivitätssteigerungen weitgehend zu kompensieren. Bei einem deutlichen Rückgang der nominalen Preise sind die Produktivitätssteigerungen aber zumeist nicht ausreichend, um einen Verfall der Margen zu vermeiden. Dies ist in der Regel auch deshalb der Fall, weil Gewerkschaften ihre Lohnforderungen am Produktivitätszuwachs ausrichten.[7] Zu einer Verbesserung der nominalen Kostensituation wäre aber eine Steigerung der physischen Produktivität weit über dem Anstieg der Faktorpreise erforderlich, die unter diesem Regime aber nur schwer erreichbar ist, da hohe Produktivitätssteigerungen auch hohe Lohnforderungen nach sich ziehen.

Unternehmen agieren proaktiv, wenn ein substanzieller, nachhaltiger Preisverfall zu erwarten ist. Für Unternehmen mit einem weitgehend ausgereizten Produktionssystem kann neben einer Desinvestitions- oder Alleinstellungsstrategie die vorauseilende Verbesserung der strukturellen Kostenposition eine Lösung sein. Die Implementierung aller dieser Ansätze dauert mehrere Jahre. Bei der Verbesserung der strukturellen Kostenposition ist ferner zu berücksichtigen, dass die Effekte vor dem Einsetzen eines substanziellen Preisverfalls erreicht werden müssen. Nur so lassen sich Ausgaben für die Verlagerung der Produktion amortisieren. Bei einer späten Neugestaltung der Standortstruktur wird keine Verbesserung der Rendite erreicht, da die Kostenreduktion durch den Verfall der Erlöse pro Einheit kompensiert wird. Der Margenverfall wird im Vergleich zu einem Beharren im Status quo allerdings gehemmt. Die Betrachtung zeigt: Ein erfolgreiches Bestehen in Massenmärkten, die von der Globalisierung der Produktion erfasst werden, ist für etablierte Unternehmen aus Hochlohnländern nur dann möglich, wenn sehr frühzeitig eine Revision der Wettbewerbsstrategie und Maßnahmen zur Neuausrichtung vorgenommen werden.

Die Wettbewerbsposition durch Veränderungen der Standortstruktur zu verbessern ist nicht einfach. Die Ergebnisse der ProNet-Umfrage zeigen[8], dass der Zusammenhang zwischen der Rendite und dem Anteil der Produktion in Niedriglohnländern nicht statistisch signifikant ist. Unternehmen, die primär in einem Preiswettbewerb stehen, können nur dann positive Effekte erzielen, wenn sie den Schritt ins kostengünstigere Ausland mit als Erste tun und die Standortstruktur dynamisch an die sich ändernden Anforderungen und Randbedingungen anpassen.

**Der Anstieg der Importe aus Niedriglohnländern geht mit einem Preisverfall einher.**

Abb. 4.9: Entwicklung von Preisen und Importen aus NLL, 1998 - 2003*
Preisindices für Industriesegmente

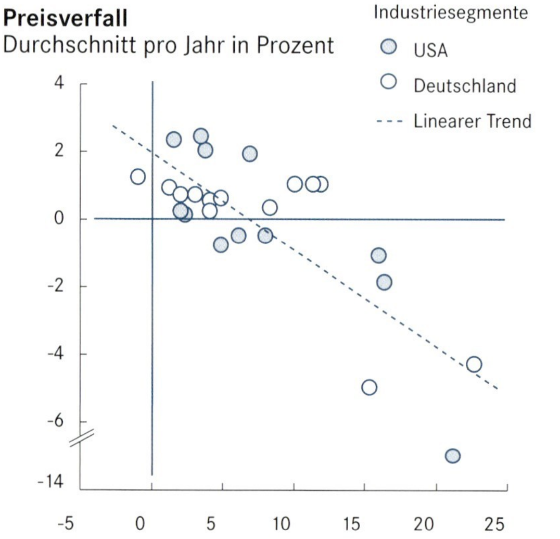

\* Für Deutschland: 1997 - 2002
\*\* Als Gross LCC penetration: LCC Imports/
(LCC Imports + Domestic Value Added)
Quelle: Eurostat, US Bureau of Labor Statistics, Federal Office of Statistics, McKinsey-Analyse

---

7 Vgl. bspw. Spiegel (2005), Interview mit Berthold Huber, Zweiter Vorsitzender der IG Metall: „Bislang richten wir unsere Forderung danach aus, wie sich die Produktivität der Gesamtwirtschaft entwickelt. Es gibt nicht wenige Kollegen, die der Auffassung sind, wir sollten uns eher an der Produktivität der Metall- und Elektroindustrie orientieren."

8 Vgl. Abele (2005b), Appendix 2.

## 4.1.4 Potenziale und Verbundvorteile bestehender Standorte

Bei der Analyse der Kosten von potenziellen neuen Standorten wird in der Regel eine Bewertung für einen in der Zukunft liegenden Zeitpunkt vorgenommen. Dies ist durchaus sinnvoll und sollte daher gleichermaßen auch für bestehende Standorte gelten. Dabei sind nicht nur Erwartungswerte für Faktorkosten und Absatzmengen zu berücksichtigen, sondern auch die Produktivität des Standorts. Diese kann jedoch oftmals – entsprechende Anstrengungen vorausgesetzt – durch Maßnahmen zur Effizienzsteigerung mittel- bis langfristig deutlich verbessert werden. Das Potenzial der Stammwerke ist dabei häufig besonders hoch, wenn die Produktionsprozesse nach der Einführung nicht mehr grundsätzlich verändert wurden und kein Produktionssystem genutzt wird, das Mechanismen der kontinuierlichen Verbesserung enthält.

Die durch Verbesserung der operativen Effizienz erzielbaren Kostenvorteile sind erfahrungsgemäß sehr unterschiedlich. Während bei gewachsenen Produktionsstrukturen und ohne ein System zur kontinuierlichen Verbesserung in der Regel 20 bis 30 Prozent der Fertigungskosten eingespart werden können, ist das Potenzial bei Unternehmen mit hoher operativer Exzellenz deutlich geringer. Das Benchmarking der Fertigung einiger ausgewählter Produkte oder einzelner Fertigungsschritte kann helfen, das Potenzial besser abzuschätzen und eine Basis für solide Annahmen für die Standortplanung zu schaffen.

Programme zur Effizienzsteigerung erzeugen gerade bei flächig aufgestellten Organisationen mit vielen Standorten mitunter erhebliche Einmalaufwendungen. Meist bedarf es während der Projektphase des vollzeitigen Einsatzes von ca. 1 Prozent der Belegschaft in der Fertigung, um umfassende und nachhaltige Effekte zu erzielen. Die Rekrutierung von Spezialisten und das Training lokaler Mitarbeiter bedürfen eines Vorlaufs von etwa einem Jahr. Daher kann es im Rahmen der Optimierung des Produktionsnetzwerks sinnvoll sein, die Durchführung eines Programms zur Effizienzsteigerung als separate Option zu modellieren. Die Migration von der bestehenden Werkstruktur zu einer produktiveren sollte ebenso mit Einmalaufwendungen bewertet werden wie der Anlauf der Produktion an neuen Standorten.

Dabei ist es auch möglich, dass durch ein Programm zur Effizienzsteigerung an bestehenden Standorten bereits eine kontinuierliche Rückführung des Personalbestands in der Fertigung eingeleitet wird, die bei einer späteren Verlagerung von Teilen oder der gesamten Produktion zu geringeren Einmalaufwendungen führt. Gerade an Standorten mit starker sozialer Sicherung, wie in Japan, Frankreich oder Deutschland, sind Restrukturierungskosten und insbesondere Abstandszahlungen eine wesentliche Hürde für die substituierende Verlagerung von Produktionskapazitäten an neue Standorte.

Bei der Betrachtung der Potenziale bestehender Standorte sollten auch mögliche Verbundvorteile der Produktion in Stammwerken mit anderen Unternehmensfunktionen, Zulieferern und Kunden erwogen werden. Verbundvorteile können einen Beitrag zu einer höheren Produktivität im Stammwerk leisten und durch Übertragung von *Best Practices* auf das gesamte Produktionsnetzwerk ausstrahlen. Die Verbundvorteile mit der Produktion können aber auch in anderen Funktionen zu einer höheren Effektivität führen. So kann es der Entwicklung durch einen direkten und häufigen Austausch mit Fachkräften in der Fertigung leichter fallen, fertigungsgerechte Produkte zu konstruieren und diese schnell zur Serienreife zu bringen. Eventuell besteht in diesen qualitativen Synergien das eigentliche Potenzial einer Fertigung im Stammwerk. Entscheidend ist, dass die Bewertung von Verbundvorteilen neutral erfolgt und eine faktenbasierte Einschätzung liefert, ob wirklich Verbundvorteile entstehen. Es lässt sich beispielsweise oftmals nachvollziehen, ob von dem Werk in der Vergangenheit Verfahren und Managementprozesse auf andere Standorte übertragen wurden, die dort zu nachhaltigen Verbesserungen geführt haben.

## 4.1.5 Erstellung und Validierung des Prozessmodells

Der hier dargestellte Ansatz nutzt ein modernes Optimierungsverfahren zur Bestimmung der Produktionsstandorte im Netzwerk, wobei dadurch aus Sicht des einzelnen Unternehmens sowohl die eigene Standortstruktur als auch die globale Zuliefererstruktur optimiert werden. Die Anwendung des Optimierungsverfahrens erfordert die vorherige modellhafte Abbildung der Fertigungsprozesse und Lieferbeziehungen im Netzwerk.

Das **Produktionsprozessmodell** ist damit die Basis einer quantitativen Bewertung des Produktionsnetzwerks. Es bildet die wesentlichen wirtschaftlichen und technologischen Eigenschaften eines Produktionsnetzwerks in einer handhabbaren Anzahl von Parametern ab. Die Erstellung des Produktionsprozessmodells bestimmt entscheidend den gesamten Aufwand der Analyse und ist stark von dem angestrebten Detaillierungsgrad abhängig, der deshalb mit Bedacht gewählt werden sollte.

Das zur Erstellung des strategischen Standortkonzepts verwendete Produktionsprozessmodell beschränkt sich auf die Abbildung der physischen Fertigung und der Lieferbeziehungen. Die Struktur des Modells unterscheidet sich in dieser Hinsicht von Ansätzen aus dem Bereich des taktischen *Supply Chain Management* und von Ansätzen zur operativen Planung und Steuerung, die stärker die Gestaltung der Managementprozesse und des Informationsflusses[9] betrachten.

Ausgangspunkt für die Erstellung des Prozessmodells ist das Produktportfolio des zu untersuchenden Bereichs. Drei Schritte sind hier entscheidend:

- Das Produktportfolio ist im ersten Schritt zum einen horizontal zu segmentieren, d. h. entlang von Produktlinien, Produkten und Varianten, und es ist zum anderen vertikal zu segmentieren, d. h. entlang von Fertigprodukten, Komponenten, Teilen und Rohmaterialien. Bei dieser **Segmentierung** sollten Fertigungsschritte, die eine ähnliche Kostenstruktur und Komplexität haben, zusammengefasst werden.

- Im zweiten Schritt sind die **Prozessparameter** je Produktionsschritt zu erheben. Dies geschieht zumeist in Workshops mit fachkundigen Mitarbeitern aus den relevanten Unternehmensbereichen, d. h.

aus der Produktion, dem Controlling sowie der Produkt- und Prozessentwicklung. Die parametrisierte Prozessbeschreibung ermöglicht dabei potenziell eine schnellere Erhebung der Inputfaktormengen je Fertigungsschritt und Produkt. Allerdings wird durch den bestehenden Ansatz[10] noch keine ausreichende Genauigkeit erreicht.

- Im dritten Schritt erfolgt die **Validierung des Prozessmodells** (Erstellung des *Base Case*). Dabei wird das Prozessmodell zur Nachbildung des Status quo verwendet. Die sich aus dem Modell ergebenden Größen wie Gesamtkosten, Kostenstruktur, Beschäftigtenzahlen usw. werden mit den Ist-Werten abgeglichen. Bei zu großen Abweichungen ist eine Anpassung der Prozessparameter erforderlich.

Im Folgenden wird das Vorgehen bei der Erstellung des Produktionsprozessmodells anhand dieser Schritte erläutert. Dabei werden auch Hinweise gegeben, wie der Modellierungsprozess möglichst effektiv gestaltet werden kann, so dass die mit dem Modell erzielbaren Aussagen eine gute Entscheidungsunterstützung bieten. Außerdem sollte aber auch auf die Effizienz des Analyseprozesses geachtet werden. Gerade die anfängliche Anspruchshaltung in Bezug auf die Exaktheit der Abbildung der Fertigungsstrukturen führt oftmals zu einer übermäßigen Detaillierung des Modells. Im Verlauf des Analyse- und Entscheidungsprozesses zeigt sich dann, dass die gewonnene Genauigkeit gering ist und der hohe Zeit- und Ressourcenbedarf für die Modellierung besser hätte genutzt werden können.

*4.1.5.1 Segmentierung des Produkt- und Prozessportfolios*

Unternehmen verfügen in der Regel über eine sehr hohe Anzahl von Endprodukten, die teilweise nur einen sehr kleinen Umsatzanteil haben oder sich nur in Details von anderen Produktvarianten unterscheiden. Die Wirtschaftlichkeit von Produktionsstandorten und

---

*9 Vgl. dazu Schallner (2001), vor allem S. 65: Darstellung eines Meta-Modells eines Produktionsnetzwerks, das insbesondere die organisatorischen Prozesse darstellt.*

*10 Vgl. Veloso (2001) und Meyer (2005).*

die Zuordnung von Produkten auf einer zu detaillierten Ebene zu betrachten, ist nicht sinnvoll, weil die gewonnene Genauigkeit in keinem adäquaten Verhältnis zum Aufwand steht. Es empfiehlt sich daher, zunächst **wenige repräsentative Produkte** oder Bereiche auszuwählen, die einen erheblichen Anteil am Umsatz oder der Wertschöpfung haben. Eine ABC-Analyse[11] (Verbrauchswertanalyse) und die Clusterung des Produktportfolios zu wenigen Produktfamilien können dabei helfen.

### Produktionsprozessmodelle: so aggregiert wie möglich, so detailliert wie nötig

Bei der **horizontalen Segmentierung** sind Endprodukte, Komponenten und Teile auszuwählen, deren Fertigung explizit im Modell abgebildet werden soll. Dabei sollten ähnliche Produkte, Komponenten und Teile zu Gruppen zusammengefasst werden. Eine weitgehende Homogenität innerhalb dieser Gruppen hinsichtlich der Kostenstruktur (insbesondere in Bezug auf Kapital- und Arbeitsintensität) und hinsichtlich technologischer Rahmenbedingungen (insbesondere in Bezug auf Fertigungskomplexität und Betriebsmittel) sollte erhalten bleiben. Auch sollten Produkte, Komponenten und Teile, deren Einfluss auf die zentralen Eigenschaften des Endprodukts gering ist (z. B. C-Teile im Sinne der Verbrauchswertanalyse), vernachlässigt werden. Der Aufwand für die Fertigung entsprechender Teile sollte anderen Prozessen zugeschlagen oder pauschal berücksichtigt werden.

Bei der **vertikalen Segmentierung** sollten die wesentlichen Fertigungsschritte als Leitfaden dienen. Die Hauptfertigungsschritte, d. h. das Urformen, Umformen, Bearbeiten und Montieren (vgl. die Hauptgruppen der Fertigungsverfahren[12]), weisen in der Regel deutlich andere Kostenstrukturen auf und sind unterschiedlich komplex. Insbesondere bei der Montage kann es erforderlich sein, mehrere Stufen separat zu betrachten. Fertigungsschritte, die aus wirtschaftlichen oder technischen Gründen untrennbar miteinander verbunden sind, sollten auch dann nicht getrennt modelliert werden, wenn sie eine unterschiedliche Kostenstruktur aufweisen. So sind die Werkstückhandhabung und der Werkzeugwechsel untrennbar mit der spanenden Bearbeitung verbunden. Auch die Herstellung von Sandkernen für einen Gießprozess kann aufgrund deren schlechter Transporteigenschaften kaum an einem anderen Standort als der Gießprozess selbst erfolgen. Anders das Entgraten eines Gussteils: Es ist durchaus denkbar, den Gießprozess vom Entgratprozess zu trennen und einem anderen Standort zuzuordnen.

Bei der Nutzung der Erzeugnisstruktur als Leitfaden für die Segmentierung ist zu beachten, dass der Detaillierungsgrad von Stücklisten in der Regel zu hoch ist und zahlreiche Fertigungsschritte zu einzelnen Stücklistenpositionen zusammengefasst werden müssen, um ein praktikables Produktionsprozessmodell zu erhalten.

Abbildung 4.10 verdeutlicht das Vorgehen bei der Segmentierung des Produkt- und Prozessportfolios am Beispiel eines Unternehmens der Konsumgüterelektronik.

Die segmentierte Struktur wird nachfolgend in ein Prozessmodell übersetzt, das die Beziehungen zwischen den einzelnen Fertigungsschritten beschreibt. Das Prozessmodell definiert den Detaillierungsgrad der Optimierung: Aktivitäten, die zu einem Prozessschritt zusammengefasst sind, werden im Ergebnis des Optimierungsmodells zwangsläufig am gleichen Standort ausgeführt.

Das Produktionsprozessmodell – wie in Abbildung 4.11 dargestellt – dient als wichtige Grundlage für die Festlegung und Veranschaulichung der Zusammenhänge zwischen den Fertigungsschritten. Zur Implementierung im Optimierungsmodell sind diese Zusammenhänge, d. h. die aggregierte Erzeugnisstruktur, formalisiert darzustellen. Bei dem gewählten Optimierungsansatz geschieht dies durch die Definition von Bedarfskoeffizienten. Diese Koeffizienten definieren ausgehend vom Primärbedarf für das Endprodukt die Sekundärbedarfe[13] für die vorgelagerten Tei-

---

*11 Vgl. bspw. Tempelmeier (1999), S. 13; Silver (1998), S. 32.*
*12 Vgl. Fügeverfahren nach DIN 8593.*
*13 Vgl. Tempelmeier (1999), S. 122.*

le und Komponenten. Die Koeffizienten gehen ein in die Gleichungen zur Bestimmung der sekundären Materialbedarfe, der Materialflüsse und des Ressourcenverbrauchs. Fertigungsschritt 11, als Beispiel für den in Abbildung 4.11 gezeigten Fall, generiert Bedarfe für Fertigungsschritt 10; Fertigungsschritt 10 generiert Bedarfe für die Zwischenprodukte der Fertigungsschritte 3, 6 und 7 usw.

Die Abbildung der Lieferbeziehungen zwischen Fertigungsschritten analog zu einer allgemeinen Stücklistenstruktur (vgl. Abbildung 4.12) ermöglicht dabei die Weiterverarbeitung eines Bauteils in mehreren Nachfolgeschritten (divergierende Stücklistenstruktur). Ebenso können mehrere Teile in einen Fertigungsschritt eingehen, wie dies bei Montagen typisch ist (konvergierende Stücklistenstruktur).

### 4.1.5.2 Modellhafte Abbildung einzelner Produktionsprozesse

Die Struktur des Prozessmodells liefert den Rahmen für die **Erhebung der Prozessparameter**. Die Prozessparameter beschreiben die Fertigung so, dass alle relevanten, durch das Modell erfassten Entscheidungskriterien für die Standortwahl tatsächlich abgebildet sind.

Die Festlegung der Ausprägung der Prozessparameter erfordert in der Regel eine **genaue Kenntnis** und detaillierte Diskussion der **einzusetzenden Fertigungstechnik.** Dies sollte bei der Auswahl der Beteiligten und dem Zeitansatz für die Datenerhebung berücksichtigt werden. Wichtige Rohdaten zur Bestimmung der Prozessparameter sind unter anderem:

**Die strukturierte Darstellung von Produkten und Komponenten ist der erste Schritt der Modellierung von Produktionsprozessen.**

Abb. 4.10: Kernprodukte und sonstiges Produktportfolio

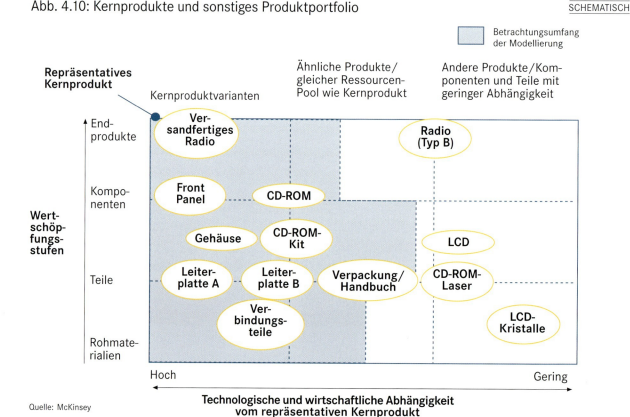

Quelle: McKinsey

- Die Zykluszeiten
- Die Bedienzeiten
- Die Anzahl parallel bearbeiteter Werkstücke (z. B. Nesterzahl bei Urformprozessen)
- Die Preise für Maschinen und Werkzeuge
- Die Kosten der Installation
- Die Zeitbedarfe für die Instandhaltung
- Die Abschreibungszeiten
- Die Raumbedarfe der Fertigungsmittel (Werkzeugmaschinen, Spannvorrichtungen, Werkzeugmagazine, Montageanlagen usw.), der Bestände (Rohmaterialien, Zwischen- und Fertigprodukte), der Materialflusssysteme und sonstiger Betriebsmittel
- Die Ressourcenbedarfe für Nebenprozesse.

Bei neuen Werkstücken, bisher nicht genutzten Fertigungsverfahren oder schlechter Verfügbarkeit historischer Daten für bestehende Produktionsprozesse muss das zur Fertigung des jeweiligen Bauteils erforderliche Arbeitssystem mit Fertigungsingenieuren grob skizziert und die wesentlichen Parameter müssen abgeschätzt werden.

Neben der Festlegung der Faktorinputmengen je Produktionsprozess sollten qualitative Kriterien als Restriktionen mit erfasst werden. Für Standortfaktoren mit Relevanz für unterschiedliche Industrien, z. B. die Qualität der Infrastruktur, bietet sich die Nutzung vorhandener Kennzahlen an.[14] Bestehen industrie- oder prozessspezifische Anforderungen, ist es gegebenenfalls erforderlich, eigene Kennzahlen zu definieren. Dies kann beispielsweise für die hinreichende Verfügbarkeit von Facharbeitern in der Region der Anteil der Wertschöpfung in dem Industriesegment

**Das Produktionsprozessmodell zeigt die Zusammenhänge in der Lieferkette.**

Abb. 4.11: Fertigungsschritte – Beispiel

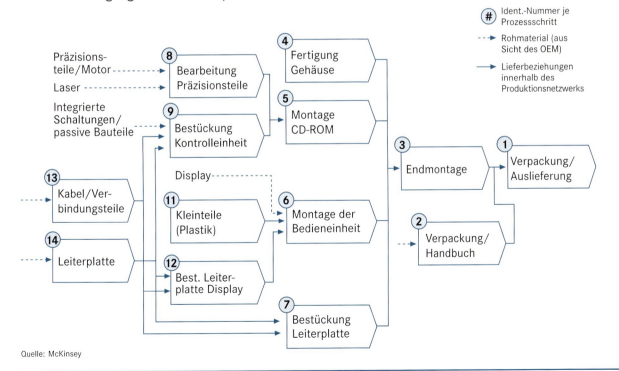

Quelle: McKinsey

---

14 Vgl. bspw. IMD (2003).

an der Gesamtwertschöpfung in der Region sein. Abbildung 4.13 veranschaulicht die Definition der Prozessparameter für eine konkrete Anwendung des Optimierungsmodells.

*4.1.5.3 Validierung des Prozessmodells*

Die Validierung des Prozessmodells, d. h. die Sicherstellung einer hinreichend genauen Abbildung der Wirklichkeit durch das Modell, erfolgt durch die **Simulation der bestehenden Netzwerkstruktur im Modell.** Die Outputgrößen des Optimierungsmodells, die die Konfiguration des Produktionsnetzwerks beschreiben, werden dabei vorab fixiert. Im Falle der Entwicklung eines strategischen Standortkonzepts sind die von der realen Standortstruktur in das Modell zu übernehmenden Größen:

- Produktionsmengen je Prozessschritt je Prozesstyp je Standort

- Auswahl der real genutzten Standorte und Ausschluss nicht genutzter Standorte

- Festlegung der Transportmengen, d. h. Allokation von Märkten zu Werken.

Bei der Festlegung der Ansprüche an die anzustrebende Genauigkeit des Prozessmodells sollte bedacht werden, dass die Optimierung als relativer Vergleich unterschiedlicher Standortkonfigurationen mit dem gleichen Prozessmodell erfolgt. Dementsprechend müssen im Rahmen der Validierung systematische Abweichungen und Fehler aus dem Modell eliminiert werden, beispielsweise eine zu hohe Kapitalintensität und zu niedrige Personalintensität eines modellierten Fertigungsschritts. Im genannten Beispiel würde der systematische Fehler tendenziell zu einer Ansiedelung des Produktionsprozesses in einem Land mit niedrigeren Arbeits- und höheren Kapitalkosten führen.

Hinsichtlich der absoluten Höhe der aggregierten Herstellkosten pro Produkt oder der Kosten des gesamten Netzwerks sollten die Abweichungen unter 10 Prozent liegen. Gleiches gilt für die Anzahl der direkten Beschäftigten in der Fertigung an den bestehenden Standorten. Eine höhere Genauigkeit zu erreichen ist oftmals auch deshalb schwierig, weil die exakte Zuordnung und Modellierung von Gemeinkosten mit vertretbarem Aufwand kaum möglich ist.

Bei dem Vergleich ist der Umfang der erfassten Kosten und Ausgaben genau zu hinterfragen. Während

---

**Die Bedarfskoeffizienten erfassen die Lieferbeziehung formal.**

Abb. 4.12: Fertigung einer Komponente – Input-Output-Matrix      LUFTFAHRZEUGBAU

|  |  | Produktionsprozess (Vorgänger) |  |  |  |  |  |  |  |  |  |
|---|---|---|---|---|---|---|---|---|---|---|---|
|  |  | 1 | 2 | 3 | 4 | 5 | 6 | 7 | 8 | 9 | 10 | 11 |
| **Produktionsprozess (Nachfolger)** | 1 | 0 | 0 | 0 | 0 | 0 | 0 | 0 | 0 | 0 | 0 | 0 |
|  | 2 | 1 | 0 | 0 | 0 | 0 | 0 | 0 | 0 | 0 | 0 | 0 |
|  | 3 | 0,55 | 0,45 | 0 | 1,5 | 0 | 0 | 0 | 0 | 0 | 0 | 0 |
|  | 4 | 0 | 0 | 0 | 0 | 0 | 0 | 0 | 0 | 0 | 0 | 0 |
|  | 5 | 0 | 0 | 0 | 0 | 0 | 0 | 0 | 0 | 0 | 0 | 0 |
|  | 6 | 1 | 0 | 0 | 0 | 5 | 0 | 0 | 3 | 0 | 0 | 0 |
|  | 7 | 0 | 0 | 0 | 0 | 0 | 0,2 | 0 | 0 | 0 | 0 | 0 |
|  | 8 | 0 | 0 | 0 | 0 | 0 | 0 | 0 | 0 | 0 | 0 | 0 |
|  | 9 | 0 | 0 | 0 | 0 | 0 | 0 | 1 | 0 | 0 | 0 | 0 |
|  | 10 | 0 | 0 | 19 | 0 | 0 | 3 | 16 | 0 | 0 | 0 | 0 |
|  | 11 | 0 | 0 | 0 | 0 | 0 | 0 | 0 | 0 | 1 | 0 | 0 |

Quelle: McKinsey

*4.1 Ganzheitlicher Ansatz zur Neugestaltung von Produktionsnetzwerken*

bei der Optimierung des globalen Produktionsnetzwerks auch die Kapitalbindungskosten (als Opportunitätskosten) mit berücksichtigt werden sollten, sind diese in den direkten Aufwendungen eines Standorts nicht enthalten. Bei einem Abgleich mit den Herstellkosten je Produkt ist die Kongruenz der Annahmen beispielsweise des internen Zinssatzes sicherzustellen.

### 4.1.6 Vorgehen bei der Entwicklung der Zielstruktur

Die bisher dargestellten Schritte – von der Standortvorauswahl über die qualifizierte Bewertung der relevanten Standortfaktoren und die Beschreibung alternativer Produktionsprozesse bis hin zur Erstellung des Prozessmodells – dienen weitgehend der Vorbereitung. Bei der Entwicklung der Zielstruktur werden die einzelnen Faktoren zusammengebracht.

Das Optimierungsmodell (als Werkzeug zur Bewertung) greift auf die Informationen zurück, die im Produktionsprozessmodell hinterlegt oder als Rahmenbedingungen definiert wurden. Das Optimierungsmodell bestimmt dabei selbst die Lösung, eine iterative Annäherung an die wirtschaftlichste Netzwerkkonfiguration wie bei der Simulation ist nicht erforderlich.

Die Analyse verschiedener Umfeldszenarios empfiehlt sich, um beispielsweise die Sensitivität der Lösung hinsichtlich einer Änderung ausgewählter Inputfaktoren zu untersuchen. Ferner können Zielkonflikte quantitativ transparent gemacht werden, z. B. der

**Die Definition der Prozessfaktoren ist an die jeweiligen Anforderungen anzupassen.**

Abb. 4.13: Modellhafte Beschreibung von Produktionsprozessen

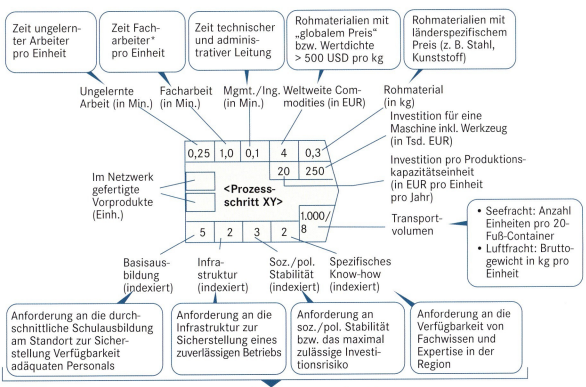

Quelle: McKinsey

Kostenanstieg bei einer Erhöhung der Servicegrad-Anforderungen.

Die typischen Schritte bei der Erstellung der Zielstruktur auf Basis eines validierten Produktionsprozessmodells sind:

- **Grobentwurf:** Das Optimierungsmodell definiert eigenständig die kostenminimale Standortstruktur unter den definierten Rahmenbedingungen und Kostenfunktionen. Das Ergebnis des ersten Optimierungslaufs verstößt daher meistens gegen implizite Restriktionen oder Präferenzen des Topmanagements – z. B. gegen die Regel, wissensintensive Fertigungsschritte nicht in Ländern mit geringer Rechtssicherheit anzusiedeln. Solche Restriktionen oder zusätzliche (Opportunitäts-)Kosten müssen nach einer ersten Diskussion in das Modell integriert werden.

- **Analyse der Zielkonflikte:** In der nächsten Diskussionsrunde sollten ausgewählte Zielkonflikte analysiert werden. Dazu gehört ein Abgleich der Gesamtaufwendungen in Abhängigkeit von den Lieferzeitrestriktionen, von den maximalen Währungsungleichgewichten und in Abhängigkeit von der Trennung kritischer Fertigungsschritte von anderen Unternehmensfunktionen (wie der zentralen FuE-Abteilung am Standort des Stammwerks).

- **Detailentwurf:** Der detaillierte Entwurf der Zielstruktur des Produktionsnetzwerks sollte es Entscheidungsträgern zum einen ermöglichen, kritische Annahmen zu validieren oder zumindest zu plausibilisieren. Entsprechende Kennzahlen sollten Größen aufgreifen, die den Entscheidungsträgern geläufig sind, beispielsweise Mitarbeiterzahlen je Standort, Kostenstrukturen oder Produktionsmengen. Diese Größen finden als gängige Controlling-Kennzahlen weitläufig Verwendung und sollten entsprechend den jeweiligen Definitionen verwendet werden. Außerdem sollte dargestellt werden, wie sich die Umsetzung der Zielstruktur auf die einzelnen Unternehmensfunktionen auswirkt (insbesondere auf Produktion, Einkauf und gegebenenfalls Logistik) und auf die einzelnen Unternehmen des Produktionsnetzwerks. Dadurch wird eine Diskussion über die Umsetzungshürden und Incentivierung der Beteiligten in Gang gesetzt, die Probleme bei der späteren Umsetzung proaktiv aufgreift. Diese Diskussionen führen zwar in der Regel zu der Erstellung mehrerer detaillierter Entwürfe der Zielstruktur des Produktionsnetzwerks, stellen aber dadurch eine problemlosere und schnellere Implementierung des Konzepts sicher.

### 4.1.7 Planung der Migration

Um die zielgerechte Umsetzung des Standortkonzepts durch die Funktionsbereiche, die Länderorganisationen und die Projektteams sicherzustellen, sind zwei Schritte erforderlich:

- Die **Planung der Migration,** d. h. die Festlegung und Terminierung der Schritte von der Ausgangssituation hin zur Zielstruktur, macht das Konzept umsetzungsfähig, weil dadurch konkrete, terminierte Aufgaben festgelegt werden.

- Die **Fähigkeiten der Organisation** (insgesamt und individuell) sind mit den Anforderungen der Verlagerungsprojekte abzugleichen. Bei Differenzen sollten entweder die Fähigkeiten der Organisation erweitert werden oder es sollte die Komplexität des Projekts reduziert werden (vgl. dazu auch Kapitel 6.1). Die Zuweisung der strukturierten Aufgaben an Projektteams zur Implementierung stellt die Verantwortlichkeit für deren Umsetzung sicher.

Die Planung der Migration und Optimierung der Wirtschaftlichkeit, d. h. des Kapitalwerts des Projekts zur Neugestaltung des Produktionsnetzwerks, kann auf zweierlei Weise erfolgen:

- **Pragmatische Migration:** Ausgehend von der idealtypischen Struktur werden retrograd die Maßnahmen bestimmt, die erforderlich sind, um von der bestehenden Netzwerkstruktur aus den gewünschten Status zu erreichen. Unter Beachtung der operativen Restriktionen, z. B. der begrenzten Verfügbarkeit von Managementkapazität zum Aufbau von Auslandsstandorten, dem Lebenszyklusstatus von zu verlagernden Produktlinien usw., werden die Maßnahmen so früh wie möglich eingeplant.

Entsprechend dem sich daraus ergebenden, geplanten Umsetzungsfortschritt werden die zu erwartenden zukünftigen Einsparungen abgeschätzt. Die sich aus Einsparungen, Zusatzinvestitionen[15], Erlösen aus dem Verkauf von Aktiva, Änderung von Lagerbeständen und zahlungswirksamen Einmalaufwendungen ergebenden Zahlungsströme werden in einer einfachen Kapitalwertrechnung erfasst und das Projekt wird so hinsichtlich der entscheidungsrelevanten Kenngrößen bewertet.

- **Optimierte Migration:** Die pragmatische Migration setzt die Wirtschaftlichkeit einer schnellen Implementierung der Zielstruktur voraus. Bei hohen Investitionsanforderungen und Einmalaufwendungen ist diese Voraussetzung jedoch nicht unbedingt erfüllt. Eine Anpassung von Geschwindigkeit und Sequenz der Implementierung kann den Kapitalwert des Projekts deutlich steigern, wenn die jährlichen Einsparungen nicht in einer Größenordnung deutlich oberhalb der Einmalaufwendungen liegen.

Ist eine sehr schnelle Amortisation von Auszahlungen oder eine hohe interne Verzinsung erforderlich, können einige Schritte in Richtung der Zielstruktur sogar gänzlich unwirtschaftlich sein. Durch die dynamische Betrachtung kann daher sogar die Verwirklichung einer anderen Standortkonfiguration als wirtschaftlicher erkannt werden, welche zwar geringere Einsparungen erbringt, aber auch weniger Auszahlungen zur Implementierung erfordert. Erreicht werden kann eine Optimierung der Migration durch eine Erweiterung des Modells um die Dimension „Zeit" und eine Umstellung der Zielfunktion. Während die Optimierung der idealtypischen Struktur auf der Kostenvergleichsrechnung basiert, empfiehlt sich bei der dynamischen Betrachtung die Anwendung der auf Zahlungsströmen basierenden Kapitalwertmethode.[16]

Es gilt folgende Faustregel: Die Optimierung der Migration des Produktionsnetzwerks im Hinblick auf Geschwindigkeit und Sequenz der Maßnahmen erbringt im Vergleich zu einer pragmatischen Migration dann signifikante Effekte, wenn Zusatzinvestitionen und Einmalaufwendungen zu den statischen Einsparungen in einem Verhältnis von mehr als 3 zu 1 stehen. Das Verhältnis der gesamten Zusatzausgaben für die Migration zu den Einsparungen von 3 zu 1 entspricht in etwa einer Amortisationszeit von ca. vier Jahren. Dabei wird eine Steigerung des Kapitalwerts der Netzwerkneugestaltung um mehr als 10 Prozent oder eine um mehrere Jahre anders terminierte Verlagerung von mehreren Produktionsprozessen als signifikanter Effekt angesehen.

> **Wenn das Verhältnis von Investitionen und Einmalaufwand zu Einsparungen mehr als 3 zu 1 beträgt, ist eine Optimierung der Migration in der Regel sinnvoll.**

Die Optimierung der Migration erscheint auch dann sinnvoll, wenn sich die Parameterwerte und Restriktionen im Verlauf ändern. In diesem Kontext wurden bereits Verbesserungspotenziale an bestehenden Standorten genannt, die die Annahmen über die Produktivität dieser Werke beeinflussen. Auch bei neuen Werken wird es dadurch möglich, Anlaufverluste und Lernkurven zumindest implizit[17] zu berücksichtigen.

Der zusätzliche **Planungsaufwand** für eine Optimierung der Migration und der damit einhergehende Zeitverzug bei der Umsetzung scheinen also insbesondere in den Fällen gerechtfertigt, in denen die Wirtschaftlichkeit einer Verlagerung nicht überwältigend attraktiv ist oder sich die Randbedingungen für eine Verlagerung im Lauf der Zeit ändern. Durch eine modellgestützte Planung der Migration können Neben-

---

*15 Zusatzinvestitionen sind hier Investitionen, die über das Reinvestitionsbudget hinausgehen. Unter Reinvestitionen werden dabei die Investitionen in Betriebsmittel verstanden, die zur Aufrechterhaltung des Betriebs am Ausgangsstandort erforderlich wären.*

*16 Vgl. Abschnitt 3.2.3.*

*17 Die explizite Berücksichtigung von Lernkurven stößt zumindest bei der Anwendung von Verfahren der gemischt ganzzahligen Programmierung auf Grenzen, da durch die Koppelung der Produktivität eines Standorts an die dort gefertigte Menge ein quadratischer Zusammenhang entstehen kann, der die Komplexität des Modells und damit die Rechenzeit massiv erhöht.*

bedingungen explizit berücksichtigt werden, deren Einhaltung für das Unternehmen kritisch ist. Dazu gehören insbesondere die Verfügbarkeit von Finanzmitteln für Investitionen und zahlungswirksame Einmalaufwendungen sowie der Einfluss auf den Gewinn im Rahmen einer Gewinn- und Verlustrechnung, z. B. durch Restwertabschreibungen. Aber auch die Bindung von Fertigungsschritten an bestehende Standorte bis zu einem definierten Stichtag kann über Restriktionen in einem Optimierungsmodell erfasst werden.

### 4.1.8 Implementierung und Management

Die Planung der Migration konkretisiert das strategische Standortkonzept: Es werden Zeitpunkte für die Umsetzung einzelner Schritte auf der Ebene einzelner Standorte definiert, wodurch die Umsetzung effektiv nachgehalten werden kann. Investitionsbudgets, langfristige Kapazitätsplanung und Einsparziele definieren weite Teile der Pflichtenhefte und Zielvereinbarungen für Werkleiter und Projektteams.

Bei der Aufgabendefinition und -zuteilung für die einzelnen Standorte oder Produktbereiche sollte kritisch hinterfragt werden, ob die personellen Ressourcen und die operativen Fähigkeiten des Unternehmens und der einzelnen Teams und Verantwortlichen ausreichen, um das Standortkonzept umzusetzen und die angestrebte Struktur zu managen (vgl. auch Abschnitt 6.2.1). Es gibt zahlreiche Beispiele, in denen die Ressourcenallokation, der Umsetzungsplan oder gar die Zielstruktur angepasst wurden und dadurch eine schnellere und problemlosere Implementierung sichergestellt wurde. Es gibt aber auch eine erhebliche Anzahl von Fällen, bei denen erst die nachträgliche Betrachtung zeigt, dass über die Schwierigkeit der Aufgabe und die Fähigkeiten der Organisation nicht hinreichend nachgedacht wurde. Entscheidungsträger sollten vermeiden, dass bereits zu Beginn der Implementierung eine Lücke zwischen den strategischen Zielen und den Mitteln zu deren operativer Umsetzung entsteht.[18]

Neben der Umsetzung auf der Ebene einzelner Standorte erfordert die erfolgreiche Implementierung des strategischen Standortkonzepts auch weitergehende Aktivitäten im Hinblick auf das Produktionsnetzwerk als Ganzes:

- Fortsetzung des Auswahlprozesses und der Umsetzung auf lokaler Ebene (Betrachtungsumfang: einzelner Standort mit Zulieferern). Dabei können drei unterschiedliche Maßnahmen zur Umsetzung gewählt werden:

  - Aufbau oder Ausbau **eigener Produktionskapazitäten** oder Erwerb eines bestehenden Unternehmens im Zielland.

  - Gründung eines **Gemeinschaftsunternehmens** mit Kapitalbeteiligung eines lokalen Partners und gemeinsamer Aufbau oder Erweiterung eines Produktionsstandorts.

  - Verlagerung durch **Fremdvergabe** – bisher im eigenen Unternehmen durchgeführte Prozesse werden an Zulieferer im Zielland vergeben.

- Schaffung der **organisatorischen Fähigkeiten** zur Implementierung des Standortkonzepts und zum Managen des globalen Produktionsnetzwerks (Betrachtungsumfang: gesamtes Produktionsnetzwerk einschließlich der Schnittstellen).

Die Umsetzungsmaßnahmen müssen im Einklang stehen mit der strategischen Ausrichtung des Unternehmens, insbesondere der Definition der Kernkompetenzen. Es besteht eine signifikante Abhängigkeit zwischen der Motivation der Produktionsverlagerung und der gewählten Umsetzungsform. Produktionsprozesse mit Kundennähe erweisen sich beispielsweise als schlechter vereinbar mit einer Fremdvergabe oder einem Gemeinschaftsunternehmen als mit dem Aufbau eines eigenen Standorts.[19] Ferner ist es maßgeblich, welche Industrie-, Markt- und Unternehmensstrukturen in den Ziellländern bestehen und welche anderen Rahmenbedingungen, z. B. gesetzliche

---

[18] Vgl. Meijboom (1997), S. 790: Lücke zwischen der strategischen Standortwahl und dem operativen Management von Standorten (Interviews: niederländische Unternehmen mit Präsenz in Thailand).

[19] Vgl. Abele (2005b), S. 105 ff.

Bestimmungen, maßgeblich sind. Internationale Kooperationen zwischen Unternehmen unterliegen spezifischen Schwierigkeiten und haben teilweise hohe Misserfolgsraten.[20] Kooperationen erfordern daher eine besonders hohe Aufmerksamkeit des Topmanagements und ein konsequentes Vorgehen bei ihrem Aufbau und der weitergehenden Betreuung.

Bei dem geplanten Aufbau eines **eigenen Produktionsstandorts** erfolgt die Auswahl auf lokaler Ebene zumindest teilweise nach anderen Kriterien[21] als die Auswahl auf der Ebene von Ländern und Kontinenten. Standortfaktoren wie Grundstückspreise, Erschließungskosten oder Attraktivität für *Expatriates* unterliegen auf lokaler Ebene hohen Schwankungen und beeinflussen die Wirtschaftlichkeitsrechnung signifikant. Entsprechend hoch ist die Relevanz[22] dieser Faktoren. Nach Auswahl des lokalen Standorts für die Produktionsstätte erfolgt die eigentliche Fabrikplanung, d. h. die Betriebsmittelplanung, die Flächen- und Gebäudeplanung sowie die Personalplanung.[23] Entsprechend dem Planungsfortschritt ist die Finanzplanung für den neuen Standort zu konkretisieren. Die Auswahl und der Aufbau neuer Zulieferer erfolgen basierend auf den Vorgaben des strategischen Standortkonzepts parallel zur Planung und zum Aufbau der eigenen Produktionsstätten. Ist eine Realisierung der strategischen Ziele im Zielland nicht oder nicht zu den angenommenen Bedingungen möglich, sind im Rahmen eines iterativen Planungsprozesses Alternativen zu prüfen.

Die für das Management eines globalen Produktionsnetzwerks erforderlichen **organisatorischen Fähigkeiten** können die bisherige Organisationsstruktur überfordern. Die Globalisierung der Unternehmensaktivitäten kann sowohl eine Anpassung der Aufbauorganisation erforderlich machen als auch eine Neugestaltung der innerbetrieblichen und der externen Schnittstellen. Dem geänderten Funktionsumfang ihrer Werke entsprechend sind die Zielvereinbarungen mit den Werkleitern zu überarbeiten. Zentralfunktionen (z. B. das Qualitätsmanagement, das Personalmanagement der Führungskräfte oder die Produkt- und Prozessentwicklung), Managementprozesse und Informationssysteme sind an den Anforderungen des zukünftigen Geschäftssystems zu messen und gegebenenfalls zu verändern. Die logistischen Prozesse sind so zu gestalten, dass ein zuverlässiger und effizienter Ablauf auch in den kritischen Phasen der Migration, z. B. beim Produktionsanlauf an einem Standort, sichergestellt ist. Gerade der Produktionsanlauf ist bei zunehmend kürzeren Innovationszyklen erfolgskritisch.[24] Verzögerungen können andere Standortvorteile leicht überkompensieren.

Probleme bei der Implementierung bedingen zumindest teilweise die relativ geringen Erfolge bei der Kostenreduktion durch eine globale Produktion.[25] Umso mehr verwundert es, wie wenig Unternehmen den Lernprozess institutionalisieren und *Best Practices* zum Aufbau und Management globaler Produktionsstandorte sammeln und auswerten.[26]

## 4.2 Idealtypische Netzwerkstrukturen

Netzwerktypen können die wesentlichen Grundzüge einer Netzwerkkonfiguration verdeutlichen. Der Vergleich von schematischen Netzwerktypen mit realen Produktionsnetzwerken kann daher helfen, die Zusammenhänge und Implikationen besser zu verstehen. Die Betrachtung von Netzwerktypen ist deshalb auch während der Gestaltung des Produktionsnetzwerks und seiner Schnittstellen sinnvoll und kann insbesondere helfen, Diskussionen effektiver zu gestalten. So können die Eckpunkte der strategischen Produktionsplanung mit der Aufstellung anderer Unternehmensfunktionen – vom Personalmanagement bis hin zur Beschaffung – besser zu einem konsistenten Konzept zusammengefügt werden.

Typen von Produktionsnetzwerken sind durch jeweils eine spezifische Produkt-, Absatz- und Kostenstruktur

---

20 Vgl. Hur (2002), S. 2 f.: kulturelle Unterschiede und strukturell unterschiedliche Interessen als Hauptgründe für das Scheitern von Kooperationen.
21 Vgl. Eversheim (1996), S. 9-43.
22 Vgl. Eversheim (1996), S. 9-55 f.
23 Vgl. Eversheim (1977), S. 117.
24 Vgl. Abele (2003).
25 Vgl. Abele (2005b), S. 22-24.
26 Ergebnisse der Befragung im Rahmen von ProNet: Nur ein Unternehmen führte eine Sammlung von Maßnahmen (Best Practices), *durch die sich beim Aufbau neuer Auslandsstandorte bewährt haben*.

geprägt; die nachfolgenden Fallstudien werden dies verdeutlichen. Die Netzwerktypen zeigen die Konfiguration des Produktionsnetzwerks über die Strukturen und Prozesse der einzelnen Standorte hinaus auf: Es werden konsistente Eigenschaften des Netzwerks dargestellt, z. B. hinsichtlich des Funktionsumfangs der Standorte und der Zentralisierung von Entscheidungen und Know-how. Netzwerktypen im Diskussionsprozess zu betrachten ist sinnvoll, weil auf diese Weise Charakteristika und Unterschiede einzelner Standortkonfigurationen anschaulich dargestellt werden können. Die Diskussion von Netzwerktypen kann die quantitative Analyse und strukturierte Standortauswahl für den konkret betrachteten Fall aber keineswegs ersetzen.

Auf Basis der quantitativen Untersuchungen zur Wirtschaftlichkeit von Produktionsnetzwerken und der Beispiele erfolgreicher Unternehmen können die in Abbildung 4.14 dargestellten fünf Netzwerktypen unterschieden werden. Die attraktiven Mustertypen von Produktionsnetzwerken haben sich im Rahmen der fortschreitenden Globalisierung erweitert. In den 80er und 90er Jahren wurden im Wesentlichen zwei bis drei Grundtypen globaler Produktion diskutiert.[27] Der Wandel ist dabei auf die zunehmende Möglichkeit der globalen Kommunikation und geringere Transportkosten zurückzuführen.

Die **Weltfabrik** zählt neben der lokalen Produktion für den lokalen Markt zu den klassischen Netzwerkty-

**Die Weltfabrik erlaubt die Realisierung von Skaleneffekten, während bei lokaler Produktion die Transportkosten minimiert werden.**

Abb. 4.14: Globale Produktionsnetzwerke – idealtypische Strukturen

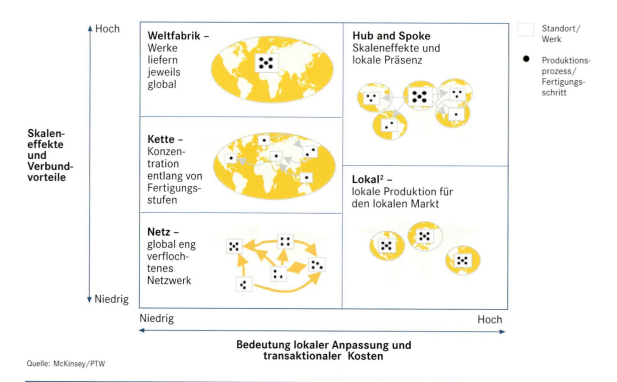

Quelle: McKinsey/PTW

---

[27] Henzler (1985c), S. 169: Die World-Scale-Fabrik entspricht beispielsweise weitgehend der in Abbildung 4.14 dargestellten Weltfabrik. Vgl. auch Stremme (2001): vier Konzepte, die den Funktionsumfang per Standort und den organisatorischen Konzentrationsgrad beschreiben: a) International Manufacturing, b) Global Manufacturing, c) Multinational Manufacturing, d) Local/Regional Manufacturing. Produktionsstandortstrukturen (Anzahl und Produktionskapazitäten der Standorte im Verhältnis): a) monozentralistischer Verbund, b) vernetzt, c) inselartig, d) Kombinationsform: regionale Netze.

pen für Produktionsnetzwerke. Beide Netzwerktypen verlangen nur in geringem Umfang den Austausch von Gütern und Informationen und waren daher in der frühen Phase der Globalisierung der industriellen Produktion dominant (vgl. Kapitel 1). Auch wenn die Weltfabrik ihre Bedeutung in vielen traditionellen Industriesegmenten eingebüßt hat, besitzt dieses Muster große Bedeutung in der Hightech Industrie. Die Weltfabrik ermöglicht es, maximale Skaleneffekte in der Produktion sowie Verbundvorteile mit FuE und unterstützenden Funktionen zu realisieren.

**Die Nutzung einer Weltfabrik ist nur bei starken Skaleneffekten, Verbundvorteilen, hoher Wertdichte und vertretbar langen Lieferzeiten sinnvoll.**

Die Fertigung an nur einem Standort für den gesamten Weltmarkt war auch im Automobil- und Maschinenbau in der Vergangenheit weit verbreitet. Heutzutage sind Skaleneffekte in diesen Industrien aus zwei Gründen nicht mehr so dominant:

- Zum einen sind Unternehmen über die optimale Betriebsgröße hinaus gewachsen und können durch die Erweiterung bestehender Standorte keine signifikanten Fixkostendegressionen mehr erreichen.
- Zum anderen ist die Fertigungstechnik in vielen Bereichen flexibler geworden, was sich beispielsweise an den kurzen Rüstzeiten zeigt.

Durch den geringeren Einfluss von Skaleneffekten konnten beispielsweise die von General Motors in den vergangenen Jahren eröffneten neuen Werke in Eisenach (Deutschland), Gleiwitz (Polen) und Rosario (Argentinien) deutlich kleiner gehalten werden als traditionelle Standorte.

In Hightech-Industrien, von der Halbleiterfertigung bis zur Montage von Großflugzeugen, sind Skalen- und Verbundeffekte nach wie vor überaus relevant. Die Vorteile einer zentralisierten Fertigung gehen dabei über die bessere Nutzung kapitalintensiver Maschinen und Anlagen hinaus. Durch die Ansiedelung von Fertigungsschritten an nur einem oder sehr wenigen Standorten können eine bessere Verfügbarkeit von kritischem Personal und Know-how, eine höhere Spezialisierung, ein intensiverer Austausch von Wissen und kürzere Lieferzeiten zwischen den Bearbeitungsstufen erreicht werden. Der koreanische Elektronikkonzern Samsung hat beispielsweise alle *Front-End-Werke* zur Fertigung von Halbleiter-Chips in Südkorea konzentriert und erzielt positive Effekte aus diesem Pooling von Fertigungskapazität und Mitarbeitern.

Durch eine **lokale Produktion für den lokalen Markt** lässt sich die große Marktnähe erreichen, die in vielen Märkten erfolgskritisch ist. Der geringere Einfluss von Skaleneffekten und die größere Bedeutung von Flexibilität und kurzen Lieferzeiten haben viele Unternehmen dazu bewegt, Auslandsmärkte durch lokale Werke vor Ort zu versorgen, die relativ wenig untereinander interagieren. Dieses Muster bewährt sich insbesondere bei den Unternehmen, die Produkte mit geringer Wertdichte, mit stark marktspezifischen Eigenschaften oder mit kurzen Lieferzeiten und hoher Variantenzahl fertigen. Ein Automobilzulieferer, der großvolumige Systeme wie Kraftstoffbehälter produziert, eröffnet beispielsweise ein neues Werk nahe den Standorten seiner Kunden in jedem nationalen Markt.

**Eine lokale Produktion für einen lokalen Markt eignet sich bei marktspezifischen Produkten mit geringer Wertdichte oder strengen Lieferanforderungen.**

Allerdings sollten sich Unternehmen, die eine lokale Produktion für den lokalen Markt als Grundmuster ihrer Standortstruktur wählen, über die strukturelle Kostenposition ihrer wichtigsten Wettbewerber im Klaren sein. Der eventuelle Kostennachteil bezieht sich dabei nicht nur auf die eigene Wertschöpfung und die direkten Arbeitskosten, die in der Regel nur 2 bis 20 Prozent der Herstellkosten darstellen. Wettbewerber, die Faktorkostenvorteile entlang der gesamten Wertschöpfungskette nutzen, können Märkte oftmals auch mit kurzen Lieferzeiten und hoher Variantenzahl kostengünstig beliefern, wenn sie nur einen kleinen Teil der Fertigung und Konfektionierung im Markt ansiedeln.

Moderne Konzepte zur abgestimmten Gestaltung der Produktkonstruktion und der logistischen Lieferkette machen die lokale Produktion für den lokalen Markt trotz ansteigender Anforderungen an die Lieferfähigkeit und Marktnähe für einen immer kleiner werdenden Produktanteil zur optimalen Lösung. In Zeiten, in denen Modeprodukte für den amerikanischen Markt in China gefertigt werden und die Handtücher aus Münchner Hotels in der Tschechischen Republik gewaschen werden, ist das Konzept der lokalen Produktion zumindest teilweise überholt.

**Das erfolgreiche Standortmuster *Hub and Spoke* erlaubt die Nutzung von Skaleneffekten und Marktnähe.**

In dem Standortmuster *Hub and Spoke* werden Fertigungsschritte, die wissensintensiv sind oder andere Skaleneffekte aufweisen, an einem oder wenigen Standorten konzentriert, während andere Fertigungsschritte an einer Vielzahl marktnaher Standorte angesiedelt werden. Diese Struktur ist insbesondere für die Unternehmen attraktiv, die Produkte in hoher Variantenzahl und mit kurzen Lieferzeiten an Kunden ausliefern wollen, aber gleichzeitig auf die Nutzung von Skaleneffekten bei der Fertigung von Teilen und Komponenten angewiesen sind. Die marktnahe Montage hilft dabei oftmals nicht nur, flexibel und zeitnah auf Kundenanforderungen eingehen zu können, sondern auch bei der Reduzierung der Aufwendungen für Logistik und Zölle. Komplexe Komponenten und Bauteile haben oft eine höhere Wertdichte und unterliegen geringeren Zollsätzen als das funktionsfähige Endprodukt.

Außerdem wird in einer typischen Lieferkette der Großteil der Varianten erst während der Montage des Endprodukts generiert, so dass bei lokaler Montage die notwendigen Sicherheitsbestände in der Lieferkette deutlich geringer sind. Bei der Erschließung neuer Märkte in Niedriglohnländern ist die frühzeitige Verlagerung der arbeitsintensiven Montagetätigkeiten auch aus Sicht der Herstellkosten vorteilhaft.

Das Standortmuster *Hub and Spoke* ist für eine Vielzahl von Unternehmen in unterschiedlichen Industrien geeignet und wird von führenden Unternehmen erfolgreich genutzt. So betreibt Schmitz Cargobull, der führende Hersteller von LKW-Aufliegern in Europa, seine Werke am Heimatstandort Deutschland zentral für die Fertigung von Komponenten, die nachfolgend in relativ kleinen Auslandsstandorten montiert werden. Dadurch werden sowohl die Transportkosten als auch die direkten Arbeitskosten in der Montage deutlich gesenkt.

Ein Hersteller von Mobiltelefonen produziert hinreichend viele Einheiten, um Montagewerke in allen drei Regionen der Triade betreiben zu können, während kritische Komponenten mit sehr hoher Wertdichte zentral an einem Standort produziert werden. Alle größeren deutschen Automobilhersteller nutzen CKD-Montagewerke im Ausland, die Komponenten oder ganze Baukästen aus zentralen Werken beziehen. Auch in diesem Fall lassen sich die Zollaufwendungen durch die *Hub-and-Spoke-Struktur* des Netzwerks minimieren, da die Zollsätze für die Vorprodukte deutlich unter denen der Endprodukte liegen. Dies ist insbesondere für die Marktversorgung von Ländern wie Indien, Brasilien, China und der gesamten ASEAN-Region wichtig.

**Der Netzwerktyp „Kette" maximiert Skalen- und Verbundeffekte je Fertigungsschritt.**

Die stärkste Fokussierung auf die spezifischen Vorteile einzelner Standorte wird durch den Netzwerktyp „Kette" erreicht, bei dem jeder Fertigungsschritt an einem Standort konzentriert ist. Die in dieser Struktur erforderliche Vielzahl internationaler Transporte beschränkt die Nutzbarkeit jedoch auf Produkte mit hoher Wertdichte, z. B. elektronische Bauteile. Durch dieses Standortmuster können insbesondere Skaleneffekte und Verbundvorteile entlang einzelnen Fertigungsschritten optimal genutzt werden. So ist in Taiwan ein Großteil der weltweiten Bestückung von Platinen für elektronische Produkte und die Fertigung von LC-Displays konzentriert. Die vorgelagerte Herstellung von Siliziumscheiben *(Wafer)* und deren Bearbeitung *(Front-End Fabs)* sind in Regionen und Ländern wie den USA, Europa, Japan, Taiwan und Korea konzentriert, während die Weiterverarbeitung und Verdrahtung der Chips beispielsweise zu einem erheblichen Anteil in Malaysia, Indonesien und anderen Niedriglohnländern erfolgt. Die extrem hohe Wertdichte dieser Produkte macht den Transportkostenanteil nahezu vernachlässigbar gering.

Die Fertigung von Plastikteilen und die Montage der elektronischen Komponenten erfolgt ebenfalls zu einem erheblichen Anteil an Niedriglohnstandorten. Allerdings kann die letzte Fertigungsstufe bei Produkten, die in größerer Variantenvielfalt nachgefragt werden, auch marktnah angesiedelt sein. So montieren die Firmen Dell, Medion und Gericom ihre Produkte auf Basis der zumeist aus Asien importierten Komponenten in Irland, Thüringen und Österreich. Der Netzwerktyp „Kette" hat sich in der Herstellung von Elektronik als dominante Standortstruktur durchgesetzt. Allerdings findet sich dieser Netzwerktyp auch in anderen Industrien, beispielsweise bei der Herstellung von Lebensmittelzusätzen und Feinchemikalien.

**Eine Netzstruktur hilft Unternehmen, trotz volatiler Nachfrage in einzelnen Märkten Kapazitäten gleichmäßig auszulasten.**

Die Netzstruktur ist insbesondere für Unternehmen relevant, die über eine hohe Wertschöpfungstiefe verfügen, Produktionskapazitäten über Werke hinweg ausgleichen müssen und Produkte mit relativ hoher Wertdichte fertigen.

Ein Hersteller von Kolben für Verbrennungskraftmaschinen nutzt beispielsweise ein Netz weltweiter Produktionsstandorte und erreicht durch eine flexible Zuordnung von Aufträgen eine hohe Auslastung der kapitalintensiven Anlagen. In dem Produktionsnetzwerk ist es durchaus möglich, dass ein Werk in Nordamerika ein Produkt ausschließlich für den europäischen Markt fertigt, während ein europäisches Werk gleichzeitig den nordamerikanischen Markt beliefert. Auch bei der Nutzung dieses Netzwerktyps ist daher eine zumindest moderat hohe Wertdichte der Produkte erforderlich und der Einsatz moderner Logistikstrukturen zur effektiven Distribution sinnvoll.

Die Netzstruktur weist außerdem den Vorteil auf, dass Aufträge in einem internen Wettbewerb vergeben werden können, da alle Produktionsstätten grundsätzlich in der Lage sind, alle angebotenen Produkte zu fertigen.

Ein anderer Automobilzulieferer kombiniert diese Eigenschaft mit einer Leitfunktion, die ein bestimmtes Werk im Verbund für ein Produkt übernimmt. Auch wenn in diesem Werk die Grundlast der Nachfrage gefertigt und Produktkompetenz akkumuliert wird, werden andere Werke im Netzwerk dennoch zur marktnahen Produktion und zur Abdeckung von Nachfragespitzen mit genutzt. Diese Kombination erlaubt es dem Unternehmen, Vorteile der Zentralisierung wahrzunehmen, aber gleichzeitig eine hohe Auslastung der Werke und Kostenvorteile durch eine marktnahe Produktion zu realisieren.

\* \* \*

Netzwerktypen sind bei Standortfragen keine Lösung, sondern eine Hilfe im Diskussions- und Entscheidungsprozess. Sie eignen sich auch, um die Schnittstellen zwischen Unternehmensfunktionen – beispielsweise zwischen FuE und Produktion – in einem Netzwerk zu gestalten und aufeinander abzustimmen. Die nachfolgenden Fallstudien werden dies verdeutlichen.

## 4.3 Neugestaltung von Produktionsnetzwerken – Fallstudien

Die folgenden Fallstudien veranschaulichen den skizzierten Ansatz und die Anwendung des Optimierungsmodells, das die Erstellung des strategischen Standortkonzepts unterstützt. Sie beruhen auf realen Unternehmensbeispielen, wurden aber so anonymisiert und modifiziert, dass keine direkten Rückschlüsse auf existierende Unternehmen und ihre Absichten gezogen werden können.

Die Fallstudien zeigen, dass durch die Neugestaltung des Produktionsnetzwerks 7 bis 41 Prozent der Kosten der Verfügbarkeit im Markt *(Total Landed Costs)* eingespart werden können. Die Amortisationszeiten liegen zwischen drei und acht Jahren. Diese großen Bandbreiten weisen bereits darauf hin, dass allgemeine Aussagen über die Notwendigkeit und die Effekte der Globalisierung der Produktion schwierig sind.

Die Frage, ob eine substituierende oder expansive Verlagerung von Produktionskapazität ins Ausland sinnvoll ist, kann nur in Bezug auf ein spezifisches Unternehmen, ein Produkt oder einen Fertigungsschritt beantwortet werden sowie im Hinblick auf die relevanten Einflussfaktoren und Netzwerkeffekte.

Betrachtet wird zunächst das Produktionsnetzwerk eines **Automobilzulieferers**, der Getriebe herstellt und dessen Produktlinie für Mittelklassewagen zunehmend unter Preisdruck gerät. Die Werke in diesem gewachsenen Netzwerk sind zumeist in Hochlohnländern angesiedelt und es besteht ein erheblicher Restrukturierungsstau, da die Unternehmen des Netzwerks nicht die Veränderungen der Märkte in den vergangenen 15 Jahren nachvollzogen haben. Als zweite Fallstudie wird die Situation eines Herstellers von **Konsumgüterelektronik** betrachtet. Dieser hat zwar bereits vor Jahren große Teile der Produktion ins kostengünstigere Ausland verlagert, gerät jedoch jetzt durch Konkurrenz aus asiatischen Niedriglohnländern unter Druck. Die Analyse der Verlagerungspotenziale für Strukturkomponenten von **Luftfahrzeugen** steht im Mittelpunkt der dritten Fallstudie. Aufgrund der relativ geringen Stückzahlen wirken sich Skaleneffekte stark auf die Fertigung aus, so dass jeder Fertigungsschritt für ein Produkt nur an einem Standort etabliert wird und die Produktion insgesamt nur an einem oder zwei Standorten konzentriert werden sollte. Das Unternehmen ist dabei insbesondere daran interessiert zu verstehen, welche Kostenunterschiede zwischen unterschiedlichen Standorten bestehen.

Das letzte Beispiel zeigt die Situation eines Herstellers von **Versorgungstechnik**, dessen Produktion fast ausschließlich durch die Expansion der Stammwerke gewachsen ist, während der Heimatmarkt bereits seit Jahren stagniert und nur das Auslandsgeschäft wächst. Das Unternehmen ist nicht nur daran interessiert, die Kosten zu senken, sondern es will auch näher am Markt produzieren und dadurch kürzere Lieferzeiten realisieren. Ferner ist das Unternehmen in erheblichem Umfang den Effekten von Währungskursschwankungen ausgesetzt, die sich aufgrund der volatilen Marktsituation und der unklaren Preisentwicklung nicht durch Finanzinstrumente absichern lassen.

### 4.3.1 Fallstudie 1: PKW-Getriebe

Die Fallstudie aus der **Automobilzulieferindustrie** zeigt, wie durch die Optimierung des globalen Fertigungsnetzwerks bis zu etwa 40 Prozent der Herstellkosten von Standard-Schaltgetrieben für Mittelklassewagen eingespart werden können (Abbildung 4.15). In der Ausgangssituation ist die Fertigung größtenteils in Hochlohnländern angesiedelt. Die Produktionsprozesskette beschreibt unternehmenübergreifend die Fertigung in den Werken von fünf Unternehmen, die derzeit in den Automobil-Clustern in Deutschland, den USA und Japan sowie in Portugal angesiedelt sind. Das spezifische Produktsegment, das in dieser Fallstudie betrachtet wird, hat sich über die Jahre technologisch etabliert: Die Fertigungsverfahren sind ausgereift und weisen nur eine geringe Innovationsrate auf. Das Verbesserungspotenzial an den bestehenden Standorten wurde im Rahmen dieser Fallstudie nicht bewertet.

Es besteht ein erhebliches regionales Ungleichgewicht zwischen Absatz und Produktion, da die Märkte des Herstellers sich in den vergangenen 15 Jahren deutlich verlagert haben, während die Werke des Herstellers und der Zulieferer weitgehend in den traditionellen Märkten verblieben sind. Die **Zielstruktur** entspricht weitgehend dem Netzwerktyp „Hub and Spoke": Es gibt zwei Hauptstandorte, die in den Niedriglohnländern Tschechische Republik und in Mexiko, d. h. nahe der großen Märkte, liegen. An diesen Hauptstandorten werden alle Fertigungsschritte angesiedelt – vom Urformen der Teile bis zur Endmontage des Getriebes. In den Zweigwerken in Brasilien, China und auf den Philippinen hingegen werden im Wesentlichen weniger kapitalintensive Bearbeitungs- und Montageprozesse ausgeführt, die geringere Skaleneffekte aufweisen.

Die **Migration** von der bestehenden Struktur hin zum Zielnetzwerk nimmt dabei etwa zehn Jahre in Anspruch und bedingt die Schließung mehrerer Werke an Hochlohnstandorten, sofern diese nicht für die Fertigung anderer Produkte genutzt werden können. Das Investitionsvorhaben hat unter Berücksichtigung von Restrukturierungskosten eine Amortisationszeit von etwa vier Jahren. Der maximale Kapitalbedarf während der Migrationsphase ist moderat: Er beträgt lediglich etwa 11 Prozent der operativen Kosten vor der Neugestaltung, d. h. etwa 30 Millionen Euro für ein Geschäftsfeld mit 280 Millionen Euro jährlichen Aufwendungen. Die Neugestaltung der Produktionsstandortstruktur betrifft dabei alle fünf Unternehmen im Netzwerk.

Mit Hilfe des Optimierungsmodells konnte bei diesem Fallbeispiel auch gezeigt werden, dass eine integrierte Optimierung des Produktionsnetzwerks deutlich effizientere Strukturen hervorbringt als eine isolierte Standortwahl für einzelne Fertigungsschritte. So sind die Gesamtkosten bei einer isolierten Optimierung eines jeden Prozessschritts um ca. 20 Prozent höher als bei einer integrierten Optimierung des gesamten Produktionsnetzwerks.

Anhand dieses Fallbeispiels werden die Effekte zweier Einflussfaktoren auf die Standortwahl dargestellt. Die Kosten von Netzwerkkonfigurationen mit geringen Währungsungleichgewichten werden untersucht. Es zeigt sich, dass mit dem dargestellten Ansatz eine weitestgehende Transparenz hinsichtlich des Zielkonflikts Risiko vs. Kosten erreicht werden kann. Die Effekte alternativer Fertigungstechnik sind für das Fallbeispiel klar erkennbar, aber mit 5 Prozent der Herstellkosten nicht übermäßig groß. Sie führen im Ergebnis jedoch zu einer teilweise anderen Netzwerktopologie, da kleinere, marktnahe Werke auf stärker manuelle Verfahren mit geringen Fixkosten angewiesen sind.

### 4.3.1.1 Strategische Ziele und Rahmenbedingungen

Der genannte Hersteller von Fahrzeuggetrieben analysiert regelmäßig das strategische Wettbewerbsumfeld und die sich daraus ergebenden Implikationen für die Gestaltung seines Produktionsnetzwerks. Für das Segment „Standardgetriebe Mittelklassewagen" wurde dabei ein konkreter Handlungsbedarf identifiziert.

**Die Verlagerung der Produktion an Niedriglohnstandorte verändert die gesamte Kostenstruktur.**

Abb. 4.15: Kosten der Verfügbarkeit im Markt (Total Landed Costs)*
Stückkosten, in EUR                                                         AUTOMOBILZULIEFERER

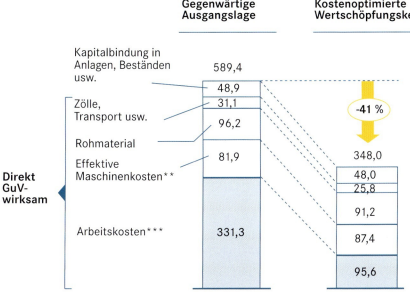

\* Material-, Fertigungs- und Logistikkosten
\*\* Inkl. Instandhaltung und Fixkosten für Maschinen, Anlagen usw.
\*\*\* Inkl. Fixkosten für Gebäude, Verwaltung usw.
Quelle: McKinsey

Das Unternehmen steht in diesem Segment unter Druck, weil die bestehenden Produktplattformen nicht den Anforderungen der Premiumhersteller genügen. Gleichzeitig sind die Herstellkosten der heutigen Produktlinien für den Verbau in Fahrzeugen der unteren Marktsegmente zu hoch. Die technischen Eigenschaften der Produktlinie entsprechen den Anforderungen der Automobilhersteller jedoch durchaus. Die Neugestaltung der Standortkonfigurationen für dieses Produktsegment wird als Alternative zu einer Desinvestitionsstrategie und ausschließlicher Fokussierung auf den Premiumbereich betrachtet.

Die Wettbewerber im Markt für Standardgetriebe fertigen größtenteils in Ländern mit einem mittleren Lohnkostenniveau, beispielsweise in Südkorea und Spanien, und haben daher einen Faktorkostenvorteil der insgesamt etwa 10 Prozent der Herstellkosten entspricht. Die schrittweise expansive Verlagerung der Produktion der großen Wettbewerber an Niedriglohnstandorte in China, Polen und der Slowakei hat diese Lücke in den vergangenen Jahren weiter wachsen lassen. Gleichzeitig veranschaulicht der relativ rasche Aufbau von Produktionskapazitäten, dass an den Niedriglohnstandorten ausreichend qualifizierte Mitarbeiter verfügbar sind und eine Struktur aus potenziellen Material- und Betriebsmittelzulieferern vorhanden ist.

Kosten und Erlöse des betrachteten Unternehmens befinden sich in einem starken regionalen Ungleichgewicht. Die Gewinnsituation wird daher bei einer Aufwertung des Euro gegenüber dem US-Dollar besonders stark belastet. Dies ist insbesondere auch deshalb problematisch, weil Wettbewerber lokal produzieren und daher keine Preisanpassungen in Abhängigkeit von Währungsschwankungen vornehmen. Der Anteil der Importe aus Niedriglohnländern in die Hauptabsatzmärkte hat sich in den vergangenen drei Jahren um mehrere Prozentpunkte erhöht; gleichzeitig sind die erzielten Preise um 12 Prozent gefallen. Diese Entwicklung der Importanteile wird voraussichtlich anhalten, was einen weiteren Verfall der Preise befürchten lässt.

Für das Unternehmen ist das Massensegment strategisch wichtig, es hat aber in der Produktion nur relativ geringe Synergien mit den anderen Geschäftsbereichen. Das Unternehmen will daher über eine Neuausrichtung der eigenen Standortstruktur und der Lieferantenbasis die Kostenposition erreichen, die erforderlich ist, um in diesem Marktsegment nachhaltig erfolgreich zu bleiben.

*4.3.1.2 Produktionsprozessmodell und Annahmen*

Die Fertigung eines Getriebes ist in dem **Produktionsprozessmodell** durch 13 aggregierte Produktionsprozesse abgebildet (Abbildung 4.16). Die Eigenschaften, insbesondere die Inputfaktormengen, der Produktionsprozesse sind detailliert erfasst. Für die spanende Bearbeitung der Wellen werden beispielsweise zwei Minuten ungelernte Arbeit für den Materialtransport, die Handhabung, die Entsorgung der Späne usw. angesetzt sowie zehn Minuten eines Facharbeiters für das Bearbeiten und Prüfen. Es wird ausgegangen von einer Bearbeitung auf einer Anlage mit einem Investitionsvolumen von etwa 150.000 Euro.

Berücksichtigt werden auch die unterschiedlichen Anforderungen der Fertigungsverfahren an die **Qualifikation der Mitarbeiter**. So werden für Länder mit einer schlechten Verfügbarkeit von Facharbeitern der Automobilindustrie geringe Arbeits- und Kapitalproduktivitäten unterstellt. Für einige Länder, in denen weder ein ausreichendes Ausbildungsniveau noch eine lokale Vertretung der Betriebsmittelhersteller besteht, wird der Einsatz der entsprechenden Produktionsprozesse und alternativer Fertigungsverfahren vollständig ausgeschlossen.

In dem Fallbeispiel werden unter anderem die **standortspezifischen Preise** für Stahl und Industriegebäude berücksichtigt. Beide Faktoren sind relevant, da sie einen nicht unerheblichen Einfluss auf die Gesamtkosten haben und zwischen den potenziellen Produktionsstandorten signifikant schwanken. Ferner sind die Zollsätze teilweise je Produktionsprozess oder Produkt definiert. Für Länder wie China und Malaysia bestehen deutlich unterschiedliche Zollsätze für die Kategorie der Teile und Komponenten im Vergleich zum vollständig montierten Getriebe. Die Struktur der Zollsätze hat signifikanten Einfluss auf die Netzwerkstruktur.

Die angenommene Marktnachfrage verteilt sich zu 50 Prozent auf Nordamerika, zu 25 Prozent auf den Fernen Osten (Japan und Südkorea) und zu 20 Prozent auf Westeuropa. Der Rest verteilt sich auf Brasilien, Russland und andere. Die angenommene Nachfrage beträgt 500.000 Einheiten pro Jahr. Es werden 100 Varianten des Endprodukts ausgeliefert. Der Ausgangszustand des Produktionsnetzwerks vor der Optimierung ist in Abbildung 4.17 dargestellt. Im Ausgangszustand betragen die durchschnittlichen Kosten der Verfügbarkeit im Markt etwa 590 Euro pro Getriebe.

**Der hohe Produktionsanteil an Hochlohnstandorten stellt einen strukturellen Nachteil dar, der bei preissensitiven Standardprodukten nur schwer kompensiert werden kann.**

*4.3.1.3 Alternative Fertigungsverfahren*

Für acht der insgesamt 13 Produktionsprozesse sind **alternative Fertigungsverfahren** und Schichtmodelle definiert. Neben dem weitgehend manuellen Standardfertigungsprozess im Zwei-Schicht-Betrieb kann dadurch die Fertigung mit zwei alternativen Automatisierungsgraden im Zwei- oder Drei-Schicht-Betrieb abgebildet werden. Dabei sinken beim Drei-Schicht-Betrieb im Vergleich zu lediglich zwei Schichten pro Tag unter anderem die Kapitalbindung und Abschreibungen je Werkstück. Die Kapitalproduktivität ist höher. Im Gegenzug sind höhere Arbeitskosten zu berücksichtigen, die sich beispielsweise durch die Nachtzuschläge ergeben.

Die Modellierung alternativer Fertigungsverfahren durch Prozesstypen ermöglicht auch die Berücksichtigung **nicht linearer Kostenkurven.** Die Möglichkeit einer alternativen Nutzung von Fertigungsverfahren mit höherer initialer Kapitalbindung und hoher Kapazität führt zu Skaleneffekten, die über die einfache Fixkostendegression hinausgehen.

Dieser Effekt macht für das gesamte Produktionsnetzwerk des Getriebes etwa 5 Prozent der Herstellkosten aus.

**Die Fertigungsschritte entlang der gesamten Wertschöpfungskette werden systematisch erfasst.**

Abb. 4.16: Produktionskette für ein Automobilgetriebe

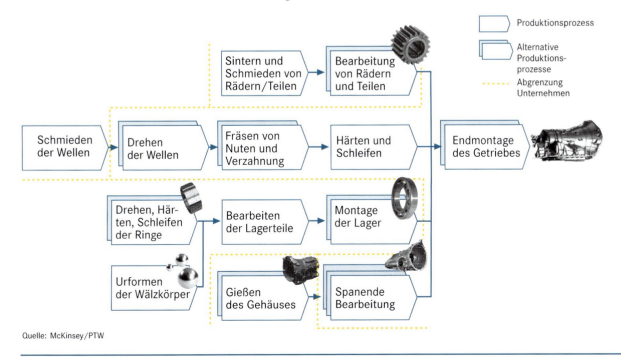

Quelle: McKinsey/PTW

*4.3.1.4 Entwicklung der Zielstruktur*

Die Ergebnisse dieser Fallstudie werden im Folgenden schrittweise dargestellt. Dazu werden die für die Standortwahl relevanten Faktoren in fünf Kategorien strukturiert: Fertigungs- und Materialkosten, Markt und Logistik, Technologie, externe Faktoren sowie Kosten und Investitionen in der Migrationsphase (Abbildung 4.18). Die ersten vier Kategorien bestimmen die langfristigen Kosten der Verfügbarkeit der Produkte in den Märkten. Die fünfte Kategorie umfasst die Kosten der Verlagerung und bestimmt damit den initial erforderlichen Kapitalbedarf für die Neugestaltung des Produktionsnetzwerks.

Die Haupteinflussfaktoren bei der Ausrichtung des Produktionsnetzwerks an **minimalen Fertigungs- und Materialkosten** sind die Faktorkosten und Produktivitäten. Basierend auf den dargestellten Annahmen zeigt das Optimierungsmodell für diesen Fall, dass der günstigste Standort für die meisten Fertigungsschritte, beispielsweise für das Drehen, Fräsen, Schleifen und Härten der Wellen, in der Tschechischen Republik liegt. Das Schmieden der Wellen und die Montage der Lager müssten unter diesen Annahmen in Russland angesiedelt sein.

Die Bearbeitung der Zahnräder und Gestängeteile erfolgt idealerweise auf den Philippinen. Bei der Fokussierung auf die Fertigungs- und Materialkosten werden allerdings die Transportkosten, Skaleneffekte und andere Einflussfaktoren noch nicht beachtet.

> **Nur auf Basis von Fertigungs- und Materialkosten ist Osteuropa für die Teilefertigung attraktiv und Südostasien für die Montage des Getriebes.**

> **Anfangs fertigt das Unternehmen vorwiegend an Standorten mit hohen Faktorkosten.**

Abb. 4.17: Produktionsnetzwerke in der Ausgangslage (Fallstudie)

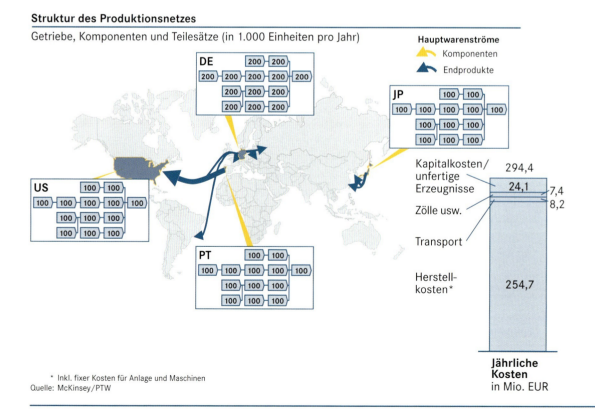

* Inkl. fixer Kosten für Anlage und Maschinen
Quelle: McKinsey/PTW

Die im Optimierungsmodell hinterlegten Standortfaktoren entsprechen den aktuellen Vorhersagen für 2007. So werden beispielsweise für die Tschechische Republik Arbeitskosten von 6,50 Euro pro Stunde für einen Werker angenommen und 2,00 Euro für die Fertigung in China (Küstenregion, aber nicht Schanghai). Diese Werte beinhalten das von internationalen Unternehmen in der Regel gezahlte Premium, das höher qualifizierte und besser motivierte Arbeiter anlockt und im Unternehmen hält. Dieses Premium ist insbesondere für den Standort China signifikant (vgl. auch Kapitel 2: Faktorkosten) und auch notwendig, um ein Ausbildungs- und Erfahrungsniveau im Unternehmen zu erreichen, das für die Fertigung qualitativ hochwertiger Produkte erforderlich ist. Sehr hohe Fluktuationsraten sind daher inakzeptabel. Bei der Bewertung der Kapitalbindungskosten werden länderspezifische Zinssätze unterstellt, die dem jeweiligen Investitionsrisiko entsprechen.

Die angenommenen Produktivitäten und Fähigkeiten sind relativ zu dem Benchmarkwerk in den USA definiert. So wird für Deutschland beispielsweise von einer Arbeitsproduktivität in der spanenden Fertigung von 109 Prozent ausgegangen, in der Tschechischen Republik von 101 Prozent und in China von 63 Prozent (bei gleichem Automatisierungsgrad). Ähnliche

**Die Berücksichtigung der Logistikkosten einschließlich der Kosten der Bestände und Lieferzeitrestriktionen bringt die Produktion deutlich näher zum Markt.**

Annahmen werden über die Produktivität der anderen Inputfaktoren (einschließlich des Kapitals) gemacht. Für Länder, in denen keine Produktivitätswerte von vergleichbaren Fertigungsverfahren bekannt sind, müssen Abschätzungen getroffen werden. So können beispielsweise auf Basis der Daten der statistischen Ämter die Wertschöpfung der Branche, die Anzahl der Beschäftigten, das Ausbildungsniveau und andere Faktoren genutzt und mit entsprechenden Kennzahlen bestehender Fertigungsstandorte verglichen werden, um eine zuverlässige Schätzung der erreichbaren Produktivität am jeweiligen Standort zu erhalten.

**Marktentwicklung und Logistikkosten** beeinflussen wesentlich die Gestalt eines kostenminimalen Produktionsnetzwerks. Die Berücksichtigung von Logistikkosten lässt insbesondere die letzten Fertigungsschritte, die eine hohe Anzahl von Produktvarianten erzeugen, näher an die Märkte rücken (Abbildung 4.20). Die Marktnachfrage wird in dem vorliegenden Beispiel als konstant unterstellt, weil für das Produktsegment keine Steigerung der Gesamtnachfrage oder der regionalen Verteilung vorhergesagt wird.

Die Logistikkosten und Lieferzeitrestriktionen haben einen deutlichen Einfluss auf die genutzten Standorte und die gesamte Netzwerkstruktur. Für ein vollständig montiertes Getriebe werden für den Transport von China nach Deutschland beispielsweise etwa 45 Euro pro Einheit veranschlagt. Davon entfällt nur etwa die Hälfte auf die eigentliche Frachtrate für den Seetrans-

**Die schrittweise Einbeziehung der Einflussfaktoren gewährleistet eine genaue Entscheidungsunterstützung und Transparenz.**

Abb. 4.18: Optimierungsstufen und Einflussfaktoren

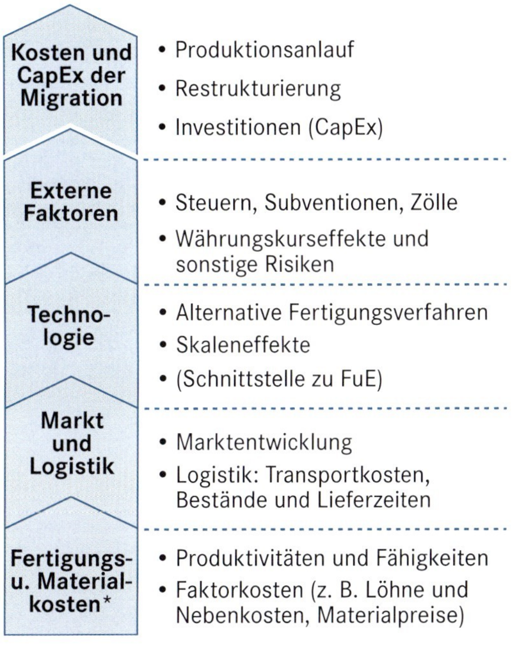

| Stufe | Einflussfaktoren |
|---|---|
| **Kosten und CapEx der Migration** | • Produktionsanlauf<br>• Restrukturierung<br>• Investitionen (CapEx) |
| **Externe Faktoren** | • Steuern, Subventionen, Zölle<br>• Währungskurseffekte und sonstige Risiken |
| **Technologie** | • Alternative Fertigungsverfahren<br>• Skaleneffekte<br>• (Schnittstelle zu FuE) |
| **Markt und Logistik** | • Marktentwicklung<br>• Logistik: Transportkosten, Bestände und Lieferzeiten |
| **Fertigungs- u. Materialkosten\*** | • Produktivitäten und Fähigkeiten<br>• Faktorkosten (z. B. Löhne und Nebenkosten, Materialpreise) |

\* Ab Werk
Quelle: McKinsey

port im Container. Der verbleibende Aufwand entsteht durch die Verpackung, Verladung, die Gebühren für die Zollabwicklung und Containerverladung, das Umladen des Containers, die Versicherung und den landseitigen Transport zu und vom Hafen. Lange Transportzeiten in interkontinentalen Lieferketten verursachen noch zusätzliche Kosten, weil Bestände im Transport gebunden werden und aufgrund der längeren Vorlaufzeiten höhere Sicherheitsbestände im Netzwerk vorgehalten werden müssen.

Neben der Kapitalbindung ist dabei auch an den Wertverfall der Produkte im Lauf der Zeit sowie an die Opportunitätskosten mangelnder Flexibilität zu denken. Im vorliegenden Beispiel addieren sich diese Kosten zu immerhin etwa 30 Euro pro Getriebe.

Die Logistikkosten, aber insbesondere auch die Lieferzeitanforderungen, sind ein starker Treiber in Richtung einer Fertigung auf dem Kontinent des jeweiligen Marktes. Diese Marktnähe ist zumindest für die Endmontage des Systems erforderlich, das *Just in time* an die Automobilhersteller geliefert wird. Die Tschechische Republik eignet sich dabei für den europäischen Markt, Mexiko für die Versorgung der Kunden in NAFTA-Staaten.

Die Berücksichtigung der **technologischen Eigenschaften** der Produktionsprozesse, d. h. von alternativen Fertigungsverfahren, von Skalenerträgen, Fixkostendegressionen und Verbundvorteilen, führt zu einer Konzentration der Fertigung – im vorliegenden Fallbeispiel an drei Standorten.

**Vergleichsweise hohe Produktivität bei relativ niedrigen Arbeitskosten macht die Tschechische Republik attraktiv.**

Abb. 4.19: Standortwahl ausschließlich nach Fertigungs- und Materialkosten (Fallstudie)

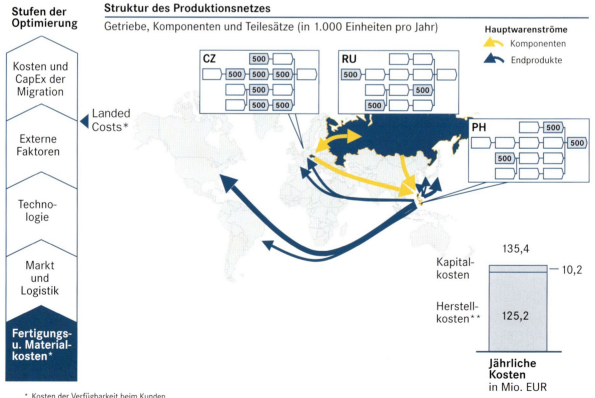

\* Kosten der Verfügbarkeit beim Kunden
\*\* Exkl. Logistikkosten und Fixkosten (Skaleneffekte)
Quelle: McKinsey/PTW

Die Nutzung **standortgerechter Fertigungsverfahren** und einer standortgerechten Produktkonstruktion kann die positiven Effekte einer globalen Produktion deutlich verstärken (Kapitel 5). Im vorliegenden Beispiel wurden für die spanende Bearbeitung der gegossenen Getriebegehäuse beispielsweise drei Fertigungsverfahren mit unterschiedlichem Automatisierungsgrad abgebildet:

- Erstens ist die sequenzielle Bearbeitung auf **konventionellen Fräs- und Bohrmaschinen** möglich; die Materialverkettung, Handhabung, Kontrolle sowie die Werkzeugwechsel erfolgen dabei manuell. Die Maschinensteuerung erfolgt nur teilweise automatisch und erfordert einen hohen Verweilanteil des Werkers während der Bearbeitung.

- Als zweite Möglichkeit steht die Fertigung auf **Bearbeitungszentren** zur Verfügung. Dadurch ist der Werker nicht mehr während der Bearbeitungszeit an die Maschine gebunden, der Materialfluss, die Handhabung und die Kontrolle erfolgen aber nach wie vor manuell.

- In der dritten Alternative sind auch die Werkstückhandhabung, der Werkzeugwechsel und der Materialfluss weitgehend **automatisiert**, so dass der manuelle Arbeitsinhalt des Fertigungsschritts äußerst gering ist und sich weitgehend auf die Überwachung, die Maschineneinstellung, das Umrüsten und die Instandhaltung beschränkt.

Das verwendete Optimierungsmodell erlaubt es, das standortgerechte Fertigungsverfahren aus den be-

**Marktentwicklung und Logistikkosten führen zur Verlagerung von Produktion in marktnahe Niedriglohnstandorte.**

Abb. 4.20: Standortwahl unter Einbeziehung von Markt und Logistik (Fallstudie)

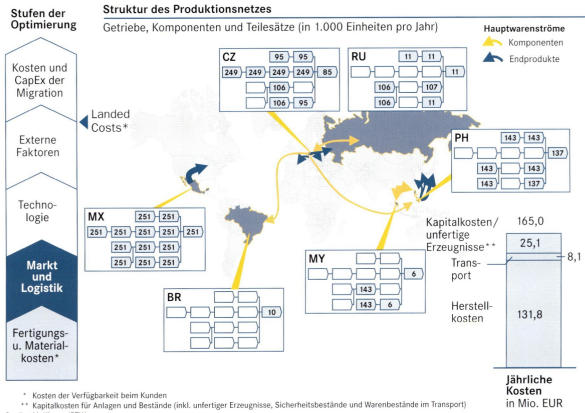

\* Kosten der Verfügbarkeit beim Kunden
\*\* Kapitalkosten für Anlagen und Bestände (inkl. unfertiger Erzeugnisse, Sicherheitsbestände und Warenbestände im Transport)
Quelle: McKinsey/PTW

schriebenen Optionen automatisch auszuwählen. Dabei wird die Wirtschaftlichkeit auch vor dem Hintergrund der am Standort gefertigten Stückzahl und der möglichen Schichtmodelle bewertet, Skaleneffekte werden ebenfalls mit berücksichtigt.

Zudem werden die Fixkosten je Standort und Fertigungsverfahren bei der Optimierung des Netzwerks mit veranschlagt. **Verbundvorteile** können im vorliegenden Beispiel durch die Nähe der Fertigung zum FuE-Bereich erreicht werden, der in Süddeutschland angesiedelt ist. Auch wenn eine Fertigung dieses Produktsegments am FuE-Standort selbst unter Beachtung der Verbundvorteile nicht wirtschaftlich ist, so gewährleistet doch zumindest die Fertigung in der Tschechischen Republik eine gewisse Nähe zum FuE-Standort.

> **Die Berücksichtigung von Skaleneffekten und Verbundvorteilen macht kleinere Fertigungsstandorte in der Peripherie unattraktiv.**

Die Berücksichtigung **externer Faktoren** hat wiederum einen erheblichen Einfluss auf die Netzwerkstruktur. Im vorliegenden Fall sind vor allem Zölle und die angestrebte Absicherung gegen Währungskursschwankungen relevant.

Zölle und nichttarifäre Handelshemmnisse sind in der Automobilindustrie, insbesondere noch in einigen Ländern Asiens wie China, Indien, Vietnam und Malaysia, aber auch für andere Standorte wie Brasilien überaus relevant. Die meisten Hochlohnländer haben

**Skaleneffekte sprechen für Standorte mit großem Volumen.**

Abb. 4.21: Standortwahl unter Berücksichtigung von Skaleneffekten, Automatisierung und lokalen Fähigkeiten (Fallstudie)

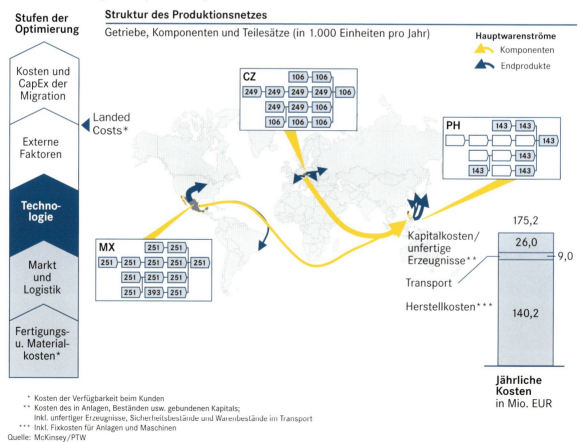

\* Kosten der Verfügbarkeit beim Kunden
\*\* Kosten des in Anlagen, Beständen usw. gebundenen Kapitals;
   Inkl. unfertiger Erzeugnisse, Sicherheitsbestände und Warenbestände im Transport
\*\*\* Inkl. Fixkosten für Anlagen und Maschinen
Quelle: McKinsey/PTW

dagegen wesentlich geringere Zollsätze, wie beispielsweise Japan, das auf den Import einer Vielzahl industrieller Produkte gar keinen Zoll mehr erhebt und dadurch den Import aus Niedriglohnländern besonders attraktiv macht. In der Fallstudie wurde auch der Effekt von direkten und indirekten Subventionen berücksichtigt. Die direkten Subventionen wurden durch eine entsprechende Reduzierung der Einstandswerte der Maschinen, Anlagen und Gebäude berücksichtigt, während die indirekten Subventionen die Aufwendungen beispielsweise für Training und Zölle reduzieren. Steuerliche Beweggründe hatten keinen Einfluss auf die Standortwahl.

Die Gestaltung des Netzwerks wird durch die Vorgabe beeinflusst, das **Währungsungleichgewicht** und damit das Risiko aus Wechselkursschwankungen zu minimieren. Die Ausgangssituation dürfte Unternehmen aus Westeuropa bekannt vorkommen: Während ein Großteil der Kosten der eigenen Fertigung und der Materialbeschaffung in Euro anfällt, wird ein Großteil der Umsätze im US-Dollar-Raum erwirtschaftet. In der Euro-Zone fallen etwa 30 Prozentpunkte mehr Kosten als Umsatz an. Die Situation ist in den USA in etwa umgekehrt. Auch die Preise der Inputfaktoren sind in diesen beiden großen Wirtschaftsräumen zu einem erheblichen Anteil lokal bestimmt, so dass auch das bereinigte Währungsungleichgewicht erheblich ist. Im Rahmen einer Risikoanalyse wurde festgelegt, dass in der vorliegenden Fallstudie das Währungsungleichgewicht für jede Währung nominal nicht über 20 Prozent der gesamten Netzwerkkosten liegen sollte. Eine Ausnahme bildet Japan: Höhere Umsätze als Kosten in Yen werden zugelassen, da eine deutliche Abwertung des Yen nicht befürchtet wird.

In der Ausgangssituation beträgt das maximale nominale Währungsungleichgewicht etwa 30 Prozent. Konkret fallen 30 Prozentpunkte mehr Umsatz als Kosten in US-Dollar an. Die kostenminimale Zielstruktur des Netzwerks hat bereits ein deutlich geringeres Ungleichgewicht von nominal ca. 20 Prozent der Gesamtkosten. Die Analyse der Reaktion der Materialpreise auf Wechselkursänderungen und die Möglichkeit zur partiellen Überwälzung eines Kostenanstiegs durch Währungskurseffekte auf Kunden zeigt, dass das effektive Währungsungleichgewicht bei etwa 10 Prozent liegt. Konkret orientieren sich die Preise einiger Rohmaterialien, die in Euro bezahlt werden, tatsächlich stark an den Weltmarktpreisen in US-Dollar, so dass bei einer Abwertung des US-Dollar auch die Preise für diese Güter in lokaler Währung fallen. Je nach der Flexibilität zur Verlagerung von Kosten zwischen Währungszonen und den Möglichkeiten zur Absicherung durch Finanzinstrumente sollte eine Obergrenze für das maximale nominale Währungsungleichgewicht gezogen werden.

Eine engere Restriktion des maximalen nominalen Währungsungleichgewichts (das positive Ungleichgewicht gegenüber dem japanischen Yen ist von der Restriktion ausgenommen) verringert die Risiken aus Währungskursschwankungen weiter, führt jedoch auch zu höheren Kosten. Es verbleiben damit sowohl ein Risiko für den Gewinn durch Abwertung des japanischen Yen und des US-Dollar als auch moderate Risiken durch eine Aufwertung der Tschechischen Krone, des Mexikanischen Peso und des Philippinischen Peso (siehe Tabelle 4.1).

Im vorliegenden Fall führt die Beschränkung des maximalen Währungsungleichgewichts zu einer Verschiebung von Kapazitäten aus Mexiko in die Philippinen. Dadurch wird die Differenz zwischen Ausgaben und Einnahmen in den verschiedenen Währungen vermindert. Die Korrelation zwischen Wechselkursen wird dabei approximativ auf Basis historischer Daten berücksichtigt. Das Netzwerk weist im Ergebnis zwar minimal höhere Gesamtkosten auf, dafür ist das Risiko von Währungskursschwankungen auf den Gewinn aber gemindert.

Abbildung 4.22 zeigt die Produktionsmengen je Standort und Prozessschritt für die **kostenminimale Netzwerkkonfiguration** unter Beachtung aller relevanten Einflussfaktoren auf die langfristigen Kosten im Netzwerk und der Beschränkung des nominalen Währungsungleichgewichts auf 20 Prozent. Insgesamt werden weltweit sieben Standorte genutzt. Drei der Standorte haben mehr als 1.000 Beschäftigte (nicht alle in einem Werk). In den anderen Ländern sind nur jeweils 50 bis 210 Mitarbeiter beschäftigt. Es kann

Tab. 4.1: Währungsungleichgewichte (netto) durch unterschiedliche Anteile von Umsatz und Kosten in den Währungszonen. Die Werte gelten für das Produktionsnetzwerk des Fallbeispiels.

| Szenario | Währungsungleichgewicht (netto, nominal) | | | | | | | | Kosten-anstieg*** |
|---|---|---|---|---|---|---|---|---|---|
| | USD | EUR | JPY* | CZK | MXN | PHP | CNY | Sonst.** | |
| Ausgangssituation | 0,314 | -0,302 | -0,134 | 0,002 | 0,011 | 0,003 | 0,031 | 0,074 | K.A. |
| Kostenminimal; keine Restriktion | 0,149 | 0,070 | 0,183 | -0,095 | -0,192 | -0,190 | 0,017 | 0,058 | 0 % |
| Max. Ungleichgewicht ca. 19 % | 0,114 | 0,050 | 0,183 | -0,114 | -0,111 | -0,183 | 0,007 | 0,054 | 4,3 % |
| Max. Ungleichgewicht ca. 14 % | 0,100 | 0,051 | 0,183 | -0,102 | -0,081 | -0,134 | 0,003 | -0,022 | 7,4 % |
| Max. Ungleichgewicht ca. 10 % | 0,046 | 0,055 | 0,183 | -0,073 | -0,058 | -0,096 | 0,005 | -0,063 | 12,1 % |

\* Keine Beschränkung des positiven Ungleichgewichts gegenüber dem japanischen Yen
\*\* Saldiert
\*\*\* Anstieg der *Total Landed Costs* bei jahresdurchschnittlichen Wechselkursen und Preisen 2003

Quelle: McKinsey/PTW

daher von einer Konfiguration des Netzwerktyps *Hub and Spoke* gesprochen werden, bei der die vollständige Beherrschung der gesamten Prozesskette an zwei Orten weltweit konzentriert ist (vgl. Abschnitt 4.6).

**In der Zielstruktur werden zwei Hauptstandorte und drei kleinere Montagewerke genutzt.**

Die Sensitivitätsanalyse bezüglich der Arbeitskostensteigerung zeigt ferner, dass unter der Annahme einer relativ schnellen Lohnsteigerung in der Tschechischen Republik ein Standort in Russland oder der Ukraine als „verlängerte Werkbank" erwogen werden sollte. Von dort können arbeitsintensive Vorprodukte dann an den Hauptstandort in der Tschechischen Republik geliefert werden. Der Netzwerktyp würde sich dann zu einer Mischung aus *Hub and Spoke* und „Kette" entwickeln.

Die übrigen Standorte dienen der marktnahen Fertigung und Montage. Dies ist vorteilhaft aufgrund der hohen Anforderungen an die Lieferfähigkeit sowie wegen der entlang der Wertschöpfungskette zunehmenden Produktvarianten. Auch hier zeigt die Analyse, dass bei einer Verschärfung der Lieferzeitanforderungen oder einer Erhöhung der Variantenvielfalt ein weiterer kleiner Standort in den USA zur Endmontage benötigt wird. Obwohl dieser Prozess relativ arbeitsintensiv und nur in geringem Umfang automatisierbar ist, erhöht er die Lieferfähigkeit und senkt die erforderlichen Bestände. Ferner senkt unter diesen Annahmen ein Standort in den USA das Währungsungleichgewicht bei moderater Steigerung der Netzwerkkosten weiter ab.

In der in Abbildung 4.22 dargestellten Konfiguration liegen die Gesamtkosten des Netzwerks bei Fertigung der gleichen Stückzahl und unter den gleichen logistischen Rahmenbedingungen 41 Prozent unter den Kosten des Netzwerks im Ausgangszustand. Diese Konfiguration ist robust, lässt aber bestimmte Veränderungen zu, die die Gesamtkosten kaum erhöhen, beispielsweise die Verlagerung einiger Prozesse der Teilefertigung nach Russland oder in die Ukraine. Die hohen Einsparungen spiegeln allerdings nur die langfristige Perspektive wider. Die Migration vom bestehenden hin zum optimierten Netzwerk erzeugt zunächst einen Kapitalbedarf, der im Rahmen der Migrationsplanung genau zu bestimmen ist.

*4.3.1.5 Planung der Migration*

Die langfristig erreichbaren Einsparungen pro Jahr (ca. 115 Millionen Euro) und der zur schnellen Umsetzung

*4.3 Neugestaltung von Produktionsnetzwerken – Fallstudien*

innerhalb von fünf Jahren erforderliche Kapitalbedarf (ca. 160 Millionen Euro Restrukturierungsaufwand, ca. 90 Millionen Euro Anlaufaufwendungen und ca. 120 Millionen Euro zusätzliche Investitionen) stehen in einem Verhältnis von etwa 1 zu 3,2. Damit liegt es nahe, dass eine **pragmatische Migration** vom bestehenden Produktionsnetzwerk zur Zielstruktur nicht optimal ist. Die schnelle Umsetzung bedingt sehr hohe Einmalaufwendungen (vgl. Abbildung 4.23). Zusammen mit den erforderlichen zusätzlichen Investitionen generieren diese in den ersten Jahren der Umsetzung einen hohen Kapitalbedarf, der erst in den darauf folgenden Jahren durch Einsparungen ausgeglichen wird. Eine langsamere Migration führt zu einer höheren Überdeckung zwischen Einmalaufwand und bereits erzielten Einsparungen und reduziert den Kapitalbedarf und damit das Risiko der Neugestaltung des Produktionsnetzwerks. In der vorliegenden Fallstudie werden die **Geschwindigkeit** und die **Sequenz** der Verlagerung von Produktionsschritten daher mit dem **Optimierungsmodell** für das Produktionsnetzwerk detailliert analysiert und in Abstimmung mit den Unternehmenszielen bestimmt.

Bei der Planung der Migration sind drei Themenfelder besonders relevant:

- Die Aufwendungen und Restriktionen für den Produktionsanlauf
- Die Restrukturierungsaufwendungen
- Die Investitionen in Maschinen und Anlagen an den neuen Standorten.

Bei der Projektplanung und Bewertung der finanziellen Implikationen sollte auch an die Verwertung von

**Mexiko und die Tschechische Republik sind die Hauptstandorte in dem optimierten Netzwerk.**

Abb. 4.22: Standortwahl bei Einbeziehung externer Faktoren (Fallstudie)

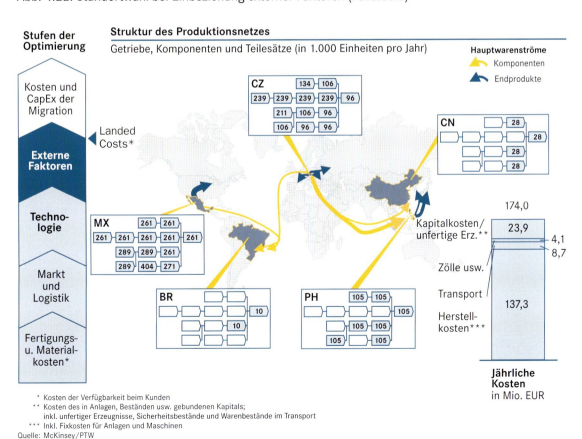

\* Kosten der Verfügbarkeit beim Kunden
\*\* Kosten des in Anlagen, Beständen usw. gebundenen Kapitals; inkl. unfertiger Erzeugnisse, Sicherheitsbestände und Warenbestände im Transport
\*\*\* Inkl. Fixkosten für Anlagen und Maschinen
Quelle: McKinsey/PTW

Maschinen, Gebäuden und Grundstücken gedacht werden, die an den zu schließenden Standorten frei werden. Das **Ergebnis der Migrationsplanung** sind eine Wirtschaftlichkeitsrechnung für die Rekonfiguration des Produktionsnetzwerks und ein Maßnahmenplan, der den Auf- und Abbau von Fertigungskapazitäten pro Standort und Fertigungsschritt sicherstellt.

**Die optimierte Migration streckt die Umsetzung über zehn Jahre und verringert dadurch den initialen Kapitalbedarf.**

Die **Restrukturierungsaufwendungen** werden durch Abfindungszahlungen dominiert. In dem verwendeten Optimierungsmodell sind die länderspezifischen Werte für die zu leistenden Abstandszahlungen (angepasst an die jeweilige Mitarbeiterstruktur in den Werken), die Fluktuationsraten sowie Anteile der im Lauf der Zeit aus Altersgründen ausscheidenden Mitarbeiter hinterlegt. In Portugal werden beispielsweise für die Abfindung eines Arbeiters mit einer Betriebszugehörigkeit von zehn Jahren etwa 8.000 Euro veranschlagt. Nicht zahlungsrelevante Aufwendungen wie Restwertabschreibungen sind nicht in der Wirtschaftlichkeitsrechnung berücksichtigt, da der Kapitalwert ausschließlich auf Basis der erwarteten Zahlungsstromeffekte berechnet wird.

Diese Aufwendungen sind aber zu berücksichtigen, wenn der Einfluss der Netzwerkneugestaltung auf den Gewinn und die Nettomarge ermittelt wird. Im vorliegenden Beispiel summieren sich die Restrukturierungskosten für alle Werke über einen Zeitraum von zehn Jahren auf etwa 80 Millionen Euro.

**Das Modell zeigt positive Wirkung nach 3 Jahren, aber die Gesamtverlagerung beansprucht nahezu ein Jahrzehnt.**

Abb. 4.23: Nettocashflow, bezogen auf das Ausgangsszenario
in Mio. EUR p. a.

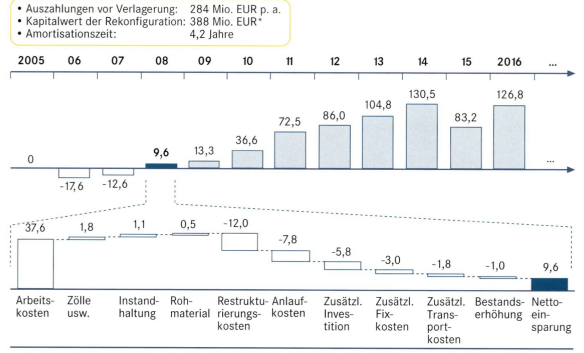

**Auswirkung der Verlagerung auf den Cashflow 2008 (bezogen auf Ausgangssituation 2004)**

* Bereinigter Kapitalwert des Projekts enthält landesspezifische Risikozuschläge und ist damit niedriger als der Kapitalwert des Cashflow-Effekts
Quelle: McKinsey/PTW

Die Aufwendungen für den **Produktionsanlauf** in den neuen Werken ergeben sich größtenteils aus dem Training neuer Mitarbeiter, den zusätzlichen Aufwendungen für *Expatriates* und aus den geringen Produktivitäten während der Anlaufphase. Auch der Transfer von Produkten, die bereits an anderen Standorten produziert wurden, kann erhebliche Kosten verursachen, insbesondere wenn der Kunde für diese Produkte eine aufwändige Auditierung und Freigabe fordert. Im Fallbeispiel fallen für die genannten Maßnahmen Aufwendungen von insgesamt etwa 50 Millionen Euro an. Weitere 10 Millionen Euro Einmalaufwendungen entstehen durch den physischen Transport von Maschinen und Anlagen, Überstundenzuschläge bei der Produktion eines Pufferbestands sowie die Remontage und Inbetriebnahme der Anlagen am neuen Standort. Die Aufwendungen verteilen sich dabei über zehn Jahre, da die Verlagerung der Produktion und der Anlauf von Fertigungsschritten am neuen Standort sukzessive erfolgt.

Der zusätzliche **Investitionsbedarf** während der Migrationsphase ist moderat. Ein Teil der zur Fertigung an den neuen Standorten erforderlichen Betriebsmittel kann von den existierenden Standorten transferiert werden. Auch wenn die geplanten Investitionen in den ersten Jahren der Migration deutlich höher sind als bei der Fortführung des Geschäftsbetriebs in der bisherigen Standortstruktur, so wird doch ein erheblicher Anteil der Investitionen durch Mittel gedeckt, die auch für die Erneuerungen der Anlagen bei Fortführung der Produktion an den bestehenden Standorten erforderlich gewesen wären (Ersatz- und Erneuerungsinvestitionen). Die Migrationsphase erstreckt sich von der Planung bis zur Erreichung der Kammlinie in den neuen Werken über zehn Jahre, wobei die deutlichsten Änderungen an der Kapazitätsverteilung über sechs Jahre dauern. Die relativ lange Migrationsphase führt auch deshalb zu einem eher geringen Bedarf an liquiden Mitteln zur Finanzierung der Verlagerung, weil die Streckung die Restrukturierungskosten gering hält, das Training der neuen Mitarbeiter weniger aufwändig macht, eine bessere Weiternutzung bestehender Maschinen und Systeme erlaubt sowie einen effizienten Aufbau von Zulieferern ermöglicht. Die zusätzlichen Ausgaben für die Änderung der Standortkonfiguration werden daher schon früh durch Einsparungen überkompensiert.

In der Migrationsphase sollte auch verstärkt darüber nachgedacht werden, welches Unternehmen im Netzwerk welche Fertigungsschritte an welchen Standorten übernimmt. Dabei können sich auch Restriktionen ergeben, die explizit in der Optimierung berücksichtigt werden sollten. So werden die Fertigungsschritte „Gehäuse: Gießen" und „Gehäuse: spanende Bearbeitung" nicht gleich zu Beginn der Fertigung an dem neuen Standort mit aufgebaut, da diese Prozesse erhebliche Skaleneffekte aufweisen und ein Zulieferer die Zusage einer relativ hohen Stückzahl fordert, um in neue Fertigungskapazität und Formen zu investieren. Die Zulieferung der fertig bearbeiteten Gehäuse senkt ferner die Komplexität in der Anlaufphase des Standorts.

In der Fallstudie wurden keine Erlöse veranschlagt für die Veräußerung von nicht mehr für den Betrieb benötigten Gebäuden und Grundstücken an den bestehenden Standorten. Vielmehr wurde zur besseren Vergleichbarkeit sowohl für den Ausgangszustand als auch für die Zielstruktur davon ausgegangen, dass alle Flächen gemietet werden.

**Die strategische Kapazitätsplanung ist ein Element des Standortkonzepts und Eckpunkt für die Umsetzungsplanung.**

Unter den festgelegten Rahmenbedingungen sieht der optimierte Migrationspfad für das Produktionsnetzwerk des Automobilgetriebes eine graduelle Reduzierung der Produktionstätigkeit an den Hochlohnstandorten vor. Der Standort in Japan wird fünf Jahre nach der Verabschiedung des Standortkonzepts geschlossen, der Standort in Deutschland drei Jahre später. Die Reduktion der Produktionskapazität wird dabei unter Nutzung der natürlichen Fluktuation und des Transfers von Mitarbeitern in andere Funktionsbereiche geschehen, so dass betriebliche Kündigungen in dieser ersten Phase nicht erforderlich sind.

Die neuen Standorte in der Tschechischen Republik und Mexiko werden mit zwei Jahren Abstand eröffnet und schrittweise mit Kapazitätssteigerungen von ca.

40.000 Einheiten pro Jahr hochgefahren. Gleichzeitig werden nicht alle Fertigungsschritte gleich zu Anfang der Produktion an den neuen Standorten durchgeführt. Dieses Vorgehen minimiert die Produktionsanlaufkosten und -risiken.

Abbildung 4.24 zeigt die strategische Kapazitätsplanung eines neuen Produktionsstandorts im Netzwerk. Dieser Plan dient als Eckpunkt für die *cross-funktionale* Planung. Er wird durch einen zusammenfassenden Maßnahmenplan für die einzelnen Funktionen begleitet, der beispielsweise die Personalanforderungen hinsichtlich der *Expatriates* und der lokal zu rekrutierenden Mitarbeiter spezifiziert. Die strategische Kapazitätsplanung und der Maßnahmenplan dienen daher als Schnittstelle zwischen der zentralen netzwerkübergreifenden Planung sowie der lokalen Feinplanung und Implementierung. Die lokalen Projektteams erhalten dadurch die Eckpunkte für den Aufbau der eigenen Standorte und der Einkauf die Ziele für die Auswahl und Entwicklung der jeweils lokalen Lieferantenbasis.

In der Fallstudie beträgt der Kapitalwert der Netzwerkneugestaltung etwa 390 Millionen Euro. Dies entspricht etwa 130 Prozent der gesamten Netzwerkkosten vor der Optimierung.

\* \* \*

Das Fallbeispiel zeigt, wie das Optimierungsmodell als effektives Werkzeug bei der Bewertung von Zielkonflikten – z. B. Minimierung von Risiken vs. Maximierung der Kosteneinsparungen – eine solide Faktenbasis schaffen kann. Die Analyse der Robustheit einer Standortkonfiguration, z. B. hinsichtlich des Kostenunterschieds der optimalen Konfiguration im Vergleich zu anderen Lösungen, ermöglicht die Quantifizierung relativer Vor- und Nachteile bestimmter Handlungsoptionen. Das Optimierungsverfahren erlaubt die Bestimmung der Sensibilität der Lösung hinsichtlich der Änderung der Parameterwerte (z. B. der Arbeitskostensteigerung, ab der ein Standort für die Fertigung im Netzwerk nicht mehr attraktiv ist). Die schrittweise Darstellung der optimalen Lösung unter Einbeziehung einer steigenden Anzahl von Einfluss-

**Der Migrationsplan detailliert die Anforderung pro Standort und Fertigungsschritt.**

Abb. 4.24: Kapazitätsplanung je Fertigungsschritt – Werk Mexiko
in Tsd. Einheiten p. a.

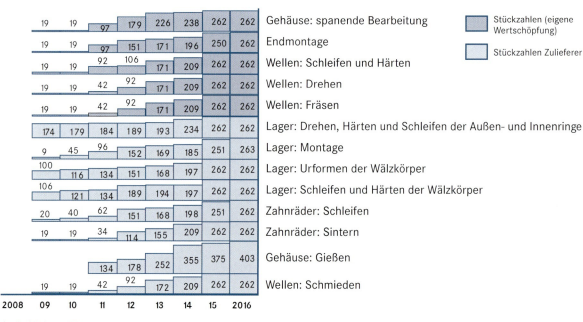

Quelle: McKinsey/PTW

faktoren erhöht die Transparenz der wirtschaftlichen Zusammenhänge.

Um die hohen Einsparungen von etwa 40 Prozent der Herstellkosten erreichen zu können, müssen Unternehmen über die bisherigen Ansätze bei der Standortwahl hinausgehen. Durch die Betrachtung der gesamten Wertschöpfungskette werden aus Sicht des einzelnen Unternehmens nicht nur die Herstellkosten gesenkt, sondern es wird auch der große Block der Materialkosten reduziert.

Die integrative Betrachtung der eigenen Standortwahl und der Beschaffungsstrategie ist in vielen Bereichen der erfolgskritische Hebel. Ferner ermöglicht die Berücksichtigung alternativer Fertigungsverfahren die standortgerechte Anpassung der Kapitalintensität und Komplexität der Fertigung. Dadurch werden in der Regel einige weitere Prozentpunkte zusätzlicher Einsparungen erzielt. Die Optimierung der Migration macht die Änderung der Standortstruktur finanzierbar und gewährleistet das Einhalten zentraler Restriktionen wie beispielsweise die Bindung an bestehende Lieferanten.

### 4.3.2 Fallstudie 2: Konsumgüterelektronik

Die Fallstudie eines Unternehmens in der Konsumgüterelektronik (Abbildung 4.25) zeigt, wie durch die partielle Neugestaltung des globalen Produktionsnetzwerks Einsparungen von ca. 7 Prozent erzielt werden können. Die bestehende Standortstruktur wurde bereits vor etwa 15 Jahren auf geringere Kosten hin optimiert, so dass ein Großteil der Fertigung nun auf der Iberischen Halbinsel angesiedelt ist. Der generelle Preisverfall in der Industrie erzeugt aber zusätzlichen Handlungsdruck, so dass insbesondere die Aufstellung der Fertigung für die Produkte des unteren Marktsegments überdacht werden soll.

Die Zielstruktur entspricht weitgehend dem Netzwerktyp „Kette". Während die Versorgungsbasis für Bau-

**Bei Verlagerung von einem Standort mit bereits relativ geringen Lohnkosten ist das Einsparpotenzial geringer.**

Abb. 4.25: Kosten der Verfügbarkeit im Markt (Total Landed Costs)\*
Stückkosten, in EUR

KONSUMGÜTER-ELEKTRONIK
EXEMPLARISCH

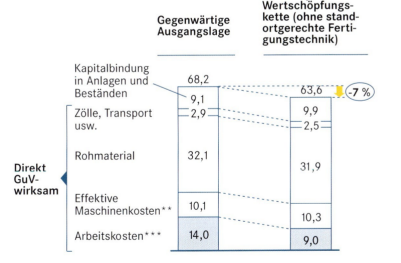

\* Material-, Fertigungs- und Logistikkosten
\*\* Inkl. Instandhaltung und Fixkosten für Maschinen, Anlagen usw.
\*\*\* Inkl. Fixkosten für Gebäude, Verwaltung usw.
Quelle: McKinsey/PTW

elemente und Komponenten bei Beibehaltung der Produktkonstruktion weitgehend unverändert bleibt, sollten ein Teil der Komponentenmontage in Ungarn und Teile der arbeitsintensiven Endmontage und einfachen Teilefertigung in Rumänien angesiedelt werden. Die vollständige Fertigung in Asien ist interessanterweise ohne eine Änderung der Produktkonstruktion und der Fertigungsverfahren im Ergebnis etwas teurer als die Produktion in Osteuropa, da höhere Zollaufwendungen die zusätzlichen Einsparungen bei den Arbeitskosten überkompensieren.

Die Wirtschaftlichkeit der Verlagerung mit einer Amortisationszeit von etwa sieben Jahren erscheint grenzwertig. Die Restrukturierungs- und Anlaufaufwendungen und zusätzlich erforderliche Investitionen müssen weiter reduziert werden, um das Standortkonzept nachhaltig attraktiv zu machen. Auch wird durch eine graduelle Verbesserung der strukturellen Kostenposition durch die Produktionsverlagerung das eigentliche strategische Problem des Unternehmens nicht gelöst: Zu einer substanziellen Verbesserung der Wettbewerbssituation muss in diesem Fallbeispiel neben den Produktionsstandorten auch über standortgerechte Produktkonstruktionen nachgedacht werden. Die Veränderung der Fertigungsverfahren kann nur einen moderaten Beitrag leisten, da die Fertigung bereits eine geringe Kapitalintensität aufweist.

*4.3.2.1 Strategische Ziele und Rahmenbedingungen*

Das Unternehmen steht im Geschäftsbereich Konsumgüterelektronik unter hohem Wettbewerbsdruck. Die Produkte in diesem Marktsegment werden zumeist über den Fachhandel vertrieben, erzielen aber nicht das Preispremium von High-End-Produkten der Marken Apple oder Sony. Hersteller aus Niedriglohnländern bieten auch zunehmend einfache Produkte zu deutlich günstigeren Preisen über andere Vertriebskanäle wie beispielsweise Discounter-Märkte an. Die Hersteller aus Asien bieten aber selbst Geräte mit gleicher Funktionalität über die gleichen Vertriebswege etwa 20 Prozent günstiger an. Die Wettbewerber erzielen niedrigere Herstellkosten durch eine günstigere Beschaffung von einfacheren Vorprodukten, durch eine bessere Durchdringung der asiatischen Beschaffungsmärkte, durch sehr einfache, wenig kapitalintensive Fertigungsverfahren und die Fertigung an Standorten mit niedrigsten Löhnen von ca. 0,6 Euro pro Stunde. Trotz des bestehenden Markenvorteils des betrachteten Unternehmens führt der deutliche Preisunterschied zu einer zunehmenden Erosion von Marktanteilen in den wichtigsten Absatzmärkten. An eine Ausweitung des Vertriebs auf Länder mit wachsendem Marktvolumen ist aufgrund der nachteiligen Kostenposition kaum zu denken.

*4.3.2.2 Produktionsprozessmodell und Annahmen*

Das Produktionsnetzwerk kann durch ein repräsentatives Produkt mit verschiedenen Varianten abgebildet werden. Die Produktion wurde in 15 Fertigungsschritten erfasst, die vom Ätzen der Leiterplatten über die Bestückung, die Montage, die Qualitätskontrolle bis hin zu Verpackung und Versand reichen (Abbildung 4.26). Die Fertigung der Halbleiterbauteile und passiven Elektronikteile wurde nicht explizit modelliert, da diese Teile global beschafft werden und aufgrund ihrer hohen Wertdichte zu vergleichbaren Kosten an allen Standorten weltweit verfügbar gemacht werden können. Allerdings stellt sich bei näherer Betrachtung heraus, dass eine lokale Fertigung oftmals zu einer wesentlich besseren Durchdringung des lokalen Beschaffungsmarkts führt und dadurch selbst bei standardisierten Bauelementen Preisunterschiede im zweistelligen Prozentbereich zu beobachten sind. Einige Fertigungsschritte der vorgelagerten Zulieferer (*Second-* und *Third-Tier-Zulieferer*) stehen mittelfristig nicht zur Disposition, da das Unternehmen gebunden ist und eine Verlagerung dieser Fertigung nicht erzwungen werden kann.

*4.3.2.3 Entwicklung der Zielstruktur*

Das kostenminimale Produktionsnetzwerk nutzt die bestehenden Produktionsstätten in Ungarn und Malaysia und ein neues Werk in Rumänien. Für die Teilefertigung werden dabei zumeist Zulieferer in Malaysia eingebunden, an die auch die Montage einer relativ geringen Anzahl von Endprodukten für den asiatischen Markt vergeben werden kann, um so Zölle, Transportkosten und Bestände zu minimieren. Die kapitalintensiveren und komplexeren Fertigungsschritte werden dann in Ungarn angesiedelt, wo bereits eine Basis an qualifizierten Mitarbeitern besteht und auch die Montage einer wesentlichen Komponente durch einen Joint-Venture-Partner erfolgt. Rumänien ist für die Fertigung auch deshalb interessant, weil durch die Assoziation mit der EU keine Zölle auf von dort importierte Güter zu entrichten sind. Der Zollsatz von 14 Prozent auf Elektronikimporte aus Asien ist bei dem bestehenden Produkt höher als die im Vergleich zu Osteuropa zusätzlich erzielbaren Einsparungen bei den Arbeitskosten.

Die relativ niedrigen Einsparungen von 7 Prozent der Herstellkosten durch eine Neugestaltung des Produktionsnetzwerks sind auch dadurch bedingt, dass die Fertigung bereits im Ausgangszustand in einer Region mit relativ geringen Arbeitskosten von etwa 6 Euro pro effektiver Arbeitsstunde angesiedelt ist. Die geringe Differenz zwischen den Arbeitskosten im bestehenden Werk und potenziellen Standorten erschwert die frühe Amortisierung von Einmalaufwendungen und Investitionen im Rahmen einer Produktionsverlagerung.

Um das strategische Problem des Unternehmens in diesem Geschäftsbereich zu lösen, sind daher zusätzliche Optionen zu bewerten, z. B. die grundlegende Revision der Produktkonstruktion zur Nutzung einfacherer, kostengünstigerer Bauteile oder die Option einer vollständigen Fremdvergabe der Fertigung.

### 4.3.3 Fallstudie 3: Strukturteil für Luftfahrzeuge

Die Fallstudie aus dem Bereich des Luftfahrzeugbaus (Abbildung 4.27) zeigt am Beispiel einer Strukturkomponente, wie Einsparungen durch eine global aufgestellte Fertigung in Höhe von etwa 20 Prozent der Herstellkosten erzielt werden können. Ferner kann eine Verringerung des Währungsungleichgewichts erreicht werden und eine bessere lokale Marktpräsenz, die auch den Absatz fördern kann. In der **Ausgangssituation** ist die Fertigung in Hochlohnländern angesiedelt, im konkreten Beispiel wurde Westdeutschland unterstellt. Die Kostenstruktur der Komponente weist einen relativ hohen Arbeitskostenanteil auf, der aber entlang den Fertigungsschritten stark variiert. Während

**Die Abfolge der Fertigungsschritte beschreibt die Zulieferbeziehungen im Netzwerk.**

Abb. 4.26: Fertigung einer Rumpfstrukturkomponente – vereinfachtes Prozessmodell

LUFTFAHRZEUGBAU

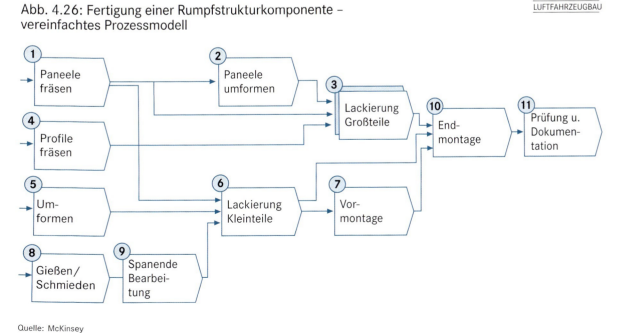

Quelle: McKinsey

die spanende Bearbeitung sehr kapitalintensiv ist und in die Fertigungsstufe ein erheblicher Anteil Rohmaterial eingeht, sind die Montageprozesse sehr arbeitsintensiv. Aufgrund der geringen Stückzahl ist die Automatisierung der Fertigung für eine Vielzahl von Bauteilen und Fertigungsschritten nicht wirtschaftlich.

Bei der Auswahl der Produktionsstandorte war nicht nur eine Verringerung der Herstellkosten von Interesse, sondern auch die Verringerung der Währungskursungleichgewichte. Ferner ist die Fertigung von Luftfahrzeugkomponenten relativ komplex, so dass zunächst eine Reihe von Standorten identifiziert werden sollte, die im Hinblick auf die Kosten attraktiv sind. Für diese Standorte wird nachfolgend eine genauere Abschätzung der technologischen Fähigkeiten und der voraussichtlich erzielbaren Produktivität vorgenommen.

Die Betrachtung lediglich einer größeren Komponente ist für das Aufzeigen potenziell attraktiver Standorte und die Auswirkung der Standortwahl auf die Kostenstruktur interessant. Für die Bestimmung der Standortkonfiguration des ganzen Produktionsnetzwerks ist der betrachtete Produktumfang aber zu klein. Bei der Untersuchung lediglich einer Komponente dominieren Skaleneffekte und führen zu einem Netzwerktyp „Weltfabrik". Die Fallstudie dient daher eher dazu, die Modellstruktur und das Vorgehen bei der Optimierung darzustellen, denn aufgrund der einfachen Struktur des betrachteten Produktionsnetzwerks ist der Aufbau des Modells transparenter und die darin zusammengefassten Informationen sind besser dokumentierbar. Das relativ kompakte Modell für die Produktion eines einzelnen Bauteils lässt sich in ein größeres Produktionsmodell mit ca. 100 Fertigungsschritten für das gesamte Luftfahrzeug integrieren.

*4.3.3.1 Produktionsprozessmodell und Annahmen*

Für das Fallbeispiel wurden die Annahmen getroffen, dass 25 Prozent der Nachfrage jeweils an einem Stand-

**Die Kostenreduktion entsteht bei der Annahme gleicher Konstruktion ausschließlich aus dem Faktor Arbeit.**

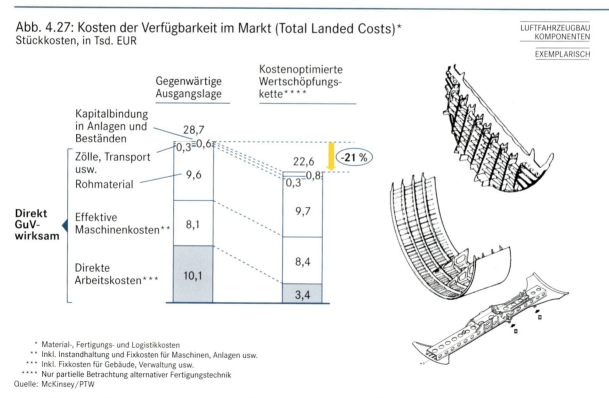

Abb. 4.27: Kosten der Verfügbarkeit im Markt (Total Landed Costs)*
Stückkosten, in Tsd. EUR

LUFTFAHRZEUGBAU KOMPONENTEN

EXEMPLARISCH

\* Material-, Fertigungs- und Logistikkosten
\*\* Inkl. Instandhaltung und Fixkosten für Maschinen, Anlagen usw.
\*\*\* Inkl. Fixkosten für Gebäude, Verwaltung usw.
\*\*\*\* Nur partielle Betrachtung alternativer Fertigungstechnik
Quelle: McKinsey/PTW

ort in Deutschland und den USA bestehen und die übrigen Bauteile nach Frankreich, Japan, Brasilien und China geliefert werden. Es werden etwa 250 großvolumige Strukturteile dieser Varianten pro Jahr gefertigt, wobei eine Vielzahl anderer Komponenten durch eine sehr ähnliche Prozesskette hergestellt wird.

Da in dem Modell nur ein repräsentatives Bauteil mit elf Produktionsprozessen betrachtet wird, ist die Situation vergleichsweise einfach darstellbar. Prozessgruppen, d. h. Prozessschritte mit einer gemeinsamen Nutzung von Ressourcen, wurden nicht definiert. Die einzelnen Prozessschritte nutzen jeweils unterschiedliche Ressourcen mit entsprechenden Fixkosten. Auch für Standorte werden Fixkosten veranschlagt, die beispielsweise den fixen Anteil der Aufwendungen für einen Werkleiter, administrative Betreuung und Einrichtungen wie die Kantine abdecken.

Die Annahmen zu den **Inputfaktormengen** pro Prozessschritt sind sehr unterschiedlich: Während die spanende Bearbeitung von Paneelen und Profilen überaus kapitalintensiv ist, ist die Kapitalbindung in Montage, Lackierung und bei Prüfprozessen relativ gering. Der fixe Kapitaleinsatz per Prozessschritt und Prozesstyp reicht von 50.000 Euro für die Vormontage von Teilen (halbautomatische Nietzange, einfache Halterungen) bis hin zu 1,5 Millionen Euro für die spanende Bearbeitung der großflächigen Paneele. Entsprechend hoch sind bei einigen Fertigungsschritten die Skaleneffekte durch die Fixkostendegression.

Die **Faktorpreise** variieren von Standort zu Standort. Dabei ist die erforderliche Qualifikation der Mitarbeiter beim Bau von Luftfahrzeugkomponenten zu beachten. Entsprechend weichen die anzunehmenden Arbeitskosten deutlich von den allgemeinen Durchschnitten ab. Für Russland wird beispielsweise von Kosten für einen Arbeiter von 3,60 Euro pro Stunde ausgegangen, für China von 5,53 Euro und für Westdeutschland von 34,60 Euro. Die relative Arbeitskostendifferenz bei Meistern und Führungskräften ist etwas geringer. Die mittelfristig erreichbare physische Produktivität wurde auf Basis der derzeitigen Aktivitäten im Bereich des Luftfahrzeugbaus im jeweiligen Land abgeschätzt. Als Abschreibungszeit wurden vereinfachend einheitlich acht Jahre für alle Prozessschritte und Prozesstypen angenommen.

### 4.3.3.2 Entwicklung der Zielstruktur

Die Struktur des optimalen Produktionsnetzwerks ist durch Skaleneffekte geprägt. Die kostenminimale Lösung nutzt daher nur einen Standort in Osteuropa. Die Tschechische Republik erscheint als Standort vorteilhaft, weil zum einen die Arbeitskosten gering sind und zum anderen auf Erfahrungen im Luftfahrzeugbau und zumindest partiell auf ausgebildete Mitarbeiter mit relevanter Erfahrung zurückgegriffen werden kann. Es wird daher mittelfristig eine höhere erreichbare Produktivität angenommen und im Modell berücksichtigt.

Wird die Verteilung der **Produktionskapazitäten** auf unterschiedliche Standorte erzwungen, z. B. durch Limitierung des maximalen Währungsungleichgewichts, werden jeweils Prozessschritte vollständig an dem jeweiligen Standort angesiedelt. Dadurch wird vermieden, dass prozessspezifische Werkzeuge und Maschinen an mehreren Standorten vorgehalten werden müssen und dadurch mehrfach fixe Kosten entstehen.

Die Limitierung des nominalen **Währungsungleichgewichts** auf maximal 35 Prozent führt zu einem zweiten Produktionsstandort. Das Risiko durch eine Aufwertung der Tschechischen Krone wird dadurch verringert. Die Gesamtkosten des Produktionsnetzwerks steigen dadurch um ca. 7 Prozent. Die kostenminimale Konfiguration ohne Beschränkung des Währungsungleichgewichts hat ein nominales Währungsungleichgewicht von ca. 50 Prozent.

Dabei wird die Anlehnung der Tschechischen Krone an den Euro hinsichtlich der Kursentwicklung gegenüber anderen Währungen, z. B. dem US-Dollar, berücksichtigt. Bereinigt man das nominale Währungsungleichgewicht im vorliegenden Fall um den Einfluss von Preisabhängigkeiten, verringert sich das geschätzte Ungleichgewicht deutlich auf ca. 10 Prozent, denn sowohl die Preise der meisten Rohmaterialien, z. B. von Aluminium, als auch die Preise der eingesetzten Maschinen sind in der Regel global bestimmt.

Die Analyse der Robustheit der optimalen Standortkonfiguration geschieht durch einen sukzessiven Ausschluss der in der kostenminimalen Struktur genutzten Prozess-Standort-Kombinationen. Abbildung 4.28 stellt die Ergebnisse dieses Verfahrens für das Produktionsnetzwerk dar.

Die Nutzung eines Produktionsstandorts in Indien bedingt beispielsweise 2,7 Prozent höhere Kosten der Produktverfügbarkeit im Markt als der kostenminimale Standort in Osteuropa bzw. der Tschechischen Republik. Dabei wurden in diesem Fallbeispiel nur Annahmen hinsichtlich der mittelfristig durch das Unternehmen erreichbaren Produktivitäten hinterlegt. Spezifische Mindestanforderungen an die derzeit vorhandene Zuliefererstruktur und die Verfügbarkeit von qualifizierten Mitarbeitern am Standort wurden im Beispiel nicht abgebildet. Erwägungen zu diesen Faktoren und die konkreten Implikationen für das betroffene Unternehmen sollten im Entscheidungsprozess diskutiert werden. Sollten sich daraus zusätzliche oder geänderte Annahmen hinsichtlich der Kosten oder Restriktionen für die einzelnen Standorte ergeben, können diese in das Modell integriert werden.

Das Fallbeispiel liefert interessante Einblicke in die Entwicklung der Kostenstruktur einer Strukturkomponente bei Änderung des Produktionsstandorts und zeigt eine Reihe potenziell attraktiver Standorte auf. Es macht aber auch deutlich, dass die Beschränkung des Betrachtungsumfangs auf ein einziges, wenn auch repräsentatives, Bauteil mit ca. 5 Millionen Euro Kosten pro Jahr ungeeignet ist, um das Produktionsnetzwerk umfassend zu bewerten. In der Praxis würde durch die Nutzung von Maschinen und Standorten für eine Vielzahl von Produkten eine weitere Verteilung der Fixkosten auf eine größere Zahl von Produktionsprozessen erreicht. Das Zielnetzwerk würde sich damit vom Typ

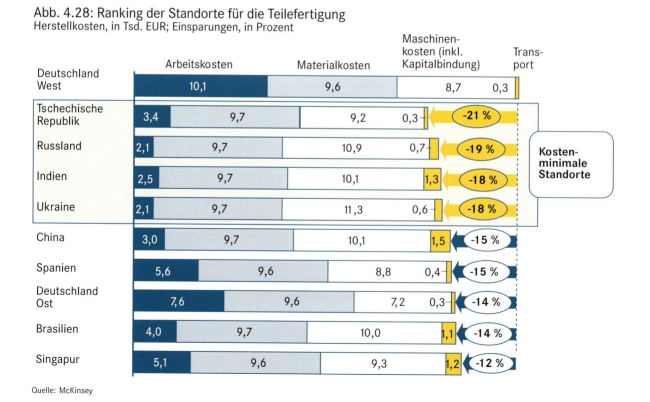

Werke in der Tschechischen Republik, Russland, Indien und der Ukraine würden zu sehr ähnlichen Kosten liefern.

Abb. 4.28: Ranking der Standorte für die Teilefertigung
Herstellkosten, in Tsd. EUR; Einsparungen, in Prozent

Quelle: McKinsey

"Weltfabrik" hin zu dem Netzwerktyp „Kette" entwickeln, da aufgrund der sehr unterschiedlichen Kostenstrukturen der einzelnen Fertigungsschritte die Nutzung verschiedener Standorte sinnvoll ist. Skaleneffekte und Transportkosten machen aber eine allzu weite Aufsplittung der Produktion unwirtschaftlich. Eine Ausdehnung des Betrachtungsumfangs auf einen größeren Teil des übergeordneten Produktionsmodells für das gesamte Luftfahrzeug (ca. 100 Fertigungsschritte) ist daher erstrebenswert.

### 4.3.4 Fallstudie 4: Versorgungstechnik

Die Fallstudie aus dem Bereich der Versorgungstechnik (Abbildung 4.29) zeigt ein Optimierungspotenzial von etwa 18 Prozent der Gesamtkosten der Verfügbarkeit im Markt. Für einzelne Produktbereiche liegt das Einsparpotenzial mit etwa 24 Prozent sogar noch höher, insgesamt will das Unternehmen aber mittelfristig verstärkt Kernkompetenzen in den Stammwerken halten und weiter aufbauen und daher nicht zu aggressiv ins Ausland streben. Die Neugestaltung der Standortstruktur macht das Unternehmen nicht nur durch geringere Herstellkosten wettbewerbsfähiger, sondern schafft auch die Voraussetzungen für die weitere Expansion in den Auslandsmärkten, da Lieferzeiten verkürzt werden und eine bessere Integration der Lieferkette mit Zulieferern und Kunden erfolgen kann.

Die Zielstruktur des Netzwerks umfasst Aspekte der Netzwerktypen „Hub and Spoke" und „Kette". Die Fertigung einiger Bauteile wie Ventilkomponenten ist relativ kapitalintensiv und weist signifikante Skaleneffekte auf. Ferner sind diese Komponenten qualitätskritisch – alle diese Faktoren begünstigen eine Zentralisierung der Fertigungsschritte. Die hohe Anzahl der mit kurzen Vorlaufzeiten zu produzierenden Varianten erfordert eine marktnahe Montage und Verpackung. Der Netzwerktyp „Hub and Spoke" setzt sich aber nicht vollständig durch, da die Fertigung einfacher Vorprodukte weder im Markt erfolgen muss noch wissensintensiv ist. Diese Fertigungsschritte sollten daher an Standorten mit niedrigen Faktorkosten an-

**Die Verlagerung der Produktion an Niedriglohnstandorte verändert die gesamte Kostenstruktur.**

Abb. 4.29: Kosten der Verfügbarkeit im Markt (Total Landed Costs)*
Stückkosten, in EUR

VERSORGUNGSTECHNIK

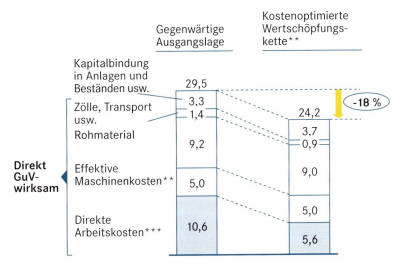

\* Material-, Fertigungs- und Logistikkosten
\*\* Inkl. Instandhaltung und Fixkosten für Maschinen, Anlagen usw.
\*\*\* Inkl. Fixkosten für Gebäude, Verwaltung usw.
Quelle: McKinsey/PTW

gesiedelt und von dort zugeliefert werden – ein Merkmal des Netzwerktyps „Kette".

In diesem Fallbeispiel wurde nahezu der gesamte Produktionsbereich des Unternehmens betrachtet und modellhaft dargestellt. Die Fertigung der sieben Produktlinien (sechs davon sind in Abbildung 4.30 dargestellt) wird durch 41 Produktionsprozesse abgebildet. Die erfassten Produkte repräsentieren ca. 85 Prozent des gesamten Umsatzes (ohne Handelsware). Produktionsprozesse von Zulieferern sind teilweise mit erfasst. Alternative Produktionsprozesse wurden nur für zwei Produktionsprozesse entwickelt und in dem Modell abgebildet (Fertigungsschritte 5 und 6).

Die Einsparungen sind dabei sehr ungleich über die Fertigungsschritte verteilt. Bei arbeitsintensiven Fertigungsschritten wie dem manuellen Polieren, der Montage, dem Verpacken und dem Versand lassen sich durch die Verlagerung in Niedriglohnländer deutliche Einsparungen realisieren, während bei Produktionsprozessen wie dem Sintern und automatisierten Gießprozessen keine deutliche Kostenreduktion zu beobachten ist. Bei Fertigungsschritten mit hohem Rohmaterialkostenanteil – wie beispielsweise dem Gießen der Messingteile – wird dadurch der Effekt einer Verlagerung auf die Herstellkosten stark gedämpft, da diese Rohmaterialien weltweit weitgehend einheitliche Preise und daher keine Auswirkungen auf die Standortauswahl haben.

Die Migration zu einem optimierten Produktionsnetzwerk erfordert bei diesem Fallbeispiel eine deutliche Konsolidierung der derzeitigen Standortstruktur, die

Abb. 4.30: Produktionsprozessmodell (mehrere Produktlinien)

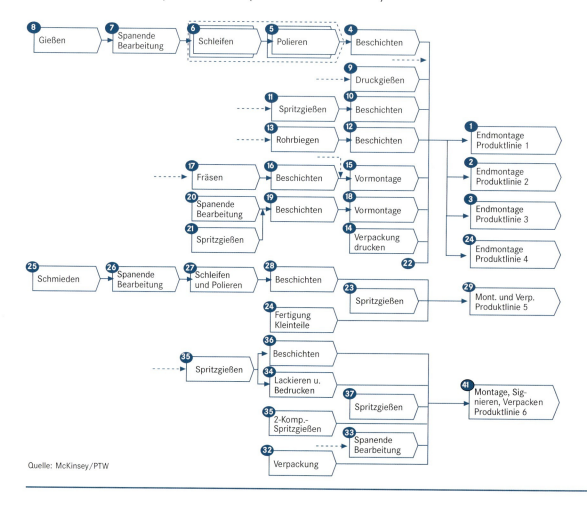

Quelle: McKinsey/PTW

die Schließung kleinerer Werke in Deutschland beinhaltet. An den verbleibenden Leitstandorten kann die Produktion dann ortsnah zu den Bereichen FuE und Design erfolgen. Zudem wird in diesem Szenario ein Teil derjenigen Premiumprodukte weiterhin in den Leitwerken produziert, deren Fertigungskosten zum einen nur einen geringen Teil der Selbstkosten ausmachen und die zum anderen hohen Anforderungen an die Lieferzeit und Liefertreue unterliegen. Ein neuer Standort in Osteuropa kann einen Großteil der Fertigung der Massen- und Vorprodukte für den europäischen und asiatischen Markt übernehmen. Eine zusätzliche Fertigungsstätte in der NAFTA-Region führt zwar zu leicht höheren Gesamtkosten, unterstützt aber die kostengünstige Versorgung des nordamerikanischen Marktes mit kurzen Lieferzeiten und mindert das Währungskursrisiko.

Die Optimierung des Produktionsnetzwerks ist in diesem Fallbeispiel über die konkreten Implikationen für das Unternehmen hinaus auch hinsichtlich der Durchführung der Optimierung interessant. Die Fallstudie zeigt deutlich, dass der Detaillierungsgrad bei der Beschreibung der Produktionsprozesse über das Notwendige hinausgeht. Durch eine geringere Anzahl von Prozessschritten ist eine Fokussierung des Prozessmodells und damit eine Konzentration auf die Beschreibung derjenigen Fertigungsschritte möglich, die Unterschiede in der Standortstruktur bewirken. Ferner wird die Rechenzeit im Rahmen der Modellierung erheblich verkürzt (ca. um den Faktor 10) und damit Freiraum für eine Erweiterung des Betrachtungsumfangs geschaffen.

Die Produktionsprozessmengen sind in der optimalen Standortkonfiguration so verteilt, dass eine erhebliche Anzahl von Prozessen ohne Einfluss auf das Ergebnis zusammengefasst werden kann. Im vorliegenden Beispiel wurden schon während der Erstellung des Prozessmodells die Prozesse „Sandkern formen" und „Gießen" (jetzt Prozess 8, vgl. Abbildung 4.30) zusammengefasst. Auch wenn die Prozesse keine ähnliche Kostenstruktur haben, so ist eine getrennte Modellierung doch wenig sinnvoll, da das Zwischenprodukt „Sandkern" nicht mit vertretbarem Aufwand zwischen Standorten transportiert werden kann. Ferner können beispielsweise die Endmontagen für die Produktlinien 1 bis 3 in einem Prozess zusammengefasst werden, ebenso die aufeinander folgenden Fertigungsschritte 10 und 11. Bei diesen Fertigungsschritten werden in der derzeitigen Struktur die jeweils gleichen Mengen an den gleichen Standorten gefertigt. Eine Zusammenfassung durch einfache Addition der Inputfaktormengen hat daher keinen Einfluss auf die optimale Lösung. Die Anzahl der Prozessschritte kann dadurch um 16 verringert werden. Zusätzlich erscheint eine weitergehende Zusammenfassung über Produktliniengrenzen hinweg machbar, so dass ein Prozessmodell mit nur ca. 20 Prozessschritten (im Vergleich zu derzeit 41) möglich ist.

\*\*\*

Die praktische **Anwendung des Optimierungsmodells** hat zwei kritische Erfolgsfaktoren deutlich gemacht:

- **Konsequente Ausrichtung der Optimierung an den strategischen Zielen:** Die Integration des Optimierungsmodells in ein übergeordnetes strategisches Vorgehensmodell ist essenziell, um die Analyse auf die Faktoren der Standortwahl auszurichten, die in der jeweiligen Situation relevant sind. In einer Vielzahl von konventionellen Ansätzen zur Standortwahl wird eine hohe Genauigkeit für die Lösung eines Teilproblems angestrebt, die sich aber im Gesamtkontext als nicht sinnvoll erweist. Mit der Einbettung des Optimierungsmodells in das beschriebene strategische Vorgehensmodell kann sichergestellt werden, dass der Betrachtungsumfang, die relevanten Einflussfaktoren und die Annahmen bezüglich des Umfelds (z. B. Effizienzpotenziale bestehender Werke) adäquat gewählt werden. Erst dadurch wird die Verwendung eines Optimierungsmodells wirklich nutzbringend.

- **Transparente Präsentation:** Die transparente Darstellung von Szenarios ist überaus wichtig, um die Diskussion der kritischen Eckpunkte zu ermöglichen und effizient zu gestalten. Im Idealfall sollten unterschiedliche Annahmen und Szenarios während einer Besprechung oder zumindest in sehr kurzen Zeitabständen bewertet werden, was nur unter

Verwendung eines Optimierungsmodells möglich ist. Die dadurch bedingte Versachlichung des Dialogs ist erfahrungsgemäß sehr hilfreich und erhöht die Akzeptanz des Ergebnisses enorm. Durch eine transparente Präsentation kann das Ergebnis der Optimierung durch den Entscheidungsträger nachvollzogen und hinsichtlich seiner Plausibilität geprüft werden. Die Nachvollziehbarkeit ist eine wichtige Voraussetzung für das Vertrauen von Entscheidungsträgern in die Lösung, deren Umsetzung oft mit signifikanten Investitionen und Aufwendungen verbunden ist. Die geringe Aufmerksamkeit, die Sensitivitätsanalysen und der Ergebnisdarstellung im Bereich des *Operations Research* geschenkt wird, ist wohl ein wesentlicher Grund dafür, dass diesen Verfahren in der Praxis bisher nur eine geringe Bedeutung zukommt.

Der in diesem Kapitel skizzierte Ansatz ermöglicht eine effektive Neugestaltung von Produktionsnetzwerken, die in der Lage sind, die Chancen der globalen Produktion optimal zu nutzen. Der Ansatz geht dabei über die bloße Standortwahl auf Länderebene hinaus. Als wichtigster Unterschied zu konventionellen Ansätzen werden die Standortwahl und die strategische Beschaffung als ein integriertes Planungsproblem angesehen, dem durch die Neugestaltung von Produktionsnetzwerken holistisch begegnet wird. Zusätzlich erweitert wird der Gestaltungsspielraum sowohl im Hinblick auf die Entwicklungspotenziale bestehender Standorte als auch auf die im Netzwerk zu nutzenden standortgerechten Fertigungsverfahren.

Die Elemente, die zu der umfassenden Gestaltung und Implementierung eines globalen Produktionsnetzwerks erforderlich sind, – von der Entwicklung und Auswahl standortgerechter Fertigungsverfahren bis zur lokalen Beschaffung – werden in den nachfolgenden Kapiteln dargestellt.

## Zum Weiterlesen

Abele, E. und J. Kluge, Hrsg. *How to Go Global – Designing and Implementing Global Production Networks.* Projektbericht „ProNet". Düsseldorf: McKinsey & Company, Inc., 2005.

Madura, J. *International Financial Management.* 7. Auflage, Mason: Thomson South-Western, 2003.

Paquet, M., A. Martel und B. Montreuil. A manufacturing network design model based on processor and worker capabilities. *Technical Report,* Québec: CENTOR Research Center, Université Laval, 2003.

Ritter, R. C. und R. A. Sternfels. When off-shoring does not make sense. *The McKinsey Quarterly,* 04/2004, New York: McKinsey & Company, Inc., 2004.

Tobias Liebeck, Tobias Meyer, Eberhard Abele

# 5 Standortgerechte Fertigungstechnik

## Zusammenfassung

Für Unternehmen mit Produktionsstandorten in unterschiedlich entwickelten Regionen kann der Einsatz standortgerechter Fertigungstechnik vorteilhaft sein. Dadurch können Faktorkostenunterschiede besser genutzt, die Komplexität der Fertigung dem Qualifikationsniveau angepasst und die Betriebsmittel auf die Stückzahl und Variantenvielfalt abgestimmt werden. Der Einsatz standortgerechter Fertigungstechnik kann auch eine Änderung der Werkstückkonstruktion notwendig machen, die dadurch auch in Hinblick auf die lokalen Zollregelungen und den Schutz proprietären Wissens angepasst werden kann.

Bei der optimalen Auslegung der Fertigungstechnik sind Standort, Industrie, Produkt und Fertigungsschritt zu berücksichtigen. Unternehmen sollten grundsätzlich drei Optionen in Betracht ziehen: Bei schwer beherrschbaren Technologien und hohen Neuentwicklungskosten sollte die Fertigungstechnik weitgehend unverändert bleiben. Besteht eine größere Flexibilität hinsichtlich einer Neugestaltung, sollte zunächst die Anpassung bewährter Fertigungstechnik ohne Änderung der Werkstückkonstruktion erwogen werden. Eine geänderte Werkstückhandhabung und Ablaufautomatisierung sind mögliche Ansatzpunkte. Im nächsten Schritt kann eine Änderung der Werkstückkonstruktion einbezogen werden, die oftmals den Einsatz gänzlich anderer Fertigungsverfahren und Betriebsmittel ermöglicht.

Für die wirtschaftliche Bewertung sind neben der Analyse der variablen Fertigungskosten auch Einmalaufwendungen und Investitionen für die Änderung der Produktkonstruktion und die Anpassung der Fertigungsverfahren in Betracht zu ziehen. Oft zeigt sich, dass für die Entwicklung eines neuen Prozesses in der Zentrale beträchtliche Einmalaufwendungen entstehen, die gerade bei geringen Stückzahlen kaum durch Einsparungen bei den variablen Kosten ausgeglichen werden können. Für den Aufbau einer standortgerechten Fertigung gilt es, systematisch Alternativen zu prüfen und ihre Wirtschaftlichkeit im Kontext des gesamten Produktionsnetzwerks zu bewerten.

## Kernfragen Kapitel 5

- Welches sind die Gründe für eine standortgerechte Anpassung der Fertigungstechnik?
- Wie wirken sich unterschiedliche Faktorkosten, Qualifikationsniveau der Mitarbeiter, geplantes Produktionsvolumen, Kundenanforderungen sowie rechtliche Regelungen und Risiken auf die Gestaltung der Fertigung aus?
- Wie können Fertigungstechnik und Produktkonstruktion auf die Standortbedingungen abgestimmt werden?
- Welche Anpassungsmöglichkeiten lassen sich ohne Änderung der Produktkonstruktion realisieren?
- Wie kann durch Änderung der Produktkonstruktion ein standortgerechtes Fertigungsverfahren ermöglicht werden?
- In welchen Fällen sollte auf eine lokale Anpassung verzichtet werden?
- Welche Kriterien und Kosten sind für die Auswahl der optimalen Lösung aus Sicht des einzelnen Standorts sowie für das gesamte Unternehmen zu berücksichtigen?

## 5.1 Anforderungen an und Gründe für eine Neugestaltung

Die Errichtung eines neuen Produktionsstandorts im Ausland sollte nicht automatisch die Eins-zu-eins-Übertragung der bisher genutzten Fertigungstechnik bedeuten. Erfahrene Unternehmen optimieren vielmehr ihre Herstellungs- und Montageprozesse entsprechend den Rahmenbedingungen am Standort und den Interessen des Gesamtunternehmens. Gerade der Ersatz kapitalintensiver Fertigungsverfahren durch Prozesse mit einem höheren Anteil manueller Arbeitsinhalte ermöglicht eine wirtschaftlichere und flexiblere Produktion an einem Niedriglohnstandort.

Der nachfolgend dargestellte methodische Ansatz soll Unternehmen helfen, Entwicklung und Auswahl einer standortgerechten Fertigungstechnik in ihre Globalisierungsstrategie zu integrieren. Dazu werden die grundsätzlichen Optionen dargestellt, die Unternehmen zur Verfügung stehen, und ein Vorgehen zur Bewertung sowohl aus Sicht des einzelnen Standorts wie des gesamten Unternehmens aufgezeigt.

**An Standorten mit anderer Faktorkosten- und Marktstruktur sollte die Anpassung der Fertigungstechnik erwogen werden.**

Unternehmen sehen für die Fertigung von Serienprodukten an neuen Standorten in Niedriglohnländern oftmals die gleichen Fertigungsverfahren und Produktkonstruktionen vor wie im Stammwerk, um einen schnellen und risikofreien Produktionsanlauf zu gewährleisten. Sie übernehmen ohne Änderung Produktkonstruktion, Fertigungstechnik oder Abläufe und Qualitätsstandards. In Niedriglohnstandorten resultiert daraus oft eine zu hoch automatisierte und daher zu komplizierte, kapitalintensive und inflexible Fertigung.

Speziell für Unternehmen, die aus **Kostengründen** ihre Produktion an einem neuen Standort planen, empfiehlt es sich daher, unterschiedliche Faktorkosten und Produktionsvolumina zu nutzen und mit einer Anpassung an die örtlichen Gegebenheiten erhebliche Einsparpotenziale zu realisieren (Abbildung 5.1).

Eine ungeprüfte Übernahme der bestehenden Produkte und Fertigungsverfahren ist aber auch für Unternehmen nicht ratsam, die mit dem Aufbau eines Produktionsstandorts einen **neuen Markt** erschließen wollen. Denn in vielen Fällen setzt der lokale Markt eine Adaption der Funktionalität, des Designs, der preislichen Positionierung und damit der Herstellkosten voraus. Mit einer Änderung der Produktkonstruktion wird meist auch eine Anpassung der Fertigungstechnik notwendig – und wirtschaftlich attraktiv.

Der Anpassungsbedarf bei Produktkonstruktion und Fertigungstechnik wird durch die Rahmenbedingungen an den Standorten bestimmt[1]:

- **Faktorkosten:** Die niedrigeren Arbeitskosten und die teilweise höheren Kapitalkosten in Entwicklungsländern machen den Einsatz arbeitsintensiver anstelle kapitalintensiver Fertigungstechnik interessant.

- **Kompetenz:** Ein geringes allgemeines Bildungsniveau und ein entsprechender Mangel an qualifiziertem Personal und Erfahrung können den Einsatz einfacher Fertigungstechnik erfordern. So kann beispielsweise eine Schraubverbindung wesentlich einfacher hergestellt werden als eine Schweiß- oder Klebeverbindung.

> **Hauptgründe für eine Anpassung der Fertigungstechnik sind Unterschiede zwischen den Standorten in Bezug auf Faktorkosten, Stückzahlen, Qualifikations- und Produktanforderungen.**

**Durch die Anpassung der Fertigungstechnik lassen sich deutliche Einsparpotenziale erzielen.**

Abb. 5.1: Einsparungen durch Standortwahl und Änderung der Fertigungstechnik
in Prozent der Kosten

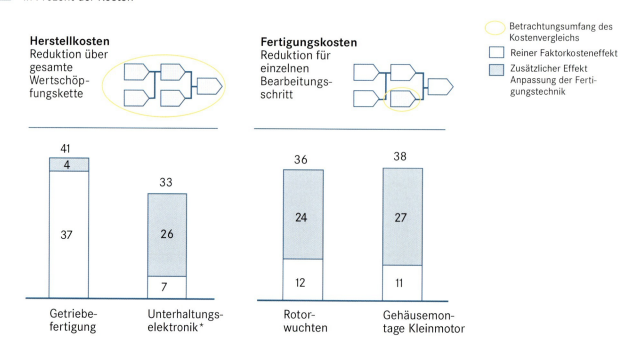

* Inkl. Effekte aus Änderung der Produktkonstruktion und der Beschaffung einfacherer Bauteile in kompetitiven Märkten; Herstellung vor Optimierung an Standorten mit durchschnittlichen Löhnen von ca. 6 USD pro Arbeitsstunde
Quelle: PTW

---

1 Vgl. auch Feldhusen (2005).

- **Stückzahlen² und Flexibilität:** An Kapazität von Maschinen und Werkzeugen gebundene Skaleneffekte lassen für unterschiedliche Produktionsvolumina je Werk eine jeweils andere Fertigungstechnik attraktiv erscheinen. Anforderungen an die Variantenflexibilität können zudem den Einsatz anderer Betriebsmittel erfordern.³

- **Kundenanforderungen:** Lokale Kundenpräferenzen führen häufig zu alternativen Werkstoffen, geänderten Toleranzen und anderen Produkteigenschaften. Stark preis- und weniger qualitätsorientierte Kunden in Entwicklungsländern bevorzugen beispielsweise oft entfeinerte Produkte mit gröberen Toleranzen, geringerer Standzeitgarantie oder eingeschränkter Funktionalität, aber auch zu geringeren Kosten.

- **Externe Auflagen und Risiken:** Extern auferlegte Regelungen wie Zollvorschriften können bestimmte Szenarien einer standort- und netzwerkgerecht angepassten Fertigung wirtschaftlich machen. Ebenso kann der Schutz vor Know-how-Abfluss und Produktpiraterie ein wesentlicher Grund sein für eine bestimmte Wahl der Fertigungstechnik und Produktkonstruktion. So ist z. B. die Aufteilung der Fertigung auf mehrere Standorte oder Zulieferer ein Hebel, um die Risiken eines Verlusts von Know-how zu minimieren.

### 5.1.1 Faktorkosten

Mit der Wahl geeigneter Fertigungsverfahren kann der Ressourcenbedarf der Fertigung auf die jeweiligen Faktorkostenverhältnisse am Standort optimal abgestimmt werden. Während in Hochlohnländern eine hoch automatisierte Produktionstechnik dominiert, bietet sich beim Aufbau einer Produktion in Niedriglohnländern – schon aus Kostengründen – eine Rückführung der Fertigung auf einfachere, arbeitsintensivere Verfahren an.

Für die Bewertung der Fertigungsverfahren sind die Kosten auf Basis der lokalen Faktorkosten je Option zu kalkulieren. Im Beispiel in Abbildung 5.2 wird die Rechnung für mehrere Produktionsschritte aggregiert durchgeführt. Dabei zeigt sich, dass die automatisierte Fertigung in Indien im Vergleich zum deutschen Standort um etwa 16 Prozent kostengünstiger ist. Durch den Einsatz eines manuellen Fertigungsverfahrens können die Kosten um zusätzliche 7 Prozent gesenkt werden. Der durch die Anwendung eines manuellen Fertigungsverfahrens erzielte Nutzen geht aber in der Praxis weit über die zusätzlichen Einsparungen bei den variablen Fertigungskosten hinaus: Das manuelle Verfahren ist deutlich weniger kapitalintensiv und erlaubt daher die Fertigung geringer Stückzahlen.

Standortbedingte niedrige Personalkosten wirken sich nicht nur auf die Wertschöpfung des Unternehmens, sondern auch auf die Kosten für Zukaufteile, lokal beschaffbare Vorrichtungen und einfachere Maschinen aus – vorausgesetzt, entsprechend qualifizierte Lieferanten sind vorhanden. Zahlreiche Produktionsbetriebe berichten allerdings, dass der kostengünstigeren Beschaffung der Betriebsmittel oft ein erheblicher Mehraufwand für Abstimmungsgespräche bzw. eine geringere Produktivität und Lebensdauer gegenüberstehen, so dass die Beschaffung von Betriebsmitteln aus neuen Quellen oftmals zumindest anfänglich kaum wirtschaftlich ist.

### 5.1.2 Kompetenz

Bei der Wahl einer standortgerechten Fertigung ist das **Qualifikationsniveau der lokal verfügbaren Mitarbeiter** ein entscheidender Einflussfaktor. Unternehmen finden in Niedriglohnländern eine hohe Zahl gering qualifizierter Mitarbeiter vor. Gut ausgebildetes und produktionserfahrenes Personal ist dagegen eher selten und erwartet deutliche Lohnzuschläge.

Im Vorteil ist in jedem Fall das Unternehmen, das das Arbeitsangebot und Qualifikationsniveau am Standort berücksichtigt und seine Fertigungstechnik auf die lokale Verfügbarkeit von Personal abstimmt. Wenig sinnvoll ist es, komplexe Fertigungsanlagen an einem Niedriglohnstandort über Jahre hinweg nur mit Ex-

---

2 Vgl. Lindemann (2005), S. 14–19: „Die Stückzahl ist eine der Einflussgrößen auf Kosten!"

3 Vgl. Abele (2004d).

patriates zu betreiben – die gewünschte Kostensenkung lässt sich so in der Regel nicht realisieren.

Die geringere Qualifikation, aber auch die für aufstrebende und schnell wachsende Wirtschaftsräume typische hohe Fluktuation müssen bei der Wahl der Arbeitsorganisationsform beachtet werden. Bei geringem allgemeinen Ausbildungsniveau und strukturell hoher Personalfluktuation ist die Arbeitsorganisation nach tayloristischen Prinzipien[4] kaum vermeidbar, da nur so geringe Anlernzeiten, geringer Ausschuss und in Summe hinreichend hohe Produktivitäten erreicht werden. Stehen hingegen höher qualifizierte Mitarbeiter zur Verfügung, ist eine entsprechende Erweiterung des Tätigkeits- und Dispositionsspielraums sinnvoll, um die Wirtschaftlichkeit und Robustheit des Arbeitssystems zu steigern.

Bei einer lokalen Abstimmung der Fertigungstechnik können Unternehmen spezifisch auf das Arbeitsangebot eingehen und damit auch Anlaufkosten wie beispielsweise Qualifizierungsmaßnahmen für Mitarbeiter reduzieren. So kommen Unternehmen für manuelle Fertigungsverfahren in der Serienproduktion zum Großteil mit gering qualifizierten Mitarbeitern aus. Anders bei automatisierter Fertigung: Unternehmen brauchen hier schon allein für das Umrüsten und Instandhalten der Betriebsmittel einen höheren Anteil an qualifizierten und erfahrenen Mitarbeitern (Abbildung 5.3).

**Die geringen Arbeitskosten machen eine manuelle Fertigung in Niedriglohnländern wirtschaftlich attraktiv.**

Abb. 5.2: Vergleich der Herstellkosten in Hoch- und Niedriglohnländern bei unterschiedlichem Automatisierungsgrad

|  | Arbeitsinhalt Stunden/Bauteil | | Arbeitskosten EUR/Stunde | |
|---|---|---|---|---|
|  | Manuell | Automatisiert | Deutschland | Indien* |
| Abteilungsleiter/Betriebsleiter | 0,01 | 0,01 | 60 | 6,1 |
| Fertigungsplaner/Arbeitsvorbereiter/Gruppenleiter | 0,03 | 0,02 | 44 | 4,2 |
| Meister/Techniker/Anlagenführer | 0,04 | 0,06 | 34 | 3,1 |
| Facharbeiter | 0,20 | 0,01 | 24 | 2,5 |
| Angelerntes Personal | 0,20 | 0,05 | 21 | 1,1 |

| Kosten pro Bauteil | | Manuell | Automatisiert |
|---|---|---|---|
| Arbeitskosten | Deutschland | 14,2 | 5,2 |
|  | Indien* | 1,5 | 0,9 |
| Maschinenkosten** | Deutschland | 0,9 | 2,0 |
|  | Indien* | 1,0 | 2,6 |
| Materialkosten | Deutschland | 10,4 | 10,4 |
|  | Indien | 11,2 | 11,2 |
| Herstellkosten | Deutschland | 25,5 | 17,6 |
|  | Indien* | 13,7 | 14,7 |

-16 %
-7 %

\* Bereinigt um (geschätzte) Produktivitätsunterschiede; durchschnittliche Währungskurse in 2004; gemittelt
\*\* Abschreibungen, Instandhaltungs- und Kapitalkosten
Quelle: PTW

---

[4] Vgl. bspw. Eversheim (1996), S. 12-50.

## 5.1.3 Stückzahl und Flexibilität

Geplante **Stückzahlen** sowie die Anzahl der zu fertigenden **Varianten** beeinflussen die Wahl des Fertigungsverfahrens – die Wahl ist nur zum Teil standortabhängig.

Weitestgehend standortunabhängig ist die Gestaltung der Fertigungstechnik bei einer Einzel- und Kleinserienfertigung. Die Produktion erfolgt vorwiegend manuell, denn bei sehr kleinen Stückzahlen ist eine Automatisierung aufgrund geringer Variantenflexibilität und hoher Fixkosten unwirtschaftlich.

Mit dem Anstieg der Ausbringungsmenge ist jedoch eine Differenzierung des Fertigungsverfahrens je nach Standort angebracht. In einem Niedriglohnland bleibt mit steigenden Stückzahlen in der Regel das manuelle Arbeitssystem erhalten – das Arbeitssystem wird vervielfältigt, d. h., neue Arbeitseinheiten werden geschaffen, die nach dem gleichen Prinzip arbeiten, da die Kosten einer manuellen Fertigung aufgrund der niedrigen Arbeitskosten unter denen einer automatisierten Fertigungslösung liegen. Anders an Hochlohnstandorten: Die hohen Kosten einer manuellen Fertigung machen hier unter Umständen den Einsatz einer kostengünstigen Automatisierung wirtschaftlich (Abbildung 5.4).

Allerdings ist nicht in jedem Fall die Entscheidung für die Automatisierung die richtige – abzuwägen sind Anlagenskalierbarkeit, Nachfrageschwankungen und Variantenvielfalt. So ist eine automatisierte Montage heute – trotz aller Anstrengungen – oftmals schlechter skalierbar und zugleich weniger flexibel als eine manuelle Montage. Die Schwankungen der Nachfrage-

**Anspruchsvolle Tätigkeiten verlangen eine hohe Qualifikation und umfangreiche Berufserfahrung.**

Abb. 5.3: Qualifikationsniveau und notwendige Berufserfahrung

| Qualifikationsniveau | Beispiele für typische Fähigkeiten | Beispiele für typische Tätigkeiten | Üblicherweise notwendige Berufserfahrung zur vollen Leistungsentfaltung |
|---|---|---|---|
| Abteilungsleiter/ Betriebsleiter | • Fähigkeit zur eigenständigen Leitung und Weiterentwicklung | • Fertigungsleitung | < 5 Jahre |
| Fertigungsplaner/ Arbeitsvorbereiter/ Gruppenleiter | • Umfassendes Fachwissen und Innovationsfähigkeit | • Produkt- und Werkzeugkonstruktion | < 3 Jahre |
| | • Organisatorische Fähigkeiten | • Festlegung Arbeitspläne und Maschinenbelegung | < 3 Jahre |
| Meister/ Techniker/ Anlagenführer | • Erweitertes Fachwissen | • Maschinenaufstellung und -anlauf | < 2 Jahre |
| | • Kooperative Fähigkeiten | • Disposition eigener Arbeit im Team | < 1 Jahr |
| Facharbeiter | • Dispositive Fähigkeiten | • Disposition Teilevorrat am Arbeitsplatz | < 0,5 Jahre |
| | • Anspruchsvolle handwerkliche Fähigkeiten | • Umrüsten | < 1 Monat |
| Angelerntes Personal | • Prozess- und produktbezogenes Fachwissen | • Funktionsprüfung<br>• Gesamte Montage | 1 Woche – 1 Monat |
| | • Einfache handwerkliche Fähigkeiten | • Teilemontage<br>• Einlegen von Teilen | 0 – 1 Woche |

Quelle: PTW

mengen und die Anzahl der zu fertigenden Varianten sollten bei der Bestimmung des standortgerechten Automatisierungsgrads unbedingt berücksichtigt werden, um eine niedrige Durchschnittsauslastung und zahlreiche Rüstvorgänge zu vermeiden. **Automatisierte Maschinen und Anlagen** sind meist für vergleichsweise **hohe Produktionsvolumina** ausgelegt und ermöglichen die Realisierung deutlicher Skaleneffekte (Abbildung 5.5).

Häufig erweist sich eine zentralisierte, hoch automatisierte Fertigung – insbesondere bei der Teile- und Komponentenfertigung – als wirtschaftlich überlegen. Bei einer flexiblen, weitestgehend **manuellen Fertigung** sind die Fixkosten der einzelnen Arbeitsplätze gering, so dass nur **minimale Kostendegressionseffekte** erzielt werden können. Die feststellbaren Skaleneffekte sind hier meist auf Lernkurveneffekte zurückzuführen.

### 5.1.4 Kundenanforderungen

Je nach Branche und Produkt legen Märkte in verschiedenen **Regionen und Kulturkreisen** Wert auf **spezifische Funktionalitäten** oder **Designs.** Länderspezifische und damit gegebenenfalls auch standortabhängige Fertigungsverfahren werden damit erforderlich. Lediglich in Branchen mit einer globalen Kundschaft werden solche Anpassungen in der Regel nicht akzeptiert.

Eine lokale Abstimmung auf die Bedürfnisse des jeweiligen Marktes ist vor allem im Konsumgüterbereich ratsam, wenn sie für ein Unternehmen mit geringeren Qualitäts- und Fertigungsanforderungen verbunden ist. Aber auch in Branchen mit weitreichender Standardisierung von Komponenten können geringere Ansprüche von Kunden, z. B. bei Toleranzen, Möglichkeiten zur lokalen Anpassung eröffnen. So kann durch geringe-

**Hoch- und Niedriglohnländer verfolgen eine unterschiedliche Strategie zur Steigerung der Ausbringungsmenge.**

Abb. 5.4: Arbeitssysteme mit unterschiedlichem Automatisierungsgrad

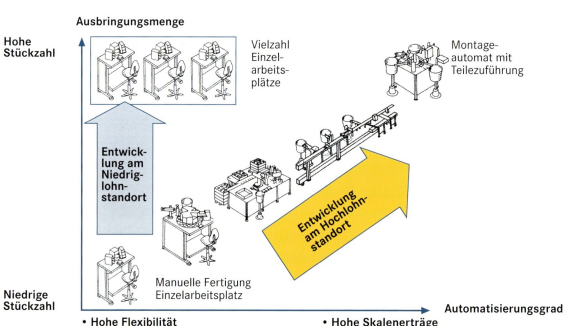

Quelle: Dubbel (2005), S. S 101; PTW

re Qualitätsvorgaben beispielsweise der Einsatz eines manuellen Verfahrens möglich werden.

### 5.1.5 Externe Auflagen und Risiken

Ausschlaggebend für eine Anpassung der Fertigungstechnik können auch **handelspolitische Regelungen** wie unterschiedliche Zollsätze für Einzelteile, Baugruppen und Fertigprodukte sein. Über höhere Zollsätze für weitgehend fertig gestellte Module und Endprodukte versuchen Niedriglohnländer häufig, eine Produktion vor Ort zu erzwingen, obwohl das lokale Marktvolumen wirtschaftlich keine eigenständige Fertigung rechtfertigt.

Für Hersteller bedeutet dies, vor allem kapitalintensive Fertigungsschritte mit hohen Skaleneffekten durch andere fertigungstechnische Lösungen ersetzen zu müssen, mit denen sie auch noch bei niedrigen Stückzahlen wettbewerbsfähig produzieren können. Für Fälle, die eine solche Anpassung nicht erlauben, haben beispielsweise OEMs im Automobilbau das Konzept der SKD- bzw. der CKD-Montage[5] entwickelt (vgl. Kapitel 1): Fahrzeuge werden in einzelnen Modulen als Teilesatz versandt und vor Ort montiert. Kapitalintensive Fertigungsschritte wie z. B. der Karosserierohbau können so weiterhin zentral durchgeführt und die hohen Zollsätze für Fertigprodukte dennoch umgangen werden (vgl. Fallbeispiel in Abschnitt 2.6.2).

Die Gefahr von **Produktpiraterie** und **Wissensverlust** kann ein weiterer Grund für die Wahl einer bestimmten Fertigungsalternative sein. Vielerorts fehlen in Entwicklungs- und Schwellenländern entsprechende Regelungen bzw. der Wille und die Fähigkeit zur Durchsetzung. Unternehmen müssen deshalb mit der Verletzung ihrer Marken- und Produktrechte, aber auch dem Verlust unternehmensspezifischen Knowhows rechnen.

Mit dem Aufbau einer lokalen Produktion leiten Unternehmen eine **umfangreiche Wissensübertragung** auf lokale Mitarbeiter, Partner oder Zulieferer ein. Damit wächst die Gefahr einer unkontrollierten Weiter-

**Bei steigendem Produktionsvolumen sorgt eine Anpassung der Automatisierung für eine deutlich höhere Kostendegression.**

Abb. 5.5: Kostendegression bei zehnfacher Stückzahl
in Prozent der Herstellkosten

|  | Vervielfachen der Fertigungseinheiten (gleicher Automatisierungsgrad) | Anpassung des Automatisierungsgrads an die Stückzahl |
|---|---|---|
| Hydraulikzylinder Basis: 100/Tag | -8 % | -18 % |
| Weiße Ware Basis: 1.000/Tag | -3 % | -10 % |
| PKW-Getriebe Basis: 250/Tag | -9 % | -15 % |

Quelle: PTW

---

5 *SKD:* Semi Knocked Down, *CKD:* Completely Knocked Down.

gabe von Wissen. So berichten einige Unternehmen, dass nach dem Aufbau ihrer eigenen Produktionsstätten parallel Konkurrenzunternehmen vor Ort entstanden, die für die Herstellung eines vergleichbaren Produkts durch gezieltes Abwerben der Mitarbeiter das nötige Know-how erwarben. Zu dem wirtschaftlichen Schaden solcher Produktpiraterie kommt meist noch der Imageschaden, wenn die kopierten Produkte minderwertig sind.

Immer mehr Hersteller vermeiden angesichts solch unsicherer Bedingungen den Aufbau einer umfangreichen lokalen Fertigung und den Einsatz bestimmter Technologien, um die Weitergabe proprietären Wissens über ihr Herstellverfahren zu verhindern. Stattdessen verteilen sie zum Schutz gegen Wissensverlust die **einzelnen Produktionsschritte** auf verschiedene **Standorte mit hinreichender Distanz**. Sie stellen so sicher, dass das Kopieren der Produktion nicht in ein marktfähiges Produkt mündet, nehmen dafür allerdings höhere Herstellkosten in Kauf.

## 5.2 Gestaltungsoptionen für standortgerechte Fertigungstechnik

Unternehmen, die einen neuen Produktionsstandort gründen, müssen zunächst darüber entscheiden, inwieweit Produktkonstruktion und Fertigungstechnik aus dem Stammwerk übernommen werden bzw. welche Anpassungen vorzunehmen sind. Niedrigere Lohnkosten ermöglichen den wirtschaftlichen Einsatz von Fertigungsverfahren mit hoher Personalintensität bei geringem Kapitalbedarf.

Unternehmen haben jedoch mit einer entsprechenden Neugestaltung ihrer Produktionsprozesse nicht nur positive Erfahrungen gemacht. Denn wenn die Kernprozesse, die wesentliche Produkteigenschaften bestimmen, manuell ausgeführt werden, ergeben sich oft Qualitätsprobleme. Außerdem kann der völlige Verzicht auf Automatisierung und andere kapitalintensive Betriebsmittel die Produktivität von Maschinen und Prozessen negativ beeinflussen. Der Output bleibt hinter den Erwartungen zurück.

Dessen ungeachtet ist die Einführung einer standortgerechten Fertigungstechnik für jedes Unternehmen eine Chance. Dass, wie die Erfahrung zeigt, die Gestaltungspotenziale meist nicht ausreichend ausgeschöpft werden, hat im Wesentlichen zwei Gründe: Zum einen akzeptieren die **Kunden keine Änderungen** des Produkts, weil damit teils auch für sie selbst erhebliche Erprobungs-, Freigabe-, Auditierungs- und Dokumentationskosten verbunden sind.

Dies gilt insbesondere für Automobilzulieferunternehmen und die Luftfahrtindustrie, die besonders **hohe Qualitätsansprüche** vertreten. Zum anderen lassen der **rasch angestrebte Markteintritt** und der damit kurzfristig vorgegebene Produktionsanlauf keine Zeit für Änderungen an Fertigungsverfahren oder Produkten.

Im Interesse einer optimalen Nutzung der Einsparpotenziale an Niedriglohnstandorten ist jedoch für Unternehmen eine Analyse der prinzipiellen Freiheitsgrade und Potenziale neuer Produktionsstandorte in Bezug auf Fertigungstechnologie und Erzeugniskonstruktion unerlässlich. Das Spektrum der Ansatzpunkte für Optimierungen ist umfangreich, wie die nachfolgende Gegenüberstellung zeigt (vgl. Tabelle 5.1).

Die Ansatzpunkte reichen in der Fertigungstechnik von der Anpassung des Materialflusses bis hin zur Veränderung der Prozesskette. Die standortgerechte Optimierung der Produktkonstruktion erfordert unter Umständen lediglich kleinere Änderungen an einzelnen Teilen, aber möglicherweise auch eine Veränderung der gesamten Produktkonstruktion und des Anwendungsgebiets.

Einige Maßnahmen, wie die Anpassung der Werkstückfördertechnik und untergeordnete Bauteile, können mit überschaubarem Aufwand realisiert werden. Andere – wie Änderungen der Fertigungsverfahren und zentraler Produktbauteile – verlangen eine umfangreiche Neuentwicklung.

Fertigungstechnik und Produktkonstruktion stehen in einer gewissen gegenseitigen Abhängigkeit: Eine Änderung der Produktkonstruktion erfordert in der Regel auch eine Änderung des Fertigungsverfahrens. Um-

## 5.2 Gestaltungsoptionen für standortgerechte Fertigungstechnik

Tab. 5.1: Anpassungsmöglichkeiten von Fertigungstechnik und Produktkonstruktion

| Anpassungsgrad | Anpassung von ... | |
|---|---|---|
| | Fertigungstechnik | Produktkonstruktion |
| 1. Gering | **Anpassung Materialfluss**<br>■ Lagerautomatisierung<br>■ Fördertechnik<br>■ Arbeitsplatzverkettung<br><br>**Anpassung Qualitätskontrolle**<br>■ Umfang und Automatisierung der Qualitätskontrolle | **Anpassung von Nebenteilen**<br>■ Halterungen<br>■ Verkleidungsteile<br>■ Verbindungselemente |
| 2. Moderat | **Anpassung Werkstückhandhabung**<br>■ Maschinen be- und entladen<br>■ Montageautomatisierung<br><br>**Anpassung Werkzeuge und Vorrichtungen**<br>■ Anpassung an lokale Lieferanten (verfügbare Qualität)<br>■ Anpassung an lokale Anforderungen (Stückzahlen und Toleranzen)<br><br>**Anpassung Prozessparameter**<br>■ Automatisierung des Fertigungsverfahrens | **Anpassung der Produktkonstruktion** (Kernbauelemente) |
| 3. Umfassend | **Anpassung Fertigungstechnologie und Prozesskette**<br>■ Geänderte Betriebsmittel<br>■ Alternative Fertigungsverfahren<br>■ Alternative Verfahrensreihenfolge | **Anpassung von Produktfunktionalität und Kundennutzen**<br>■ Geändertes Funktionsprinzip<br>■ Geändertes Anwendungsgebiet |

gekehrt erfordert der Einsatz einer substanziell anderen Fertigungstechnologie oft auch konstruktive Änderungen am Produkt. Praktische Erfahrungen zeigen, dass Anpassungen in der Fertigungstechnik vor allem durch Kostenaspekte motiviert sind, wohingegen eine Änderung der Produktkonstruktion sowohl aus Marktgründen als auch zur Ermöglichung eines besser geeigneten Fertigungsverfahrens erforderlich sein kann.

> **Der wechselseitige Zusammenhang zwischen Produktkonstruktion und Fertigungstechnik ist eine maßgebliche Determinante bei der standortgerechten Produktion.**

Abbildung 5.6 stellt die Möglichkeiten zur Anpassung im wechselseitigen Zusammenhang von Fertigungsverfahren und Produktkonstruktion schematisch dar.

Aufgrund der geringen Implikationen für Erzeugniskonstruktion und Fertigung kann eine Anpassung des Materialflusses und der Werkstückhandhabung ohne großen Aufwand realisiert werden. Eine Änderung der Werkzeuge, der Vorrichtungen oder der Fertigungstechnologie und damit des eigentlichen Kernprozesses hingegen setzt in der Regel Änderungen an der Produktkonstruktion voraus; bei einem Wechsel der Fertigungstechnologie muss gegebenenfalls sogar eine Änderung der Funktionalität des Produkts oder gar des Kundennutzens bedacht werden.

Gerade in global agierenden Branchen wie beispielsweise der Automobilindustrie sind Änderungen jedoch nicht erwünscht bzw. aufgrund von Qualitätsvorschriften nicht möglich. Entsprechend hoch ist in diesen Industrien der Anteil weltweit einheitlicher Produktkonstruktionen (Abbildung 5.7). In eher lokal geprägten

Industrien (z. B. Herstellung von Zerspanungswerkzeugen) hingegen kann ein Unternehmen gezielt auf die spezifischen Anforderungen eingehen, sofern dies unter Kostenaspekten sinnvoll ist.

Bei der Bestimmung standortgerechter Fertigungstechnik werden zunächst in einem technologischen Verfahrens- und Variantenvergleich[6] mögliche Alternativen zu den bestehenden Fertigungsverfahren und der Produktkonstruktion untersucht. Dabei ist insbesondere zu hinterfragen, ob die mit der jeweiligen Fertigungstechnik erreichbaren Produkteigenschaften den Kundenpräferenzen entsprechen. Anschließend ist die Wirtschaftlichkeit geeigneter Verfahren zu ver-

> **Um die Fertigung standortgerecht gestalten zu können, sind verschiedene Fertigungsverfahren und Produktkonstruktionen hinsichtlich ihrer Kosten und Komplexität zu vergleichen.**

gleichen[7], wobei die Analyse gegebenenfalls die Entwicklung weiterer Fertigungsverfahren notwendig machen kann, um eine optimale Lösung zu finden.

Drei Strategien sind für die Auslegung der Fertigungstechnik an einem (Niedriglohn-)Standort zu unterscheiden. Sie werden in den folgenden Unterkapiteln anhand von Beispielen vorgestellt.

> **Lokale Anpassungen erfordern eine ganzheitliche Abstimmung von Fertigungstechnik und Produktkonstruktion.**

Abb. 5.6: Optionen zur Anpassung der Fertigungstechnik und Produktkonstruktion  SCHEMATISCH

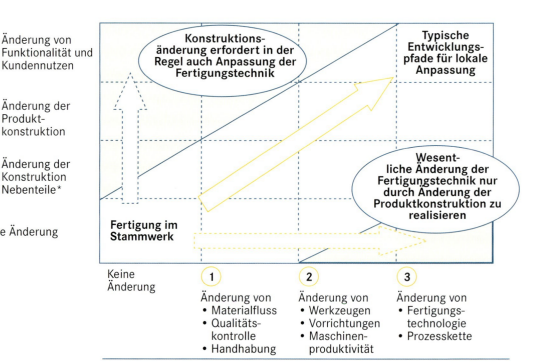

* Z. B. Verbindungsteile; Hauptfunktionsteile und Funktionsflächen bleiben unverändert
Quelle: PTW

---

6 Vgl. Eversheim (1996), S. 11-3.

7 Vgl. Eversheim (1996), S. 11-6 bis 11-10.

- **Standortgerechte Anpassung der Fertigungstechnik bei im Vergleich zum Stammhaus unveränderter Erzeugniskonstruktion:** Bei dieser Strategie variiert das Unternehmen die Kapitalintensität bzw. den Automatisierungsgrad der Fertigung. Beispiele hierfür sind der Einsatz einfacher Handarbeitsplätze für die Montage (da der lokale Markt eine hohe Variantenvielfalt fordert und kein ausreichendes Abnahmevolumen für eine automatisierte Anlage bietet) oder der Übergang vom automatisierten Laserschweißen zum manuellen Metall-Inert-Gasschweißen (MIG) (da sich die lokal verfügbare Blechqualität nicht für das Laserschweißen eignet).

- **Standortgerechte Anpassung der Fertigungstechnik durch eine modifizierte Erzeugniskonstruktion:** Bei dieser Strategie erstrecken sich die Anpassungen sowohl auf die Handhabungs- und Fertigungstechnik als auch auf einzelne Produktbauteile oder den Gesamtproduktaufbau. Beispiele dafür sind die Umstellung der Produktkonstruktion von einer Klebeverbindung (die erhebliche Investitionen für das automatische Auftragen von Klebstoff sowie eine aufwändige Prüftechnik erfordert) auf eine Schraubverbindung oder die Schaffung marktgerechter, kostengünstiger Hydraulikzylinder mit einfacheren Spezifikationen durch Reduzierung von Zeichnungsvorgaben (Toleranzen und Oberflächenrauheit). In diesem Fall sind kapitalintensive Feinbearbeitungsverfahren nicht erforderlich.

- **Global einheitliche Fertigung und Produkte:** Die Produktion am neuen Standort unterscheidet sich weder in der Fertigungstechnik noch in der Produktkonstruktion von der Produktion an anderen Standorten. Ein Beispiel hierfür ist die Halbleiterproduktion. Aufgrund des aufwändigen und komplexen Fertigungsprozesses ist eine Anpassung je Standort nicht wirtschaftlich.

Die Entwicklung standortgerechter Fertigungstechnik und Produktkonstruktionen muss nicht zwangsläufig eine Anpassung an die Bedingungen in Niedriglohnländer sein. Vielmehr kann der Entwickler und Ferti-

**Global aufgestellte Branchen haben einen wesentlich höheren Anteil weltweit einheitlicher Produktkonstruktionen.**

Abb. 5.7: Anteil alternativer Produktkonstruktionen in verschiedenen Branchen*

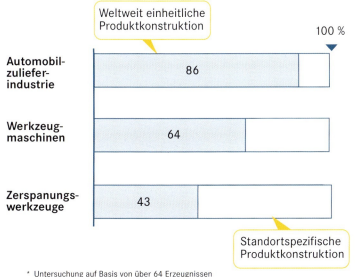

* Untersuchung auf Basis von über 64 Erzeugnissen
Quelle: PTW

## Technologiedifferenzierung als Option für global verteilte Wertschöpfungsprozesse: Waagenfertigung bei Sartorius in China, Deutschland, Malaysia und den USA

Die in Göttingen ansässige Sartorius AG bietet ihren Kunden ein weites Spektrum an mechatronischen Produkten an – beginnend mit der kostengünstigen Standardwaage über Industriewaagen bis hin zu hochpräzisen Laborwaagen. Das Unternehmen konzentriert sich in der Entwicklung der Produkte auf die Kernkompetenz Mechatronik, d. h. die Kombination von Elektronik, Mechanik und Informationstechnik, die entscheidend zur Präzision der Messgeräte beiträgt.

Mitte der 90er Jahre stand die Elektronikfertigung im Stammwerk unter erheblichem Kostendruck. Sie sollte deshalb von einem kostengünstigeren Lieferanten aus Malaysia bezogen werden. Der Entschluss stand eigentlich schon fest, als die Entscheidungsträger im Gespräch mit dem asiatischen Anbieter auf einen zentralen Aspekt aufmerksam wurden.

Bei der Messelektronik handelt es sich um die Kerntechnologie des Unternehmens, um Wissen also, das die Differenzierung der Produkte von Sartorius gegenüber dem Wettbewerb erlaubt. Gleichzeitig wurde klar, dass der malaysische Zulieferer nicht in der Lage war, diese Elektronikelemente qualitätsgesichert zu produzieren und die Fertigungsverfahren weiterzuentwickeln. Die Fertigung im Stammwerk war

> Je nach Komplexität und Bedeutung der Bauelemente findet eine Aufteilung statt, die eine standortgerechte Produktion ermöglicht.

Abb. 5.8: Konzept der Technologiedifferenzierung am Beispiel eines Messgeräts

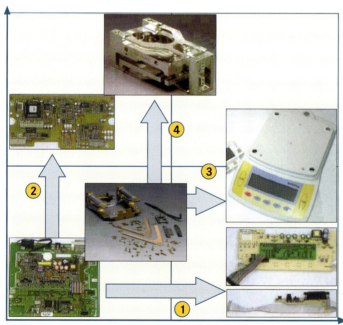

Quelle: Sartorius AG, PTW

hier mit ihrer langjährigen Erfahrung und dem spezifischen Know-how zur Entwicklung, Produktion und Integration der Messelektronik in das Gesamtprodukt überlegen. Andererseits zeigte sich, dass das Platinendesign auch einfache Anzeigeelektronik enthielt, wie sie vielfach in der Konsumgüterbranche verwendet wird. Aus technologischer Perspektive ist dieses in jeder modernen Waage anzutreffende (standardisierte) Teil kein Differenzierungsmerkmal. Seine wirtschaftliche Produktion ist am Standort Deutschland auch automatisiert nicht möglich aufgrund der vergleichsweise hohen Maschinen- und Personalkosten.

Für die Sartorius AG entstand auf Basis dieser Erkenntnisse das Konzept der Technologiedifferenzierung: Die wissensintensiven Produktbausteine werden aus dem Gesamtprodukt herausgelöst und am Hochlohnstandort gefertigt, dessen Standortvorteile so optimal genutzt werden können – in diesem Fall die Produktion innerhalb eines Wissensclusters. Die Konstruktion und Integration der einfachen Bauteile sind so angelegt, dass sich eine kostenoptimale Fertigung realisieren lässt.

Sartorius differenziert nicht nur die Produkte je nach Standort, sondern optimiert auch das Platinenlayout für eine standortgerechte Fertigung (Abbildung 5.8). In den asiatischen Niedriglohnländern bedeutet dies ein manuelles Bestücken der Platinen für die Anzeige (1); für den Standort Deutschland erlauben die Platinen der Messelektronik (2) eine automatische Bestückung der SMD-Bauelemente[8]. Auch bei den mechanischen Bauteilen untergliedert Sartorius: Die einfache, arbeitsintensive Fertigung von Plastikanbauteilen (3) ist am asiatischen Niedriglohnstandort angesiedelt. Der monolithische Waagengrundkörper (4) hingegen, der die Funktionsqualität unmittelbar beeinflusst, wird im Stammwerk durch eine optimal auf die Bauteilanforderungen abgestimmte Komplettbearbeitung mit Hochgeschwindigkeitsfräsen gefertigt.

**Fazit:** Die Differenzierung des Produkts nach relevanten Technologiefeldern ermöglicht eine optimal auf die jeweiligen Standortfaktoren abgestimmte Fertigung.

---

*8 SMD:* Surface-Mounted Device.

gungsplaner gezielt die Bedingungen eines Standorts spezifizieren und durch seine Vorgaben den optimalen Produktionsstandort mitbestimmen. Gerade in Hinblick auf die technologische Entwicklungskompetenz des Unternehmens kann es sinnvoll sein, bestimmte Fertigungsschritte im Sinne einer Technologiedifferenzierung bewusst an bestimmten Standorten anzusiedeln, um unmittelbar am technischen Fortschritt sowie an den Entwicklungsvorteilen von Clustern zu partizipieren.

## 5.2.1 Anpassungen bei unveränderter Werkstückkonstruktion

Unternehmen führen eine standortgerechte Fertigungstechnik unter Beibehaltung der Produktkonstruktion in der Regel durch eine Variation des Automatisierungsgrads herbei. Nur in wenigen Fällen führt diese Anpassung auch zum Wechsel des Fertigungsverfahrens.

Alternative Produktionsprozesse, die eine Fertigung mit veränderten Betriebsmitteln, aber ohne eine Änderung der Werkstückkonstruktion (Produkt, Komponenten, Teile) erlauben, lassen sich durch unterschiedliche **Automatisierungsgrade** des Fertigungsverfahrens sowie des Materialflusses und der Werkstückhandhabung definieren. Für Unternehmen, die ausgehend von der Fertigung an Hochlohnstandorten Produktionskapazitäten in Niedriglohnländern aufbauen, empfiehlt es sich, aus wirtschaftlichen Gründen den Automatisierungsgrad deutlich zu reduzieren. Die Rückführung sollte je nach Faktorkostendifferenz (soweit möglich) stufenweise entsprechend dem marginalen Grenznutzen vorgenommen werden.

An Hochlohnstandorten ist heute beispielsweise der Karosseriebau von Automobilwerken nahezu vollständig automatisiert. Die Automatisierung umfasst den eigentlichen Fügeprozess, aber auch die Nebenfunktio-

> **Maßgeblich für den optimalen Grad der Automatisierung ist das Verhältnis zwischen Arbeits- und Kapitalkosten am Produktionsstandort.**

nen wie Handhabung und Spannen des Bauteils, das Reinigen sowie die Qualitätskontrolle. Die erforderlichen Investitionen für die gesamte automatisierte Endmontage eines Mittelklassewagens mit einer Produktionskapazität von 1.500 Karosserien pro Tag liegen an einem Hochlohnstandort bei rund 50 Millionen Euro.

An einem Niedriglohnstandort lässt sich dieses Investitionsvolumen durch Anpassung der Prozesse bei gleichzeitiger Abstimmung auf die lokale Verfügbarkeit von qualifiziertem Personal sowie die Faktorkostenverhältnisse durchschnittlich um etwa 40 Prozent reduzieren. Dies soll am Beispiel eines deutschen Automobilherstellers und seines standortvariablen Konzepts für die Montage der Ersatzradmulde dargestellt werden.

### Automatisierte Handhabung im Hochlohnland

Für seine Produktion im Hochlohnland setzt der Automobilbauer auf die voll automatisierte Montage der Ersatzteilmulde. Der Industrieroboter greift das angelieferte Teil vom Entnahmeplatz, führt die Mulde an einem Klebstoffdispenser vorbei und presst das Bauteil anschließend in die PKW-Karosserie ein. Der Einsatz von Mitarbeitern beschränkt sich dadurch auf die Wartung, Reparatur und Kontrolle des Systems. Das Unternehmen erreicht so eine Minimierung der Lohnstückkosten.

### Manuelle Handhabung am Niedrigkostenstandort

Im Unterschied dazu bedient sich das Werk in Südafrika – in dem wegen Zollbestimmungen und *Local-Content-Vorschriften* ebenfalls eine Endmontage dieser Baureihe stattfindet – einer anderen Fertigungslösung. Der Einsatz eines Roboters wie im Leitwerk ist aufgrund der niedrigeren Lohnkosten sowie des geringeren Qualifikationsniveaus der Mitarbeiter unpraktikabel und zu teuer.

In der systematischen Optimierung der lokalen Fertigung griff man in diesem Fertigungsschritt daher wieder auf eine einfache händische Montage der Ersatzradmulde zurück. Der Arbeiter übernimmt das Bauteil von der Anlieferstelle und trägt den Klebstoff auf die Fügestellen auf. Anschließend setzt er die Mulde auch ein und presst sie an (Abbildung 5.9).

Um eine dem automatisierten Verfahren vergleichbar hohe Prozesssicherheit zu erreichen, müssen im Vorfeld der Fertigungs- und Qualitätsplanung unterstützende Maßnahmen eingeleitet werden. Anhand von Fertigungshinweisen und Anschauungsmustern sind die Mitarbeiter zu schulen. Sie müssen mit den wesentlichen Prozessparametern, wie beispielsweise Ablüftzeiten und Einsatz von Anpresshilfen während der Abbindezeit, vertraut gemacht werden. Während der Produktion ist darauf zu achten, dass eine konstante Auftragsgeschwindigkeit sowie bestimmte Verhaltensweisen bei Bandstillstand und Schichtende eingehalten werden.

> **Der Automatisierungsgrad von Handhabungsprozessen und qualitätsunkritischen Fertigungsschritten kann problemlos angepasst werden.**

Der Wechsel zu einem alternativen (älteren) **Fertigungsverfahren** bietet für andere Produktionsprozesse einen gangbaren Weg zur Sicherstellung einer standortgerechten Fertigungstechnik. Dieses Vorgehen eignet sich speziell für Fälle, in denen prinzipiell mehrere Fertigungsverfahren die gewünschte Formgebung ermöglichen. Dass dieser Wechsel des Fertigungsverfahrens ohne Änderungen der Produktkonstruktion möglich ist, zeigt das nachfolgende Beispiel.

Ein Hersteller von Getriebeschnecken stand beim Aufbau eines kleinen Werkes in einem Niedriglohnland vor der Entscheidung, die Prozesskette im neuen Werk analog zum Stammwerk aufzubauen oder die Fertigung umzustellen. Eine Analyse zeigte schnell, dass ein Kopieren der Produktion nicht wirtschaftlich gewesen wäre: Sehr hohe Investitionen für Gewinderolliermaschinen und Schleifmaschinen wären notwendig gewesen, die Anlage hätte mit dem geplanten Verkaufsvolumen nicht ausgelastet werden können und eine hohe Produktivität wäre ohne die nur im Stammwerk vorhandene technologische Kompetenz nicht gewährleistet gewesen.

Daher entschied man sich, anstelle des hochproduktiven aber kapitalintensiven Rollierverfahrens ein älteres Produktionsverfahren mit einem Drehprozess anzuwenden – d. h. so zu produzieren, wie es vor 15 Jahren auch im Stammwerk üblich war. Im Unterschied zu den alten Anlagen setzte man jedoch neuere Drehmaschinen mit moderner HSC-Technologie[9] ein und verkürzte so die Bearbeitungszeit um den Faktor 3. Damit konnten auch am neuen Standort trotz der relativ kleinen Stückzahlen vergleichbare Herstellkosten wie im Stammwerk erreicht werden (Abbildung 5.10).

Die **Grenzen** der standortgerechten Anpassung eines Produktionsverfahrens ergeben sich häufig aus **Qualitätsaspekten.** Während eine geringere Automatisierung beispielsweise des Materialflusses zunächst keine unmittelbaren Auswirkungen auf die Produktqualität hat, geht eine Anpassung des Kernfertigungsverfahrens fast immer mit einer veränderten Produktqualität einher. So erreichen automatisiert durchgeführte Arbeitsgänge meist eine höhere Präzision und Wiederholgenauigkeit als manuell von einem Mitarbeiter durchgeführte Prozessschritte. Unternehmen verzichten deshalb vielfach mit dem Verweis auf Qualitätsprobleme auf eine Anpassung der Kernfertigungsverfahren.

Erfahrungen von Unternehmen, die bereits lange Zeit erfolgreich in Niedriglohnländern produzieren oder dort

**Vor allem in der Montage kann der Automatisierungsgrad einfach ohne Änderung des Produkts angepasst werden.**

Abb. 5.9: Vergleich der Wirtschaftlichkeit alternativer Fertigungsverfahren in der Montage

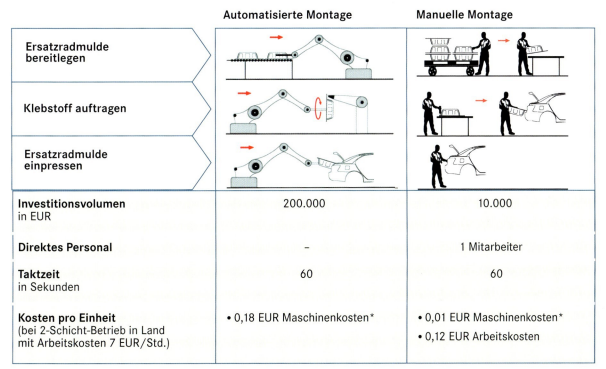

| | Automatisierte Montage | Manuelle Montage |
|---|---|---|
| Ersatzradmulde bereitlegen | | |
| Klebstoff auftragen | | |
| Ersatzradmulde einpressen | | |
| **Investitionsvolumen** in EUR | 200.000 | 10.000 |
| **Direktes Personal** | – | 1 Mitarbeiter |
| **Taktzeit** in Sekunden | 60 | 60 |
| **Kosten pro Einheit** (bei 2-Schicht-Betrieb in Land mit Arbeitskosten 7 EUR/Std.) | • 0,18 EUR Maschinenkosten* | • 0,01 EUR Maschinenkosten*<br>• 0,12 EUR Arbeitskosten |

* Abschreibungen, Instandhaltung und Kapitalkosten
Quelle: DS Engineering, PTW

*9 HSC:* High Speed Cutting *(Hochgeschwindigkeitszerspanung).*

ihren Stammsitz haben, belegen jedoch, dass man mit Maßnahmen wie Poka Yoke[10] und Jidoka[11] auch bei manuellen Verfahren hohe Qualitätsstandards erreichen und gewährleisten kann. Im Unterschied zu Konkurrenten, die aus Qualitätsgründen von einer Adaption absehen, ergreifen sie für den lokal angepassten Fertigungsprozess gezielte Maßnahmen, um Fertigungsfehler und Produktmängel in der Herstellung möglichst zu vermeiden.

Sie implementieren beispielsweise im Kernverfahren **einfache Kontrollmechanismen,** die eine korrekte Ausführung der Arbeitsschritte sicherstellen. So verwendet ein Automobilhersteller an einem Niedriglohnstandort beispielsweise für einen manuellen Schweiß-

> **Auch der Automatisierungsgrad qualitätskritischer Prozesse kann angepasst werden, wenn man nachfolgend zusätzliche qualitätssichernde Maßnahmen ergreift.**

prozess einen induktiven Geber, der die Anzahl der Schweißpunkte je Karosserie überwacht, und gewährleistet somit, dass alle Tätigkeiten wie im Arbeitsplan ausgeführt werden. Auch bei manuellen Materialflüssen können Fehlerquellen beispielsweise durch farbliche Kennzeichnung des Werkstückträgers deutlich vermindert werden, so dass keine oder lediglich unwesentliche Einschränkungen bei der Fertigungsqualität hingenommen werden müssen (Abbildung 5.11).

> **Hoch automatisierte Fertigung kann bei entsprechendem Produktionsvolumen attraktiv sein; einfachere Verfahren haben Vorteile bei Erstinvestitionen an Standorten mit kleinen Stückzahlen**

Abb. 5.10: Bearbeitungskonzepte zur Herstellung einer Getriebeschnecke

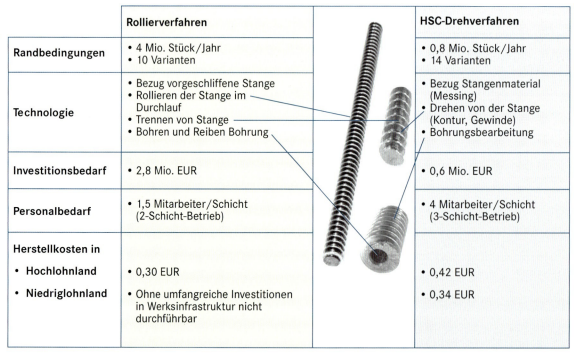

|  | **Rollierverfahren** | **HSC-Drehverfahren** |
|---|---|---|
| **Randbedingungen** | • 4 Mio. Stück/Jahr<br>• 10 Varianten | • 0,8 Mio. Stück/Jahr<br>• 14 Varianten |
| **Technologie** | • Bezug vorgeschliffene Stange<br>• Rollieren der Stange im Durchlauf<br>• Trennen von Stange<br>• Bohren und Reiben Bohrung | • Bezug Stangenmaterial (Messing)<br>• Drehen von der Stange (Kontur, Gewinde)<br>• Bohrungsbearbeitung |
| **Investitionsbedarf** | • 2,8 Mio. EUR | • 0,6 Mio. EUR |
| **Personalbedarf** | • 1,5 Mitarbeiter/Schicht (2-Schicht-Betrieb) | • 4 Mitarbeiter/Schicht (3-Schicht-Betrieb) |
| **Herstellkosten in**<br>• Hochlohnland<br>• Niedriglohnland | • 0,30 EUR<br>• Ohne umfangreiche Investitionen in Werksinfrastruktur nicht durchführbar | • 0,42 EUR<br>• 0,34 EUR |

Quelle: Unternehmensdaten, PTW

---

*10 Der japanische Ausdruck Poka Yoke (deutsche Entsprechung: Vermeiden unbeabsichtigter Fehlhandlungen) bezeichnet ein aus mehreren Elementen bestehendes Prinzip, das technische Vorkehrungen bzw. Einrichtungen zur sofortigen Fehleraufdeckung und -vermeidung umfasst.*

*11 Der japanische Ausdruck Jidoka (deutsche Entsprechung: Autonomation für autonome Automation) bezeichnet den Betrieb einer Maschine ohne menschliche Überwachung. Dafür werden bei der Maschine Komponenten und Funktionen implementiert, die sie selbständig Abweichungen vom Normalbetrieb erkennen lässt.*

## 5.2 Gestaltungsoptionen für standortgerechte Fertigungstechnik

> Die Anpassung kritischer Prozesse kann durch unterstützende Qualitätsmaßnahmen ermöglicht werden.

Abb. 5.11: Vorgehen zur Reduzierung des Automatisierungsgrads bei Verlagerung von Fertigung an Niedriglohnstandorte

**① Reduktion Kapitalintensität Nebenprozesse**
- Reduktion Automatisierung
  - Überwachung
  - Prüfen
  - Bauteilreinigung
  - Teiletransport

**② Reduktion Kapitalintensität Kernprozess**
- Punktschweißen mit manuell gesetzten Klemmen
- Handschweißen mit geführter Elektrode (z. B. WIG)

**③ Absicherung der Qualität im Kernprozess**
- Manuelles Schweißen
  - Selbst fixierendes Gestell
  - Stromflussmesser
  - Schweißpunktzähler
- Einfache Automatisierung für krit. Teile

**④ Ausbau der Maßnahmen zur Qualitätssicherung**
- Arbeitsintensive Prüfroutinen (z. B. Sicht-, Induktions- und Ultraschallprüfung)
- Dynamische Stichprobenkontrolle

**Voll automatisierte Schweißstraße**

*Geringe Design-to-low-Cost-Kompetenz*
Qualitätsprobleme führen zu Rückkehr zur Automatisierung

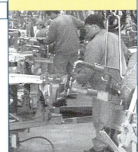

**Schweißen von Hand**

*Hohe Design-to-low-Cost-Kompetenz*
Qualitätsprobleme werden durch gezielte Verbesserung des Kernprozesses bewältigt

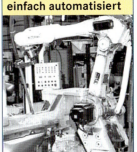

**Nur kritische Stellen einfach automatisiert**

Quelle: PTW

## Automatisierung in Niedriglohnländern am Beispiel von Hero-Honda: so wenig wie möglich, so viel wie nötig

Die Vor- und Nachteile der Automatisierung sollen am Beispiel der Fertigung von Hero-Honda anhand verschiedener Prozesse aufgezeigt werden. Hero-Honda mit Sitz in Gurgaon ist bei Motorrädern Marktführer in Indien. Das Unternehmen gehört zu je 26 Prozent der Hero-Gruppe, einem indischen Unternehmen mit Wurzeln in der Fahrradproduktion, und Honda, dem maßgeblichen japanischen Konzern im Zweirad- und Automobilbau. Die verbleibenden Anteile des börsennotierten Unternehmens befinden sich im Streubesitz.

2004 verkaufte Hero-Honda in Indien 2,6 Millionen Motorräder. Die Arbeitskosten, einschließlich Lohnnebenkosten, betrugen bei Hero-Honda 2004 ca. 2,5 Euro pro Arbeitsstunde. Die Mitarbeiter erhielten wegen einer guten Auslastung und der Koppelung der Löhne an die Gesamtproduktionsmenge des Werkes 2004 eine überdurchschnittlich hohe Vergütung. Die Nutzung weniger kapitalintensiver Fertigungsverfahren ist für Hero-Honda bei einem Verhältnis der Arbeitskosten in Indien zu den Arbeitskosten in Hochlohnstandorten wie Japan oder Deutschland von etwa eins zu zehn wirtschaftlich. Deshalb werden die Kernkomponenten Getriebe und Motor wie auch das gesamte Motorrad weitgehend manuell montiert (Abbildung 5.12). Der Einsatz manueller Fertigungsprozesse ist jedoch auch hier begrenzt. Die Beschränkungen ergeben sich zum einen aus **Qualitätsanforderungen**, die mit einem manuellen Kernprozess nicht oder nur bedingt erreicht werden, und zum anderen aus **wirtschaftlichen Überlegungen**.

Abb. 5.12: Manuelle Montage von Motorradschaltgetrieben bei Hero-Honda in Gurgaon, Indien

Quelle: T. Meyer

Abb. 5.13: Automatisiertes Schweißen der Kraftstoffbehälter durch einen Roboter

Quelle: T. Meyer

Aus **Qualitätsgründen** nutzt Hero-Honda auch automatisierte Fertigungsverfahren. Das Schweißen der Kraftstoffbehälter ist hierfür ein Beispiel. Abbildung 5.13 zeigt einen Roboterarm mit aufgesetzter Wolfram-Inert-Gasschweißanlage (WIG). Der Roboterarm dreht nach der Fertigstellung einer Schweißnaht um 90 Grad und schweißt einen Tank in einer zweiten Aufspannung. Während dieser Zeit entfernt ein Werker das geschweißte Werkstück aus der Aufspannung und spannt zwei neue Halbzeuge ein. Die Anlage wurde für das Werk in Gurgaon beschafft; die Betriebsmittelkonfiguration und die Prozessgestaltung übernahm man von einem anderen Honda-Werk. Die Kosten für die Prozessentwicklung waren daher gering.

**Wirtschaftliche Überlegungen** waren bei der Automatisierung der Teilezuführung zu einer Stanze entscheidend. Zwar ist die automatisierte Zuführung isoliert betrachtet nicht wirtschaftlich, denn Abschreibungen, Wartungsaufwand und Kapitalkosten der automatisierten Anlage übertreffen die Einsparungen bei den Lohnkosten. Bei Betrachtung des Gesamtsystems ist die Automatisierung dennoch wirtschaftlich. So können infolge der Automatisierung kürzere Taktzeiten realisiert werden, die nicht nur eine effektivere Nutzung der Maschine, sondern auch der Werkzeuge erlauben. Ein Verzicht auf die Anschaffung eines zusätzlichen Werkzeugs wurde möglich. Die Wirtschaftlichkeit verketteter Anlagen kann – wie dieses Beispiel zeigt – durch die Automatisierung eines Teilprozesses steigen, auch wenn bei einer isolierten Betrachtung des Teilprozesses zunächst eine manuelle Ausführung wirtschaftlicher erscheint.

**Fazit:** Bei der Bestimmung des standortgerechten Automatisierungsgrads spielen insbesondere beim Kernfertigungsprozess Qualitätskriterien eine entscheidende Rolle. Auch wenn auf eine Automatisierung einiger Kernfertigungsprozesse nicht verzichtet werden kann, lässt sich bei einer Fertigung an Niedriglohnstandorten die Kapitalintensität der Fertigung durch die manuelle Ausführung von Nebenprozessen (z. B. der Werkstückhandhabung) reduzieren.

## 5.2.2 Anpassungen mit Änderung der Werkstückkonstruktion

Eine Anpassung der Fertigungstechnik an die lokalen Bedingungen des Fertigungsstandorts ist bei identischer Werkstückkonstruktion meist auf den Automatisierungsgrad der Handling-, Verkettungs- und Prüfkonzepte beschränkt. Eine **Anpassung** des Kernprozesses, also **des Fertigungsverfahrens** (z. B. Reibschweißen statt Widerstandsschweißen) und der Prozessfolge (beispielsweise Hartdrehen anstelle Bearbeitung mit anschließendem Härten), bedarf in der Regel einer **Zeichnungsänderung** und damit einer **Änderung der Werkstückkonstruktion.** Diese erfordert je nach Branche auch eine Kundenfreigabe, die besonders im Falle des Automobilzuliefergeschäfts kosten- und zeitaufwändig ist.

Bei der Verwendung alternativer Fertigungstechnik, die eine Änderung der Produktkonstruktion beinhaltet, sind die Ziele in vielen Fällen wirtschaftlicher Natur. Beispiele hierfür sind die Vermeidung kapitalintensiver NC-Maschinen und der Aufbau komplexer Zerspanungsbauteile durch Fügen mehrerer Einzelbauteile (Differenzialbauweise), die Vermeidung teurer Prüfautomaten für die Qualitätskontrolle durch fehlerrobustes Design (*Foolproof Design* gemäß Prinzipien von Poka Yoke) oder die Vermeidung kapitalintensiver Verbindungstechnik durch Änderung der Produktkonstruktion hin zu einfacheren Fügeverfahren (z. B. Schrauben statt Kleben).

Die wirtschaftlichen Effekte, die durch Anpassung der Fertigungsverfahren erreicht werden, sind von Branche zu Branche sehr unterschiedlich, sie gehen jedoch oft signifikant über die Einsparungen bei einer Anpassung des Automatisierungsgrads des Materialflusses, der Werkstückhandhabung und der Qualitätskontrolle hinaus. So sind bei einer **Differenzialbauweise** (Herstellung des Bauteils aus verschiedenen Einzelteilen) und bei manuellen Füge- und Montageprozessen die Werkzeug-, Vorrichtungs- und Maschinenkosten in der Regel deutlich geringer als bei einer **Integralbauweise** (Zusammenfassung von Bauteilen), die hohe Investitionen beispielsweise durch Beschaffung von Gussformen, Schmiedewerkzeugen oder kapitalintensiven Hochleistungsbearbeitungs-Maschinen erfordert.

> **Durch die Berücksichtigung alternativer Produktkonstruktionen können die Optionen für eine flexible und kostengünstige Fertigung am neuen Standort deutlich erweitert werden.**

Abbildung 5.14 veranschaulicht die drei von Unternehmen als potenziell interessant kategorisierten Fertigungstechniken zur Herstellung eines spezifischen Luftfahrzeugbauteils (*Center Wing Box Rip*). Als grundsätzliche Konstruktionsalternativen stehen für dieses Werkstück eine Integral- und eine Differenzialbauweise zur Verfügung.[12] Die Ausführung der Rippe in **Differenzialbauweise** setzt das Trennen, Umformen und die spanende Bearbeitung von Aluminiumplatten sowie das Fügen durch Vernieten der Formteile voraus. Die Ausführung in **Integralbauweise** stützt sich im Wesentlichen auf die spanende Bearbeitung einer großvolumigen Aluminiumplatte auf einer NC-Fräsmaschine. Der Zerspanungsgrad liegt bei ca. 90 Prozent; der eigentliche Arbeitsinhalt, d. h. die Werkerbindung ohne das Einrichten, Umrüsten und Instandhalten der Fertigungsmaschine, ist vergleichsweise gering.

Die Integralbauweise wird in der Praxis noch primär als Methode zur Erreichung von Gewichtsersparnissen verstanden.[13] Untersuchungen zur Auswahl der Fertigungstechnik zeigen jedoch, dass dies eine zu einseitige Sichtweise ist. Die Wahl zwischen einer Konstruktion in Differenzial- oder Integralbauweise sollte unbedingt auch unter Beachtung der am Produktionsstandort vorherrschenden oder geplanten Arbeitskosten und Personalverfügbarkeiten getroffen werden.

---

12 Vgl. Lindemann (2005), S. 39: Diskussion der Vor- und Nachteile der Integral-/Verbundbauweise im Vergleich zur Differenzialbauweise für einen Planetenträger.
13 Vgl. bspw. Czichy (2002), S. 4.

Eine **Änderung der Produkt- oder Werkstückkonstruktion** geht nicht selten auf eingeschränkte Fähigkeiten und geringere Produktionsvolumina an den neuen Standorten zurück. Aufgrund einer geringen lokalen Gesamtnachfrage können beispielsweise mit kapitalintensiven Urform- und Umformwerkzeugen zu fertigende Halbzeuge wie z. B. Strangpressprofile an einem Standort nicht verfügbar sein, so dass eine konstruktive Änderung des Werkstücks zu erwägen ist. Geringere technologische und ingenieurwissenschaftliche Fähigkeiten (lokaler) Zulieferer in Niedriglohnländern[14] können es erforderlich machen, dass der neue Standort ausgewählte Einzelteile und Komponenten aus der eigenen Fertigung an Hochlohnstandorten bezieht oder eine entsprechende Anpassung der Produktkonstruktion vorgenommen wird.

Als Folge der Anpassungen – z. B. der niedrigeren Herstellkosten oder weitreichenderer Änderungen von Produktkonstruktion und Fertigung – kann eine Neupositionierung des Produkts am Markt erforderlich sein. Das Produkt wird durch ein deutlich verändertes Kos-

---

**Durch die Änderung der Produktkonstruktion können alternative Fertigungsverfahren erschlossen werden.**

Abb. 5.14: Alternative Fertigungsverfahren und Produktkonstruktionen – Beispiel Luftfahrzeugbau   SCHEMATISCH

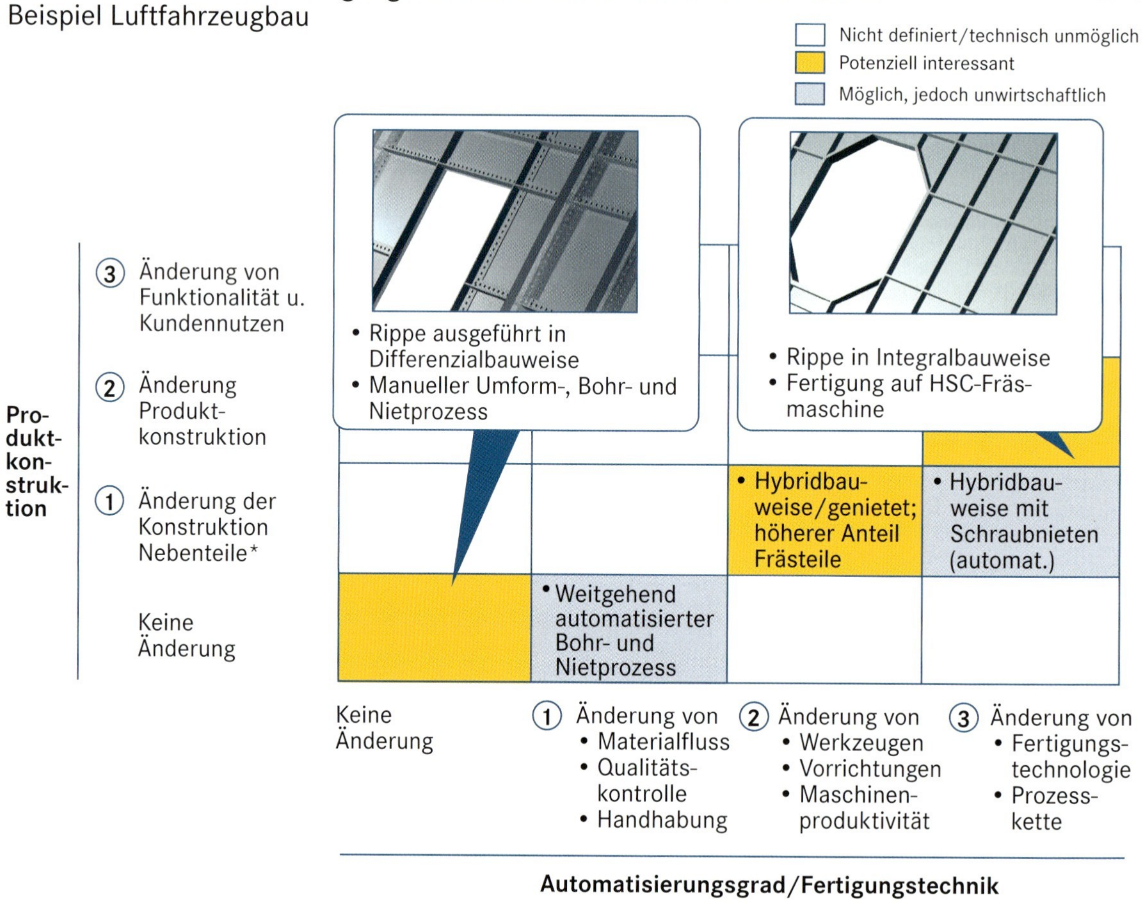

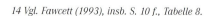

\* Z. B. Verbindungsteile; Hauptfunktionsteile und Funktionsflächen bleiben unverändert
Quelle: PTW

---

14 Vgl. Fawcett (1993), insb. S. 10 f., Tabelle 8.

## 5.2 Gestaltungsoptionen für standortgerechte Fertigungstechnik

**Der Übergang von Integral- zu Differenzialbauweisen ist eine interessante Alternative für lokal angepasste Fertigung.**

Abb. 5.15: Alternative Fertigungsverfahren mit Änderung der Produktkonstruktion – Beispiele

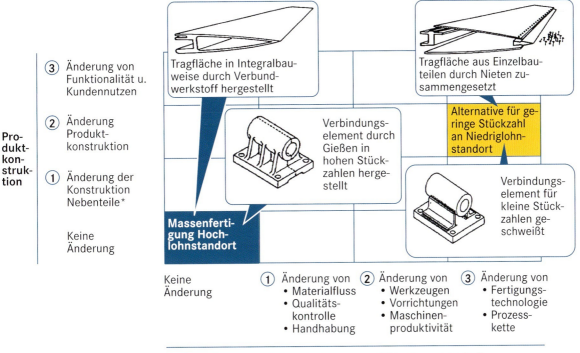

\* Z. B. Verbindungsteile; Hauptfunktionsteile und Funktionsflächen bleiben unverändert
Quelle: PTW

## Alternative Fertigungstechnik: branchen- und standortspezifische Lösungen zum Auswuchten

Ob Zahnarztbohrer, Kurbelwelle oder Kraftwerkturbine, ob Sonderanfertigung oder Großserienproduktion – alle rotierenden und oszillierenden Bauteile müssen ausgewuchtet werden, um eine hohe Qualität und Lebensdauer sowie hohen Komfort der Maschinen und Anlagen zu gewährleisten. Als Tochterunternehmen im Messtechnikbereich des global agierenden Technologiekonzerns Dürr bietet Schenck RoTec seinen Kunden optimal abgestimmte Maschinenkonzepte rund um das Auswuchten an. Neben dem Standort spielt bei der Abstimmung auch der Einsatzbereich eine entscheidende Rolle, wie das Beispiel des Elektromotors verdeutlicht.

Gewickelte Elektroanker werden in Motoren mit unterschiedlichster Verwendung eingesetzt – von Stellmotoren in Fahrzeugen über Handwerkzeuge und Haushaltsgeräte bis hin zu industriellen Anlagen wie Kraftwerken. Das Auswuchten ist für die Qualität des Bauteils ein maßgeblicher Prozess. Laufruhe, geringe Vibration, hohe Energieeffizienz und Lebensdauer werden entscheidend durch die Auswuchttechnik bestimmt. Gerade in der Automobilindustrie, wo Anker kleiner und mittlerer Baugröße in großer Zahl eingesetzt werden, müssen die Maschinen hohe Anforderungen hinsichtlich Präzision und Wuchtgüte bei gleichzeitig hoher Produktivität erfüllen. Höchste Genauigkeit ist bei jedem Schritt vom ersten bis zum letzten Bauteil unerlässlich. Deshalb kann auf einen automatisierten Verfahrensablauf nicht verzichtet werden.

Das Auswuchten erfolgt entsprechend auf vollautomatisierten, verketteten 4- oder 6-Stationenmaschinen (Abbildung 5.16). Nach Aufnahme des Elektroankers folgt das automatische Messen der Unwucht, die an den beiden nachfolgenden Stationen auf zwei Ebenen durch eine Fräsbearbeitung ausgeglichen wird. Abschließend findet noch eine Kontrollmessung statt, bevor der Elektroanker wieder dem Transportsystem übergeben wird. Vollautomatisierung sowie das enge Zusammenspiel von Messen und Auswuchten ermöglichen neben der hohen Qualität und Prozesssicherheit auch eine hohe Produktivität. In weniger qualitätskritischen Branchen, wie beispielsweise beim Einsatz von Elektromotoren in Spielzeugautos, ist eine solche Genauigkeit des Auswuchtprozesses nicht notwendig. Vielmehr wird von der jungen Kundschaft teilweise sogar ein gewisses Brummen der Motoren eingefordert. Daher bietet Schenck RoTec in diesen Branchen bewusst ein einfacheres, manuelles Maschinenkonzept an. Dieses Konzept ist auch unter Kostengesichtspunkten in Niedriglohnländern allen anderen Verfahrensalternativen überlegen.

Im Unterschied zum vollautomatischen Verfahren wird bei diesem Anlagenkonzept der Elektroanker vom Maschinenbediener manuell eingelegt und der Messvorgang gestartet. Anschließend wird der Gewichtsausgleich durch Hinzufügen von Material, beispielsweise durch Aufkleben von Metallplättchen, erreicht. Die auf diese Weise realisierbare Wuchtgüte ist natürlich nicht mit der Präzision des automatischen Verfahrens vergleichbar; zudem besteht die Gefahr, dass sich das Material im Betrieb ablöst. Das wesentlich geringere Investitionsvolumen für die Maschine wird durch eine höhere Mitarbeiterbindung sowie durch um den Faktor 4 bis 5 höhere Taktzeiten erkauft. Aufgrund der vergleichsweise geringen Produktlebensdauer und der weniger hohen Qualitätsansprüche der Kunden ist diese Fertigungsvariante eine denkbare Alternative, die sich wirtschaftlich rechnet.

In einer beispielhaft durchgeführten Vergleichsrechnung mit einer vollautomatisierten Anlage können die Kosten für diesen Bearbeitungsschritt durch Verlagerung in ein Niedriglohnland zunächst um 12 Prozent gesenkt werden. Durch eine anschließende standort- und branchenspezifische Optimierung der Fertigungslösung können weitere 24 Prozent gegenüber dem Ausgangsszenario im Hochlohnland eingespart werden. Die Kompetenz eines Herstellers, sowohl hoch präzise und vollautomatisierte Auswuchtmaschinen als auch kostengünstige manuelle Maschinen individuell für jeden Bedarfsfall aus einer Hand anbieten zu können, zahlt sich in diesem Fall für die Kunden aus.

**Fazit:** Je nach Branche und Erwartungen der Kunden (insbesondere im Hinblick auf die Qualität) kann die Anpassung der Fertigungstechnik limitiert sein. Eine Anwendung der Fertigungstechnik in Industrien mit anderen Kundenerwartungen kann neue Möglichkeiten für eine standortgerechte Anpassung eröffnen.

Abb. 5.16: Vollautomatisierte Anlage zum Auswuchten von Elektroankern

Quelle: Schenck RoTec

tenniveau in Verbindung mit einer neuartigen Konstruktion möglicherweise auch für bislang nicht betrachtete Anwendungsfälle und Kundengruppen attraktiv. Aufgrund der langfristigen, strategischen Implikationen bei derartigen Veränderungen müssen Entwicklungen stets Fall für Fall abgewogen und entschieden werden.

Insgesamt ist festzuhalten, dass der Einsatz standortgerechter Produkte und Fertigungsverfahren nicht in allen Branchen möglich ist. Vielfach lassen Qualitätsrichtlinien oder strikte Kundenvorgaben keine Veränderungen zu. Dies gilt in der Regel für Industrien mit global agierenden Unternehmen. Im Unterschied dazu bieten lokal geprägte Branchen ein hohes Anpassungspotenzial für den jeweiligen Standort (Abbildung 5.17).

Neben Branche und Produkt spielt auch die jeweilige Positionierung des betrachteten Unternehmens im Markt eine Rolle. Während der global renommierte Anbieter von High-End-Produkten meist auch ein weltweit einheitliches Produktdesign verkauft, setzt der kostenorientierte kleinere Anbieter eher auf lokal angepasste Produkte, die im Preiswettbewerb bestehen können.

### 5.2.3 Global einheitliche Fertigung und Produkte

Nicht in allen Industrien sind verschiedene Fertigungsprozesse an Standorten mit unterschiedlichen Rahmenbedingungen sinnvoll. Vielfalt kann sich auch als Irrweg erweisen, wenn ein Fertigungsverfahren **spezielle Eigenschaften** hat, die mit anderer Technik nicht erreicht werden können, oder wenn die Entwicklung von **Fertigungsprozessen** mit vergleichbarer **Zuverlässigkeit** und **Leistungsfähigkeit** sehr **aufwändig** ist.

**Je nach Branche kann der Freiraum für lokale Anpassungen deutlich variieren.**

Abb. 5.17: Wirtschaftliche Möglichkeiten der lokalen Anpassung in unterschiedlichen Branchen

| | Produktaufbau | Fertigungstechnologie | |
|---|---|---|---|
| **Ventil für Treibstoffsystem in der Luftfahrtindustrie** | Anpassung aufgrund industriespezifischer Vorgaben (bspw. Qualitätsrichtlinien) in Luft- und Raumfahrt nicht möglich | Anpassung aufgrund industriespezifischer Vorgaben (bspw. Qualitätsrichtlinien) in Luft- und Raumfahrt nicht möglich | |
| **Werkzeugmaschine** | Anpassung aller peripheren Komponenten (z. B. Blechverkleidung, Spänekasten) an lokale Kundenforderungen und Fertigungstechnologie (z. B. mehr Blechumformung und Montage statt Frästeile) | Anpassung in Abhängigkeit von Relevanz für Gesamtfunktion manuell oder teilautomatisiert | Zunehmende Möglichkeiten für lokale Anpassung |
| **Möbel** | Anpassung an länderspezifische Kundenerwartungen, aber auch an spezifische Verfügbarkeit von Materialien | Fertigung je nach Standort hoch automatisiert oder manuell; keine standortübergreifenden Fertigungsvorschriften | |

Quelle: PTW

Anspruchsvolle Fertigungsprozesse, wie beispielsweise die Reinraumproduktionen in der Halbleiter- oder biotechnischen Industrie, können eine lokale Anpassung des Fertigungsverfahrens unwirtschaftlich machen und damit gegebenenfalls sogar den Aufbau einer Produktion in Niedriglohnländern grundsätzlich in Frage stellen. Unternehmen, die sich auf die kontinuierliche wirtschaftliche Optimierung und technische Weiterentwicklung der Fertigungstechnologie konzentrieren und so eine spezifische Kernkompetenz entwickeln, können einen strategischen Wettbewerbsvorteil erlangen, der ihnen eine weltweite Überlegenheit bei der Produktqualität oder auch bei den Herstellkosten sichert. Solche **dominanten Fertigungsverfahren** sind beim Einsatz an allen Standorten weltweit wirtschaftlicher als alternative Verfah-

### Automatisierung in Hochlohnländern am Beispiel der SGF: integrierte Optimierung von Produkt, Betriebsmitteln und Ablauf

Die Süddeutsche Gelenkscheibenfabrik (SGF) mit Sitz in Waldkraiburg ist Weltmarktführer in der Fertigung von Gelenkscheiben (Abbildung 5.18), die im Antriebsstrang und in der Lenkung von Automobilen und anderen Fahrzeugen verbaut werden. Auch die SGF verschließt sich nicht den Notwendigkeiten und Möglichkeiten einer Produktion in Ländern mit niedrigen Arbeitskosten und nutzt beispielsweise einen Standort in der Tschechischen Republik als „verlängerte Werkbank". Dort werden vor allem einfache und arbeitsintensive Prozesse, z. B. das Entgraten der Scheiben, durchgeführt. Kernfertigungsprozesse werden jedoch auch für Volumenprodukte primär an deutschen Standorten ausgeführt. Wirtschaftlich sind diese Prozesse am Hochlohnstandort nur bei einem hohen Automatisierungsgrad. Die Automatisierung eines komplexen Fertigungsvorgangs (z. B. das Wickeln von Gelenkscheiben; Abbildung 5.19) war für das Unternehmen eine enorme Herausforderung.

Die Fadenkonstruktion in der Gelenkscheibe ermöglicht die Übertragung hoher Torsionskräfte bei gleichzeitiger Nachgiebigkeit und Dämpfung. Dadurch können Winkelversatz und Längenversatz in Antriebssträngen und der Steuerung ausgeglichen werden. Die Erstellung der Fadenkonstruktion erfordert jedoch einen komplexen Wickelprozess. Traditionell wird dabei der Faden über aufgespannte Hülsen gewickelt und über eine Schablone gesteuert; dieser Prozess ist sehr arbeitsintensiv. Einfache

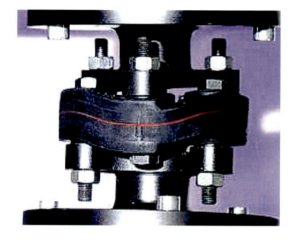

Abb. 5.18: Antriebsgelenkscheibe

Quelle: Süddeutsche Gelenkscheibenfabrik

Produktivitätssteigerungen sind kaum möglich: Eine Steigerung der Geschwindigkeit oder der Anzahl parallel gewickelter Scheiben würde die Störungsanfälligkeit des Prozesses erhöhen.

Eine zukunftsfähige Lösung, d. h. die wirtschaftliche und qualitativ hochwertige Fertigung der Gelenkscheiben, erreichte die SGF durch eine konsequente Automatisierung mit Betriebsmitteln, die im Unternehmen selbst gefertigt wurden (Abbildung 5.20).

Die Wickelautomaten fertigen die Antriebsgelenkscheibe vollautomatisch bis zur Ablage in den Transportbehälter. Die Vorprodukte können sehr effizient zugeführt werden: der Faden auf Rollen, die Hülsen, Abschlussscheiben und die Gummilösung als Schüttgut. Im Kern der Automaten wird die Scheibe dann gewickelt. Die Konstruktion des Betriebsmittels ist dabei optimal auf das Produkt abgestimmt, das gesamte Know-how liegt **in der Hand eines** Unternehmens.

**Fazit:** Die Nutzung der spezifischen Stärken des Standorts und der Fähigkeiten der Mitarbeiter ist die Basis für die Wirtschaftlichkeit dieser Fertigung.

Die integrierte Optimierung von Produkt, Betriebsmittel und Ablauf war für die SGF bisher der Schlüssel zum Erfolg. Das Beispiel SGF zeigt auch: Hohe Wissensintensität und Innovationsleistung sind Voraussetzungen für die wirtschaftliche Fertigung am Hochlohnstandort Deutschland.

Abb. 5.19: Fertigung einer Antriebsgelenkscheibe – Hauptfertigungsschritte

Hauptfertigungsschritte:
- Hülsen trennen und bearbeiten
- Hülsen und Scheiben lackieren
- Wickeln der Scheiben
- Vulkanisieren
- Entgraten und Prüfen

**Manuelles Wickeln**
- Manuelles Aufspannen der Hülsen
- Führen des Fadens über Schablone
- Aufpressen der Endscheiben

- Faktoreinsatz (geschätzt)
  - Ca. 3 Min. Arbeit pro Scheibe
  - 0,10 EUR Abschreibungen und Kapitalkosten pro Scheibe

**Voll automatisiertes Wickeln**
- Automatisierte Materialzuführung, Wickelprozess, Aufpressen Endscheiben und Ablage
- Kapazität ca. 250.000 Stück p. a.
- Verbesserte Qualität

- Faktoreinsatz (geschätzt)
  - 1 Min. Maschineneinsatz (ca. 0,45 EUR Abschreibungen und Kapitalkosten pro Scheibe)
  - Ca. 0,5 Min. Arbeit pro Scheibe

Quelle: PTW

Abb. 5.20: Wickelautomat für Antriebsgelenkscheiben

Quelle: Süddeutsche Gelenkscheibenfabrik

ren, stellen aber häufig Anforderungen, die nur wenige Standorte erfüllen können. Eine parallele Nutzung mehrerer Verfahren ist unter solchen Bedingungen nicht sinnvoll. Eine standortgerechte Anpassung der Fertigungstechnik verbietet sich auch dann, wenn der Einmalaufwand und die erforderlichen Investitionen für eine Änderung des Verfahrens bei zu erwartender Stückzahl das Einsparpotenzial bei den Fertigungs- und Materialkosten übertreffen. In diesem Fall ist einer weltweit einheitlichen Fertigungstechnik der Vorzug zu geben.

Im Falle dominanter Fertigungsverfahren mit hoher Komplexität kann es erforderlich sein, die Produktion an Standorten mit hohem Kompetenzniveau zu halten und dabei auch Faktorkostennachteile in Kauf zu nehmen. Die Gewährleistung einer stabilen Produktion (und damit der Produktqualität) hat bei solchen Verfahren oftmals einen erheblich größeren Einfluss auf die Wirtschaftlichkeit als die Arbeitskosten. Ferner kann es für die kontinuierliche Weiterentwicklung des Know-hows essenziell sein, die bestehende, an Standorte und Personen gebundene Innovationsfähigkeit weiterhin intensiv zu nutzen, um die eigene Deutungshoheit auf dem Gebiet dieser Technologie zu sichern.

## 5.3 Bewertung und Auswahl von Fertigungsverfahren

Die Möglichkeit der Anpassung der Fertigungstechnik an die standortspezifischen Gegebenheiten stellt Unternehmen vor die Herausforderung, ein Technologieportfolio zu bestimmen, das für alle Standorte geeignet ist und gleichzeitig einen möglichst hohen Standardisierungsgrad aufweist. Wesentliche Einflussfaktoren sind:

- Die zu fertigende Stückzahl sowie die Variantenvielfalt

- Die Kapitalintensität und Komplexität der Fertigungsverfahren

- Die standortspezifischen Faktorkosten und Mitarbeiterqualifikationen.

Die Bewertung und Auswahl standortgerechter Fertigungstechnik sollte in zwei Schritten erfolgen:

- Die Bewertung der Kosten je Fertigungsverfahren und Produktkonstruktion unter Berücksichtigung der spezifischen Rahmenbedingungen des einzelnen Standorts gibt Hinweise darauf, welche Fertigungstechnik jeweils geeignet ist.

- Die Bewertung des gesamten Portfolios der potenziell attraktiven Fertigungsverfahren und Produktkonstruktionen führt zu einer Fokussierung auf eine Auswahl geeigneter Fertigungsverfahren und zu den insgesamt geringsten Kosten im Produktionsverbund.

Für die Bestimmung der Fertigungskostenunterschiede sind vor allem die direkten Personal- und Maschinenkosten interessant. Bei der Bewertung des gesamten Portfolios sind insbesondere die Einmalaufwendungen und Investitionen für die Produkt- und Verfahrensentwicklung sowie die Kostenerhöhungen durch eine Fragmentierung von Verfahren und Betriebsmitteln zu berücksichtigen. Gerade in FuE-intensiven Industrien wie der Halbleiterfertigung ist die Entwicklung neuer Fertigungsverfahren überaus kostenintensiv, so dass die Nutzung standortspezifischer Fertigungstechnik in der Regel unwirtschaftlich ist. Daher replizieren Unternehmen dieser Branche Fertigungsverfahren und Betriebsmittel an verschiedenen Standorten nahezu unverändert.

Worauf bei der Auswahl der Fertigungstechnik zu achten ist, soll aus Standortperspektive und Gesamtunternehmenssicht erläutert werden.

### 5.3.1 Auswahl und Neuentwicklung von Fertigungsverfahren aus der Perspektive eines einzelnen Standorts

Wie sieht die standortgerechte Fertigungstechnik im Einzelfall aus – wie lassen sich minimale Kosten erreichen?

Eine umfassende, sehr kapitalintensive Automatisierung setzt ein hohes Qualifikationsniveau der Mitarbeiter voraus. Qualifizierte Mitarbeiter sind auch in

Niedriglohnländern vergleichsweise teuer. So ist der relative Abstand zu den Arbeitskosten in Hochlohnländern bei gering qualifizierten Arbeitnehmern wesentlich höher als bei hoch qualifizierten. Die Arbeitskosten sind in China etwa 20- bis 30-mal geringer als in Deutschland, während bei einem (jeweils lokalen) Werksleiter der Unterschied nur etwa den Faktor 5 ausmacht.

Dagegen ist für ein Unternehmen der Einsatz komplexer Maschinen aufgrund höherer Abschreibungen, Wartungs-, Kapital- und Transaktionskosten oft teurer als im Stammland. Weniger komplexe Fertigungstechnik zahlt sich deshalb oftmals aus.

Etablierte Unternehmen aus Hochlohnländern, die sich optimal aufstellen wollen, müssen vor diesem Hintergrund häufig neue, standortgerechte Fertigungsverfahren entwickeln. Gelegentlich können sie aber auch auf ältere, bewährte Verfahren zurückgreifen. Denn reife Technologien sind für den Einsatz in Niedriglohnländern und an neuen Standorten besonders geeignet, weil die Prozessstandardisierung schon weit fortgeschritten und die Prozessbeherrschung weitgehend gewährleistet ist. Insgesamt kann durch den Wechsel des Fertigungsverfahrens ein niedrigeres Niveau der Fertigungsstückkosten erreicht werden.

Abbildung 5.21 stellt die Fertigungstechnik und die Wirtschaftlichkeit des Einsatzes zweier Verbindungsverfahren am Beispiel eines Getriebemotors dar. Am Niedriglohnstandort ist eine manuelle Verschraubung vorgesehen. Aufgrund der geringeren Arbeitskostensätze ist die manuelle Fertigung wirtschaftlicher als der Einsatz eines automatisierten Prozesses. Im Hochlohnland hingegen empfiehlt sich ein automatisches Rollierverfahren. Die Automatisierung führt gegenüber der manuellen Fertigung zu einer deutlichen Reduzierung der Kosten. Zur Ermittlung der Fertigungskosten in Abhängigkeit von den Arbeitskosten werden jeweils die maschinen- und anlagenspezifischen Fixkosten pro Jahr berechnet und entsprechend dem geplanten Produktionsvolumen auf das Einzelbauteil umgelegt. Anschließend werden die variablen Kosten, besonders Arbeitskosten, anhand der Vorgabezeiten

**Je nach Höhe der lokalen Faktorkosten ist ein kostenoptimales Fertigungsverfahren auszuwählen.**

Abb. 5.21: Alternative Verfahren zum Fügen eines Elektromotors und Getriebes

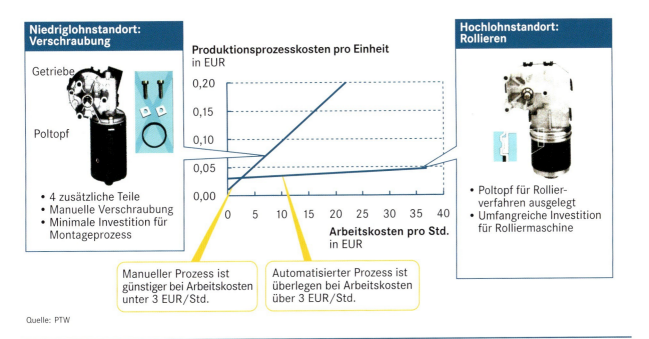

Quelle: PTW

## Nutzung alternativer Fertigungsverfahren: Drehen von Ankerwellen für Kleinmotoren

Kleine Elektromotoren und Mikromotoren werden jährlich millionenfach produziert und in unterschiedlichen Anwendungsfeldern eingesetzt. Ein grundlegendes Bauelement für jeden Elektromotor ist die Ankerwelle, auf der der Rotor befestigt wird.

Aufgrund der hohen Stückzahlen werden die Ankerwellen in Hochlohnländern wie Deutschland vollautomatisiert gefertigt. Dazu wird das Material von einer Metallrolle, dem so genannten Coil, abgehaspelt, gerichtet und getrennt. Anschließend wird das Wellenstück über ein Fördersystem in eine Drehmaschine eingeführt und eingespannt, welche die Außenkontur und die Enden bearbeitet. Um einen Verschleiß der Oberfläche zu verhindern, wird die Welle anschließend induktiv gehärtet. Schließlich erfolgt eine Nachbearbeitung durch *Centerless-Schleifen* mit automatischer Kontrolle von Durchmesser, Rundheit und Oberflächenqualität.

Quelle: PTW

Um eine solche Prozesskette in ein geringer automatisiertes Anlagenkonzept für die Produktion an einem Niedriglohnstandort umzuwandeln, ist ein schrittweises Anpassen des Fertigungskonzepts notwendig, sowohl außerhalb als auch innerhalb der Kernbereiche der verschiedenen Fertigungstechnologien.

### Schritt 1: Materialfluss, Werkstückhandhabung und Kontrollprozesse anpassen

Der erste Ansatzpunkt für einfache Veränderungen ohne Einfluss auf die eigentliche Bearbeitung ist die Änderung von Materialfluss, Werkstückhandhabung und Kontrollprozessen. In diesen Vorgängen gibt es keine Wertschöpfung für den Kunden, so dass eine Anpassung in der Regel unkritisch ist. Im dargestellten Beispiel wäre der erste Schritt der Verzicht auf eine automatische Materialzuführung. Anstelle der kapitalintensiven automatischen Zuführung über eine Coil-Anlage werden die Teile in Niedriglohnländern von angelernten Logistikmitarbeitern bereitgestellt. Darüber hinaus wird statt des Coil-Materials entsprechendes Stangenmaterial eingesetzt, so dass der Richtvorgang vollständig entfallen kann. Sowohl beim Härten als auch beim Schleifen wird eine manuelle Zuführung eingesetzt; so lässt sich vergleichsweise kapitalintensive Fördertechnik einsparen. Die automatische Prüfung des Durchmessers wird durch eine visuelle Stichprobenkontrolle ersetzt.

### Schritt 2: Automatisierung der Kernverfahren reduzieren

Im zweiten Schritt der standortgerechten Anpassung wird die Automatisierung der Kernfertigungsverfahren zurückgenommen. Der Trennvorgang wird nunmehr manuell mit einer Kappschere ausgeführt, das Werkstück im Drehautomaten manuell eingespannt. Bei der Qualitätskontrolle ist es möglich, bei der Prüfung auf Rundheit, die im vorherigen Schritt noch maschinell durchgeführt wurde, auch auf eine manuelle Prüfung zurückzugreifen.

### Schritt 3: alternative Technologien einsetzen

Der letzte Schritt der Anpassung der Fertigungsverfahren ist schließlich der Einsatz anderer Produktionstechnologien, die aufgrund ihrer spezifischen Inputfaktoren für den Einsatz in Niedriglohnländern günstiger sind. Prinzipiell können dies einfachste Fertigungsverfahren sein, die früher in den Stammwerken eingesetzt wurden. Andererseits können Standorte in Niedriglohnländern auch durch qualifizierte Mitarbeiter moderne Technologien in ihren Werken umsetzen und damit entsprechende technologische Kompetenz gegenüber dem Stammwerk aufbauen. Im Fallbeispiel wird angenommen, dass es dem Werk gelingt, neue Technologien umzusetzen und damit eine eigene Kompetenz im Produktionsnetzwerk zu etablieren. Das Werk bezieht bereits gehärtetes Stangenmaterial, so dass der Härtevorgang ausgelassen werden kann. Anschließend erfolgt das Trennen des Stangenmaterials durch Trennschleifen; die Bearbeitung auf Endmaß wird durch Hartbearbeitung komplett in einem Bearbeitungszentrum durchgeführt (Abbildung 5.22).

**Auswirkungen analysieren**

Eine Analyse der Auswirkungen der **Auswahl der Fertigungstechnik** auf die Fertigungsstückkosten, die erforderlichen Investitionen und auf die mit dieser Technologie erreichbare Produktqualität zeigt: Die geringfügigen Anpassungen außerhalb der Kerntechnologie sind zwar einfach umzusetzen, haben aber nur eine vergleichsweise geringe Auswirkung auf die Reduzierung der Herstellkosten und Investitionen. Erst eine grundlegende Überarbeitung der eingesetzten Fertigungsverfahren einschließlich der Möglichkeit, eine völlig neue, für die Standortbedingungen besser geeignete Technologie einzusetzen,

Abb. 5.22: Alternative Fertigungsverfahren – Beispiel Ankerwellen für Elektromotoren

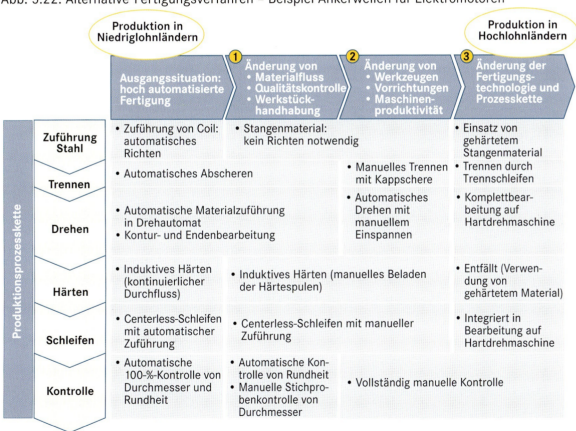

Quelle: PTW

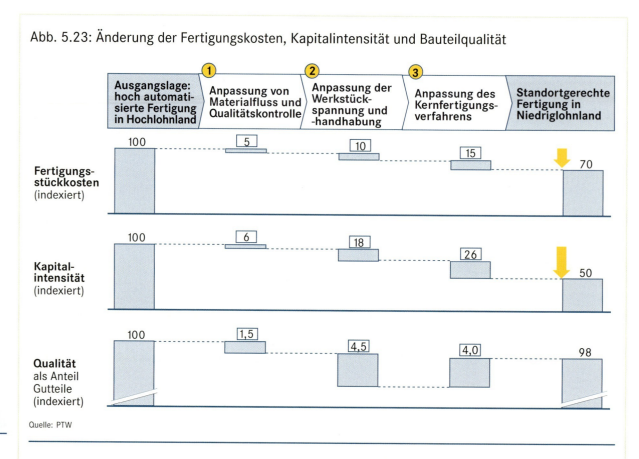

Abb. 5.23: Änderung der Fertigungskosten, Kapitalintensität und Bauteilqualität

Quelle: PTW

ermöglicht die Realisierung deutlich höherer Einsparungen. Darüber hinaus kann mit einem standortgerechten Verfahren, unterstützt durch weitere qualitätssichernde Maßnahmen, der Qualitätsverlust aufgrund der geringeren Automatisierung ausgeglichen werden (Abbildung 5.23).

bestimmt. Hierbei ist das erforderliche Qualifikationsniveau für den jeweiligen Fertigungsschritt zu berücksichtigen. Anschließend kann auf dieser Basis bereits eine einfache Kalkulation durchgeführt werden. In komplexeren Entscheidungssituationen müssen darüber hinaus weitere Kostentreiber wie Schichtzuschläge, variable Maschinenbetriebskosten und -auslastung sowie indirekte Personalkosten einbezogen werden.

Ein schrittweises und systematisches Vorgehen bei der Auswahl standortgerechter Fertigungstechnik kann die Wirtschaftlichkeit einer Neugestaltung des Produktionsnetzwerks deutlich verbessern und die operativen Schwierigkeiten beim Produktionsanlauf an neuen Standorten verringern. Entsprechend sollte die Bewertung unterschiedlicher Technikoptionen sowohl die standortspezifischen Faktorkosten als auch die verfügbaren Mitarbeiterqualifikationen und den Erfahrungspool am neuen Standort berücksichtigen.

**Die standortgerechte Fertigungstechnik wird auf Basis der Fertigungsstückkosten, des Investitionsvolumens und der Qualitätsanforderungen bestimmt.**

### 5.3.2 Abstimmung der eingesetzten Fertigungstechnik im Netzwerk

Das Fallbeispiel „Drehen von Ankerwellen für Kleinmotoren" zeigt, dass eine alternative Fertigungstechnik einen wesentlichen Beitrag zur Reduzierung der

Fertigungskosten leisten kann. Allerdings entstehen durch die Einführung neuer Fertigungsverfahren und Produktvarianten zum einen zusätzliche Fixkosten, z. B. durch einen erhöhten Fertigungsbetreuungsaufwand. Zum anderen ist ein einmaliger Entwicklungsaufwand für die Anpassung der Produktion und gegebenenfalls der Produktkonstruktion erforderlich. Bei der Erstellung des strategischen Standortkonzepts ist angesichts der Interdependenz zwischen Werken die Gesamtheit potenziell attraktiver Fertigungstechniken zu prüfen und bei der Optimierung zu berücksichtigen.

Ein wirtschaftliches Optimum des gesamten Produktionsverbunds lässt sich nur erreichen, wenn in die Betrachtung neben den marginalen Stückkosten auch der Einmalaufwand eingeht, der aufgrund der Anpassung der Fertigungstechnik im gesamten Netzwerk anfällt. Einmalige Aufwendungen ergeben sich für Anpassungen der Fertigungsprozesse und gegebenenfalls des Produktdesigns, aber auch für die Inanspruchnahme von Leistungen – z. B. für die Maschineneinrichtung.

Eine Aussage für eine aus Gesamtsicht optimale Fertigungstechnik lässt sich dann treffen, wenn man den Einsparungen bei den variablen Kosten auch die Einmalkosten und Opportunitätskosten gegenüberstellt, die durch ihren Einsatz entstehen. Bei dieser Betrachtungsweise büßt so manche Alternative ihre Attraktivität ein und gelangt deshalb nicht in die Auswahl. Unter Berücksichtigung der einmaligen und kontinuierlichen Aufwendungen reduziert sich die Anzahl der in Frage kommenden Optionen für standortgerechte Fertigungstechnik und Produkte in der Regel deutlich.

Eine genauere Analyse der Einmalkosten zeigt die verschiedenen Einflussfaktoren (Abbildung 5.24). Zu-

> **Die Einmalaufwendungen werden maßgeblich vom Umfang der Anpassung bestimmt.**

Abb. 5.24: Anpassung der Fertigungstechnik – Einmalaufwendungen

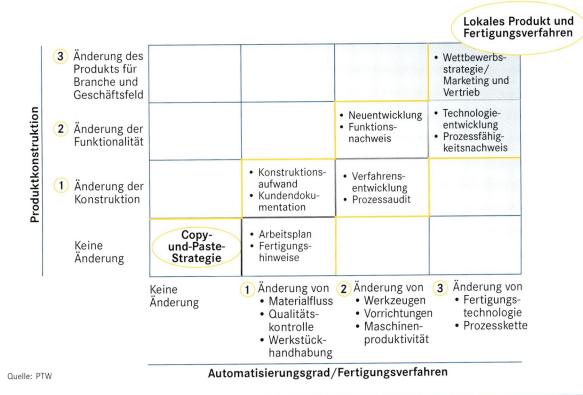

Quelle: PTW

nächst werden die Kosten untersucht, die direkt mit der Anpassung der Fertigungstechnik verbunden sind. **Änderungen am Fertigungsverfahren** (und damit gegebenenfalls auch am Produkt) sind unmittelbar mit dem jeweiligen Kunden abzustimmen. Entsprechende Funktions- und Qualitätsnachweise sind gemäß den vereinbarten Erprobungs-, Bemusterungs- und Auditierungsrichtlinien zu erbringen. Besonders streng sind hier die Anforderungen in der Automobilzuliefer- und Luftfahrtindustrie.

Je nach Grad der Anpassung kann der Aufwand für diese Kundenforderungen beträchtlich sein. Bei Produkten, die in ihrem Produktlebenszyklus bereits die Wachstumsphase überschritten haben, sind solche Anpassungen in der Regel unwirtschaftlich. Aber auch sonst kann dieser Aufwand durchaus die erwarteten, kumulierten Einsparungseffekte zunichte machen, zumal Kunden sich bei ihren Preisforderungen häufig an den variablen Herstellkosten orientieren und nur in begrenztem Umfang bereit sind, Einmalaufwendungen und Investitionen in neue Fertigungsverfahren mitzutragen.

> **Einmalkosten zur Anpassung von Produkt und Fertigungsverfahren können bei reifen Produkten eine standortgerechte Fertigung unwirtschaftlich machen.**

Im Beispiel des Motorenherstellers verursachte bereits die erneute Musterfreigabe am neuen Standort interne Aufwendungen in Höhe von etwa 1.000 Euro pro Variante. Der weitere Aufwand für die Kundenabnahme wurde nochmals mit mindestens 3.000 Euro veranschlagt. Weil es sich bei einer der betrachteten Motorvarianten um ein kritisches Element für den Abnehmer handelte, war ein neues Prozessaudit in Anwesenheit des Kunden durchzuführen. Für den Hersteller bedeutete das weitere Kosten zwischen 6.000 und 10.000 Euro und für den Käufer selbst einen Aufwand in Höhe von 4.000 bis 5.000 Euro.

Werden neben der reinen Verlagerung Änderungen am Produkt oder Fertigungsverfahren durchgeführt, wie beispielsweise der Wechsel von einer Klebe- zu einer Schraubverbindung, so hat der Hersteller auch noch die Kosten zu tragen für die Konstruktionsänderung, die Überarbeitung der Stücklisten, der Fertigungshinweise sowie der Arbeits- und Prüfpläne einschließlich der entsprechenden Kundendokumentation. Im Fall der Anpassung einfacher Verbindungselemente führte dies bei einer einzelnen Variante bereits zu einem weiteren Aufwand in Höhe von etwa 5.000 Euro. Bei grundlegenden Änderungen können diese Kosten deutlich höher ausfallen.

Die Höhe des Aufwands ist sehr branchen- und auch produktspezifisch. Deshalb ist besonders bei umfangreicheren Änderungsarbeiten eine individuelle Analyse und Abwägung unerlässlich.

Neben dem Einmalaufwand für die Adaption von Fertigungsprozessen sowie gegebenenfalls des Produktdesigns kann die **Erweiterung des Portfolios** der im Unternehmen **eingesetzten Fertigungsverfahren** weitere Kosten zur Folge haben. Unternehmen können beispielsweise den Aufwand bei der Beschaffung von Maschinen, Anlagen und Einrichtungen erheblich minimieren, wenn ein einheitliches Fertigungskonzept weltweit an allen Standorten gilt. Es ergeben sich **Skaleneffekte** im Einkauf, die sich in günstigeren Konditionen niederschlagen. Die Auswahl eines standortspezifischen Verfahrens hingegen macht diese Effekte in der Regel zunichte. Zusätzliche Kosten entstehen bei einer unterschiedlichen Gestaltung der Prozesse an den einzelnen Standorten, wie in Abbildung 5.25 dargestellt.

> **Entgangene Skaleneffekte sowie zusätzlicher Betreuungsaufwand lassen eine Beschränkung auf wenige alternative Fertigungstechniken sinnvoll erscheinen.**

Aufgrund der starken Abhängigkeit des Aufwands für lokale Anpassungen von Produkt, Branche und Unternehmensressourcen ist eine hinsichtlich der Gesamtkosten optimale Entscheidung stets durch eine Einzelfallanalyse vorzubereiten.

Erfahrungen zeigen, dass in Branchen mit sehr hohen Qualitätsanforderungen und detaillierten Vorschriften von Kundenseite, wie beispielsweise in der Kraftfahrzeugzulieferindustrie sowie in der Luft- und Raumfahrt, eine standortgerechte Abstimmung häufig nicht wirtschaftlich ist. Fallbeispiele aus der Konsumgüterindustrie hingegen belegen, dass bei einfachen, qualitätsunkritischen Bauteilen eine Adaption ohne größeren Aufwand möglich ist und bislang latent vorhandene Kostenpotenziale erschlossen werden können.

Wie bei der Auswahl einer optimalen standortgerechten Fertigungstechnik vorgegangen werden kann, soll am Beispiel eines Zulieferers der Kraftfahrzeugindustrie näher erläutert werden (Abbildung 5.26).

Im Fall des (bereits erwähnten) Kleinmotorenherstellers standen für ein Werk in China zunächst vier Alternativen zur Auswahl. Neben dem hoch automatisierten Rollierverfahren, wie es im Stammwerk eingesetzt wird, ergab eine Analyse der Fertigungskosten, dass auch ein manuell ausgeführtes Rollieren, eine Verbindung mittels einer Schraubverbindung oder eine Konstruktion aus zwei Blechhalbschalen, die durch eine Nietverbindung gefügt werden, mögliche Alternativen sind. Die einzelnen Optionen sind zur Ermittlung des gesamtwirtschaftlichen Optimums genauer zu untersuchen.

Der Kapitalwert der Einsparungen bei den variablen Kosten für die verbleibende Produktionslaufzeit des Produkts ist nur ein erster Indikator, der bei grundsätzlicher Neugestaltung der Fertigungstechnik und Konstruktion in der Regel sehr attraktiv erscheint. Dies ist jedoch anschließend um den Einmalaufwand, die erwarteten kontinuierlichen Mehraufwände sowie um Opportunitätskosten zu reduzieren. Meist sind unter Einrechnung der hohen Einmalaufwendungen die

**Zusätzliche Variantenpflege und Technologieentwicklungsaufwand sind wesentliche Mehraufwendungen bei lokal angepasster Fertigung**

Abb. 5.25: Anpassung der Fertigungstechnik – laufende Mehraufwendungen

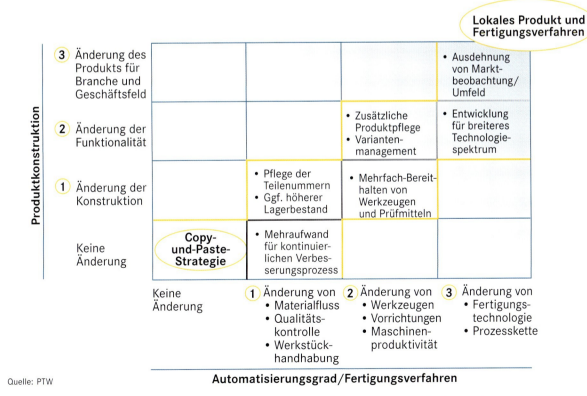

Quelle: PTW

grundlegenden Anpassungen wegen der Notwendigkeit einer Neukonstruktion sowie der Einführung und kontinuierlichen Entwicklung zusätzlicher Fertigungstechniken nicht mehr attraktiv. Mit diesem Vorgehen lässt sich aus den hinsichtlich der wirtschaftlichen Fertigungsalternativen die Option auswählen, die sich auch angesichts der erforderlichen Einmalaufwendungen sowie des erhöhten laufenden Aufwands als wirtschaftlichste erweist.

Die Untersuchung der Alternativen für den Kleinmotorenhersteller ergab recht schnell, dass sowohl das manuelle Rollierverfahren als auch die Neukonstruktion aus zwei Blechschalen mit einer Nietverbindung für das Gesamtnetzwerk nicht wirtschaftlich wären (Abbildung 5.27). In beiden Fällen wurden ein hoher Entwicklungsaufwand sowie beträchtliche Kosten für eine kontinuierliche Betreuung erwartet. Für den Einsatz einer Schraubverbindung wurden dagegen nur geringe Einmalaufwendungen angenommen, da für diese Konstruktion auf ältere Produktvarianten zurückgegriffen werden konnte und Erfahrungen mit der Fertigungstechnik im Unternehmen vorhanden waren.

Entscheidungsträger können durch Anpassung der Wertschöpfungsprozesse an die lokalen Bedingungen Standortvorteile gewinnbringend für das Gesamtunternehmen nutzen. Die standortspezifische Kompetenzbildung, die durch die unterschiedliche Gestaltung der Produktion entsteht, liegt im Interesse des Gesamtunternehmens. Der Einsatz unterschiedlicher Fertigungsprozesse ist angesichts seiner wirtschaftlichen Überlegenheit keine vermeidbare Verschwendung im Sinne von Doppelarbeit, sondern entspricht einem lokalen Spezialisierungsprozess zur optimalen Nutzung der jeweiligen Standortfaktoren.

\* \* \*

**Unter Berücksichtigung der variablen Kosten bieten sich verschiedene arbeitsintensivere Fertigungsverfahren für Niedriglohnstandorte an.**

Abb. 5.26: Wirtschaftliche Fertigungsalternativen für Niedriglohnstandorte

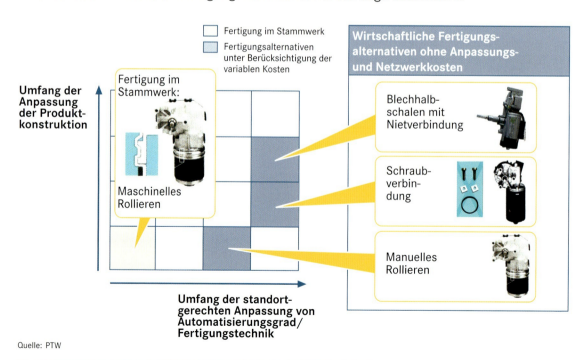

Quelle: PTW

## 5.3 Bewertung und Auswahl von Fertigungsverfahren

**Sowohl Einmalaufwendungen als auch laufender Mehraufwand reduzieren die wirtschaftlichen Alternativen aus Sicht des Gesamtunternehmens.**

Abb. 5.27: Wirtschaftliche Fertigungsalternativen – gesamthafte Bewertung
in Prozent der initialen Kapitalwertes der Maßnahme (d. h. ohne Betrachtung Einmal- und Mehraufwendungen)

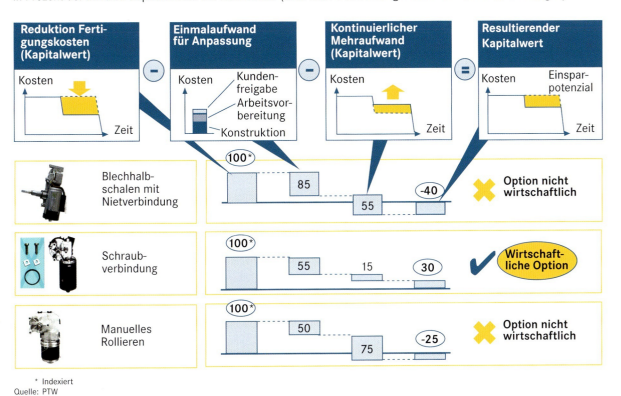

\* Indexiert
Quelle: PTW

Die standortgerechte Auswahl der Fertigungstechnik und Gestaltung der Produktkonstruktion gilt als wesentliche unternehmerische Kompetenz für die erfolgreiche Globalisierung der Produktion. Für die wirtschaftliche Produktion an Hochlohnstandorten wie auch an Niedriglohnstandorten existieren miteinander konkurrierende Entwicklungspfade, die im Hinblick auf die Kernkompetenz des Unternehmens unterschiedliche Akzente setzen. Langfristig ist damit zu rechnen, dass sich die Wertschöpfung der Unternehmen in global verteilten Produktionsnetzwerken vollzieht, durch die die jeweiligen lokalen Standortvorteile – insbesondere Wissen – optimal genutzt werden.

## Minimierung der Einmalaufwendungen: Rückgriff eines Kfz-Zulieferers auf ältere Maschinen- und Anlagenkonzepte aus dem Stammwerk

Mit der Entscheidung zugunsten der Montage von Kraftstofffiltern unmittelbar in der Nähe des ausländischen Marktes stand für einen Zulieferer der Kraftfahrzeugindustrie auch die Auswahl eines standortgerechten Fertigungsverfahrens an.

Das am Hochlohnstandort eingesetzte vollautomatisierte Rundtaktsystem erschien für den Aufbau einer lokalen Produktion wegen der geringeren Stückzahlen und des erforderlichen Investitionsvolumens nicht sinnvoll. Daher entschied man sich zunächst für ein älteres, früher im Stammwerk angewandtes Fertigungskonzept mit zwei Handarbeitsplätzen. Auf diese Weise ließen sich die Erstinvestitionen für den neuen Standort von 210.000 Euro auf 14.000 Euro senken (Abbildung 5.29). Eine weitere Verringerung der Investitionen war aufgrund der benötigten Prüfeinrichtungen nicht möglich.

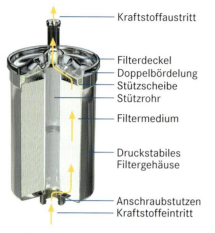

Abb. 5.28: Kraftstofffilter – Struktur und Funktionsweise

Quelle: PTW

### Lose verkettete Handarbeitsplätze

Abb. 5.29: Vergleich unterschiedlicher Montagesysteme

| | Voll automatisiertes Rundtaktsystem | Handarbeitsplätze mit teilautomatisierten Fertigungsschritten | Handarbeitsplätze mit vollständig manuellen Fertigungsschritten |
|---|---|---|---|
| Investitionsvolumen | 210.000 EUR | 60.000 EUR | 14.000 EUR |
| Max. Stückzahl pro Schicht | 6.500 Stück | 2.000 Stück | 400 Stück |
| Max. fertigbare Variantenzahl | 4 Varianten | 10 Varianten | 12 Varianten* |

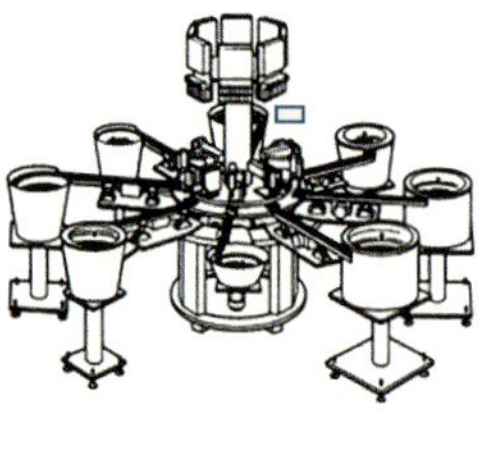

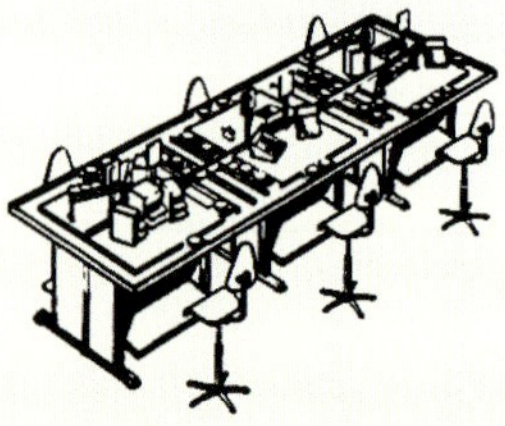

\* Prinzipiell mögliche Variantenzahl, zum Aufbau der Produktion wurden lediglich 2 Varianten gefertigt
Quelle: Dubbel (2005), PTW

Dieses Fertigungskonzept erlaubte mit einem maximalen Produktionsvolumen von 400 Einheiten pro Schicht und Arbeitsplatzeinheit eine bessere Skalierbarkeit für den Aufbau weiterer Produktionskapazität. Das Unternehmen konnte mit der Einrichtung der Handarbeitsplätze den Aufbau am ausländischen Standort mit überschaubarem Risiko vorantreiben, ohne Entwicklungskosten für die Anpassung der Fertigungstechnik in Kauf nehmen zu müssen.

Als das lokale Marktwachstum nach zwei Jahren Erweiterungsinvestitionen erforderte, hatte der Hersteller genügend lokale Erfahrungen gesammelt und konnte den nächsten Entwicklungsschritt wagen. Aufgrund der besseren Qualifikation einzelner Mitarbeiter, aber auch der gestiegenen Lohnkosten entschied man sich gegen eine Vervielfältigung des vorhandenen Anlagenkonzepts und für eine geringfügig stärkere Automatisierung einzelner Fertigungsschritte. Man verteilte den gesamten Fertigungsablauf auf insgesamt sechs Stationen – für die anspruchsvollen Tätigkeiten war eine höhere Spezialisierung der Mitarbeiter notwendig. Ähnlich wie beim ersten Montagelayout konnte man sich auch in diesem Fall an frühere Konzepte im Stammwerk anlehnen, so dass der Einmalaufwand für die Entwicklung und die Kundenfreigabe der Produktion minimal gehalten werden konnte.

**Fazit:** Einmalaufwendungen für die Anpassung der Betriebsmittel lassen sich häufig durch Rückgriff auf ältere Fertigungstechniken aus dem Stammwerk minimieren. Stehen die Betriebsmittel noch zur Verfügung, können zusätzlich die Investitionen für den neuen Standort reduziert werden.

## Zum Weiterlesen

Dubbel – Handbook of Mechanical Engineering. W. Beitz und K.-H. Hüttner (Hrsg.). London: Springer, 1994.

Fritz, A. H. und G. Schulze (Hrsg.). *Fertigungstechnik*. 6. Aufl. Verein Deutscher Ingenieure (VDI). Berlin: Springer, 2004.

Schönherr, H. *Spanende Fertigung*. München: Oldenburg, 2002.

Westkämper, E. und H.-J. Warnecke. *Einführung in die Fertigungstechnik*. 6. Aufl. Wiesbaden: Tentur, 2004.

Sebastian Simon, Marina Dervisopoulos, Frank Jacob

# 6 Aufbau eines neuen Produktionsstandorts

## Zusammenfassung

International erfahrene Unternehmen bauen Auslandsstandorte deutlich schneller und kostengünstiger auf als Unternehmen, die noch in geringem Umfang globalisiert sind. Es zeichnet sich dabei eine Reihe von Erfolgsfaktoren für den Aufbau von Produktionsstandorten im Ausland ab.

Viele Standortverlagerungen scheitern, weil sich Unternehmen überschätzen. Unternehmen sollten deswegen die Anforderungen und die Komplexität eines **Standortaufbaus** besser mit ihren Fähigkeiten abgleichen und gegebenenfalls entweder die Komplexität verringern oder zusätzliche Ressourcen bereitstellen.

Die lokale Standortwahl innerhalb der Zielregion kann die Wirtschaftlichkeit des Standorts stark beeinflussen, da sich Standortfaktoren auch innerhalb von Regionen deutlich unterscheiden können. Die Kontakte lokaler Partner zu Behörden, Kunden und Lieferanten sind insbesondere beim Standortaufbau in Entwicklungsländern wichtig.

Die Entsendung von *Expatriates* ist in der Regel deutlich kostenintensiver als der Einsatz lokaler Fach- und Führungskräfte. Gleichzeitig sind das Wissen und die Anbindung erfahrener Mitarbeiter gerade in den kritischen Phasen des Standortaufbaus unabkömmlich. Entsprechend erfolgskritisch ist die Rolle des **Personalmanagements** für die Erreichung der operativen Ziele des Standortaufbaus.

Einen raschen **Hochlauf** der Fertigungskapazitäten und die geforderte Qualität erreichen die Unternehmen durch geeignete Anlaufstrategien. Der stufenweise Anlauf und die sequenzielle, entkoppelte Einführung von Fertigungsverfahren, neuen Zulieferern und Produkten helfen, die Produktion schrittweise zu stabilisieren und Störungsursachen besser einzugrenzen und zu eliminieren. Erfahrene Unternehmen planen Verlagerungen vorausschauend und detailliert – so gelingt es ihnen, auch während der Verlagerung eine hohe Liefersicherheit und Auslastung zu gewährleisten.

## Kernfragen Kapitel 6

- Welche Faktoren entscheiden über Erfolg und Misserfolg der Standortgründung?

- Welche Optimierungspotenziale in Bezug auf die Dauer und den Aufwand der Standortgründung sind typischerweise zu beobachten?

- Wie können der Einsatz von *Expatriates* und der Aufbau lokaler Kompetenz optimal verzahnt werden?

- Wie können Unternehmen die für sie optimale Anlaufstrategie wählen und damit in kürzester Zeit ihre Kapazität reibungslos hochfahren?

## 6.1 Optimierungspotenziale bei Standortgründungen

Der Planung eines Produktionsnetzwerks folgt dessen Realisierung. Bestehende Standorte müssen zurückgebaut oder erweitert, neue eröffnet werden. Zwar sind in der Netzwerkkonzeption für die Standortneugründungen Zielländer oder Zielregionen grob festgelegt. Wie aber der Standort im Detail aussehen soll und in Betrieb genommen wird, bedarf weiterer umfassender Planung. In der Planungs- und Vorbereitungsphase schaffen Unternehmen die Grundlagen für den späteren Erfolg (oder Misserfolg) – sie bestimmen Aufwand und Dauer für den Standortaufbau und -anlauf.

Der Vergleich von mehr als 30 Standortgründungen zeigt, dass diese sich in einem breiten Zeit- und Kostenkorridor bewegen. Der Einmalaufwand schwankt um bis zu 50 Prozent. Aufwandsunterschiede gibt es insbesondere bei den Qualitätskosten und den Personalkosten. Differenzen in gleicher Höhe ergeben sich auch beim Zeitaufwand – die markantesten Unterschiede zeigen sich hier in der Dauer der Hochlaufphase (Abbildung 6.1).

**Die besten Unternehmen sparen im Vergleich zum Durchschnitt die Hälfte des Einmalaufwands und bewerkstelligen den Standortaufbau in der Hälfte der Zeit.**

Analysiert man die enormen Unterschiede anhand der drei Fokusbranchen – Automobilzulieferer, Maschinenbauer und Elektronikindustrie – so zeigen sich, anders als erwartet, zwischen den Mittelwerten der Branchen keine signifikanten Unterschiede, wohl aber zwischen den Unternehmen einer Branche (Abbildung 6.2). Eine genaue Betrachtung der Gründe für die großen Differenzen ergibt mehrere Ansatzpunkte, die eng mit der unternehmensspezifischen Situation zusammenhängen:

- Die **Komplexität** des Ansiedlungsvorhabens hat großen Einfluss auf Einmalaufwand und Zeitdauer einer Standortgründung. Je nach Standort, Fertigungsverfahren oder Produktsortiment steigen oder sinken die Anforderungen. Die Akquisition eines bestehenden Betriebs oder relativ einfache Fertigungsverfahren mit geringem Schulungsaufwand beispielsweise beschleunigen den Aufbau eines Produktionsstandorts.[1]

- Genauso verkürzt **operative Exzellenz** wie ein konsequentes Projektmanagement oder die schnelle Rekrutierung von lokalem Personal Gründungsdauer und Gründungsaufwand. Unternehmen mit längerer Globalisierungsgeschichte verfügen oft über einen größeren Erfahrungsschatz und größeres Geschick in der operativen Umsetzung. Mit ihrer überlegenen Personalpolitik, effektiven Auswahl lokaler Standorte im Zielland und einer hohen Produktqualität schon während des Anlaufs schneiden ihre Standortgründungen besonders gut ab.

Neben den Unterschieden in Aufwand und Dauer gibt es auch im Hinblick auf die Produktqualität am neuen Standort Unterschiede. 42 Prozent der Unternehmen, die Produktionsverlagerungen durchgeführt haben, berichten in einer Umfrage von außerplanmäßigen Qualitätseinbußen; 12 Prozent sogar von signifikanten Produktionsausfällen.[2]

Gesprächspartner aus global produzierenden Unternehmen wiesen im Rahmen der ProNet-Studie insbesondere auf drei grundlegende erfolgskritische Faktoren für den Standortaufbau hin: Wichtig ist (1) eine sorgfältige Vorbereitung jeder neuen Ansiedlung im Ausland auf Basis einer systematischen Planung. Als ent-

### Erhebliche Unterschiede bei Aufwand und Dauer der Gründung

Abb. 6.1: Aufwand und Dauer der Standortgründung

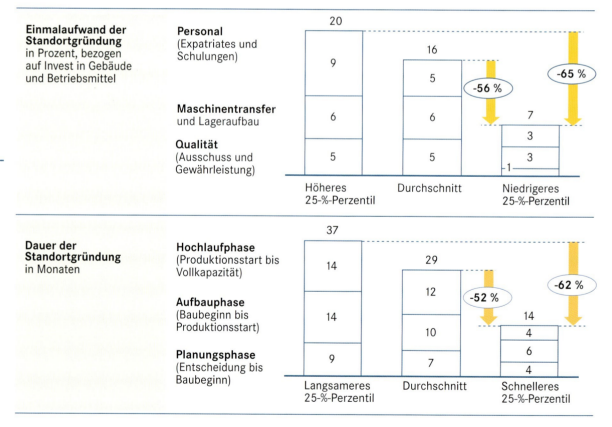

Quelle: McKinsey/PTW (ProNet-Umfrage)

---

1 Vgl. dazu auch Abele (2003), S. 174.
2 Vgl. VDI-Nachrichten (2004a).

scheidend gelten auch (2) ein exzellentes Personalmanagement und damit der Aufbau von Kompetenz (Fach- und Führungskräfte, Produktionsmitarbeiter) am neuen Standort sowie (3) die optimale Gestaltung des Produktionsanlaufs und des Produktionshochlaufs.

## 6.2 Vorbereitung des Standortaufbaus

Ohne ausreichende Vorbereitung die Standortgründung zu beginnen, kann für Unternehmen teuer werden – wie das erste Fallbeispiel, das Ansiedlungsprojekt im asiatischen Raum, eindrucksvoll zeigt. Wie hätte sich dieses deutsche Maschinenbauunternehmen besser absichern können? Wie hätte es diesen Schritt besser vorbereiten können?

Voraussetzungen für jedes Aufbauprojekt im Ausland sind eine genaue Analyse der Gegebenheiten vor Ort und ein Abgleich mit den eigenen Plänen und Fähigkeiten. Welcher Grad an Komplexität ist für den neuen Standort verträglich? Welche Fähigkeiten sind vor Ort vorhanden, welche können andere Standorte einbringen? Gibt es Alternativen zum Alleingang – sind lokale Partnerschaften ratsam?

### 6.2.1 Beherrschung der Komplexität des Aufbauprojekts

Erfolgsmuster aus einem etablierten Hochlohnstandort lassen sich nicht ohne weiteres auf ein neues Werk im Ausland übertragen. Ein häufiger Fehler ist eine zu hohe Komplexität – zu komplexe Prozesse, eine zu große Fertigungstiefe, ein zu breites Produktspektrum. Doch Komplexität allein ist nicht verantwortlich für Erfolg oder Scheitern. Die vorhandenen Fähigkeiten und Erfahrungen des Unternehmens entscheiden mit da-

**Selbst innerhalb der Branchen gibt es große Unterschiede.**

Abb. 6.2: Beispiele und Einflussfaktoren für Gründungen

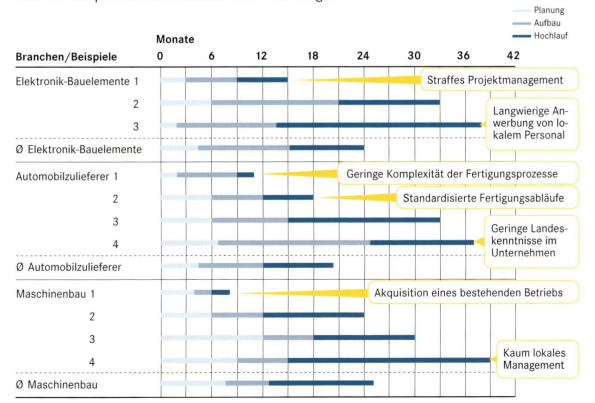

Quelle: McKinsey/PTW (ProNet-Umfrage)

## Standortgründung in Asien: Ein deutsches Maschinenbauunternehmen überschätzt seine Möglichkeiten.

Mitte der 90er Jahre gründete ein deutscher Maschinenbaukonzern einen Produktions- und Vertriebsstandort in Asien. Das Unternehmen wollte mit etwa 1.000 Mitarbeitern für den asiatischen Markt seine gesamte Produktpalette teurer, qualitativ hochwertiger Maschinen fertigen und einen Umsatz in Höhe von ca. 150 Millionen Euro pro Jahr erzielen. Auf einem Grundstück von 20 ha baute das Unternehmen ein Produktionsgebäude mit 8 ha Grundfläche und ein Verwaltungsgebäude mit zehn Stockwerken. Insgesamt lag das Investitionsvolumen bei ca. 200 Millionen Euro. Der Maschinenbauhersteller übernahm seine Fertigungsverfahren und seine Aufbauorganisation aus Deutschland weitgehend eins zu eins.

Das Management bestand überwiegend aus deutschen *Expatriates* ohne Asien-Erfahrung. In den ersten Monaten gelang es nicht, die Produktionsprozesse zu stabilisieren, da die lokalen Werker nicht auf dem deutschen Ausbildungsniveau waren. Also entschied man, ca. 30 Facharbeiter und Meister aus Deutschland für mehrere Monate einzufliegen. Das Unternehmen gründete ein Trainingszentrum und führte eine Facharbeiterausbildung nach deutschem Vorbild durch. Damit die deutschen Fachkräfte sich mit den lokalen Werkern verständigen konnten, stellte man ca. 15 Dolmetscher ein. Nachdem die erste Generation lokaler Facharbeiter ausgebildet war, entdeckten benachbarte Unternehmen deren Qualitäten und warben sie ab.

Die Nachfrage nach den qualitativ hochwertigen und teuren Maschinen blieb dagegen weit hinter den Erwartungen zurück. Grundstück und Gebäude waren deshalb für die Aktivitäten zu groß; der Pachtvertrag lief jedoch 20 Jahre. Die Werkhallen blieben zum größten Teil leer bzw. wurden als Lager genutzt; auch im Verwaltungsgebäude blieben drei Stockwerke unbelegt. Der Standort schrieb selbst zehn Jahre nach Gründung hohe Verluste und erreichte nur knapp 25 Prozent der Plankapazität.

**Fazit:** Unternehmen sollten sich bei der Gründung neuer Standorte nicht zu viel auf einmal vornehmen und damit mehr Komplexität aufbauen, als sie beherrschen können. Sie sollten schrittweise vorgehen oder zunächst für ausreichende Managementkapazität sorgen.

rüber, in welchem Umfang Komplexität bewältigt werden kann. Im Vorfeld des Standortaufbaus müssen daher Unternehmen die eigenen Fähigkeiten kritisch überprüfen: Welche Fertigkeiten bringen entsandte Mitarbeiter mit? Welche Erfahrungen hat das Unternehmen schon mit ähnlichen Gründungen gesammelt?

Ob Komplexität und Fähigkeiten in einem sinnvollen Gleichgewicht stehen, lässt sich anhand einer rein qualitativen Beschreibung der Komplexitätstreiber und Fähigkeiten nur schwer beurteilen. Eine quantitative Bewertung, beispielsweise in Form einer Punktbewertung, liefert eine bessere Basis (Abbildung 6.3).

Für das erste Fallbeispiel lässt sich mit dieser quantitativen Bewertung – selbst wenn für die Bewertung

### Komplexität und Fähigkeiten müssen aufeinander abgestimmt sein.

in den einzelnen Dimensionen ein gewisser subjektiver Spielraum besteht – eine deutliche Diskrepanz zwischen Komplexität und Unternehmensfähigkeiten nachweisen. Die Bewertungssystematik trägt über die Problemdiagnose hinaus zur Lösung des Problems bei. Schwachstellen der Gründungsplanung und Lösungsansätze zum Austarieren der Komplexität erschließen sich beinahe automatisch.

Offensichtlich ist im Fallbeispiel, dass die Gründung sowohl in der Dimension Standort als auch in der Dimension Produkt mit vielen Komplexitätstreibern sehr hohe Anforderungen stellt. Hätte das Unternehmen deshalb nicht zunächst mit einem begrenzten Produktspektrum starten können? Hätte es geholfen, etablierte Zulieferer mitzunehmen? Wäre ein anderer Standort in der Nähe mit einem besseren Angebot an qualifizierten Mitarbeitern nicht die vorteilhaftere Wahl? Ähnlich kann man die Dimensionen der Komplexitätsbeherrschung unter die Lupe nehmen: Wäre eine Partnerschaft mit einem lokalen Unternehmen sinnvoll gewesen? Hätte man nicht frühzeitig ein Kernteam kompetenter lokaler Manager zusammenstellen können? – Hätte das Unternehmen diese und ähnliche Fragen rechtzeitig berücksichtigt, hätte man wesentlich bessere Startvoraussetzungen schaffen können.

Drei unterschiedliche Ausgangssituationen sind bei gleichzeitiger Betrachtung von Komplexität und Fähigkeiten denkbar. Jede legt ein anderes Vorgehen nahe:

**1.** Die Höhe der Komplexität erscheint angesichts der vorhandenen Fähigkeiten nicht beherrschbar. Die Komplexität ist deshalb gezielt zu vermindern. Unternehmen sollten in dieser Situation beispielsweise nur erprobte Fertigungsverfahren einsetzen, Lieferanten nicht wechseln und stärker auf externe Hilfe zurückgreifen, das heißt auch, lokal erfahrene Manager einstellen.

**2.** Die Komplexität wird gut beherrscht. In diesem Fall ist eventuell abzuwägen, ob Komplexitätstreiber mit geringem Nutzen durch welche mit höherem Nutzen ersetzt werden sollen – ob beispielsweise ein breiteres Produktportfolio bei geringerer lokaler Fertigungstiefe vorzuziehen ist.

**3.** Die Fähigkeiten übersteigen die Komplexitätsanforderungen. Das Unternehmen kann möglicherweise sein Potenzial besser ausnutzen – beispielsweise einen anspruchsvolleren Standort im Hinterland mit ge-

**Fehlschläge können vermieden werden.**

Abb. 6.3: Abgleich von Komplexität und Fähigkeiten — BEISPIEL

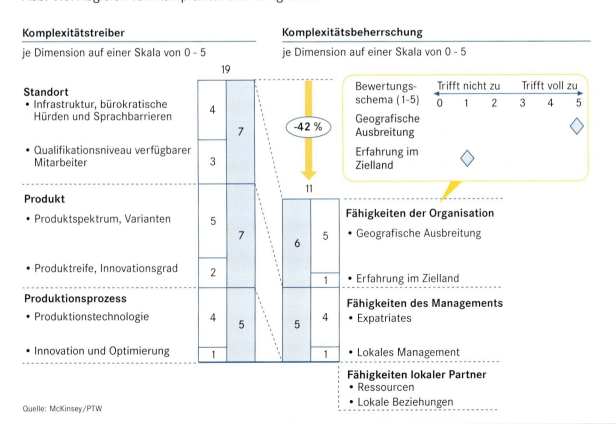

Quelle: McKinsey/PTW

ringeren Lohnsätzen wählen – oder einen Teil der Managementkapazität für andere Projekte einsetzen.

### 6.2.2 Standortwahl in der Zielregion

Mit der Konzeption des Produktionsnetzwerks (vgl. Kapitel 4) stehen zwar Zielland oder Zielregion für die Produktionsansiedlung fest. Für die Bestimmung des neuen Produktionsstandorts innerhalb des Ziellandes oder der Zielregion sind jedoch weitere Prüfungen erforderlich, um die erheblichen **Unterschiede zwischen lokalen Standorten** bei ansiedlungsrelevanten Kriterien zum Vorteil des Unternehmens nutzen zu können. Zu unterscheiden sind hier personal-, kosten- und logistikrelevante Kriterien (vgl. Tabelle 6.1).

Als große Ansatzhebel erweisen sich bei einem landesinternen Lohngefälle, das in vielen Ländern bis zu Faktor 2 bis 3 beträgt, die Personalkosten, außerdem entscheidend sind die Zugehörigkeit zu speziellen Wirtschafts- und Zollregionen und staatliche Fördermaßnahmen.

> **Die Ansiedlungsbedingungen variieren innerhalb von Zielland bzw. Zielregion.**

Eine Verhandlung mit lokalen Behörden empfiehlt sich insbesondere bei Projekten mit größerem Investitionsvolumen, prestigeträchtigen Hightech-Produkten oder größerem Bedarf an lokalem Personal. In vielen Fällen ist es Unternehmen so möglich, sich finanzielle Investitionsanreize wie Steuerbefreiungen, Investitions- und Schulungssubventionen sowie günstigere Grundstücke im Gegenwert von 10 bis 40 Prozent der Investition zu sichern. Unternehmen sollten möglichst lange „mehrere Eisen im Feuer" haben und lokale Standorte gegeneinander ausspielen. Ein Chiphersteller, der in einem asiatischen Land mehrere Standortoptionen bis zur endgültigen Entscheidung parallel verhandelt hatte, erreichte damit eine substanzielle staatliche Förderung.

Tab. 6.1: Kriterien für Standortwahl[3]

| Bereich | Thema | Auswahlkriterien (Beispiele) |
|---|---|---|
| Personal | Lokales Personal | ■ Verfügbarkeit, Ausbildungsstand, Lohnkosten und Arbeitszeiten |
| | Expatriates | ■ Attraktivität des Ansiedlungsortes (Freizeitangebot, Komfort, Ausbildung von Kindern), Entfernung von Flughäfen, Wohnmöglichkeiten/Hauspersonal |
| Kosten | Grundstück | ■ Grundstückskosten, Erschließungskosten, Erschließungsdauer, Erweiterungsmöglichkeiten |
| | Nachbarbetriebe | ■ Gemeinsame Nutzung von Anlagen (z. B. Kläranlage, Heizkraftwerk), Dienstleistungsunternehmen vor Ort (z. B. Zeitarbeitsfirmen, Kantinenbetreiber) |
| | Staatliche Förderung | ■ Investitionszuschüsse, Steuerbefreiungen, Bankgarantien (häufig Verhandlungssache) |
| | Zölle, Steuern und Abgaben | ■ Lokal bestimmte Zölle, Steuersätze und Abgaben |
| | Ver- und Entsorgung | ■ Qualität der örtlichen Versorgung (Strom, Wasser, Gas usw.), Vorschriften für die Abfallentsorgung und Emissionen |
| Logistik | Distributionslogistik | ■ Nähe zu Kunden (Produktionsstätten, Entwicklungsstandorte, Einkaufsbüros) |
| | Beschaffungslogistik | ■ Nähe zu Lieferanten (Produktionsstätten, Entwicklungsstandorte, Vertriebsbüros) |
| | Infrastruktur | ■ Straßennetz, Schienennetz, Wasserwege, Entfernung von Flughäfen |

*3 McKinsey, vgl. dazu auch Eversheim (1999), S. 44–56.*

## Verhandlungsmacht bei der Standortwahl: Back-End-Fertigung eines Chipherstellers

Ein global operierender Chiphersteller suchte zur Aufstockung seiner Kapazitäten einen weiteren Produktionsstandort für seine Back-End-Fertigung, d. h. Bedrahtung und Test der Chips. Im Gegensatz zur Front-End-Fertigung, der Herstellung der Chips auf den Siliziumscheiben, ist die Back-End-Fertigung in der Regel weniger anspruchsvoll.

Nachdem man zunächst die Standortauswahl auf ein Land in Asien beschränkt hatte (Grund: Nähe zu bereits bestehenden Standorten und günstige Faktorkosten), blieben drei Orte in der engeren Wahl. Die Geschäftsleitung verhandelte parallel mit Vertretern aller drei *Business Parks* und zögerte die endgültige Entscheidung bis zum letztmöglichen Zeitpunkt hinaus. Sie nutzte so den Standortwettbewerb und erreichte weitreichende Zugeständnisse bei direkten Subventionen und Steuerbefreiungen im Umfang von ca. 30 Prozent der Investitionssumme.

**Fazit:** Unternehmen – vor allem wenn sie Branchen angehören, die für das Zielland besonders attraktiv sind – sollten mit Vertretern mehrerer Standorte parallel über die Ansiedlungskonditionen verhandeln und so die eigenen Ausgaben für die Gründung des Werkes minimieren.

---

Ein systematischer Auswahlprozess sollte einer endgültigen Standortentscheidung vorausgehen (Abbildung 6.4). Dabei wird der Kreis der potenziellen Standorte anhand der beschriebenen Kriterien eingegrenzt. In die Zwischenauswahl kommen etwa drei bis fünf Standorte. Für diese Standorte wird eine detaillierte Bewertung vorgenommen – dazu gehört eine genaue Wirtschaftlichkeitsbetrachtung ebenso wie die Berücksichtigung wesentlicher qualitativer Faktoren.

Im anschließenden Fallbeispiel erreicht ein Automobilzulieferer mit Hilfe dieses systematischen Auswahlprozesses innerhalb von nur vier Monaten eine Standortentscheidung. Auf der Basis definierter Auswahlkriterien gelang es, potenzielle Standorte in Südkorea zügig einzugrenzen.

Als häufiges Argument gegen einen derart kurzen Auswahlprozess werden fehlende Informationen zu den Gegebenheiten im Zielgebiet angeführt. Eine Be-

## Beschleunigung der Standortplanung: Standortwahl eines Automobilzulieferers in Südkorea

Einem der weltweit größten Automobilzulieferer gelang es, in Südkorea die bislang übliche Dauer der lokalen Standortwahl von sechs bis acht Monaten auf vier Monate zu reduzieren. Er ging dabei in folgenden Schritten vor:

**Vorauswahl:** Eine lokale Agentur wurde beauftragt, eine Liste geeigneter Grundstücke zusammenzustellen. Ausschlusskriterien waren zunächst lediglich eine gute Erschließung (insbesondere Autobahnzugänge, Medienversorgung) und die Lage in Industriegebieten. Die Vorauswahl erbrachte eine Liste von 18 grundsätzlich geeigneten lokalen Standorten im ganzen Land. Obwohl dies noch eine recht große Zahl war, sprach man jetzt zumindest über eine überschaubare Anzahl von Alternativen.

**Zwischenauswahl:** Im nächsten Auswahlschritt waren die Kriterien Entfernung zu den Werken der Kunden (Automobilhersteller) und die Grundstückspreise ausschlaggebend. Die Liste verkürzte sich so auf drei in Frage kommende Standorte (Abbildung 6.5). Kurze Entfernungen waren nicht nur für die Belieferung wichtig – räumliche Nähe zu möglichst vielen Werken der fünf großen koreanischen Hersteller verringert zudem Reisezeit und Reisekosten.

**Die Anzahl der in Frage kommenden Standorte verringert sich rasch.**

Abb. 6.4: Standortwahl eines Automobilzulieferers in Südkorea

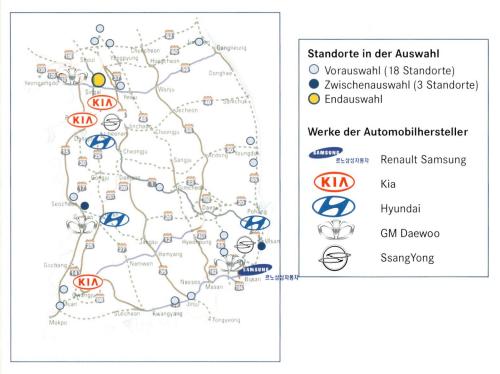

Quelle: McKinsey/PTW

**Detaillierte Bewertung und Endauswahl:** Attraktivität für Expatriates (europäische Schule, Wohnqualität) und die internationalen Verkehrsanbindungen (Hauptverkehrsstraßen, Entfernung vom Flughafen Seoul) waren für die Endauswahl ausschlaggebend. Deshalb besichtigten leitende Angestellte alle Standorte in der engeren Auswahl vor der endgültigen Entscheidung und machten sich persönlich ein Bild vor Ort.

**Fazit:** In einem Land, mit dessen Gegebenheiten Unternehmen nicht vertraut sind, kann ein konsequent durchgeführter Auswahlprozess mit Unterstützung lokaler Agenturen die Standortgründung erheblich beschleunigen.

schleunigung ist in der Tat nur möglich, wenn Unternehmen die Dienste von Immobilienmaklern oder Agenturen in Anspruch nehmen. In vielen Ländern gibt es zudem Regierungsstellen, Botschaften, Industrieverbände und Handelskammern, die Unternehmen bei Direktinvestitionen beraten. Diese Informationsquellen reichen allerdings nur für die Vorauswahl aus.

Für die Zwischen- und Endauswahl sollten Vertreter des Unternehmens unbedingt eine gründliche Analyse vor Ort durchführen. Denn nur dort können viele entscheidende Fragen z. B. in Gesprächen mit Managern ansässiger Unternehmen realistisch beurteilt werden. So z. B: Kann das Grundstück wirklich später erweitert werden? Gibt es in der Nähe ein Freizeitangebot, das den Ort auch für längere *Expatriate*-Aufenthalte interessant macht?

## 6.2 Vorbereitung des Standortaufbaus

**Ein systematischer Auswahlprozess garantiert den optimalen Standort.**

Abb. 6.5: Vorgehen bei lokaler Standortwahl in der Zielregion

Quelle: McKinsey

Kämpfen multinationale Unternehmen vor Ort mittlerweile um die wenigen hoch qualifizierten Arbeitskräfte? Ist die Autobahnanbindung des Industriegebiets tatsächlich schon weit fortgeschritten?

### 6.2.3 Eigengründung vs. Joint Venture

Eine Standortgründung im Alleingang ist die häufigste Form der Auslandsansiedlung. Es kann aber auch nützlich sein, **lokale Partner** einzubinden – entweder im Rahmen eines Joint-Venture, einer Akquisition oder im Subcontracting. In einigen Ländern ist die Zusammenarbeit mit einem lokalen Partner in der Form eines Joint-Venture sogar Vorschrift. Grundsätzlich kann ein Partner vor Ort den Aufbau eines Produktionsstandorts in mehrfacher Hinsicht unterstützen und vereinfachen (vgl. Tabelle 6.2). Dies ist besonders für Pionier-Unternehmen in Schwellenländern wichtig. Lokale Partner können beispielsweise ihre Kenntnis des Absatz- und Beschaffungsmarktes einbringen, bürokratische Hürden überwinden und bei der Beschaffung von Grundstücken und Personal helfen.

Laut ProNet-Befragung sind die Unternehmen bei etwa 5 Prozent der kostenmotivierten und bei etwa 16 Prozent der wachstumsmotivierten Standortgründungen lokale Partnerschaften (Joint Ventures) eingegangen (Abbildung 6.6). Ähnlich häufig wählten Unternehmen Akquisitionen als Eintrittsform. Allerdings sind Joint-Ventures in 40 Prozent der kosten- und in 19 Prozent der wachstumsmotivierten Fälle gescheitert – die Zusammenarbeit hat diese Unternehmen mehr gekostet, als sie ihnen genutzt hat. Für die Erschließung lokaler Märkte scheinen sich im Allgemeinen Joint Ventures besser zu eignen als für den Aufbau einer kosteneffizienten Produktion.

Partnerschaften müssen sorgfältig ausgewählt und rechtlich abgesichert sein, um unliebsamen Überraschungen vorzubeugen. Unternehmen sollten deshalb ihren Partner vorher analysieren – seine Interessenlage, seine Kontakte zu den örtlichen Institutionen und seine Einbettung ins lokale Umfeld prüfen. Dabei gilt der Grundsatz, dass für eine erfolgreiche Zusammenarbeit eine Win-Win-Situation geschaffen werden muss. Andernfalls drohen finanzielle Einbußen und eine deutliche Schwächung der Marktposition. So er-

Tab. 6.2: Mögliche Unterstützung durch lokale Partner

| Bereich | Thema | Indikation von Unterstützungsbedarf | Länder mit besonderer Relevanz |
|---|---|---|---|
| Märkte | Absatz | ■ Bislang geringer Marktanteil<br>■ Markterschließung hat höchste Priorität<br>■ Schlechte lokale Zahlungsmoral | ■ Asien |
| | Beschaffung | ■ Geringe Transparenz des Beschaffungsmarktes | ■ Asien, Südamerika |
| | Entwicklung | ■ Hohe Spezifität der Bedürfnisse lokaler Kunden<br>■ Geringer Umfang eigener lokaler Entwicklungskapazität | ■ Asien, Südamerika |
| Produktion | Betrieb | ■ Häufige Ausfälle der Medienversorgung (z. B. Gas, Wasser, Strom)<br>■ Vorteilhafte Beziehungen des lokalen Partners zu Medienversorgungsunternehmen | ■ Indien, China |
| | Gebäude | ■ Bürokratische Hürden<br>■ Schwierigkeit, zuverlässige lokale Baufirmen zu finden | ■ Osteuropa, Asien |
| | Grundstück | ■ Beschränkungen für den Grunderwerb ausländischer Gesellschaften<br>■ Geringes Grundstücksangebot | ■ Osteuropa |
| | Personal | ■ Keine lokalen Personalagenturen<br>■ Enger Arbeitsmarkt<br>■ Häufigkeit betrieblicher Unruhen | ■ China, Südamerika |

**Im Allgemeinen sind Eigengründungen die häufigste und erfolgreichste Eintrittsform.**

Abb. 6.6: Häufigkeit und Erfolg von Eintrittsformen
in Prozent

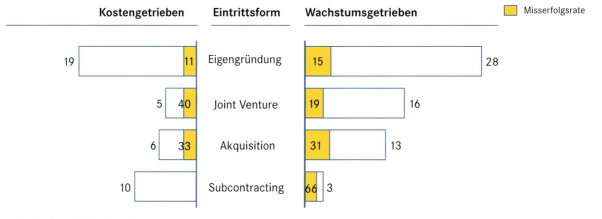

Quelle: McKinsey/PTW (ProNet-Umfrage)

ging es einem mittelständischen Maschinenbauer, der sich um einen Großteil seiner Investitionen beraubt sah und sich zudem einen neuen Konkurrenten geschaffen hatte (folgendes Fallbeispiel).

Joint Ventures scheitern vorwiegend aus zwei Gründen: (1) Die Partner haben divergierende, unrealistische Erwartungen. Lokale Partner, die eng mit örtlichen Regierungsinstitutionen zusammenarbeiten, sind beispielsweise primär am Aufbau der industriellen Infrastruktur und am Transfer technologischen Wissens interessiert; für sie sind Gewinne oder Umsätze nur sekundäres Ziel. Oft hat der lokale Partner weit weniger Kontakt zu lokalen Kunden, als vom ausländischen Unternehmen erhofft. (2) Lokale Partner halten sich nicht an die Vereinbarungen. Vertragsbrüche des Partners, wie z. B. ein Verstoß gegen Patentabkommen oder das Einbehalten von Gewinnanteilen, sind in einigen Ländern eine große Gefahr. Feststellbar ist häufig auch ein mangelnder guter Wille des Partners, wie z. B. bei der Vermittlung von wenig qualifiziertem Personal oder geringer Unterstützung im Vertrieb.

Um die Abhängigkeit vom lokalen Partner selbst bei einem wenig zuverlässigen Rechtssystem zu minimieren, sollten Unternehmen die **Kontrolle** und **Führung** des Joint Venture vorausschauend gestalten sowie einen nachhaltigen **Kooperationsanreiz** bieten:[4]

**Kontrolle:** Mit einem Kapitalanteil von über 50 Prozent sichert sich ein Unternehmen die vollständige Transparenz aller Geschäftsvorgänge und die Kontrolle über alle unternehmerischen Entscheidungen. Falls paritätische oder unterparitätische Beteiligung vorgeschrieben ist, sollte man zumindest eine effektive Regelung für die Beilegung von Streitigkeiten vorsehen,

### Auswahl des Kooperationspartners: Ausnutzung eines mittelständischen Unternehmens durch seinen Joint-Venture-Partner

Ein deutsches mittelständisches Unternehmen aus dem Maschinenbau gründete 1993 in China ein Produktionsunternehmen als Joint Venture zu gleichen Teilen mit einem lokalen Partnerunternehmen. Die beiden Muttergesellschaften stellten jeweils einen Geschäftsführer – der Geschäftsführer der deutschen Seite hatte keinerlei Erfahrung mit den Geschäftspraktiken in China. Der chinesische Partner stellte innerhalb kürzester Zeit Personal zur Verfügung, das allerdings noch geschult werden musste. Er war zudem in die Planung der Produktionsprozesse involviert, ohne allerdings in nennenswertem Umfang eigenes Know-how beizusteuern.

Nur wenige Wochen nach dem Start der Produktion kündigten sämtliche lokale Arbeitnehmer und wechselten zu einem benachbarten Standort des chinesischen Joint-Venture-Partners. Dort waren ohne Wissen des deutschen Unternehmens exakt die gleichen Produktionsmittel beschafft worden, so dass die Produktion mit den bereits angelernten Mitarbeitern sofort starten konnte – dieses Mal jedoch ohne Beteiligung des deutschen Unternehmens.

Dem deutschen Unternehmen gelang es nicht, auf dem Rechtsweg ihre Ansprüche gegenüber ihrem Joint-Venture-Partner durchzusetzen. Das Unternehmen zahlte Lehrgeld für seine mangelnde Landeserfahrung: Es war dem Partner mit zu großem Vertrauen begegnet und hatte keine wirksamen Druckmittel in der Hand. Es hatte außerdem schon bei der Auswahl des lokalen Partners versäumt, sich nach einem Unternehmen ohne Interessenkonflikte umzusehen.

**Fazit:** Fehlschläge bei Joint-Venture-Gründungen können verhindert werden, wenn man vor Ort einen durchsetzungsfähigen Geschäftsführer einsetzt und dem lokalen Partner einen Anreiz zur langfristigen Kooperation (z. B. durch eine nur schrittweise, minimale Offenlegung technischer Details) gibt.

---

*4 Vgl. Stephan (1999).*

z. B. einen neutralen Dritten oder Muttergesellschaften beteiligen, die als Schlichter wirken können. Selbst bei einer Minderheitsbeteiligung kann über personelle Verflechtungen und Zustimmungsvorbehalte faktisch das Joint Venture beherrscht werden.[5]

**Führung:** Die operative Ausübung von Kontrollrechten können Unternehmen sicherstellen, wenn sie Personen, die das Vertrauen des Unternehmens genießen und mit den lokalen Verhältnissen vertraut sind, in einflussreichen Positionen einsetzen. Das Recht des Gastlandes kann hier Besonderheiten aufweisen und muss speziell berücksichtigt werden. Beispielsweise hat der Generaldirektor eines russischen Unternehmens ungewöhnlich weitreichende Vollmachten (Alleinvertretungsbefugnis); er sollte nach Möglichkeit vom Unternehmen selbst gestellt oder zumindest vor Ort überwacht werden.[6]

**Kooperationsanreiz:** Um sich den guten Willen des Joint-Venture-Partners zu sichern, können gegenseitige Leistungen über das Joint Venture hinaus vereinbart werden. Beispielsweise kann vertraglich festgelegt sein, dass jeder Partner die (komplementären) Produkte des anderen in das Vertriebsprogramm des Heimatlandes aufnimmt. Ein Gleichgewicht der Interessen ergibt sich, wenn die Leistungen der einzelnen Partner jeweils für die anderen Partner nur schwer zu ersetzen sind.

Gerade in Schwellenländern verändern sich die Bestimmungen für Joint Ventures mit ausländischen Unternehmen rasch. Einige Schwellenländer (z. B. China) lockern ihre Bestimmungen im Zuge der Öffnung der Märkte. Dies kann dazu führen, dass einige Jahre nach der Gründung des Joint Venture lokale Partnerschaften nicht mehr vorgeschrieben sind und der lokale Partner ausgekauft werden kann. Joint-Venture-Verträge sollten deshalb klare und mit dem Recht des Sitzlandes konforme (da andernfalls ungültige) Regelungen für die Beendigung des Joint Ventures und zum Austritt von Partnern vorsehen.

## 6.3 Personalmanagement

Das Personalmanagement hat beim Aufbau neuer Standorte primär die Aufgabe, geeignete Mitarbeiter zu niedrigen Kosten bereitzustellen. Ziel muss deshalb die Anwerbung und Einstellung möglichst vieler lokaler Mitarbeiter sein, die über die erforderlichen Fähigkeiten und Kenntnisse verfügen. Doch Mitarbeiter mit dem dringend benötigten technischen und Management-Know-how sind an den neuen Produktionsstandorten häufig nicht verfügbar. Gerade in Entwicklungs- und Schwellenländern mangelt es an Mitarbeitern, die sich schnell und effektiv in die Produktions- und Managementabläufe internationaler Unternehmen einfinden.

Deshalb kommt es in der Aufbauphase verstärkt zur Entsendung von Fach- und Führungskräften. Die entsandten Mitarbeiter sind im Regelfall schon länger im Unternehmen beschäftigt. Sie können entweder von einem Heimatstandort (*Expatriates* im engeren Sinn) oder aus einem Drittland an den neuen Auslandsstandort versetzt werden. Wie erreicht man ein günstiges Verhältnis von Entsendungen und Aufwendungen für das lokale Personal, um einen zugleich schnellen, kostengünstigen und fundierten Kompetenzaufbau zu sichern?

Insgesamt geben die erfolgreichen im Vergleich zu den weniger erfolgreichen Unternehmen (gemessen an geringem Ausschuss im Hochlauf) wesentlich mehr Geld für die Schulung lokaler Mitarbeiter aus (Abbildung 6.7) – so die Ergebnisse der ProNet-Studie. Aufwendungen für *Expatriates* und Schulungen halten sich bei weniger erfolgreichen Gründungen die Waage, bei erfolgreichen Gründungen fließen mehr als doppelt so viel Mittel in Schulungen wie in *Expatriates*.

Schulung bzw. *Training on the Job* ist für Fach- und Führungskräfte ebenso wichtig wie für die operativen Mitarbeiter vor Ort. Damit die aufwändig ausgebildeten Mitarbeiter ihre neu erworbenen Kenntnisse und Fähigkeiten auch tatsächlich in den Dienst des Unternehmens stellen, sind Maßnahmen zur Mitarbeiterbindung erforderlich. Nachfolgend wird skizziert, welche Aspekte beim Personalmanagement für einen Auslandsstandort zu beachten sind.

---

5 Vgl. Vogel (2002), S. 10.
6 Vgl. Lenga (1999), S. 562 f.

## Erfolgreiche Unternehmen priorisieren Schulungen lokaler Mitarbeiter.

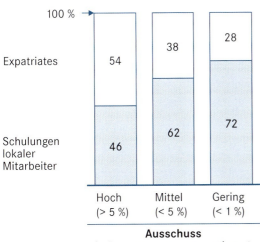

Abb. 6.7: Zusätzlicher Personalaufwand bei Standortgründung
in Prozent

Quelle: McKinsey/PTW (ProNet-Umfrage)

### 6.3.1 Besetzung von Fach- und Führungspositionen

Für Unternehmen gibt es unterschiedliche Möglichkeiten, sich das nötige Fach- und Führungspersonal für den Aufbau eines neuen Produktionsstandorts zu sichern – durch Entsendung von Mitarbeitern aus der Unternehmenszentrale, aus anderen Unternehmensteilen bzw. Drittländern oder durch Einstellung lokaler Mitarbeiter. Welche Mischung für den neuen Produktionsstandort in Frage kommt, ist individuell festzulegen. Zu berücksichtigen sind grundlegende strategische Überlegungen zur Stellenbesetzung ebenso wie die Eignung der verfügbaren Mitarbeiter für spezielle Aufgaben. Werden *Expatriates* eingesetzt, gilt es insbesondere, die richtigen Personen für eine Entsendung auszuwählen und diese ausreichend auf den Einsatz vorzubereiten. Unternehmen sind in der Regel – schon allein aus Kostengründen – bestrebt, ihren Fach- und Führungskräftebedarf an ihrem ausländischen Produktionsstandort zumindest auf längere Sicht mit lokalen Mitarbeitern zu decken. Hierfür entwickeln sie zunehmend innovative Besetzungs- und Führungskonzepte.

### 6.3.1.1 Grundlegende Besetzungsstrategien

Die Entscheidung über den Einsatz von *Expatriates* oder lokalen Fach- und Führungskräften hängt insbesondere von der Funktion des Standorts im Produktionsnetzwerk (z. B. Teilezulieferung für andere Werke vs. lokale Marktversorgung) sowie den Anforderungen der einzelnen Positionen ab. Für einen Vertriebsleiter beispielsweise ist bei starkem Interaktionsbedarf mit lokalen Kunden eher ein lokaler Mitarbeiter geeignet. Anders dagegen bei einem Controller mit enger Interaktion mit der Unternehmenszentrale – hier ist der Einsatz eines *Expatriates* zu erwägen. Außerdem sind die Kosten bei der Besetzung der Fach- und Führungspositionen zu berücksichtigen, ebenso die Ausgewogenheit der Fähigkeiten im gesamten Managementteam am ausländischen Produktionsstandort. Drei Besetzungsstrategien sind zu unterscheiden (Abbildung 6.8).

*Stammhausorientierte Stellenbesetzung.* Mit dem verstärkten Einsatz von *Expatriates* werden erprobte Vorgehensweisen des Stammhauses sowie die Unternehmenskultur auf den neuen Produktionsstandort übertragen und Kontakte zu anderen Unternehmensstandorten erleichtert. In vielen Fällen ist der Einsatz von *Expatriates* mit Kenntnis der unternehmensspezifischen Produkte, Betriebsmittel und Managementprozesse unumgänglich, um Qualifikationslücken lokal rekrutierter Manager auszugleichen.

Der Einsatz von *Expatriates* hat nicht nur Vorteile. Einerseits belasten *Expatriates* neue Standorte mit hohen Personalkosten. Lokale Fach- und Führungskräfte sind in der Regel gerade an Niedriglohnstandorten kostengünstiger. Je nach Funktion und Land gibt es allerdings deutliche Unterschiede. Eine detaillierte Analyse des lokalen Marktes für Fach- und Führungskräfte ist deshalb unbedingt anzuraten.

Zudem können sich bei der Integration des *Expatriates* in das neue Arbeitsumfeld und beim Einleben in das neue kulturelle Umfeld Schwierigkeiten ergeben. Die Effizienz des Mitarbeiters könnte zurückgehen oder der Wunsch nach einer frühzeitigen Rückkehr in das Heimatland könnte entstehen. Fehlende Kenntnis nationaler Eigenheiten und der Sprache kann die Interaktion mit lokalen Mitarbeitern und dem lokalen Umfeld erschweren. Auch die Effektivität des Managers bei Personalentscheidungen und Vertragsverhandlungen kann leiden.

Eine dauerhafte Entsendung von Fach- und Führungskräften ist in vielen Fällen nicht unbedingt erforderlich. Dies ist z. B. bei weitgehender Eigenständigkeit des Auslandsstandorts, d. h. bei Ausrichtung auf die lokale Marktversorgung, der Fall. Im Allgemeinen genügt hier ein regelmäßiger Besuch der ausländischen Niederlassung durch Fach- und Führungskräfte aus der Unternehmenszentrale und anderen Werken. Diese Besuche dienen neben der Zielfestlegung und Leistungsüberprüfung auch der Übertragung unternehmensweiter *Best Practices* oder der Einführung neuer Fertigungsverfahren.

Bei einer engeren Einbindung des Auslandsstandorts in das internationale Produktionsnetzwerk ist dagegen die dauerhafte Anwesenheit von Fach- oder Führungspersonen aus anderen Werken in der Regel erforderlich. Dies gilt besonders dann, wenn komplexe Fertigungsverfahren eingesetzt werden und eine intensive Abstimmung mit dem zentralen Entwicklungsbereich unabdingbar ist.

***Lokalorientierte Stellenbesetzung.*** Die Beschäftigung von Managern, die lokal verwurzelt sind, erleichtert gerade in der Anlaufphase die Interaktion mit Behörden, Zulieferern und Dienstleistern vor Ort sowie die Kommunikation mit den Beschäftigten. Bei einer Zusammenarbeit mit lokalen Unternehmen, beispielsweise im Rahmen eines Joint Venture, können die Geschäftspartner häufig diese Fähigkeiten einbringen.

Die Beschäftigung lokaler Fach- und Führungskräfte ist nicht nur aus Kostengründen vorzuziehen. Sie

> **Unternehmen stehen bei der Besetzung von Fach- und Führungspositionen drei Grundstrategien zur Verfügung.**

Abb. 6.8: Ansätze zur Stellenbesetzung an neuen Auslandsstandorten

E  Expatriate
L  Lokales Management
D  Drittland-Manager

**Stammhausorientierte Stellenbesetzung**

Besetzung mit erfahrenen Managern aus dem Stammhaus (Expatriates)

**Lokal orientierte Stellenbesetzung**

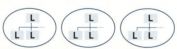

Besetzung durch (neu zu rekrutierende) lokale Manager

**Länderübergreifende Stellenbesetzung**

Besetzung durch erfahrene Manager aus einer Niederlassung in einem Drittland

**Typischer Anwendungsfall**

- Beim ersten Produktionsanlauf
- Bei der Übernahme der Fertigung von Produkten oder Fertigungsverfahren aus den Stammwerken
- Bei Nutzung des Standorts zur Versorgung anderer Märkte und Werke (Teilefertigung)

- Bei einfachen oder lokalen angepassten Fertigungsverfahren und Produkten
- Nach erstem Produktionsanlauf
- Bei Nutzung des Standorts zur Versorgung des lokalen Marktes

- Bei Übernahmen von Produkten und Fertigungsverfahren von Standorten in Drittländern
- Bei Nutzung des Standorts zur Versorgung von Drittländern
- In multinationalen Konzernen
- Bei Verfügbarkeit international einsetzbarer, geeigneter Mitarbeiter

Quelle: McKinsey/PTW

beeinflusst die Rekrutierung lokaler Mitarbeiter oft positiv, nicht zuletzt, weil sich die Bewerber einen adäquateren Führungsstil und bessere Aufstiegsmöglichkeiten versprechen.

***Länderübergreifende Stellenbesetzung.*** Für den Einsatz international erfahrener Fach- und Führungskräfte aus Drittländern, die also weder aus dem Land des Standortaufbaus noch aus dem Heimatland des Unternehmens stammen, spricht vieles. Der Transfer von Mitarbeitern zwischen Niedriglohnstandorten ist relativ kostengünstig. Mitarbeiter aus Drittländern haben nicht selten ein geeigneteres Qualifikationsprofil als *Expatriates* aus den Stammwerken. In international aufgestellten Unternehmen sind diese Mitarbeiter außerdem meist besser verfügbar.

Die länderübergreifende Besetzung von Fach- und Führungsstellen aus einem internationalen Mitarbeiterpool eignet sich besonders als Instrument zur Personalentwicklung: Unternehmen können so gezielt eine internationale Führungsmannschaft aufbauen und fördern gleichzeitig die Entwicklung einer einheitlichen und standortübergreifenden Unternehmenskultur.

Beim Einsatz von Drittland-Managern sind potenzielle Akzeptanzprobleme (z. B. von indischen Mitarbeitern in Südostasien und China) zu beachten. Drittland-Manager mit umfassender Erfahrung sind sehr gefragt. Unternehmen müssen deshalb bei dieser Gruppe mit einem erhöhten Risiko der Abwerbung durch Konkurrenten am Auslandsstandort rechnen.

*6.3.1.2 Kriterien für die Besetzung von Fach- und Führungspositionen*

Welche Fach- und Führungspositionen mit *Expatriates*, Drittland-Managern oder lokalen Mitarbeitern zu besetzen sind, ist für den Aufbau jedes neuen Produktionsstandorts speziell zu prüfen. Für die systematische Bewertung der Eignung der drei Gruppen sind insgesamt sechs Kriterien sinnvoll (Abbildung 6.9).

1. Die **Personalkosten** – und speziell die Kosten für Fach- und Führungskräfte – haben auf die Wirtschaftlichkeit neuer Standorte großen Einfluss. Die Kosten bei Einsatz eines *Expatriates* sind im Vergleich zur Beschäftigung eines lokalen Mitarbeiters oftmals um den Faktor 2 bis 10 höher. Daher sollten sowohl die Anzahl der *Expatriates* und Drittland-Manager als auch deren Entsendungsdauer so gering wie möglich sein.

Als Richtwerte für einen sinnvollen Umfang der Entsendungen nannten erfolgreiche Unternehmen ca. fünf Führungskräfte und etwa zehn technische Experten pro 1.000 Mitarbeiter am neuen Standort. Mit zunehmender Standortgröße ging der Anteil benötigter *Expatriates* tendenziell zurück.[7] Die besten Erfahrungen machten Unternehmen mit Entsendungsdauern zwischen zwei und drei Jahren bei Führungskräften und etwa drei Monaten bei technischen Experten. In industriell entwickelten Ländern und Regionen wie den USA, Westeuropa oder Japan ist die Anzahl der benötigten *Expatriates* etwas geringer.

Die hohen Kosten für *Expatriates* und Drittland-Manager ergeben sich aus Unterschieden bei den Grundgehältern, Auslandszulagen als Kompensation für politische Risiken sowie klimatische oder soziale Belastungen, einem eventuellen Kaufkraftausgleich zur Abdeckung von Mehrkosten, einer Ausbildungsbeihilfe (z. B. Schulgeld), einer Versetzungspauschale (z. B. für einen neuen Hausstand) und einer Trennungsentschädigung (z. B. Kostenübernahme für regelmäßige Heimreise).

2. Die hohen Anforderungen von international tätigen Unternehmen an die **allgemeine Qualifikation** engen gerade in Entwicklungs- und Schwellenländern die Verfügbarkeit kompetenter Fach- und Führungskräfte stark ein. Unternehmen, die sich den Vorteil besserer Kenntnisse der lokalen Kundenanforderungen und Geschäftsgepflogenheiten sichern wollen, müssen dafür aufwändige Personalentwicklungsmaßnahmen, wie beispielsweise Schulungsaufenthalte in anderen Werken, sehr frühzeitig vor dem Produktionsanlauf in Kauf nehmen.

---

*7 Vgl. Ergebnisse der ProNet-Umfrage.*

Für Unternehmen, die schon beim Start am neuen Standort auf erfahrenes Personal mit Kenntnis der unternehmensspezifischen Produkte, Fertigungsverfahren und Managementprozesse vertrauen wollen, bleibt meist nur ein umfangreicher Einsatz von *Expatriates* und Drittland-Managern. Die Startmannschaft muss aber nach und nach durch lokale Fach- und Führungskräfte ausgetauscht werden, sollen dem neuen Standort keine Nachteile entstehen. Denn es macht wenig Sinn – wie die ProNet-Studie zeigte –, ein großes Team aus Managern und Technikern des Stammhauses oder aus Drittländern gemeinsam fünf und mehr Jahre einzusetzen. Damit werden zum einen die Kosteneffekte an Niedriglohnstandorten teilweise kompensiert, zum anderen lernt der neue Standort nicht, eigenständig zu laufen. Die dauernde Präsenz der *Expatriates* versperrt Karrierewege für lokale Mitarbeiter und verhindert die Bildung eigenständiger technischer Kompetenzen.

3. Der Umfang des notwendigen **Know-how-Transfers** aus den Stammwerken und der Unternehmenszentrale an den neuen Standort ist ein wesentlicher Punkt bei der Entscheidung über den Einsatz von lokalem Management. Gerade in der Anlaufphase ist ein umfangreicher Transfer von Wissen erforderlich. Dies gilt bei technologisch anspruchsvollen Fertigungsverfahren dauerhaft. Der Wissenstransfer betrifft Produkteigenschaften, Betriebsmittelbedienung und -instandhaltung, Planungs- und Controllingsysteme, aber auch die unternehmensspezifischen Managementprozesse. Am schnellsten wird der Wissenstransfer durch die Entsendung von erfahrenen Mitarbeitern aus bestehenden Werken erreicht.

4. Richtung, Effizienz und Intensität der **Kommunikation** werden entscheidend durch die Herkunft der Führung bestimmt. Die Besetzung führender Positio-

---

**Sechs Kriterien sind bei der Besetzung von Führungspositionen unbedingt zu beachten.**

Abb. 6.9: Bewertung des Einsatzes von lokalem Management und *Expatriates*

| Kriterium | Vorteile lokales Management | Vorteile *Expatriates*/Drittland-Manager |
|---|---|---|
| 1 Kosten | • Keine Auslandszulagen, Heimreisekostenerstattung usw.<br>• In Niedriglohnländern: geringes Gehaltsniveau | • Bei Drittland-Managern: potenziell geringeres Gehaltsniveau |
| 2 Allgemeine Qualifikation | • Bessere Kenntnis der lokalen Kundenanforderungen und Geschäftsgepflogenheiten | • Qualifikation konform mit Standards und Managementtechniken des Heimatlandes<br>• Bessere Verfügbarkeit qualifizierter und erfahrener Mitarbeiter |
| 3 Produkt- und Fertigungs-Know-how | • Bessere Kenntnis der unter den lokalen Umständen (Ausbildung, Zuliefererstruktur usw.) geeigneten Fertigungsverfahren und Abläufe | • Kenntnis der bestehenden Verfahren und Abläufe (wichtig in Anlaufphase und bei Übernahme von Produkten)<br>• Kenntnis unternehmensweiter Best Practices |
| 4 Anbindung und Kommunikationsrichtung | • Erhalt/Entwicklung lokaler Eigenheiten und Information über lokale Anforderungen an Unternehmenszentrale/Stammwerk | • Effizientere Kommunikation mit Unternehmenszentrale und Stammwerk<br>• Bessere Kontakte zu zentralen Abteilungen |
| 5 Steuerung und Kontrolle | • Stärkere Tendenz zur Entwicklung von Eigenständigkeit | • Effizientere Einbindung in zentralisierte Entscheidungsprozesse<br>• Typischerweise hohe Loyalität aufgrund der Absicht, ins Heimatland zurückzukehren |
| 6 Personalentwicklung | • Aufbau eines lokalen Managementteams | • Gezielte Weiterentwicklung der am besten geeigneten Mitarbeiter möglich |

Quelle: McKinsey/PTW

nen in der Produktion und im Vertrieb mit lokalen Managern erleichtert beispielsweise die Interaktion mit Mitarbeitern und Kunden. Im Interesse einer zügigen Abstimmung mit der Unternehmenszentrale und den Stammwerken empfiehlt es sich – insbesondere zu Beginn des Standortaufbaus – Controlling und Werksführung mit *Expatriates* zu besetzen.

5. Einer engeren zentralen **Kontrolle und Steuerung** dient die Besetzung zentraler Positionen (insbesondere in der Produktionsplanung und dem Controlling) mit *Expatriates*. Zentrale und Stammhaus erreichen so eine bessere Transparenz der Aktivitäten der ausländischen Niederlassung. Damit lassen sich besonders in Ländern mit zahlreichen informellen Geschäftskontakten und Korruptionsproblemen Nachteile und Risiken für das Unternehmen vermeiden. Mit einer starken zentralen Kontrolle ist allerdings ein erhöhter organisatorischer Aufwand verbunden. Außerdem hemmt ein zu hoher Anteil an *Expatriates* im Managementteam des Auslandsstandorts in der Regel die Entfaltungsmöglichkeiten und Fähigkeiten des Auslandsstandorts zur Erschließung des lokalen Marktes.

6. Die Entscheidung über Besetzung der Fach- und Führungspositionen ist nicht zuletzt ein **Instrument der Personalentwicklung**. Mitarbeiter können sich in einem internationalen Team nicht nur persönlich weiterentwickeln, sie setzen auch Akzente für das Erscheinungsbild des Unternehmens. Die Entsendung von Mitarbeitern an ausländische Produktionsstandorte trägt zur Vertiefung der interkulturellen Kompetenz und der Erfahrungen der Mitarbeiter bei. Die Besetzung von Führungspositionen mit lokalen Mitarbeitern schon zu Beginn des Standortaufbaus stärkt die lokale Kompetenz, ermöglicht eine frühere Reduzierung des Einsatzes von *Expatriates* und wirkt sich positiv auf das Image des Unternehmens auf dem lokalen Arbeitsmarkt aus.

Am Beispiel eines deutschen Automobilzulieferers lässt sich eindrucksvoll veranschaulichen, wie überlegt dieses Unternehmen seine Führungsmannschaft für den ausländischen Standort zusammenstellt.

## Besetzung von Führungspositionen am Auslandsstandort: Personalmanagement eines deutschen Automobilzulieferers

Ein deutscher Automobilzulieferer stand vor der Ausweitung seiner Aktivitäten an einem ausländischen Standort. Bisher hatte dieser Standort vorwiegend als Vertriebsniederlassung gedient; außerdem gab es eine kleine Fertigung. Mit der Neuansiedlung der Produktion einer Reihe von Produkten für den lokalen Markt standen Entscheidungen für die Besetzung der Führungspositionen an.

Bei diesem Automobilzulieferer besteht die Werkleitung immer aus einem technischen und einem kaufmännischen Werkleiter. Eine der Positionen wird in der Regel mit einem *Expatriate* und die andere mit einem lokalen Manager besetzt. Da in naher Zukunft größere Investitionen anstanden, die eine erhöhte Abstimmung mit dem Stammwerk zur Realisierung von Synergien erforderlich machten, und zusätzlich die Einführung neuer Produkte geplant war, die einer intensiven Abstimmung mit der Entwicklungsabteilung des Stammhauses bedürfen, entschied sich der Zulieferer für einen *Expatriate* als **technischem Werkleiter** (Abbildung 6.10).

Die Position des **kaufmännischen Werkleiters** erhielt ein lokaler Mitarbeiter, da der Standort primär als Vertriebsniederlassung und bisher nur in geringem Umfang zur Produktion eingesetzt wurde. Ein zuverlässiges Rechnungswesen für Auslandsstandorte war bereits im Unternehmen implementiert und die Einführung von SAP am Standort abgeschlossen, so dass hier kein besonderer Handlungsbedarf bestand.

An den Standort sollte die Fertigung von Produkten verlagert werden, die hohe Anforderungen an die

Qualitätssicherung stellen. Bei der Probefertigung vergleichbarer Produkte waren deutliche Qualitätsmängel festgestellt worden. Die Unternehmensführung entschied daher, die **Leitung der Qualitätssicherung** zumindest übergangsweise (für die Dauer von zwei bis drei Jahren) mit einem *Expatriate* zu besetzen. Diese Maßnahme entspricht dem üblichen Vorgehen des Unternehmens: Die Leitung der Qualitätssicherung wird immer dann mit einem *Expatriate* besetzt, wenn die Qualität generell nicht zufriedenstellend ist und auch nicht durch die kurzzeitige Entsendung (mehrere Tage bis Wochen) von Fachkräften verbessert werden kann.

Als **Fertigungsleiter** setzt das Unternehmen in der Regel nur für den Zeitraum des Transfers von Produkten aus den Stammwerken (ca. ein bis zwei Jahre) einen *Expatriate* ein, der danach durch einen lokalen Manager abgelöst wird. Im vorliegenden Fall verfügte der Standort bereits über Mitarbeiter mit Fertigungserfahrung. Die Position des technischen Werkleiters war außerdem bereits mit einem *Expatriate* mit Kenntnis der Produkte und unternehmensspezifischer Fertigungsverfahren besetzt, so dass die Position des Fertigungsleiters einem lokalen Manager übertragen werden konnte. Der Vorteil dieser Lösung war die erleichterte Kommunikation und Abstimmung mit dem Fertigungspersonal.

Für die Position des **Leiters Logistik** (Beschaffungs- und Distributionslogistik) wählte man einen Manager aus einer Niederlassung in einem Drittland, in der kurz zuvor eine Neuorganisation und Verbesserung der Logistikprozesse stattgefunden hatte. Der Drittland-Manager konnte so das im Rahmen dieser Maßnahme erworbene Wissen auf den neuen Standort übertragen. Die Position des **Leiters Controlling** besetzte man zur Unterstützung des lokalen kaufmännischen Werkleiters zunächst mit einem Expatriate. Da das Werk in erster Linie Produkte für den lokalen Markt herstellt, übertrug man die Position des **Leiters Vertrieb** von Anfang an einem lokalen Mitarbeiter.

**Fazit:** Eine ausgewogene und den Zielen des Standortaufbaus angemessene Besetzung des gesamten Führungsteams ist durch eine überlegte Personalauswahl möglich.

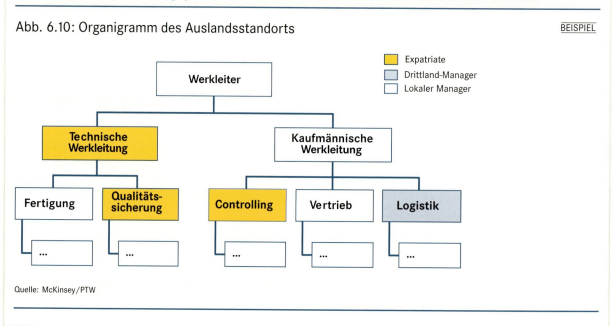

**Nur ausgewählte Führungspositionen wurden nicht durch lokale Mitarbeiter besetzt.**

Abb. 6.10: Organigramm des Auslandsstandorts

Quelle: McKinsey/PTW

### 6.3.1.3 Auswahl geeigneter Mitarbeiter für einen Auslandseinsatz

Die Anforderungen an zu entsendende Fach- und Führungskräfte gehen über die Anforderungen beim Einsatz im Heimatland hinaus.[8] So müssen Führungskräfte neben fachlicher Kompetenz in besonderem Maße über interkulturelle und soziale Kompetenzen verfügen, um an einem ausländischen Standort erfolgreich agieren zu können.[9] Insgesamt bestehen folgende Anforderungen an einen *Expatriate*:

**Fachliche Expertise:** Der Aufbau eines neuen Produktionsstandorts erfordert – insbesondere wenn anspruchsvolle bzw. innovative Technologien verlagert werden – Führungskräfte mit großem technologischem Fachwissen. Führungskräfte sollten zusätzlich grundlegende Kenntnisse der wesentlichen Unternehmensfunktionen besitzen, wie beispielsweise Einkauf und Qualitätsmanagement, da die Führungskräfte am neuen Standort nicht in dem Umfang auf Experten der Fachabteilungen zurückgreifen können, wie dies in den größeren Stammwerken möglich ist. Bei der Auswahl sind daher Generalisten zu bevorzugen. Durch eine längere Zugehörigkeit zum Unternehmen und gute Kenntnis der Unternehmenskultur ist sichergestellt, dass die Führungskräfte in allen Situationen im Sinne der Unternehmensstrategie handeln.

**Kontakte und Kontaktfähigkeit:** Führungskräfte müssen in der Lage sein, aktiv neue Kontakte aufzubauen, die die Eingliederung in den neuen Wirkungskreis erleichtern. Zudem sollten geeignete Kontakte – beispielsweise zu Zulieferern und den Fachabteilungen im eigenen Haus – bestehen, auf die in der neuen Position aufgebaut werden kann.

**Interkulturelle Kompetenz:** Wichtig sind ferner eine hohe interkulturelle Kompetenz des Mitarbeiters sowie die Kenntnis der Landes- bzw. Unternehmenssprache. Die Bedeutung des Gesprächs „unter vier Augen", das nur bei entsprechenden Sprachkenntnissen möglich ist, wird häufig unterschätzt.

**Persönliche Situation:** Persönlichkeit und familiäre Situation sind weitere Kriterien. Die Persönlichkeit von Führungskräften kennzeichnet internationale Teamfähigkeit, Flexibilität, Interesse an Neuem und ausgeprägte Selbstständigkeit. Führungskräfte sollten belastbar sein. Ein Auslandseinsatz ist immer mit einer stark erhöhten Belastung verbunden, zu der auch die familiäre Situation des Mitarbeiters beitragen kann. Die erwartete Minderung der Einsatzfähigkeit durch die Umsiedlung der Familie sollte gemeinsam mit dem Mitarbeiter bewertet werden.

Unternehmen können durch Gewichtung der dargestellten Anforderungen ein konkretes **Anforderungsprofil** für die jeweilige Position an einem Auslandsstandort erstellen. Ein Abgleich der vorhandenen Mitarbeiterprofile (formale Qualifikation und praktisch erwiesene Fähigkeiten) mit dem Anforderungsprofil deckt die spezifischen Schwächen und Stärken potenzieller Kandidaten auf. Auf dieser Basis lassen sich notwendige Trainingsmaßnahmen zur Vorbereitung der Mitarbeiter einleiten.

In kleineren Unternehmen bereitet die Besetzung der Managementpositionen an einem neuen Auslandsstandort nicht selten Probleme: Viele Beschäftigte erscheinen für einen Auslandsaufenthalt ungeeignet oder können nicht dafür motiviert werden; und die wenigen geeigneten und motivierten Mitarbeiter gelten in den Stammwerken oftmals als unabkömmlich.

Das Problem der geringen Verfügbarkeit geeigneter Mitarbeiter für Auslandsaufenthalte muss durch eine **gezielte Rekrutierung und Personalentwicklung**, das Problem der vermeidlichen Unabkömmlichkeit durch eine **systematische Nachfolgeplanung** gelöst oder zumindest verringert werden. Beide Maßnahmen wirken aber nur langfristig, was einmal mehr die Bedeutung einer vorausschauenden Globalisierungsstrategie unterstreicht.

---

8 Vgl. Welge (2003), S. 209 f.

9 Vgl. für die erweiterten Anforderungen im Folgenden bspw.: Welge (2003), S. 209 f.; Scherm (1999), S. 183 f.; Pawlik (2003), S. 12–14; Kammel (1994), S. 75–77; Wunderer (1997), S. 266.

Die Bereitschaft für einen Auslandsaufenthalt steigt erfahrungsgemäß besonders dann, wenn dieser Teil der Karriereplanung und die Wiedereingliederung des Mitarbeiters nach dem Auslandsaufenthalt geregelt sind. Vielen international tätigen Unternehmen ist es so gelungen, das Image einer Entsendung an einen Auslandsstandort von der Strafversetzung zum Karrieresprungbrett zu wandeln.

*6.3.1.4 Vorbereitung der Expatriates auf den Auslandseinsatz*

Die Qualität der **Vorbereitungsmaßnahmen** bestimmt ganz entscheidend den Erfolg eines Auslandseinsatzes. Trainings sollen helfen, die während der Auswahlphase identifizierten Schwächen auszugleichen. Hier empfiehlt sich auch die Nutzung externer Institute z. B. zum Erwerb sprachlicher und landeskundlicher Kenntnisse. Eine Sammlung schriftlich dokumentierter *Best Practices* für den Aufbau von Auslandsstandorten kann den zu entsendenden Mitarbeitern eine große Hilfe bei der Bewältigung ihrer Aufgaben sein. Gleiches gilt für Gespräche mit *Expatriates* in der Entsenderegion und einen generellen regelmäßigen Erfahrungsaustausch zwischen *Expatriates*.

Unmittelbar nach der Auswahl eines Kandidaten für einen konkreten Auslandseinsatz sollte ein **Mitarbeitergespräch** geführt werden. Unter Einbindung der entsprechenden Fachabteilungen sind dabei die folgenden grundlegenden Punkte zu klären: Wie sind die Ziele des Auslandseinsatzes – geht es z. B. um eine Personalentwicklungsmaßnahme oder den Transfer von spezifischem Know-how? Für welchen Zeitraum ist der Einsatz vorgesehen? Wie sehen die Rahmenbedingungen des Einsatzes (Entgeltregelung, Arbeits- und Lebensbedingungen, Schulsituation, Gesundheitssystem usw.), wie die Regelung für die Wiedereingliederung nach dem Auslandseinsatz aus? In der Praxis bewährt hat sich auch, Mitarbeitern und ihren Familien die Reise an den avisierten Einsatzort zu ermöglichen, um die Lebens-, Umwelt- und Arbeitssituation am neuen Einsatzort kennen zu lernen und den Umzug vorzubereiten.

> **Es lohnt sich, *Expatriates* auf die erhöhten fachlichen und kulturellen Anforderungen vorzubereiten.**

Im Rahmen des Mitarbeitergesprächs ist ein Maßnahmenplan zur **Aneignung standortspezifischen Fachwissens** aufzustellen. Dazu zählt beispielsweise spezifisches Wissen über Produkte und Fertigungsverfahren, wichtige Kunden und Zulieferer, organisatorische Abläufe sowie nationale Besonderheiten. Landeskundliche Informationen sind dem Mitarbeiter zugänglich zu machen. Der Gedankenaustausch mit zurückkehrenden *Expatriates* ist zu ermöglichen. Unterstützungsmaßnahmen am Einsatzort können zur erhöhten Verfügbarkeit und Effizienz des *Expatriates* beitragen und daher für das Unternehmen wirtschaftlich sein. Dies gilt für die Bereitstellung spezieller Informationen, wie z. B. landesspezifische Besonderheiten, Adressen und Ansprechpartner, ebenso wie für Dienstleistungen.

Die Vorbereitung eines Mitarbeiters auf seinen Auslandseinsatz beginnt häufig etwa drei Monate vor der Entsendung. Ein straffer Zeitplan, der auch die Familie des künftigen *Expatriates* umfasst, berücksichtigt den fachlichen Weiterbildungsbedarf ebenso wie den Erwerb sprachlicher und landeskundlicher Kenntnisse oder erforderliches interkulturelles Verhaltenstraining (Abbildung 6.11).

*6.3.1.5 Mischformen und Übergang zu lokalem Management*

Unternehmen haben ein Interesse, ihren ausländischen Produktionsstandort in die Leitung lokaler Manager zu übergeben. Lokale Fach- und Führungskräfte müssen dazu meist erst auf den Unternehmensstandard gebracht werden. Sie müssen im Unternehmen Erfahrungen sammeln und Trainingsmaßnahmen durchlaufen. Einige Unternehmen gehen die Übergangsplanung schon zusammen mit der Standortplanung an – sie entwickeln dafür spezielle Konzepte, die unmittelbar umgesetzt werden.

### 6.3 Personalmanagement

> Die Vorbereitung der *Expatriates* dauerte in einem Beispielfall etwa drei Monate.

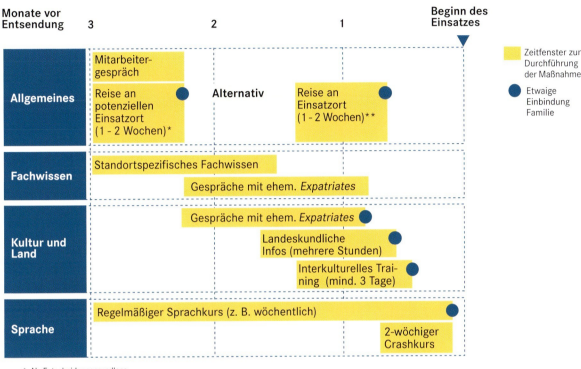

Abb. 6.11: Vorbereitung von Mitarbeitern auf Auslandseinsatz (Beispiel)

\* Als Entscheidungsgrundlage
\*\* Nach erfolgter Entscheidung, zur leichteren Eingewöhnung
Quelle: McKinsey/PTW

### Fertigung anspruchsvoller Produkte in China: Bosch Wuxi produziert Benzineinspritzventile für Asien und Europa.\*

Bosch Wuxi gründete Mitte der 90er Jahre in der Nähe von Schanghai einen neuen Produktionsstandort. Der Standort wurde als 50:50-Joint-Venture gemeinsam mit der chinesischen SAIL-Holding gegründet und beschäftigte ca. 175 Mitarbeiter. Von hier aus sollten Automobilhersteller in Asien und in Europa mit Benzineinspritzventilen, Druckreglern und Kraftstoffverteilerleisten beliefert werden. Einspritzventile gehören zu den kritischen Bauteilen eines Verbrennungsmotors, unterliegen hohen Anforderungen an die Maßpräzision und werden in einem hoch automatisierten Fertigungsprozess hergestellt. Für die neuen Produktionskapazitäten in China wurde ein erfolgreiches, ausgereiftes Produkt mit bewährten Herstellungsprozessen ausgewählt.

Die Schulung der chinesischen Ingenieure begann bereits 18 Monate vor dem Produktionsstart. Die chinesischen Mitarbeiter wurden in mehreren Gruppen jeweils drei bis fünf Wochen im deutschen Leitwerk in Bamberg, in der zentralen Abteilung für Industrieausrüstungen und bei Betriebsmittellieferanten geschult. Schulungsthemen waren die Produktionsmaschinen, die Linienaufstellung, die Produkte und der Herstellungsprozess. Die neue Produktionslinie baute man gemeinsam mit den chinesischen Ingenieuren zunächst in Deutschland auf, dort wurden Muster gefertigt und eine Vorabnahme der Linie durchgeführt. Anschließend transportierte man die Linie nach China und baute sie dort wieder auf. Entscheidend für den beschleunigten Wissenstransfer war das Arbeiten in gemischten Teams aus deutschen und chinesischen Fertigungsexperten sowohl beim Abbau als auch beim Aufbau der Linie.

Etwa zehn *Expatriates*, hauptsächlich aus dem Bamberger Leitwerk, gingen nach China. Einige blieben für wenige Wochen, andere bis zu fünf Jahren. Sie gewährleisteten damit einen weitgehend reibungslosen Hochlauf. Zwei Jahre nach dem Produktionsstart im Jahr 1998 erreichte die Qualität des Standorts Wuxi die Qualität des deutschen Leitwerks, seitdem bewegt sie sich konstant auf diesem Niveau.

**Fazit:** Beim Aufbau von komplexen Fertigungslinien in Entwicklungsländern haben sich die Stabilisierung der Fertigungsprozesse vor dem Transfer sowie die Arbeit in gemischten Teams zur Förderung des Wissenstransfers bewährt.

---

\* *Interview mit Martin Klink, Fertigungskoordinator Saugrohreinspritzventile, Bosch Bamberg*

Ein innovatives Konzept zur Besetzung von Führungspositionen an Auslandsstandorten ist das Tandem-Management. Dieses Konzept, das Volkswagen bei seinem Joint Venture mit dem tschechischen Automobilhersteller Škoda zu Beginn der 90er Jahre erfolgreich einsetzte, sieht eine temporäre Doppelbesetzung von Positionen mit jeweils einem *Expatriate* und einem lokalen Manager vor.

Volkswagen sah sich damals vor den Zielkonflikt gestellt, einerseits die sozialistischen Verhaltensweisen in der Organisation Škodas aufzubrechen sowie die Fertigungsverfahren und betrieblichen Abläufe zu modernisieren, andererseits das Know-how Škodas für das gemeinsame Unternehmen zu erhalten. Die Marke Škoda mit ihrem hohen Bekanntheitsgrad und positiven Image in den osteuropäischen Reformstaaten sollte erhalten und gestärkt werden.

Das Tandem-Management galt für etwa 50 relevante Positionen, die für die Dauer von zwei bis drei Jahren jeweils sowohl mit einem *Expatriate* als auch mit einem lokalen Manager besetzt wurden. Zunächst waren vor allem die von Volkswagen entsandten Manager entscheidungsbefugt und machten die tschechischen Manager mit modernen Managementmethoden vertraut. Mit zunehmendem Fortschritt zogen sich die *Expatriates* sukzessive aus der Managementverantwortung zurück.

> **Durch die temporäre Doppelbesetzung (Tandem-Management) kann lokales Wissen erhalten und zugleich Know-how aus anderen Werken übertragen werden.**

Einen ähnlichen Ansatz praktiziert die BOC Group, ein Anbieter von Industriegas-Lösungen mit Hauptsitz in Singapur und weltweit über 40.000 Mitarbeitern. Die BOC Group setzt zu Beginn eines Auslandsengagements in erheblichem Umfang *Expatriates* ein. Um den raschen Übergang zu einem lokalen Management zu gewährleisten, hat das Unternehmen festgelegt, dass sich alle ins Ausland entsandten Mitarbeiter in maximal drei bis sechs Jahren nach dem Standortaufbau durch die Weitergabe ihres Wissens überflüssig machen sollen. An dieses Ziel ist auch ein Teil der erfolgsabhängigen Vergütung gekoppelt.

### 6.3.2 Aufbau des operativen Personals

Die Rekrutierung von Mitarbeitern in hoch entwickelten Ländern und Regionen wie den USA, Westeuropa und Japan kommt mit den üblichen Maßnahmen des Personalmanagements aus. Die Gewinnung geeigneter Mitarbeiter an Standorten in Entwicklungs- und Schwellenländern erfordert dagegen aufgrund der besonderen Ausgangslage weit mehr. Das allgemeine **Ausbildungsniveau** ist in diesen Ländern meist geringer, selbst höher qualifizierte Personen sind häufig nicht mit fortschrittlichen Technologien und den **Managementprozessen** in internationalen Unternehmen vertraut. In einigen Ländern stellt die allgemein hohe **Fluktuationsrate** ein weiteres Problem dar.

Ein effizientes Personalmanagement betrachtet Auswahl und Schulung der Werker im Zusammenhang mit den Anforderungen der Fertigung. Grundlage für die Personalarbeit sind Entscheidungen zur Produktionsauslegung. Es ist bewusst abzuwägen, ob es sinnvoll ist, (a) Mitarbeiter für eine komplexe Fertigung mit anspruchsvollen Fertigungsverfahren auszubilden und Maßnahmen zur Minimierung der Fluktuationsrate zu entwickeln, oder ob es besser ist, (b) die Komplexität der Fertigung so weit zu vereinfachen, dass auch mit kurzzeitig angelernten Mitarbeitern effizient und qualitätsgesichert produziert werden kann. Auswahl und Einstellung der Mitarbeiter, Qualifizierungsmaßnahmen und Programme zur Mitarbeiterbindung hängen von dieser grundsätzlichen Entscheidung ab.

*6.3.2.1 Wege zur Rekrutierung lokaler Mitarbeiter*

Die Personalbeschaffung am Auslandsstandort unterscheidet sich auch in Entwicklungs- und Schwellenländern nicht erheblich vom Vorgehen im Heimatland. Unternehmen nutzen hierfür alle Anspracheinmöglichkeiten – von der Mund-zu-Mund-Propaganda bis zur gezielten Bewerberansprache. Und sie variieren die Anspracheinmaßnahmen je nach Zielgruppe.

Personen mit qualifiziertem Abschluss wie Techniker und Ingenieure arbeiten gern für renommierte Unternehmen – dies gilt weltweit, also auch für Entwicklungs- und Schwellenländer. Es ist daher wichtig – in hoch industrialisierten wie auch in Entwicklungs- und Schwellenländern – etwas für Bekanntheitsgrad und Image des Unternehmens zu tun. Regelmäßige Maßnahmen zur Unterstützung der Personalbeschaffung sollten hier wie dort eingesetzt werden.

BASF und Motorola nutzen beispielsweise in China die Förderung der universitären Forschung an ausgewählten Hochschulen und die Vergabe von Stipendien unter anderem zur **Steigerung ihres Bekanntheits-**

**grads.** Procter & Gamble vertraut auf regelmäßige Unternehmenspräsentationen an Universitäten. An jeder für das Unternehmen attraktiven Hochschule verfügt das Unternehmen über einen Rekrutierungskoordinator. Das Pharmaunternehmen Eli Lilly setzt in Japan auf die direkte Ansprache bestimmter Zielgruppen und sichert sich mit der Rekrutierung von (dort traditionell unterdurchschnittlich entlohnten) Frauen loyale und motivierte Mitarbeiterinnen.

Vorsicht ist geboten bei der **Übernahme von Mitarbeitern** aus dem Bestand eines Partnerunternehmens beispielsweise im Rahmen eines Joint Venture. Die Gefahr besteht, dass dem Unternehmen die am wenigsten qualifizierten bzw. leistungsfähigen Mitarbeiter überstellt oder Mitarbeiter eher nach persönlichen bzw. subjektiven Kriterien (z. B. Gefälligkeit für Freunde und Familienangehörige) ausgewählt werden.

Bei der Personalsuche mit Hilfe von **Stellenanzeigen** müssen länderspezifische Gestaltungsanforderungen oder rechtliche Besonderheiten beachtet werden. So benötigen Unternehmen beispielsweise in China zur Veröffentlichung von Stellenanzeigen in manchen Fällen zunächst die Genehmigung der zuständigen Arbeitsbehörde. Informationsgehalt und Aufmachung von Stellenanzeigen sind von Land zu Land sehr unterschiedlich.

*6.3.2.2 Beschäftigungsstrategie und Mitarbeiterbindung*

Die Rekrutierung und Schulung lokaler Mitarbeiter ist für Unternehmen mit hohem Aufwand verbunden. Umso wichtiger ist es, rechtzeitig länderspezifische Strategien zu entwickeln, um Mitarbeiter langfristig zu binden oder die Auswirkungen hoher Fluktuationsraten abzuschwächen.

Eine **Strategie der langfristigen Beschäftigung** *(Retention Policy)* führt in der Regel zu höheren Arbeitskosten, kann sich aber insgesamt durchaus lohnen. Wer bereit ist, höhere Löhne zu bezahlen, kann besser ausgebildete Arbeitnehmer leichter gewinnen und an sein Unternehmen binden. Hero-Honda in Indien beispielsweise zahlt seinen Facharbeitern Löhne, die etwa um

## Personalmanagement in Entwicklungsländern: Durch geringe Personalfluktuation erreicht Hero-Honda hohe Produktivität.

Südlich von Delhi liegt in Gurgaon das Werk von Hero-Honda, mit ca. 3.500 Arbeitnehmern und einer Kapazität von etwa einer Million Motorrädern im Jahr 2004. Das Werk produziert im Wesentlichen nach den bewährten Fertigungsprozessen von Honda.

Neben einer guten Kenntnis der Maschinenfunktionalität und Abläufe ist hierfür eine relativ hohe Eigenständigkeit des einzelnen Werkers erforderlich. Dies lässt sich nur mit einer niedrigen Personalfluktuation erreichen; Gleiches gilt für eine hohe Qualität und Produktivität. Der Aufwand wäre beträchtlich, wollte Hero-Honda die Fertigungsprozesse passend zu einer hohen Fluktuationsrate gestalten, der technische Erfahrungsschatz von Honda würde teilweise entwertet.

Hero-Honda hat sich deshalb für eine Politik der langfristigen Beschäftigung seiner Arbeitnehmer entschieden. Diese Strategie passt nicht nur zu den Firmenkulturen der beiden Partner, Hero und Honda, sondern auch zu den spezifischen Rahmenbedingungen des Standorts Nordindien. Für Unternehmen ist trotz der Reformbemühungen der indischen Nationalregierung und der Bundesstaaten eine kurzfristige Anpassung des Personalbestands nach wie vor kaum möglich.

Hero-Honda hat seine Strategie der langfristigen Mitarbeiterbindung detailliert ausgestaltet und sehr erfolgreich umgesetzt. 2004 lag der Anteil der Beschäftigten, die das Unternehmen aus eigenem Antrieb verlassen haben, bei unter einem Prozent (ohne den Anteil der Mitarbeiter, die aus Altersgründen ausgeschieden sind). Die Kosten dieser langfristigen Beschäftigungsstrategie stehen in günstigem Verhältnis zu den wirtschaftlichen Vorteilen. Maßnahmen, die zu dieser hohen Mitarbeiterloyalität geführt haben, sind:

**Finanzielle Anreize:** Hero-Honda vergütet seine Arbeitnehmer variabel in Abhängigkeit von der Produktionsmenge des Werkes. Bei einer Produktion an der Kapazitätsgrenze ergab sich 2004 ein Lohn von ca. 25.000 Rupies (etwa 455 Euro) pro Monat. Dies entspricht nahezu dem Doppelten des dort in der Industrie üblichen Durchschnittslohns. Die variable Gestaltung der Löhne führt bei einer guten Auftragslage zwar zu höheren Kosten, sie bewahrt Hero-Honda jedoch vor Verlusten bei einem Absatzrückgang. Die Mitarbeiterloyalität ist bei einer guten Auftragslage wegen der sehr attraktiven Vergütung außerordentlich hoch, während die Fluktuation bei einem Rückgang der Produktionsmenge (und damit des Lohns) leicht ansteigt und damit den Personalabbau erleichtert.

**Sonstige Anreize:** Das Unternehmen stärkt die Mitarbeiterzufriedenheit und -loyalität durch praktische und symbolische Maßnahmen.

Zu den praktischen Maßnahmen gehören die mitarbeiterfreundliche Gestaltung des Arbeitsumfelds und die Unterstützung der Familien der Mitarbeiter. Die Mitarbeiter der Personalabteilung sind beispielsweise an einem Stand in der Nähe des Werkhallenausgangs leicht zu kontaktieren, das Unternehmen veranstaltet Kurse für die Frauen der Werker usw.

Zu den symbolischen Maßnahmen zählen das Pflanzen eines Baumes für jeden neuen Mitarbeiter, regelmäßige Informationen für die Werker über wesentliche Kennzahlen des Unternehmens, Freizeitangebote und werksinterne Wettbewerbe (z. B. Sanskrit-Wettbewerbe) mit Prämierung vor der Belegschaft. Von diesen symbolischen Maßnahmen geht nach den Erfahrungen der Werkleitung bei geringen Kosten eine spürbar positive Wirkung auf die Mitarbeitermotivation aus.

Das Management berichtet zusätzlich von einem positiven Nebeneffekt der Personalpolitik: Bisher ist es nicht zu einer gewerkschaftlichen Organisation der Beschäftigten gekommen. Damit ist aus Sicht des Managements eine effektivere und einfache Führung des Werkes möglich. Insgesamt sichert sich Hero-Honda durch die vorausschauende Personalpolitik und die variable Vergütungspraxis im Werk einen hohen Produktivitäts- und Qualitätsstandard.

**Fazit:** Zusatzaufwendungen für höhere Löhne, soziale Einrichtungen und Veranstaltungen können wirtschaftlich sein, wenn sich durch eine geringere Mitarbeiterfluktuation der Schulungsaufwand senken lässt und eine größere Erfahrung zu höherer Produktivität in der Fertigung führt.

den Faktor 2 über dem lokalen Durchschnitt der Branche liegen. Zusätzlich bietet das Unternehmen umfassende Sozialleistungen und attraktive Weiterbildungsmöglichkeiten. Erzielt wird dadurch unter anderem eine sehr niedrige Fluktuationsrate. Dies hält zum einen die Kosten für die Personalgewinnung niedrig und führt zum anderen zu einer höheren Erfahrung der Werker – die Produktivität steigt ebenso wie die Qualität.

Eine langfristige Bindung der Mitarbeiter an ein Unternehmen lässt sich auch mit Prämienprogrammen erreichen, die an die Verweildauer im Unternehmen gekoppelt sind. Gute Erfolge erzielen etwa Unternehmen in China mit ihrem Werkswohnungsprogramm. Sie stellen ihren Mitarbeitern Wohnungen zur Verfügung, die diese nach einer bestimmten Unternehmenszugehörigkeit zu einem reduzierten Preis erwerben können. Eine langfristige Mitarbeiterbindung fördern auch Fortbildungsprogramme, Auslandsreisen und Sprachkurse. Weitere Ansätze sind langfristige Verträge sowie die Darstellung attraktiver Aufstiegschancen. Die Bindung von Mitarbeitern an das Unternehmen kann aber mitunter auch mit überraschend einfachen und kostengünstigen Maßnahmen gelingen, z. B. durch Firmenwettbewerbe und Auszeichnungen.

Wichtig für die **Bindung von Leistungsträgern** an das Unternehmen sind die Förderung der individuellen Entwicklung sowie die interne Vermarktung entsprechender Programme. Entsprechende Leistungen vorausgesetzt, sollte es für alle Mitarbeiter möglich sein, bis in das höhere Management des Unternehmens aufzusteigen. Dies unterstreicht beispielsweise der Automobilzulieferer TRW in Polen mit Managementseminaren, die er von der renommierten Universität INSEAD durchführen lässt.

> **Unternehmen sollten sich bei ihrer Personalpolitik bewusst zwischen langfristiger Mitarbeiterbindung (*Retention*) und der Minimierung der Qualifikationsanforderungen (*Replacement*) entscheiden.**

Eine langfristige Mitarbeiterbindung mag für die Fertigung anspruchsvoller Güter zusätzliche Aufwendungen rechtfertigen, nicht zwangsläufig jedoch bei einfacher Fertigung. Stattdessen empfiehlt sich hier oft eine **Strategie der minimalen Arbeitskosten** unter Inkaufnahme einer höheren Fluktuation *(Replacement Policy)* wie es beispielsweise in der Bekleidungs- und Spielwarenherstellung üblich ist. Die Produktionsprozesse sind in der Regel einfach und Mitarbeiter schnell eingearbeitet, so dass sich mit einer hohen Mitarbeiterfluktuation, aber geringeren Löhnen wirtschaftlicher fertigen lässt. Die unter Umständen geringe Arbeitsproduktivität wird durch die niedrigeren Arbeitskosten für gering qualifizierte Arbeitskräfte kompensiert.

Bei dieser Strategie sind Komplexität und Arbeitsinhalte der Fertigung durch starke Arbeitsteilung so weit zu reduzieren, dass neue Mitarbeiter innerhalb weniger Minuten angelernt werden können; eine Vorqualifizierung der Mitarbeiter ist bei entsprechender Gestaltung der Arbeitssysteme nicht erforderlich. Mit einer solchen Beschäftigungsstrategie lassen sich in China, aber auch anderswo, Arbeitskosten von ca. 0,5 Euro pro Stunde realisieren. In den Wirtschaftszentren von Shenzhen oder Schanghai wird es ein wenig teurer. Aber auch dort ist das Angebot an gering qualifizierten Arbeitskräften groß, die pro Stunde nicht mehr als 0,8 Euro kosten.

*6.3.2.3 Ausbildung des Fertigungspersonals*

Je komplexer die Fertigung, umso aufwändiger ist die Ausbildung des lokalen Fertigungspersonals. Um Mitarbeiter des neuen ausländischen Produktionsstandorts mit den Prozessen und Aufgaben vertraut zu machen, schicken viele Unternehmen ausgewählte Fach- und Vorarbeiter für einen kurzen Zeitraum zu Schulungszwecken ins Stammwerk. Anschließend schulen sie mit Unterstützung besonders kenntnisreicher Know-how-Träger des Stammwerks das gesamte Fertigungspersonal vor Ort (Abbildung 6.12). Die Ausbildung sollte fest in die Aufbauplanung integriert und zeitlich mit dem Produktionsanlauf koordiniert sein.

Ein deutscher mittelständischer Elektronikhersteller schaffte es beispielsweise, innerhalb von nur sechs Monaten das gesamte fertigungsrelevante Know-how

### Aufbau eines Standorts für die Fertigung von Hydraulikzylindern: Schulung des Fertigungspersonals

Ein Unternehmen mit Stammsitz in Deutschland plante im europäischen Raum die Eröffnung eines neuen Produktionsstandorts zur Herstellung von Hydraulikzylindern. Für die Produktion setzte man auf Betriebsmittel, die sich schon am deutschen Standort bewährt hatten. Damit bot es sich an, sämtliche Mitarbeiter des neuen Werkes am alten Standort *on the job* zu schulen. Etwa fünf Monate vor dem Produktionsstart lief die Schulung an.

Der **Fertigungsplaner** kam zur dreimonatigen Ausbildung ins Stammwerk. Lernziele seines Aufenthalts waren die Vermittlung unternehmensspezifischer Kenntnisse der Planungsprozesse, Benchmarkingmethoden, Methoden der Visualisierung sowie von Detailwissen über Produkte und Fertigungsverfahren. Er lernte auch die im Unternehmen genutzten Qualitätsmanagement-Werkzeuge in ihrer Anwendung kennen. Dem Fertigungsplaner stellte man einen Paten zur Seite, der in 14-täglichem Rhythmus die Lernfortschritte mit ihm besprach und betriebsinterne Kontakte vermittelte.

Der **Instandhalter** des neuen Werkes wurde ebenfalls im Stammwerk für drei Monate geschult. Während dieser Zeit besuchte er auch die wichtigsten Werkzeugmaschinenhersteller. Zu den Lernzielen des Aufenthalts gehörte unter anderem die Vermittlung von TQM[10]-Methodenwissen. Der **Anlagenführer** kam lediglich für zwei Monate zur Vermittlung von spezifischem Produktwissen, Know-how der Fertigungsverfahren sowie Kenntnissen der Methoden der Visualisierung ins Stammwerk. Als Pate stand ihm der Leiter der Fertigungsplanung des Stammwerks zur Seite. Die **Maschinenbediener** sowie das Montagepersonal – insgesamt zehn Mitarbeiter – wurden für ein vierwöchiges *Training on the Job* ins Stammwerk entsandt. Sie erwarben Produkt- und Fertigungs-Know-how.

Den Produktionsanlauf begleiteten Fachkräfte (Qualitätsmanagement und Fertigungsplanung) aus dem Stammwerk einen Monat lang. Der Produktionsanlauf wurde als Erfolg bewertet, war jedoch mit einem hohen Ressourcenaufwand erkauft: Mit ca. 180.000 Euro entsprachen die Kosten der Schulungsmaßnahmen (Reisekosten, Kosten für Unterbringung, Personalkosten usw.) etwa einem Drittel der jährlichen Fertigungskosten am neuen Standort. Als Instrument besonders bewährt hatten sich während des Produktionsanlaufs die allabendlich von den entsandten Fachkräften moderierten Besprechungen zur Feststellung der Zielerreichung (Stückzahl, Ausschuss, Nacharbeit) und Maßnahmendefinition.

**Fazit:** Die Mitarbeiterrekrutierung und Schulung sollte je nach Qualifikationsstufe differenziert vorgenommen werden. Der Erfahrungsaustausch mit Mitarbeitern des Stammwerks kann einen weitgehend unproblematischen Anlauf im neuen Werk sicherstellen, ist allerdings recht aufwändig.

---

*10* Total Quality Management.

**Bereits zwölf Monate vor dem Beginn komplexer Produktionsaktivitäten sollten Schulungsmaßnahmen beginnen.**

Abb. 6.12: Rekrutierung und Schulung von Fertigungspersonal an Auslandsstandorten

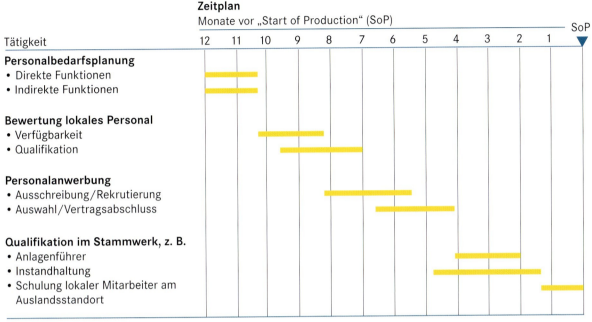

Quelle: McKinsey/PTW

von einem deutschen auf ein ungarisches Werk zu übertragen. Für jede Produktionsabteilung bildete man gemischte **Schulungsteams**. Bei den schulenden Mitarbeitern aus dem alten Werk achtete man streng darauf, dass sie keinerlei Vorbehalte gegenüber dem neuen Werk hatten. Schulende Mitarbeiter erhielten für ihre Teilnahme einen 10-prozentigen Gehaltsbonus und weitere 10 Prozent bei erfolgreicher Übertragung ihres Wissens. Die Schulungen fanden überwiegend im alten Werk statt.

## 6.4 Hochlauf der Produktion

Ein schneller und reibungsloser Hochlauf der Produktion ist letztlich das Ziel der Gründungsplanungen und des Personalmanagements – der neue Standort soll die volle Kapazität und die gewohnte Qualität der Produkte in kürzester Zeit erreichen. Die schnellsten Unternehmen schaffen das innerhalb von nur vier Monaten, die langsameren Unternehmen benötigen mit etwa 14 Monaten mehr als dreimal so viel Zeit. Woran liegt das?

Der Grund für diese Verzögerung sind meist Qualitätsprobleme. Das notwendige Qualitätsniveau wird nicht auf Anhieb erreicht – es muss immer wieder nachgebessert werden. Monatelang werden technische Ressourcen und Managementkapazität an wechselnden Brandherden gebunden.

Die schnelleren Unternehmen wählen einen anderen Weg: Sie durchdenken den Hochlauf der Produktion vorab genauso gründlich wie alle anderen Fragen der Standortansiedlung. Nach genauer Abschätzung der Situation vor Ort wählen sie eine für sie geeignete Hochlaufstrategie – sie versuchen, mit einer komplexitätsmindernden Strategie die Risiken einzudämmen. Wie soll der Produktionsanlauf gestaltet werden – sequenziell mit einzelnen Produkten und Fertigungsschritten oder mit der gesamten Produktpalette und Prozessvielfalt? Welche Betriebsmittel sollen von anderen Standorten übernommen werden? Wer ist für den Transport der Maschinen verantwortlich? Wie lassen sich Lieferausfälle vermeiden? Dies sind die Fragen, die diese Unternehmen frühzeitig im Detail klären.

### 6.4.1 Hochlaufstrategien

An neu gegründeten Standorten bleiben immer wieder die zu Beginn tatsächlich produzierten Stückzahlen hinter den Planzahlen zurück. Der Kapazitätshochlauf[11] verläuft langsamer als erwartet. Mit **Produktionsstillständen, Hochlaufverzögerungen** und **Produktionsausfällen** ist vor allem dann zu rechnen, wenn der Hochlauf mit neuem Personal, mit neuen Lieferanten und eventuell sogar mit einem neuen Produkt durchgeführt wird (Abbildung 6.13). In der Summe können diese Planabweichungen dazu führen, dass die geplante maximale Ausbringung (Kammlinie) erst verspätet erreicht wird. Die Ergebnisse der ProNet-Umfrage zeigen, dass sich zu den Opportunitätskosten des verzögerten Hochlaufs Qualitätskosten in der Größenordnung von durchschnittlich 5 Prozent der Investitionssumme des neuen Standorts addieren (vgl. Abschnitt 6.1).[12]

Planabweichungen können ihre Ursachen sowohl innerhalb als auch außerhalb des Unternehmens haben. Sie sind zwar durch vorbereitende Maßnahmen nicht gänzlich auszuschließen, können aber beträchtlich gemildert werden. Ursachen innerhalb des Unternehmens sind beispielsweise Defizite in der Qualifikation der Maschinenbediener oder Maschinenmonteure, kurzfristige Konstruktionsänderungen oder Abstim-

**Gravierende Planabweichungen im Hochlauf sind die Regel.**

Abb. 6.13: Geplante und tatsächliche Hochlaufkurve

Quelle: McKinsey/PTW

---

[11] Vgl. zum allgemeinen Stand der Technik und zum Forschungsbedarf im Produktionsanlauf von Serienprodukten: Kuhn (2002). Laick/Warnecke/Aurich stellen ein Phasenmodell des Serienanlaufs dar, das die Lenkung und zielorientierte Gestaltung des Produktionsprozesssystems unterstützt (vgl. Laick [2003]).

[12] Ein bewährtes Maß für die Hochlaufgeschwindigkeit ist der Ramp-up-Faktor. Er wird definiert als $F_{up}$ = (tatsächlich gefertigte Stückzahl)/(theoretisch produzierbare Stückzahl) x ((Produktlebensdauer – Hochlaufzeit)/Produktlebensdauer). Ein idealer Anlauf hat maximal den Ramp-up-Faktor 1 (vgl. Abele [2003], S. 173).

mungsprobleme zwischen Fertigungslinien. Extern bedingte Ursachen können Qualitätsprobleme bei Zulieferermaterial oder Verzögerungen in der Lieferkette sein.[13]

Eine gezielte **sequenzielle Einführung** von Produkten und Fertigungsschritten reduziert das Risiko von Planabweichungen. Störungen können zwar auch dann immer noch auftreten, lassen sich jedoch leichter eingrenzen, konzentrierter angehen und lösen. **Komplexitätsbeherrschung** ist auch hier eine wichtige Voraussetzung (vgl. Abschnitt 6.2.1). Mit der sequenziellen Einführung der Komplexitätstreiber Produktportfolio und Fertigungstechnologien lässt sich eine deutlich geringere Gesamtkomplexität des Hochlaufs erreichen und die Gesamtkomplexität an die vorhandenen Fähigkeiten anpassen. **Vier Hochlaufvarianten** werden in der Praxis angewendet.

Der **Hochlaufmodus 1,** die sequenzielle Einführung des Produktspektrums, ermöglicht den Mitarbeitern und gegebenenfalls den Lieferanten an einem neuen Standort, sich sukzessive auf neue, komplexe Produkte und deren Anforderungen einzustellen (Abbildung 6.14). Besonders geeignet ist die sequenzielle Einführung bei Massenprodukten und Fertigungslinien mit hohen Rüstzeiten. Von Anfang an können so produktspezifische Linien aufgebaut werden.

Das Vorgehen von Honda ist ein Beispiel für den Modus 1. Honda nutzt die Produktion von Motorrädern als Brückenkopf an neuen Standorten – so auch bei dem Start von Produktionsaktivitäten in den USA. Honda begann dort 1977 mit der Produktion von Motorrädern. Das Unternehmen nutzte die vergleichsweise einfache und nur mit geringeren Investitionen (ca. 35 Millionen US-Dollar) verbundene Motorrad-

**Die sequenzielle Produkteinführung ist bei einem komplexeren Produktportfolio zu empfehlen.**

Abb. 6.14: Hochlaufstrategie – Modus 1

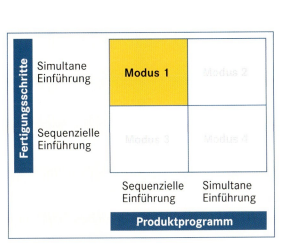
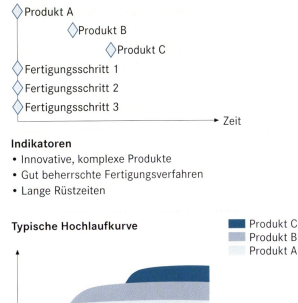

Quelle: McKinsey/PTW

---

[13] Ein Beitrag von Abele/Elzenheimer/Rüstig stellt heraus, dass wesentliche Anlaufhemmnisse häufig ihre Ursache in vorgelagerten Arbeitsschritten der Betriebsmittelerstellung und Produktentwicklung haben (vgl. Abele [2003]).

produktion, um sich mit dem Standort vertraut zu machen, geeignete Lieferanten zu identifizieren und eine qualifizierte Belegschaft auszubilden. Nach zwei Jahren, 1979, kündigte Honda den Hochlauf der PKW-Produktion (Investition von ca. 250 Millionen US-Dollar) an. Die leistungsfähigsten Mitarbeiter des Motorradwerks wurden zum PKW-Werk versetzt, und Honda vergab Zulieferumfänge an Lieferanten, mit denen man gute Erfahrungen gemacht hatte. Im Jahr 1985 verlegte Honda zusätzlich Kapazitäten zur Motorproduktion in die USA. Auch hier konnte das Unternehmen auf erfahrene Mitarbeiter und Lieferanten aus dem Motorrad- und dem Automobilwerk zurückgreifen.

Ähnlich ging die Firma Bosch 1995 beim Ausbau eines Standorts in Mexiko vor. Am Standort vorhanden war zum Ausbauzeitpunkt die Kompetenz für die Herstellung von Automobilkomponenten mit mittleren Qualitätsanforderungen. Das Unternehmen baute den Standort nach dem Beitritt Mexikos zur NAFTA innerhalb eines guten Jahres zum Standort für Premiumqualität aus und verdoppelte die Mitarbeiterzahl. Ermöglicht wurde dies durch einen Stamm an gut ausgebildeten Werkern und erfahrenen Managern.[14]

Beim **Hochlaufmodus 2** wird die gesamte Bandbreite der Produkte und Fertigungsverfahren simultan eingeführt (Abbildung 6.15). Dieser Modus eignet sich nur, wenn Produkte und Fertigungsverfahren wenig komplex oder die Fähigkeiten und der Ausbildungsstand der Werker sehr hoch sind. Produkte, die sich für diesen Modus anbieten, sind z. B. Turnschuhe, Haushaltsgeräte oder einfache Kunststoffteile.

Das Unternehmen im ersten Fallbeispiel (zu Beginn des Kapitels) hatte sich für seinen neuen Standort in Asien zu viel vorgenommen. Problematisch war nicht nur, dass die lokalen Werker nicht mit den aus Deutsch-

**Der vollständig parallelisierte Anlauf eignet sich nur für wenige Fälle.**

Abb. 6.15: Hochlaufstrategie – Modus 2

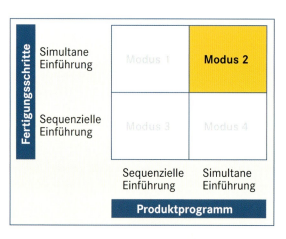

Quelle: McKinsey/PTW

---

14 Interview mit Dr.-Ing. Thomas Brückner, Leiter Fertigungsbereich und internationale Fertigungskoordination Benzineinspritzventile, Bosch Bamberg.

land importierten Fertigungsverfahren vertraut waren. Die Produkte wurden zudem schlecht vom Markt angenommen – dies merkte man aber erst, nachdem man bereits in die Produktion des gesamten Produktportfolios investiert hatte.

Im **Hochlaufmodus 3** baut der neue Standort seine Kompetenz in den kleinstmöglichen Schritten aus. Produkte und Fertigungsverfahren werden sequenziell eingeführt (Abbildung 6.16). Für die Einzelschritte ist so das Minimum an Komplexität erreicht. Lücken im Ausbildungsstand der Mitarbeiter können sukzessive geschlossen werden. Sinnvoll ist dieses Vorgehen nur, wenn Produkte und Verfahren sehr hohe Anforderungen stellen. Von Nachteil ist die sehr lang gestreckte Hochlaufkurve – Skaleneffekte werden erst spät erreicht. Dafür ermöglicht das Vorgehen eine hohe Prozesssicherheit und Kontrolle über den erzielten Qualitätsstandard.

Der dritte Modus unterscheidet zwei Basisvarianten: (1) Einführung der Verfahren Produkt für Produkt und (2) Einführung der Produkte Verfahren für Verfahren. Die Wahl der optimalen Variante hängt davon ab, in welcher Dimension die größten Skaleneffekte bzw. die steilste Lernkurve erwartet werden. Beispielsweise lassen Investitionen in eine Gießerei oder eine teilautomatisierte Lackieranlage ein primär verfahrensorientiertes Vorgehen (Variante 1) sinnvoll erscheinen.

Der **Hochlaufmodus 4** sieht eine simultane Einführung der Produkte und eine sequenzielle Einführung der Produktionsschritte vor. Dieser Modus empfiehlt sich bei sehr diversen, komplexen Fertigungsverfahren mit hohen Qualitätsanforderungen (Abbildung 6.17). Zudem ermöglicht er die simultane Markteinführung einer vollständig lokal produzierten Produktpalette. Der Produktionsstart von Mobiltelefonen an neuen Standorten wird in der Regel in diesem Modus vorgenommen.

Ein global operierender Mobiltelefonhersteller verlagert vorzugsweise seine Fertigung beginnend vom Ende

**Modus 3 reduziert die Komplexität auf ein Minimum, verflacht jedoch die Anlaufkurve erheblich.**

Abb. 6.16: Hochlaufstrategie – Modus 3

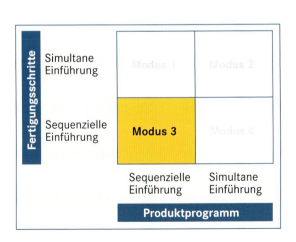
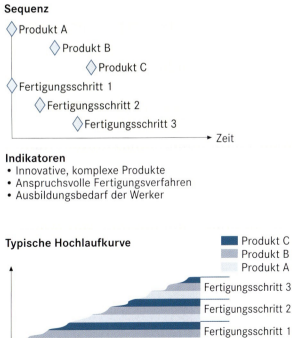

Quelle: McKinsey/PTW

der Wertschöpfungskette an den neuen Standort. Der Vorteil dieses Vorgehens: Der neue Standort ist von Beginn an für die Qualität des Endprodukts verantwortlich, und die Logistikkette wird, angenommen der neue Standort befindet sich näher am primären Absatzmarkt, während des Hochlaufs nicht zu lang. Der neue Standort übernimmt bei diesem Vorgehen zunächst die Endmontage der Produkte, dann die Vormontage der Baugruppen (z. B. Display, Gehäuse) und schließlich auch die Produktion von Einzelteilen.

Der Modus 4 lässt sich analog auf die Einbeziehung der Zulieferer anwenden. Es empfiehlt sich, technisch anspruchsvolle Vorprodukte neuer lokaler Zulieferer sequenziell einzuführen. Damit können auftretende technische Schwierigkeiten nacheinander identifiziert und gelöst werden.

\* \* \*

Ein erfolgreicher Produktionsstart kann über die richtige Entscheidung der Hochlaufvariante hinaus – so die interviewten Produktionsleiter im Rahmen der ProNet-Studie – mit einer Reihe weiterer bewährter Maßnahmen gefördert werden. Als hilfreich hat sich die aktive Unterstützung durch Lieferanten erwiesen. Betriebsmittelhersteller vor Ort, die den Bedarf an Reparaturleistungen und Ersatzteilen abdecken können, sollten z. B. zur Betreuung des Hochlaufs herangezogen oder Materiallieferanten in die Qualitätssicherung eingebunden werden. Als organisatorische Maßnahmen nannten die Produktionsleiter insbesondere die Schulung der neuen Maschinenbediener an bestehenden Standorten mit den gleichen oder ähnlichen Produkten und Fertigungsverfahren; aber auch die Kopplung der Löhne an Ausschussraten oder die Bindung von Aufstiegschancen an entsprechende Leistungen.

### 6.4.2 Betriebsmitteltransfer vs. Neukauf

Eine der wichtigsten Entscheidungen mit Einfluss auf die Kosten der Standortgründung ist die Entscheidung

**Der sequenzielle Anlauf der Fertigungsverfahren eignet sich, wenn die Produkte simultan am Markt eingeführt werden.**

Abb. 6.17: Hochlaufstrategie – Modus 4

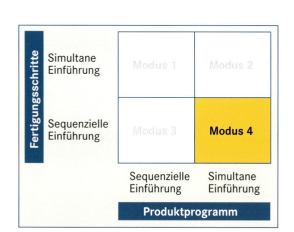

Quelle: McKinsey/PTW

## 6.4 Hochlauf der Produktion

über den **Transfer** vorhandener Betriebsmittel gegenüber dem **Neukauf** von Betriebsmitteln.

Kosten- und Zeitaufwand für Verlagerungen von Maschinen lassen sich nicht pauschal angeben. In der Praxis ist zu unterscheiden zwischen Standardmaschinen (ohne aufwändige Peripherie und Verkettung, z. B. NC-Drehmaschine), verketteten Anlagen (z. B. Transferlinien im Zerspanungsbereich oder Montagelinien) und komplexen Anlagen in Prozessindustrien (z. B. Chemie, Pharma).

In den meisten Fällen ist es bei Standardmaschinen kostengünstiger, Betriebsmittel, die nicht mehr benötigt werden, zu transferieren, als diese zu verkaufen und am neuen Standort neue Betriebsmittel zu erwerben. Für den Betriebsmitteltransfer ist mit etwa 18 bis 20 Prozent des Maschinenneuwerts zu rechnen. Verkauf und Neukauf dürften etwa 20 bis 50 Prozent des Maschinenneuwerts erfordern. Die Kosten für den Transfer von Betriebsmitteln beinhalten die Kosten der De- und Remontage, der Verzollung und des Transports (Abbildung 6.18). Hinzu kommen im Fall eines Transfers die Opportunitätskosten des Produktionsausfalls für die Dauer der Überführung. Die Überführungsdauer ist stark abhängig von Transportweg und Maschine. Der Transfer einfacher Bearbeitungszentren über wenige 100 Kilometer kann einige Tage dauern, der Transfer komplexer Fertigungslinien auf dem Seeweg bis zu acht Wochen.

Die wichtigsten Erfolgsfaktoren für den reibungslosen und kostengünstigen Transfer reichen von der Planung der optimalen Aus- und Einführungssequenz über die Maschinenüberholung und Beschaffung geeigneter Verpackungen und spezieller Hebetechnik bis hin zur Überwachung der Remontage durch erfahrenes Personal vom Entsendeort (Abbildung 6.19). Experten aus Industriemontage-Unternehmen verweisen speziell darauf, wie wichtig es ist, dass einige Mitarbeiter aus dem Demontageteam ebenfalls die Remontage verantworten. Wer umfangreiche Betriebs-

**Der Transfer vorhandener Maschinen ist meist günstiger als die Neubeschaffung.**

Abb. 6.18: Vergleich Maschinentransfer mit Neukauf (Standardmaschine)*
in Prozent vom Maschinenneuwert

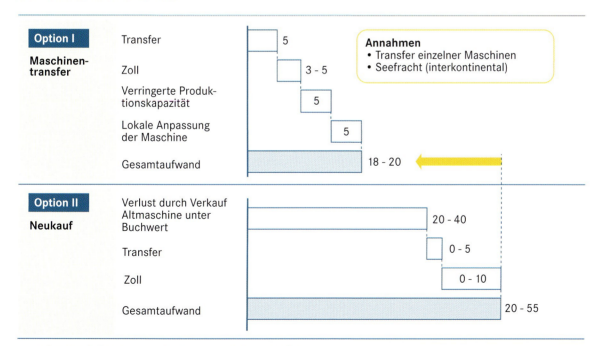

* Beispiel Standard-Bearbeitungszentrum, Transport von Deutschland nach China
Quelle: McKinsey/PTW

> Ein reibungsloser Transfer der Maschinen ermöglicht den schnellen Produktionsstart.

Abb. 6.19: Erfolgsfaktoren beim Betriebsmitteltransfer

| Planung | Demontage | Transport | Remontage | Interne/externe Abnahme |
|---|---|---|---|---|
| **Aufgaben** | | | | |
| • Inspektion der Hallen und der Maschinen<br>• Detaillierter Umzugsplan | • Dokumentation (Schnittstellen, Dimensionen)<br>• Zerlegung<br>• Reinigung | • Verpackung<br>• Verladung<br>• Festspannung<br>• LKW-/See-/Landtransport<br>• Entladung | • Platzierung<br>• Ausrichtung<br>• Installation (Mechanik und Elektrik) | • Leistungstest<br>• Abnahmeinspektion<br>• Maschinenfähigkeit<br>• Prozessfähigkeit |
| **Erfolgsfaktoren** | | | | |
| • Planung der optimalen Aus- und Einführungssequenz<br>• Mobile Werkstatt<br>• Verkehrswegplanung (Gebäudeöffnungen, Zugangsstraßen) | • Maschinenüberholung (z. B. bröckelnde Kabel, alte Lager/Dichtungen)<br>• Maschinenstatusprotokoll | • Individuelle Verpackung, wo nötig<br>• Vorhandensein spezieller Hebetechnik (Kräne, Stapler usw.)<br>• Versicherung | • Adaption an lokale Konditionen (z. B. Stromspannung, Luftdruck)<br>• Überwachung durch Vorarbeiter vom Demontageteam | • Erfahrenes Personal vor Ort |

Quelle: McKinsey/PTW (ProNet-Umfrage)

mittel selbst abgebaut hat, kann sie auch am besten wieder aufbauen.

Falls das Unternehmen für die Verlagerung von Produktionsmitteln keine eigenen Spezialisten und Transportmittel vorhält, kann es empfehlenswert sein, Generalunternehmer einzuschalten. Diese transportieren nicht nur, sie bauen darüber hinaus die Betriebsmittel fachgerecht ab, überholen die Maschinen, passen sie an lokale Bedingungen an (z. B. elektrische Spannung), bauen die Fertigungslinien wieder auf und versichern den gesamten Transfer.[15]

Bei bestimmten Zulieferunternehmen, z. B. aus der Automobilindustrie oder dem Flugzeugbau, sind bei Anlagenverlagerung (wie auch Neuanlagen) Audits durch Kunden üblich. Die Kunden verlangen, dass ihre Lieferanten nach der Maschinenverlagerung die Maschinen- und Prozessfähigkeit der Fertigungslinien absichern.

Falls laufende Maschinen von einem bestehenden Standort transferiert werden, verringert sich temporär die nutzbare Produktionskapazität. Zur Überbrückung der Kapazitätsausfälle kann man zusätzliche (interne oder externe) Kapazitäten bereitstellen oder den Transfer bedarfsorientiert planen.

Häufig fahren Unternehmen vor einer Verlagerung temporär die Kapazität im alten Werk hoch (z. B. durch zusätzliche Schichten) und schaffen damit einen so genannten Produktionsvorlauf. In der Regel ist eine Fremdvergabe ausgeschlossen, weil angemessene Anbieter fehlen, proprietäres Wissen geschützt werden soll oder aufwändige Kundenfreigaben bei den genutzten Zulieferbetrieben anstünden.

Manche Unternehmen synchronisieren temporäre Kapazitätsausfälle mit zeitlichen Schwankungen im Bedarf. Falls synchron mit der Standortgründung ein neues Produkt startet, kann man den Produktlebenszyklus ausnutzen. In diesem Fall verwendet man die bestehenden Betriebsmittel am alten Standort für ein auslaufendes Produkt und startet das neue Produkt am neuen Standort mit neuen Betriebsmitteln.

---

15 Vgl. Steinmüller (1997).

## Kundenfreigabe bei dem Transfer von Fertigungslinien: Konsequenzen für Bosch am Beispiel von Benzineinspritzventilen*

Der Transfer von Maschinen zur Herstellung von Automobilkomponenten, wie z. B. Einspritzventilen, unterliegt hohen Anforderungen an die Prozessstabilität und -qualität. Wenn Bosch Fertigungsmaschinen verlagert, muss von den betroffenen Automobilherstellern für die Fertigung der Produkte an einem neuen Standort erneut eine Freigabe eingeholt werden.

Nach Einführung der ISO TS 16949 (seit 2002 in Kraft) müssen Fertigungsprozesse nämlich selbst bei minimalen Änderungen vom Automobilhersteller erneut freigegeben werden. Zum Fertigungsprozess zählen dabei erstens die Abläufe der Fertigungsschritte bei Zulieferern und deren Lieferanten, zweitens die vom Standort abhängigen Umgebungsparameter und drittens sogar die Transportvorgänge (z. B. unterscheidet sich das Quellverhalten einiger Kunststoffe bei einem Seetransport im Vergleich zur Luftfracht). Eine Neufreigabe kann im Extremfall einen erneuten Fahrzeugdauerlauf in verschiedenen Temperaturzonen (in subtropischen und in arktischen Regionen) erfordern, der etwa drei Monate dauert. Kosten und Risiken muss der Zulieferer selbst tragen, sofern er die Standortverlagerung veranlasst hat.

Wenn die Fertigungslinie am neuen Standort wieder aufgebaut ist, zählt zu den Abnahmekriterien die Übereinstimmung aller Maße mit den ursprünglichen technischen Zeichnungen – bei Einspritzventilen sind dies ca. 120 Maße. Die Betriebsmittelhersteller bindet Bosch, soweit sie über Kapazitäten im neuen Land verfügen, in die Sicherstellung der Maschinen- und Prozessfähigkeit ein. Falls die Betriebsmittelhersteller nur an ihrem Heimatstandort operieren, wird im Vorfeld geklärt, wie die technische Unterstützung und die Ersatzteilversorgung vor Ort gewährleistet werden kann.

Materiallieferanten, die den neuen Standort beliefern, schließt Bosch in die Freigabe ein. Der Freigabeprozess ist bei neuen Lieferanten aufwändiger als bei bestehenden Lieferanten. Die Verlagerung an einen Niedriglohnstandort erreicht jedoch erst das volle Kostensenkungspotenzial, wenn lokale Zulieferer genutzt werden können. Die beste Lösung ist deshalb in vielen Fällen die parallele Verlagerung der Fertigungskapazitäten eines bestehenden Lieferanten in das neue Land.

**Fazit:** Zulieferunternehmen sollten im Interesse der Qualitätsanforderungen ihrer Kunden Maschinentransfers sorgfältig unter intensiver Einbeziehung ihrer Betriebsmittel- und Fertigungsmaterial-Lieferanten vorbereiten.

---

* Interview mit Dr.-Ing. Klaus Körber, Gruppenleiter Fertigungsplanung Benzineinspritzventile, Bosch Bamberg

## Zum Weiterlesen

Aggteleky, B. *Fabrikplanung. Werksentwicklung und Betriebsrationalisierung.* Band 1: Grundlagen – Zielplanung – Vorarbeiten. Unternehmerische und systemtechnische Aspekte. Marketing und Fabrikplanung, 2. Auflage, München/Wien: Hanser, 1987.

Eversheim, W. und G. Schuh. *Produktion und Management.* Band 3, Gestaltung von Produktionssystemen, Kapitel 9: Fabrikplanung, Berlin u. a.: Springer, 1999.

Krystek, Ulrich / Zur, Eberhard (Hrsg.): *Handbuch Internationalisierung: Globalisierung – eine Herausforderung für die Unternehmensführung.* 2. Auflage, Berlin: Springer, 2002.

Pawlik, A. *Personalmanagement und Auslandseinsatz.* Kulturelle und personalwirtschaftliche Aspekte, Wiesbaden: Gabler, 2003.

Schaumburg, H. (Hrsg.). *Internationale Joint Ventures. Management – Besteuerung – Vertragsgestaltung.* Stuttgart: Schäffer-Poeschel Verlag, 1999.

Scherm, E. *Internationales Personalmanagement.* München: Oldenbourg, 1999.

Wiendahl, H.-P. *Betriebsorganisation für Ingenieure.* 5. Auflage, München/Wien: Hanser, 2005.

Frank Jacob, Tobias Meyer, Markus Leopoldseder

# 7 Management globaler Produktionsnetzwerke

## Zusammenfassung

Für den Unternehmenserfolg sind nicht nur die strategische Gestaltung und der planvolle Aufbau, sondern auch die effiziente Nutzung eines globalen Produktionsnetzwerks durch das Management wesentlich. Die Aufgaben und Anforderungen wachsen mit zunehmender Globalisierung der Produktion. Neue Produktionsstandorte müssen in die Aufbauorganisation des bestehenden Unternehmensnetzwerks integriert werden; dies kann nur effizient geschehen, wenn die Integration den Besonderheiten der Phasen der Standortentwicklung folgt. Kernelemente dieser systematischen Integration sind die hinreichende Aufmerksamkeit der Geschäftsleitung, die schrittweise Dezentralisierung der Entscheidungsbefugnis und die Anpassung der internen Verrechnungspreise.

Im stabilen Betrieb des Produktionsnetzwerks ist vor allem das Supply Chain Management durch die Globalisierung der Produktion gefordert. Längere Transportwege und die wachsende Bedeutung der Skaleneffekte stellen insbesondere an die Distribution wesentlich höhere Effizienzanforderungen. Durch die Optimierung des Distributionsnetzwerks und ein geschicktes Transportmanagement können Unternehmen erhebliche Wettbewerbsvorteile erzielen und Kosten senken. Neben der Distribution gewinnt aber auch die taktische Produktionsplanung, also die interne Vergabe von Aufträgen, an Bedeutung. Erfolgskritisch ist dabei insbesondere die Festlegung der Kriterien, nach denen bestimmt wird, welches Werk welchen Auftrag erhält.

In einem globalen Produktionsnetzwerk wird der Austausch von Erfahrungen und Vorgehensweisen *(Best Practices)* zwischen verschiedenen Standorten vor besondere Herausforderungen gestellt. Neben den großen Entfernungen sind kulturelle und sprachliche Barrieren zu überwinden. Ein wesentliches Instrument zur Durchsetzung der dauerhaften Verwendung von *Best Practices* und zur Sicherstellung der maximalen Produktivität in allen Werken ist die Einführung eines globalen Produktionssystems. Neben dem Entwurf eines solchen Systems sind insbesondere seine weltweite Umsetzung *(Rollout)* und die konsequente Nachhaltung durch geeignete Kennzahlen erfolgskritisch.

## Kernfragen Kapitel 7

- Wie sollte ein neuer Standort in die Aufbau- und Ablauforganisation des Unternehmens integriert werden?
- Wie sollten Befugnisse und Verantwortlichkeiten zwischen der Zentrale und einem dezentralen Standort verteilt werden?
- Welche Steuerungsinstrumente können genutzt werden, um ein für das Gesamtunternehmen wirtschaftliches Verhalten zu fördern?
- Welche Aspekte des Supply Chain Management ändern sich durch die Globalisierung der Produktion?
- Wie kann eine Optimierung des Distributionsnetzwerks erreicht werden?
- Wie können die Mehrkosten und Risiken globaler Logistik gemindert werden?
- Nach welchen Kriterien sollten Fertigungsaufträge intern vergeben werden?
- Wie kann sichergestellt werden, dass Verbesserungen in der Produktion, die an einem Standort erreicht wurden, weltweit genutzt werden?

## 7.1 Aufbauorganisation

Nach dem Aufbau eines globalen Produktionsnetzwerks steht die Unternehmensleitung vor der Herausforderung, dieses Netzwerk taktisch und operativ effektiv zu **steuern** und zu **führen.** Die Anforderungen während der Aufbauphase unterscheiden sich dabei erheblich von denen eines stabilen Produktionsnetzwerks. Klassische Konzepte der Aufbauorganisation bieten für die Anforderungen des Umbaus eines Produktionsnetzwerks in der Regel keine befriedigenden Antworten, denn das zu gestaltende System ist sehr dynamisch: Die Anforderungen direkt nach der Gründung eines neuen Produktionsstandorts wechseln schnell mit Aufbau und Produktionsanlauf und dem nachfolgenden Wachstum des Werkes. Entsprechend rasch ändern sich auch die Herausforderungen für das Management und die Anforderungen an die organisatorische Gestaltung. Die Organisation kann nur dann den Aufbau neuer Produktionsstandorte optimal unterstützen, wenn die Struktur den spezifischen Anforderungen gerecht wird.

### 7.1.1 Organisationsstruktur

Die für ein stabiles Produktgeschäft beste **Organisationsform** – nach Meinung der meisten großen Unternehmen ist dies die divisionale (vgl. Box „Rückblick: die Entwicklung der Organisationsformen") – muss dazu zur Etablierung eines neuen Standorts angepasst werden. Der Umbau der Organisation ist eine große Herausforderung und die damit verbundenen Veränderungsprozesse stellen das Management vor schwierige Aufgaben. Insbesondere für strategisch bedeutende Werke ist ein zwei- bzw. dreistufiger Aufbauprozess die beste Lösung.

Für den Aufbau eines neuen Standorts ist in der Regel die volle **Unterstützung des Stammhauses** notwendig. Häufig geht jedoch die Thematik im Tagesgeschäft unter, d. h., die Geschäftsleitung priorisiert oft Aufgaben und Themen mit kurzfristigeren Auswirkungen. Da die Produktionsvolumina und Stückzahlen eines neuen Standorts anfangs gering sind, liegt die Aufmerksamkeit des Managements nicht auf dem neuen Standort. Entsprechende Probleme werden nur zögerlich

## Rückblick: die Entwicklung der Organisationsformen

Die frühe Organisationstheorie – gültig etwa bis nach dem Zweiten Weltkrieg – konzentrierte sich auf bestimmte „Strukturprinzipien", um Aufgaben aufzuteilen und dann die Arbeit möglichst effektiv zu koordinieren und zu integrieren (Abbildung 7.1). Zu diesen Prinzipien gehörte es beispielsweise, ähnlich geartete Tätigkeiten zu gruppieren, die Entscheidungsbefugnis auf die Verantwortung abzustimmen und die Verantwortlichkeiten klar zu definieren; dazu gehörte auch, dass jede Person nur einen Vorgesetzten hatte und die Führungsspanne limitiert war. Unternehmen hofften, durch die Umsetzung dieser Prinzipien alle organisatorischen Probleme grundlegend zu lösen und die Führung so zu reiner Routine zu machen.

Diese Prinzipien standen damals vermutlich deshalb so stark im Zentrum der Aufmerksamkeit, weil nur wenig über die vorherrschende Struktur selbst diskutiert wurde: die funktionale. Die meisten Industrieunternehmen waren nach den betrieblichen Funktionen, wie z. B. Vertrieb, Technik, Fertigung und Finanzen, strukturiert, und das Topmanagement steuerte die Interaktion zwischen diesen Funktionen.

Nach dem Zweiten Weltkrieg – bei Pionierunternehmen wie General Motors und DuPont schon zuvor – führte unter anderem die wachsende Menge an neu-

---

**Parallel zur Weiterentwicklung von Industrien wurden neue Organisationsformen entwickelt, die das Portfolio ergänzten.**

---

Abb. 7.1: Historie und Prinzipien von Organisationsstrukturen

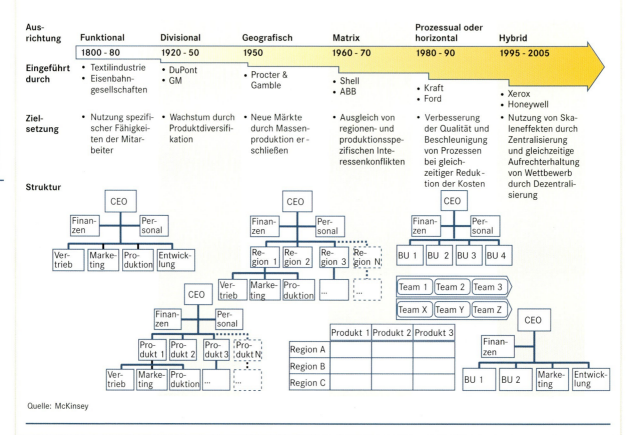

Quelle: McKinsey

en Produkten dazu, dass Profit Center, nach Produktgruppen zugeschnitten, die strukturelle Ausrichtung bestimmten. Nun wurde die divisionale Organisation zur vorherrschenden Form.

Damit war ein gewisser Abgleich gefordert zwischen den Vorteilen einer funktionalen Spezialisierung und dem effizienten Weg, die Produktgruppe und nicht die Unternehmenseinheit zur Koordinationsbasis zu machen. Die Divisionalisierung war also ein Schritt, um angesichts steigender Komplexität in den Unternehmen den Integrationsprozess zu dezentralisieren. Gleichzeitig sollte dabei aber auch eine Struktur entstehen, die Entscheidungsbefugnisse und Verantwortlichkeiten weiter nach unten verlagerte und damit die Weiterentwicklung und Motivation der Linienführungskräfte förderte. Das Risiko, das viele darin sahen, lag im potenziellen Verlust wichtiger funktionaler Spezialkenntnisse – schließlich wurden diese an eine weniger prominente Stelle in der Unternehmenshierarchie verbannt. Allerdings zeigte sich mit der Zeit, dass die funktionale Leistungsfähigkeit mehr von organisatorischen Fähigkeiten und Wertesystemen abhing als von der gewählten strukturellen Form.

Noch verstärkt wurde der Trend zur Divisionalisierung durch eine weitere Entwicklung, die als neues Element in der Organisationstheorie diskutiert wurde: Ende der 50er Jahre gelang man zu der Erkenntnis, dass die Organisationsstruktur ein Werkzeug zur Realisierung von Geschäftsstrategien ist und folglich die Struktur eines Unternehmens seiner Strategie folgen sollte.[1] Letztlich hieß das, dass für die Strategie eines diversifizierten Unternehmens eine nach Produkten dezentralisierte Struktur besser geeignet ist als eine zentralisierte.

Aus dem Trend zur größeren Produktvielfalt und aus den neuen Organisationstheorien zur Bewältigung dieser Vielfalt folgte der allgemeine Run in Richtung Divisionalisierung. Waren 1950 ganze 20 Prozent der amerikanischen Fortune-500-Unternehmen divisional organisiert, sind es heute über 90 Prozent. In Europa und dem Rest der industrialisierten Welt setzte der Trend etwas später ein, verlief dann aber ähnlich, und heute ist hier ein vergleichbarer Grad an Divisionalisierung erreicht wie in den USA. Die anderen Formen der Ausrichtungen sind bei großen Unternehmen zwar selten, aber weder veraltet noch grundsätzlich falsch.

**Fazit:** Innerhalb der vergangenen 100 Jahre wurde ein breites Portfolio verschiedener Organisationsformen entwickelt, mit jeweils klaren Vor- und Nachteilen. Von großen Unternehmen wird die divisionale Organisation fast durchgängig favorisiert.

---

1 Chandler (1969).

angegangen und die Herbeiführung von Entscheidungen bedarf zeitaufwändiger Abstimmungsprozesse. Den Verantwortlichen vor Ort fehlen die Mittel, um die Probleme effizient zu beheben. Die Folgen sind: Verzögerungen, Zielabweichungen hinsichtlich T*ime-to-Market* und *Time-to-Volume* sowie Budgetüberschreitungen.

### 7.1.1.1 Dreiphasige Anpassung der Organisationsstruktur

Derartigen Zielverfehlungen muss durch eine vorausschauende Anpassung der Organisation entgegengewirkt werden. Parallel zur Entwicklung des neuen Standorts sollte dazu die **Organisationsstruktur in drei Phasen**[2] entwickelt werden (Abbildung 7.2).

**Wenn strategisch bedeutende Produktionsstandorte aufgebaut werden, sollte die Organisationsstruktur in drei Phasen angepasst werden.**

---

2 Diese drei Phasen ähneln dem Phasenmodell der „inneren Unternehmensentwicklung" nach Bleicher (1991, S. 793): Pionierphase, Marktschließung und Diversifikation. Sein Phasenmodell leitet sich aus der idealtypischen Entwicklung eines Unternehmens ab, die durch Krisen gestört wird und dadurch den Eintritt in die nächste Phase erfordert.

**1. Produktionsanlaufphase:** Während der Aufbau- und Anlaufphase ist das **Topmanagement** verantwortlich für die Planung und Umsetzung des Aufbaus des neuen Standorts. Die Projektleitung liegt in der Hand von erfahrenen Leistungsträgern, die in regelmäßig tagenden Lenkungsausschüssen der Geschäftsleitung berichten. Es hat sich gezeigt, dass dieser direkte Zugang zur Geschäftsleitung Entscheidungsprozesse vereinfacht und beschleunigt, weil so aufwändige Abstimmungsrunden durch ein zielstrebiges Projektmanagement ersetzt werden konnten: „Die Tatsache, dass ich meine Berichte direkt an ein Mitglied der Geschäftsführung schicken kann, ist enorm hilfreich für das schnelle und unbürokratische Handeln meines Unternehmens in China. Somit bin ich auch intern viel besser in der Lage, notwendige Maßnahmen schnell zu ergreifen."[3] Ähnliche Erfahrungen haben auch zahlreiche Gesprächspartner der ProNet-Befragung gemacht.

Durch das optimale Zusammenspiel von Produktion und lokaler oder globaler Beschaffung von Komponenten und Zukaufteilen ist ein erheblicher Effizienzgewinn zu erzielen. **Interessenkonflikte** zwischen FuE, Produktion und Einkauf sind unvermeidlich. Ressortdenken und Bereichsegoismen bergen die Gefahr, zu suboptimalen Lösungen zu führen, weil die Funktionsbereiche versuchen, ihre (Kosten-)Ziele ohne Rücksicht auf die Ziele und Interessen der Nachbarbereiche zu realisieren. Das Problem verschärft sich noch, wenn

**Die Organisationsstruktur muss die verschiedenen Phasen des Produktionsaufbaus reflektieren.**

Abb. 7.2: Idealtypische Anpassung der Organisationsstruktur

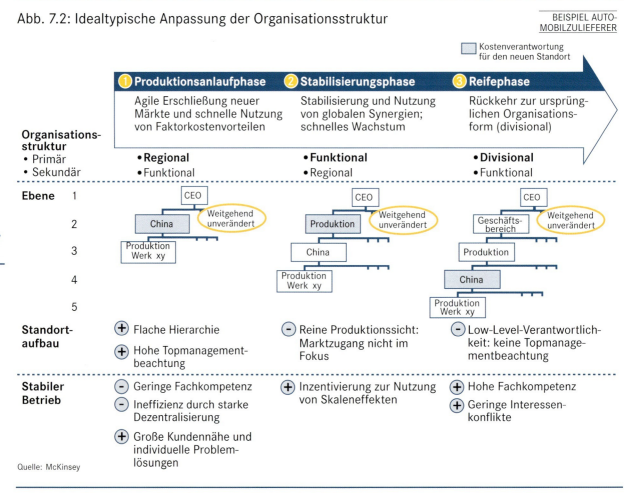

---

[3] Vgl. Kaufmann (2005), S. 162.

## 7.1 Aufbauorganisation

das primäre Ziel des Produktionsaufbaus die Markterschließung ist. Hier kommen neben der reinen Kostensicht weitere Themen hinzu: Produktanpassungen (FuE), Neukundengewinnung (Vertrieb) und die Etablierung der Marke (Marketing). Ineffizienzen sind hier unvermeidlich, wenn die Verantwortung nicht in einer Hand liegt; die Anforderungen der Kunden z. B. werden außerhalb des Vertriebs kaum beachtet. Während der kritischen Phase des Produktionsaufbaus ist es daher häufig sinnvoll oder sogar notwendig, diese **Verantwortung zu bündeln**: Eine Person ist dann für die gesamte Region verantwortlich.

**2. Stabilisierungsphase:** Nach dem Anlauf der Produktion wechseln die Aufgaben und damit auch die Anforderungen an die Organisation: Die verbliebene Lücke in Bezug auf die Kostenziele muss geschlossen werden durch **Senkung der Ausschussraten und Steigerung der Qualität**. Kontinuierliche Verbesserungsprozesse (KVP) werden genauso eingeführt wie unternehmensübliche funktionale Prozesse, um Synergien mit anderen Unternehmensteilen zu nutzen: Durch Zusammenfassen gleicher oder ähnlicher Aktivitäten und eine entsprechende globale Zusammenarbeit lassen sich Verfahrensinnovationen leichter umsetzen und Kostendegressionseffekte erzielen. Ein hoher Spezialisierungsgrad und die damit verbundenen kurzen Einarbeitungszeiten bewirken positive Lern- und Erfahrungskurveneffekte. Insgesamt sind dies die klassischen Merkmale einer funktionalen Organisation.[4] Wie die Organisationsform dieser Phase tatsächlich aussehen sollte, hängt von der Ausgangssituation ab. Hat – wie bei den meisten großen Unternehmen – die divisionale Organisation die Form eines stabilen bzw. statischen Betriebs, so sollte weiterhin die separate regionale Ausgliederung der Anlaufphase beibehalten werden. Ist jedoch die übliche Organisationsform funktional oder eine Matrix-Organisation, so sollte sie bereits in dieser Phase etabliert werden.

Schwerpunkt dieser Phase ist also die Integration eines neuen Produktionsstandorts in bestehende Strukturen mit dem Ziel, **Synergien** zu nutzen und Lernkurven zu beschleunigen. Der wachsende Standort und die damit einhergehenden Probleme erfordern eine zunehmende Standardisierung der Aufgaben,

Kompetenzen und Abläufe und den Einsatz unterstützender Führungssysteme. Die Kostenverantwortung des neuen Standorts liegt idealerweise bei der Produktion; Losgrößenvorteile und Fixkostendegressionen können standortübergreifend genutzt werden. Der Standort wird damit ein Teil des weltweiten Fertigungsnetzwerks. Gelingt dies nicht oder nicht rechtzeitig, drohen Engpässe, die von der Unternehmensführung beseitigt werden müssen. Die funktionale Organisation in der Stabilisierungsphase erfordert daher immer noch, dass das Topmanagement oder die zweite Führungsebene direkt für die Kosten des neuen Standorts verantwortlich ist.

**3. Reifephase:** Langfristig konvergieren die Anforderungen an den neuen Standort mit denen am bereits etablierten Standort: Im Zentrum der strategischen Ausrichtung steht dann das dauerhafte, profitable Wachstum. Die meisten Unternehmen gehen dabei den Weg, neue Produkte zielgerichtet und schnell zu entwickeln. Durch eine **Diversifikation des Produktspektrums** werden neue Kundensegmente erschlossen. Die Anforderungen an das Management wandeln sich von der Fokussierung auf die stabile Marktversorgung hin zu Unternehmertum und Kundenorientierung. Derartige Anforderungen werden oft am besten in divisionalen Strukturen[5] erfüllt, die Organisation geht in ihre statische Form über. Technologisch ähnliche Produkte und Produktionsprozesse werden zu Sparten zusammengefasst. Die einzelnen Sparten erhalten ein notwendiges Maß an Autonomie, um unternehmerisches Handeln zu fördern. Cross-funktionale Fachkompetenzen können sich in einem solchen Umfeld optimal entfalten: Durch die Fokussierung des Bereichs auf ein Produktfeld kann individuell auf Kundenbedürfnisse eingegangen werden.

### 7.1.1.2 Umsetzung des organisatorischen Wandels

Die Gestaltung dieses organisatorischen Wandels ist komplex und erfolgskritisch. Sollen Funktionen und Abläufe in einer Organisation umstrukturiert werden,

---

4 Vgl. Vahs (2005), S. 142.
5 Vgl. Vahs (2005), S. 288.

sind davon immer Menschen mit ihren individuellen Einstellungen, Sorgen und Wünschen betroffen. Ein bewusst durchgeführtes **Änderungsmanagement** (*Change Management*) dient dazu, diese weichen Faktoren nicht zum Sand im Getriebe eines Umstellungsprozesses werden zu lassen, sondern sie im Sinne dieses Prozesses aufzugreifen und produktiv zu machen.

Dem organisatorischen Wandel des Standortaufbaus folgend, tauschen Unternehmen die Personen zügig aus, die für die einzelnen Phasen verantwortlich sind. Es ist eine klare Ausnahme, wenn der Projektleiter der ersten Planung auch Jahre nach dem Produktionsanlauf immer noch die Leitung des nun etablierten Werkes innehat.

Dieser Wandel ist geradezu natürlich, weil die Kostenverantwortung mit der Entwicklung eines Standorts hierarchisch immer tiefer verankert wird. Die Folgen dieses schnellen personellen Wechsels sind oft schwerwiegend: Steht eine Entscheidung an, die ein **kurzfristiges Risiko** birgt, aber langfristig Erfolg verspricht, wirken die üblichen kurzfristigen Anreizsysteme kontraproduktiv. Die jährlichen **leistungsabhängigen Vergütungen** führen zu einer Vermeidung von Investitionen mit einer längeren *Pay-back Time* als der Verweildauer des Entscheidungsträgers in dieser Position.

> **Die leistungsabhängige Vergütung sollte sich, auch bei kurzer Verweildauer am Standort, am langfristigen Erfolg des Standortaufbaus orientieren.**

Das Ziel muss die Schaffung einer unternehmerisch sinnvollen Risikobereitschaft sein – häufig als **Intrapreneuring** bezeichnet (ein Kunstwort aus den Begriffen *Intra-Corporate* und *Entrepreneuring*). Um den Unternehmergeist und kreativen Erfindungsreichtum zu fördern, müssen Entscheidungsträger so autonom wie möglich sein. Dem entgegen steht jedoch, dass sich Synergien und Skaleneffekte vor allem durch zentrale Strukturen realisieren lassen.

Als Folge dieses **Zielkonflikts** kämpfen Unternehmensleitungen mit der Frage, wo die Grenze zwischen beiden Extremen – völlig dezentralisierte Autonomie auf der einen Seite, zentralisierte Managementkontrolle auf der anderen – am besten zu ziehen ist. Dieser Konflikt kann nicht abschließend gelöst werden, denn eine Antwort, die unter heutigen Bedingungen (Umfeld, Wettbewerbsposition, organisatorische Fähigkeiten) richtig ist, mag in Zukunft anders ausfallen. Die Geschäftswelt ist heute viel weniger berechenbar und deutlich dynamischer als früher; somit müssen die meisten Unternehmen lernen, sich mit der Zeit – oder noch besser: vorzeitig – zu ändern. Der Unternehmenswandel wird zu einem kontinuierlichen Prozess.

Angesichts dieser Einflüsse müssen organisatorische Ansätze entwickelt werden, welche die Dynamik des Marktes ebenso berücksichtigen wie die Anpassungs- und Änderungsfähigkeit der betreffenden Organisation. Die Herausforderung liegt also nicht nur darin, den Freiheitsgrad einer Organisation auf der Skala „dezentral – zentral" für die heutige Welt zu fixieren, sondern darin, dauerhaft mehr organisatorische Flexibilität aufzubauen. Eine veränderungsfähige Organisation hat in unserer Welt der zunehmenden Komplexität und Ungewissheit deutlich mehr Erfolgschancen als ein schwerfälliges, unflexibles Unternehmen. Strukturelle Lösungen allein werden allerdings nicht ausreichen, um für die gewünschte Veränderungsbereitschaft zu sorgen; sie können jedoch ein wichtiger erster Schritt sein, um der gesamten Organisation den Veränderungsbedarf vor Augen zu führen.

### 7.1.2 Werke als Cost Center und als Profit Center

Eine dauerhafte Gestaltungsaufgabe der Führung eines Produktionsnetzwerks besteht also darin, die Verantwortlichkeiten zwischen der Unternehmenszentrale und den dezentralen Werkleitungen zu verteilen. Die Bandbreite reicht von der Dezentralisierung der Kostenverantwortung bis zur Dezentralisierung der Entscheidung über die Gewinnverwendung.

Grundsätzlich werden hier vier Formen unterschieden (Abbildung 7.3):

**Service Center** sind Kostenstellen, die keine eigenen Erträge erwirtschaften, sondern Leistungen für andere

Kostenstellen (bzw. Unternehmensbereiche) erbringen. Die Kostenstellen sind zwar budgetiert, Service Center haben aber kaum Möglichkeiten, selbstständig kostensenkende Maßnahmen zu ergreifen.

**Cost Center** sind Kostenstellen, die ausschließlich an Kosten, d. h. ihrer Effizienz, und nicht an eigenen Erträgen gemessen werden. Ziele sind die Einhaltung der Plankosten oder die Kostenminimierung bei einem bestimmten Umsatzvolumen. Am Ende einer Periode werden Ursachen für Abweichungen jeglicher Art vom festgelegten Budget ermittelt. Ein Beispiel für ein Cost Center ist die Personalabteilung. Gewinne können gemacht werden, indem gespart wird. Zielvereinbarungen werden mit der Managementebene des Unternehmens getroffen.

**Profit Center** sind ein organisatorischer Teilbereich eines Unternehmens, für den ein eigener Periodenerfolg ermittelt wird. Anhand dieser gewinnorientierten Beurteilung können Teilbereichsaktivitäten besser gesteuert und auf deren Rentabilität hin überprüft werden. Während auf Kostenstellen nur Kosten gebucht werden, werden diese bei einem Profit Center den Erlösen des entsprechenden Geschäftsbereichs bzw. der entsprechenden Abteilung gegenübergestellt; somit muss auch eine Gewinn- und Verlustrechnung erstellt werden. Die Geschäftsbereichsleiter sind Quasi-Unternehmer mit weitreichenden Entscheidungskompetenzen. Die Kernidee: Profit-Center-Manager sollen wie selbstständige Unternehmer denken und handeln. Das Konzept findet breiten Einsatz: Nur 30 Prozent der deutschen Unternehmen setzen dieses Konzept gar nicht ein.[6]

---

**Die Kriterien zur Wahl des Unabhängigkeitsgrads unterliegen einem einfachen Auswahlschema.**

Abb. 7.3: Auswahlschema zum Grad der Unabhängigkeit der Werke

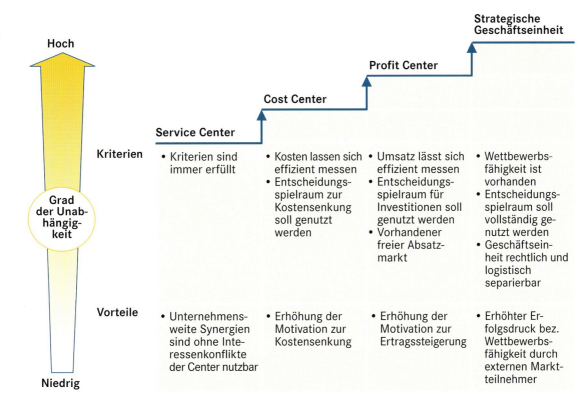

Quelle: McKinsey

---

[6] Vgl. Reichwald (1995).

**Strategische Geschäftseinheiten** (*Strategic Business Units* – SBU) sind Teilbereiche eines Unternehmens, die in einem abgegrenzten Marktsegment unabhängig von anderen Unternehmensbereichen aktiv sind (Box: „Die Wettbewerbsposition stärken: Pioniere der strategischen Geschäftseinheiten"). Die SBU-Leiter können im Vergleich zu den Profit-Center-Leitern zusätzlich über die Gewinnverwendung bestimmen. Auch über das Investitionsvolumen und das Produktionsprogramm können sie weitgehend autark entscheiden. Die strategische Geschäftseinheit braucht damit eine kritische Mindestgröße, um wirtschaftlich rentabel zu sein, sie umfasst deshalb meistens nicht nur ein einzelnes Werk, sondern in der Regel einen Werksverbund. Gleichzeitig hat sie die weitreichendsten Implikationen: Die Entscheidung für eine SBU wirkt sich zwangsläufig auf die gesamte Organisationsstruktur aus und führt in der Regel zu einer divisionalen Organisation.

### Die Wettbewerbsposition stärken: Pioniere der strategischen Geschäftseinheiten

Zum ersten Mal tauchte das Konzept der strategischen Geschäftseinheit (*Strategic Business Unit – SBU*) Ende der 60er Jahre in den Organisationslexika auf. Der Grundgedanke bestand darin, eine managebare wirtschaftliche Einheit zu definieren und ihr die Verantwortung für und die Entscheidungsgewalt über alle wesentlichen funktionalen Ressourcen zu übertragen, die sie für den Erfolg am Markt benötigte. Die potenziellen Vorteile waren nicht zu leugnen: Die Geschäftsfunktionen wurden auf SBU-Ebene zusammengefasst, typischerweise viel weiter unten in der Hierarchie als zuvor. Das ermöglichte eine effektivere Integration von Aufgaben nahe am Markt. Die Personen, die nun für diese Integration verantwortlich waren, kontrollierten sämtliche Variablen, die die Leistung ihrer Einheit beeinflussten, sie konnten jedoch umgekehrt von einer – nun weiter entfernten – Unternehmenszentrale zur Verantwortung gezogen werden. Nicht zuletzt konnte das Topmanagement in der Zentrale, frei von operativen Aufgaben, strategisch über die Zusammensetzung des besten Geschäftsportfolios nachdenken. Diese beträchtlichen Rollenveränderungen auf jeder Unternehmensebene sollten die Geschäftspraxis der 70er Jahre nachhaltig beeinflussen, und sie sind noch heute spürbar.

Das SBU-Konzept ist nicht etwa nur der alte divisionale Gedanke in neuer Verpackung: Heute liegt der Schwerpunkt vielmehr darauf, die Wettbewerbsposition eines Unternehmens am Markt zu stärken, und weniger auf der rein organisatorischen Effektivität. Folglich kann die Größe einzelner SBUs innerhalb desselben Unternehmens von mehreren Millionen bis hin zu mehreren Milliarden Euro Umsatz reichen. Die wesentliche Herausforderung liegt darin, durch organisatorische Schwerpunkte die Wettbewerbsfähigkeit des Unternehmens zu stärken.

General Electric (GE) führte als erstes Unternehmen das SBU-Konzept ein. Viele Geschäfte von GE waren aufgrund der Marktgegebenheiten klar voneinander zu trennen (z. B. unterschiedliche Produkte und Services, Kunden und sogar Technologien). Die GE-Zentrale trug jedem SBU-Team auf, in seinem Markt eine führende Position zu erringen. In einigen Fällen wurden die Ressourcen von mehreren SBUs gemeinsam genutzt, und zwar immer dann, wenn echte wirtschaftliche Skalenvorteile realisiert werden konnten. In diesen Fällen behielten die SBU-Leiter die Verantwortung für ihren Anteil an diesen gemeinsamen Services. Viele andere erfolgreiche Unternehmen – wie etwa 3M – richteten gemeinsam genutzte Ressourcenbereiche ein, um Kostenvorteile zu erschließen, wie sie für eine einzelne SBU unerreichbar gewesen wären.

**Fazit:** Strategische Geschäftseinheiten werden ohne Rücksicht auf bestehende Organisationseinheiten definiert, allein mit dem Ziel, die Wettbewerbsfähigkeit und damit letztlich die Gewinnspanne zu erhöhen.

## 7.1 Aufbauorganisation

Die Übergänge zwischen diesen vier Center-Typen sind dabei praktisch fließend und auch innerhalb von Centern sind verschiedene Abstufungen möglich (Abbildung 7.4). Auf der Skala „zentrale – dezentrale Entscheidungsbefugnis" kann der Grad der Unabhängigkeit in kleinen Schritten gewählt werden.

> **Vorreiter[7] der globalen Produktion richten sich zentraler aus, um durch Synergien und Skaleneffekte ihre Kosten zu senken.**

Die Bedeutung der Wahl des passenden Unabhängigkeitsgrads eines Werkes wurde auch in der ProNet-Befragung gezeigt (Abbildung 7.5). Zwischen erfolgreich und weniger erfolgreich globalisierenden Unternehmen ist eine durchgängige Spreizung festzustellen; erfolgreiche Unternehmen favorisieren eine stärkere Zentralisierung und tendieren zu einer **zentralen Führung der Produktion**. Am stärksten unterscheidet sich das Vorgehen im Produktdesign, in der Beschaffung der Produktionsmittel und in der Einkaufsstrategie. Der Unterschied zu den Nachzüglern ist dabei statistisch signifikant. Das Ergebnis erscheint zunächst überraschend: Gerade die Vorreiter der Globalisierung hätten durch ihre weltweite Diversifikation die besten Voraussetzungen, um Entscheidungen dezentral zu treffen. Andererseits hat die Befragung klar gezeigt, dass dieselben erfolgreichen Unternehmen kostenorientiert sind. Gerade hier – in den Synergien und Skaleneffekten – liegen die Vorteile der Zentralisierung. Dieser Zusam-

> **Der Übergang zwischen den einzelnen Center-Konzepten ist praktisch fließend.**

Abb. 7.4: Kontinuierliches Spektrum zwischen Service Center und SBU

| Grad der Unabhängigkeit | | Zielgröße | Einflussmöglichkeiten | Beschreibung/Beispiel |
|---|---|---|---|---|
| Hoch | 9 Strategische Geschäftseinheit (SBU) | Maximierung der Kapitalrendite | Preis, Volumen, Kosten, Anlagenbestand, Service | Vollständig unabhängig am freien Markt agierende Unternehmen |
| | 8 Profit Center | Maximierung des Profits | Preis, Volumen, Kosten, Service | Geschäftsführer mit freier Geschäftstätigkeit unter vorgegebenen Rahmenbedingungen |
| | 7 | | Preis, Volumen, Kosten, Service | Produktmanager mit Entscheidungsbefugnis über Vertrieb vorbehaltlich Abstimmung von Preis und Volumen |
| | 6 | | Volumen, Kosten, Service | Produktmanager mit eingeschränkter Entscheidungsbefugnis |
| | 5 Cost Center | Erreichung des vorgegebenen Servicegrads bei Minimierung der Kosten | Kosten, Service | IT-Abteilung – Bereitstellung von Leistungen zu minimalen Kosten |
| | 4 | | Kosten, Service | Inhouse Consulting – insoweit Kostentransparenz vorhanden |
| | 3 | | Kosten, Service | Vertriebsmanager – entscheidungsbefugt, aber operative Durchführung ist immer vorrangig |
| | 2 | | Kosten, Service | Leiter Produktionsbereich – einige beschränkte Einflussmöglichkeiten und Durchgriff auf Kosten |
| Niedrig | 1 Service Center | Erreichung des vorgegebenen Servicegrads zu vorgegebenen Kosten | Service | Einkauf – Umsetzung von Maßnahmen unter Einhaltung von Budgetvorgaben |

Quelle: McKinsey

---

[7] Zur Definition der Vorreiter und Nachzügler vgl. Anhang, S. 420 ff.

menhang ist auch konsistent mit den Aussagen der Unternehmen, dass die Zentralisierung des Produktdesigns erfolgt, um Synergien im FuE-Bereich und Skaleneffekte bei Einkauf und Beschaffung zu erzielen.

### 7.1.3 Verrechnungspreisproblematik bei Cost Centern und Profit Centern

Unabhängig von der Wahl des Center-Typs tritt eine grundlegende Problematik auf: die Frage nach der Verrechnung von innerbetrieblichen center-übergreifenden Leistungen. Grundidee der Center ist gerade die transparente **Erfolgsbeurteilung und Inzentivierung** durch die Messung der erreichten Gewinne oder Kosten. Weil diese Kennzahlen weitgehend mit den Unternehmenszielen konsistent sind, ist ein autonomes Wirtschaften und Managen der Center im Sinne der Zentrale gewährleistet, ohne dass es einer rigiden zentralen Steuerung bedarf. Um dies zu einem Automatismus werden zu lassen, müssen jedoch die Voraussetzungen stimmen: Insbesondere im Kontext eines globalen Produktionsnetzwerks stehen zahlreiche standortübergreifende **Leistungsverflechtungen** der völligen Autonomie entgegen. Bezieht ein Produktionsstandort etwa ein Vorprodukt von einem zweiten Standort innerhalb des Unternehmensnetzwerks, stellt sich die Frage des **Verrechnungspreises** (vielfach auch als Transfer- oder Lenkpreis bezeichnet) für diese Leistung. Aber auch das Nutzen von Dienstleistungen, Patenten oder Betriebsmitteln führt zur Frage der unternehmensinternen Verrechnung.

#### 7.1.3.1 Ziele der Transferpreisgestaltung

Preise und Konditionen für konzerninterne Lieferungen und Leistungen sind nicht das Ergebnis von Verhandlungen selbstständiger Marktparteien, sondern können im Prinzip autonom festgelegt werden. Diese Freiheitsgrade in der Transferpreisgestaltung können genutzt werden, um verschiedene Funktionen zu erfüllen:

---

**Erfolgreiche Vorreiter der Globalisierung haben einen zentraleren Entscheidungsprozess.**

Abb. 7.5: Ergebnis ProNet-Umfrage: Grad der Abhängigkeit
Skala von 1 (abhängig) bis 5 (unabhängig)

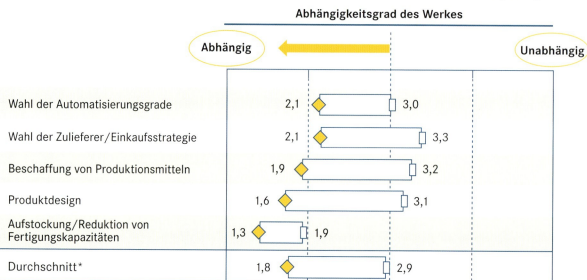

* Gewichtetes Mittel der 5 Unterpunkte
Quelle: Mckinsey/PTW (ProNet-Umfrage)

**Wertbemessungsfunktion:** Mit Transferpreisen wird der Wert einer Ware festgelegt, wobei sich Zölle bei der Einfuhr der Ware häufig nach dem intern bemessenen Wert richten. Unternehmen können somit durch niedrige Wertangaben zu zahlende Zölle minimieren oder unter Umständen sogar durch hohe Wertangaben Exportprämien maximieren.

**Gewinnverlagerungsfunktion:** Durch die Gestaltung von Transferpreisen können Gewinne zwischen Landesgesellschaften in gewissem Umfang unterschiedlich zugewiesen werden. Insbesondere bei der Inrechnungstellung immaterieller Leistungen, wie z. B. der Nutzung eines Patents, ist die Überprüfung der Preisgestaltung nur schwer möglich. Gewinne können durch eine renditemaximierende Wahl dieser Effekte im Rahmen der steuerlichen Gesetzgebung in Ländern mit niedrigen Steuersätzen anfallen.

**Lenkungsfunktion:** Durch die Transferpreisgestaltung innerhalb eines Konzerns können die Entscheidungen größerer betrieblicher Teilbereiche aufeinander abgestimmt werden, indem unter anderem ein Ausgleich von Angebot und Nachfrage im Sinne einer optimalen Ressourcenallokation bewirkt wird.

*7.1.3.2 Ansätze zur Festlegung der Verrechnungspreise*

Ist der abnehmende Standort ein Cost Center oder Profit Center, ist dessen Interessenlage nicht konsistent mit den Unternehmenszielen: Es ist in seinem Interesse, einen möglichst niedrigen Verrechnungspreis zu vereinbaren, um die eigene Kostensituation zu verbessern. Dem stehen die Interessen des liefernden Standorts entgegen, falls er ein Profit Center ist. Aufgrund des Ziels der Gewinnmaximierung muss dieser einen möglichst hohen Preis anstreben. Das Vorgehen zur Festlegung der Verrechnungspreise ist damit kritisch. Nur bei einer „fairen" Festlegung kann das Center-Konzept greifen.

Für die Festlegung der Verrechnungspreise gibt es verschiedene Ansätze, die sich in drei Hauptkategorien einteilen lassen (Abbildung 7.6): kostenbasiert, marktbasiert und gemischt. Der wesentliche Unterschied liegt in der Stärke des **Anreizes zum wirtschaftlichen Handeln.** Eine kostenbasierte Verrechnungspreisfindung übt keinen zusätzlichen Druck auf den Produktionsstandort zur Kostensenkung aus. Fast unabhängig davon, wie hoch die Herstellkosten sind: Der erzielbare Preis steigt mit an. Solange die interne Lieferbeziehung nicht in Frage gestellt wird, hat der Standort von dieser Seite keinen Handlungsdruck zur Kostensenkung. Der abnehmende Standort andererseits hat ein echtes Problem: Bei hohen Verrechnungspreisen laufen ihm die Materialkosten aus dem Ruder. Dies schlägt sich unmittelbar auf die eigenen Kennzahlen durch; der einzige Stellhebel ist dann oft der externe Bezug der Zukaufteile. Hier interveniert aber oft die Zentrale, weil dies häufig den Interessen des Gesamtunternehmens widerspricht. Ein Teufelskreis, der die Erfolgsbemessungsfunktion deutlich entwertet.

Anders sieht es bei der marktbasierten Verrechnungspreisfindung aus: Der Produktionsstandort steht im Wettbewerb zu anderen Herstellern. Nur wenn er Herstellkosten erreicht, die unter den marktüblichen Preisen liegen, kann er Gewinne machen. Daraus resultiert allerdings nur ein direkter Handlungsdruck, wenn der Produktionsstandort ein Profit Center ist. Als Cost Center tangieren ihn die erzielten Preise seiner produzierten Produkte nicht.

> **Verrechnungspreise sind insbesondere in globalen Produktionsnetzwerken bedeutend und können erheblichen Einfluss auf den Erfolg des Gesamtunternehmens haben.**

Eine Festlegung von Verrechnungspreisen wirkt sich aber nicht nur auf die Erfolgsbeurteilung der Center aus. Die Folgen für **globale Produktionsnetzwerke** sind weitreichender: Ausländische Tochtergesellschaften sind nicht nur wirtschaftlich, sondern auch rechtlich eigenständige Unternehmen. Dies hat zur Folge, dass die festgesetzten Verrechnungspreise nicht nur der internen Verrechnung dienen, sondern **faktisch geschuldet** werden und damit einen grenzüberschreitenden Zahlungsvorgang auslösen. Damit hat der Verrechnungspreis nicht nur wirtschaftliche Auswirkungen auf die Center, sondern auch auf das Gesamtunternehmen. Zollzahlungen orientieren sich genauso an der Festlegung, wie sie den Gewinn der Tochterunternehmen im Ausland beeinflussen. Beides wirkt sich direkt auf die zu leistenden Abgaben aus: Hohe Verrechnungspreise können zu hohen **Zollzahlungen**, manchmal aber auch zu hohen **Exportzuschüssen** führen. Die Wahl des Verrechnungspreises führt damit faktisch zu einer **Gewinnverlagerung** mit Auswirkungen auf die Steuerlast am jeweiligen Standort.

*7.1.3.3 Zusammenspiel von Verrechnungspreisfindung und Center-Typen*

Cost-Center-Konzept und Verrechnungspreisfindung hängen mithin zusammen. Eine allgemein gültige Empfehlung für eine beste Kombination kann es nicht geben, dafür sind die Einflussgrößen in der Praxis zu divers. Jedoch kann eine idealtypische Entwicklung (Abbildung 7.7) skizziert werden: In Abschnitt 7.1.1 wurden bereits die drei Phasen des Produktionsauf-

> **Parallel zur Entwicklung von Produktionsstandorten ist eine Anpassung des Center-Konzepts und der Verrechnungspreisfindung hilfreich.**

baus eines neuen Standorts aus organisatorischer Sicht dargestellt. Die Produktionsanlaufphase ist gekennzeichnet durch eine Konzentration auf den Aufbau der eigenen Wertschöpfungsschritte, die Entwicklung lokaler Zulieferer und die Neukundengewinnung im lokalen Markt. Die Herausforderungen sind damit vielfältig, keine Aufgabe ist Tagesgeschäft. Die Aufstellung als Cost Center mit kostenbasierter Verrechnungspreisfindung bietet hier die richtige Erfolgsbemessung. Entwickelt sich der Standort hin zu einer etablierten Produktionsstätte, ändern sich die Anforderungen. Die Komplexität nimmt ab, Abläufe haben

> **Durch eine marktbasierte Festlegung der Verrechnungspreise kann der Leistungsdruck erhöht werden.**

Abb. 7.6: Pro und Contra der Ansätze zur Festlegung von Verrechnungspreisen

Quelle: McKinsey

sich eingespielt. Es droht jetzt vielmehr die Unbeweglichkeit und Verfettung des Standorts, der sich auf erzielten Erfolgen ausruht. Dem sollte durch den Aufbau von Wettbewerbsdruck entgegengewirkt werden. Insbesondere wenn der Anteil der Leistungserstellung für unternehmensinterne Abnehmer bedeutend ist, sind die Einführung des Profit-Center-Konzepts und eine marktbasierte Verrechnungspreisfindung fast schon ein Muss.

## 7.2 Supply Chain Management

Zum Management von Produktionsnetzwerken gehört neben dem Aufbau geeigneter Strukturen vor allem die Gestaltung der Prozesse, also der Ablauforganisation. Das Supply Chain Management spielt dabei eine zentrale Rolle. Die Bedeutung der Lieferkette wächst mit der Globalisierung des Produktionsnetzwerks.

Denn die informelle Koordination wird in globalen Kontexten durch die geografische und kulturelle Distanz zwischen den einzelnen Unternehmenseinheiten und Märkten deutlich aufwändiger, und Störungen und Fehler können nicht mehr ohne weiteres durch pragmatische Lösungen behoben werden.

Die zentrale Aufgabe des Supply Chain Management ist die Koordination des Material- und Informationsflusses zwischen den Rohmaterialquellen, den internen und externen Fertigungsstufen und den Kunden. Dementsprechend beschäftigt sich das Supply Chain Management im Kern mit der Organisation der **Lieferbeziehungen** zwischen den Werken, d. h. mit der logistischen Struktur, dem Transportmanagement und dem Datenaustausch im Netzwerk. Auch die **werksübergreifende Produktionsplanung** wird gemeinhin als Aufgabe des Supply Chain Management begriffen.

**Kurzfristig sollten neue Werke die eigene Wertschöpfung optimieren, langfristig aber dem Wettbewerbsdruck ausgesetzt sein.**

Abb. 7.7: Idealtypische Entwicklung eines Produktionsstandorts

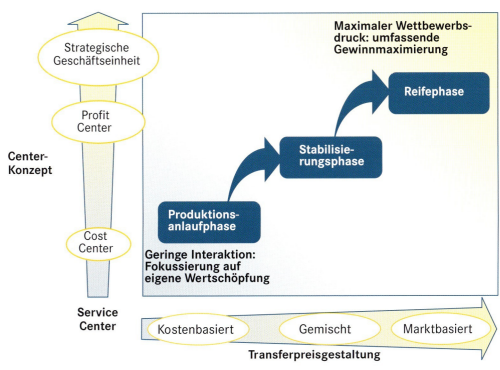

Quelle: McKinsey

> **Die Anforderungen an das Supply Chain Management steigen mit zunehmender Globalisierung des Produktionsnetzwerks.**

Es gibt wohl nur wenige Themen in diesem Zusammenhang, zu denen bereits ähnlich viel geschrieben wurde wie zu Supply Chain Management und Logistik – allein knapp 1.000 deutschsprachige Fachbücher tragen einen dieser beiden Begriffe im Titel. Es können daher im Folgenden nur einige der Ansätze beispielhaft vertieft werden, die eine besonders hohe Relevanz in Bezug auf globale Produktionsnetzwerke haben (Abbildung 7.8):

- Gestaltung von Distributionsnetzwerken
- Transportmanagement und paralleler, multimodaler Transport
- Kapazitätsplanung und Zuordnung.

### 7.2.1 Herausforderungen für das globale Supply Chain Management

Die Gründe für die wachsenden Herausforderungen im Rahmen der Internationalisierung des Supply Chain Management liegt in drei Bereichen:

> **Es werden drei beispielhafte Ansätze zum Aufbau und zur Optimierung der globalen Lieferkette dargestellt.**

Abb. 7.8: Themenfelder des Supply Chain Management

- Erstens werden die **Transportzeiten** zwischen den Werken länger und die Lieferkette wird dadurch weniger flexibel und robust. Durch erhöhte **Transportkosten** und Kapitalbindung in Beständen sowie die gestiegenen Anforderungen von Kunden an die Lieferfähigkeit der Unternehmen steigt die Bedeutung des Supply Chain Management sowohl in Hinblick auf die Kosten als auch den Beitrag zum Kundennutzen. Die Logistik wird zum kritischen Erfolgsfaktor.

- Zweitens steigt die **Komplexität** der Planung der logistischen Kette und der operativen Steuerung, da in den verschiedenen Ländern unterschiedliche Bedingungen herrschen. Die erhöhte Anzahl von Umladevorgängen beispielsweise zum Wechsel des Transportmodus (LKW, See- und Binnenschiff, Flugzeug und Eisenbahn), von Transportabschnitten und grenzüberschreitenden Verkehren bedingt zusätzliche Geschäftsvorfälle; die Logistik wird in Summe störungsanfälliger.

- Drittens behindern Sprachbarrieren und kulturelle **Hürden** den schnellen unbürokratischen Austausch zwischen den Beteiligten, der jedoch wichtig ist, um pragmatische Lösungen zu finden, wenn die Versorgung durch Störungen gefährdet wird.

Die Globalisierung führt tendenziell zu längeren Transportwegen und -zeiten. Insbesondere aufgrund von Skaleneffekten in der Produktion wird bei der Erschließung neuer Märkte nicht immer auch eine Produktionsstätte vor Ort aufgebaut. Märkte werden zu einem erheblichen Teil durch Exporte von bestehenden Standorten aus bedient. Auslandsstandorte in neuen Märkten beziehen oftmals in großem Umfang Vorprodukte aus den Stammwerken. In Summe ist die Bedeutung des internationalen Handels damit deutlich gewachsen. So ist der Anteil der Exporte am kumulierten Bruttonationalprodukt der Welt von 6 Prozent im Jahr 1950 auf 15 Prozent im Jahr 2000 gestiegen.

Die längeren Transportzeiten durch die Globalisierung der Lieferkette führen unmittelbar zu **höheren Beständen** im Transport. Dies ist auch aufgrund der Tatsache problematisch, dass die Lebenszyklen für viele Produkte in den vergangenen Jahrzehnten deutlich kür-

## 7.2 Supply Chain Management

zer geworden sind. Der Wertverfall eines Produkts während eines mehrwöchigen Transports kann daher erheblich sein (Abbildung 7.9).

Produkte sind schneller veraltet, Bestände werden dadurch öfter obsolet. Gleichzeitig steigen die Anforderungen an die Lieferzeit: Gerade Modeprodukte, zu denen heute z. B. auch digitale Kameras und Unterhaltungselektronik gezählt werden, geraten bereits einige Wochen oder Monate nach der Markteinführung in einen verstärkten Preiswettbewerb – die erzielbaren Margen werden geringer. Daher ist die zuverlässige Lieferfähigkeit erfolgskritisch.

Die lange Bindung von Teilen, Komponenten und Fertigprodukten im Transit, d. h. während des Transports, der Verzollung und dem Umschlag, führt auch zu einer geringeren **Robustheit der Lieferkette**. Kann der Ausfall einer Lieferung im Falle einer Störung bei nachbarschaftlicher Ansiedelung durch eine Sonderschicht relativ schnell kompensiert werden, ist dies bei einer interkontinentalen Anlieferung per Seefracht kaum möglich. In der Folge müssen zur Aufrechterhaltung der Produktivität in der Fertigung und der Lieferfähigkeit gegenüber Kunden auch höhere **Sicherheitsbestände** vorgehalten werden, insbesondere in den Eingangslagern der auf interkontinental nachfolgenden Fertigungsstufen. Auch hier verstärken Entwicklungen auf der Marktseite das Problem zusätzlich: Dadurch, dass Produkte in immer mehr Varianten angeboten werden, wird das dezentrale Vorhalten von Sicherheitsbeständen kostspielig. Um um-

**Durch die Globalisierung steigen Kostendruck und Flexibilitätsanforderungen an die Logistik.**

Abb. 7.9: Änderungen für die Logistik durch die Globalisierung der Supply Chain

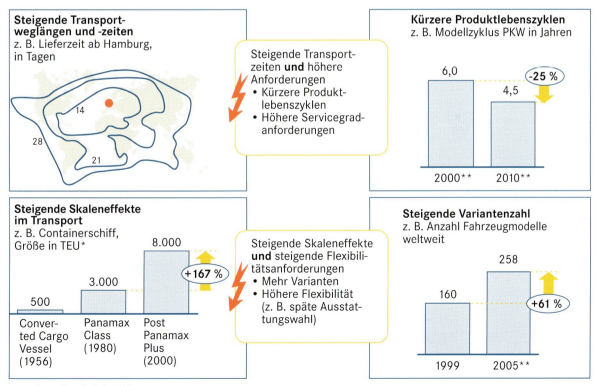

\* Twenty Foot Equivalent Unit  
\*\* Vgl. Abele (2004d)  
Quelle: Abele (2004d), McKinsey

fangreiche Bestände zu vermeiden und Handhabungsschritte bei der Lagerung einzusparen, fordern immer mehr Hersteller eine Anlieferung *Just-in-Time* und wälzen damit einen Teil des Problems auf die Zulieferer ab. Diese müssen sich sowohl hinsichtlich der Wahl ihrer Produktionsstandorte als auch der Gestaltung der Distribution auf diese Anforderungen einstellen.

Die steigende Bedeutung der **Logistik als Kostenfaktor** bei der Erschließung neuer Märkte und der Nutzung von Faktorkostenvorteilen durch eine Auslandsproduktion lässt sich durch einen Ländervergleich aufzeigen. Insbesondere die unterschiedliche Qualität der Infrastruktur macht sich bemerkbar. So liegt der durchschnittliche Anteil der Logistikkosten am Ver-

> **Der Anteil der Logistik an den Kosten der Belieferung (*Landed Costs*) steigt stärker als die Transportkosten alleine.**

kaufserlös in Europa und den USA zwischen 5 und 10 Prozent, für in Indien gefertigte Produkte hingegen bei 13 bis 15 Prozent und in China gar bei 16 bis 20 Prozent[8]. In Entwicklungs- und Schwellenländern, wie beispielsweise China, bedingt nicht nur die schlechte Infrastruktur, sondern auch die staatliche Regulation erhöhte Logistikkosten und eine geringe Zuverlässigkeit der Transporte (Abbildung 7.10). Die Rahmenbedingungen im Zuge der Industrialisierung von Entwicklungs- und Schwellenländern verbessern sich

> **Eine weltweite Logistik muss sich länderspezifischen Herausforderungen stellen.**

Abb. 7.10: Beispiele für Hürden der Logistik in China

| Komplizierte Lizenzvergabeprozesse | | |
|---|---|---|
| **Prozesse** | **Behörde** | **Anforderungen** |
| **Nationale LKW-Betriebslizenz** | • Transportministerium | • Benötigt jeder Dienstleister |
| **Betriebslizenz der Provinz** | • Provinzregierung | • Erforderlich am Firmensitz |
| **LKW-Brief der Stadt** | • Transportbüro der Stadt | • Erforderlich für Erwerb und Zulassung von LKW (z. B. in Schanghai) |
| **Betriebslizenz der Stadt** | • Lokale Polizeibehörde | • Erforderlich für das Angebot von Transportdienstleistungen in einer Stadt |

**Beschwerden über Protektionismus**

„Viele Städte lassen LKW nicht ohne langwieriges Registrierungsverfahren einfahren. Wussten Sie, dass ein LKW aus Tianjin erst nach Peking einfahren darf, nachdem er stundenlang für eine vorübergehende Liefererlaubnis angestanden hat?"
Manager Speditions-JV

„Wenn der LKW aus einer anderen Stadt kommt, tun die lokalen Behörden oft ihr Möglichstes, um ein Bußgeld zu verhängen und ihn aufzuhalten."
Manager Speditions-JV

„Trotz landesweiter Lizenz hindern uns lokale Vorschriften in vielen Regionen am Geschäft."
Manager einer großen Hafenumschlaggesellschaft

„Wir mögen den LKW-Transport unter Zollverschluss, weil niemand einen verplombten LKW anrühren wird. Andernfalls bräuchte man eine ‚Gong-An-Eskorte', um z. B. nach Nordost-China zu fahren."
Manager LKW-Transportunternehmen

> **Transportzeiten schwanken erheblich – die hohe Varianz führt zu hohen Sicherheitsbeständen und schlechter Liefertreue**

Quelle: Interviews, Literaturrecherche

---

[8] Vgl. Rodrique (2005).

zwar – der Anteil der Logistikkosten am BIP Chinas ist beispielsweise von 23 Prozent im Jahr 1997 auf 17 Prozent im Jahr 2004 gefallen und wird voraussichtlich auf ca. 15 Prozent[9] im Jahr 2010 zurückgehen. Dennoch bestehen hier erhebliche Herausforderungen, wenn es darum geht, eine zuverlässige Lieferkette aufzubauen.

---

9 Vgl. Hammond (2004).

## Skaleneffekte in der Logistik: Vorteile durch eine konzernweite Integration

Große Unternehmen können durch Skaleneffekte – gerade in der Logistik – einen Wettbewerbsvorteil erreichen. Das Vorgehen eines nordamerikanischen Unternehmens mit einem Umsatz von 30 Milliarden Dollar zeigt beispielhaft, welche Anstrengungen nötig sind, um sich diesen Wettbewerbsvorteil tatsächlich zu erschließen.

Der Konzern bestand aus knapp 100 Einzelunternehmen, die zu 18 strategischen Geschäftsbereichen zusammengefasst waren. Die Konzernunternehmen betrieben etwa 200 Fertigungs- und Verarbeitungswerke in 70 Ländern sowie Forschung und Entwicklung in etwa 100 Laboren weltweit, und sie beschäftigten zusammen 100.000 Menschen, davon ein Drittel außerhalb der USA.

Das globale Logistikteam des Unternehmens stand vor der Herausforderung, die individuellen Supply-Chain-Bedürfnisse der Geschäftsbereiche des Unternehmens zu erfüllen und gleichzeitig die beträchtliche Einkaufsmacht des Gesamtunternehmens von über einer Milliarde US-Dollar Frachtvolumen pro Jahr zu nutzen. Diese Macht konnte aber nur durch ein gemeinsames Auftreten genutzt werden, Ausnahmen und Einzelverträge der Geschäftseinheiten wurden als kontraproduktiv erkannt und weitgehend abgeschafft.

Die erfolgreiche zentrale Verhandlungsstrategie des Logistikteams half dem Konzern, seine Kostensenkungsvorgaben zu erfüllen. Die Distributionskosten des Unternehmens für Fertigerzeugnisse gingen von 5,33 Prozent des Umsatzes auf 4,4 Prozent nur drei Jahre später zurück. Dieses Ergebnis hat das Unternehmen zu einer Zeit erreicht, in der die Distribution im Wandel begriffen war und vermehrt internationale Transporte über lange Strecken erforderte, die im Allgemeinen teurer waren.

Ein Großteil der Fähigkeit, die Supply Chain gewinnbringend zu nutzen, hing indirekt zusammen mit der zentralen Einkaufsmacht bei der Beschaffung von Transportkapazitäten. Die Inlandsfrachtdistribution, früher von den jeweiligen Werken organisiert, wurde zentralisiert und stand jetzt unter eigenständiger Leitung. Alle Geschäftsbereiche buchten nun ihre Sendungen über die Zentrale. Spezialisten in der Zentrale optimierten die Frachtbewegungen zwischen etwa 40.000 Ausgangs- und Zielort-Paaren und berücksichtigten dabei die Vorgaben der Geschäftsbereiche hinsichtlich bevorzugter Transportunternehmen. Jeder Geschäftsbereich erstellte im Vorfeld anhand der vom Konzern ausgehandelten Preis- und Serviceoptionen eine Liste genehmigter Transporteure. Den Konzernunternehmen wurde dabei eine Reihe von Optionen vorgeschlagen, aus denen sie die für ihre Bedürfnisse besten auswählen konnten. Allerdings waren damit unterschiedliche Kosten verbunden, die das Unternehmen von vornherein klar bekannt gab.

Die Abläufe in der Zentrale waren zu 80 Prozent automatisiert. Ziel war es, ein System zu schaffen, in dem die Eingabe eines Auftrags in einem der Geschäftsbereiche automatisch eine Versandanzeige und eine Frachtbuchung auslöst.

**Fazit:** Die Nutzung von Skaleneffekten in der Logistik ist kein Automatismus. Gerade bei der Beschaffung von Transportkapazitäten bietet nur ein konzernweites integriertes Vorgehen erhebliche Einsparungspotenziale.

Die zweite wesentliche Größe für die wachsende Bedeutung des Supply Chain Management sind Skaleneffekte. Sie wirken sich in zweifacher Weise auf die Logistik aus: Zum einen sind Skaleneffekte in der Produktion ein starker Treiber für das Ansteigen der Transportmengen. Zum anderen machen Skaleneffekte die Belieferung einer ganzen Region von nur einem oder wenigen Produktionsstandorten attraktiv – vor allem, weil **Skaleneffekte im Transport** und in der **Lagerhaltung** zu einer erheblichen Reduzierung der Kosten führen können. Ein integriertes Transport- und Lagermanagement kann in Konzernen diese Synergien nutzen, unabhängig davon, ob die tatsächlichen Transporte und Lager in eigener Verantwortung betrieben werden oder durch unabhängige Dienstleister (Box „Skaleneffekte in der Logistik – Vorteile durch eine konzernweite Integration").

## 7.2.2 Strukturelle Gestaltung des Distributionsnetzwerks

In fast jeder Wertschöpfungskette gibt es Fertigungsschritte, die signifikante Skaleneffekte aufweisen. In der Automobilherstellung ist dies beispielsweise die Blechumformung. Aber selbst bei einfacheren Produkten – von der Herstellung von Druckerzeugnissen bis hin zu Konsumgütern wie Zahnpasta – führen Skaleneffekte zu einer Konzentration der Produktion an wenigen Standorten. Die Gestaltung und das Management eines effizienten und leistungsfähigen Distributionsnetzwerks, das die Distanz vom Werk zum Kunden überbrückt, sind zur Sicherstellung der Marktversorgung essenziell. Auch wenn einige Unternehmen logistische Prozesse – innerbetriebliche Logistik, Fertigwarenlager, Verteillager, Transport *(Line-Haul)*, Verteilung *(Pick-up and Delivery)* und Koordination – vollständig oder teilweise an Dritte auslagern, so bedarf es doch der strategischen Planung und Bewertung der Handlungsoptionen. Dies gilt in besonderem Maße für Unternehmen, die eine Vielzahl von Endpunkten der Lieferkette (z. B. Einzelhändler) mit einer Vielzahl von Produktvarianten unter kurzen Lieferzeitanforderungen versorgen müssen.

Die Gestaltung logistischer Netzwerke ist aufgrund der hohen Anzahl der Transportverbindungen und Sendungen inhärent komplex und gelingt vielen Unternehmen nicht kostenoptimal: Die Analyse bestehender Distributionsnetzwerke zeigt typischerweise ein Kostensenkungspotenzial zwischen 15 und 30 Prozent. So ist bei stark wachsenden Netzwerken häufig eine schlechte **Auslastung** der Transporte zu beobachten, während in reiferen Segmenten oft die **Anzahl der Lager- und Verteilzentren** zu groß ist oder die **Anzahl der Ebenen** (z. B. Dreiebenenstruktur: Zentrallager, regionale und lokale Verteilzentren) nicht anforderungs- oder kostengerecht ist.

### 7.2.2.1 Servicegrad – Indikator für die Leistungsfähigkeit der Logistik

Ein leistungsfähiges Distributionsnetzwerk zeichnet sich durch einen hohen Servicegrad aus. Der Servicegrad ist ein Maß für die Erfüllung der Kundenanforderungen hinsichtlich Lieferzeit und Liefermenge. Er ist einer der wichtigsten Indikatoren, an dem ein Unternehmen von seinen Kunden implizit oder explizit gemessen wird. Im Gegensatz zu den Kosten, bei denen der Kunde in der Regel eine Minimierung anstrebt, sind hinsichtlich der Lieferfähigkeit Mindestanforderungen zu erfüllen, deren Einhaltung der Kunde erwartet und deren Übertreffen für ihn nur einen geringen Wert hat. Eine nicht hinreichende Zuverlässigkeit der Marktversorgung ist für den Kunden daher oft ein Ausschlusskriterium bei der Wahl seiner Lieferanten.

Wesentlich bei der Definition der Anforderungen an ein Distributionsnetzwerk sind die Fragen nach der **kundengerechten Lieferzeit** und dem optimalen **Servicegrad**, wobei am häufigsten der $\alpha$- und der $\beta$-Servicegrad[10] verwendet wird (vgl. Anhang). Was würde der Kunde mehr zahlen, um z. B. die Liefertreue von 95 auf 98 Prozent zu verbessern? Oder anders ausgedrückt: Was darf eine solche Optimierung höchstens kosten, damit sie sich noch lohnt? Neben der Befragung der Kunden ist hier auch die Analyse der Wettbewerber hilfreich: Welche Kennzahlen erreicht die

---

*10 Vgl. Tempelmeier (1999).*

Konkurrenz? Wo ist sie besser als das eigene Unternehmen? Und was wird von den Kunden honoriert oder auch explizit reklamiert?

*7.2.2.2 Volumenstruktur, Skaleneffekte, Lieferanforderungen und Produkteigenschaften*

Es gibt eine Vielzahl von Möglichkeiten, die Distanz von den Produktionsstandorten zum Kunden zu überwinden: Eigene LKWs können Kunden direkt vom Werk aus beliefern, Produkte können zu Containerladungen gebündelt werden und in der Zielregion durch einen Logistikdienstleister verteilt werden oder direkt von den Werken aus in das Transportnetzwerk eines Logistikunternehmens eingespeist und darin transportiert werden.

Die Gestaltungsoptionen sind extrem vielfältig. Die zentrale Frage ist daher, welches Produkt am besten durch welche Distributionsstruktur zum Kunden gelangt. Die zwei wesentlichen Charakteristika dieser so genannten **Volumenstruktur** sind:

- **Zuordnungspunkt** von **Kundenauftrag zum Werkstück** *(Order Decoupling Point):* Bei einer **auftragsbezogenen** *(Make-to-Order)* Fertigung bestimmt die Transportzeit vom Werk zum Kunden entscheidend die Lieferzeit, während bei einer Lagerfertigung (anonyme Fertigung, *„Make-to-Stock"*) eine Belieferung aus zentral oder dezentral vorgehaltenen Beständen erfolgen kann. Kurze Lieferzeiten erfordern bei einer auftragsbezogenen Fertigung zwingend einen regionalen Produktionsstandort oder die Nutzung von Luftfracht als schnellstem Transportmodus. Bei lagerhaltigen Produkten kann die Fertigung trotz kurzer Lieferzeiten zentral erfolgen. Die Belieferung der Kunden erfolgt dann aus marktnahen Lager- und Verteilzentren, deren Bestände durch Zulieferungen aus dem Werk wieder aufgefüllt werden. Bei längeren Lieferzeiten besteht eine höhere Flexibilität, und die Notwendigkeit zur lokalen Produktion oder zum Vorhalten von Beständen entfällt.

- **Volumen per Transportrelation:** Die Menge der von einem Werk zu einem Kunden zu transportierenden Produkte bestimmt, ob spezielle Fahrzeuge die direkte Belieferung vornehmen können oder ob eine Konsolidierung mehrerer Transporte erforderlich ist, um hinreichende Mengen für eine Auslastung der Fahrzeuge und damit einen kostengünstigen Transport zu gewährleisten. Während beispielsweise bei der Anlieferung vom Werk des Herstellers an einen Großhändler der Einsatz spezieller Transporter sinnvoll sein kann, ist die Direktbelieferung mit speziellen Fahrzeugen bei kleineren Produkten und einer Vielzahl von Lieferpunkten kaum sinnvoll.

Die Auswertung der Bestell- und Lieferdaten der vergangenen Jahre kann einen ersten Ansatzpunkt hinsichtlich der Ausprägung der Volumenstruktur für ein spezifisches Unternehmen bieten (Abbildung 7.11). Hier lassen sich unter anderem die typische Bestellstruktur, Schwankungen der Nachfrage über das Jahr und die regionale Verteilung herausarbeiten. Diese Eigenschaften geben erste Anhaltspunkte, welche Optionen – von der Direktzustellung durch eigene Fahrzeuge bis zur Verteilung und Lagerung durch Dritte – für die einzelnen Produkte sinnvoll sein können. Die Analyse der Bestellmenge je Kundenauftrag und die Vorlaufzeit bis zum erwünschten Anlieferungstermin können einen ersten Hinweis auf die geeignete Distributionsstruktur geben.

Ein wichtiger Einflussfaktor für die strategische Gestaltung der Distribution sind die starken **Skaleneffekte,** die logistische Netzwerke aufweisen. Bei steigendem Volumen im Netzwerk sinken die Stückkosten bei gleichzeitiger Verbesserung der Leistungsfähigkeit. Mit dem Volumen steigt die Auslastung von Fahrzeugen, Schiffen und Flugzeugen, und durch direktere Transportverbindungen sinken die zurückzulegende Distanz, die Anzahl der Umschläge und die Transportzeit. Deshalb empfiehlt sich für kleinere Unternehmen oft die Nutzung der logistischen Netzwerke von Logistikunternehmen.

Für größere Unternehmen kann sich hingegen der Betrieb eigener Lager oder sogar eigener Transportnetzwerke lohnen. Ein zweckmäßig ausgelegtes und gut organisiertes Distributionsnetzwerk führt dabei sowohl zu einem hohen Servicegrad, kundengerechter Anlieferung, Konfektionierung und Verpackung als auch zu niedrigen Kosten.

Während die Skaleneffekte logistischer Netzwerke ein Treiber sind, Volumen in einem oder wenigen Transportnetzwerken zu bündeln, sprechen die Anforderungen an die Anlieferung und die Eigenschaften der Produkte oftmals dagegen. Da ein Transportnetzwerk immer nach den höchsten **Anforderungen** aller Produkte ausgelegt werden muss, kann die Einbeziehung kleiner Mengen von Produkten mit spezifischen Anforderungen unwirtschaftlich sein. So wird Kühlware typischerweise in eigenständigen Transportnetzwerken gehandhabt; ebenso ist es sinnvoll, kleine Mengen Gefahrgut nicht in ein allgemeines Stückgutnetzwerk einzuspeisen, da sonst für alle Transporte und alle Umschlagpunkte Vorkehrungen getroffen werden müssten, die es erlauben, diese Güter zu handhaben und zu transportieren.

Bei großen Netzwerken können schon kleine Unterschiede bei den **Produkteigenschaften** oder den Anlieferungsanforderungen eine andere Zuordnung von Produkten zu Transportnetzwerken bedingen: In Deutschland werden Pakete in den Städten beispielsweise getrennt von Briefsendungen zugestellt. Die Ineffizienz einer Zustellung von Paketen zu Fuß oder der Zustellung von Briefen mit einem Kleintransporter bei der hohen Stoppdichte ist größer als die Vorteile einer gemeinsamen Verteilung, d. h. dem Einsparen einer Zustellrunde.

Anders in ländlichen Gebieten: Hier kann die gleichzeitige Verteilung von Paketen und Briefen durch einen Zusteller durchaus sinnvoll sein. Vergleichbar transportiert das Unternehmen FedEx in den USA Ex-

> **Grundlagen der Optimierung des Distributionsnetzwerks sind die Analyse der Orderbücher und die Ableitung der Anforderungen.**

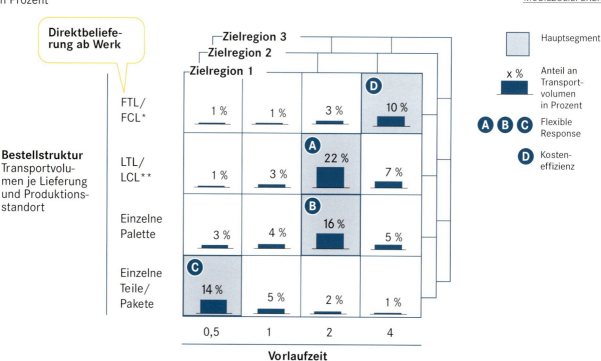

Abb. 7.11: Segmentierung des Transportvolumens in Prozent

* FCL: Full Container Load (volle Containerladung), FTL: Full Truck Load (volle LKW-Ladung)
** LCL: Less than Container Load (Containerteilladung), LTL: Less than Truck Load (LKW-Teilladung)
Quelle: McKinsey

## 7.2 Supply Chain Management

press-Sendungen getrennt von Paketen und Pakete getrennt von Stückgut.

In Analogie dazu sollten auch produzierende Unternehmen sich überlegen, welche Distributionsstruktur sich am besten für welches Produkt eignet. Dabei sollten in einer Clusteranalyse so viele Produkte wie möglich jeweils einer Distributionsstruktur zugeordnet werden, um maximale Skaleneffekte zu realisieren.

> **Der erste Schritt im Design eines Distributionsnetzwerks ist die Clusteranalyse der Produkte.**

So kann es durchaus sinnvoll sein, Großkunden mit eigenen Fahrzeugen direkt zu beliefern und so einen optimalen Service bei geringen Kosten zu realisieren, während die übrigen Kunden über das Transportnetzwerk eines Logistikunternehmens versorgt werden.

### 7.2.2.3 Festlegung der Konsolidierungsebenen und Transportmodi

Nach der Segmentierung der Produkte in Cluster folgt die Konsolidierung der Distributionsnetzwerkstruktur, d. h. der Anzahl der Umschlagpunkte und Lager. Dabei sollte zunächst die grundlegende Struktur im Mittelpunkt stehen, mit dem Ziel, die **Anzahl der Konsolidierungsebenen** und die grundsätzliche **Bestandsstrategie** festzulegen. Erst danach sollten die folgenden Schritte getan werden: die Festlegung der genauen Anzahl eigener Lager- oder Umschlagpunkte und die entsprechende Standortwahl und schließlich die Auswahl der Logistikunternehmen, die Transport, Umschlag und Lagerung gegebenenfalls übernehmen. Abbildung 7.12 skizziert den Optionenraum, der sich in Hinblick auf das Kriterium „Produktvolumen pro Transportrelation" ergibt.

> **Je kleiner die durchschnittliche Liefermenge pro Kunde ist, desto komplexer und teurer wird das Distributionsnetzwerk.**

Abb. 7.12: Gestaltungsoptionen der Distribution bei auftragsbezogener Fertigung

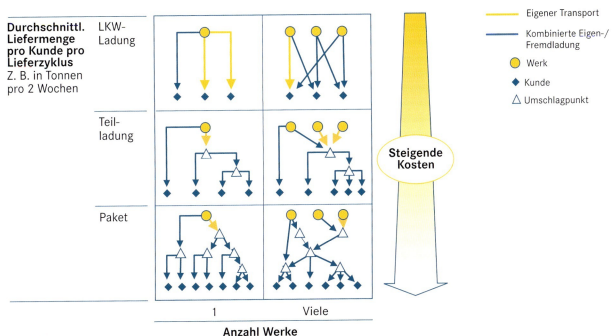

Quelle: McKinsey

Bei einer **auftragsbezogenen Fertigung** *(Make-to-Order)* hat die Gestaltung der Distributionsstruktur unmittelbare Rückwirkungen auf die Auswahl der Produktionsstandorte. Kann eine hinreichend kurze Lieferzeit auf Basis der bestehenden oder geplanten Produktionsstandortstruktur nicht erreicht werden, so muss diese überdacht und durch zusätzliche Montagestandorte ergänzt werden. So ist bei der Herstellung von Mobiltelefonen eine Lösungsoption, Kunden von jeweils einem Werk je Subkontinent aus zu versorgen. Die Nachfrage nach Mobiltelefonen ist jedoch sehr volatil, und die Geräte unterscheiden sich deutlich – insbesondere hinsichtlich Software und Gehäuse in Abhängigkeit von den Anforderungen der Netzbetreiber. Handys werden daher auftragsbezogen gefertigt. Kleine Hersteller mit nur einer Weltfabrik können eine effektive Distribution nur durch einen Direktversand mit Luftfracht an die lokalen Verteilpunkte der Kunden erreichen. Aufgrund der hohen Lieferfrequenz und der teilweise hohen Anzahl der Endpunkte empfiehlt sich dazu die Nutzung des Transportnetzwerks eines Logistikunternehmens. Einzelne Verkaufspunkte können dann sogar direkt beliefert werden, weil Logistikunternehmen in der Lage sind, Sendungen weiter zu vereinzeln und direkt zuzustellen.

Bei der Gestaltung von Distributionsnetzwerken sollte darauf geachtet werden, dass zwar durchaus mehrere, aber nicht zu viele unterschiedliche Grundstrukturen genutzt werden. So ist es bei einer Direktbelieferung aller Märkte aus einer Weltfabrik durchaus denkbar, die Zentrallager von Großkunden durch Direktlieferungen mit speziellen Fahrzeugen zu versorgen. Allerdings nimmt die Komplexität mit der Anzahl der verwendeten Grundtypen deutlich zu, was die Optimierung der operativen Effizienz und Zuverlässigkeit der logistischen Abläufe erschwert. Auch wenn jede Struktur an sich für die jeweiligen Produkte effizient sein kann, so erschwert die Kombination unterschiedlicher Strukturen doch die Transparenz und Planbarkeit des gesamten Distributionsnetzwerks sowie das Erreichen der erforderlichen operativen Exzellenz.

Bei einer **Lagerfertigung** *(anonyme Fertigung „Make-to-Stock")* und dem Vorhalten von Sicherheitsbeständen an Fertigprodukten ist die Gestaltung der Distributionsstruktur stärker von der Auswahl der Produktionsstandorte entkoppelt. Neben der Konsolidierungsstruktur des Transportnetzwerks, das durch die Anzahl der Ebenen von Umschlags- und Verteilzentren bestimmt ist, ist insbesondere über die Lagerstruktur zu entscheiden. Eine kürzere Lieferzeit kann durch eine größere Anzahl lokaler Lager erreicht werden. Dabei ist allerdings zu beachten, dass die Dezentralisierung von Sicherheitsbeständen den Gesamtbestand deutlich erhöht (Abbildung 7.13).

Einige Regeln zur **Gestaltung der Lagerstruktur** in einem Distributionsnetzwerk sollen anhand eines **Beispiels aus der Pharmadistribution** verdeutlicht werden. In diesem Fallbeispiel wurden die Auswirkungen einer Verkürzung der Lieferzeit für kritische Medikamente von fünf auf drei Stunden analysiert. Die Auftragsübermittlung sowie die Konfektionierung der Lieferung und Lieferungsannahme waren bereits aus früheren Prozessoptimierungen ausgereizt und mussten unverändert mit insgesamt einer Stunde veranschlagt werden – also ging es darum, den maximal zulässigen Fahrzeitradius vom Lagerort zum Kunden von vier auf zwei Stunden einzuschränken. Weil die Fahrzeitradien aller Lager das gesamte Gebiet abdecken sollten, ergab sich die Anforderung, die Anzahl der erforderlichen Lagerorte zu vervierfachen; der Umsatz je Lagerort sank entsprechend. Zur Aufrechterhaltung des Servicegrads musste zudem der relative Sicherheitsbestand (d. h. der Sicherheitsbestand für jede umgesetzte Einheit) aufgestockt werden, wodurch sich der Gesamtbestand im Distributionsnetzwerk grob um den Faktor 2 erhöhte.

Eine optimale Planung **mehrstufiger Systeme** geht von der Bildung möglichst weniger Kategorien bzw. Cluster aus. Bei der Pharmadistribution kann es beispielsweise sinnvoll sein, nur kritische, lebenserhaltende Medikamente lokal zu lagern und damit einen hohen Servicegrad und sehr kurze Lieferzeiten zu gewährleisten. Produkte, die nicht in dem Maße zeitkritisch sind und einen geringen Servicegrad am Verkaufspunkt aufweisen dürfen, können durchaus von einem zentralen Punkt mit geringerer Lieferfrequenz verteilt werden. So ist es denkbar, kritische Medikamente von lokalen Lagern durch Kurierfahrten mit

Lieferfrequenzen von wenigen Stunden zu verteilen, während die große Vielfalt der nicht zeitkritischen Produkte – von Taschentüchern bis hin zu Hustendrops – in mehrtägigen Intervallen zugestellt wird (Abbildung 7.14). Diese Überlegungen gelten für Unternehmen des Maschinen- und Fahrzeugbaus in ähnlicher Form für die Versorgung von Kunden mit Ersatzteilen und regulären Produkten.

Die **Gestaltung der Konsolidierungsstruktur**[11] ist primär für die Unternehmen interessant, die eigene Transportnetzwerke betreiben. Allerdings können auch Unternehmen, die die Transportnetzwerke von Logistikunternehmen zum Transport von Zwischenprodukten und zur Verteilung der Fertigprodukte nutzen, durch die Betrachtung der Konsolidierungsstruktur wertvolle Hinweise darauf erhalten, für welche Produktvolumina die Nutzung welchen Netzes besonders effizient ist. Je inhomogener die Verteilung der Sendungsmengen, desto hybrider muss die Konsolidierungsstruktur sein.

Bei einer gleichmäßigen Sendungsmenge in der Größenordnung einer LKW-Ladung wird man bei lokaler Verteilung eine Direktbelieferung vornehmen. Bei einem interkontinentalen Transport erfolgt lediglich die

> **Die optimale Konsolidierungsstruktur wird vor allem durch die durchschnittliche Liefermenge und die Serviceanforderungen bestimmt.**

Abb. 7.13: Gestaltungsoptionen der Distribution bei Lagerfertigung

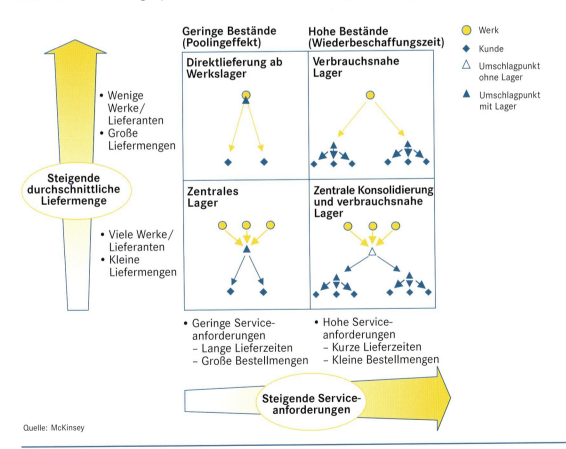

Quelle: McKinsey

---

[11] Unter Konsolidierung wird die Kombination von zwei oder mehr Sendungen verstanden. Ziel der Konsolidierung ist die Nutzung von Skaleneffekten im Transport. Diese Zusammenfassung von Transportmengen wird auch als Make-Bulk Consolidation bezeichnet. Die Vereinzelung nach dem Transport bezeichnet man im Gegensatz dazu als Break-Bulk Consolidation.

Konsolidierung im Ausgangshafen, da Unternehmen des Verarbeitenden Gewerbes nur mit Ausnahmen (z. B. im Automobilbau) ganze Schiffe auslasten können. Bei längeren kontinentalen Transporten kann die Konsolidierung zu so genannten Ganzzugladungen sinnvoll sein, um den Transportmodus Schiene effizient zu nutzen.

Bei Stückgut (d. h. einer Sendungsmenge in der Größenordnung einer Palette) ist in der Regel eine lokale Konsolidierung von Transportvolumina sinnvoll. Dadurch können im **Hauptlauf**, d. h. dem Transport von Verteilzentrum zu Verteilzentrum, größere Fahrzeuge mit höherer Auslastung eingesetzt werden. Je geringer und unregelmäßiger die Sendungsmenge je Transportrelation ist, desto mehr Konsolidierungsebenen müssen genutzt werden, um hohe Auslastungsgrade der Fahrzeuge zu erreichen und so effizient zu transportieren. Allerdings bedingt die Konsolidierung auch, dass die Anzahl der Umschläge (*Handling Events*) steigt und der tatsächliche Transportweg stärker vom kürzestmöglichen abweicht (höherer Umwegfaktor, auch *Detour Factor*). Dadurch steigen nicht nur die Kosten, das Netzwerk wird gleichzeitig auch weniger leistungsfähig, da Umschläge und Umwege zusätzlich Zeit beanspruchen.

Fahrzeugeffizienz, Auslastungsgrad, Umwegfaktor und Anzahl der Umschläge sind die vier Indikatoren, die die Effizienz eines Transportnetzwerks bestimmen. Durch einen gezielten Vergleich dieser Kennziffern in Bezug auf zwei alternative Transportnetzwerke kann schnell festgestellt werden, welches Netz sich für den Transport der in Frage stehenden Produkte eher eignet.

Die Bestimmung der **Anzahl** und genauen **Lage** von **Verteilzentren und Lagern** ist ein klassisches Optimierungsproblem mit hoher mathematischer Kom-

**Bei hohen Anforderungen nehmen optimierte Distributionsnetzwerke komplexe Strukturen an.**

Abb. 7.14: Optimiertes Distributionsnetzwerk zur Pharmabelieferung   BEISPIEL

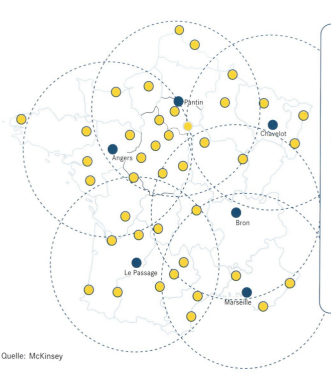

● Regionale Lagerhäuser
○ Lokale Lagerhäuser

**Anforderungen**
- Belieferung von landesweit 15.000 Apotheken
- Lieferfähigkeit innerhalb von 2 Stunden für kritische und innerhalb von einem Tag für unkritische Medikamente
- Deutlich mehr unkritische als kritische Medikamente

**Optimale Struktur**
- Zweistufige Hierarchie aus regionalen und lokalen Lagern
- 6 regionale Lager mit allen Medikamenten
- Etwa 50 lokale Lager mit verfügbarkeitskritischen Medikamenten
- Täglich 4 Lieferwellen für kritische Medikamente von den lokalen Lagern
- Täglich eine Lieferwelle unkritischer Medikamente von den regionalen Lagern
- Eine nächtliche Verteilwelle von den regionalen an die lokalen Lager

Quelle: McKinsey

## 7.2 Supply Chain Management

plexität. Die Aufgabe ist daher prädestiniert für einen Optimierungsansatz. Für den Entscheidungsträger sind dabei zwei wichtige Punkte zu beachten:

- Transportnetzwerke weisen starke **Nichtlinearitäten** auf. Insbesondere sind die Transportkosten je Volumen nicht linear (d. h., der Transport einer 200-kg-Sendung kostet nicht das Doppelte einer 100-kg-Sendung). Vielmehr sind die Kosten der Fahrzeuge relevant, die faktisch unabhängig vom Auslastungsgrad sind. Diese Eigenschaft muss bei der Optimierung unbedingt berücksichtigt werden.

- Die Gesamtkosten des Netzwerks stellen in der Regel in Bezug auf die Anzahl der Konsolidierungspunkte in einem gewissen Bereich eine relativ kontinuierliche Funktion im **flachen Minimum** dar (Abbildung 7.15). Innerhalb dieses flachen Lösungsgebiets mit nahezu optimalen Kosten besteht ein großer Gestaltungsspielraum, der für die Optimierung anhand anderer Kriterien genutzt werden sollte. Besteht bereits eine Struktur von Lagern oder Verteilzentren, sollten innerhalb der Lösungen mit geringen Gesamtkosten die zusätzlichen Ausgaben für die Migration, d. h. Investitionen und Restrukturierungsaufwendungen, minimiert werden.

### 7.2.3 Transportmanagement

Während die strukturelle Gestaltung logistischer Netzwerke primär die Festlegung der Konsolidierungsebenen sowie die Bestimmung der Anzahl und der Standorte von Umschlagpunkten und Lagern zum Thema hat, so ist die taktische Planung und operative Steuerung der Transportverbindungen zwischen den Knotenpunkten die Aufgabe des Transportmanagements.

**Bei Netzwerkoptimierungen gibt es häufig eine Gruppe vergleichbarer guter Lösungen.**

Abb. 7.15: Abhängigkeit der erzielbaren Kostenverbesserung von der Anzahl regionaler Lager

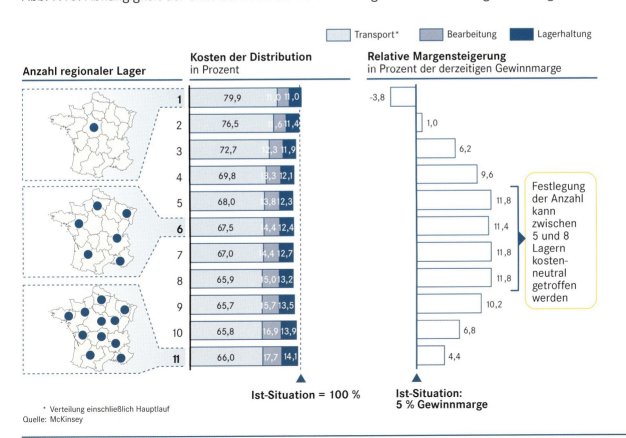

* Verteilung einschließlich Hauptlauf
Quelle: McKinsey

> **In globalen Distributionsnetzwerken sind Kapitalbindungskosten oft genauso hoch wie die eigentlichen Transportkosten und müssen zentraler Gegenstand der Optimierung sein.**

Entscheidend für das Verständnis dieser Aufgabe ist die Erkenntnis, dass die Kosten eines Distributionsnetzwerks nicht allein aus den direkten operativen Kosten, also den Transportkosten, den Handlingkosten, Versicherungsaufwendungen u. Ä., bestehen. **Kapitalbindungskosten** und der Wertverfall von Gütern während des Transports und der Lagerung verursachen ebenfalls Kosten in einem erheblichen Umfang. Selbst am Beispiel eines vergleichsweise schweren und voluminösen Automobilgetriebes (vgl. Kapitel 4) zeigt sich die Bedeutung dieser Kostenelemente: Der Transport per Seefracht und LKW aus Südostasien nach Europa kostet etwa 30 Euro pro Getriebe. Nimmt man eine Gesamtdauer des Transports inklusive Lagerhaltung von zwei Monaten an (der Transport selbst dauert etwa sechs Wochen), Kapitalkosten von 12 Prozent p. a. und einen Wertverfall von 8 Prozent p. a., so entsprechen diese Kosten etwa 16 Euro oder gut 50 Prozent der direkten Transportkosten. Das Verhältnis zwischen diesen Kapitalbindungs- und den Logistikkosten wird entscheidend durch die **Wertdichte** des Transportguts bestimmt. Können mehr Einheiten eines Produkts in einem Seecontainer transportiert werden, so steigt der Wert pro Container und damit der Anteil der indirekten Transportkosten durch Kapitalbindung und Wertverfall.

In den folgenden Abschnitten werden die Organisation des Transportmanagements in Unternehmen des Verarbeitenden Gewerbes und ein innovativer Verbesserungsansatz zur Reduzierung der Logistikkosten diskutiert.

*7.2.3.1 Organisation des Transportmanagements*

Die Aufgaben des Transportmanagements lassen sich in zwei Bereiche gliedern: In der taktischen Planung ist das **Routing** von Transporten festzulegen, d. h. die allgemein zu nutzenden Transportverbindungen und Umschlagpunkte, um von Standort A zu Standort oder Kunde B zu gelangen. Auf der operativen Ebene sind die Abwicklung der Transporte für jedes Segment und der Umschlag an jedem Knotenpunkt zu organisieren, zu überwachen und abzurechnen. Beide Aufgabenbereiche lassen sich heute problemlos an Dienstleister vergeben. Insbesondere die Organisation und **operative Steuerung** selbst beauftragter Transporte ist in der Regel nur für Unternehmen mit substanziellen Volumina pro Transportrelation wirtschaftlich. Wird im Wesentlichen Stückgut versendet, so ist diese Aufgabe für ein einzelnes Unternehmen in der Regel nur schwer zu leisten, da andere Transportvolumina akquiriert werden müssten, um eine hohe Auslastung der Fahrzeuge gewährleisten zu können.

Bei der Bestimmung des optimalen **Routings** von Sendungen sollten die verfügbaren Transportverbindungen weitgehend bekannt sein. Auf dieser Basis kann – auch mit Hilfe von Optimierungsmodellen – entschieden werden, welche Güter wie transportiert werden sollen. Das Routing kann auch die Lagerstruktur und Umschlagpunkte einzelner Güter beeinflussen.

Abbildung 7.16 zeigt ein Beispiel einer integrierten Optimierung des Transportroutings und der zu nutzenden Lager- und Verteilzentren. Alternativ ist die Anlieferung über einen oder zwei Häfen möglich. Im vorliegenden Beispiel senkt die Nutzung eines zweiten Zielhafens aber das Transportvolumen pro Relation, was bei den vorhandenen Skaleneffekten zu höheren Transportkosten pro Einheit führt.

Die **operative Organisation und Steuerung** der Transporte beinhaltet insbesondere die Disposition von Fahrzeugen mit dem Ziel, alle Sendungen innerhalb der vorgesehenen Zeitfenster bei minimalen Kosten zu transportieren. In Transportnetzwerken mit regelmäßigen Volumenflüssen werden dazu Fahrpläne eingesetzt, die bei Volumenschwankungen allenfalls minimal angepasst werden.

Bei sporadisch anfallenden Transporten ist hingegen eine individuelle Zuordnung von Fahrzeugen zu Sendungen erforderlich. Diese Zuordnung birgt ein komplexes Planungsproblem, da nicht nur die zeitgerechte Abholung und Anlieferung der Güter gewährleistet

## 7.2 Supply Chain Management

werden muss, sondern auch eine hohe Auslastung des Fahrzeugs über die gesamte Rundtour.[12] Eine solche Disposition ist nur bei hoher Volumendichte möglich, d. h. innerhalb eines Verbunds mit Teilladungsmengen pro Transportrelation und einer Vielzahl von Transporten pro Tag und Region. Bei geringerer Volumendichte empfiehlt sich die Nutzung von Umschlagpunkten zur Konsolidierung. Zwischen den Umschlagpunkten sollten dann optimierte Fahrpläne eingesetzt werden, die dem jeweiligen Volumenanfall entsprechend angepasst werden.

### 7.2.3.2 Paralleler multimodaler Transport

Bei langen Transportrelationen kann die Optimierung der zu nutzenden Transportmodi erhebliche Einsparungspotenziale erschließen. Bei sehr langen Transportrelationen ist der Kostenunterschied zwischen Seefracht und LKW etwa Faktor 5. In der gleichen Größenordnung liegt die Differenz zwischen LKW-Transport und Luftfracht, d. h., die Differenz zwischen See- und Luftfracht bewegt sich in der Größenordnung des Faktors 25. Gleichzeitig erlaubt der Lufttransport eine direktere Verbindung insbesondere von küstenfernen Orten und ist insgesamt deutlich schneller: Während

**Die Optimierung des Distributionsnetzwerks sollte die Wahl des Transportroutings aus Kostengründen integrieren.**

Abb. 7.16: Regionale Distribution – Beispiel  BEISPIEL

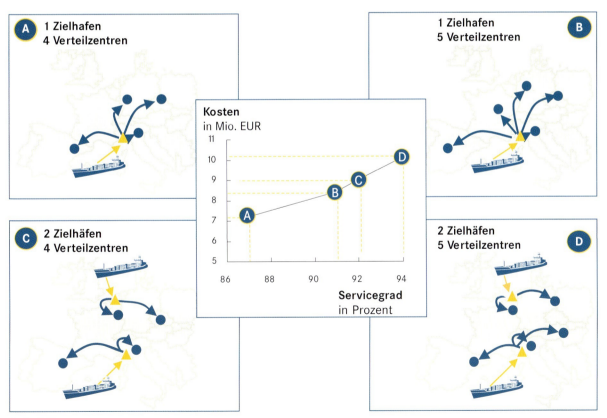

Quelle: McKinsey

---

*12 Das Problem lässt sich als* Capacitated, Time Constrained Traveling Salesman Problem *darstellen.*

für den Transport von Asien nach Deutschland per Seefracht etwa sechs Wochen Zeit veranschlagt werden müssen, so ist der Lufttransport in der Regel in zwei oder drei Tagen machbar. Generell können Unternehmen zwei unterschiedliche Transportmodi zur Optimierung der Transportnetzwerke einsetzen (vgl. auch Abschnitt 2.5.3). Bei dem **sequenziellen multimodalen Transport** werden mehrere Transportmodi nacheinander eingesetzt (z. B. LKW, Eisenbahn und Seeschiff). Diese Art des multimodalen Transports ist weit verbreitet. Beim **parallelen multimodalen Transport** werden mehrere Transportmodi gleichzeitig genutzt. Weil z. B. bereits durch einen geringen Anteil, der per Luftfracht und nicht per Seefracht transportiert wird, die Sicherheitsbestände überproportional reduziert werden können, ist der parallele multimodale Transport ein wirksamer Verbesserungshebel. Der parallele Einsatz von Luft- und Seefracht auf interkontinentalen Transportverbindungen kann das Produktionsnetzwerk effizienter und robuster machen.

> Durch die parallele Nutzung zweier Transportmodi können zugleich Kosten gespart wie auch der Servicegrad erhöht werden.

Die erhöhte Effizienz ist primär dadurch bedingt, dass der Zusammenhang zwischen dem Anteil an Luftfracht und dem erforderlichen Sicherheitsbestand nicht linear ist. Wird auch nur ein kleiner Anteil von weniger als 5 Prozent des gesamten Transportvolumens per Luftfracht transportiert, so reduziert sich der erforderliche Sicherheitsbestand im Eingangslager der darauf folgenden Transportstufe um bis zu 50 Prozent. Zugleich erhöhen sich die **Prozesssicherheit und die Lieferzuverlässigkeit**. Selbst die Produktqualität kann sich durch die Nutzung von Luftfracht für einen Teil der Transportmenge verbessern. So ist der Zeitversatz zwischen Produktion von Teilen und der Montage beim Kunden mit nachfolgender Qualitätskontrolle geringer. Treten Qualitätsprobleme auf, kann frühzeitiger gegengesteuert werden. Der Unterschied kann erheblich sein: Fällt ein Qualitätsproblem erst nach sechs Wochen Transport per Schiff auf, so ist die in dieser Zeit produzierte Menge verloren oder bedarf zumindest der Nacharbeit. Wird hingegen ein Teil per Flugzeug vorausgeschickt, so fällt der Fehler schon nach einigen Tagen auf.

Der Lufttransport sollte dabei so eingesetzt werden, dass Bedarfsspitzen abgefangen werden. Daher kann es durchaus möglich sein, dass in einer erheblichen Anzahl der Lieferperioden nur Produkte per See verschifft werden, während zu anderen Zeitpunkten ein erheblicher Anteil des Produktvolumens per Luftfracht transportiert wird.

Die Grenze, ab welcher Nachfragemenge pro Periode der Spitzenbedarf per Luftfracht transportiert werden sollte, bestimmt sich sowohl aus der Wertdichte der Güter als auch aus dem angestrebten Servicegrad am Zielort und der Höhe der Nachfrageschwankungen. Die Grenze und der daraus resultierende angestrebte durchschnittliche Luftfrachtanteil müssen pro Transportrelation und Produkt festgelegt werden, lassen sich aber approximativ auf Basis tabellierter Werte sehr schnell bestimmen.

Die kürzere Transportzeit per Luftfracht bedingt auch bei nur teilweiser Nutzung dieses Transportmodus eine Verkürzung des Risikozeitraums. Die Transportmenge muss erst kurz vor dem Eintreten oder evtl. sogar erst nach Eingang des Auftrags festgelegt werden. Der Nutzen dieses relativen Informationsgewinns bzw. der **Verkürzung des Risikozeitraums** ist erheblich: Es ist bekannt, wie sich die Nachfrage und Lagerbestände seit Versand der Basismenge per Schiff entwickelt haben. Entsprechend kann die Menge der Lieferung per Luftfracht optimal gewählt werden.

Je nach Wertdichte, angestrebtem Servicegrad und der Standardabweichung der Nachfrage können so **bis zu 40 Prozent der Kosten** im Vergleich zum günstigsten rein unimodalen Transportweg gespart werden (Abbildung 7.17).

Unternehmen können diesen Ansatz in zweierlei Hinsicht zur Effizienzsteigerung einsetzen:

- Die **proaktive** Festlegung des Luftfrachtanteils und Grenzwerts, ab dem in einer Nachfrageperiode per

## 7.2 Supply Chain Management

Luftfracht transportiert wird, kann als fester Bestandteil des Transportmanagements verankert werden.

- Es ist aber auch denkbar, **ex post** zu analysieren, bei welchen Transportrelationen zu viel oder zu wenig Luftfracht eingesetzt wird. Ein solches Vorgehen empfiehlt sich insbesondere beim ersten Einsatz dieses Werkzeugs, da oft eine Vielzahl von Einflussfaktoren den Einsatz von Luftfracht statt Seefracht bedingt, die in einer unternehmensspezifischen Entscheidungsregel für das Transportmanagement berücksichtigt werden sollten.

Dass ein Produktionsnetzwerk trotz relativ niedriger Sicherheitsbestände robust sein kann, beweist der Computerhersteller Dell. Ein exzellentes **operatives Transportmanagement** kann Störungen vermeiden und erlaubt den Betrieb effizienter globaler Produktionsnetzwerke. Das reaktionsschnelle operative Management ist dabei wirkungsvoller als lähmende Sicherheitsbestände (Box: „Operatives Transportmanagement bei Dell: Erfolg durch schnelles Handeln").

### 7.2.4 Taktische Kapazitätsplanung des Produktionsnetzwerks

Die Planung der zukünftigen Entwicklung der Standorte des Produktionsnetzwerks ist schwerpunktmäßig in den Kapiteln 3 und 4 behandelt worden. Die Grundlage dieser Planungen ist eine langfristige Betrachtung, die immer unter Unsicherheit bezüglich der zukünftigen Einflussfaktoren geschieht. Auch ist das Ergebnis dieser Planung noch vergleichsweise hoch aggregiert – Produktionskapazitäten werden typischerweise nur auf Jahressicht und Produktgruppe ausgewiesen. Eine weitere Detaillierung und Anpassung der Planwerte der strategischen Planung ist daher im Rahmen der taktischen Produktionsplanung erforderlich.

Die taktische Produktionsplanung (auch Produktionsprogrammplanung) beschäftigt sich mit der Frage, zu welchem Zeitpunkt und in welcher Zeitspanne die Produktionsfaktoren kombiniert werden. Bei den Produktionsfaktoren sind insbesondere die **Arbeitskräfte,** die **Betriebsmittel** und die **Werkstoffe** zu be-

**Multimodaler Transport ist über einen breiten Bereich von Produkten/Wertdichten sinnvoll.**

Abb. 7.17: Optimale Transportpolitik

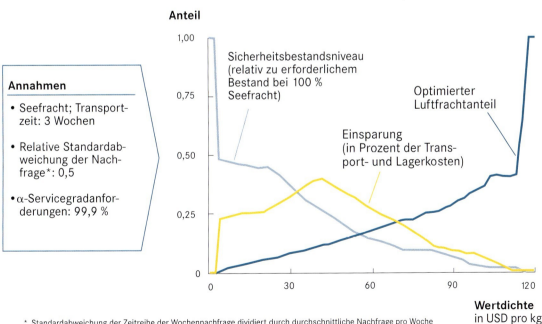

* Standardabweichung der Zeitreihe der Wochennachfrage dividiert durch durchschnittliche Nachfrage pro Woche
Quelle: McKinsey

rücksichtigen. Diese Planungsschritte sind essenziell für den betrieblichen Ablauf. Planungsfehler führen schnell zu Lieferausfällen oder erhöhten Kosten durch ungünstige Losgrößen, unnötige Lagerhaltung oder ungenutzte Kostenvorteile. Nur wenn Unternehmen es schaffen, die strategischen Zielvorgaben der vo-

### Operatives Transportmanagement bei Dell[13]: Erfolg durch schnelles Handeln.

Im Jahr 2002 hinderte eine zehntägige Aussperrung 10.000 gewerkschaftlich organisierte Hafenarbeiter in den USA daran, ihrer Arbeit nachzugehen; durch die Schließung von 29 Häfen an der Westküste – von Los Angeles bis Seattle – konnten Hunderte von Frachtschiffen ihre Rohstoffe und Fertigerzeugnisse nicht löschen, die der US-Handel benötigte. Die Hafenschließungen lähmten globale Lieferketten, verdammten Händler und Hersteller zur Untätigkeit und kosteten die amerikanischen Kunden und Unternehmen letztlich mehrere Milliarden Dollar.

„Wenn es zu einem Arbeitskampf, einem Erdbeben oder einer SARS-Epidemie kommt, müssen wir schneller reagieren als alle anderen", so Dick Hunter, der für Nord- und Südamerika zuständige „Supply-Chain-Papst" von Dell. „Wir haben keine andere Wahl. Wir wissen, dass diese Dinge passieren und wir müssen schnell sein, um sie zu bewältigen. Wir können einfach keinerlei Verzögerung hinnehmen."

Dell stand in ständigem Kontakt mit seinen Teileherstellern in Taiwan, China und Malaysia sowie mit seinen Transportpartnern in den USA, die bereits etwa sechs Monate vor der Aussperrung auf das Risiko hingewiesen hatten. Hunter schickte ein Team von zehn Logistikspezialisten nach Long Beach in Kalifornien und zu anderen Häfen; gemeinsam mit den Transportpartnern erarbeiteten sie einen Notfallplan.

Als klar war, dass die Schließungen so gut wie sicher waren, handelte Dell umgehend. Das Unternehmen charterte 18 Flugzeuge des Typs 747. Das Ladevolumen einer 747 entspricht zehn Sattelzügen – genug, um Teile für 10.000 PCs zu transportieren. Das Biet-

verfahren für die Flugzeuge verlief hart und der Preis stieg auf 1,1 Millionen US-Dollar pro Flug von Asien an die Westküste. Da Dell jedoch früh eingestiegen war, konnte man die Kosten bei 500.000 US-Dollar pro Flug halten. Außerdem arbeitete Dell mit Lieferanten in Asien zusammen, die ihre Teile immer rechtzeitig an die Flughäfen Schanghai und Taipeh lieferten, so dass die zurückkehrenden Chartermaschinen direkt neu beladen und betankt wurden und wieder in die USA flogen. So konnte das Unternehmen die Flugzeuge in 33 Stunden in die USA und zurück bringen, die Kosten gering und die Lieferkette in Gang halten.

Inzwischen hatte Dell Mitarbeiter in jedem großen Hafen. In Asien achteten die Frachtspezialisten darauf, dass Teile für Dell zuletzt geladen wurden, um bei der Ankunft zuerst entladen zu werden. Der größte Test stand bevor, als die Häfen wieder öffneten und die Unternehmen sich durch den Wirrwarr von Tausenden Containern kämpften. Hunters Team hatte diesen logistischen Albtraum vorhergesehen. Obwohl Dell PC-Komponenten in Hunderten von Containern auf 50 Schiffen hatte, wusste man genau, wann jedes der Schiffe entladen wurde, war unter den Ersten, die ihre Teile entluden und brachte sie auf dem schnellsten Weg in die Werke von Austin und Nashville. Das Unternehmen überlebte einen zehntägigen Stillstand der Lieferkette trotz eines Lagerbestands von nur 72 Stunden und ohne Verzögerung auf der Kundenseite.

**Fazit:** Auch bei niedrigen Sicherheitsbeständen ist es möglich, im Falle unerwarteter Ereignisse die Funktionsfähigkeit der Lieferkette zu gewährleisten. Voraussetzung ist ein reaktionsschnelles und kreatives operatives Management.

---

*13 Aufbauend auf Breen (2004).*

rangegangenen Planungsschritte in die Produktionsprogrammplanung konsistent zu integrieren, können die erwarteten Effekte auch erreicht werden.

Gemäß dem Schema der hierarchischen Planung (Box: „Komplexität managen: globale Produktionsplanung bei Mercedes-Benz") können drei **Planungshorizonte**[14] unterschieden werden: 1. Die strategische Planung über mehrere Jahre bis Jahrzehnte (auch Standort- oder Zielplanung), 2. die taktische Planung über mehrere Monate (auch Produktionsprogrammplanung) und 3. die untermonatige operative Planung[15] (auch Reihenfolgen- oder Feinplanung).

Der Detaillierungsgrad der Planung nimmt von der übergeordneten strategischen Planung bis zur Feinplanung immer mehr zu, während gleichzeitig der betrachtete Produktionsausschnitt sich immer mehr einengt, der zugrunde liegende Planungshorizont immer kürzer wird und die abgeleiteten Entscheidungen allmählich in die konkrete Veranlassung von Produktionsvorgängen übergehen.

Die **strategische (Standort-)Planung** wurde bereits ausführlich in den Kapiteln 3 und 4 dargestellt und legt als Ergebnis das langfristige Ziel der Weiterentwicklung von Fertigungskapazitäten an verschiedenen Standorten des Produktionsnetzwerks fest.

Die Ausgangssituation der **taktischen (Kapazitäts-)Planung** ist eine andere: Die Fertigungskapazitäten sind vorhanden und lassen sich innerhalb des Planungshorizonts nur noch geringfügig anpassen. Damit stellt sich in der taktischen Planung im Wesentlichen die Aufgabe der Zuordnung von Kundenaufträgen zu Standorten – die Disposition auf werksübergreifender Ebene.

Die Bedeutung dieser Zuordnung ist je nach Industrie unterschiedlich: In der Automobilzulieferindustrie ist eine Zuordnung über Jahre gültig, jeder Standortwechsel der Produktion würde eine neue Auditierung

---

14 Vgl. Drexl (1994) S. 1022.
15 Vgl. Kuhn (2002).

## Komplexität managen: globale Produktionsplanung bei Mercedes-Benz

Als Premium-Hersteller bietet Mercedes-Benz seinen Kunden sehr individuelle Fahrzeuge mit einer vielfältigen, innovativen Standard- und Zusatzausstattung. Dies führt zu einer enormen Variantenvielfalt und zu einer extremen Komplexität, die durch die unterschiedlichen gesetzlichen Bestimmungen der einzelnen Länder zusätzlich erhöht werden. Für die C-Klasse werden beispielsweise ca. 110 verschiedene Heckscheiben verbaut – je nach Art der verklebten Antenne, der Tönung der Scheibe und anderer Merkmale. Bei den Sitzen führen unterschiedliche Bezüge, Zusatzfunktionen, Bedienarten, die Option Rechts- oder Linkslenker und weitere Wahlmöglichkeiten zu mehr als 10.000 Varianten, deren Teile *Just-in-Sequence* ans Band geliefert werden müssen. Die Fertigung erfolgt nach Kundenauftrag mit kurzen Vorlaufzeiten.

Die Produktoffensive, mit der Mercedes-Benz durch neue Nischenmodelle auch die zunehmend heterogenen Kundenwünsche weitreichend abdecken will, stellt die Produktion durch die hohe Anzahl zusätzlicher Baureihen (Abbildung 7.18) vor große Herausforderungen. Die integrierte Produktionsplanung hilft, diese zu bewältigen.

**Die Anzahl der Produktionsanläufe steigt.**

Abb. 7.18: Durchschnittliche Anzahl Anläufe neuer Baureihen pro Jahr

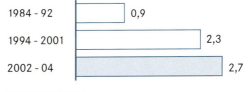

Quelle: DaimlerChrysler

Der weltweite Prozess der Produktionsprogrammplanung ist bei der Mercedes Car Group (MCG) nach den Grundsätzen der hierarchischen Planung organisiert: Die übergeordnete strategische Planung erfolgt bei geringem Detaillierungsgrad, aber langem Planungshorizont und wird durch die operative und unterjährige Planung sowie das monatliche Produktionsprogramm detailliert (Abbildung 7.19). So wird die Langfristplanung weitgehend konsistent ins Tagesgeschäft übertragen.

Der Planungsprozess geht vom Vertrieb aus, der den erwarteten Bedarf bestimmt. Der ausgewiesene Bedarf wird vom Vorstand geprüft und in der Programmbesprechung zwischen Vertrieb und Produktion abgestimmt. Entsprechende Planzahlen werden für den Produktionsbereich auf die Ebenen der einzelnen Werke verteilt, und auf Basis der jeweils verfügbaren Ressourcen wird ein detaillierter Vorschlag für das Weltproduktionsprogramm (WPP) erstellt. In einem letzten Schritt wird das Programm mit allen Auswirkungen und vermuteten Ergebnissen bewertet und vom Vorstand verabschiedet.

Der Planungsprozess und die Ausführung des Weltproduktionsprogramms werden elektronisch unterstützt. Dazu nutzt MCG ein zentrales Planungssystem, das auch die Anbindung des Einkaufs und der Logistik sicherstellt. Ferner können Anlaufkurven berücksichtigt und der Erfüllungsgrad anhand verschiedener Indikatoren überwacht werden. Die Planung erfolgt dabei auf Basis von Planaufträgen zur Kapazitätssteuerung für Fahrzeuge und Sonderausstattung. Die Planaufträge werden kurzfristig mit tatsächlichen Kundenaufträgen in Deckung gebracht, wonach sich dann auch die Fahrzeugsequenz richtet.

**Fazit:** Durch ein hierarchisches Planungssystem im Weltproduktionsprogramm gelingt es der Mercedes Car Group, die weltweite Fertigung effektiv zu koordinieren und Fahrzeuge entsprechend den individuellen Kundenwünschen zu fertigen.

**Hierarchische Planungssysteme ermöglichen die effektive Steuerung weltweiter Produktionsnetzwerke.**

Abb. 7.19: Globale Produktionsprogrammplanung der Mercedes Car Group

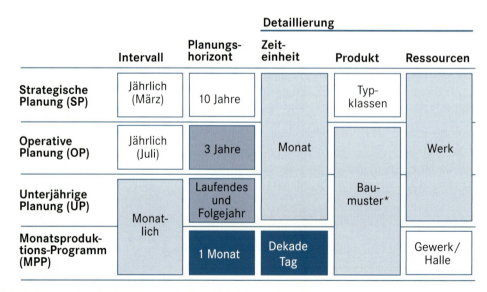

\* Z. B. C-Klassen Limousine 320, Linkslenker
Quelle: DaimlerChrysler

durch den OEM und damit hohe Kosten verursachen. In anderen Industrien, z. B. bei der Montage von Mobiltelefonen, kann die Fertigung kurzfristig an einen anderen Standort verlagert werden, etwa um regionale Schwankungen der Kundennachfrage auszugleichen oder Währungskurseffekte zur Steigerung der Rendite zu nutzen (vgl. Kapitel 2).

Die **operative (Monatsproduktionsprogramm-)Planung** hat im laufenden Tagesgeschäft die Aufgabe, die eingehenden Aufträge auf Maschinen- und Personenebene einzuteilen und den leistenden Stellen ihrer Dispositionsbereiche zuzuweisen sowie die Materialströme und Warenbestände so zu lenken, dass alle Aufträge zu minimalen Kosten zum gewünschten Liefertermin ausgeliefert werden (*Scheduling*, d. h. Zuordnung von Aufträgen zu Ressourcen und Reihenfolgenbildung). Voraussetzungen für eine kostenoptimale Disposition sind die Kalkulierbarkeit und die Kenntnis der beeinflussbaren Kosten. Einflussmöglichkeiten auf die Fertigungskapazitäten sind kaum noch vorhanden und beschränken sich hier im Wesentlichen auf die Terminierung von Wartungszeitpunkten, die Losgrößengestaltungen und die Schichtplanung. Dies ist die Domäne der Produktionsplanungs- und -steuerungssysteme (**PPS-Systeme**), also von computergestützten Systemen zur kurzfristigen Planung, Steuerung und Kontrolle des Produktionsgeschehens bei vorgegebenen Produktionskapazitäten.

Auf das Vorgehen zur kurzfristig orientierten Planung hat ein globales Produktionsnetzwerk praktisch keinen Einfluss, die Vorgehensweise unterscheidet sich kaum von der eines einzelnen Standorts. Dies ist bei der taktischen Planung anders: Durch die strategische Planung ist die zeitliche Entwicklung der Fertigungskapazitäten auf Prozessschrittebene vorgegeben und muss im taktischen Planungsprozess berücksichtigt werden. Nimmt man die Fertigungskapazitäten also als gegeben, bleibt die Frage nach der Zuordnung: Welchem Werk sollte ein Auftrag zugeordnet werden? Dies führt zu der grundlegenden Frage, was eigentlich genau bei der taktischen Planung optimiert werden soll. Anhand welcher Größe sollten zwei alternative Planungen miteinander verglichen werden? Wie kann entschieden werden, welche der beiden besser ist? Es ist augenscheinlich, dass die Beantwortung dieser Frage erfolgskritisch ist.

> **Die Wahl der Zielgröße der Kapazitätsplanung ist essenziell, wird jedoch von Unternehmen sehr unterschiedlich getroffen.**

Unternehmen beantworten diese Frage z. T. sehr unterschiedlich. Ziele der taktischen Planung sind z. B., eine möglichst hohe und **gleichmäßige Auslastung** zu erreichen, den Kunden immer aus dem gleichen Werk zu beliefern (*One Face to the Customer* – vgl. Box: „Management weltweiter Produktion: das Netzwerk des Automobilzulieferers Hella") oder auch die **Kosten zu minimieren.** Keine dieser Zielgrößen ist per se falsch und die Wahl der passenden hängt stark vom Einzelfall ab. Dennoch können einige **Fallstricke** pauschal aufgezeigt werden.

Insbesondere in mittelständischen Unternehmen werden häufig die **Auslastung** und damit die freien Kapazitäten als Kriterium genutzt. Ist ein Werk unterausgelastet, erhält es den nächsten eintreffenden Auftrag. Dies mag einleuchtend erscheinen, führt doch eine Unterauslastung schnell zu Verlusten an diesem Standort durch vorhandene **Fixkosten.**

Aber was sind die langfristigen Folgen? Genau die Standorte, die es nicht schaffen, durch gute Leistungen vorhandene Aufträge zu verlängern und auszubauen, werden künstlich am Leben gehalten. Die besten Standorte erhalten zugleich die wenigsten neuen Aufträge. Natürlich ist nicht in jedem Fall eine Unterauslastung mit unterdurchschnittlicher Leistung des Standorts gleichzusetzen, jedoch birgt das Ziel der gleichmäßigen Auslastung die Gefahr, entsprechende **Schwächen zu vertuschen.**

Die fixe Zuordnung von Kunden zu Werken – das *One-Face-to-the Customer*-Konzept – wirkt hier ähnlich. Werke müssen sich keinem internen Vergabewettbewerb mehr aussetzen, die Zuordnung ist bereits durch die strategische Planung fixiert. Selbst wenn die Werke eigentlich als Profit Center arbeiten, so ist doch das eine Ziel von Profit Centern, nämlich die Schaffung von internem Wettbewerb, teilweise zunichte gemacht.

## Management weltweiter Produktion: das Netzwerk des Automobilzulieferers Hella

Die Hella KGaA Hueck & Co. erwirtschaftet mit 23.000 Mitarbeitern – davon ca. 10 Prozent in Forschung und Entwicklung – mehr als 3 Milliarden Euro Umsatz. Dieser verteilt sich auf die Regionen Europa (85%), NAFTA (10%) und Asien/Pazifik (5%). Das Familienunternehmen produziert an 37 Standorten weltweit, darunter 17 Niedriglohnstandorte. Das Unternehmen gliedert sich in drei Geschäftsbereiche: Lichttechnik, Elektronik und After Market.

Das Produktportfolio des Bereichs Lichttechnik umfasst alle Beleuchtungselemente eines Fahrzeugs: Scheinwerfer, Heckleuchten, Signalleuchten und Innenleuchten. Die Wertschöpfung von Hella konzentriert sich dabei auf die folgenden Kernkompetenzen:

- Spritzgießen aus thermoplastischen und duroplastischen Werkstoffen
- Kunststoff-Oberflächenveredelung (Metallisieren, Beschichten, Lackieren)
- Modulmontage und Endmontage (Schweißen, Kleben, Schrauben).

### Globalisierung gemeinsam mit den Kunden

Wesentlicher Auslöser der Globalisierung des Produktionsnetzwerks waren die Auslandsaktivitäten wichtiger Kunden. So begleitete Hella das Unternehmen VW nach Mexiko, China und Osteuropa und gründete dort Produktionsunternehmen in der Nähe des abnehmenden Werkes. Inzwischen ist Hella in den Regionen West- und Osteuropa, NAFTA sowie Asien/Pazifik mit Schwerpunkt China präsent, um auch komplexe Produkte in den Wachstumsregionen produzieren zu können. Somit steht Hella vor der Herausforderung, ein globales Netzwerk effektiv zu steuern und zu führen.

### Standortaufbau am Beispiel des Werkes in der Tschechischen Republik

Der erste Schritt in Richtung Osteuropa führte Hella 1992 in die Tschechische Republik. Durch den Aufbau der Produktion vor Ort konnte die angestrebte Erschließung des Marktes erreicht werden, der durch den größten Abnehmer Škoda dominiert war. Wichtig für den erfolgreichen Standortaufbau in der Tschechischen Republik war die Anstellung lokaler Manager zur Führung des Unternehmens. Das lokale Führungsteam besaß weitgehende unternehmerische Freiheiten, um den Standort unter den im Businessplan festgelegten Bedingungen aufzubauen.

Der frühe Eintritt in den tschechischen Markt erwies sich für Hella als vorteilhaft. Die Verhandlungsposition gegenüber den Behörden war gut, da erst wenige westliche Unternehmen hier aktiv waren. Es gab ein ausreichendes Potenzial an qualifiziertem und motiviertem Personal. Die Produkte von Škoda und einiger Nutzfahrzeughersteller konnten mit bewährten Fertigungstechnologien hergestellt werden, deren Transfer von Deutschland unproblematisch war. Dadurch konnte sehr schnell ein gutes Produktivitäts- und Qualitätsniveau erreicht werden.

Ende der 90er Jahre wurde der weitere Ausbau des Standorts in Angriff genommen. Neben einer Kapazitätserweiterung wurden auch zusätzliche Fertigungstechnologien installiert, beispielsweise das Spritzgießen und Beschichten der Kunststoffabschlussscheiben. Um parallel zu der Erweiterung keine zusätzliche Komplexität zu schaffen, wurden keine Anläufe neuer Produkte durchgeführt, sondern Produkte verlagert, die schon in den deutschen Werken liefen. Vor Verlagerung der Betriebsmittel wurden die tschechischen Mitarbeiter in den deutschen Werken geschult. Die Verlagerung war erfolgreich, insbesondere war die Versorgung der Kunden kontinuierlich gewährleistet.

Der tschechische Standort entwickelte sich sehr schnell zu einem der leistungsfähigsten, er beliefert heute primär die VW-Gruppe und Ford. Im Vergleich von Produktqualität, Ausschussraten, Produktivität usw. liegt das tschechische Werk auf einem Niveau mit den deutschen Leitwerken. Zugleich nutzt Hella den Standort erfolgreich als Brückenkopf in den russischen Markt.

**Planen, Steuern und Führen des Produktionsnetzwerks**

Hella verfolgt die Strategie, Kunden durch lokale Standorte zu beliefern, etwa die Škoda-Werke durch den tschechischen Standort und die Peugeot-Fertigung in Trnava durch den Standort in der Slowakei. Dabei wird die Kontinuität bei der Zuordnung von Kunden und Produkten zu Standorten soweit möglich auch über Modellgenerationen hinweg gewahrt.

In Konsequenz ist jeder Standort mit allen notwendigen Technologien ausgestattet, und es gibt keine Werke, die aufgrund ihrer Kostenvorteile beispielsweise nur manuelle Montagetätigkeiten ausführen. Abweichungen von dieser Zuordnungsstrategie werden nur zum Kapazitätsausgleich zwischen Standorten vorgenommen, um Unterauslastung von Werken zu vermeiden.

Die technologische Entwicklung der Standorte wird konsequent gesteuert. In den deutschen Leitwerken werden Innovationen erprobt und entwickelt, in den Produktionsprozess integriert und nachfolgend in den übrigen Standorten eingeführt. Dieses Vorgehen wird bei Prozessinnovationen und bei Produktinnovationen gleichermaßen angewendet. Verbesserungen beziehen sich dabei auf die Fertigungseinrichtungen, Fertigungskonzepte (z. B. Verkettung von Spritzgießen und Oberflächenveredelung), Fertigungstechnologien (z. B. Substitution von Lackieren durch Bedampfen) und Werkstoffe (z. B. Qualifizierung kostengünstigerer Werkstoffe).

**Fazit:** Durch die frühzeitige Besetzung neuer Märkte einhergehend mit der Nutzung etablierter Prozesse kann ein nachhaltiger lokaler Wettbewerbsvorteil geschaffen werden. Durch den Einsatz des Leitwerkkonzepts und den intensiven Erfahrungsaustausch im Netzwerk können dabei zugleich Know-how-Vorteile anderer Standorte genutzt werden.

**Globale Technologieführerschaft erreichen – ein Gespräch mit Dr. Rolf Breidenbach, Vorsitzender der Geschäftsführung Hella KGaA Hueck & Co.**

*Herr Dr. Breidenbach, welche Bedeutung hat das globale Produktionsnetzwerk für Hella?*

Aufgrund der stetigen Globalisierung unserer Kunden und der zunehmenden Konsolidierung unter den Automobilherstellern ist ein globales Netzwerk für Hella eine zwingende Notwendigkeit.

Ein in Europa entwickeltes Fahrzeug wird heute auch in Mexiko und China produziert. Die einfachste Lösung für den Fahrzeughersteller ist es, in allen Regionen Teile von einem einzigen Zulieferer zu beziehen, der auch lokal fertigt. Ohne Auslandsstandorte kann ein Zulieferer heute keine führende Rolle mehr übernehmen. Kunden erwarten die lokale Belieferung, egal ob in den USA, China oder Deutschland.

**Dr.-Ing. Rolf Breidenbach** studierte Maschinenbau und Wirtschaftswissenschaften an der RWTH Aachen und wurde 1991 zum Dr.-Ing. promoviert. Nach leitenden Tätigkeiten in der Industrie und in einem technischen Dienstleistungsunternehmen war er Partner bei der Unternehmensberatung McKinsey. Seine Aufgabe bei der Hella trat Rolf Breidenbach im Februar 2004 an.

*Welche Möglichkeiten sehen Sie für Hella, das Netzwerk in den nächsten Jahren weiter auszubauen?*

Die traditionellen Absatzmärkte in Nordamerika, Europa und Japan wachsen aktuell allenfalls mäßig. Hingegen gewinnen die Wachstumsmärkte China, Indien und Mercosur zunehmend an Bedeutung. Jeder Zulieferer, der den Anspruch hat, global präsent zu sein, muss sein Netzwerk auch auf diese Märkte ausweiten.

*Welche Erfolgsfaktoren sind aus Ihrer Sicht beim Aufbau eines neuen Standorts zu beachten?*

Hella hat den großen Vorteil, über drei leistungsstarke Unternehmensbereiche zu verfügen. Somit bietet sich bei Bedarf die Möglichkeit, Aktivitäten in neuen Märkten zu bündeln und eine breitere Basis für einen neuen Standort zu schaffen. Es ist unserer Erfahrung nach von besonderer Bedeutung, dass die neuen Standorte schnell über das notwendige Know-how verfügen, das erforderlich ist, um alle Fertigungsschritte zu beherrschen. Dazu gehört zwingend ein enger Kontakt und intensiver Erfahrungsaustausch mit den Spezialisten im globalen Netzwerk. Die Fähigkeit, lokale Lieferanten aufzubauen, um somit nicht mehr auf den kostspieligen Import von Rohstoffen und Komponenten angewiesen zu sein, ist ein weiterer, sehr wichtiger Aspekt.

*Wie schätzen Sie die Leistungsfähigkeit der ausländischen Hella-Standorte ein?*

Allein das stetige Wachstum der Hella-Gruppe belegt die Leistungsfähigkeit aller Standorte weltweit. Natürlich benötigen die Auslandsstandorte in bestimmten Fällen Unterstützung von den spezialisierten Funktionsbereichen in Deutschland.

Bei Prozessinnovationen ist dies schon etwas anders. Bei unserer internen Benchmark werden immer wieder *Best-Practice*-Lösungen identifiziert, die von den Mitarbeitern an den Auslandsstandorten entwickelt wurden. Aber auch Kunden erkennen die Leistungsfähigkeit der Hella-Auslandsstandorte an: Das Werk in Tschechien erhielt im vergangenen Jahr beispielsweise von Ford den World Excellence Award.

*Wie steuert Hella dieses immer komplexer werdende Netzwerk?*

Grundsätzlich sind alle Auslandsstandorte eigenständige Gesellschaften, die als Profit Center geführt und am Ergebnis gemessen werden. Durch diese Struktur will Hella gezielt das Unternehmertum in den Tochtergesellschaften fördern. Darüber hinaus werden wesentliche Kennzahlen zur Beschreibung der operativen Leistung monatlich von allen Standorten berichtet. Diese Kennzahlen messen u. a. Produktqualität, Produktivität, Einkaufskostenentwicklung und Lieferfähigkeit. Darüber hinaus setzen wir das Instrument des internen Wettbewerbs ein. Ziel ist es, die Vergabe von Projekten mit Kriterien zur Messung der Standortperformance zu verknüpfen. Dies schafft zusätzliche Anreize für das lokale Management, die Leistungsfähigkeit stetig zu steigern.

*Welche Bedeutung haben die deutschen Standorte im Hella-Netzwerk?*

Die deutschen Standorte fungieren als Leitwerke und Kompetenzzentren, in denen neue Fertigungstechnologien und Produktinnovationen industrialisiert werden. Auch werden dort die bestehenden Technologien kontinuierlich weiterentwickelt. Diese Optimierungen werden allen relevanten Standorten vermittelt und führen dort zur Verbesserung von Qualität und Kosten.

Es ist unser erklärtes Ziel, diese deutschen Standorte in ihrer Position als Kompetenzzentren weiterzuentwickeln, um so unsere Strategie der technologischen Führerschaft in unserer Branche auch global weiter umsetzen zu können.

Das Ziel der **Kostenminimierung** erscheint zunächst objektiv und unangreifbar. Dies ist auch weitgehend der Fall – solange es nicht um Investitionsentscheidungen oder um Alternativen mit zeitlich versetzt eintretenden Effekten geht. Aufwendungen für Investitionen sind in der Regel zu einem erheblichen Anteil nicht reversibel. Das heißt, auch wenn das Investitionsgut noch nicht vollständig abgeschrieben ist, kann in der Regel nur ein kleiner Teil des verbleibenden Restwerts durch Veräußerung realisiert werden. Bei Investitionsentscheidungen besteht damit die Gefahr eines *Sunk-Cost Fallacy* (auf Deutsch etwa: „Versenkte-Kosten-Trugschluss"). Alternative Investitionsmöglichkeiten dürfen nicht auf Basis von Abschreibungen (also Kosten) für bereits getätigte Investitionen des einen Szenarios mit Abschreibungen für zukünftige Investitionen des anderen Szenarios verglichen werden. Investitionen, die bereits getätigt wurden, müssen also für die Betrachtung ignoriert werden.[16] Durch die Analyse von Zahlungsströmen statt Abschreibungen ist die *Sunk-Cost*-Logik bereits implizit berücksichtigt. Die objektivere und umfassendere Zielgröße ist damit der **Kapitalwert** oder *Net Present Value* (NPV), also sämtliche durch eine Investition verursachten und auf den aktuellen Zeitpunkt abgezinsten Ein- und Auszahlungen.

Zusammenfassend bestehen also zwei wesentliche Gefahren: Verfettung durch **mangelnden internen Wettbewerb** und die Ausrichtung an einer ausschließlich **kurzfristig orientierten Kostenperspektive zu Lasten langfristiger Erträge.** Zwei Lösungsansätze können hier Abhilfe schaffen:

- Die Vergabe der Aufträge auf Basis von Angeboten interner und externer Anbieter.

- Die Zuordnung des Produkts zu dem Standort, der für das Gesamtunternehmen den höchsten NPV bedeutet.

Konzeptionell ist die Nutzung der **marktwirtschaftlichen Mechanismen** des Wettbewerbs die deutlich einfachere Möglichkeit. Sind neue Produktionsvolumina zu vergeben, werden Kostenangebote der Werke eingeholt, für Komponenten, die nicht das Kerngeschäft betreffen, idealerweise auch von externen Anbietern. Auf diese Weise wird das Produkt an das Werk vergeben, das aufgrund einer günstigen Kostensituation und verfügbarer Produktionskapazitäten das attraktivste Angebot abgegeben hat. Als ein Nebeneffekt erhalten die Werke einen **Benchmark** ihrer eigenen Kostenposition. Für eine gegebenenfalls anstehende *Make-or-buy*-Entscheidung ist zudem automatisch eine transparente Faktenbasis vorhanden. Der Prozess der wirtschaftlichen Bewertung wird dezentralisiert, der zentrale Steuerungsaufwand entsprechend minimiert. Die Vorteile sind also deutlich, jedoch ist eine Umsetzung dieses Konzepts nur möglich, falls die Werke als **Profit Center** arbeiten. Als Cost Center fehlt den Werken die Inzentivierung zur Erzielung eines Deckungsbeitrags und zur Erhöhung der Umsätze.

Der zweite Lösungsansatz ist hier universeller und zugleich holistischer – aber auch aufwändiger: die Vergabe an das Werk, für das die **vergleichende Wirtschaftlichkeitsbetrachtung** den höchsten Kapitalwert (NPV – *Net Present Value*) aufweist. Je nach Anzahl potenzieller Fertigungsstandorte ist dafür unter Umständen eine Reihe an Szenarien durchzurechnen. Die Situation wird noch komplexer, wenn es nicht nur um die Vergabe eines einzelnen Produkts geht. In diesem Fall sind die Interdependenzen zwischen den erlöswirksamen Entscheidungen, ihren Kapazitätswirkungen sowie ihren Transport-, Eigenfertigungs- und Fremdbezugskosten (also der *Total Landed Costs* inkl. der Logistikkosten) für eine manuelle Planung schnell zu komplex – es bietet sich dann eine Entscheidungsunterstützung durch ein Optimierungsmodell geradezu an. Die Erfassung des häufig vorhandenen Variantenreichtums der Endprodukte ist hier im Allgemeinen aber ebenso wenig sinnvoll, wie die minutiöse Betrachtung einzelner Arbeits-, Kontroll- oder Trans-

---

*16 Diese Tatsache wird häufig vergessen. Lockheed versuchte etwa, 1971 eine Bankbürgschaft für die Fortführung der Entwicklung des TriStar-Flugzeugs zu erhalten. Lockheed argumentierte, dass es töricht sei, ein Projekt abzubrechen, in das bereits eine Milliarde US-Dollar investiert wurden. Diese Ausgaben waren jedoch unwiederbringlich, so dass nur die zukünftigen Ausgaben mit den erwarteten Einnahmen für die Fortführung des Projekts relevant waren. Vgl. auch Brealey (2000), S. 123.*

portvorgänge. Bei computergestützten Verfahren lassen sich ohne weiteres zusätzliche Hebel zur Steigerung der Rendite berücksichtigen: So können etwa mittelfristige Trends der **Wechselkurse** genutzt werden, um durch das „Atmen" – also die Verlagerung der Produktion im Rahmen vorhandener Flexibilitäten – der Fertigungskapazitäten zusätzliche Kosten- oder Ertragsvorteile zu nutzen (vgl. Kapitel 2).

## 7.3 Produktionssysteme

Der Austausch von Erfahrungen und Vorgehensweisen *(Best Practices)* zwischen verschiedenen Standorten wird in einem globalen Produktionsnetzwerk vor besondere Herausforderungen gestellt. Neben den großen Entfernungen sind kulturelle und sprachliche Barrieren zu überwinden. Auch machen unterschiedliche Automatisierungsgrade und Ausbildungsgrade der Mitarbeiter an verschiedenen Standorten Anpassungen der *Best Practices* notwendig. Dem Management kommt hier verstärkt die Rolle eines Vermittlers zwischen den Werken zu, um sicherzustellen, dass einmal erarbeitete Prozessverbesserungen auch in anderen Standorten Anwendung finden.

Ein wesentliches Instrument dazu ist die Einführung eines globalen Produktionssystems. Ein Produktionssystem stellt ein Regelwerk und ein methodisches Vorgehen dar, durch dessen Umsetzung **Effizienz- und Qualitätssteigerungen** in der Produktion dauerhaft erreicht werden können. Grundidee ist dabei die konsequente Eliminierung von nicht wertschöpfenden Tätigkeiten (**Verschwendung** oder *Muda*), die im Rahmen von zielgerichteten Kaizen-Aktivitäten[17] verfolgt wird.

Produktionssysteme haben sich industrieübergreifend in produzierenden Unternehmen durchgesetzt, der Schwerpunkt liegt jedoch noch immer in der Automobilindustrie (Box: „Weltweit einen einheitlichen Standard schaffen – ein Gespräch mit Hans-Heinrich Weingarten, Vorstand Produktion der Mercedes Car Group"). So verfolgen seit Mitte der 90er Jahre auch europäische Hersteller verstärkt den Ansatz der schlanken Produktion. Allerdings verläuft die Umsetzung des Konzepts nicht immer wunschgemäß.

Zum einen erzielen die entwickelten Verbesserungsansätze teilweise nicht die erhofften Effekte, zum anderen schaffen es viele Unternehmen nicht, die Maßnahmen nachhaltig weltweit auszurollen – bereits erreichte Verbesserungen verfallen so zunehmend wieder.

Unternehmen stellen sich bei der Einführung eines globalen Produktionssystems drei wesentlichen Herausforderungen: der inhaltlichen Entwicklung des Produktionssystems unter Berücksichtigung ihrer vorrangigen Prozessanforderungen bzw. Produktionstechnologien, dem Aufbau ausreichender Kompetenz in der Anwendung der Methoden des Produktionssystems und der konsequenten Umsetzung in allen Werken des globalen Fertigungsnetzwerks.

Die Einführung eines Produktionssystems erfolgt im Rahmen eines so genannten *Lean-Transformation*-Projekts, das typischerweise zwei Kernphasen hat: die Entwurfs- und Pilotierungsphase und die *Rollout-Phase*.

### 7.3.1 Entwurfs- und Pilotierungsphase

Ziel der Entwurfs- und Pilotierungsphase ist die Definition eines detailliert erarbeiteten Produktionssystems. Obwohl bereits eine geradezu unüberschaubare Menge an verschiedenen Konzepten für Produktionssysteme existiert – und diese auch in der Regel offen zugänglich sind – ist es sinnvoll, ein eigenes System zu entwickeln, in dem sich die unternehmensspezifischen Strukturen, Konzepte und Begriffe widerspiegeln. Wichtig ist, dass ein Produktionssystem grundsätzlich **übergreifend** für unterschiedliche Prozesse und Fertigungstechnologien anwendbar ist. Die Berücksichtigung unterschiedlicher Prozesse und Technologien erfolgt dann durch spezifische Fokussierung auf ausgewählte Elemente des Produktionssystems.

---

*17 Kaizen (jap. kai = ändern; zen = das Gute; wörtl. Verbesserung) ist ein von Taiichi Ohno entwickeltes japanisches Managementkonzept. Im engeren Sinne ist eine ständige Verbesserung gemeint, in die Führungskräfte wie Mitarbeiter einbezogen werden. Gemäß der Philosophie des Kaizen weist nicht die sprunghafte Verbesserung durch Innovation, sondern die schrittweise Perfektionierung/Optimierung des bewährten Produkts den Weg zum Erfolg. Dabei steht nicht der finanzielle Gewinn im Vordergrund, sondern das stetige Bemühen, die Qualität der Produkte und Prozesse zu steigern. Im Westen wurde Kaizen unter dem Namen Kontinuierlicher Verbesserungsprozess (KVP) in vielen Unternehmen eingeführt.*

Für eine Erzielung der gewünschten Effekte ist es entscheidend, dass das Regelwerk und die beschriebenen Maßnahmen konsistent und vollständig sind. Da die Wirkungsweisen der Maßnahmen eng miteinander verzahnt sind, führt in der Regel nur die gemeinsame Umsetzung dieser Maßnahmen in ihrer Gesamtheit zu einer nachhaltigen Reduzierung der Verschwendung (Abbildung 7.20).

Grundvoraussetzung eines jeden Produktionssystems ist das Verständnis der aktuellen Produktion und Lieferkette. Wo liegen Schwächen und Verbesserungspotenziale? Die Antworten müssen einerseits in der Fertigung selbst gesucht werden, durch intensives Verfolgen der Prozessabläufe und Identifikation von Verschwendung jeder Art *(Muda)*, Überlastung *(Muri)* und Unausgewogenheit *(Mura)*. Die so genannten „drei Mu" sind die Hauptsäulen der Philosophie der Ver-

> **Kernpunkt der Konzeption eines Produktionssystems muss die Vermeidung von Verschwendung jeder Art sein.**

lustvermeidung des Toyota Production System. Erfahrene *Lean*-Experten finden oft alleine durch Beobachtung der zurückgelegten Wege der Mitarbeiter, des Materialflusses und der Lagerung von Zwischenprodukten zahlreiche Ansatzpunkte für Verbesserungen. Diese Vorgehensweise ist ein *Bottom-up*-Verbesserungsansatz, der bei konsequenter langfristiger Anwendung nach und nach zu einer Verbesserung und Effizienzsteigerung führt.

Andererseits muss neben der Beobachtung der Produktion im Fertigungsbereich auch eine Analyse der gesamten Produktionsabläufe „am Schreibtisch" erfolgen,

> **Quellen der Verschwendung können häufig nur durch die gemeinsame Umsetzung mehrerer Regeln und Methoden nachhaltig beseitigt werden.**

Abb. 7.20: Wirkungsmatrix der Regeln und Methoden

○ Geeignete Gegenmaßnahme

| Ursache der Verschwendung | Fließprinzip | Taktzeit | Pull-System | Heijunka (Produktionsglättung) | Poka Yoke (Fehlervermeidung) | Andon* | Syst. Fehlerbehebung | Standardarbeit | FMS**-Design | FMS**-Kaizen | Organisation | Performance Mgmt. Syst. | Kompetenzmanagement | Built-in Quality | Instandhaltungssysteme | Arbeitsplatzorganisation |
|---|---|---|---|---|---|---|---|---|---|---|---|---|---|---|---|---|
| Überproduktion | ○ | ○ | ○ | ○ | ○ | ○ |  | ○ | ○ | ○ |  | ○ |  |  | ○ | ○ |
| Warten | ○ | ○ | ○ | ○ | ○ |  |  | ○ | ○ | ○ | ○ |  |  |  | ○ | ○ |
| Transport | ○ |  | ○ |  |  |  |  |  | ○ | ○ |  |  |  |  |  | ○ |
| Arbeitsprozess |  |  |  |  |  |  |  | ○ |  |  |  |  | ○ | ○ | ○ |  |
| Lagerbestände | ○ | ○ | ○ | ○ |  |  |  |  |  |  |  | ○ |  |  | ○ | ○ |
| Bewegung |  | ○ |  |  | ○ |  |  | ○ | ○ |  |  |  |  |  |  | ○ |
| Fehler und Nacharbeit | ○ |  |  |  | ○ | ○ | ○ | ○ |  |  |  | ○ |  | ○ |  |  |
| Prozessvariabilität | ○ |  |  | ○ | ○ | ○ | ○ | ○ |  |  |  | ○ |  | ○ |  |  |
| Anlagenvariabilität |  |  |  |  | ○ | ○ |  |  |  |  |  | ○ | ○ |  | ○ |  |
| Unstete Nachfrage |  | ○ | ○ | ○ |  |  |  | ○ |  |  |  |  |  |  |  |  |
| Variable Arbeitspraktiken |  |  |  |  |  |  |  | ○ |  | ○ | ○ |  | ○ |  |  | ○ |

\* Hilfsmittel zur Informationsweiterleitung bei auftretenden Problemen
\*\* Flexilble Manufacturing System
Quelle: McKinsey

durch die Schwachpunkte in der Lieferkette erkannt werden können. Abbildung 7.21 stellt den dafür nutzbaren **MIFA-Ansatz**[18] dar (*Material and Information Flow Analysis*), der zuerst bei Toyota vor über 60 Jahren Verwendung fand. Ziel ist es, den *Value Stream*, d. h. den Wertschöpfungsstrom der eigenen Produktion, abzubilden und durch Analyse des Zusammenwirkens der Prozessabläufe sowie der einzelnen Prozessparameter Mängel und Hemmfaktoren (Inhibitoren) aufzuzeigen. Im Gegensatz zu den drei Mus ist der MIFA-Ansatz also *top-down*, das System wird als Ganzes betrachtet und wesentliches Verbesserungspotenzial wird bereits in einer frühen Phase identifiziert (*Quick Wins*).

Sind diese Grundlagen erfasst, können nun die Zielfestlegung und Erarbeitung des Produktionssystems folgen. Dies ist ein erfolgskritischer Schritt – anspruchsvolle **Zielvorgaben** sind wichtig, um Mitarbeiter zu einschneidenden Änderungen zu motivieren. Andererseits müssen Ziele auch erreichbar sein, sonst schlägt der Effekt ins Gegenteil um. Eine solide und nachvollziehbare Abschätzung der erreichbaren Werte ist also essenziell und bedarf einer tief greifenden Analyse sowohl der Material- als auch der Informationsflüsse. Auch die Ausarbeitung des Produktionssystems bedarf dieser detaillierten Vorarbeiten. Denn nur wenn die Gründe der Verschwendungen erkannt sind, kann das richtige Regelwerk bzw. die richtige Gegenmaßnahme erarbeitet werden (vgl. auch Anhang).

**Die Identifizierung der derzeitigen Verschwendung ist notwendige Voraussetzung für den Entwurf eines Produktionssystems.**

Abb. 7.21: Material and Information Flow Analysis (MIFA)

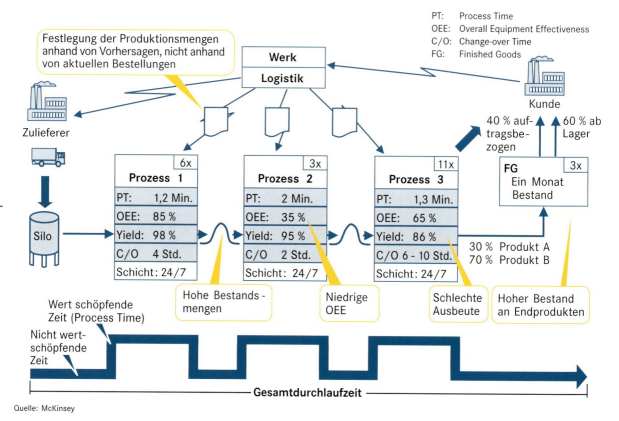

Quelle: McKinsey

---

18 Auch als Value Stream Mapping *bezeichnet.*

## Weltweit einen einheitlichen Standard schaffen – ein Gespräch mit Hans-Heinrich Weingarten, Vorstand Produktion der Mercedes Car Group

*Herr Weingarten, welche Implikationen hat die Globalisierung für die Automobilindustrie?*

Die Globalisierung wirkt sich massiv auf unser Geschäft aus. In den vergangenen Jahren hat sie die Rahmenbedingungen für die Automobilbranche grundlegend verändert. Lassen Sie mich auf drei wesentliche Tendenzen etwas näher eingehen:

Zum einen wünschen Kunden immer individuellere Fahrzeuge – und zwar weltweit sehr differenziert. Automobilhersteller und Zulieferer müssen Kunden daher eine deutlich höhere Variantenvielfalt anbieten, unter anderem durch Nischenfahrzeuge. Verlässliche Absatzprognosen werden dadurch immer schwieriger. So hat uns beispielsweise der Erfolg des SLK Roadsters nach dem Produktionsstart 1996 sehr positiv überrascht. Wir haben unsere Planungen in kurzen Intervallen deutlich nach oben korrigiert.

Zweitens wird die Automobilwirtschaft in den USA, Europa und Japan langfristig eher stagnieren. Das führt zu einer deutlich aggressiveren Preisgestaltung als noch vor einigen Jahren, wie die Rabattschlacht in den USA bereits deutlich zeigt. Problematisch ist dabei auch, dass Unternehmen quantitativ nur dann wachsen können, wenn sie neue Märkte erschließen. Gerade in den *Emerging Markets* herrschen jedoch oft Rahmenbedingungen, die für uns sehr schwierig sind.

Drittens erfordert die Globalisierung neben der globalen Präsenz ein Produktionskonzept für Schwellenmärkte. Hier geht es vor allem darum, zügig eine Produktion aufzubauen, die auf neuesten Technologien basiert.

*Vor welchen Herausforderungen steht dabei die Produktion der Mercedes Car Group?*

**Hans-Heinrich Weingarten ist seit Juli 2003 Executive Vice President Mercedes Car Group mit Zuständigkeit für den Bereich Produktion. Er war vormals Werkleiter des Standorts Sindelfingen und Sprecher der Geschäftsleitung der Baureihen S/SL.**

Seit der Krise 1992/93, die weite Teile der deutschen Automobilindustrie betraf, hat sich der Absatz von PKWs der Marke Mercedes-Benz verdoppelt – eine sehr positive Entwicklung. Doch das stetige Wachstum hat auch Schwächen überdeckt, die unter den zukünftigen Rahmenbedingungen nach neuen Lösungen verlangen.

So möchten wir in Zukunft noch wirtschaftlicher produzieren – allerdings: Wir senken die Kosten nur dann, wenn wir dabei unsere hohen Ansprüche sicher einhalten können. Als Premium-Anbieter gehören für uns dazu eine hohe Qualität und eine flexible Auftragsfertigung. Mercedes-Benz bietet Kunden so viele Wahlmöglichkeiten wie keine andere Automobilfirma – jeder Kunde kann sich so sein individuelles Fahrzeug konfigurieren. Kosten, Qualität und Flexibilität sind also die Rahmenbedingungen für eine zukunftsorientierte Gestaltung unserer Produktion.

*Wie begegnen Sie diesen Herausforderungen?*

Wir haben ein Lösungsbündel entwickelt, das grob gesagt technologische, prozessuale und personalpolitische Ansätze umfasst. Diese Ansätze sind natürlich eng miteinander vernetzt.

Bei den technologischen Ansätzen lautet das Schlagwort „flexible Fabrik". Die gewünschte zunehmende Flexibilität erreichen wir dabei z. B., indem wir kooperierende Roboter oder Laser im Karosseriebau einsetzen.

Der wichtigste prozessuale Ansatz ist nach wie vor das Mercedes-Benz-Produktionssystem. Mit diesem

Ansatz konnten wir in den vergangenen Jahren erhebliche Produktivitätsfortschritte erzielen.

Die personalpolitischen Ansätze sind ebenfalls sehr wichtig, natürlich auch, weil wir sehr viel im Hochlohnland Deutschland produzieren. Hier haben wir im Rahmen unseres Programms „Zukunftssicherung 2012" mit dem Betriebsrat wirksame Instrumente entwickelt, um die erforderliche Flexibilität zu erreichen.

*Wie steuern Sie die weltweite Produktion der Mercedes Car Group?*

Der Produktionsverbund ist als Matrix organisiert: Die Mitarbeiter eines Werkes werden dem Werkleiter zugeordnet und dieser wiederum dem Vorstand Produktion. Zudem werden einzelne Fachfunktionen weltweit über einen Leiter geführt, z. B. die indirekten Bereiche Personalwesen, IT und Rechnungswesen. Ebenfalls zentral geführt und dem Vorstand Produktion untergeordnet ist die weltweite Produktionsplanung der MCG. Die Produktionsplanung nimmt dabei eine entscheidende Rolle ein, von der strategischen Ausrichtung des Produktionsverbunds bis hin zur einheitlichen Gestaltung der operativen Produktionsabläufe. Hierbei ist das Mercedes-Benz-Produktionssystem das wichtigste Werkzeug.

*Wie werden die Auslandswerke operativ gesteuert?*

Es gibt zwischen Inlands- und Auslandswerken keinen Unterschied. Die operative Steuerung erfolgt stets durch eine Produktions-Scorecard, mit der die maßgeblichen Kennzahlen in den Zielfeldern Qualität, Kosten, Termine und interne Prozesse monatlich aktualisiert verdichtet werden. Diese Scorecard steht mir und allen Werkleitern zur Verfügung, sie dient als Diskussionsgrundlage in den monatlichen Werkleitersitzungen.

Diese Sitzungen finden rollierend in den einzelnen Werken statt. Traditionellerweise stellt das jeweils einladende Werk die aktuellen Effizienzfortschritte vor – dieser Weg, Erfahrungen auszutauschen, bewährt sich bei uns sehr gut. Neben den Werkleitersitzungen finden weitere Werkbesuche zu speziellen Themen statt. Die CKD-Werke, die vor allem in Asien liegen, werden auch von der zentralen Planung koordiniert; auf dieser Ebene treffen wir uns halbjährlich.

*Das Mercedes-Benz-Produktionssystem wird global eingesetzt. Wie wurde die Ausbreitung gesteuert, wie wird die Anwendung in den Werken nachgehalten und welche Effekte zeigen sich?*

Ziel von MPS ist ein einheitlicher Standard in allen Mercedes-Benz-Werken, der eine effiziente, schlanke Produktion von Topqualität gewährleistet. MPS sorgt in allen Werken für eine einheitliche Philosophie und dient insgesamt als verbindende Klammer des weltweiten Produktionsnetzwerks. In einer ersten Phase wurden ab 2000 die entsprechenden Methoden und Prozesse eingeführt. Diese Phase ist weitgehend vollzogen; jeder Werkleiter hat jetzt klare Zielvereinbarungen in Bezug auf das MPS, an denen er gemessen wird.

Nach der Einführung der Methoden haben wir in der zweiten Phase begonnen, die Produktionsabläufe bis in alle Details zu verschlanken. Dazu haben wir den *Best-Practice*-Prozess einer Idealfabrik definiert und Abweichungen zwischen Ist-Situation und *Best Practice* für alle Werke analysiert. Auf dieser Basis wurden sowohl werks- als auch center-bezogen Ein- und Dreijahrespläne zur Umsetzung von *Best Practices* ausgearbeitet. Diese Pläne sind in die Zielvereinbarungen aufgenommen und werden zusammen mit den operativen Zielgrößen der Produktions-Scorecard nachgehalten.

In Summe hilft uns das einheitliche Produktionssystem entscheidend, unsere strategischen Ziele weltweit entlang einer klaren Linie in die Werke zu bringen und dadurch konsequent umzusetzen.

Ein Beispiel der Erarbeitung eines derart individuellen Produktionssystems bietet Mercedes-Benz. Seit Mitte der 90er Jahre verfolgt Mercedes den Ansatz der schlanken Produktion und hat dafür das Mercedes-Benz-Produktionssystem (MPS) initiiert.

Neben den in Abbildung 7.22 dargestellten Produktionsprinzipien bilden die zugrunde liegenden Prozesse das Fundament, um diese Methoden anzuwenden und eine ständige Verbesserung anzustreben – gemäß dem Grundsatz „Operative Exzellenz heißt: besser werden und nie damit aufhören"[19].

Zu jedem der 15 MPS-Subsysteme sind verschiedene Methoden und Werkzeuge definiert, denen die vorhandenen oder neu zu implementierenden Prozesse genügen müssen. Wird etwa eine Maschineninstallation im Subsystem „standardisierte Methoden und Prozesse" verbessert, so müssen vier einfache Grundsätze erfüllt werden:

1. Vermeidung bzw. Verminderung von Lagern

2. Kurze Durchlaufzeiten

3. Produktionsorganisation längs des Materialflusses

4. Kleine Qualitätsregelkreise.

### 7.3.2 *Rollout*-Phase

Nach Abschluss der Entwurfs- und Pilotierungsphase folgt der *Rollout* des Produktionssystems. Abhängig von der Größe des Produktionsnetzwerks, also der

---

**Das Mercedes-Benz-Produktionssystem ist ein Baukasten aus *Best Practices* mit 5 Subsystemen und 15 Produktionsprinzipien.**

Abb. 7.22: Mercedes-Benz-Produktionssystem (MPS)

| Arbeitsstrukturen und Gruppenarbeit | | | | | Standardisierung | | Qualität und robuste Prozesse/Produkte | | | Just-in-Time | | | | Kontinuierliche Verbesserung |
|---|---|---|---|---|---|---|---|---|---|---|---|---|---|---|
| Führung | Klare Aufgaben und Rollen | Beteiligung und Entwicklung von Mitarbeitern | Gruppenarbeitsstrukturen | Arbeitssicherheit und Umweltbewusstsein | Standardisierte Methoden und Prozesse | Visuelles Management/5A | Schnelle Problemerkennung und Fehlerbeseitigung | Stabile Prozesse/Produkte und präventives Qualitätsmgmt. | Kundenorientierung (intern und extern) | Produktionsglättung | Pull-Produktion | Fließfertigung | Taktfertigung | Beseitigung von Verschwendung |

**92 vertiefende MPS-Methoden und -Werkzeuge**

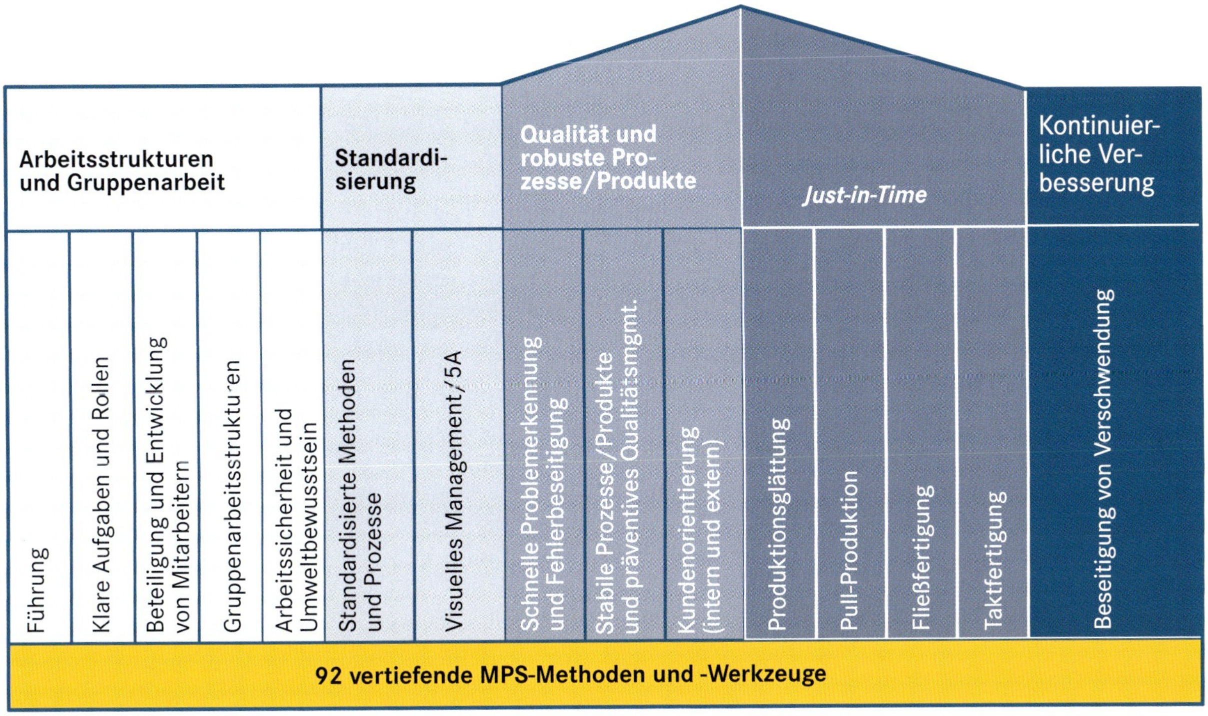

Quelle: DaimlerChrysler

---

[19] Vgl. Nixdorf (2003).

Anzahl beteiligter Standorte, kann ein gestaffelter *Rollout* vorteilhaft sein. Gestaffelt heißt, dass die Änderungen nicht parallel in allen Werken zeitgleich eingeführt werden, sondern die Implementierung zeitlich versetzt in mehreren Wellen erfolgt. Das hat mehrere Vorteile: Trainierte Schulungsleiter können den Anlauf mehrerer Werke betreuen und können selbst Lernkurveneffekte nutzen. Aber auch die Nachhaltung der Umsetzungen ist bedeutend einfacher, wenn man sich in der kritischen Phase auf nur wenige Werke konzentrieren kann.

> **In der *Rollout*-Phase ist vor allem die Einbindung und Überzeugung der Mitarbeiter erfolgskritisch.**

Die erfolgskritischen Faktoren des *Rollouts* sind völlig andere als die der Entwurfs- und Pilotierungsphase. Nicht mehr die technischen Analysen und harten Fakten sind jetzt wesentlich, sondern die nachhaltige Änderung von **eingespielten Verhaltensmustern** und damit der Umgang mit den Emotionen der Mitarbeiter – Reaktionen auf die Ankündigung von Änderungen und Umgestaltungen sind meist Skepsis, Ärger und Besorgnis. Ohne geeignete Gegenmaßnahmen kann dies zu einer Grundhaltung und Stimmung führen, die den gesamten *Rollout* gefährden. Daher muss frühzeitig ein *Change-Management*-Prozess angestoßen werden, um für die erforderliche **Identifikation mit den Projektzielen** und für eine positive Grundstimmung zu sorgen. Einen Schlüssel dazu bietet eine systematische interne Kommunikation, welche die Erfahrungen aufgreift, die in der Pilotphase gewonnen wurden, und dann gezielt auf die jeweiligen Mitarbeitergruppen ausgerichtet wird. Erfolge, die während der Pilotphase erzielt wurden, sollten genutzt werden, um ausgesuchten Mitarbeitern die Vorzüge des neuen Ansatzes zu verdeutlichen, sie können ihre positiven

### Globales Leitwerk: Trumpf rollt die schlanke Produktion vom Leitwerk auf alle Zweigwerke aus.[20]

Die Trumpf-Gruppe, die als Familienunternehmen geführt wird, erzielte mit weltweit knapp 6.000 Mitarbeitern im Geschäftsjahr 2003/04 einen Umsatz von 1,2 Milliarden Euro in den vier Geschäftsbereichen Werkzeugmaschinen, Lasertechnik, Elektrowerkzeuge und Elektronik/Medizintechnik. Die Werkzeugmaschinen waren 2003/04 mit 65 Prozent der umsatzstärkste Geschäftsbereich mit Fertigungstechnologien zur Laserbearbeitung, zum Stanzen, Umformen und Biegen. Der Umsatz der Gruppe wurde zu ca. 35 Prozent in Deutschland erzielt, weitere 35 Prozent im übrigen Europa und die restlichen 30 Prozent überwiegend in den USA und in Asien.

Um in der Produktion Durchlaufzeiten und Warenbestände zu reduzieren wurde 1998 im Stammwerk in Ditzingen ein schlankes Produktionssystem (Synchro) pilotiert, das die bisherige statische Standplatzmontage zugunsten einer getakteten Fließmontage ersetzte. Es gelang damit beispielsweise, die Montage der Lasermaschine „TRUMATIC 6000 L" (mit über 20 Tonnen Gewicht) von 46 auf 21 Tage zu reduzieren und den Wert der Bestände von 4,6 auf 2,2 Millionen Euro zu senken.

Bis 2004 war es gelungen, das neue Produktionssystem weltweit auf alle 15 Trumpf-Produktionsstandorte zu transferieren. Mittlerweile bietet die Firma Trumpf auch für Mitarbeiter externer Unternehmen Weiterbildungen in Zusammenarbeit mit der IHK sowie Informationstage für das Synchro-Produktionssystem an.

**Fazit:** Ein Leitwerk kann einen wesentlichen Beitrag dazu leisten, Innovationen im Produktionssystem voranzubringen und auf sämtliche Zweigwerke zu übertragen.

---

20 *Gespräch mit Friedrich Kilian, Geschäftsführer Forschung und Entwicklung, Trumpf Werkzeugmaschinen, im Juli 2005; Geschäftsbericht Trumpf Gruppe 2004.*

## 7.3 Produktionssysteme

Eindrücke dann als Multiplikatoren an ihre Kollegen oder Mitarbeiter weitergeben. Einen wertvollen Beitrag kann dabei auch ein zentrales Schulungszentrum, z. B. im Stammwerk, leisten, um das *Best-Practice*-Vorgehen didaktisch zu vermitteln (Box „Globales Leitwerk: Trumpf rollt die schlanke Produktion ausgehend vom Leitwerk auf alle Zweigwerke aus").

Wesentlich ist auch die Nachvollziehbarkeit der Ansätze: Jede Maßnahme sollte in einem speziell darauf abgestimmten Workshop vorgestellt, erläutert und durch die Mitarbeiter erprobt werden, bevor diese selbst die neuen Methoden an ihrem Arbeitsplatz einführen. Der Aufwand dazu ist zwar groß, die Erfahrung zeigt jedoch, dass nur so Skepsis in Überzeugung überführt werden kann. Zur Nachvollziehbarkeit gehört zudem eine klare und verständliche Dokumentation (Abbildung 7.23), die jede Maßnahme sowohl sachlich beschreibt als auch Tipps zur Umsetzung liefert.

Nachdem die Methoden eines Produktionssystems vollständig in einem Werk eingeführt wurden, sind die Kontrolle der Beibehaltung und die **Messung der erzielten Erfolge** zentrale Aufgaben, um einen nachhaltigen Erfolg zu sichern. Verbesserungen sollten anerkannt und honoriert werden, um eine leistungsorientierte Kultur zu schaffen. Denn die Mitarbeiter zu einem kontinuierlichen **Streben nach Verbesserung** der Prozesse zu ermuntern, ist das ultimative Ziel eines Produktionssystems.

Die Festlegung eines den Unternehmenszielen und den Fertigungsprozessen entsprechenden Portfolios anhand von Leistungsindikatoren *(Key Performance Indicators)* ist ein wesentlicher Erfolgsfaktor, um dieses Ziel zu erreichen. Wohldurchdachte Indikatoren hingegen, wie die *Overall Equipment Effectiveness* (OEE), bieten auf Prozessebene aussagekräftige Lösungen, die sich zudem leicht prozessübergreifend aggregieren lassen (Abbildung 7.24). Wesentliche Fertigungskennzahlen wie Qualitätsschwächen, Minderauslastung und geringe Verfügbarkeit sind hier zusammengefasst und bieten sich als Orientierungsgrößen für Zielvereinbarungen und leistungsabhängige Vergütungskomponenten an.

**Für jede der Regeln und Methoden des Produktionssystems sollte eine klare Anleitung existieren.**

Abb. 7.23: Mercedes-Benz-Produktionssystem – Methode 2.2.2: Visualisierung

**Beschreibung (Basis für Audit)**

- Bodenmarkierungen, Farbkennzeichnungen, Beschriftungen werden an vorab bestimmten Arbeitsstellen verwendet, z. B. für
  - Stellplätze für
    - Zu bearbeitende Teile
    - Gesperrte Teile (Ausschuss, Nacharbeit)
    - Verbrauchsmaterial, Hilfsstoffe
    - Leere Ladungsträger
    - Bewegliche Gegenstände
  - Werkzeuge
- Etiketten enthalten genauere Beschriftungen und sind farblich gekennzeichnet, wenn Fehler an dieser Stelle möglich sind
- Beschriftungen und Markierungen zeigen die festgelegte maximale Bestandshöhe
- Farbgebung von Markierungen und Kennzeichnungen ist werkeinheitlich festzulegen
- Markierungen, Kennzeichnungen und Beschriftungen sind eindeutig und allen Mitarbeitern bekannt

Quelle: DaimlerChrysler

**Tipps zur Umsetzung**

- Betroffenen Bereich über beschlossene Maßnahmen, geänderte Standorte usw. informieren
- Um eine bessere Akzeptanz bei den Mitarbeitern zu erreichen, sollte die Methode im Rahmen eines Workshops umgesetzt werden

Beispiel aus dem Werk Sao Bernardo, MBBras

> **OEE ist eine umfassende Kennzahl, die wesentliche Leistungsparameter zusammenfasst.**

**Abb. 7.24: Overall Equipment Effectiveness (OEE)** in Prozent  *BEISPIEL*

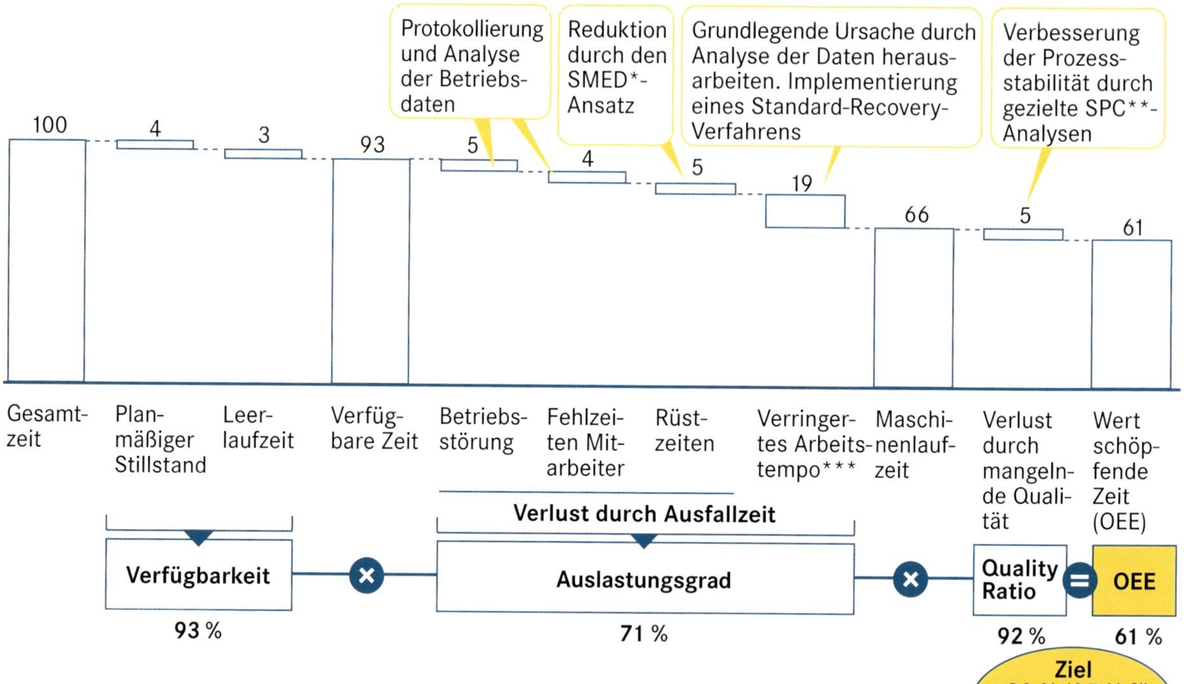

Wasserfalldiagramm mit folgenden Werten und Kategorien:
- Gesamtzeit: 100
- Planmäßiger Stillstand: −4
- Leerlaufzeit: −3
- Verfügbare Zeit: 93
- Betriebsstörung: −5 (Protokollierung und Analyse der Betriebsdaten)
- Fehlzeiten Mitarbeiter: −4
- Rüstzeiten: −5 (Reduktion durch den SMED*-Ansatz)
- Verringertes Arbeitstempo***: −19 (Grundlegende Ursache durch Analyse der Daten herausarbeiten. Implementierung eines Standard-Recovery-Verfahrens)
- Maschinenlaufzeit: 66
- Verlust durch mangelnde Qualität: −5 (Verbesserung der Prozessstabilität durch gezielte SPC**-Analysen)
- Wertschöpfende Zeit (OEE): 61

Verfügbarkeit 93 % × Auslastungsgrad 71 % × Quality Ratio 92 % = OEE 61 %

Verlust durch Ausfallzeit

Ziel > 80 %/95 % für Werkstatt-/Fließfertigung

\* SMED: Single Minute Exchange of Dies
\*\* SPC: Statistical Process Control
\*\*\* Unplanmäßiger Stillstand, verringerte Taktzeit oder verlängerte Reaktionszeit
Quelle: McKinsey

\*\*\*

Die in diesem Kapitel dargestellten Ansätze können das Management bei der Bewältigung der wesentlichen Herausforderungen in der Steuerung und Führung eines globalen Produktionsnetzwerks unterstützen. Die Integration neuer Standorte in die Aufbauorganisation ist dabei genauso wichtig wie die taktische Kapazitätsplanung. Die durch die Globalisierung gestiegene Komplexität der Supply Chain muss durch eine Optimierung der Zulieferkette bewältigt werden. Der wichtige Austausch von *Best Practices* zwischen den Werken sollte durch die Einführung eines Produktionssystems systematisch gefördert werden. Jedes produzierende Unternehmen muss sich mit diesen Aufgaben auseinander setzen. Die weiteren dargestellten Ansätze bieten darüber hinaus Verbesserungsmöglichkeiten, die zwar nicht für jedes Unternehmen zwingend notwendig sind, aber möglicherweise entscheidende Wettbewerbsvorteile aufbauen können.

## Zum Weiterlesen

Alicke, K. *Planung und Betrieb von Logistiknetzwerken.* 2. Auflage, Berlin u. a.: Springer, 2005.

Brealey, R. und S. Myers. *Principles of Corporate Finance.* Boston: McGraw-Hill/Irwin, 2000.

Drew, J., B. McCallum und S. Roggenhofer. *Unternehmen Lean.* Frankfurt am Main/New York: Campus, 2005.

Küpper, H.-U. und S. Helber. *Ablauforganisation in Produktion und Logistik.* 2. Auflage. Stuttgart: Schäfer-Poeschel Verlag, 1995.

Long, D. *International Logistics: Global Supply Chain Management.* Berlin u. a.: Springer, 2003.

Silver, E. A., D. F. Pyke und R. Peterson. *Inventory Management and Production Planning and Scheduling.* 3. Auflage, New York: John Wiley, 1998.

Simchi-Levi D., P. Kaminsky und E. Simchi-Levi. *Designing and Managing the Supply Chain.* 2. Auflage, Boston: McGraw-Hill/Irwin, 2002.

Tempelmeier, H. *Material-Logistik.* 5. Auflage, Berlin u. a.: Springer, 2003.

Thonemann, U. *Operations Management.* München: Pearson, 2005.

Thonemann, U., K. Behrenbeck, R. Diederichs, J. Großpietsch, J. Küpper und M. Leopoldseder. *Supply Chain Champions – was sie tun und wie Sie einer werden.* Wiesbaden: Gabler, 2003.

Vahs, D. *Organisation.* Stuttgart: Schäffer-Poeschel, 2005.

## Anhang A

Die am häufigsten verwendeten und aussagekräftigsten Indikatoren für die Leistung der Logistik eines Distributionsnetzwerks sind **α- und β-Servicegrad:**

- **α-Servicegrad** (auch: Lieferbereitschaftsgrad, *Cycle Service Level* oder *Type I Service Level*): Der α-Servicegrad ist eine ereignisorientierte Kennziffer. Er gibt die Wahrscheinlichkeit dafür an, dass ein eintretender Bedarf vollständig aus dem vorhandenen Lagerbestand gedeckt werden kann, d. h. keine Fehlmenge gegeben ist.

- **ß-Servicegrad** (auch: *Fill Rate* oder *Type II Service Level*): Der ß-Servicegrad gibt als mengenorientierte Kennziffer den Anteil der Gesamtnachfragemenge an, der ohne eine lagerbedingte Lieferzeit ausgeliefert werden kann. Eine aussagekräftige Verwendung des β-Servicegrads verlangt entweder die Möglichkeit der Teilerfüllung von Aufträgen bzw. Abrufen oder eine hinreichend große Anzahl von Abrufen pro Periode, d. h., die durchschnittliche Bedarfsmenge pro Abruf ist deutlich kleiner als die durchschnittliche Gesamtbedarfsmenge pro Periode.

Neben den beiden genannten Indikatoren existiert eine Vielzahl anderer Kennzahlen zur Spezifizierung der Lieferfähigkeit. Der so genannte χ-Servicegrad beispielsweise erfasst nicht nur die mengenmäßige, sondern auch die zeitliche Komponente der Lieferfähigkeit. Auch die durchschnittliche Zeit zwischen nicht sofort erfüllbaren Aufträgen bzw. Abrufen *(Specified Average Time Between Stockout Occasions)*, die sich über die Anzahl der nicht sofort erfüllbaren Aufträge pro Jahr errechnen lässt, ist ein gängiger Indikator, der in der Praxis verwendet wird.

## Anhang B

Tab. 7.B.1: Durch das *Lean*-Konzept beleuchtete Schwachstellen, Symptome, mögliche Ursachen, wichtige Werkzeuge und Methoden (Quelle: Unternehmen *Lean*)

| Schwachstelle | Symptome | Mögliche Ursache | Wichtige Werkzeuge und Methoden |
|---|---|---|---|
| **Überproduktion** Es wird früher, schneller oder in größeren Mengen produziert, als vom Kunden verlangt. | Es werden zu viele Teile produziert. Teile werden zu früh produziert. Teile sammeln sich unkontrolliert in Lagern an. Lange Durchlaufzeiten in der Fertigung. Mangelnde Liefertreue. | Lange Umrüstzeiten führen zu großen Seriengrößen. Bestimmung der Seriengrößen nach rein wirtschaftlichen Aspekten. Schlechte Planung. Unklare Prioritäten in der Planung. Ungleichmäßiger Materialfluss. Anlagenauslastung hat als wichtige Kennzahl Priorität. | *Just-in-Time* (kontinuierliche Fließfertigung, Takt, Pullsysteme, geglättete Produktion). Weniger häufige Umrüstungen oder SMED-Methode (bei der Umrüstungen über die Losgrößen bestimmen). |
| **Wartezeiten** Leerlaufzeiten (für Menschen oder Maschinen), in denen keine wertschöpfenden Tätigkeiten stattfinden. | Die Arbeiter warten häufig auf Material oder Informationen. Die Arbeiter stehen herum und sehen zu, wie die Maschinen laufen. Die Arbeiter warten häufig auf nicht verfügbare Maschinen. Lange Verzögerungen innerhalb eines Arbeitsschrittes. Niedrige Produktivität. Lange Durchlaufzeiten in der Fertigung. | *Große Losgrößen* an den vorgelagerten Stellen führen zu Materialknappheit. Mangelnde Liefertreue oder -qualität der Lieferanten. Schlechter Maschinenzustand (niedrige OEE-Kennzahl). Schlechte Planung. Ineffizienter Einsatz der Arbeitskräfte. Mitarbeiter sind nicht vielseitig einsetzbar. | Flexible Arbeitssysteme (einschließlich standardisierter Arbeitsschritte). *Just-in-Time* (Fließfertigung, Takt, Holsysteme, geglättete Produktion). Strategische Wartung. Lieferantenentwicklung. |
| **Transport** Überflüssige Materialbewegungen | Teile werden mehrmals bearbeitet oder bewegt. Schäden durch zu häufige Bearbeitung. Weite Entfernungen, welche die Teile zwischen den Prozessen zurücklegen müssen. Lange Durchlaufzeiten in der Fertigung. Hohe indirekte Kosten wegen des erforderlichen Lagerraums und der Werkzeuge für die Materialbearbeitung. | Aufeinander folgende Prozesse sind räumlich getrennt. Schlechtes Layout. Hohe Bestände; dasselbe Teil wird oft an mehreren Stellen gelagert. | Fließfertigung und Pull-Systeme. Arbeitsplatzorganisation. |
| **Überflüssige Bearbeitungen** Tätigkeiten, die der Kunde nicht verlangt und somit nicht zur Wertschöpfung beitragen. | Durchführung von Prozessen, die vom Kunden nicht verlangt werden. Überflüssige Genehmigungsverfahren. Höhere direkte Kosten als die Konkurrenten. | Zu komplizierte Prozesse. Produktdesign. Unklare Kundenspezifikationen. Übertriebene Testverfahren. Unangemessene Richtlinien oder Verfahren. | Produktionsvorbereitung. Standardisierte Arbeitsschritte. |

| Schwachstelle | Symptome | Mögliche Ursache | Wichtige Werkzeuge und Methoden |
|---|---|---|---|
| **Lagerbestände** Teile oder Materialien werden in einer Menge gelagert, die über das Maß hinausgeht, das aus Kundensicht erforderlich wäre. | Veraltete Waren. Cashflow-Probleme. Mangelnder Raum. Lange Durchlaufzeiten in der Fertigung. Mangelnde Liefertreue. Umfangreiche Nacharbeiten erforderlich, wenn Qualitätsprobleme auftreten. | Überproduktion, schlechte Prognosen oder Planung. Hohe Sicherheitsbestände wegen häufiger Prozess- oder Qualitätsprobleme. Richtlinien für den Einkauf. Unzuverlässige Lieferanten. *Große Seriengrößen.* | *Just-in-Time* (Fließfertigung, Takt, Holsysteme, geglättete Produktion). Standardisierte Arbeitsschritte. Lieferantenentwicklung. Strategische Wartung (wo technische Probleme die Prozesse beeinträchtigen). Statistische Prozesskontrolle (wenn Qualitätsprobleme die Prozesse beeinträchtigen). |
| **Überflüssige Bewegungen** Überflüssige Bewegungen von Arbeitern oder Material innerhalb eines Prozesses. | Suche nach Werkzeugen oder Teilen. Ständiges Hin- und Hergehen. Doppelbearbeitung von Teilen. Niedrige Produktivität. | Ungünstige Anordnung des Arbeitsplatzes, der Werkzeuge und Materialien. Fehlende visuelle Kontrollen. Ungünstige Anordnung der Prozesse. | Arbeitsplatzorganisation, Fließfertigung, „Motion Kaizen". Standardisierte Arbeitsschritte. Visuelles Management. |
| **Nacharbeiten** Wiederholung oder Korrektur eines Prozesses. | Besondere Prozesse für die Nachbearbeitung. Hohe Fehlerquoten. Hohe Materialkosten wegen der hohen Ausschussraten. Niedrige Produktivität. Große Qualitäts- oder Prüfungsabteilungen. | Material von schlechter Qualität. Schlechter Zustand der Maschinen. Instabile Prozesse. Unpassende Prozesse, d. h. stabile und vorhersagbare Prozesse, die Teile hervorbringen, die den Spezifikationen nicht entsprechen. Zu niedrige Qualifikationen. Unklare Kundenanforderungen. | Statistische Prozesskontrolle. Automation. Lieferantenentwicklung. Standardisierte Arbeitsschritte. Kundenbefragungen. |
| **Variabilität** Jede Abweichung von den Standardbedingungen. | Hohe Ausschussrate oder häufige Nacharbeitungen. Große Qualitäts- oder Prüfungsabteilungen. Wiederkehrende Probleme, die nur behelfsmäßig behoben werden. Leistungskennzahlen, die auf eine inakzeptable Variabilität deuten (z. B. Qualität). | Instabile oder nicht vorhersagbare Prozesse. Unpassende Prozesse. Schlechte Qualität des Materials oder der gelieferten Teile. Zu niedrige Qualifikationen. | Statistische Prozesskontrolle. Automation. Lieferantenentwicklung. Standardisierte Arbeitsschritte. |
| **Inflexibilität** Unzureichende Reaktion auf Nachfrageschwankungen. Vorgänge, die auf Schwankungen der Kundennachfrage zurückgehen. | Unfähigkeit, schnell auf veränderte Kundennachfragen zu reagieren. Viele Überstunden. Zeiten der Unterauslastung. | Hohe Lagerbestände. Lange Rüstzeiten. Ungünstig verteilte Arbeitsschritte. Zu geringe Qualifikationen. Überdimensionierte Maschinen. | *Just-in-Time* (Fließfertigung, Takt, Holsysteme, geglättete Produktion). Flexible Arbeitssysteme. Weniger Umrüstungen oder SMED. |
| **Arbeitsmethoden** Ungeeignete Arbeitsmethoden, welche die Flexibilität des technischen Systems behindern. | Unfähigkeit, die Arbeitsweisen wesentlich zu ändern. Arbeitsschritte werden häufig verschoben, wenn die richtigen Mitarbeiter gerade nicht zur Verfügung stehen. | Die Bedingungen werden nicht so angepasst, dass Veränderungen erleichtert werden. Die Arbeiter beherrschen nur bestimmte Arbeitsschritte und können daher nicht flexibel eingesetzt werden. | Flexible Arbeitssysteme. Standardisierte Arbeitsschritte. |

MICHAEL STOLLE, FRANK JACOB, NICOLAS REINECKE, JAMES HEXTER,
MARINA DERVISOPOULOS

# 8 Beschaffung

## Zusammenfassung

Bei den meisten industriellen Produkten ist der mit Abstand größte Kostenblock das Material. Unternehmen können daher das volle Potenzial einer globalen Produktion nur dann ausschöpfen, wenn sie neben der eigenen Fertigung auch die Beschaffung weltweit dort ansiedeln, wo dies am wirtschaftlichsten ist. Oft macht erst das Einsparungspotenzial bei den Materialkosten den Aufbau von Auslandsstandorten nachhaltig attraktiv. Allerdings ist der Aufbau kompetenter Lieferanten vor Ort eine anspruchsvolle Aufgabe, die Geduld und Fingerspitzengefühl erfordert. Insbesondere bei der Auswahl und dem Aufbau von Zulieferern in Entwicklungs- und Schwellenländern ist mit deutlich erhöhtem Zeit- und Ressourcenaufwand zu rechnen. Eine sorgfältige Planung dieses Prozesses ist wesentlich, um diese Einsparungen realisieren zu können.

Die Entwicklung einer maßgeschneiderten Beschaffungsstrategie beginnt mit der Segmentierung der benötigten Warengruppen: Hierbei entscheidet das Unternehmen für jede Warengruppe, ob diese mittelfristig lokal für das neue Werk beschafft werden kann oder weiterhin von den bisherigen Lieferanten bezogen werden soll. Wichtigstes Entscheidungskriterium sind meist die Kosten, doch daneben sollten auch die Risiken und die Prozesskomplexität beachtet werden.

Die lokale Beschaffung wird, parallel zur Standortverlagerung, in zwei Phasen aufgebaut. In der ersten realisiert das Unternehmen bereits zum Produktionsanlauf *Quick Wins* (schnelle Erfolge): Es bezieht Teile von lokalen Anbietern, die diese auch ohne intensive Vorbereitung und Schulung zuverlässig liefern können. Sobald die Produktion vor Ort stabil läuft, beginnt die zweite Phase: Sie zielt darauf ab, das volle Potenzial der lokalen Beschaffung auszuschöpfen und auch komplexere Teile in die lokale Beschaffung zu verlagern. Dazu sind im Zielland sowohl die eigene Beschaffungsorganisation als auch die Fähigkeiten der Lieferanten gezielt weiterzuentwickeln. Nur mit einer schlagkräftigen und technisch kompetenten lokalen Beschaffungsorganisation kann eine lokale Zuliefererstruktur effizient aufgebaut werden.

## Kernfragen Kapitel 8

- Welche Rolle spielen Materialkosten im Vergleich zu den sonstigen Herstellkosten?
    - Wie unterscheiden sich die Materialkostenanteile in verschiedenen Industrien?
    - Welche Einsparpotenziale lassen sich durch eine Verlagerung der Beschaffung erzielen?
    - Welches sind die wesentlichen Einflussfaktoren bezüglich der Höhe des erzielbaren Einsparpotenzials?
- Wie unterscheiden sich die Herausforderungen für die Beschaffung an einem Niedriglohnstandort im Vergleich zu der Beschaffung an Hochlohnstandorten?
- Welche Zukaufteile sollten zuerst lokal beschafft werden?
- Wie sollte ein Vorgehen zur systematischen Erhöhung des Anteils lokal bezogener Teile aussehen?
- Welche Aufgaben und Strukturen sollte die lokale Beschaffungsorganisation haben?
- Wie kann langfristig eine nachhaltige Verbesserung der lokalen Beschaffung sichergestellt werden?

## 8.1 Bedeutung der Beschaffung im Produktionsnetzwerk

Von den Herstellkosten eines Produkts entfällt ein erheblicher Teil auf Materialkosten: Bei Elektronikprodukten wie PCs, DVD-Geräten oder Spielekonsolen sind es typischerweise 70 bis 85 Prozent, in der Automobilindustrie um die 60 Prozent, in der Pharmabranche immerhin noch 20 bis 40 Prozent (Abbildung 8.1). Daraus folgt, dass die integrierte Optimierung eines Fertigungsnetzwerks auch die Beschaffung mit einschließen muss.

Derzeit sind entsprechende Konzepte nur bei wenigen Unternehmen umgesetzt. Typischerweise beziehen die Auslandswerke den Großteil ihrer Zulieferungen (selbst für einfachste Teile) aus der Heimat. Dies zeigt, dass die Bedeutung des Themas bislang verkannt wird. Denn bis zu einem gewissen Grad ist der Aufbau einer lokalen Beschaffung für nahezu alle Auslandswerke sinnvoll – insbesondere für Komponenten mit niedriger Wertdichte, denn hier werden mögliche Vorteile der heimischen Fertigung schnell durch Transportkosten zunichte gemacht. Werden diese Komponenten in einfachen, aber arbeitsintensiven und schlecht automatisierbaren Fertigungsverfahren hergestellt, ist ein Bezug am Niedriglohnstandort in der Regel von Vorteil.

Allerdings sind gerade in der Beschaffung – mehr noch als beim Aufbau des Produktionsstandorts selbst – die spezifischen Schwächen von Entwicklungs- und Schwellenländern zu überwinden: Meist leidet die Liefertreue unter der mangelhaften Infrastruktur, die Zusammenarbeit mit Zulieferern unter der geringeren Qualifikation und technologischen Kompetenz ihrer Produkt- und Verfahrensingenieure. Nicht selten wird als Folge im eigenen Hause mehr technisches Personal benötigt als ursprünglich geplant. Hinzu kommt, dass die Geschäftspartner mit internationalen Gepflogenheiten oft wenig vertraut sind und kulturell bedingt eine andere Erwartungs- und Anspruchshaltung an den Tag legen. Solche Schwierigkeiten können sich bei komplexen Teilen und Komponenten potenzieren.

Der Aufbau der lokalen Beschaffung verdient daher die besondere Aufmerksamkeit des Managements.

Chancen und Risiken wollen genauestens abgewogen und in die Planung einbezogen werden.

> **Erst die lokale Beschaffung macht den Aufbau von Auslandsstandorten nachhaltig attraktiv.**

### 8.1.1 Kostenpotenziale

Hauptmotivation für eine lokale Beschaffung sind die zusätzlichen Einsparpotenziale. Hier liegt eine bedeutende Chance, die Wirtschaftlichkeit des gesamten Optimierungsvorhabens nochmals gewaltig zu steigern. Denn Potenziale, die sich durch Senkung der Arbeitskosten in der eigenen Produktion ergeben, sind bei vielen Unternehmen schon aufgrund der geringen Fertigungstiefe begrenzt: Diese umfasst beispielsweise in der Unterhaltungselektronik im Durchschnitt weniger als 30 Prozent, gemessen an den Herstellkosten. Davon wiederum entfällt ein großer Teil auf Abschreibungen, Kapitalbindungskosten sowie sonstige Betriebs- und Gemeinkosten – als Folge bewegen sich die direkten Personalkosten meist in einer Größenordnung von bescheidenen 5 bis 15 Prozent der Herstellkosten. Den hier möglichen Einsparungen stehen bei substitutiven Produktionsverlagerungen häufig Einmalaufwendungen in beträchtlicher Höhe gegenüber, denn gerade in Hochlohnländern kann der Personalabbau hohe Abfindungen nach sich ziehen.

Bezieht man aber neben den eigenen Fertigungsschritten auch die der Zulieferer mit ein, ergeben sich ganz andere Optimierungsmöglichkeiten: Zum einen ist dann der Anteil der Personalkosten, über die gesamte Lieferkette gesehen, deutlich höher; zum anderen kommen die Faktorkostenvorteile der lokalen Unternehmen zum Tragen. Beides zusammen erklärt, warum – wie schon im strategischen Standortkonzept (Kapitel 4) aufgezeigt – bei integrierter Betrachtung häufig ein Vielfaches dessen eingespart werden kann, was sich bei Beschränkung auf die eigenen Fertigungsschritte erzielen lässt (Abbildung 8.2). Als Faustregel gilt: Je höher der Personalkostenanteil der Zulieferteile, desto höher das Potenzial (Abbildung 8.3).

> **Materialkosten machen in vielen Industrien mehr als die Hälfte der Herstellkosten aus.**

Abb. 8.1: Materialkostenanteil* in der deutschen Industrie
in Prozent der Herstellkosten** (2003)

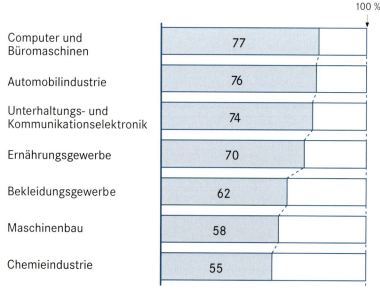

\* Materialverbrauch, Einsatz von Handelsware
\*\* Materialverbrauch, Einsatz von Handelsware, Personalkosten, Kosten für industrielle und handwerkliche Dienstleistungen, Kosten für Lohnarbeiten, Abschreibungen
Quelle: Statistisches Bundesamt (Jahrbuch 2004, 13.3)

*8.1 Bedeutung der Beschaffung im Produktionsnetzwerk*

**Erst durch Fertigung und Beschaffung in Niedriglohnländern lässt sich ein Einsparpotenzial durch Verlagerung von mehr als 30 % realisieren.**

Abb. 8.2: Kostensenkungspotenzial eines Automobilzulieferers durch Verlagerung und Beschaffung aus Niedriglohnländern
Herstellkosten pro Stück in EUR

BEISPIEL

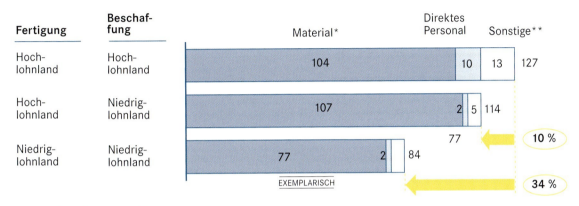

\* Inkl. Materialgemeinkosten; Materialpreise frei Werk
\*\* Abschreibungen, indirektes Personal der Fertigung, sonstige Betriebskosten
Quelle: Unternehmensdaten, McKinsey-Analyse

Eine Schätzung zeigt, dass allein General Motors und Ford zusammen rund 10 Milliarden US-Dollar pro Jahr sparen könnten, wenn sie die Hälfte ihrer Standard-Zulieferteile (z. B. Gussteile, einfache Elektronik-Bauteile, Kabelsätze) in Niedriglohnländern wie China, Indien oder Rumänien beziehen würden. Angesichts dieser Größenordnungen ist es erstaunlich, dass dieser Hebel zur Kostensenkung so selten genutzt wird.

### 8.1.2 Herausforderungen

Dass Unternehmen nach wie vor wenige Zulieferteile aus Niedriglohnländern beziehen, liegt häufig an der mangelnden Kenntnis der dortigen Gepflogenheiten. Fehlt es an der Sensibilität für die lokale (Geschäfts-) Kultur oder an den Ressourcen zur Bewältigung dieser Hürden, sind nicht selten gravierende Fehlschläge die Folge. Und selbst dort, wo die gegenseitige Annäherung erfolgreich verläuft, kann sich der Prozess zeitaufwändiger gestalten als der Einkauf bei bekannten Lieferanten im Heimatmarkt. Meist steht am Niedriglohnstandort – wenn überhaupt – nur eine begrenzte Auswahl an technologisch versierten Zulieferern zur Verfügung; hinzu kommen sprachliche und kulturelle Barrieren, Unterschiede im Niveau/Reifegrad der technischen Ausrüstung oder schlicht mangelndes Vertrauen auf beiden Seiten.

**Je Prozentpunkt höheren Personalkostenanteils steigen die durchschnittlich erzielten Einsparungen um 0,6 %.**

Abb. 8.3: Einsparungspotenzial bei Zukaufteilen durch Beschaffung in Niedriglohnländern

BEISPIELE

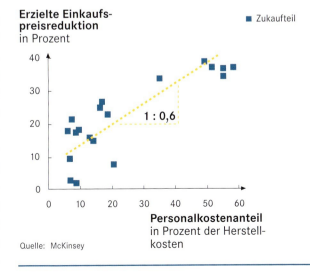

Quelle: McKinsey

Als Beispiel sei hier ein deutscher mittelständischer Betrieb genannt, der die Herstellung eines komplexen Gussteils an einen chinesischen Lieferanten vergab: Dieser brauchte zweieinhalb Jahre und vier Anläufe, bis die Muster endlich die Qualitätsprüfung bestanden. Inzwischen hatte die Kundenfirma das Teil konstruktiv verändert, so dass das erfolgreiche Muster nicht mehr eingesetzt werden konnte. Hier war es versäumt worden, den Kontakt mit dem Lieferanten zu vertiefen und die offensichtlichen Schwierigkeiten zu hinterfragen.

**Beim Aufbau von Zulieferern in Entwicklungs- und Schwellenländern ist mit deutlich erhöhtem Zeit- und Ressourcenaufwand zu rechnen.**

Aufgrund dieser Überlegungen sollte für den Aufbau neuer Lieferanten vor Ort stets ein Mehr an Zeit eingeplant werden (Abbildung 8.4).

Ein Großteil der besonderen Herausforderungen an Niedriglohnstandorten lässt sich allerdings in der Regel mit einer eigenen Produktion vor Ort effizienter bewältigen, als dies bei Beschaffung am Heimatstandort vorstellbar wäre. So kann man bei mangelnder Kenntnis lokaler Marktgegebenheiten Agenten vor Ort einschalten, welche mit den örtlichen Lieferanten, deren Kostenstrukturen und Entscheidungswegen vertraut sind. Parallel kann das Unternehmen seine Erfahrungsbasis durch Lieferantenkontakte und -besuche erweitern. Alternativ (oder zu einem späteren Zeitpunkt) kann es auch als lokaler Marktteilnehmer auftreten und sein einheimisches Personal in die Vorbereitung und Durchführung von Verhandlungen einbeziehen.

Bei unzureichender Qualifikation der örtlichen Lieferanten lässt sich am Produktionsstandort eine enge Kooperation zwischen den eigenen Ingenieuren und den Zulieferern in die Wege leiten. So können auftretende Probleme ohne großen Reiseaufwand direkt begutachtet und ohne Dolmetscher diskutiert werden. Und nicht zuletzt ist die lokale Präsenz auch von Vorteil, wenn es gilt, hoch qualifizierte Einkäufer und

**Der Aufbau neuer Lieferanten in Niedriglohnländern kann signifikant länger dauern als am ursprünglichen Hochlohnstandort.**

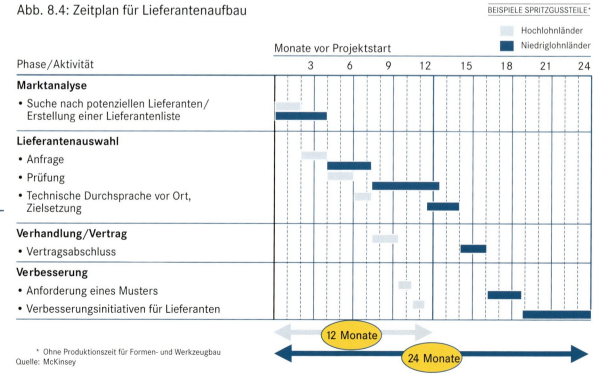

Abb. 8.4: Zeitplan für Lieferantenaufbau

* Ohne Produktionszeit für Formen- und Werkzeugbau
Quelle: McKinsey

> **Lokale vs. globale Beschaffung: Begriffsdefinition**
>
> Von **lokaler** Beschaffung spricht man, wenn diese in räumlicher Nähe des Produktionsstandorts stattfindet. Ziel ist häufig der Aufbau lokaler Zulieferer für produktspezifische oder schwer transportierbare Komponenten. Bezieht also ein Unternehmen für einen Produktionsstandort in Indien Teile von einem indischen Lieferanten, betreibt es lokale Beschaffung.
>
> Kommen die Teile für denselben Standort aber aus China oder den USA, wird dies als **globale Beschaffung** bezeichnet: Ziel ist es hier, für ein Zulieferteil den weltweit besten oder günstigsten Lieferanten zu finden. Letzteres kann besonders bei Standardprodukten mit hoher Wertdichte sehr attraktive Potenziale erschließen; bei anderen Produkten können aber auch Qualität oder Know-how ausschlaggebend sein. Globale Beschaffung ist also nicht notwendigerweise gleichbedeutend mit der Beschaffung aus einem Niedriglohnland.

Manager zu rekrutieren: Der höhere Bekanntheitsgrad und die besseren Kontakte zu anderen Unternehmen und örtlichen Hochschulen werden die Anwerbung geeigneter Kandidaten erheblich erleichtern.

## 8.2 Segmentierung der Zukaufteile

Eine auf das Fertigungsnetzwerk abgestimmte Beschaffungsstrategie sollte auf einer Segmentierung der benötigten Warengruppen aufbauen: Hierbei entscheidet das Unternehmen, welche Warengruppen es kurz- oder mittelfristig lokal beschaffen will und welche es weiterhin von den bisherigen Lieferanten beziehen wird. Wichtigstes Kriterium sind die möglichen Kostenvorteile vor Ort; aber auch Risiko- und Komplexitätsfaktoren sollten beachtet werden.

> **Vor Entwicklung einer lokalen Beschaffungsstrategie sollten die Warengruppen nach Kosten-, Komplexitäts- und Risikofaktoren segmentiert werden.**

Damit bieten sich vier Segmente an, denen vier grundlegende Beschaffungsstrategien zuzuordnen sind.

**1. Strategische Partnerschaften mit Lieferanten:** Technisch komplexe Komponenten, die das geistige Eigentum des Unternehmens betreffen, werden in der Regel bei etablierten Lieferanten eingekauft.

**2. Globale Beschaffung:** Hochvolumige Standardkomponenten mit niedrigen Logistikkosten sollten beim weltweit günstigsten Anbieter bezogen werden.

**3. Kurzfristige lokale Beschaffung:** Einfache Zulieferteile können typischerweise in der Region des Fertigungsstandorts bezogen werden.

**4. Entwicklung lokaler Lieferanten:** Im Falle komplexer Zulieferteile, die dennoch vor Ort bezogen werden sollen, empfiehlt sich die gezielte Weiterentwicklung lokaler Lieferanten.

Die Zuordnung der Zukaufteile zu diesen Segmenten ist häufig nicht einfach. Die nachfolgend beschriebenen Regeln und Vorgehensweisen können diese Aufgabe erleichtern.

**1. Strategische Partnerschaften:** Bestehen akute Risiken bei der Beschaffung einer Warengruppe vor Ort, sei es durch den möglichen Abfluss von Know-how oder durch Abhängigkeit von den bisherigen Lieferanten, wird diese Warengruppe in das erste Segment eingeordnet. Eine lokale Beschaffung ist in diesem Fall zwar denkbar, das Unternehmen sollte sie aber erst wagen, wenn sich lokale Lieferanten in einer längeren Partnerschaft als vertrauenswürdig erwiesen haben und der Übergang in Ruhe vorbereitet werden kann. Zentraleinkauf und lokales Beschaffungsteam sollten aber gerade für dieses Segment auch strategische Alternativen prüfen: Möglicherweise sind die bisherigen Lieferanten bereit, in der Region einen eigenen Produktionsstandort aufzubauen. Auch ein Insourcing der Teile könnte sich als sinnvoll erweisen.

**2. Globale Beschaffung:** In das zweite Segment gehören Warengruppen und Teile, für die bei lokaler Beschaffung keine Kostenvorteile zu erwarten sind. Es kann sich dabei z. B. um Teile handeln, die das Unternehmen bereits in anderen Niedriglohnländern beschafft: Sie werden auch am neuen Produktionsstandort von den bisherigen Lieferanten bezogen. Das lokale Beschaffungsteam arbeitet für die Warengruppen und Teile dieses Clusters eng mit dem zentralen Einkauf zusammen, um die Beschaffung optimal zu koordinieren.

Bei dieser Warengruppe ist besondere Sorgfalt notwendig, denn es hat sich gezeigt, dass es kaum Güter mit wirklichen Weltmarktpreisen gibt: Wie zahlreiche Beispiele – insbesondere aus Asien – belegen, ermöglichen erst die Präsenz der Beschaffung vor Ort sowie das resultierende Verständnis hinsichtlich der Strukturen und Verhandlungsstrategien der Zulieferer optimale Einkaufskonditionen. Daher sollte die hier getroffene Zuordnung mehrfach überprüft werden – vor allem auch nach abgeschlossenem Aufbau der Produktion vor Ort.

**3. Kurzfristige lokale Beschaffung:** Diese Warengruppe umfasst Zukaufteile einfacheren Zuschnitts, die deshalb alle Voraussetzungen für eine schnell umzusetzende lokale Beschaffung erfüllen. Sie sollten darum schon zu Beginn der Produktion am neuen Standort lokal beschafft werden, um von diesen relativ einfach realisierbaren Einsparpotenzialen von Anfang an zu profitieren. Dieses Segment hat deshalb bis zum Produktionsanlauf absolute Priorität für das lokale Beschaffungsteam.

Charakteristika von Warengruppen des Segments „Lokale Beschaffung" sind technisch einfache Komponenten mit relativ hohen Logistikkosten, verglichen mit dem Teilewert. Lieferanten mit der notwendigen Kompetenz sollten bereits vor Ort verfügbar sein, so dass ein Lieferantenwechsel einfach möglich ist.

**4. Entwicklung lokaler Lieferanten:** In das vierte Segment gehören Warengruppen, bei denen eine lokale Beschaffung zwar attraktiv ist, für die die Lieferanten aber aktuell noch nicht über die erforderlichen Kompetenzen verfügen. In diesem Fall sollte das Beschaffungsteam die Entwicklung der Lieferanten eng

mit dem Aufbau des eigenen Produktionsstandorts verzahnen. Im einfachsten Fall können existierende Lieferanten dazu bewegt werden, die Standortverlagerung selbst mitzumachen. Alternativ müssen neue Lieferanten aufgebaut werden und schrittweise – d. h. über zunehmend komplexere Komponenten – an das geforderte Technologie- und Qualitätsniveau herangeführt werden. Bis die lokale Beschaffung sichergestellt ist, bezieht das Unternehmen die Warengruppen dieses Segments von den bisherigen Lieferanten.

Im folgenden Beispiel (Box: Fertigung von Duschköpfen in Osteuropa) wird deutlich, wie die beschriebene strategische Segmentierung der Warengruppen in der Praxis aussehen kann.

Bei der Umsetzung der lokalen Beschaffungsstrategie empfiehlt sich ein sequenzielles Vorgehen, bei dem der Fokus auf der Warengruppe 3 „Lokale Beschaffung" liegt. Die entsprechenden Teile werden so schnell wie möglich an wettbewerbsfähige Lieferanten vor Ort vergeben: Diese müssen demnach fähig sein, die Teile ohne größere Unterstützung zur Serienreife zu entwickeln, während das Unternehmen selbst die eigene Produktion aufbaut.

In der zweiten Phase liegt der Schwerpunkt auf der strategischen Lieferantenentwicklung, die notwendig ist, um auch komplexe Teile vor Ort einkaufen zu können. Beide Phasen werden in den folgenden Abschnitten beschrieben und durch beispielhafte *Best-Practice-Ansätze* ergänzt.

## 8.3 Einfachere Teile: Etablierung der lokalen Beschaffung

Die relativ einfachen Komponenten des Segments 3 können in der Regel auch in Niedriglohnländern unmittelbar von örtlichen Zulieferern beschafft werden. Dennoch kommt es auch hier häufig zu Schwierigkeiten, wie viele Praxisbeispiele zeigen – meist, weil westliche Einkäufer zentrale Voraussetzungen für die erfolgreiche Zusammenarbeit mit lokalen Partnern übersehen oder missachten. Bei systematischem Vorgehen können diese Hürden jedoch umgangen und schon kurzfristig Kostenpotenziale realisiert werden.

## Fertigung von Duschköpfen in Osteuropa: wie Zulieferteile sinnvoll segmentiert werden können

Ein Markenhersteller von Duschbrausen entscheidet sich, einen Fertigungsstandort in Osteuropa aufzubauen. Die folgende Darstellung erläutert die vier wichtigsten Komponenten eines Duschkopfs.

| Komponente | Erläuterung | Bisheriger Lieferant |
|---|---|---|
| Strahlformer | Zwei-Komponenten-Teil aus Hartkunststoff und Silikon | Westeuropa (zwei Lieferanten) |
| Rundringdichtungen | Spezialgummimischung mit Trinkwasser-Zulassung | China |
| Kunststoff-Innenteile | Standard-Spritzguss | China (div. Lieferanten) |
| Gehäuse | Galvanisiertes Kunststoffteil, komplexe Geometrie | China (zwei Lieferanten) |

Der Strahlformer mit den Noppen, aus denen das Wasser austritt, ist bei hochwertigen westlichen Produkten ein Zwei-Komponenten-Teil aus Hartkunststoff und Silikon. Dies ist ein echtes Differenzierungsmerkmal zwischen Markenduschköpfen und Billigprodukten aus Niedriglohnländern, denn die Kunden können den Zwei-Komponenten-Strahlformer deutlich von anderen unterscheiden. Daher zählt der Hersteller dieses Teil zu seinem geistigen Eigentum. Der Strahlformer gehört somit zum Segment „Strategische Partnerschaften"; der Duschkopf-Hersteller bezieht ihn weiter von seinen westeuropäischen Stammlieferanten.

Rundringdichtungen werden in China weitgehend in Handarbeit hergestellt. Sie erfordern zwar eine Spezialgummi-Mischung, die der Lieferant entwickeln muss, doch wenn für die Mischung – wie in diesem Fall – erst einmal eine offizielle Zulassung vorliegt, zählen nur noch die Produktionskosten. Dann ist chinesische Handarbeit europäischer Automatisierung weit überlegen. Außerdem sind die Dichtungen klein und leicht, so dass nur sehr geringe Transportkosten entstehen. Es ist daher wirtschaftlich sinnvoll, die Rundringdichtungen dem zweiten Segment („Globale Beschaffung") zuzuordnen und sie auch weiterhin aus China zu beziehen.

Die Kunststoff-Innenteile sind Spritzgusserzeugnisse von geringem Wert. Der Lohnkostenanteil ist relativ gering, der größte Block sind Materialkosten. Gleichzeitig lassen sich die Werkzeugkosten durch hohe Stückzahlen schnell amortisieren. Osteuropäische Spritzgusslieferanten können die Vorteile eines Niedriglohnlands mit hoch entwickelter Technologie und daraus resultierenden geringen Ausschussquoten vereinen. Zusammen mit den entfallenden Transportkosten sind sie daher deutlich günstiger für den Duschkopf-Hersteller als die bisherigen chinesischen Lieferanten. Die Kunststoff-Innenteile werden damit dem dritten Cluster „Lokale Beschaffung" zugeordnet; sie sollten so schnell wie möglich lokal ausgeschrieben werden.

Das verchromte Gehäuse des Duschkopfs ist relativ groß, eine lokale Beschaffung könnte also die Transportkosten deutlich senken. Der Lohnkostenanteil ist vergleichsweise gering, so dass sich hier der Lohnkostenvorteil von Asien gegenüber Osteuropa kaum auswirkt. Die Gesamtkosten wären also bei lokaler Beschaffung in Osteuropa niedriger als in China. Allerdings zeigt eine Marktanalyse, dass es kaum Kunststoff-Galvaniken in Osteuropa gibt – und erst recht keine Lieferanten, die ein so großes Teil makellos verchromen könnten. Deshalb wird das Gehäuse dem vierten Cluster „Lokale Lieferantenentwicklung" zugeordnet. Bis eine osteuropäische Galvanik eine entsprechende Qualität liefern kann, kauft der Duschkopf-Hersteller das Gehäuse weiterhin in China.

**Fazit:** Für die richtige Segmentierung von Zukaufteilen ist oftmals eine genaue Differenzierung nach strategischer Bedeutung, Know-how-Bedarf und Kostenstruktur erforderlich.

Die sachgerechte Strukturierung der eigenen Organisation und Besetzung der Positionen vor Ort stellt sicher, dass diese Einsparungen nicht durch interne Ineffizienzen geschmälert werden.

### 8.3.1 Systematischer Aufbau lokaler Lieferanten

Bei der Verlagerung der Beschaffung sollten Unternehmen einen systematischen Prozess etablieren, bei dem sowohl die Endprodukte für jeden Schritt als auch die Rollen aller Beteiligten festgelegt sind (Abbildung 8.5). Die kulturspezifischen Eigenheiten des Beschaffungslands sind in jedem Prozessschritt angemessen zu berücksichtigen.

**1. Auswahl von Pilotteilen:** Im ersten Schritt sollte das Beschaffungsteam aus den Warengruppen des dritten Segments wenige Teile für Pilotprojekte auswählen. Diese Teile sollten repräsentativ sein, alle relevanten Fertigungstechnologien und Schwierigkeitsgrade abdecken und in großen Stückzahlen laufen, um von Anfang an hohe Einsparungen zu ermöglichen. Für diese Pilotteile durchläuft das Beschaffungsteam den gesamten Beschaffungsprozess und testet dabei die in Frage kommenden Lieferanten.

Solche Pilotprojekte verringern das Risiko unerwarteter Probleme kurz vor Produktionsstart. Zudem senken sie die Vorbereitungszeit für Teile der zweiten Welle, weil die Lieferanten die Qualitätsanforderungen des Unternehmens bereits kennen. Natürlich kostet das Testen der Lieferanten auch Zeit; es sollte daher unmittelbar nach der Standortentscheidung in Angriff genommen werden, damit ein pünktlicher Produktionsanlauf sichergestellt ist.

**2. Identifikation potenzieller Lieferanten:** Nach der Auswahl der Pilotteile beginnt die Identifikation relevanter Lieferanten vor Ort. Ohne gute Kenntnisse der Landessprache gestaltet sich das meist schwierig; doch können Datenbanken, Konsulate und Wirtschaftsverbände erste Hinweise liefern. Häufig siedeln sich Lieferanten in Technologie-Clustern an, was die weitere Suche erleichtert. So befinden sich z. B. in China die meisten Hersteller von Zinkdruckguss-Produkten im

---

Für die Lieferantenauswahl ist ein systematischer Beschaffungsprozess erforderlich, der kulturelle Besonderheiten berücksichtigt.

---

Abb. 8.5: Zehnstufiger Beschaffungsprozess für Niedriglohnländer

Quelle: McKinsey

## 8.3 Einfachere Teile: Etablierung der lokalen Beschaffung

Umland der Städte Guangdong und Xiamen. Darüber hinaus kann es sinnvoll sein, mit externen Scouts zusammenzuarbeiten, die besonders in Ländern wie China und Indien mittlerweile weit verbreitet sind (siehe hierzu auch 8.3.2).

Um unter den identifizierten Lieferanten eine engere Auswahl zu treffen, sind diese nach qualitativen Kriterien zu beurteilen. Dazu sollte das Beschaffungsteam schriftlich und telefonisch Auskünfte bei den Unternehmen einholen. Diesen Auswahlprozess veranschaulicht das folgende Beispiel (siehe Kasten), bei dem Lieferanten für Drehteile in Osteuropa gesucht werden.

> **Eine gezielte Vorauswahl von Lieferanten nach technischen und wirtschaftlichen Kriterien erhöht die Rücklaufquote und Qualität von Angeboten.**

### Drehteile-Lieferanten in Osteuropa: Vorauswahl anhand einfacher Kriterien

In einem Projekt zur globalen Beschaffung suchte ein deutsches Industrie-Unternehmen Lieferanten für Drehteile in Osteuropa. Zunächst wurden rund 400 Lieferanten mittels Internetrecherche, Unternehmenslisten von Botschaften und Wirtschaftsverbänden sowie öffentlicher Datenbanken (z. B. Kompass, Amadeus) identifiziert.

Mitglieder des Projektteams verifizierten die Kontaktdaten aller identifizierten Lieferanten und fragten nach folgenden Informationen:

- Iso-Zertifikat
- Umsatz und Mitarbeiterzahl
- Produktspektrum und Referenzkunden
- Verarbeitete Materialien in Tonnen pro Jahr
- Anzahl/Typen von Maschinen und maximale Durchmesser für Werkstücke auf Einspindler-/Mehrspindler-Drehmaschinen
- Existenz und gegebenenfalls Größe einer eigenen Konstruktion und eines eigenen Werkzeugbaus
- Grundsätzliches Interesse an einer Zusammenarbeit.

Anhand der Kriterien passendes Produktspektrum, Verarbeitung der geforderten Materialien sowie Mindestumsatz ließ sich die Zahl der relevanten Lieferanten von zunächst rund 400 auf weniger als 50 reduzieren (Abbildung 8.6). Durch diese Vorauswahl war eine sehr gezielte Ansprache der verbliebenen geeigneten Lieferanten möglich.

**Fazit:** Durch die Anwendung formaler Auswahlkriterien lässt sich die Anzahl potenzieller Lieferanten und damit der Aufwand für die weiteren Auswahlschritte erheblich reduzieren.

> **Durch eine Vorauswahl anhand einfacher Kriterien lässt sich die Anzahl möglicher Lieferanten rasch begrenzen.**

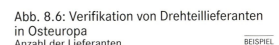

Abb. 8.6: Verifikation von Drehteillieferanten in Osteuropa
Anzahl der Lieferanten        BEISPIEL

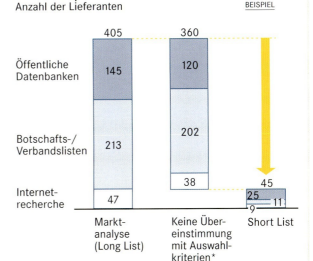

\* Technologie/Rohstoffe, Teilegrößen, Stückzahlen
Quelle: McKinsey

**3. Vorbereitung der Anfrageunterlagen:** Der nächste kritische Schritt ist die Vorbereitung umfassender und aussagekräftiger Anfrageunterlagen. Idealerweise liegen alle Unterlagen in der jeweiligen Landessprache vor. Die Anfrage sollte – wie auch sonst üblich – wesentliche Eckdaten und Anforderungen an das zu fertigende Bauteil beinhalten, wie vor allem:

- Bedarfsmengen
- Technische Spezifikation und Zeichnung
- Qualitätsanforderungen und Garantien
- Zeitplan und Lieferanforderungen
- Weitere Serviceanforderungen.

**4. Mobilisierung der Lieferanten:** Bevor man Anfragen in Niedriglohnländern verschickt, sollte man sich die Ausgangssituation dort bewusst machen: Viele Lieferanten in China, Indien und Südamerika wachsen jährlich mit Raten um 30 Prozent und mehr. Es handelt sich um einen Verkäufermarkt, auf dem besonders Neukunden keine starke Position haben. Bei den besten Lieferanten beispielsweise in China und Indien landen anonyme Anfragen von Neukunden daher oft ungelesen im Papierkorb.

> **Westliche Unternehmen müssen qualifizierte Lieferanten in Niedriglohnländern für sich begeistern und durch persönlichen Kontakt ihr Vertrauen gewinnen.**

Nur der persönliche Kontakt eröffnet die Chance, solche Lieferanten für das eigene Unternehmen zu begeistern und von der Ernsthaftigkeit der Anfrage zu überzeugen. Insbesondere Asiaten messen persönlichen Beziehungen zwischen Geschäftspartnern eine hohe Bedeutung bei. Lieferantenbesuche oder Einladungen in das eigene Büro vor Ort sind Pflicht. Einige Firmen haben auch große Erfolge mit Lieferantenkonferenzen, wie das folgende Unternehmensbeispiel zeigt.

**5. Versand der Anfrage und Eingang der Angebote:** Um eine möglichst hohe Rücklaufquote zu erzielen, sollte man potenzielle Lieferanten auch nach Übergabe der Anfragepakete aktiv bei der Erstellung der Angebote

### Maschinenbau-Zulieferer in Indien: Erfolgsmodell *New Supplier Day (Lieferantentag)*

Eine deutsche Maschinenbau-Firma suchte für einen beträchtlichen Anteil ihres Beschaffungsvolumens günstige Lieferanten in Indien. Der Zentraleinkauf führte eine aufwändige Internetrecherche durch und verschickte an alle identifizierten Lieferanten weltweit Anfragen – ohne vorab weitere Informationen über die Firmen einzuholen oder Kontakt aufzunehmen. Das Ergebnis: In der ersten Runde kam von den angeschriebenen Firmen kein einziges Angebot. In der zweiten Runde waren die wenigen abgegebenen Angebote nicht brauchbar: Entweder waren sie viel zu teuer oder aber so billig, dass der betreffende Lieferant die Komplexität des fraglichen Teils offenbar nicht verstanden hatte.

Beim dritten Anlauf änderte die Firma die Strategie: Sie lud 15 der zuvor erfolglos angeschriebenen indischen Lieferanten zu einer Konferenz ein. Alle 15 sagten zu, meist sogar die Vertriebsleiter selbst. Die Einkäufer brachten zur Konferenz individuelle Anfragepakete mit, die sie für jeden einzelnen Lieferanten vorbereitet hatten.

Darin waren enthalten: eine Liste sowie Fotos der jeweiligen Produkte, Zeichnungen mit englischen Beschriftungen, Qualitätsvorschriften und detaillierte Anfragetabellen (Abbildung 8.7). Letztere erwiesen sich später als besonders hilfreich, um genau zu verstehen, wie der Lieferant kalkuliert hatte.

Außerdem lagen während der Lieferantenkonferenz die Produkte aus und wurden mit den Teilnehmern ausführlich diskutiert.

## 8.3 Einfachere Teile: Etablierung der lokalen Beschaffung

**Das Anfrageformular soll die Kalkulation der Lieferanten offen legen.**

Abb. 8.7: Anfrageformular zur Lieferantenbewertung — BEISPIEL

| | | Verbrauch | | | Stückkosten | | |
|---|---|---|---|---|---|---|---|
| A. Rohstoffkosten | Verwendete Rohstoffe | Brutto | Netto | Einheit (kg) | Kosten | Einheit (pro kg) | Nettokosten |
| | | | | | | | |
| | | | | | | | Summe |

| | | | Bearbeitungskosten | | |
|---|---|---|---|---|---|
| B. Bearbeitungskosten | Arbeitsschritte | Verwendete Maschinen und Geräte | Kosten | Einheit (pro kg/pro Stunde) | Nettoverarbeitungskosten |
| | • Gießen | | | | |
| | • Maschinell bearbeiten | | | | |
| | • Entgraten | | | | |
| | • Waschen | | | | |
| | • ? | | | | |
| | | | | Summe | |

| | Entwickelte Werkzeuge | Investition | Amortisationsmenge | Nettokosten pro Teil |
|---|---|---|---|---|
| C. Werkzeugkosten | • Gussformen | | | |
| | • Werkzeugmaschinen | | | |
| | • ? | | | |
| | | | Summe | |

| | Anzahl der Teile pro Jahr | Erwartete Marge |
|---|---|---|
| D. Erwartete Marge | • < 100 | |
| | • 100 – 500 | |
| | • 500 – 1.000 | |
| | • > 1.000 | |

E. Angebotspreis (Nettobetrag A, B, C, D)

| | Kostenart | Stückkosten |
|---|---|---|
| F. Sonstige Kosten | • Overhead | |
| | • Ausschuss | |
| | • Verpackung | |
| | • Transport | |
| | • Steuern | |
| | Summe | |

G. Landed Costs (Nettobetrag E und F):

Quelle: McKinsey

Während der Konferenz vereinbarte das Beschaffungsteam des Maschinenbau-Unternehmens mit den fünf am besten geeigneten Lieferanten für die folgenden Tage Firmenbesichtigungen. Diese Besuche förderten die Motivation auf beiden Seiten: Einerseits stieg die Begeisterung der Lieferanten über das Interesse der deutschen Firma, andererseits wurden die durch die Fehlschläge frustrierten deutschen Einkaufsmitarbeiter umgestimmt.

**Fazit:** Schriftliche Anfragen sind nicht immer zielführend, häufig sind persönliche Gespräche effizienter und erfolgreicher.

unterstützen. Dazu sind feste Ansprechpartner für Rückfragen zu benennen, außerdem sollte man aber auch aktiv auf die Lieferanten zugehen und Hilfe bei Unklarheiten anbieten. Bei unerfahrenen Lieferanten müssen Missverständnisse ausgeräumt und Angebote gegebenenfalls weiter spezifiziert werden.

**6. Analyse der Angebote:** Die schließlich vorliegenden Angebote müssen eingehend analysiert werden. Besonderes Augenmerk ist dabei zu richten auf:

- Eventuell fehlende Angebote für einzelne Teile
- Das Preisniveau des Lieferanten insgesamt

- Unrealistisch hohe oder niedrige Preise für einzelne Teile.

> **Der erste Angebotspreis ist Basis für die weitere technische und kaufmännische Diskussion, nicht Entscheidungskriterium für die Vergabe.**

Häufig geben die Angebote der ersten Anfragerunde schon interessante Hinweise auf die generelle Technologiekompetenz der Lieferanten. Bietet ein Lieferant nur einige der angefragten Teile an, kann das ein Indikator dafür sein, dass er bestimmte Fertigungstechnologien oder Qualitätsanforderungen nicht beherrscht. Unrealistisch hohe oder niedrige Preise wiederum sind häufig ein Indiz dafür, dass Lieferanten die Spezifikation nicht richtig verstanden haben.

**7. Lieferantenbesuche:** Beschaffungsteams sollten die Angebote im Detail mit den Lieferanten durchsprechen. Oft werden hierbei Missverständnisse aufgedeckt. Lieferanten haben zusätzlich die Möglichkeit, ihre Angebote nachzubessern. Dabei lassen sich beachtliche Preissenkungen erzielen, wie Abbildung 8.8 zeigt.

**8. Abschließende Verhandlung und Letter of Intent (LOI):** Liegen die finalen Angebote vor, können die Beschaffungsteams Zielpreise für die Verhandlungen mit den Lieferanten errechnen. Sie sollten sich hierbei des so genannten *Best of Benchmarking* bedienen (Auswahl jeweils günstigster Teilkomponenten und Fertigungsschritte aus mehreren Angeboten): Im Angebotsformular (Abbildung 8.9) wird für jede Kostenposition das niedrigste aller Lieferantenangebote eingegeben. Auf dieser Grundlage wird das ganze Teil neu kalkuliert. Der resultierende Zielpreis sollte in der Größenordnung liegen, die im *Landed-Cost-Modell* (vgl. Kapitel 4) für den Standort errechnet wurde.

Zuweilen kommt es vor, dass die Lieferantenangebote nicht oder nur marginal unter dem Preisniveau der Hochlohnländer liegen. Eine Ursache kann sein, dass ein potenzieller Neulieferant gegenüber den bisherigen Lieferanten klare Produktivitätsnachteile aufweist: Diese sollten längerfristig nicht als Argument akzeptiert werden und müssen vielmehr durch technische Unterstützung des Lieferanten beim Produkthochlauf abgebaut werden. Ein weiterer Grund kann sein, dass der Lieferant bisher nur mit kleinen Losgrößen gearbeitet hat und daher mögliche Skaleneffekte nicht in seiner Kalkulation berücksichtigt.

Hier wird die gründliche Durchsprache der Angebote zur Klärung beitragen. Und schließlich ist zu beachten, dass viele Lieferanten aus Niedriglohnländern mittlerweile die Kostenstruktur ihrer Konkurrenz aus Hochlohnländern sehr gut kennen; folglich werden oft Angebote abgegeben, die gerade so weit unter dem Preisniveau des Hochlohnlands liegen, dass sich eine Verlagerung rechnet. Hier ist der Einkauf gefordert, durch Gegenrechnung der tatsächlichen Kosten potenzielle zusätzliche Verhandlungsspielräume der Anbieter aufzudecken.

Hat sich das Beschaffungsteam mit dem Lieferanten geeinigt, wird ein Vertrag aufgesetzt – vorzugsweise

> **Bereits in frühen Verhandlungsrunden können deutliche Preissenkungen erzielt werden.**

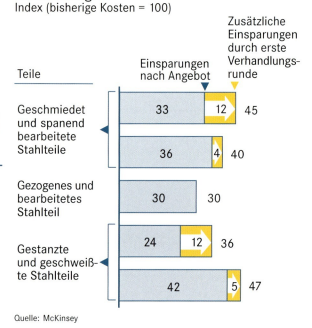

Abb. 8.8: Zusätzliche Preissenkungen durch Verhandlungen
Index (bisherige Kosten = 100)

Quelle: McKinsey

zunächst in Form eines *Letter of Intent* (LOI, Absichtserklärung). Der endgültige Vertrag sollte erst gültig werden, wenn die Muster alle Qualitätstests bestanden haben. Dennoch ist der LOI sorgfältig zu erstellen. Jeder LOI sollte die folgenden Punkte enthalten:

- Preise und künftige Preisentwicklung
- Qualitätsanforderungen
- Liefervorschriften
- Meilensteinpläne für Mustererstellung und Teilefreigabe
- Garantieleistungen und Strafen bei Nichteinhaltung
- Anforderungen an die weitere Entwicklung des Lieferanten.

**9. Lieferantenaudit:** In der Phase der Auditierung und Musterprüfung sollten Unternehmen die gleichen Anforderungen an die neuen Lieferanten stellen wie an ihre bisherigen Lieferanten. Allerdings ist es sinnvoll, bei den Anforderungen zwei Gruppen zu unterscheiden: solche, die sofort erfüllt werden müssen, und solche, die wünschenswert sind, bei Produktionsstart aber noch nicht unbedingt vorliegen müssen. Häufig muss auf Basis der Bemusterung ein kurzfristiges Programm zur Qualitätssteigerung mit dem Lieferanten gestartet werden (siehe folgendes Fallbeispiel).

**10. Ausweitung des Ansatzes auf andere Teile:** Mit Freigabe der Musterteile ist der Gesamtprozess der lokalen Beschaffung für die Pilotteile abgeschlossen.

> Über *Best of Benchmarking* wird der Zielpreis ermittelt.

Abb. 8.9: Formular zur Ermittlung von Zielpreisen — BEISPIEL GUSSTEILE

| | Lieferant A | | | ... | Lieferant E | Eigene Bewertung | Zielpreis |
|---|---|---|---|---|---|---|---|
| **A. Rohstoffkosten** | | | | | | | |
| Verbrauch (kg) – Brutto – Netto | | | | | | | |
| Kosten (pro kg) | | | | | | | |
| Nettokosten | | | | | | | |
| **B. Arbeitskosten** | Kosten | Einheit | Netto | | | | |
| Verarbeitungsschritte – Gießen – Masch. bearbeiten – Entgraten – Waschen Summe | | | | | | | |
| **C. Werkzeugkosten** | Investition | Amortisationsmenge | Netto | | | | |
| Werkzeuge – Gussformen – Werkzeugmaschinen Summe | | | | | | | |
| **D. Margen** | | | | | | | |
| **E. Angebotspreis** | | | | | | | |

Quelle: McKinsey

> **Beschaffung eines Elektromotorgehäuses in der Slowakei: örtliche Zulieferer auswählen und aufbauen**
>
> Ein deutsches Unternehmen der Elektro- und Elektronikbranche baute einen neuen Fertigungsstandort für Elektromotoren in der Slowakei auf. Für das Polgehäuse des Motors sollte ein neuer lokaler Zulieferer vor Ort gefunden werden.
>
> Ein Projektteam aus Einkäufer, Entwickler und Qualitätsverantwortlichem übernahm die Lieferantenauswahl und -ertüchtigung: Im ersten Schritt wurden fünf potenzielle Lieferanten im Umkreis von 200 Kilometern identifiziert. Von diesen kamen nach Firmenbesichtigungen zwei in die engere Wahl, ausgehend von der wahrgenommenen Qualifikation sowie dem Kostenniveau der ersten Angebote. Unter diesen beiden wurde nach einem detaillierten Prozessaudit der künftige Lieferant ausgewählt. Den Ausschlag gab letztlich das größere Werkzeug-Know-how.
>
> Direkt im Anschluss an die Entscheidung wurde ein gemeinsamer Plan zur Vorbereitung des Anlaufs definiert und schon nach wenigen Wochen folgten erste Schulungen der Lieferantenmitarbeiter zum Thema Qualitätsmanagement. Gemeinsam wurden dabei neue Richtlinien definiert und die bisherigen Qualitätssicherungsprozesse des Lieferanten umgestellt.
>
> Parallel wurde mit Unterstützung eines Experten aus dem Kundenunternehmen die Werkzeugentwicklung begonnen. Da die ersten Musterteile den Anforderungen noch nicht genügten, wurden die Abweichungen in Workshops diskutiert und detaillierte Verbesserungsmaßnahmen definiert, bevor erneut Musterteile angefertigt wurden. Dank dieser intensiven Unterstützung konnten in der zweiten Bemusterungsrunde die geforderten Qualitätsstandards erreicht werden, und 17 Monate nach Start des Auswahlprozesses wurden die Teile für die Serienproduktion freigegeben.
>
> **Fazit:** Durch stringentes Management des Auswahlprozesses und der Lieferantenertüchtigung können auch an Niedriglohnstandorten Zukaufteile erfolgreich bezogen werden. Ein Mehraufwand für die intensive Unterstützung des Zulieferers ist dabei unbedingt einzuplanen.

Nun kann das Beschaffungsteam diesen Prozess auf Grundlage der Erfahrungen mit den Lieferanten multiplizieren und sukzessive den Rest der Teile aus Cluster 3 vergeben. Abbildung 8.10 zeigt, wie ein Prozesscontrolling für diese Multiplikations-Phase in Anlehnung an eine Härtegrad-Logik aussehen kann.

### 8.3.2 Aufgaben und Struktur der lokalen Beschaffungsorganisation

Die lokale Beschaffungsorganisation sichert die Versorgung des neuen Produktionsstandorts mit Zuliefermaterial. In der frühen Phase der Standortentwicklung hat sie folgende Aufgaben:

- Marktanalyse und Auswahl lokaler Lieferanten
- Verhandlungen und Vertragsabschlüsse mit lokalen Lieferanten
- Koordination der lokalen Logistik, gegebenenfalls auch für den Export von Teilen
- Ausführung von Testplänen des zentralen Qualitätsmanagements
- Beschaffungsmanagement.

> **Nur mit einer schlagkräftigen und technisch kompetenten lokalen Beschaffungsorganisation kann eine lokale Zuliefererstruktur aufgebaut werden.**

Für den Aufbau neuer Lieferanten in Niedriglohnländern ist insbesondere eine technisch kompetente Qualitätssicherung vor Ort notwendig. Zur Bewältigung dieser Aufgaben hat sich eine Organisationsstruktur bewährt, wie sie beispielhaft in Abbildung 8.11 dar-

## 8.3 Einfachere Teile: Etablierung der lokalen Beschaffung

**Bei der Vergabe größerer Teileumfänge sollte ein systematisches Prozesscontrolling eingerichtet werden.**

Abb. 8.10: Prozesscontrolling zur Teilevergabe
Anzahl der Teile

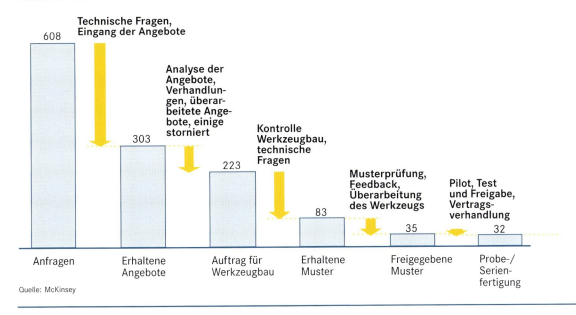

Quelle: McKinsey

**Für den Aufbau neuer Zulieferer ist insbesondere eine starke Qualitätssicherung vor Ort notwendig.**

Abb. 8.11: Typische Einkaufsorganisation in einem Niedriglohnland

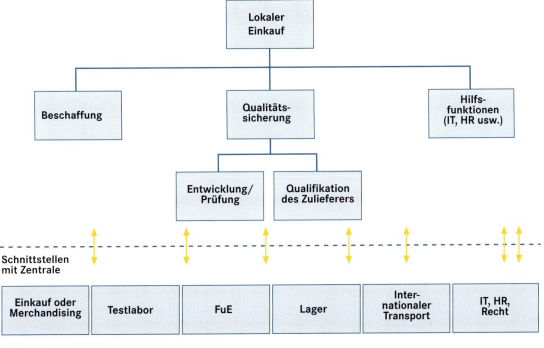

Quelle: McKinsey

gestellt ist. Auch die später hinzukommenden Aufgaben der Lieferantenentwicklung lassen sich in dieser Struktur sinnvoll abbilden.

Mitarbeiter der lokalen Beschaffungsorganisation sollten idealerweise Erfahrung im eigenen Unternehmen und im jeweiligen Industriezweig mitbringen, den lokalen Markt genau kennen und die Landessprache fließend sprechen. Solche Idealkandidaten wird es in der Regel nicht geben; meist besteht die bestmögliche Lösung in einer guten Mischung aus Expatriates und Einheimischen, eventuell kombiniert mit Rückkehrern (Einheimischen mit internationaler Erfahrung/Ausbildung). Das folgende Beispiel beschreibt einen Ansatz aus der Praxis.

### Beispiel: Aufbau eines Einkaufsbüros in China

Ein global tätiges deutsches Großunternehmen hatte seit mehreren Jahren ein Einkaufsbüro in Schanghai mit einem deutschen Leiter und zwei lokalen Einkäufern. Trotz dieser Präsenz bezog das Unternehmen kaum Teile aus China – im Unterschied zu seinen Wettbewerbern, die bei der lokalen Beschaffung sehr viel erfolgreicher waren. Deshalb startete das Unternehmen ein Projekt, mit dem es die eigene Beschaffung aus China auf ein völlig neues Niveau heben wollte.

Besonders kritisch war es, den richtigen Einkaufsleiter vor Ort zu finden, denn er musste die Organisation durch die schwierige Aufbauphase steuern. Gesucht wurde ein Chinese mit fünf bis zehn Jahren internationaler Führungserfahrung im Einkauf für diese oder eine ähnliche Industrie. Er musste außerdem in der Lage sein, weitere gute Mitarbeiter anzuziehen und zu halten. Schließlich sollte er sich auf eine längere Zusammenarbeit festlegen. Da der Wettbewerb um hoch qualifizierte Einkaufsmanager in China extrem hart ist, war ein sehr attraktives Gehaltsangebot nötig: Nach Beratung mit Headhuntern stellte das Unternehmen ein Paket zusammen, das dem Einkaufsleiter ein Gehalt von jährlich rund 250.000 US-Dollar sicherte, wenn er die vereinbarten Ziele erreichte.

Auch vier lokale Einkäufer unterschrieben innerhalb der ersten vier Wochen ihre Arbeitsverträge. Weil in China nur vier Wochen Kündigungsfrist üblich sind, konnten sie entsprechend schnell wechseln. Diese Einkäufer waren rund 30 Jahre alt und hatten nach ihren Abschlüssen an chinesischen Universitäten bereits zwei bis fünf Jahre Einkaufserfahrung in ähnlichen Industrien gesammelt. Alle sprachen gut Englisch, so dass die Kommunikation mit der Zentrale relativ problemlos möglich war. Ihr Gehalt lag zwischen 6.000 und 20.000 US-Dollar pro Jahr – mit erheblichen Unterschieden zwischen Schanghai und Shenzhen. Die Einkäufer verdienten damit ein Vielfaches des Durchschnittseinkommens für qualifizierte Arbeiter.

In den folgenden Monaten wurde das Unternehmen mit einem für China typischen Problem konfrontiert: ständige Fluktuation der Mitarbeiter. Einige Mitarbeiter verließen das Unternehmen schon nach wenigen Wochen, da sie abgeworben wurden. Daher musste das Recruiting über die nächsten Monate fortgesetzt werden.

Zur Unterstützung der lokalen Mitarbeiter versetzte das Unternehmen einen erfahrenen Ingenieur aus Deutschland für ein Jahr nach China. Er brachte die technische Erfahrung aus der zentralen Entwicklung in die Arbeit der lokalen Beschaffungsorganisation ein und bildete die lokalen Einkäufer systematisch in industriespezifischen technischen Fragen aus. Daneben fungierte er als Ansprechpartner für Mitarbeiter aus der Zentrale.

**Fazit:** Der Aufbau eines schlagkräftigen lokalen Einkaufs bedarf einer kritischen Mindestaufwendung, um ausreichend qualifizierte Mitarbeiter zu gewinnen.

> Für die Beschaffung geringer Volumina oder für unterstützende Aufgaben im Beschaffungsprozess kann der Einsatz externer Dienstleister lohnend sein.

Angesichts des Aufwands, den der Aufbau einer lokalen Beschaffungsorganisation bedeutet, stellen sich viele Unternehmen die Frage, ob es nicht sinnvoller ist, zumindest anfangs externe Agenten einzuschalten. Die Antwort hängt von der konkreten Aufgabe im Beschaffungsprozess sowie von der Art und Anzahl der zu beschaffenden Teile ab.

In der Regel sollten Unternehmen die Kernaufgaben einer lokalen Beschaffung von Anfang an selbst wahrnehmen. Das gilt insbesondere für die Lieferantenauswahl sowie die Vertragsverhandlungen, weil beide Aufgaben die Vertrautheit mit den Anforderungen des Unternehmens voraussetzen. Daneben gibt es jedoch Aufgaben, die bereits heute von vielen Unternehmen erfolgreich an Serviceagenturen in Niedriglohnländern ausgelagert werden, z. B. Marktanalyse und Lieferantenidentifikation, Qualitätsaudits und -tests nach vorgegebenen Messprotokollen sowie Abwicklung der Logistik.

Weitere Kriterien für die Einbeziehung externer Agenten sind Größe und Art der zu beschaffenden Teile. Will ein Unternehmen beispielsweise nur wenige Teile einer Spezialtechnologie beschaffen, wäre eine eigene Organisation kaum wirtschaftlich. Deshalb kann es gerade für spezielle Warengruppen mit geringem Volumen sinnvoll sein, erfahrene Agenten einzuschalten. Sie kosten zwar oft das Drei- bis Vierfache eigener Mitarbeiter, doch dieser Aufwand lohnt sich insofern, als sie aufgrund ihrer Kontakte wesentlich schneller zum Ziel kommen. Außerdem haben einige spezialisierte Agenten einen bevorzugten Zugang zu bestimmten lokalen Unternehmen oder besondere Marktkenntnisse. Ihr Einsatz kann sich auch bei großen Volumina auf kontinuierlicher Basis lohnen. Darüber können Unternehmen aber nur nach einer individuellen Abschätzung des Mehrwerts entscheiden.

## 8.4 Komplexere Teile: gezielter Kompetenzausbau vor Ort

Steht die lokale Beschaffung auf einer soliden Basis, sollten Unternehmen in der zweiten Welle auch die Beschaffung komplexerer Komponenten (Segment 4) vor Ort in Angriff nehmen. Dazu müssen sowohl lokale Lieferanten als auch die eigene Beschaffungsorganisation vor Ort geschult werden, um die geforderte Qualität, Zuverlässigkeit und Effizienz in Zusammenarbeit mit den Zulieferern zu erreichen. Aufgrund der Komplexität der Teile ist eine enge Kooperation zwischen der Produktion der Zulieferer und der eigenen FuE bzw. Produktion essenziell. In der zweiten Welle sollte aber genauso die Erschließung zusätzlicher Einsparpotenziale durch eine methodische Weiterbildung der lokalen Einkäufer verfolgt werden. Aufgrund des jungen Entwicklungsstands und der Dynamik der Märkte in Niedriglohnländern ist die Anwendung von Einkaufsinstrumenten oft noch erfolgreicher und lohnender als an Hochlohnstandorten.

### 8.4.1 Weiterentwicklung der Lieferanten

Um die zusätzlichen Kompetenzen zur Fertigung komplexerer Vorprodukte aufzubauen, benötigen die örtlichen Lieferanten in der Regel die Unterstützung ihrer Kunden. In der zweiten Welle sollten die Bemühungen des Unternehmens folglich dahin gehen, ausgewählte Lieferanten vor Ort gezielt weiterzuentwickeln. Wie einschlägige Analysen zeigen, können dadurch die Materialkosten nochmals signifikant gesenkt werden; gleichzeitig verbessern sich Qualität und Liefertreue.

Für eine solche Lieferantenentwicklung kann es kein Patentrezept geben – je nach Land, nach Produkt und teilweise auch nach einzelnem Lieferanten werden die Bedürfnisse und Anforderungen sehr unterschiedlich ausfallen. Die enge Zusammenarbeit und systematische Erfassung möglicher Verbesserungsansätze ist daher für den Erfolg des Vorhabens unabdingbar. Wie dies in der Praxis aussehen kann, zeigt das Fallbeispiel: Erneut wird hier das mittelständische Unternehmen zitiert, das Spritzgussteile in China bezieht – inzwischen aber seinen Ansatz revolutioniert hat.

> **Durch Schulung und Ertüchtigung lokaler Lieferanten in Produktions-, Qualitäts- und Managementfragen lassen sich häufig weitere Kostenpotenziale realisieren.**

Auch führende Automobilhersteller gehören zu den Unternehmen, die die Vorteile der gezielten Lieferantenentwicklung erkannt haben: Sie arbeiten weltweit eng mit ihren Lieferanten zusammen, um deren Kosten zu senken und die Qualität und den Lieferservice

### Beschaffung von Spritzgussteilen in China: systematische Lieferantenentwicklung durch Unterstützung im Qualitätsmanagement

Ein mittelständisches Industrie-Unternehmen, das Spritzgussteile aus China beziehen wollte, machte jahrelang frustrierende Erfahrungen mit Mustern der dortigen Lieferanten (vgl. auch Abschnitt 8.1.2). Beim ersten Test stimmten regelmäßig die Abmessungen nicht, das zweite Muster war den physikalischen Anforderungen nicht gewachsen und im dritten Durchlauf erwies sich die Oberfläche als fehlerhaft. Das Unternehmen setzte daher ein Projekt mit dem Namen „2nd Time Right" auf, um die Zusammenarbeit mit den Lieferanten grundlegend neu zu gestalten.

Im ersten Schritt wurde der Prozess der Musterprüfung und Auditierung an vier Punkten verändert:

- Die Erstmuster wurden von nun an sofort anhand aller Kriterien geprüft und nicht mehr erst bei Auftreten eines Fehlers (wie z. B. falsche Abmessungen) aussortiert. Dadurch erhielten die Lieferanten nun von Anfang an ein detailliertes Feedback über alle Qualitätsmerkmale, an denen sie noch arbeiten mussten.

- Mitarbeiter des Unternehmens besprachen dieses Feedback jetzt mit den Lieferanten vor Ort. Bisher hatten die Lieferanten das Testergebnis weitgehend unkommentiert auf deutschen Formularen per Fax erhalten.

- Die Testzeiten wurden verkürzt: Statt alle Muster in Deutschland zu prüfen, übernahmen externe Service-Provider in China bestimmte Standardtestschritte. Die bisher üblichen Engpässe in den deutschen Testlabors wurden durch frühzeitige Ankündigung der Muster sowie durch striktes Reglement der Bearbeitung vermieden. Parallel dazu baute das Unternehmen zügig ein eigenes Testlabor mit lokalen Mitarbeitern in Schanghai auf.

- Die vielversprechendsten Lieferanten wurden bereits vor der Vergabe der Teile auditiert. Dadurch vermied das Unternehmen Fehlentscheidungen bei der Vergabe; zudem hatte jeder Lieferant nun, parallel zur Musterprüfung, genügend Zeit für die Mängelbehebung. Um noch flexibler zu werden, wurden chinesische Mitarbeiter zu Auditoren ausgebildet.

Ergänzt wurden diese Prozessverbesserungen durch direkte Unterstützung der örtlichen Lieferanten: Dazu baute das Unternehmen ein *Supplier Quality Team* auf, das – nach intensiver Schulung durch Ingenieure in der Zentrale – die Zulieferfirmen von der Mustererstellung bis zur Serienfreigabe berät. Inzwischen verbringt das Team drei Viertel seiner Zeit bei den wichtigsten Lieferanten und hilft ihnen dabei, Prozesse zu stabilisieren und die Qualitätsanforderungen in Anlaufprozessen zu erfüllen.

Die umfangreichen Veränderungen zahlten sich für das Unternehmen aus: Dank einer steilen Lernkurve bei den beteiligten Lieferanten konnten die Fehlerquoten beim Erstmustertest und damit auch die gesamten Entwicklungszeiten für Neuteile drastisch verkürzt werden.

**Fazit:** Nur in der engen Zusammenarbeit mit Lieferanten können Bedürfnisse erkannt und Verbesserungspotenziale erschlossen werden.

*8.4 Komplexere Teile: gezielter Kompetenzausbau vor Ort*

zu verbessern. Speziell dafür abgestellte Teams führen Audits durch, erarbeiten und realisieren gemeinsam mit den Lieferanten Verbesserungsansätze. Häufig mit beeindruckenden Erfolgen, wie das Beispiel eines indischen Zulieferers zeigt: Dieser führte mit Hilfe seines Hauptkunden – eines europäischen Automobilherstellers – Lean Management und moderne Einkaufsinstrumente ein, ließ seine Führungskräfte in modernen Führungsmethoden schulen und etablierte ein Anreizsystem für kontinuierliche Verbesserungen. Das Ergebnis: Die Lieferfristen verkürzten sich von acht auf fünf Wochen (bei erhöhter Flexibilität), die Ausschussraten sanken, Lagerbestände konnten abgebaut werden (Abbildung 8.12).

Die aufgeführten Beispiele machen deutlich: Nur diejenigen Unternehmen werden längerfristig in Niedriglohnländern erfolgreich sein, die ihre Lieferantenentwicklung an die spezifischen Bedürfnisse anpassen, um das volle Potenzial ihrer Lieferantenbeziehungen zu realisieren.

### 8.4.2 Methodische Weiterbildung der Einkäufer

Wie auch in Hochlohnländern – teilweise sogar mehr als dort – kommt es bei der Beschaffung in Niedriglohnländern auf die geschickte Verhandlung an. Dazu brauchen die Einkäufer eine fundierte Ausbildung in faktenbasierter Verhandlungsführung; moderne Methoden reichen von Auktionen über *Best of Benchmarking* bis hin zu Zielpreislogik. Viele Unternehmen berichten über Einsparungen von 10 bis 20 Prozent durch den Einsatz solcher Methoden.

---

**Durch Ertüchtigung der Lieferanten in Niedriglohnländern lassen sich kurzfristig große Erfolge erzielen.**

Abb. 8.12: Potenzialerschließung durch Lieferantenentwicklung     BEISPIEL INDIEN

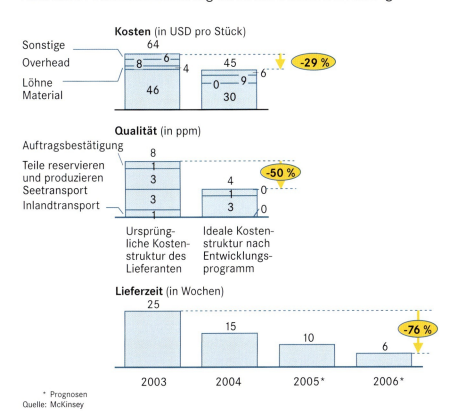

\* Prognosen
Quelle: McKinsey

## Globalisierung in der Automobilindustrie: das Beispiel BMW

Die BMW Group, Hersteller von Premium-Automobilen der Marken BMW, MINI, Rolls-Royce und von Premium-Motorrädern, hat 2004 1,2 Millionen Fahrzeuge abgesetzt und einen Umsatz in Höhe von etwa 45 Milliarden Euro erwirtschaftet. Das Unternehmen beschäftigt weltweit rund 106.000 Mitarbeiter. Die wichtigsten Märkte mit jeweils einem Viertel des Umsatzes sind Nordamerika und Deutschland.

Die Produktion hat nach wie vor ihren Schwerpunkt in Deutschland, hier wurde 2005 in Leipzig das neueste BMW-Werk eröffnet.

In Großbritannien werden rund 200.000 Fahrzeuge der Marke MINI gefertigt, in Spartanburg (South Carolina/USA) gut 140.000 Stück der Modelle BMW X5 und Z4. Weitere Produktionsstätten befinden sich in Rosslyn (Südafrika) und seit 2003 im chinesischen Shenyang; daneben gibt es insgesamt acht Montagewerke.

### „Etablierte Lieferanten wenn möglich mitnehmen" – Gespräch mit Dr. Klaus Richter, Leiter Einkauf, BMW Group

*Herr Dr. Richter, die BMW Group hat gerade im letzten Jahrzehnt weltweit expandiert. Die etablierten Zulieferer stellen sich ebenfalls zunehmend global auf und in den Entwicklungsländern zeigen sich neue Zulieferer. Wie wirkt sich die Globalisierung auf die Beschaffung und die Lieferanten von BMW konkret aus?*

Dr.-Ing. Klaus Richter ist seit 2004 Leiter des Bereichs „Materialwirtschaft" der BMW Group und verantwortet in dieser Funktion ein Einkaufsvolumen von 24,5 Milliarden Euro und den Kontakt zu etwa 1.000 Lieferanten. Zuvor war er Leiter der Hauptabteilung „Einkaufsstrategie und Ergebnissteuerung". Wir sprachen mit Dr. Richter über die Globalisierung der Automobilzulieferindustrie und die Beschaffungspraxis von BMW.

Die Globalisierung hat, was die Lieferanten angeht, zwei ganz unterschiedliche Treiber: zum einen Kostenpotenziale, zum anderen die Eroberung regionaler Märkte.

Den marktorientierten Aufbau hat die BMW Group modelltypisch zweimal durchlaufen: In Südafrika und in Spartanburg in den USA. Die BMW Group baut eine marktorientierte Lieferantenbasis typischerweise in drei Phasen auf.

Im ersten Schritt geht es darum, parallel zum Aufbau der eigenen Produktion erst einmal eine gewisse Lieferantenbasis zu etablieren. Die lokale Beschaffung ist oftmals aus Zollgründen erforderlich, wenn die minimal notwendige Wertschöpfung zur Erreichung des Status eines lokalen Fahrzeugherstellers nicht durch Montagen abgedeckt wird. In einem Land wie Südafrika ist dies echte Pionierarbeit.

Dort finden Unternehmen anfänglich fast keine Lieferanten, und die vorhandenen sind zu Beginn meistens nicht in der Lage, im globalen Vergleich kostengünstig und qualitativ hochwertig zu liefern. Im ersten Schritt geht es deshalb für Lieferanten darum, erst einmal mit einer Dependance vertreten zu sein. Wir versuchen dabei in der Regel, unsere Kernzulieferer an einen neuen Standort mitzunehmen. Wir versuchen dann im Verbund durch *Re-Labeling*, einfache Montagen, aber zunehmend auch durch eine Ausweitung der lokalisierten Beschaffung, die minimal erforderliche lokale Wertschöpfung zu erreichen. Das kostet Geld und ist nicht produktiv; nur aufgrund eines bestehenden Zollschirms ist es die günstigste Variante, sich hier zu etablieren.

Im zweiten Schritt entwickelt sich dann ein echter Zulieferermarkt, der die lokale Fertigung durch niedrige Transportkosten und Zollvorteile tatsächlich günstiger beliefert. In dieser Phase werden in zunehmendem Maße Teile lokal beschafft, deren Wert dann in Summe auch über den aus Zollgründen erforderlichen Mindestumfang hinausgehen kann.

Im dritten Schritt wird dann auf Basis der erreichten Produktivität und Qualität ein Stand erreicht, der es erlaubt, lokal beschaffte Teile zu exportieren und in anderen Werken zu verbauen. In Südafrika haben wir alle drei Schritte durchlaufen und liefern heute beispielsweise von dort viele Lederprodukte für die weltweite Produktion.

*Wie kann das zweite Ziel erreicht werden: eine kostengünstigere Beschaffung?*

Hier liegt die Hauptaufgabe bei den so genannten *First-Tier-Zulieferern*, also bei den Herstellern von Teilen und Komponenten, die direkt an die BMW Group liefern. Ganze Systeme – beispielsweise Bremssysteme – beziehen wir häufig *Just in Time* und *Just in Sequence* und daher aus einem Werk, das relativ nah an dem entsprechenden BMW-Fertigungsstandort liegt. Viele unserer *First-Tier-Zulieferer* stellen sich dabei zunehmend kaskadenartig auf. Die Flexibilität, die wir unseren Kunden bieten – sie können die Ausstattung bis fünf Tage vor Produktionsbeginn noch verändern – erfordert es in vielen Fällen, den Radius für die Konfektionierung und Montage der Systeme sehr eng zu ziehen.

Unterkomponenten und kleinere Teile stammen hingegen aus einem deutlich größeren Einzugsbereich – hier sind wir natürlich schnell bei einer Fertigung in Osteuropa, insbesondere in Bezug auf einfach zu fertigende, arbeitsintensive Produkte wie Kabelbäume. Die relevanten Regionen kennen wir gut und wir nutzen sie konsequent. Mittlerweile beziehen wir z. B. für etwa 2 Milliarden Euro Teile aus Osteuropa.

Zulieferer, die Niedriglohnstandorte nicht für die Fertigung von Teilen und Komponenten nutzen, können bei Ausschreibungen oft keine wettbewerbsfähigen Preisstrukturen bieten. Das wird für diese Zulieferer problematisch, wenn wir dann aus wirtschaftlichen Gründen gezwungen sind, uns nach Alternativen umzusehen und andere Zulieferer zu entwickeln.

*Welche Erfahrungen – positive wie negative – hat BMW mit Zulieferern und Teilen aus Schwellenländern, insbesondere in Osteuropa, gemacht?*

Die BMW Group hat keine schlechten Erfahrungen mit Teilen aus Niedriglohnländern gemacht. Allerdings: Solche Lieferanten müssen sorgfältig auditiert und betreut werden. Die BMW Group hat beispielsweise bisher auch wenig direkt mit chinesischen Lieferanten gearbeitet. China bietet ohne Zweifel auch wegen der Distanz zu unserem Heimatstandort gewisse Risiken, ist aber ein Thema, dem wir uns stellen müssen und werden.

*Wie reagieren Sie, wenn sich Zulieferer – etwa Bosch, Delphi oder Faurecia – mit ihren Werken neu aufstellen? Wie verläuft die Interaktion?*

In der Regel müssen uns Zulieferer darüber informieren, wenn sie den Produktionsort wechseln möchten. Die Auditierungen, die wir für jeden Anlauf fordern, schaffen eine gewisse Transparenz und wir partizipieren natürlich auch an den positiven Kosteneffekten, weil wir in der Regel die Leistungen unserer Zulieferer nachkalkulieren. Die Beschaffungspotenziale von Niedriglohnländern ergeben sich dabei oft auch durch die Zusammenarbeit mit lokalen *Second-Tier-Zulieferern*; die Potenziale solcher Märkte gehen deshalb über die Arbeitskostenvorteile unserer direkten Zulieferer hinaus. Insgesamt halte ich dies für einen praktikablen Ansatz, weil wir uns als Hersteller nicht um jeden Schritt selbst kümmern können. Im Hinblick auf Taktung, Zuverlässigkeit und Liefertreue brauchen wir Partner, die ihre eigenen Zulieferer entsprechend führen können und die wissen, was es heißt, in unseren Beschaffungsprozess eingebunden zu sein.

*Die Strategie von BMW richtet sich danach, ob das Ziel „Marktschließung" oder „Nutzung von Beschaffungsmärkten" heißt?*

Das ist richtig. Bei der Marktschließung müssen wir – nicht zuletzt aufgrund von Handelsbarrieren – Bahnbrecher sein und sehr schnell vor Ort produzieren und beschaffen. Auf der Effizienzseite profitieren wir jedoch von etablierten Beschaffungsmärkten. Wir sind z. B. nicht die Ersten in der Mongolei und wollen es auch nicht sein. Globalisierung ist für die BMW Group insgesamt ein evolutionärer und sehr erfolgreicher Prozess mit einem jahrelangen Vorlauf.

Die Präsenz in den etablierten Auslandsmärkten ist aber wichtig. In Japan beispielsweise werden Trends für aktive Fahrsysteme und Infotainment-Systeme gesetzt. Spanien ist im Rahmen der Beschaffung für Kleinwagen interessant – dort werden immerhin 3,5 Millionen Fahrzeuge in dieser Klasse gebaut. Italien ist als Beschaffungsmarkt für den Motorradbau wichtig.

*Wie lange dauert es, Zulieferer an neuen Standorten aufzubauen?*

Der Hochlaufprozess, in dem die Zulieferer ihre Fähigkeiten an einem neuen Standort ausbauen, dauert etwa zwei Fahrzeuggenerationen, also 10 bis 15 Jahre. Die Chinesen wollen diesen Prozess verkürzen – was jedoch nicht einfach ist. In Osteuropa hingegen ist der Hochlauf weniger kritisch. Man bewegt sich dort im europäischen Kulturkreis, und mit einer kleinen Gruppe von *Expatriates* unterscheidet sich ein Produktionsanlauf dort nicht wesentlich von einem in Deutschland.

*Wie erfolgt der Aufbau der lokalen Zuliefererstruktur bei neuen Werken konkret?*

Wir versuchen, nach Möglichkeit unsere bestehenden Zulieferer mitzunehmen. Am Anfang ist ein solcher Schritt für sie natürlich kaum wirtschaftlich, weil die Stückzahlen noch relativ niedrig sind. Wir müssen sie daher direkt oder indirekt unterstützen, um den Aufbau für sie attraktiv und möglich zu machen. Langfristig ergibt sich aber ein erheblicher positiver Effekt. Beispielsweise liegt der Wert des über Spartanburg beschafften Materials mittlerweile bei 2,5 Milliarden Euro.

Insgesamt ist dieses Vorgehen sehr befruchtend für die ganze deutsche Industrie – trotz oder gerade wegen der Auslandsfertigung. Das BMW-Werk ist der Nukleus, der auch mittelständische Zulieferer dazu bewegt, im entsprechenden Land zu produzieren. Dadurch schaffen sich die Zulieferer eine Basis, von der aus sie den jeweiligen Markt besser erschließen können. Eine ganze Reihe von Zulieferern, die mit uns nach Spartanburg gegangen sind, beliefert jetzt auch die großen Drei in den USA, also Ford, GM und Chrysler.

*Welche Folgen ergeben sich dabei für den BMW-Heimatstandort Deutschland?*

Positive: Der große Erfolg der deutschen Automobilhersteller und -zulieferer hat in den vergangenen Jahren dazu geführt, dass die Beschäftigung in der Branche um 15 Prozent anstieg – das entspricht mehr als 100.000 zusätzlichen Arbeitsplätzen in Deutschland. Allerdings muss man fairerweise hinzufügen, dass von diesem Zuwachs fast ausschließlich die höher Qualifizierten profitierten.

Dass man Teile und Komponenten bei stabilen Prozessen auch in Niedriglohnländern fertigen kann, ist klar. Aber als Systemintegrator ist dies wesentlich schwieriger; die hohe Qualifikation und der direkte Kontakt zwischen Mitarbeitern sind da sehr wichtig. Bildung hat hierzulande einen noch bei Weitem unterschätzten Stellenwert. Eine bessere Ausbildung ist absolut erforderlich, um sich gegenüber anderen Ländern mit geringen Arbeitskosten abzugrenzen. Die Fertigung wird sich – auch in Abhängigkeit von Forschungs- und Entwicklungsstandorten – zukünftig global an den Standorten ansiedeln, welche die besten Rahmenbedingungen bieten.

> **Moderne Methoden der Verhandlungsvorbereitung schaffen Transparenz hinsichtlich weiterer Kostensenkungspotenziale.**

Gerade in Niedriglohnländern liegt jedoch eine besondere Herausforderung darin, die tatsächliche Höhe vorhandener Potenziale richtig zu taxieren – denn aus Sicht westlicher Einkäufer bieten Lieferanten aus Indien, China oder Südamerika grundsätzlich sehr niedrige Preise an; von den tatsächlichen Kosten der Lieferanten haben sie mitunter keine konkrete Vorstellung. Deshalb basieren Verhandlungen meist nur noch auf dem Vergleich der vorliegenden Angebote – nicht umsonst erzielen viele Lieferanten in China und anderen Niedriglohnländern seit Jahren beeindruckende Gewinnmargen.

Für ein amerikanisches IT-Unternehmen war dies eine schmerzhafte Lehre: Nach dem Zusammenschluss mit einem chinesischen Wettbewerber musste es feststellen, dass die Chinesen bei denselben lokalen Lieferanten für vergleichbare Teile bis zu 50 Prozent weniger bezahlen.

Speziell in Niedriglohnländern gilt der Grundsatz: In einer Verhandlung gewinnt derjenige, der das Geschäft besser versteht. Um die nötige Faktenbasis zu schaffen und adäquat zu nutzen, existieren zahlreiche Einkaufsinstrumente.

Im Anhang werden zwei davon beispielhaft näher erläutert: *Clean-Sheet Costing* und *Linear Performance Pricing* (LPP). Jedes Unternehmen sollte seine lokalen Einkäufer in der Nutzung solcher modernen Instrumente der Verhandlungsvorbereitung ausbilden und für deren konsequente Anwendung sorgen. Der Vorsprung an Faktenbasis und vertieftem Geschäftsverständnis wird sich auszahlen – direkt in Verhandlungen gegenüber Lieferanten in Niedriglohnländern, aber auch indirekt gegenüber Wettbewerbern.

# Anhang

### *Clean-Sheet Costing*

*Clean-Sheet Costing* ist ein Instrument zur Berechnung von Zielkosten, die der Einkäufer in den Verhandlungen zu realisieren versucht (Abbildung 8.13). Dazu zerlegt er die zu beschaffende Komponente in ihre Einzelteile und Kostentreiber und kalkuliert diese auf Grundlage der lokalen Faktorkosten neu. Wenn Kostendaten, z. B. zu Bearbeitungszeiten auf der Maschine, nicht exakt vorliegen, reicht meist eine realistische Schätzung aus. Nach der Kalkulation erkennt der Einkäufer, welcher Prozentsatz des angebotenen Preises unerklärt bleibt.

Ziel der Verhandlungen ist jedoch üblicherweise nicht die vollständige Aufklärung, wie der Lieferant sein Angebot kalkuliert hat – vielmehr geht es darum zu verstehen, an welchen Stellen ungefähr wie viel Spielraum vorhanden ist. Durch gezieltes Ansprechen dieser kritischen Punkte kann der unerklärte Prozentsatz reduziert werden.

### *Linear Performance Pricing*

Während *Clean-Sheet Costing* die internen Kostenstrukturen des Lieferanten ausleuchtet, macht *Linear Performance Pricing* (LPP) die Preise ähnlicher Produkte vergleichbar. Dazu wird der entscheidende Leistungstreiber des Produkts (beispielsweise bei einer Feder die Spannkraft) identifiziert und der Preis zu diesem Leistungsparameter in Relation gesetzt. Bei dem Beispiel der Feder ergäbe sich ein Preis pro Spannkraft, z. B. 10 Eurocents pro Kilo-Newton. Ziel ist es, alle Preise auf den niedrigsten relativen Preis zu drücken.

Entscheidend für den Erfolg des LPP ist die Wahl des richtigen Leistungsparameters. Relativ leicht ist das im Falle eines Elektromotors, wie es Abbildung 8.14 zeigt: Die Idee ist naheliegend, dass es einen linearen Zusammenhang gibt zwischen der Leistung eines Elektromotors und seinem Preis. Bei anderen Produkten ist die Definition des Leistungsparameters oft schwieriger, allerdings sind der Gewinn an Transparenz und die daraus entstehenden Potenziale auch entsprechend höher.

**Beim *Clean-Sheet Costing* wird die zu beschaffende Komponente in ihre Kostentreiber zerlegt und unerklärbare Kostenanteile werden ausgewiesen.**

Abb. 8.13: Clean-Sheet Costing – Beispiel Elektronikzubehör
in USD pro Stück

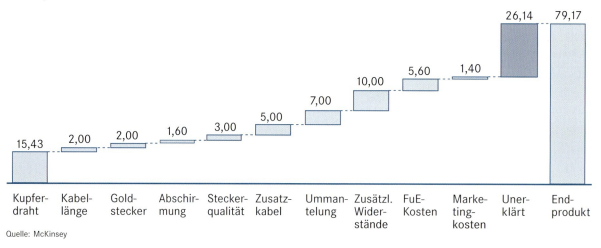

Quelle: McKinsey

## Beispiel: Bestimmung des Leistungsparameters für einen Kabelstrang im Automobil

Jedes moderne Auto hat einen zentralen Kabelstrang, der alle wichtigen elektronischen Bauteile miteinander verbindet. Je nach Fahrzeugtyp, Anzahl der elektronischen Systeme und Sonderausstattungen ist der Kabelstrang sehr unterschiedlich komplex. Deshalb galten Kabelstränge lange als nicht miteinander vergleichbar; zu unterschiedlich waren Kabellängen, verwendete Stecker und weitere Merkmale.

Einer der großen Automobilhersteller jedoch nutzte die LPP-Methode, um die Kabelstränge für alle Konzernmarken, Modelle und Varianten vergleichbar zu machen. Als Leistungsparameter festgelegt wurde einfach die Anzahl der in jedem Strang verbauten Kabel. Auf dieser Grundlage konnte der Autohersteller mit seinen weltweiten Lieferanten einen einheitlichen Zielpreis für Kabelstränge aushandeln, den alle innerhalb von vier Jahren erreichen mussten. Jeder Einkäufer konnte den Einzelpreis pro Strang nun einfach anhand der Anzahl der darin enthaltenen Kabel errechnen.

**Fazit:** Durch die Anwendung der LPP-Methode können auch Kosten für komplexe Komponenten als Grundlage für Verhandlungen vergleichbar gemacht werden.

*Anhang*

**Beim *Linear Performance Pricing* werden verschiedene Angebote nach ihrem zentralen Leistungsparameter analysiert.**

Abb. 8.14: Linear Performance Pricing – Beispiel Klimaanlagenmotor

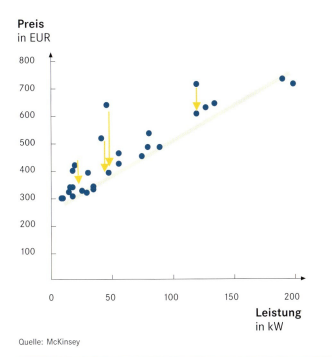
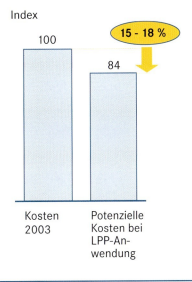

Quelle: McKinsey

Sebastian Simon

# 9 Anbindung von Forschung und Entwicklung

### Zusammenfassung

Forschung und Entwicklung (FuE) unterliegen anderen Standortfaktoren als die Produktion: Neben Faktorkosten und Marktnähe spielen die Verfügbarkeit gut ausgebildeter Ingenieure und das Know-how in gewachsenen Wissensclustern eine entscheidende Rolle. Deshalb sind die Entwicklungsabteilungen deutscher Unternehmen heute weniger stark globalisiert als die Produktion. Damit wächst tendenziell die geografische Entfernung zwischen Produktion und Entwicklung, und dem **Management der Schnittstelle** zwischen Entwicklung und Fertigung kommt eine wachsende Bedeutung zu.

Somit stellt sich die Frage: In welchem Maße sollten Unternehmen die **Ko-Lokation** beider Funktionen anstreben und die Entwicklung der Produktion ins Ausland nachfolgen lassen? Bei Produkten mit geringem Entwicklungsaufwand und einfachen Fertigungsprozessen ist dies sicherlich nicht notwendig. Für komplexe Produkte dagegen muss sehr genau analysiert werden, welche Teile der Entwicklung nahe bei der Produktion angesiedelt werden sollen – auch unter Berücksichtigung der Trends, die sich für die unterschiedlichen Standorte abzeichnen. Ausgehend von den lokalen Anforderungen an das Produktdesign sowie den standortspezifischen Fertigungstechnologien können dabei verschiedene Arten möglicher Ko-Lokation von Entwicklung und Fertigung unterschieden werden: von der reinen Fertigungsunterstützung in der Anlaufphase bis hin zur kompletten Verlagerung der Produktentwicklung und Forschung an den Niedriglohnstandort. Im letzteren Fall empfiehlt sich ein schrittweiser Ausbau vom reinen Fertigungsstandort hin zum produktverantwortlichen Kompetenzzentrum.

Im Ausblick auf die zukünftigen Entwicklungstendenzen der Ansiedlung von FuE zeigt sich, dass Hochlohnländer noch immer eine hohe Anziehungskraft besitzen. Dazu tragen insbesondere Wissenszentren für bestimmte Branchen bei, die private und öffentliche Forschungsaktivitäten sowie Lieferanten, Kunden und Wettbewerber in hoher Dichte aufweisen.

## Kernfragen Kapitel 9

- Welches sind die wichtigsten Indikatoren für eine Ko-Lokation von Fertigung und Entwicklung?
- Welche Lösungsoptionen gibt es für diese Ko-Lokation? Was charakterisiert sie?
- Welche Optionen haben Unternehmen in der Praxis gewählt?
- In welchem Rahmen werden sich die unterschiedlichen geografischen Regionen als FuE-Standorte entwickeln?

## 9.1 Herausforderung der Schnittstelle zur Produktion

Ein Unternehmen, das seine Produktion global aufstellt, muss sich zwangsläufig auch mit der Anbindung von FuE befassen: Die Schnittstelle zwischen beiden Funktionen muss optimal abgestimmt sein auf die Produktstrategie, die Konfiguration des Produktionsnetzwerks und die Bedürfnisse des Zielmarkts. In diesem Zusammenhang stellt sich naturgemäß die Frage, in welchem Umfang Produktionsstandorte im Ausland auch Entwicklungsabteilungen vor Ort benötigen und wie viel in das Management der Schnittstelle investiert werden muss.

Wie einschlägige Analysen hierzu ergaben, sind die Entwicklungsabteilungen deutscher Unternehmen weit weniger globalisiert als ihre Produktionsstandorte (Abbildung 9.1.): Im Durchschnitt werden über 30 Prozent der Fertigungsleistungen, aber weniger als 20 Prozent der Entwicklungsleistungen im Ausland erbracht. Dabei wird für die Entwicklung meist ein Hochlohnstandort gewählt, die Fertigung wird dagegen überwiegend in Niedriglohnländern angesiedelt.

Dies geschieht nicht ohne Grund, denn Entwicklungsstandorte orientieren sich tendenziell eher an **Wissensclustern und Märkten**, während Produktionsstandorte stärker von den Faktorkosten bestimmt werden. Am Beispiel des Automobilzulieferers ZF lässt sich dies veranschaulichen (Abbildung 9.2): Während das Unternehmen mittlerweile mit Produktionsstandorten weltweit vertreten ist und insbesondere in Asien, Osteuropa und Südamerika Kapazitäten ausgebaut hat, befinden sich die Entwicklungsstandorte weitgehend in Hochlohnländern. So sind etwa die beiden Standorte zur Plattformentwicklung immer noch in Deutschland und den USA angesiedelt.

> **FuE-Standorte orientieren sich eher an Wissensclustern und Märkten, Fertigungsstandorte eher an den Faktorkosten.**

Ausschlaggebend für die Entscheidung, ob und inwieweit die Entwicklungsfunktion eines Unternehmens unmittelbar bei der Produktion angesiedelt wer-

**Entwicklungsleistungen sind bei deutschen Unternehmen weniger globalisiert als Produktion und Absatz.**

Abb. 9.1: Auslandsanteil an FuE, Umsatz und Produktion – 2002
in Prozent

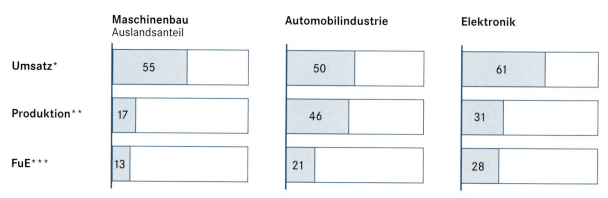

\* Anteil der exportinduzierten Bruttowertschöpfung an der gesamten Bruttowertschöpfung
\*\* Abschätzung über Anteil der Beschäftigten im Ausland
\*\*\* Anteil der FuE-Ausgaben deutscher Unternehmen im Ausland
Quelle: Statistisches Bundesamt, DIW

**Der Automobilzulieferer ZF hat seine Produktion global aufgestellt, die Entwicklung jedoch in wenigen Ländern gebündelt.**

Abb. 9.2: Produktions- und Entwicklungsstandorte von ZF
in Prozent

Quelle: ZF

## 9.1 Herausforderung der Schnittstelle zur Produktion

den muss (Ko-Lokation), ist die Intensität des Austauschs zwischen beiden Bereichen. Ein Extrembeispiel dafür ist sicherlich die Neuentwicklung eines Fahrzeugs: Dort greift die Entwicklung in der Konzeptentwicklungsphase auf Analysen der Produktionsexperten zurück (z. B. Untersuchungen zur technischen Umsetzbarkeit oder Berechnung der notwendigen Investitionen und Produktionskosten). Die Produktion orientiert sich in späteren Phasen an den Vorgaben der Entwicklung, so etwa bei der Erstellung von Logistik- und Fertigungskonzepten (z. B. Layout für die Karosserie-Schweißanlagen) oder bei der Beschaffung von Betriebsmitteln. In der Anlaufphase geht die Verantwortung für das Fahrzeug von der Entwicklung an die Fertigung über. Anlaufprobleme und Qualitätsmängel müssen in kurzen Kommunikationsschleifen zwischen Entwicklung und Fertigung behoben werden. Auch Maßnahmen zur Kostensenkung werden gemeinsam erarbeitet und implementiert.

Nicht immer sind die Wechselwirkungen zwischen Entwicklung und Produktion so vielfältig wie bei der Entwicklung neuer Fahrzeuge. Anhand zweier Indikatoren lässt sich die notwendige Intensität des Austauschs produktspezifisch bestimmen:

> **Je intensiver der Austausch zwischen Entwicklung und Produktion, desto eher kommt eine Ko-Lokation in Frage.**

- Der **Innovationsgrad der Produkte** bedingt einen aufwändigen Wissenstransfer zwischen Entwicklung und Produktion und führt zu kurzen Produktlebenszyklen und damit häufigen Produktionsanläufen.

- Die **Komplexität der Fertigungsverfahren** bestimmt, inwieweit Produkt- und Prozessentwickler den Austausch mit der Produktion benötigen und umgekehrt.

Die ProNet-Umfrage ergab eine klare Korrelation zwischen diesen Indikatoren und der Entwicklungsanbindung an den Fertigungsstandort (Abbildung 9.4): Wo immer beide Indikatoren in hohem Maße zutrafen,

> **Entwicklung und Produktion sind in der Automobilindustrie besonders eng verknüpft.**

Abb. 9.3: Beispiel Schnittstelle Entwicklung/Produktion in der Automobilindustrie

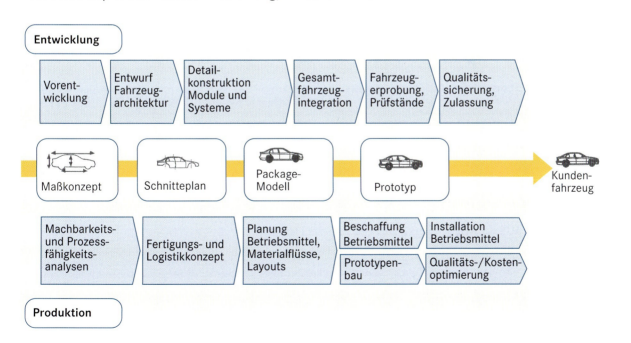

Quelle: McKinsey

**Die Notwendigkeit der FuE-Ko-Lokation hängt stark von der Fertigungskomplexität und vom Innovationsgrad ab.**

Abb. 9.4: Treiber für FuE-Ko-Lokation

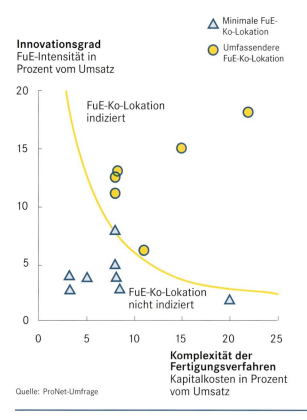

entschieden sich die befragten Unternehmen für eine engere Entwicklungsanbindung.

**Hoch innovative Produkte und/oder komplexe Fertigungsverfahren bedingen einen engen Austausch zwischen FuE und Produktion.**

## 9.2 Gestaltung der Schnittstelle zur Produktion

Die genannten Indikatoren ermöglichen erste Rückschlüsse darüber, inwieweit eine Ko-Lokation von FuE und Produktion für einen bestimmten Produktumfang angezeigt sein könnte. Nun ist die Entwicklung neuer Produkte aber kein monolithischer Block, der nur in seiner Gesamtheit betrachtet werden kann. Vielmehr stellen die **fünf typischen Phasen** der FuE (Abbildung 9.5) sehr unterschiedliche Anforderungen an Markt und Produktionsnähe: So findet die Forschung eines Unternehmens häufig in zentralen Forschungseinrichtungen und in enger Kooperation mit externen Wissenszentren wie Universitäten und öffentlichen Forschungseinrichtungen statt. Die nachfolgende Plattform- sowie die Applikationsentwicklung dagegen sind stark produktspezifisch und an Absatzmärkten ausgerichtet, eventuell sogar eng an die Entwicklungs- und Produktionsnetzwerke der wichtigsten Kunden angebunden. Die Entwicklung der Fertigungsverfahren verläuft im Sinne eines *Simultaneous Engineering* meist parallel zur Plattform- und zur Applikationsentwicklung.

**Die verschiedenen Entwicklungsphasen stellen unterschiedliche Anforderungen an Markt- und Produktionsnähe.**

Entsprechend gibt es zwischen einer minimalen und einer vollständigen Ko-Lokation der Entwicklung mit der Produktion eine Reihe von Zwischenlösungen. Die Wahl der richtigen Lösung und ihre effektive Ausgestaltung tragen erheblich dazu bei, die Effizienz und Effektivität an der Schnittstelle beider Funktionen zu optimieren. Fünf grundlegende Optionen lassen sich unterscheiden (Abbildung 9.6):

**1. Minimale Ko-Lokation:** Nur wenige Entwicklungsmitarbeiter halten sich ständig am Produktionsstandort auf; Fertigungsvorbereitung und Arbeitsplanung werden mit einem Minimum an technischen Planern durchgeführt. Diese Option eignet sich insbesondere für ausgereifte Produkte, die bereits an anderen Standorten produziert werden.

**2. Ko-Lokation der Verfahrensentwicklung:** Die Fertigungsverfahren werden am Produktionsstandort entwickelt. Diese Option empfiehlt sich, wenn Fertigungsverfahren an die Gegebenheiten vor Ort angepasst werden müssen (vgl. Kapitel 5) oder so komplex sind, dass sie auch im Dauerbetrieb eine substanzielle Unterstützung durch die Entwicklung erfordern.

3. **Ko-Lokation der Applikationsentwicklung:** Die Applikationsentwicklung wird vor Ort durchgeführt. Dieses Vorgehen ist bei stark markt- oder kundenspezifischen Produkten notwendig und kann mit Option 2 kombiniert werden.

4. **Ko-Lokation der Plattformentwicklung:** Bei dieser Option wird nicht nur die Applikationsentwicklung, sondern werden auch die Entwicklungen von Produktplattformen und Fertigungsverfahren am Produktionsstandort durchgeführt. Dies ist immer dann empfeh-

---

**Es lassen sich fünf Phasen im Entwicklungsprozess unterscheiden.**

Abb. 9.5: Typische Phasen im Entwicklungsprozess

Quelle: McKinsey

---

**Für die Ko-Lokation von Entwicklungsphasen gibt es fünf idealtypische Lösungen.**

Abb. 9.6: Modelle für die Lokalisation von FuE

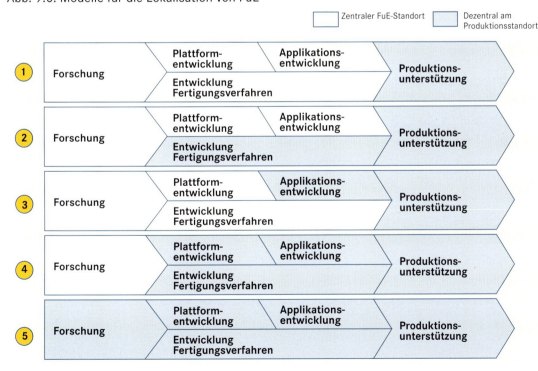

Quelle: McKinsey

lenswert, wenn der Zielmarkt eine grundlegend andere Produktarchitektur erfordert.

**5. Ko-Lokation der Forschung:** Eine vollständige Ko-Lokation von Forschung, Entwicklung und Produktion findet man normalerweise nur an gewachsenen Standorten, die gleichzeitig einen Know-how-Cluster für eine gesamte Branche bilden. Eine Neuansiedelung der Forschung bedeutet meistens, dass sich das Zentrum einer Industrie grundlegend verschoben hat.

Grundsätzlich gilt: Je stärker die Entwicklung von der Produktion entkoppelt werden kann, umso eher können die Entwicklungs- und Produktionsnetzwerke unabhängig voneinander optimiert werden. Sprechen aber gute Gründe für eine Ko-Lokation, so muss der entsprechende Zusatzaufwand explizit einkalkuliert werden: So kann die Verlagerung der Prozess- und Applikationsentwicklung, abhängig von der Komplexität und dem Innovationsgrad der Produkte und Fertigungsverfahren, wenige Monate bis etwa zwei Jahre in Anspruch nehmen; der systematische Auf- und Ausbau von Produktentwicklungs-Kompetenzen bis hin zur Plattformentwicklung kann bis zu fünf Jahre beanspruchen. Angesichts dieser Größenordnungen kommt einer vorausschauenden Planung besondere Bedeutung zu. In der Regel empfiehlt es sich, schrittweise vorzugehen und am Anfang beispielsweise nur Fertigungsschritte zu adaptieren, im zweiten Schritt dann weitere Entwicklungskompetenzen zu verlagern.

> **Die Ko-Lokation von Entwicklungsfunktionen mit der Produktion kann einen großen Zeitaufwand erfordern und sollte vorausschauend geplant werden.**

Im Folgenden werden die fünf genannten Optionen der Schnittstellengestaltung detaillierter dargestellt, diskutiert und durch Fallbeispiele veranschaulicht.

### 9.2.1 Option 1: Minimale Ko-Lokation

Sofern Fertigungsverfahren, Produkte und die Anbindung an Märkte es zulassen, können Unternehmen für neue Produktionsstätten eine begrenzte Ko-Lokation von Entwicklung und Fertigung vorsehen (Abbildung 9.7). Dabei übernimmt der Standort erprobte Fertigungsverfahren von anderen Standorten; nur ein kleines Team von Fertigungsplanern, Arbeitsvorbereitern und Ingenieuren ist zur Unterstützung vor Ort. Zusätzlich werden beim Anlauf neuer Produkte, falls notwendig, kurzzeitig technische Experten von anderen Standorten zur Unterstützung herangezogen. Nur minimale Änderungen am Produkt werden von loka-

> **Die minimale Ko-Lokation eignet sich für wenig innovative Produkte und einfachere Fertigungsverfahren.**

Abb. 9.7: Option 1 für Entwicklungs-Ko-Lokation

Indikatoren
- Geringer Innovationsgrad bei Produkten und Fertigungsverfahren
- Geringe Komplexität und Anzahl von Fertigungsverfahren
- Geringer Bedarf für Anpassung der Produkte an spezifische Anforderungen
- Hoher Standardisierungsgrad der Fertigungsverfahren

Quelle: McKinsey

## 9.2 Gestaltung der Schnittstelle zur Produktion

len Produkt- und Prozessingenieuren implementiert. Da die gegenseitigen Abhängigkeiten zwischen Entwicklung und Produktion gering bleiben, erlaubt diese Lösung eine übergreifende Optimierung des Entwicklungsnetzwerks nach den entwicklungsspezifischen Standortfaktoren, ohne Einschränkung durch die Orientierung am Produktionsnetzwerk.

Bei der ProNet-Umfrage zeigte sich die Präferenz vieler Unternehmen für dieses Vorgehen. Insbesondere die Vorreiter beim Aufbau globaler Produktionsnetzwerke setzen auf die **Zentralisierung grundlegender Design-Entscheidungen** für Produkte und Fertigungsverfahren (vgl. Kapitel 7): Sie erleichtert die Anbindung an existierende Know-how-Cluster, die Nutzung von Skaleneffekten in FuE[1] sowie die Reduktion der Variantenvielfalt durch erhöhte Produktstandardisierung.

Der Aufbau entwicklungsunabhängiger Produktionsstandorte in der Peripherie wird häufig durch ein **Leitwerkkonzept** unterstützt: So genannte Leitwerke übernehmen die zentrale Entwicklung von Fertigungstechnologien sowie den Transfer zu allen Zweigwerken; damit ist auch erforderlich, dass sie einen Mindestumfang des Produktionsvolumens (Produktplattformen und eventuell lokale Varianten) selbst produzieren – entweder temporär im Rahmen der Produktionseinführung oder auch dauerhaft (Abbildung 9.8). Somit haben die

> **Bei vielen global produzierenden Unternehmen sind grundlegende Design-Entscheidungen zentralisiert.**

Mitarbeiter des Leitwerks die Fertigungsverfahren direkt vor Augen und können sie vor Ort optimieren. Die Zweigwerke übernehmen bereits stabilisierte und bewährte Fertigungsverfahren. Zudem unterstützen die Leitwerkmitarbeiter Zweigwerke bei der Optimierung spezialisierter Fertigungsverfahren für lokale Produktvarianten und Kleinserien. Leitwerke dienen somit als Kompetenzzentren mit globaler Präsenz, die bewährte Fertigungsmethoden betreuen, Mitarbeiter

**Leitwerke übernehmen einen Teil des Produktionsvolumens.**

Abb. 9.8: Leitwerkkonzepte: Parallelproduktion und Staffellauf

|  | Indikation | Vorteil für FuE-Anbindung |
|---|---|---|
| **(A) Parallelproduktion** 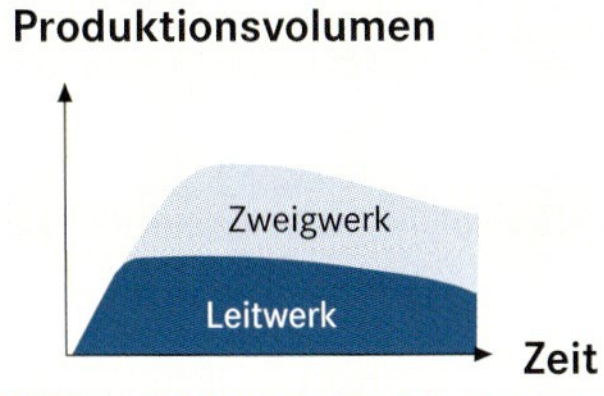<br>Produktionsvolumen (Zweigwerk / Leitwerk über Zeit) | • Hohe Migrationskosten<br>• Kurze Produktlebenszyklen<br>• Flexibilitätsbedarf | • Enge Betreuung des Produktionsanlaufs durch das Leitwerk<br>• Betreuung von laufenden Produktänderungen durch das Leitwerk<br>• Ständige Produktionsoptimierung durch das Leitwerk |
| **(B) Staffellauf** 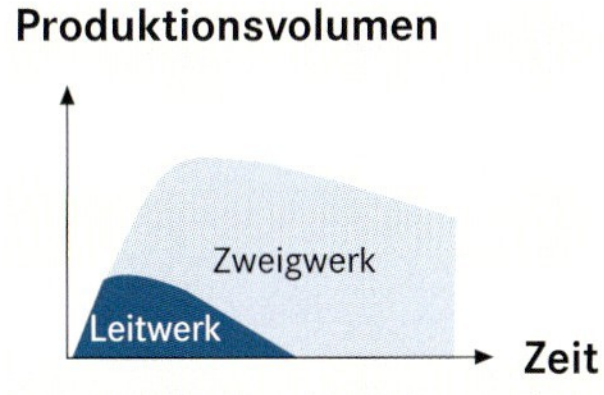<br>Produktionsvolumen (Zweigwerk / Leitwerk über Zeit) | • Lohnintensive Fertigung<br>• Lange Produktlebenszyklen<br>• Geringer Abstimmungsbedarf nach Stabilisierung | • Enge Betreuung des Produktionsanlaufs durch das Leitwerk<br>• Kapazitäten des Leitwerks nur kurzzeitig belastet |

Quelle: McKinsey

---

[1] Vgl. Welge (2003), S. 139.

## Transplants japanischer Automobilhersteller in Europa: reine Produktionsstandorte mit japanischen Leitwerken

Ein interessantes Beispiel für die Wahl von Entwicklungsstandorten liefern die japanischen Automobilhersteller Daihatsu, Honda, Isuzu, Mitsubishi, Nissan, Suzuki und Toyota (Abbildung 9.9): Sie beschäftigen in ihren europäischen *Produktions-Transplants* – tendenziell in Ländern mit relativ niedrigen Löhnen (Spanien, Portugal, Osteuropa) – insgesamt ca. 36.000 Fertigungsmitarbeiter. An denselben Standorten werden zwar auch in geringem Maße Entwicklungsfunktionen vorgehalten, diese widmen sich jedoch in erster Linie der Stabilisierung und Optimierung der Herstellprozesse, während das Gros der Produkt- und Verfahrensentwicklung in Japan angesiedelt ist.

Zusätzlich übernehmen insgesamt über 2.500 Mitarbeiter in so genannten Applikations- oder Design-Zentren die regionalen Produktanpassungen. Diese Zentren sind ebenfalls in Europa angesiedelt, allerdings nach einem gänzlich anderen Muster: Um sicherzustellen, dass sie „am Puls des Marktes" bleiben, wurden meist Standorte in der Nähe von Wettbewerbern sowie in den Zentren der anspruchsvollsten und kaufkraftstärksten Automobilmärkte gewählt. Die Mehrheit dieser Zentren befindet sich deshalb in Deutschland, den Benelux-Staaten und Großbritannien.

**Fazit:** Die japanischen Autobauer sind ein Paradebeispiel für die strikte Trennung von Produktions- und Entwicklungsstandorten: Die Produktion tendiert zur kostengünstigen Peripherie Europas, die Entwicklung ist nahe am Markt. Auch das Leitwerkkonzept wurde konsequent realisiert: Die *Transplants* replizieren Fertigungsverfahren, die sich in den japanischen Werken bewährt haben.

> Die Applikationsentwicklung japanischer OEMs in Europa erfolgt räumlich getrennt von den Produktionsstandorten.

Abb. 9.9: Standorte japanischer Autohersteller in Europa

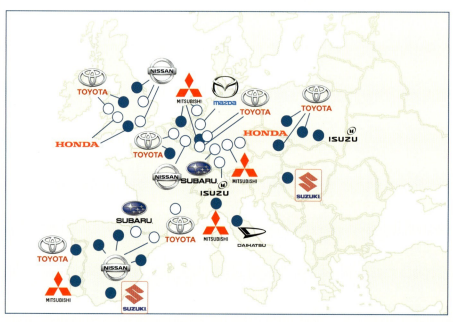

Quelle: Japan Automobile Manufacturers Association (2004)

von Zweigwerken schulen, Optimierungsideen sammeln und validieren sowie allgemein den kontinuierlichen Verbesserungsprozess vorantreiben.

### 9.2.2 Option 2: Ko-Lokation der Verfahrensentwicklung

Die Ko-Lokation der Verfahrensentwicklung (Abbildung 9.10) kommt dann in Frage, wenn die Fertigungsprozesse sehr entwicklungsintensiv sind oder stark an die Gegebenheiten am Standort adaptiert werden müssen. Ein typisches Beispiel hierfür ist der unterschiedliche Automatisierungsgrad (vgl. Kapitel 5): Es kommt nicht selten vor, dass Unternehmen aus Hochlohnländern, die dort schon vor langer Zeit auf hoch automatisierte Verfahren umgestiegen sind, in Niedriglohnländern wieder auf ihre vorherigen teilautomatisierten oder manuellen Fertigungsverfahren zurückgreifen.

Diese müssen dann zwar nicht grundsätzlich neu entwickelt, aber auf die aktuellen Produkte abgestimmt werden. Voraussetzung für die Ko-Lokation ausschließlich der Verfahrensentwicklung (d. h. ohne Applikations- oder Plattformentwicklung) ist, dass diese parallelen Entwicklungsphasen weitgehend unabhängig voneinander sind.

Besonders häufig ist Option 2 dort anzutreffen, wo Fertigungsumfänge aus Kostengründen verlagert werden: In vielen Fällen ist es dann sinnvoll, einen Niedriglohnstandort mit hohem Produktionsvolumen zum **Leitstandort für eine Fertigungstechnologie** auszubauen. So hat ein europäischer Automobilzulieferer beispielsweise die Fertigung von Kfz-Klimaanlagen nach Osteuropa verlagert, um die dortigen Lohnstrukturen zu nutzen und zu akzeptablen Logistikkosten Kunden in ganz Europa zu beliefern. Um an den Produktionsstandorten in Osteuropa laufende Produktionsprozesse zu optimieren und die Einführung neuer Produkte zu begleiten, baute er die Kompetenz für Fertigungstechnologien lokal aus. Nach wenigen Jahren übernahm der osteuropäische Standort die weltweite Leitfunktion für alle Herstellungsprozesse von Klimaanlagen. Die dortigen Fertigungsexperten werden zudem von Beginn an in alle Produktentwicklungsprozesse mit Automobilherstellern weltweit eingebunden, um fertigungs- und montagegerechte Konstruktionen sicherzustellen.

### 9.2.3 Option 3: Ko-Lokation der Applikationsentwicklung

Insbesondere die wachsenden Märkte Asiens und Südamerikas fordern spezifische Produkte, die eine markt-

**Die alleinige Ko-Lokation der Prozessentwicklung kann für Niedrigkostenstandorte in Frage kommen.**

Abb. 9.10: Option 2 für Entwicklungs-Ko-Lokation

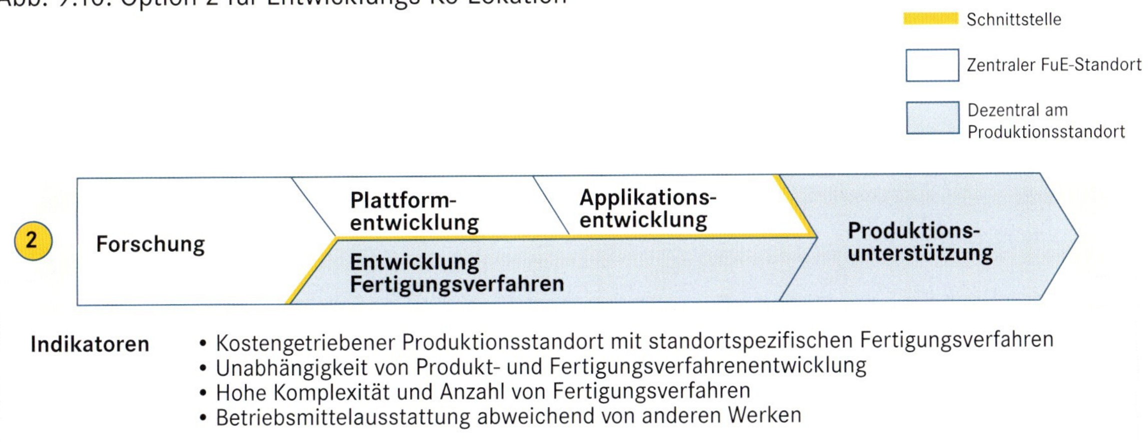

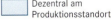

Schnittstelle
Zentraler FuE-Standort
Dezentral am Produktionsstandort

② Forschung → Plattformentwicklung / Entwicklung Fertigungsverfahren → Applikationsentwicklung → Produktionsunterstützung

Indikatoren
- Kostengetriebener Produktionsstandort mit standortspezifischen Fertigungsverfahren
- Unabhängigkeit von Produkt- und Fertigungsverfahrenentwicklung
- Hohe Komplexität und Anzahl von Fertigungsverfahren
- Betriebsmittelausstattung abweichend von anderen Werken

Quelle: McKinsey

nahe Entwicklung voraussetzen. Dabei geht es nicht nur um die Sicherstellung bestimmter Funktionalitäten, darüber hinaus ist das Produkt auch an die lokalen Vorschriften, Sprachen und Verbraucherpräferenzen anzupassen. Aus der Entfernung lässt sich der Adaptionsbedarf nur beschränkt erkennen und prognostizieren. Meist besteht die erfolgversprechendere und kostengünstigere Lösung darin, direkt vor Ort, mit lokalen Mitarbeitern und in engem Kontakt mit Schlüsselkunden Produkte zu adaptieren. In solchen Fällen empfiehlt sich eine lokale Entwicklungsabteilung, die nicht notwendigerweise, aber vorzugsweise an die Produktion vor Ort angebunden sein sollte (Abbildung 9.11).

Um dabei die Plattformstrategie und das gewünschte Ausmaß an Gleichteilen nicht aus den Augen zu verlieren, ist es sinnvoll, zu differenzieren zwischen a) standardisierten Modulen, die zentral entwickelt werden, und b) kundenspezifischen Produktapplikationen, die durch lokale Tochtergesellschaften entwickelt werden. Der Volkswagen-Konzern gehört zu den Unternehmen, die dieses Vorgehen erfolgreich anwenden: Konzernübergreifende PKW-Plattformen umfassen beispielsweise Karosserie und Fahrwerk; marken- und landesspezifisch veränderbare Aufbauten sind insbesondere Innenausstattung und Exterieur. Derartige verteilte Entwicklungen stellen hohe Anforderungen an die Entwicklungsdisziplin. Unbedingte Voraussetzung für die effiziente Zusammenarbeit zwischen den Entwicklungs- und Produktionsstandorten sind **standardisierte Prozesse** für die Produktentstehung. Des Weiteren trägt eine übergreifende Projektverantwortung mit weitreichenden Kompetenzen zur Stabilisierung des Produktentstehungsprozesses bei. Ein Beispiel für eine gelungene Standardisierung liefert das Unternehmen Flextronics (Box: Gemeinsame Applikationsentwicklung mit dem Kunden).

**Geografisch verteilte Entwicklungsaufgaben setzen hoch standardisierte Prozesse voraus.**

### 9.2.4 Option 4: Ko-Lokation der Plattformentwicklung

Während bei manchen Produkten eine Modifikation der Applikationen ausreicht, um die Bedürfnisse lokaler Märkte zu befriedigen, erfordern andere, sehr spezifische Marktbedingungen die Entwicklung einer völlig neuen Produktplattform (Abbildung 9.12). In diesem Fall ist abzuwägen, ob nicht besser die ge-

**Die Ko-Lokation der Applikationsentwicklung ist eine gute Lösung für Produkte mit mittlerem Adaptionsbedarf.**

Abb. 9.11: Option 3 für Entwicklungs-Ko-Lokation

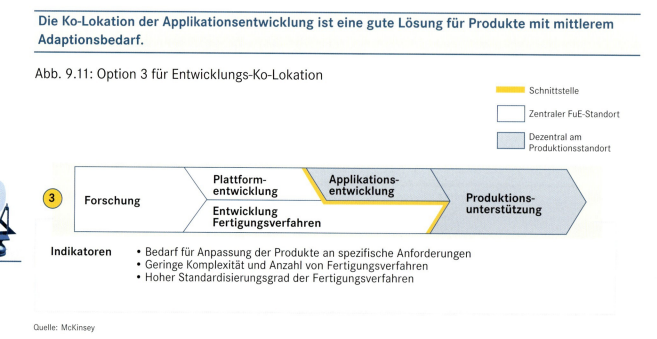

Quelle: McKinsey

**Sehr spezifische Kundenbedürfnisse können die Ko-Lokation der Plattformentwicklung erfordern.**

Abb. 9.12: Option 4 für Entwicklungs-Ko-Lokation

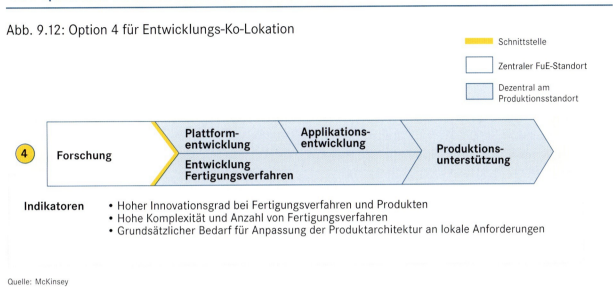

Quelle: McKinsey

samte Produktlinie inklusive der Plattformentwicklung am Auslandsstandort neu aufgebaut werden sollte. Da dies jedoch mit hohem Aufwand einhergeht und überdies die möglichen Skaleneffekte in der Produktentwicklung einschränkt, sollte diese Option nur gewählt werden, wenn eine Applikationsentwicklung definitiv nicht ausreicht – entweder, weil die vorhandenen Plattformen die Bedürfnisse lokaler Kunden nicht erfüllen können oder weil der Aufwand für die Modifikation oder Hinzufügung von Applikationen in keinem günstigen Verhältnis zum erzielbaren Verkaufspreis steht.

In jedem Fall aber sollten die zentralen Entwicklungsbereiche bei der Entwicklung marktspezifischer Plattformen eingebunden werden, um standardisierte Schnittstellen zwischen den Modulen, Qualitätsstandards sowie einen hohen Anteil an Gleichteilen zu forcieren. Wie die Zusammenarbeit konkret gestaltet werden kann, zeigen die beiden folgenden Fallbeispiele.

### Gemeinsame Applikationsentwicklung mit dem Kunden: Flextronics baut auf standardisiertes Vorgehen als Erfolgsfaktor[2]

Flextronics ist der größte Elektronik-Auftragsfertiger weltweit, mit Sitz in Singapur. Das Unternehmen ist zunehmend gefordert, innovative Produkte in kürzester Zeit gemeinsam mit den Kunden zur Serienreife zu bringen. Aktuelles Beispiel ist ein Mobiltelefon des Anbieters Vitaphone speziell für Herzpatienten, das neben der eigentlichen Telefonie auch die Funktionen EKG- und Blutdruckmessung sowie Notruf mit GPS-Ortung bietet. An der Entwicklung des Geräts waren Flextronics-Standorte in verschiedenen europäischen Ländern beteiligt: Österreich war zuständig für die Gesamtkonzeption, die Produktion und die Entwicklung der Mechanik, Ungarn für die EKG-Messung, Schweden für Software und Antennen. Der Standort im österreichischen Althofen übernahm als Spe-

---

2 Gespräche mit Erich Dörflinger, Vice President Sales CE-Europe Flextronics, Herbert H. Schöffmann, Executive Vice President European Sales Flextronics, Hermann Staudacher, Director of Design Flextronics, und Elke Steger, Marcoms Manager Flextronics.

*cial Business Solution Centre*³ die Kommunikation mit der Zentrale von Vitaphone in Mannheim. Dank der räumlichen Nähe waren Treffen mit dem Kunden, beispielsweise zur Klärung der Produktanforderungen oder zur Begutachtung von Prototypen, jederzeit kurzfristig möglich.

Voraussetzung für die standortübergreifende und dennoch kundennahe Entwicklung war ein hoher Standardisierungsgrad hinsichtlich Prozess und Organisation.

**Entwicklungsprozess:** Der Entwicklungsprozess unterteilt sich in die Konzeptphase, die Produktarchitektur, die Detailentwicklung, die Produkt- und Prozess-Validierung sowie die Produktionseinführung. Sämtliche Phasen halten sich an ein bewährtes Schema und werden mit einem *Quality Gate* abgeschlossen, über dessen erfolgreiches Passieren man gemeinsam mit dem Kunden entscheidet. Für die Konzeptphase beispielsweise beinhaltet ein *Quality Gate* neben der technischen Gerätespezifikation auch klare Aussagen zum Zielpreis und zur Stückzahlentwicklung; darüber hinaus werden Komponenten bei Lieferanten angefragt und alternative Szenarien für den Produktionsstandort geprüft. So kann schon in dieser Phase die Profitabilität des Produkts sehr genau abgeschätzt werden.

**Projektorganisation:** Federführender Ansprechpartner für die Firma Vitaphone war ein *Program Manager*, der das Produkt über alle Phasen hinweg betreute und für die Einhaltung von Zeitplan und Budget gesamtverantwortlich war. Ein *Design Project Manager* koordinierte die Mitarbeiter der Produktentwicklung (Österreich, Ungarn und Schweden), ein *Industrial Project Manager* die Mitarbeiter des Produktionsstandorts (Österreich). Beide waren im gesamten Projektverlauf involviert, wobei die Verantwortlichkeiten jedoch Schritt für Schritt vom *Design Project Manager* auf den *Industrial Project Manager* übertragen wurden.

**Fazit:** Die projekt- und länderübergreifende Standardisierung von Entwicklungsprozessen und Entwicklungsorganisation ermöglicht eine zugleich dezentrale und kundennahe Entwicklung.

---

3 Special Business Solutions-Standorte *(auch:* Low-Volume/High-Mix-Standorte*)* sind bei Flextronics spezielle Standorte für die Produktion von Produkten mit geringen Stückzahlen und hoher Diversität. Dementsprechend verfügen sie über Produktionsanlagen mit hoher Flexibilität und kurzen Rüstzeiten. Typische Produkte sind Messgeräte, Autonavigationssysteme und medizinisches Equipment.

## Flex-Fuel-Fahrzeuge für Brasilien: Volkswagen und Bosch erzielen schlagkräftige Innovation dank lokaler Präsenz⁴

In Brasilien herrscht eine weltweit einzigartige Situation bei den Kraftstoffpreisen: Der Kraftstoff Ethanol, der aus Zuckerrohr gewonnen wird, kostet für Verbraucher im langjährigen Mittel pro gefahrenen Kilometer etwa 30 Prozent weniger als Benzin. In erster Linie liegt das daran, dass die brasilianische Regierung seit Jahrzehnten die Verwendung von Ethanol durch hohe Benzinbesteuerung und Förderung des Zuckerrohranbaus unterstützt; darüber hinaus wurde die Ausbringung im Zuckerrohranbau in den 70er Jahren durch Mechanisierung erheblich gesteigert.

So hatten Ethanolfahrzeuge bis in die späten 80er Jahre einen Marktanteil von über 80 Prozent. Ende der 80er Jahre drehte sich das Preisverhältnis jedoch temporär um, da zum einen das Rohöl ein Preistief erreichte und zum anderen 1989 eine Zuckerrohr-Missernte eintrat. Der Markt reagierte schnell, der Neuzulassungsanteil der Ethanolfahrzeuge fiel auf unter ein Prozent und blieb auch in den 90er Jahren auf niedrigem Niveau (Abbildung 9.13) – aus makroökonomischer wie auch ökologischer Sicht eine unbefriedigende Situation.

---

4 Vgl. ANFAVEA (Verband brasilianischer Automobilhersteller) (2005) und Almeida (2004).

Aufgrund der Initiative von Volkswagen und Bosch hat sich das Blatt in jüngster Zeit wieder gewendet. Beide Unternehmen sind bereits seit Jahrzehnten in Brasilien präsent – so ist der in Brasilien entwickelte VW Gol seit 1987 jedes Jahr der meistverkaufte PKW. Bosch hatte bereits 1994 in Brasilien mit der Entwicklung einer Flex-Fuel-Einspritztechnologie begonnen, die auf den bisherigen Ethanolfahrzeugen basiert. Diese Technologie erlaubt es, das Fahrzeug mit einem beliebigen Gemisch aus Benzin und Ethanol zu betanken. Die technische Herausforderung bestand darin, das Mischungsverhältnis zu analysieren und die Einspritzung und den Verbrennungsablauf im Motor dynamisch und präzise an das Mischungsverhältnis anzupassen.

Im März 2003 brachte VW Brasil das erste Fahrzeug mit Flex-Fuel-Technologie, den VW Gol Total Flex, auf den Markt. Der Erfolg war so durchschlagend, dass innerhalb weniger Monate auch weitere VW-Modelle mit Flex-Fuel angeboten wurden. Die brasilianischen Kunden waren begeistert, von den meist günstigeren Ethanolpreisen profitieren und bei geänderten Bedingungen einfach wieder auf Benzin zurückgreifen zu können. Der Aufpreis von etwa 300 bis 350 US-Dollar für die Flex-Fuel-Technologie wurde dafür gern in Kauf genommen.

Bereits im Jahr 2004 hatten Fahrzeuge mit Flex-Fuel-Technologie in Brasilien bei einem Jahresabsatz von insgesamt 1,56 Millionen PKW einen Marktanteil von etwa 24 Prozent (9 Prozent davon VW, die übrigen 15 Prozent ebenfalls überwiegend mit der Bosch-Technologie). Zusätzlich exportierte VW Brasil in diesem Jahr etwa 157.000 Flex-Fuel-Fahrzeuge, vorwiegend nach China, Indien und Australien. Marktexperten prognostizieren, dass Flex-Fuel-Fahrzeuge innerhalb weniger Jahre den brasilianischen Markt beherrschen werden.

**Fazit:** Das Vorhalten hoher Entwicklungskompetenz nahe am Endverbrauchermarkt kann Anstöße für wirkungsvolle Produktinnovationen geben, die über die Distanz kaum möglich wäre.

**Die Flex-Fuel-Fahrzeuge ersetzen die Anfang der 90er Jahre unbeliebt gewordenen reinen Ethanolfahrzeuge.**

Abb. 9.13: Marktanteil Ethanolfahrzeuge in Brasilien
in Prozent

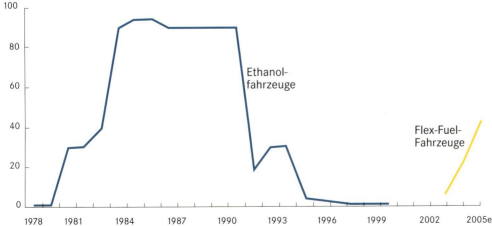

Quelle: Almeida (2004), S. 6; ANFAVEA (2005)

## Laserschneidmaschine für den US-Markt: Trumpf realisiert bedarfsgerechte Produkte dank lokaler Plattformentwicklung[5]

Der global operierende Maschinenbauer Trumpf mit Sitz in Ditzingen bei Stuttgart begann 2002 mit der Entwicklung einer völlig neuen Laserschneidmaschine zur Blechbearbeitung primär für den US-Markt: Die Trumatic L 2510 verfügt über eine integrierte automatisierte Blechbe- und -entladung sowie einen Hochleistungslaser, der durch eine neue koaxiale Elektrodenanordnung eine kompakte Bauweise mit niedrigen Betriebskosten verbindet. Eine weitere Neuheit besteht darin, dass zum Antrieb der Automatisierungs- wie auch der Schneidkopf-Bewegungseinheit ein gemeinsamer Antrieb eingesetzt wird.

Das Projekt, an dem insgesamt knapp 50 Entwickler mitarbeiteten, war eine Kooperation der drei Firmenstandorte Farmington (USA), Ditzingen bei Stuttgart und Neukirch in Sachsen.

- Federführend für das Gesamtkonzept war Farmington: Hier wurden der Laser, die Bewegungseinheit, der Maschinenrahmen entwickelt und produziert sowie das Automatisierungskonzept entworfen; zudem wurden über den Standort amerikanische Schlüsselkunden in die Konzeptionsphase eingebunden.
- Ditzingen brachte die Schneidtechnologie, den Auflagetisch sowie die Maschinenverkleidung ein. Darüber hinaus sorgten die Mitarbeiter des Standorts für die Einhaltung des standardisierten Entwicklungsprozesses und die Produkt-Dokumentation (Management der Produktdaten, Handbücher usw.).
- In Neukirch wurde die Automatisierungseinheit entwickelt und gefertigt.

Innerhalb von nur 18 Monaten konnte die Entwicklung der Maschine abgeschlossen werden. Zentraler Erfolgsfaktor war dabei die durchgehende Zusammenarbeit mit Schlüsselkunden, die eine präzise Ausrichtung des Produkts an den Marktbedürfnissen ermöglichte: Mit Blick auf die höhere Preissensibilität amerikanischer Kunden wurde auf kostenoptimierten Aufbau geachtet und ein Antriebsmotor eingespart; im technischen Pflichtenheft wurde zudem die maximale Werkstückdicke (Baustahl) auf 12 mm festgelegt, da man festgestellt hatte, dass 80 Prozent der amerikanischen Kunden ohnehin keine dickeren Bleche bearbeiten. Zusätzlich wurden durch frühe Einbeziehung wichtiger Lieferanten und Produktionsspezialisten fertigungs- und montagegerechte Konstruktionslösungen sichergestellt.

**Fazit:** Die Trumatic L 2510 ist ein gutes Beispiel für die Vorzüge, die eine kundennahe Plattformentwicklung auch bei Investitionsgütern haben kann.

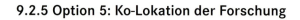

*5 Gespräch mit Friedrich Kilian, Geschäftsführer Forschung und Entwicklung, Trumpf Werkzeugmaschinen; Geschäftsbericht Trumpf Gruppe 2004.*

### 9.2.5 Option 5: Ko-Lokation der Forschung

Die Forschung hat im Allgemeinen nur wenig direkte Berührungspunkte mit der Produktion. Meist sind durch räumliche Konzentration aller Forschungsaktivitäten eines Wissensgebiets wesentlich mehr Skalen- und Synergieeffekte zu erschließen als durch Ko-Lokation mit der Produktion. Dennoch kann es in bestimmten Fällen ratsam sein, an einem neu gegründeten ausländischen Produktionsstandort auch die relevante Forschung anzusiedeln – oder aber die Produktion bei der Forschung am angestammten Standort zu belassen (Abbildung 9.14).

Drei grundlegende Szenarien lassen sich unterscheiden:

**1. Deutungshoheit des regionalen Marktes:** Ein neuer Markt kann eine solche Dominanz entwickeln, dass er die Standards einer ganzen Industrie dominiert. So geschehen bei Flachbildschirmen, bei denen mittlerweile asiatische Wettbewerber und damit auch Standorte in den vergangenen Jahren massiv an Bedeutung gewonnen haben.

**2. Spezifische Kundenprobleme:** Spezifische technische oder auch regulatorische Rahmenbedingungen der Kunden können völlig neue Lösungen und Produktarchitekturen verlangen. Ein Beispiel aus der Praxis ist ABB (siehe folgendes Fallbeispiel): Die Dynamik des Energiemarkts in China und die speziellen Vorgaben der staatlichen und staatsnahen Kunden waren für das Unternehmen Grund genug, in der Nähe seiner chinesischen Produktionsstandorte auch Forschungszentren zu errichten.

**3. Extrem forschungsintensive Produkte:** In manchen Fällen erfordern die Produkte eines Unternehmens einen kontinuierlichen und engen Austausch zwischen Forschung und Produktion. Ein Beispiel für diese seltene Konstellation ist der Geschäftsbereich Photonics der Jenoptik AG, der seine hoch innovativen Produkte überwiegend in Einzelfertigung herstellt und daher die Forschungslabore meist mit den Produktionsstätten zusammengefasst hat (siehe auch Interview am Ende des Kapitels). Würde man die Produktion stattdessen isoliert in ein Niedriglohnland verlagern, würden mögliche Arbeitskostenvorteile durch den Aufwand für die Speicherung und Übertragung der Produktdaten sowie die Schulung forschungsfremder Produktionsmitarbeiter überkompensiert. Zudem würden den Forschern wertvolle Informationen entgehen, die sie bei der Montage und dem Testen bestehender Produkte sammeln können.

## 9.3 Ausblick: Globalisierung der Entwicklung

Auch in der Entwicklung schreitet die Globalisierung voran. Wie gezeigt wurde, unterscheiden sich mit den Standortfaktoren auch die optimalen Netzwerkstrukturen deutlich von denen der Produktion. So orientieren

> **Auf dem Arbeitsmarkt für Spitzenforscher konkurrieren Niedriglohn- und Hochlohnländer bereits miteinander.**

sich neue Entwicklungsstandorte sehr stark an **Marktgegebenheiten** und **Wissensclustern**: Um die Bedürfnisse lokaler Kunden effektiv erfüllen zu können, ist die Präsenz einer Applikationsentwicklung häufig eine wesentliche Voraussetzung. Nicht umsonst verlegen viele Unternehmen Teile ihrer Applikationsentwicklung in den **Wachstumsmarkt Asien**. Bestes Beispiel ist die Unterhaltungselektronik: Allein Motorola hat in China

> **Nur in Ausnahmefällen ist die Ko-Lokation der Forschung notwendig.**

Abb. 9.14: Option 5 für Entwicklungs-Ko-Lokation (Mittel 1990 - 99)

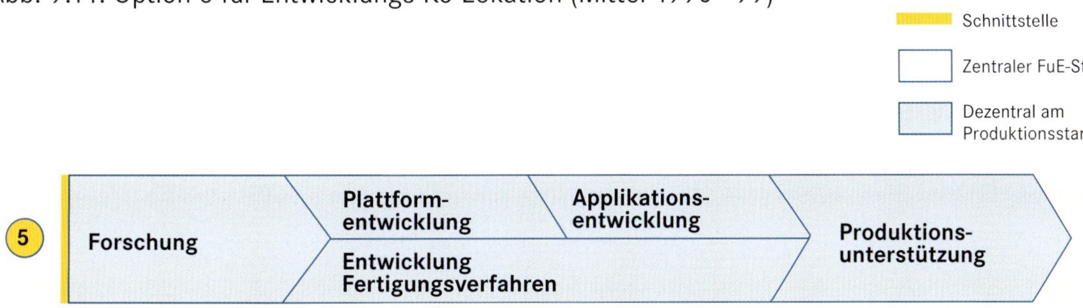

Indikatoren
- Geringe Synergien innerhalb der Forschung
- Entstehung eines neuen Wissenszentrums von globaler Bedeutung
- Grundsätzlicher Bedarf für Anpassung der Wirkprinzipien an spezifische Anforderungen
- Hohe Synergien zwischen Forschung und Produktion

Quelle: McKinsey

## ABB-Forschungsstandorte in China: anspruchsvolle Lösungen in Zusammenarbeit mit lokalen Experten[6]

Mit seinen beiden Divisionen Energietechnik und Automationstechnik erwirtschaftet der ABB-Konzern weltweit einen Jahresumsatz von etwa 21 Milliarden US-Dollar. Knapp die Hälfte davon – und 41 Prozent der rund 100.000 Mitarbeiter – verteilen sich auf außereuropäische Standorte. Die elf Forschungszentren des Unternehmens sind in neun Ländern angesiedelt; von den rund 710 Forschungsmitarbeitern sind 500 in Europa, 150 in Asien und 60 in den USA tätig. Jedes Zentrum ist auf bestimmte Wissensgebiete spezialisiert (wie z. B. Produktionsautomatisierung, Energieübertragung, Isolationstechnik).

Für die Zukunft plant ABB eine massive Verstärkung der Präsenz in Asien, um an dem dort erwarteten hohen Marktwachstum teilzuhaben: So wird insbesondere für China in den kommenden Jahren eine jährliche Erhöhung der Kraftwerksleistung um 25 Gigawatt erwartet. ABB plant, die dortigen Umsätze von 2 Milliarden US-Dollar (2004) bis 2008 zu verdoppeln; damit wird China der größte Markt für das Unternehmen sein. Entsprechend soll die Mitarbeiterstärke vor Ort von 7.000 auf 12.000 Mitarbeiter wachsen. Schon heute arbeiten fünf Geschäftsbereiche und 18 Joint Ventures vor Ort an der Entwicklung von Produktlösungen für den chinesischen Markt.

China stellt beispielsweise sehr spezifische Anforderungen an die Energiewirtschaft: So müssen große Strommengen über weite Strecken transportiert werden – zwischen den Wasserkraftwerken im Landesinneren und der chinesischen Küste liegen mehr als 2.000 Kilometer. Bislang sind die Überlandleitungen allerdings auf maximal 3 Gigawatt ausgelegt. Die ABB-Forschung arbeitet daher mit Hochdruck an innovativen technischen Lösungen zur Erhöhung der Leitungskapazität. Im Frühjahr 2005 hat ABB in Peking ein FuE-Zentrum errichtet, das zwischen 50 und 100 Wissenschaftler und Ingenieure beschäftigen und eng mit chinesischen Instituten zusammenarbeiten soll. Primäre Forschungsgebiete sind Energieübertragung und -verteilung, neue Fertigungstechnologien sowie Robotersteuerungen.

**Fazit:** Unternehmen, die mit hoch innovativer Technologie auf anspruchsvollen Wachstumsmärkten agieren, müssen unter Umständen auch mit der Forschung dort präsent sein: Dies ermöglicht es ihnen, mit führenden Wissenszentren zu kooperieren und die lokalen Kundenbedürfnisse in erfolgreiche Produkte umzusetzen.

---

6 Gespräch mit Dr. Bernhard Eschermann, Direktor Konzernforschungszentrums Baden-Dättwil.

## Automobilzulieferer-Zweigwerk in Spanien: „verlängerte Werkbank" wandelt sich zum Kompetenzzentrum

Ein europäischer Automobilzulieferer gründete Ende der 60er Jahre ein Zweigwerk in Spanien, um Lohnvorteile nutzen und Währungsschwankungen kompensieren zu können. Jahrzehnte lang diente der Standort als „verlängerte Werkbank" des Stammwerks: Es beschränkte sich auf die Herstellung einfacher Komponenten und wurde als *Cost Center* geführt. Das Stammwerk entsandte nur jeweils zur Anlaufunterstützung neuer Komponenten kurzzeitig eine Gruppe erfahrener Fertigungsingenieure.

Da jedoch die Betriebsmittel vor Ort von denen im Stammwerk abwichen, entstand zunehmend die Notwendigkeit standortspezifischer Anpassungen der Fertigungsverfahren (z. B. Kleben statt Schweißen). So erweiterte das spanische Werk sukzessive seine Fertigungskompetenzen. Darüber hinaus führte die starke Nachfrage spanischer Kunden dazu, dass im Lauf der Zeit Erweiterungsinvestitionen vorgenommen wurden. Mehr und mehr konnte das Werk im Verbund seine Leistungsstärke und Wettbewerbsfähigkeit unter Beweis stellen.

Ab 1994 wurde das Produktspektrum auf komplexere Erzeugnisse ausgeweitet und der Standort zu einem marktnahen, technologisch kompetenten Unternehmen weiterentwickelt. Man installierte einen fertigungstechnischen Entwicklungsbereich und erweiterte durch beträchtliche Investitionen für Automatisierung und Mechanisierung das Spektrum der Fertigungstechnologien. 1995 gingen erstmals neue Erzeugnisse für den Weltmarkt in den Produktionsanlauf.

Als Nächstes wurden die Produktentwicklungskompetenzen ausgebaut: Nachdem anfangs nur die Entwicklung von Produktvarianten in den Aufgabenbereich mit aufgenommen worden war, erhielt der Standort 1997 die vollständige Entwicklungsverantwortung für einige Produktbereiche. Man begann, Zuliefermaterial zu lokalisieren, und führte das Werk fortan als *Profit Center*. Die erforderlichen Kompetenzträger waren bereits im Werk vorhanden; die relativ günstigen Arbeitskosten spanischer Ingenieure trugen zusätzlich dazu bei, dass der Schritt vom Fertigungs- zum Kompetenzzentrum vollzogen werden konnte.

**Fazit:** Produktionsstätten im Ausland können Schritt für Schritt vom einfachen Zweigwerk in die Rolle von Leitwerken und Entwicklungszentren hineinwachsen.

mehrere Entwicklungszentren mit insgesamt mehr als 1.000 Mitarbeitern aufgebaut – so war man in der Lage, ein Mobiltelefon mit PDA-Funktionen speziell für die Bedürfnisse des chinesischen Marktes zu konzipieren (chinesische Handschrifterkennung, dem lokalen Geschmack entsprechendes Design).

Faktorkosten sind für Entwicklungsstandorte wichtig, aber nicht ganz so wesentlich wie in der Fertigung. Lohnkostenunterschiede zwischen Hochlohn- und Niedriglohnländern nehmen mit steigendem Ausbildungsgrad der Mitarbeiter ab und sind bei gut ausgebildeten Technikern und Ingenieuren weniger signifikant als im Bereich einfacher Fertigungstätigkeiten. In manchen Fällen führt die hohe Mobilität der Spitzenkräfte sogar dazu, dass Niedriglohnländer mit Hochlohnländern um dieselben Ressourcen konkurrieren. In wachstumsstarken Niedriglohnländern wie China oder Südkorea ist der Arbeitsmarkt trotz zahlreicher Hochschulabsolventen sehr eng, da die Nachfrage nach gut ausgebildeten Ingenieuren und Technikern das Angebot übersteigt (Abbildung 9.15). Zum Teil werden auch die geforderten Ausbildungsstandards (noch) nicht erfüllt (vgl. Kapitel 2). Vergleichsweise gute Bedingungen findet man hingegen in Osteuropa und Indien.

Die Erfahrung zeigt, dass Spitzenforschung und -entwicklung vor allem dort gedeihen, wo **Wissenscluster** vorhanden sind – wo also führende Hochschulen, staatliche und private Forschungsinstitutionen sowie spezifische Industrieansiedlung zusammenkommen und das notwendige Risikokapital bereitgestellt wird. Das

> **Hochlohnländer haben bislang das bessere Umfeld für die Herausbildung von Wissensclustern geboten.**

Know-how, das mit der Zeit an solchen Standorten wächst, ist andernorts nur schwer zu kopieren. Daher befinden sich Wissenszentren von Weltrang häufig in **Hochlohnländern:** Beispiele sind das kalifornische Silicon Valley für Informationstechnologie, der Kista Science Park bei Stockholm für drahtlose Kommunikation und die Region um Stuttgart für den Werkzeugmaschinenbau. In jüngster Zeit sind derartige Kompetenzcluster dank einer geschickten Ansiedlungspolitik auch in Niedriglohnländern entstanden – so gehören taiwanesische Unternehmen wie TSMC und UMC mittlerweile zu den Technologieführern in der Halbleiterindustrie, während Bangalore (Indien) für qualitativ hochwertige und günstige Softwareentwicklung steht.

Die Bedeutung solcher Wissenszentren für Deutschland wird am Beispiel der **Automobilindustrie** besonders deutlich: Hier wurden bahnbrechende Innovationen im vergangenen Jahrzehnt überwiegend in Westeuropa und Japan auf den Weg gebracht (Abbildung 9.16). Auffällig ist dabei die Deutungshoheit der deutschen Automobilhersteller und -zulieferer, die nach wie vor weltweite Standards für Produkteigenschaften und Fertigungsverfahren setzen.

Aufgrund der beschriebenen Standortfaktoren sind Hochlohnländer heute nicht nur die erfolgreichsten, sondern auch nach wie vor die **effizientesten Forschungsstandorte**. Stellt man der Anzahl publizierter Patente die eingesetzten FuE-Ressourcen gegenüber, so zeigt sich, dass Hochlohnländer im Forschungsbereich ihre Faktorkostennachteile problemlos kompensieren können (Abbildung 9.17). Eine Globalisierung der Entwicklung führt also nicht automatisch zu einem Netzwerk von Niedriglohnstandorten, sondern begünstigt weltweit die Standorte mit der besten Know-how-Basis und der entsprechenden Marktnähe.

### Standortfaktoren für FuE werden sich mittelfristig angleichen.

Mittelfristig werden sich die Standortfaktoren für FuE zwischen Hochlohn- und Niedriglohnländern stärker angleichen. Neue Märkte werden in heutigen Niedriglohnländern entstehen, die Ausbildungsstandards werden sich annähern. Auch zu große Unterschiede im Lohnniveau sind für mobile, gut ausgebildete Spitzenkräfte nicht haltbar. Demnach wächst die Bedeutung der Wissenscluster für die Führungsposition („Deutungshoheit") eines Landes oder einer Region in einer spezifischen Industrie.

### In einigen Niedriglohnländern ist die Verfügbarkeit von Ingenieuren sehr hoch.

Abb. 9.15: Globaler Arbeitsmarkt für Ingenieure

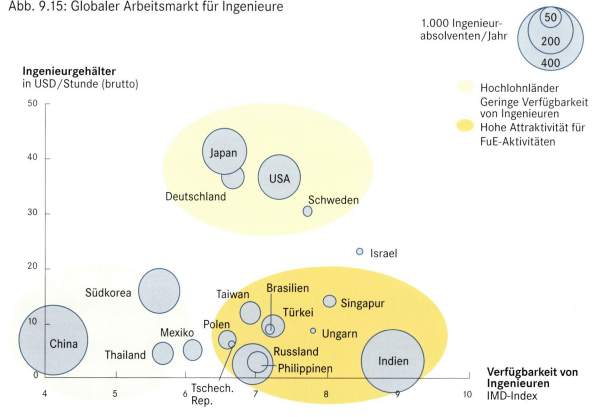

Quelle: Global Insight, UBS, IMD (Anteil Ingenieurabsolventen für Indien geschätzt)

9.3 Ausblick: Globalisierung der Entwicklung

**Die Mehrzahl der Automobilinnovationen des vergangenen Jahrzehnts wurde in Europa und Japan erreicht.**

Abb. 9.16: Innovationen in der Automobilindustrie: Auswahl

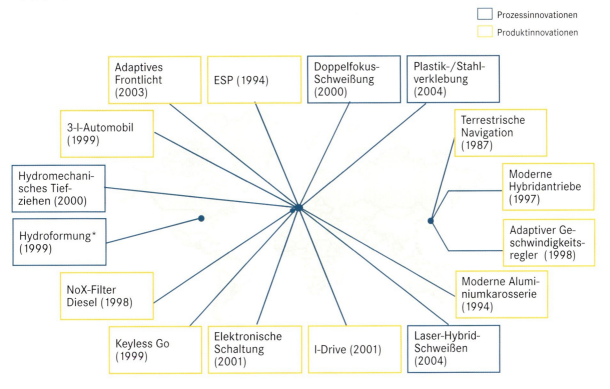

\* Erste Seriennutzung; Prototypen und andere Nutzung auch in Deutschland
Quelle: Presseberichte

## In Deutschland forschen, entwickeln und produzieren: die Erfolgsstrategie der Jenoptik AG

Die Jenoptik AG, heute ein internationaler Technologiekonzern, ging 1991 aus der Jenoptik Carl Zeiss Jena GmbH hervor. Seit Juni 1998 ist das Unternehmen an der Frankfurter Wertpapierbörse notiert und wird im TecDAX geführt. Im Geschäftsjahr 2004 erzielte Jenoptik einen Umsatz von 2,5 Milliarden Euro und war mit rund 9.300 Mitarbeitern in über 20 Ländern präsent.

In Zukunft will sich Jenoptik auf den Hightech-Unternehmensbereich Photonics fokussieren, der Licht als Industriewerkzeug nutzbar macht: In den zugehörigen Geschäftsfeldern Laser, Hochleistungs-Optiken und Sensorik sowie elektromechanische Systeme entwickeln, fertigen und vertreiben rund 2.600 Mitarbeiter eine breite Palette an Produkten – von photonischen Komponenten, Modulen und Systemlösungen bis hin zu kompletten Anlagen. Gemeinsam sind fast allen die vergleichsweise niedrigen Stückzahlen und der hohe Anteil der FuE an den Gesamtkosten. Häufig wird keine Fertigungsstraße eingesetzt, sondern einzelne Produkte werden in enger Kooperation mit der Entwicklung gefertigt. Zum größten Teil ist die Produktion in Deutschland angesiedelt, der übrige Teil in den USA.

**Die Hochlohnländer haben eine höhere Forschungseffizienz.**

Abb. 9.17: Forschungseffizienz ausgewählter Länder im Vergleich
(Mittel 1990 - 1990)

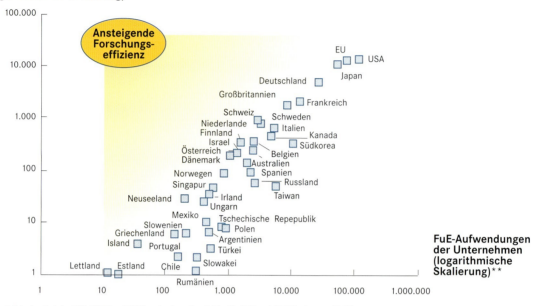

* Patente, die beim EPO, USPTO und JPO beantragt wurden. Zahlen für 1999 und 2000 basieren auf Schätzungen
** GERD (Gross Domestic Expenditure on R&D) in Mio. USD (1995), basierend auf Kaufkraftparitäten (Durchschnitt über den Zeitraum 1990 - 99)
Quelle: OECD Patent and R&D Database, September 2004

---

**Durch Innovationen wachsen – Gespräch mit Alexander von Witzleben, Vorsitzender des Vorstands der Jenoptik AG, über die FuE-Strategie des Unternehmensbereichs Photonics.**

*Herr von Witzleben, Jenoptik ist international tätig, dennoch konzentrieren Sie Ihren FuE-Bereich in Jena. Weshalb?*

Jena war der Optoelektronik gewissermaßen schon immer verbunden. Zum Teil arbeiten Mitarbeiter in der dritten Generation bei uns, und das Interesse an optischen Produkten und die unerlässliche Liebe zur Präzision werden stets von einer Generation an die nächste weitergegeben. Einen derartigen Know-how-Fundus an einem anderen Standort aufzubauen, würde viele Jahre dauern, ganz zu schweigen von der außerordentlich hohen Identifikation mit den Produkten.

Alexander von Witzleben studierte an der Universität Passau Volks- und Betriebswirtschaftslehre. Danach arbeitete er drei Jahre bei der KPMG Deutsche Treuhandgesellschaft Wirtschaftsprüfungsgesellschaft in München. 1993 wechselte er zur Jenoptik und übernahm als Leiter den Zentralbereich Finanzen. 1997 wurde er zum ordentlichen Vorstandsmitglied ernannt. Seit Juni 2003 leitet Alexander von Witzleben als Vorstandsvorsitzender die JENOPTIK AG.

*Spitzenforschung ist für Ihre Branche besonders wichtig. Dazu gehört auch ein dichter Cluster innovativer Unternehmen und Forschungseinrichtungen. Welche Standorte können Ihnen das bieten?*

All dies bietet Jena. Denn zum einen befinden sich in unserer direkten Nachbarschaft Zeiss, Schott und diverse mittelständische Unternehmen; zum anderen kooperieren wir eng mit acht ansässigen Instituten, darunter drei renommierte Max-Planck-Institute. Jena ist das Idealbild eines Know-how-Clusters. Deshalb wird der Standort auch weiter wachsen. Das hat für uns klare Vorteile: Wir müssen uns nicht hinter großen Unternehmen anstellen, wenn es darum geht, mit den ansässigen Instituten zu kooperieren.

*Nicht nur der FuE-Bereich, auch die Produktion der Jenoptik Photonics Technologies ist zu großen Teilen in Deutschland beheimatet. Warum ist das Produktionsnetzwerk nicht globaler?*

In Deutschland haben wir bisher immer alles gefunden, was wir brauchen. Im Ausland ist es für uns vor allem schwer, Mitarbeiter zu finden, die auch nur annähernd so gut qualifiziert sind wie unsere Mitarbeiter. Unterschiedliche Kulturen und Sprachen machen das Ganze nicht leichter. Und Kostenvorteile in der Produktion lassen sich im Ausland nur bedingt erzielen. So hatten wir z. B. den Fertigungsschritt des Entgratens nach Osteuropa verlegt, aber die Lohnkostenvorteile waren kleiner als erwartet – etwa nur um den Faktor 2. Das liegt natürlich zum großen Teil an dem hohen Qualifikationsniveau, das wir fordern. Aber auch gegenläufige Effekte wie Logistikkosten, Währungskursrisiken und höhere Kapitalzinsen haben einen Teil der Einsparungen wieder zunichte gemacht. Deshalb beziehen wir aus Osteuropa aktuell nur Komponenten und sonst nichts; hier allerdings kann sich der Faktorkostenvorteil osteuropäischer Länder deutlich bemerkbar machen. Für den Produktionsstandort Deutschland spricht auch, dass bei uns die Fertigung zugleich das Labor ist: Dieselben Mitarbeiter, die unsere Produkte entwickeln, montieren auch die Endgeräte, da diese sehr komplex sind und in geringer Stückzahl produziert werden. Nur wenige Produkte fertigen wir in Serie. Die unmittelbare Rückkopplung zwischen der Fertigung und der Entwicklung ist aber auch für die Weiterentwicklung dieser Produkte essenziell. Die Kosten einer örtlichen Trennung der Funktionen würden mögliche Kosteneinsparungen bei Weitem übersteigen.

*Sehen Sie trotz dieser Vorteile des Standorts Deutschland eine Bedrohung durch Wettbewerber aus Niedriglohnstandorten?*

Nein. Unsere Produkte sind derzeit viel zu komplex, um kopiert zu werden. Außerdem ist unsere Nische für Niedriglohnstandorte nicht sehr attraktiv, die Stückzahlen sind einfach zu gering. Ich habe einmal gesagt: Wir haben in Thüringen einen Marktanteil von 100 Prozent – weil wir hier nur ein einziges Produkt verkaufen. Mit unseren Nischenprodukten sind wir selbst bei geringen Stückzahlen schnell Marktführer. Wettbewerber aus Niedriglohnländern spielen ihre Vorteile vor allem bei großen Stückzahlen aus – unsere Märkte aber sind viel zu klein, als dass sie uns bedrängen könnten. Und das wird auch so bleiben, denn wir machen auch in Zukunft Spitzentechnologie. Wir wachsen also durch Innovation und nicht dadurch, dass wir uns in etablierten Märkten aufreiben, in denen sich bereits andere Unternehmen das Leben gegenseitig schwer machen. Deshalb haben wir vergleichsweise wenige Cashcows, dafür aber ein hohes Wachstum in unseren hoch innovativen Märkten.

## Zum Weiterlesen

Abele, E., P. Radtke und A. Zielke. *Die smarte Revolution in der Automobilindustrie.* Frankfurt am Main: Redline Wirtschaft, 2004.

Beckmann, C. *Internationalisierung von Forschung und Entwicklung in multinationalen Unternehmen.* Zugl. Dissertation, TU Darmstadt, Herzogenrath: Shaker, 1997.

Blind, K., J. Edler, R. Frietsch und U. Schmoch. *Erfindungen kontra Patente. Schwerpunktstudie „zur technologischen Leistungsfähigkeit Deutschlands".* Karlsruhe: Fraunhofer ISI, 2003.

Gassmann, O. *Internationales F&E-Management – Potentiale und Gestaltungskonzepte tratnsnationaler F&E-Projekte.* München/Wien: Oldenbourg, 1997.

Pahl, G., W. Beitz, J. Feldhusen und K.-H. Grote. *Konstruktionslehre. Grundlagen erfolgreicher Produktentwicklung.* 6. Auflage. Berlin u. a.: Springer, 2005.

Specht, G., C. Beckmann und J. Amelingmeyer. *F&E-Management. Kompetenz im Innovationsmanagement.* 2. Auflage. Stuttgart: Schäffer-Poeschel Verlag, 2002.

# 10 Volkswirtschaftliche Implikationen

## 10.1 Gesamtwirtschaftliche Perspektive

**Von Prof. Dr. Dr. h. c. Bert Rürup**

Prof. Dr. Dr. h. c. Bert Rürup ist Inhaber des Lehrstuhls Finanz- und Wirtschaftspolitik am Institut für Volkswirtschaftslehre an der TU Darmstadt und Vorsitzender des Sachverständigenrats zur Begutachtung der gesamtwirtschaftlichen Entwicklung. Rürup studierte Wirtschaftliche Staatswissenschaften in Hamburg und Köln. 1975 übernahm er eine Professur an der Universität Duisburg-Essen, 1976 an der Technischen Universität Darmstadt im Fachgebiet Finanz- und Wirtschaftspolitik. 2000 folgte er dem Ruf in den Sachverständigenrat, dessen Vorsitz er im März 2005 übernommen hat.

## 10.2 Unternehmensperspektive

**Von Prof. Dr. Jürgen Kluge**

Prof. Dr. Jürgen Kluge ist Director im Düsseldorfer Büro von McKinsey & Company und seit 1999 Leiter der deutschen Büros. Seine Schwerpunkte sind Strategie, Technologiemanagement und Innovation vor allem bei international tätigen Unternehmen des Automobil-, Maschinen- und Anlagenbaus. Kluge hat in Köln Physik mit Schwerpunkt Experimentelle Laserphysik studiert und in diesem Bereich promoviert und gearbeitet. Seit 2004 lehrt er als Honorarprofessor am Institut für Produktionsmanagement, Technologie und Werkzeugmaschinen (PTW) an der Technischen Universität Darmstadt.

## 10.3 Arbeitnehmerperspektive

**Von Hubertus Schmoldt**

Hubertus Schmoldt ist Vorsitzender der IG Bergbau, Chemie, Energie. Nach einer Ausbildung zum Maschinenschlosser in der Firma Wolff Walsrode AG studierte Hubertus Schmoldt an der Hochschule für Wirtschaft und Politik in Hamburg. Seit 1969 arbeitet er hauptamtlich für die Gewerkschaft IG Papier-Chemie-Keramik. 1988 wurde er Mitglied des geschäftsführenden Hauptvorstandes der Gewerkschaft, seit 1995 übernahm er ihren Vorsitz. Mit der Fusion von IG Chemie-Papier-Keramik, IG Bergbau und Energie und der Gewerkschaft Leder im Oktober 1997 wird er zum Vorsitzenden der neuen IG Bergbau, Chemie, Energie, gewählt und im Oktober 2005 im Amt bestätigt.

## 10.4 Branchenperspektive

**Von Dr. Dieter Brucklacher**

Dr. Dieter Brucklacher ist Präsident des Verbands Deutscher Maschinen- und Anlagenbau e.V. (VDMA) und Vorsitzender der Geschäftsführung der Leitz GmbH & Co. KG, Oberkochen. Brucklacher hat Physik studiert und war wissenschaftlicher Mitarbeiter am Kernforschungszentrum Karlsruhe. 1974 wechselte er zum Familienunternehmen Leitz. Mit 6.300 Mitarbeitern in über 30 Ländern ist der Leitz-Firmenverbund heute ein führender Hersteller von Präzisionswerkzeugen für die Holz-, Kunststoff und Metallbearbeitung mit einem Umsatz von 570 Millionen Euro.

## 10.1 Gesamtwirtschaftliche Perspektive

**BERT RÜRUP\*, ANJA RANSCHT\*\***

### 10.1.1 Einführung: Definitionen und Ursachen

*10.1.1.1 Was ist Globalisierung?*

Der Begriff „Globalisierung" steht für die zunehmende Internationalisierung der Märkte und die Integration der Weltwirtschaft. Diese wachsende Verflechtung der Wirtschaftsräume ist jedoch kein neues Phänomen. Bereits vor dem Ersten Weltkrieg unterhielt Deutschland intensive Außenhandelsbeziehungen und es existierten internationale Zusammenarbeiten von Unternehmen und Staaten. Neu sind jedoch die Dynamik, mit der die Integration der Märkte erfolgt sowie, dass sich neben Gütern auch die Produktionsfaktoren Kapital und technisches Wissen durch eine hohe Mobilität auszeichnen.[1]

Der Globalisierungsprozess ist durch vier Entwicklungen gekennzeichnet:

- Ausweitung des Welthandels
- Anstieg der Direktinvestitionen
- Zunahme internationaler Finanzströme
- Anstieg der Arbeitsmigration.

Der **Welthandel** ist in den vergangenen Jahrzehnten schneller gewachsen als die Weltproduktion.[2] Der überproportionale Anstieg des Güter- und Dienstleistungshandels hatte eine Internationalisierung der Märkte zur Folge.

Die **Direktinvestitionen** sind seit 1980 mit einer durchschnittlichen jährlichen Rate von mehr als 10 Prozent angestiegen, während die Exporte im gleichen Zeitraum nur um rund 7 Prozent zunahmen.[3] Dies resultiert maßgeblich aus der Internationalisierung der Produktion sowie weiterer Unternehmensfunktionen, wie z. B. Marketing und Finanzierung.[4] Hinzu kommen die verstärkte Entwicklung strategischer Allianzen sowie eine breite geografische Streuung und Koordination der Auslandsaktivitäten.

Die **internationalen Finanzströme** weisen ebenfalls sehr hohe Zuwachsraten auf. Ihr Volumen beträgt ein Vielfaches der Volumina des Außenhandels und der Direktinvestitionen.[5] Die Zunahme der weltweiten Kapitalströme hat zu einem international integrierten Weltkapitalmarkt geführt.

Eine zunehmende **Arbeitsmigration** lässt in vielen Bereichen internationale Arbeitsmärkte entstehen. Hieraus resultiert erheblicher Druck auf die nationalen Arbeitsmärkte sowie die nationale Arbeitsmarktpolitik.

*10.1.1.2 Wie kann Globalisierung gemessen werden?*

Bei der Messung der Globalisierung wird zwischen dem statischen Globalisierungsgrad von Volkswirtschaften (makroökonomisch) bzw. Unternehmen und Sektoren (mikroökonomisch) und dynamischen Globalisierungsprozessen unterschieden. Zur Bestimmung des Globalisierungs**grads** werden Auslandsaktivitäten zu den jeweiligen Inlandsaktivitäten in Beziehung gesetzt. Mögliche gesamtwirtschaftliche Indikatoren sind z. B.[6]:

- Ex- und Importe von Gütern und Dienstleistungen bezogen auf das Bruttoinlandsprodukt (Außenhandelsquote)

- Anteil der erhaltenen bzw. getätigten Direktinvestitionen an den Gesamtinvestitionen

- Ausländischer Anteil am Eigenkapital deutscher Unternehmen

---

\* *Prof. Dr. Dr. h.c. Bert Rürup ist Inhaber des Lehrstuhls Finanz- und Wirtschaftspolitik am Institut für Volkswirtschaftslehre an der TU Darmstadt und Vorsitzender des Sachverständigenrats zur Begutachtung der gesamtwirtschaftlichen Entwicklung.*

\*\* *Dipl.-Wirtsch.-Ing., M.Sc. Anja Ranscht ist wissenschaftliche Mitarbeiterin am Lehrstuhl Finanz- und Wirtschaftspolitik am Institut für Volkswirtschaftslehre an der TU Darmstadt.*

1 Vgl. Walter (2002), S. 2.
2 Vgl. Walter (2002), S. 2.
3 Vgl. Sachverständigenrat (2004/05), S. 484.
4 Vgl. Koch (2000), S. 21.
5 Vgl. Walter (2002), S. 4.
6 Vgl. Koch (2000), S. 6.

- Anteil ausländischer Arbeitnehmer an der Gesamtbeschäftigtenzahl deutscher Unternehmen.

Der Globalisierungs**prozess** wird durch den Vergleich der Wachstumsraten von Auslandsaktivitäten mit den Wachstumsraten von gesamtwirtschaftlichen Aktivitäten beurteilt. Beispielsweise können folgende gesamtwirtschaftlichen Messgrößen verwendet werden[7]:

- Wachstum des Außenhandels im Vergleich mit dem Inlandshandel oder Bruttoinlandsprodukt

- Entwicklung der Direktinvestitionen

- Entwicklung der Devisentransaktionen verglichen mit der Entwicklung des inländischen Finanztransaktionsvolumens

- Entwicklung der Anzahl der im Ausland Beschäftigten einheimischer Unternehmen im Vergleich mit derjenigen der Inlandsbeschäftigten.

### 10.1.1.3 Ursachen der Globalisierung

Globalisierung kann als Folge der gravierenden Veränderungen der politischen, ökonomischen, technischen und gesellschaftlichen Rahmenbedingungen in den vergangenen Jahrzehnten betrachtet werden.[8] Die Entwicklungen sind teilweise jedoch nicht nur Ursache, sondern gleichzeitig auch Folge der Globalisierung.

#### Änderung der politischen Rahmenbedingungen

Eine wichtige Änderung der politischen Rahmenbedingungen stellt die politische Liberalisierung und Deregulierung dar. **Liberalisierung** umfasst die Realisierung der Freiheit des Waren- und Dienstleistungsverkehrs, des freien Kapitalverkehrs, der Freizügigkeit von Personen sowie der Niederlassungsfreiheit von Unternehmen.[9] Diese Freiheiten wurden weitgehend im europäischen Binnenmarkt umgesetzt, aber auch global kommt es seit Beginn der 80er Jahre durch den deutlichen Abbau von Devisen- und Kapitalverkehrsbeschränkungen zu erhöhtem und beschleunigtem Kapitalverkehr.

Besonderen Einfluss auf die Zunahme der grenzüberschreitenden Finanztransaktionen hatte die Lockerung der zuvor strikten Kapitalverkehrskontrollen, die durch die meisten Staaten seit Anfang der 70er Jahre, nach dem Zerfall des festen Wechselkurssystems von *Bretton Woods*, vorgenommen wurden.[10] Der Prozess der Liberalisierung führt zu einer Verbesserung der Rahmenbedingungen für ausländische Investoren, für Kapitalimporte und damit auch für Investitionen ausländischer Unternehmen.

**Deregulierung** beschreibt den Prozess der eingehenden Revision bestehender nationaler Regelungen. Zur Steigerung der Standortattraktivität werden überflüssige Regelungen und Bestimmungen abgebaut. Durch die Vereinfachung von staatlichen Genehmigungsverfahren und Steuersystemen sowie den Abbau von Bürokratie auf den Arbeits-, Finanz- und Gütermärkten werden Unternehmen entlastet und kreative wirtschaftliche Aktivität wird gefördert.[11]

Der Paradigmenwechsel in der Wirtschaftspolitik und die damit verbundene Liberalisierung führten zu einer **Ausweitung der Märkte**. Die globalen Handlungsmöglichkeiten wurden durch das Auftreten neuer Marktteilnehmer, wie z. B. Schwellenländer Asiens und Lateinamerikas, erweitert.

Weiterhin wird die Globalisierung durch **internationale Vereinbarungen** im Bereich von Währung und Wirtschaft intensiviert. Der Bedarf solcher Vereinbarungen steigt aufgrund der abnehmenden Effizienz nationaler Steuerungsmaßnahmen. Internationale Organisationen wirken auf den Abbau von Handelshemmnissen und die Ausweitung von Handel und Investitionen hin, um den Marktzugang zu vereinfachen und die wirtschaftlichen Möglichkeiten auf internationaler Ebene zu verbessern.

---

7 Vgl. Koch (2000), S. 6.
8 Vgl. Koch (2000), S. 5.
9 Vgl. Schmidt (1998), S. 25.
10 Vgl. Koch (2000), S. 7.
11 Vgl. Koch (2000), S. 8, 9, sowie Schmidt (1998), S. 58.

### Änderung der wirtschaftlichen und technischen Rahmenbedingungen

Durch ein Sinken der Transportkosten haben die globalen **Transportaktivitäten** in den vergangenen Jahrzehnten stark zugenommen. Transportzeiten konnten durch die Steigerung von Luftfracht- und Schiffskapazitäten reduziert werden. Diese Entwicklungen fördern die Ausweitung der Handelsbeziehungen und der globalen Produktion.

Einen wesentlichen Einfluss auf den Globalisierungsprozess hatte die rasante **Entwicklung der Informations- und Kommunikationstechnologie.** Seit Anfang der 90er Jahre kam es zu einer Steigerung der Informationsgeschwindigkeit bei gleichzeitiger Senkung der Informationskosten.[12] Mit Hilfe von Satelliten- und Glasfasertechnik können Daten und Informationen in wenigen Sekunden rund um die Welt übermittelt werden, wodurch die Abwicklung internationaler Geschäfte entscheidend erleichtert bzw. erst ermöglicht wird. Besonders für den weltweiten Handel mit Dienstleistungen kommt der Informations- und Kommunikationstechnologie eine große Bedeutung zu, da Güter handelbar gemacht wurden, die dies zuvor nicht waren.[13]

Die geschilderten Entwicklungen sowie die Standardisierung von Fertigungsprozeduren und die weltweite Verfügbarkeit neuester Technologien haben eine **Erleichterung von Produktionsverlagerungen** zur Folge.[14] Als Folge der gestiegenen Mobilität der Produktionsfaktoren kann die Wertschöpfungskette zerlegt und global optimiert werden. Teile der Produktion können abgetrennt und per Outsourcing von anderen Unternehmen bezogen werden.[15] Die Aufspaltung des Wertschöpfungsprozesses forciert den internationalen Handel.

Zu den Veränderungen der technisch-wirtschaftlichen Rahmenbedingungen zählt auch der seit den 80er Jahren stark **zunehmende internationale Wettbewerb.** Er zeichnet sich durch eine steigende Anzahl von Innovationen und durch immer kürzere Innovations-, Design- und Produktzyklen aus.[16] Der zunehmende Wettbewerb wird als Folge des durch Liberalisierung und Deregulierung hervorgerufenen Kosten- und Rationalisierungsdrucks und der damit zunehmenden internationalen Konkurrenz gesehen.

Der steigende Rationalisierungsdruck auf die Unternehmen resultiert primär aus den gestiegenen **Renditeanforderungen** des Kapitals verbunden mit der erhöhten Kapitalmobilität. Er ist Folge der erhöhten globalen Verfügbarkeit von Renditeinformationen, der durch Liberalisierung entgrenzten nationalen Kapitalmärkte sowie der Steigerung der Kapitalmobilität.

### Änderung der soziokulturellen Rahmenbedingungen

Im Bereich der gesellschaftlichen Rahmenbedingungen haben vor allem die Lockerung sozialer Bindungen an Familie und Abstammungsregion, der zunehmende Bedeutungsverlust religiöser und traditioneller Bräuche und Normen sowie die zunehmende Bedeutung von Bildung und Ausbildung entscheidenden Einfluss auf den Globalisierungsprozess.[17] Durch diese Entwicklungen wird die Mobilität der Arbeitskräfte erhöht. Die zunehmende Qualifizierung verbessert zudem die Einsatzmöglichkeiten der Menschen und das Arbeitskräftepotenzial, insbesondere der qualifizierten Arbeitskräfte, nimmt zu.

## 10.1.2 Wirkungen der Globalisierung

Die Auswirkungen der Globalisierung umfassen nicht nur den wirtschaftlichen, sondern aufgrund der prägenden Kraft der Ökonomie auch den politischen Sektor, die Technologieentwicklung, die Kultur, die Wertebildung und die internationalen Beziehungen.[18] Viele der Globalisierung zugeschriebenen Wirkungen sind jedoch nur mittelbar durch diese verursacht. Oft re-

---

12 Vgl. Koch (2000), S. 14, 15.
13 Vgl. Schaaf (2005), S. 3.
14 Vgl. Koch (2000), S. 15, 17.
15 Outsourcing beschreibt den Prozess, Teile der Produktion von anderen Unternehmen zu beziehen. Vgl. Koch (2000), S. 15, 17.
16 Vgl. Koch (2000), S. 18.
17 Vgl. Koch (2000), S. 19.
18 Vgl. Hippler (2005), S. 3.

sultieren sie aus ökonomischen Entwicklungen und werden lediglich durch die Globalisierung verstärkt, wie z. B. der internationale Wettbewerb oder der wirtschaftliche Strukturwandel.[19]

Es muss zwischen mikroökonomischen und makroökonomischen Wirkungen der Globalisierung unterschieden werden. Im Folgenden werden zunächst anhand von drei Aspekten die makroökonomischen Auswirkungen des Globalisierungsprozesses untersucht, bevor auf mikroökonomischer und makroökonomischer Ebene Gewinner und Verlierer der Globalisierung exemplarisch identifiziert werden.

### 10.1.2.1 Effizienz und Realeinkommen

Die Globalisierung birgt erhebliche Chancen für das Wachstum der Weltwirtschaft und für mehr Wohlstand. Der englische Ökonom **David Ricardo** (1772–1823) fand bereits zu Beginn des 19. Jahrhunderts heraus, dass der internationale Handel Wohlfahrtssteigerungen für alle beteiligten Länder zur Folge hat. Das Theorem des komparativen Kostenvorteils besagt, dass unter bestimmten Voraussetzungen auch Länder mit durchgehend überlegener Produktivität und Faktorausstattung vom Außenhandel profitieren.

Neben den Produktivitätsunterschieden zwischen den Ländern betrachtete Ricardo auch die Unterschiede in der Wirtschaftlichkeit der einzelnen Zweige in einem Land und gelangte zu der Aussage, dass es auch für ein in allen Zweigen überlegenes Land Gewinn bringt, sich innerhalb des Landes wiederum auf die produktivsten Bereiche zu konzentrieren und deren Produktivität weiter zu steigern.[20]

Die mit der zunehmenden weltwirtschaftlichen Integration steigende Arbeitsteilung und Spezialisierung haben produktivitätssteigernde Effekte zur Folge. Dadurch dass jedes Land seine knappen Ressourcen auf die Produktion der Güter verwendet, bei denen es am wettbewerbsfähigsten ist, und diese dann gegen andere Güter handelt, können die Produktivität und der Wohlstand in allen beteiligten Staaten gesteigert werden. Somit kommt es sowohl in Industrie- als auch in Entwicklungsländern zu Reallohnsteigerungen.[21]

Die mit der Zunahme des internationalen Wettbewerbs einhergehende intensivere Nutzung der Möglichkeiten globaler Arbeitsteilung führt zur Verbesserung des internationalen Ressourceneinsatzes.[22] Zudem verbessern sich die Produktionsbedingungen, Massenproduktions- und Spezialisierungsmöglichkeiten werden besser genutzt, so dass der Einsatz vorhandener Ressourcen effizienter wird und Produktivitätssteigerungen die Folge sind.[23]

Steigender Wettbewerb zwingt die Unternehmen dazu, besser zu sein als ihre Konkurrenten, um die eigene Marktposition nicht zu verschlechtern oder sogar vom Markt verdrängt zu werden. Die Anforderungen an die Anpassungsleistungen der Wettbewerbsteilnehmer steigen, daraus resultieren eine höhere Leistungsfähigkeit und -bereitschaft. Die Folge sind Effizienzsteigerungen und die Zunahme innovativen Verhaltens.[24]

### 10.1.2.2 Strukturwandel

Einige Kritiker befürchten, dass es aufgrund der Globalisierung zur fortschreitenden Deindustrialisierung Deutschlands kommt. Diese kommt im relativen Bedeutungsverlust des Produzierenden Gewerbes zum Ausdruck. Der Anteil des Produzierenden Gewerbes (ohne Bau) an der Bruttowertschöpfung in jeweiligen Preisen ging von 40,4 Prozent im Jahr 1970 auf 24,4 Prozent im Jahr 2003 zurück. Analog verlief die Entwicklung des Anteils der Beschäftigten an den gesamten Erwerbstätigen. In den Jahren 1995 bis 2003 ging die Beschäftigung in diesem Sektor um über 650.000 Personen zurück, während im Dienstleistungsbereich im selben Zeitraum fast 3 Millionen neue Arbeitsplätze entstanden. Der Anteil des Dienstleistungsbereichs an der Wertschöpfung nahm seit 1979 von 33 auf fast 49 Prozent zu.[25]

---

19 Vgl. Koch (2000), S. 89.
20 Vgl. Ricardo (1996), S. 89 ff.
21 Vgl. Krugman, Obstfeld (2004), S. 374 ff.
22 Vgl. Koch (2000), S. 5.
23 Vgl. Koch (2000), S. 92.
24 Vgl. Koch (2000), S. 90.
25 Vgl. Sachverständigenrat (2004/05), S. 494, 495.

Die Befürchtungen, dass es durch internationalen Handel und Produktionsverlagerungen zum Verlust der industriellen Basis kommt, sind jedoch unbegründet. Der sektorale Strukturwandel lässt sich in den vergangenen Jahrzehnten in allen Industriestaaten beobachten.[26] Angesichts der Tatsache, dass bisher der Außenhandel Deutschlands und auch die Direktinvestitionsaktivitäten zum weitaus überwiegenden Teil mit Industrieländern stattfinden, also mit Ländern, die die gleiche sektorale Verschiebung durchlaufen, dürften außenwirtschaftliche Einflüsse nicht den maßgeblichen Faktor für den relativen Bedeutungsverlust der Industrie in Deutschland darstellen. Der internationale Handel und die Investitionstätigkeit deutscher Industrieunternehmen im Ausland sind somit nicht die primäre Ursache des Strukturwandels.[27] Jedoch wird der Strukturwandel durch den Globalisierungsprozess verstärkt.

Als Erklärungsgründe für den sektoralen Wandel sind eher Produktivitätsdifferenzen zwischen Industrie und Dienstleistungen und durch Produktivitätssteigerungen verursachter Beschäftigungsabbau in der Industrie sowie Nachfrageverschiebungen hin zu Dienstleistungsgütern zu nennen.[28] Diese Aspekte sind jedoch nicht neu, sondern spielen seit den 70er Jahren in Diskussionen über den Strukturwandel eine wichtige Rolle. Die Einschätzung, dass primär binnenwirtschaftliche Faktoren die wesentlichen Ursachen des Strukturwandels darstellen, wird auch in empirischen Studien bestätigt.[29]

Die hohe Arbeitslosigkeit in Deutschland weist jedoch darauf hin, dass es Deutschland schlechter als anderen Ländern gelingt, die durch den Strukturwandel hervorgerufenen Anpassungsnotwendigkeiten auf dem Arbeitsmarkt erfolgreich zu bewältigen.[30] Im Folgenden werden die Auswirkungen der Globalisierung auf den Arbeitsmarkt betrachtet.

### 10.1.2.3 Arbeitsmarkteffekte

Der durch die Globalisierung verstärkte Strukturwandel hat Auswirkungen auf den Einsatz des Produktionsfaktors Arbeit. Durch Produktionsverlagerungen ins Ausland kann es zu Beschäftigungsabbau kommen.[31] Der Zwang zur Produktivitätserhöhung führt in vielen Bereichen zur Substitution von Arbeit durch Kapital.[32]

Arbeitsintensive Standardproduktionen können aufgrund komparativer Arbeitskostenvorteile und Technologietransfers zunehmend auch von weniger industrialisierten Ländern durchgeführt werden. Als Folge verdrängen preisgünstigere gleichwertige Auslandsproduktionen die teuren im Inland hergestellten Güter.[33]

Die Auswirkungen einer abnehmenden Nachfrage nach gering qualifizierter Arbeit sind von den strukturellen Rahmenbedingungen der betroffenen Länder abhängig. In Ländern mit flexiblen Lohnstrukturen und einem niedrigen Niveau sozialer Absicherung hat eine geringere Nachfrage einen Lohnrückgang zur Folge. In Ländern mit hoher Absicherung und unflexibler Lohnstruktur, wie z. B. in Deutschland, entsteht Arbeitslosigkeit.[34]

In welchem Ausmaß die Globalisierung zu Arbeitslosigkeit führt, hängt von der Fähigkeit des betroffenen Landes ab, die weggefallenen Arbeitsplätze durch neue Arbeitsplätze in zukunftsfähigen und leistungsstarken Branchen zu ersetzen.[35] Negative Beschäftigungseffekte sowie Lohn- und Kostendruck sind lediglich in dem Maße zu erwarten, in dem es den Unternehmen nicht gelingt, neue Märkte zu erschließen und alternative Arbeitsplätze zu schaffen.[36] Die hohe strukturelle Arbeitslosigkeit in Deutschland ist ein Indiz dafür, dass eine Anpassung im Sinne einer Konzentration auf wettbewerbs- und zukunftsfähige Branchen dringend notwendig ist.

---

26 Vgl. Sachverständigenrat (2004/05), S. 459.
27 Vgl. Sachverständigenrat (2004/05), S. 500.
28 Vgl. Sachverständigenrat (2004/05), S. 497.
29 Vgl. z. B. Rowthorn (1999).
30 Vgl. Sachverständigenrat (2004/05), S. 499.
31 Vgl. BDA (Hrsg.) (2005), S. 6.
32 Vgl. Koch (2000), S. 103.
33 Vgl. Schmidt (1998), S. 24.
34 Vgl. Koch (2000), S. 106.
35 Vgl. Koch (2000), S. 100.
36 Vgl. Sachverständigenrat (2004/05), S. 482.

## 10.1 Gesamtwirtschaftliche Perspektive

Im Folgenden werden zwei fragwürdige Thesen zu den beschäftigungsfeindlichen Auswirkungen der Globalisierung kritisch analysiert.

### Behauptung: Die Tendenz zur „Basarökonomie" führt zu Arbeitsplatzabbau.

Es wird von einigen Kritikern der Globalisierung argumentiert, dass Deutschlands Exportstärke lediglich Ausdruck der Entwicklung hin zu einer immer weniger wertschöpfungsintensiven Produktion im Inland ist. Durch die beschleunigte Produktionsverlagerung vorgelagerter Wertschöpfungsketten ins Ausland, z. B. durch Outsourcing oder die Gründung ausländischer Tochterunternehmen, werde die Auslandsnachfrage nach deutschen Produkten durch einen immer stärkeren Anteil von aus dem Ausland bezogenen Vorleistungen und einem immer schwächeren Anteil aus im Inland erwirtschafteter Wertschöpfung befriedigt.[37] Aufgrund der zunehmenden ausländischen Vorleistungen entstünde in immer geringerem Umfang Wertschöpfung in Deutschland. Diese Argumentation ist unter dem Schlagwort der „Basarökonomie" bekannt geworden.[38] Jedoch muss die beschriebene Entwicklung differenziert betrachtet werden.

Die internationale Wettbewerbsposition deutscher Unternehmen hat sich in den vergangenen Jahren deutlich verbessert. Deutschland hatte im Jahr 2003 die weltweit höchste Ausfuhr an Waren und somit auch den größten Anteil an den weltweiten Warenexporten.[39] Deutschlands „ability to sell", die Fähigkeit, deutsche Produkte im internationalen Wettbewerb abzusetzen, ist sehr gut. Der ausländische Wertschöpfungsanteil pro aus Exporten erzieltem Euro ist zwischen den Jahren 1991 und 2002 von 26,7 auf 38,8 Prozent gestiegen.[40] Diese Entwicklung kann als Tendenz zur „Basarökonomie" gewertet werden.

Der gesunkene Wertschöpfungsanteil des Inlands an den Exporten kann jedoch auch durch die Nutzung der Vorteile der internationalen Arbeitsteilung erklärt werden. Die exportinduzierte Bruttowertschöpfung hat mit 4,6 Prozent stärker zugenommen als die Wertschöpfung der übrigen Wirtschaftsbereiche im Durchschnitt (3,4 Prozent).[41] Folglich ist auch der Anteil der durch die Exporte erzeugten Wertschöpfung an der gesamten Wertschöpfung größer geworden.

Eine Verlagerung von Teilbereichen der Produktion und somit von Arbeitsplätzen kann jedoch auch zur Sicherung inländischer Arbeitsplätze beitragen. Durch die Verlagerung in Niedriglohnländer können Unternehmen günstige Vorleistungen aus dem Ausland beziehen; hierdurch kann die Wettbewerbsfähigkeit des Unternehmens gesichert werden.[42] Die gestiegene preisliche Wettbewerbsfähigkeit hat über die Exporttätigkeit per Saldo positiv auf die Beschäftigung in Deutschland gewirkt. Pro exportierten Euro wurden zwar inländische durch ausländische Arbeitsplätze substituiert, die positive Exportentwicklung hat jedoch insgesamt einen überproportionalen Beitrag zur Sicherung und Schaffung inländischer Arbeitsplätze geleistet. So konnte z. B. im Verarbeitenden Gewerbe seit Mitte der 90er Jahre ein exportinduzierter Beschäftigungsaufbau verzeichnet werden, während gleichzeitig die Gesamtbeschäftigung in diesem Sektor zurückging.[43]

### Behauptung: Direktinvestitionen haben negative Arbeitsmarkteffekte.

Der Saldo zwischen ausländischen Direktinvestitionen in Deutschland und deutschen Direktinvestitionen im Ausland wird oft als Ausweis der Standortattraktivität interpretiert. Für Deutschland lässt sich seit dem Jahr 1980 bis Ende der 90er Jahre ein im Trend gestiegener negativer Direktinvestitionssaldo konstatieren. Seitdem hat sich diese Entwicklung abgeschwächt.[44] Negative Direktinvestitionssalden sind jedoch für eine im Exportgeschäft starke Volkswirt-

---

37 Vgl. Sachverständigenrat (2004/05), S. 460.
38 Der Begriff der „Basarökonomie" wurde von dem Münchner Ökonom Hans-Werner Sinn geprägt. Vgl. Sinn (2005).
39 Vgl. Sachverständigenrat (2004/05), S. 467.
40 Vgl. Sachverständigenrat (2004/05), S. 476.
41 Vgl. Sachverständigenrat (2004/05), S. 476.
42 Vgl. BDA (Hrsg.) (2005), S. 7.
43 Vgl. Sachverständigenrat (2004/05), S. 477.
44 Vgl. Sachverständigenrat (2004/05), S. 485.

schaft nicht ungewöhnlich. Zum einen ziehen Exporte oft entsprechende Direktinvestitionen nach sich, z. B. um den Vertrieb auf dem ausländischen Markt besser organisieren zu können. Zum anderen haben Direktinvestitionen steigende Handelsaktivitäten zur Folge. Die Frage, welche Beschäftigungswirkungen von Direktinvestitionen ausgehen, kann nicht eindeutig beantwortet werden.[45]

In der Literatur werden zwei Gründe für Direktinvestitionen im Ausland unterschieden. Die Beschäftigungswirkungen sind von dem der Investitionsentscheidung zu Grunde liegenden Motiv abhängig. Horizontale Direktinvestitionen werden zur Erschließung neuer Märkte durchgeführt. Vertikale Direktinvestitionen zielen auf die Realisierung von Kostenvorteilen ab. Besonders vertikale Direktinvestitionen und die damit verbundene Verlagerung arbeits- und kostenintensiver Produktionsteile haben einen steigenden Anpassungsdruck auf den inländischen Arbeitsmarkt zur Folge.[46]

Der größte Teil der deutschen Direktinvestitionen fließt immer noch in die Industrieländer, jedoch nimmt die Bedeutung mittel- und osteuropäischer Länder sowie Chinas zu. Die hieraus bisher resultierenden Beschäftigungswirkungen lassen sich gegenwärtig nur schwer quantifizieren. Bisher existieren nur wenige Studien, die die Beschäftigungswirkungen von Direktinvestitionen und damit verbundenen Produktionsverlagerungen ins Ausland analysieren.

Die Ergebnisse dieser Studien sind uneinheitlich, lassen jedoch darauf schließen, dass der Arbeitsplatzabbau geringer ausfällt als oftmals angenommen.[47] Allerdings finden sich auch Anzeichen einer lohnkostenmotivierten Verlagerung, was den Anpassungsdruck auf Teilbereiche des deutschen Arbeitsmarkts verstärken wird.[48] Eine Umfrage der DB Research ergab, dass die Arbeitsmarktwirkungen von Prozessverlagerungen im Bereich der IT-getriebenen Dienstleistungen in Deutschland nur gering sind und in Zukunft sogar ein Beschäftigungsaufbau von ca. 5 Prozent erwartet wird.[49]

Die Auswirkungen der Globalisierung auf den Arbeitsmarkt sind nicht eindeutig zu beurteilen. Für Deutschland ergibt sich jedoch erheblicher Handlungsbedarf, um die Chancen der Globalisierung für den Beschäftigungsaufbau zu nutzen.

*10.1.2.4 Gewinner und Verlierer der Globalisierung*

Der Globalisierungsprozess bewirkt Umstrukturierungen und sozioökonomische Veränderungen für fast alle Länder, soziale Gruppen und Individuen. Dies führt sowohl zwischen den Gesellschaften (makroökonomisch) als auch innerhalb der Gesellschaften (mikroökonomisch) zu Gewinnern und Verlierern.[50] Um diesen Sachverhalt zu beleuchten, werden die beiden Ebenen nun näher untersucht.

Auf **makroökonomischer Ebene** lassen sich ansatzweise folgende Gewinner und Verlierer ausmachen:

Gewinner

Die Globalisierung bietet vor allem Entwicklungs- und Schwellenländern Möglichkeiten zum wirtschaftlichen Aufstieg. Sie profitieren vom umfangreichen Kapital- und Wissenstransfer durch die Direktinvestitionen. Damit erwachsen aber auch den Industrieländern neue lukrative Märkte. Allerdings erfolgt der größte Teil der grenzüberschreitenden Investitionstätigkeit weiterhin innerhalb der Industrieländer.[51] In diesem Zusammenhang nennt die Weltbank 24 Entwicklungsländer als Globalisierungsgewinner, darunter China, Indien, Mexiko, Vietnam und Uganda. Diese 24 Länder steigerten ihr Wirtschaftswachstum von durchschnittlich einem Prozent in den 60er Jahren auf 5 Prozent in den 90er Jahren.[52]

Die Europäische Union wird ebenfalls zu den Gewinnern der Globalisierung gezählt. Der Anteil der Exporte

---

*45 Vgl. Sachverständigenrat (2004/05), S. 486.*
*46 Vgl. Sachverständigenrat (2004/05), S. 486, 487.*
*47 Vgl. Sachverständigenrat (2004/05), S. 459.*
*48 Vgl. Sachverständigenrat (2004/05), S. 500.*
*49 Vgl. Schaaf, Weber (2005), S. 5.*
*50 Vgl. Hippler (2005), S. 5.*
*51 Vgl. Walter (2002), S. 5.*
*52 Vgl. Walter (2002), S. 5.*

am Bruttoinlandsprodukt der EU-15 beträgt 11,8 Prozent. In den USA beläuft sich die Exportquote nur auf 10,6 Prozent.[53] Zudem wird Europa aufgrund der alternden Bevölkerung in Zukunft auf die internationale Arbeitsteilung angewiesen sein. Die Erträge aus ausländischen Kapitalanlagen dienen der Altersvorsorge der wachsenden Anzahl älterer Menschen.

### Verlierer

Nicht alle Staaten profitieren gleichermaßen vom Globalisierungsprozess. Bereits fragile Gesellschaften geraten besonders unter Druck. Aus diesem Grund ist der Prozess der Globalisierung für potenzielle Krisenherde in der Dritten Welt teilweise risikobehaftet, da das gesellschaftliche Konflikt- und Gewaltpotenzial verschärft werden kann. Hierdurch wird die Notwendigkeit politischer und sozialer Integration verstärkt und gleichzeitig die Fähigkeit der Staaten, solche Integrationsleistungen zu erbringen, möglicherweise reduziert.[54]

Nachteile der Globalisierung entstehen zudem vor allem in Industrieländern in den weniger wettbewerbsfähigen Wirtschaftssektoren, im kostenintensiven verarbeitenden Gewerbe und im personalintensiven einfachen Dienstleistungsbereich. Die betroffenen Unternehmen müssen häufig mit Beschäftigungsabbau, Konkurs oder Standortverlagerung reagieren.[55]

*Paul A. Samuelson* hat in einem große Aufmerksamkeit auf sich ziehenden Beitrag gezeigt, dass bei freiem Handel Produktivitätsgewinne im Ausland unter bestimmten Bedingungen schädlich für ein Industrieland sein können. Seine Argumentation stützt sich auf ein 2-Güter-2-Länder-Modell des internationalen Handels, im Rahmen dessen er die Auswirkungen von hohen Produktivitätsfortschritten in Schwellenländern auf Industrieländer untersucht.

Outsourcingaktivitäten im Dienstleistungsbereich führten zu einer Beschleunigung der Lernprozesse in den Schwellenländern; bisher bestehende komparative Vorteile der industrialisierten Länder erodieren und könnten sich im Extremfall zugunsten der Schwellenländer umkehren. Nähern sich die Produktivitäten an, bis sie genau gleich sind, bestehen keine komparativen Vorteile mehr und Spezialisierungs- und Handelsgewinne für beide Länder verschwinden.[56]

Auf **mikroökonomischer Ebene** können exemplarisch die nachfolgenden Gewinner und Verlierer identifiziert werden:

### Gewinner

Auf individueller Ebene zählen besonders Kapitalanleger, Investoren und Spezialisten zu den Nutznießern der Globalisierung. Für sie ergeben sich überproportionale Gewinnchancen und Einkommen. Auf dem Arbeitsmarkt sind hoch qualifizierte Arbeitnehmer, die hauptsächlich mit der „Produktion von Ideen" beschäftigt sind, Gewinner der Globalisierung.[57]

Auch die Konsumenten profitieren von der Globalisierung in Form von preiswerteren Produkten und einer höheren Produktvielfalt.[58]

### Verlierer

Weniger mobile und weniger flexible Unternehmen, Arbeitnehmer und Finanzanleger zählen zu den Verlierern. Diese werden mit sinkenden Beschäftigungs- und Gewinnmöglichkeiten und mit Einkommensrückgängen konfrontiert.[59]

Negative Folgen ergeben sich für die Beschäftigungschancen gering qualifizierter Arbeitskräfte. Die Arbeit wenig produktiver Arbeitnehmer wird zunehmend automatisiert oder von billigeren Arbeitskräften

---

53 *Vgl. Walter (2002), S. 7.*
54 *Vgl. Hippler (2005), S. 5.*
55 *Vgl. Koch (2000), S. 105.*
56 *Vgl. Samuelson (2004), S. 135-146. Es muss jedoch die Realitätsnähe des Szenarios berücksichtigt werden. Die Wahrscheinlichkeit, dass sich komparative Vorteile genau ausgleichen, ist sehr gering. Zudem zeigt die Empirie, dass zum einen der Handel zwischen Industrieländern an Bedeutung gewinnt und zum anderen die Auslagerung von Dienstleistungen in Schwellenländer nur geringe Ausmaße annimmt. Vgl. Sachverständigenrat (2004/05), S. 463.*
57 *Vgl. Koch (2000), S. 105.*
58 *Vgl. BDA (Hrsg.) (2005), S. 6.*
59 *Vgl. Koch (2000), S. 105.*

übernommen.⁶⁰ Die Volkswirtschaften Südostasiens und die neuen EU-Mitgliedsländer weisen erhebliche Lohnkostenvorteile gegenüber Deutschland auf und verfügen meist über gut ausgebildete Arbeitskräfte, so dass arbeitsintensive Produktionsprozesse verlagert werden.⁶¹

### 10.1.3 Was bedeutet Globalisierung für Deutschland?

Trotz der guten Wettbewerbsposition Deutschlands ist aufgrund der zunehmenden internationalen Verflechtung eine gesteigerte Flexibilität, insbesondere auf dem Arbeitsmarkt, erforderlich. Handlungsbedarf besteht ebenfalls im Bereich des deutschen Steuersystems aufgrund des intensiver werdenden internationalen Steuerwettbewerbs sowie im Bereich der Sozial- und Bildungspolitik.⁶² Hohe Steuerbelastungen und Lohnkosten sowie Mängel im Bildungsniveau senken die Attraktivität des Industriestandorts Deutschland und führen dazu, dass Unternehmen lediglich im Ausland investieren und so den Arbeitsplatzabbau forcieren.

*10.1.3.1 Herausforderungen für die Steuerpolitik*

Der Globalisierungsprozess hat weitreichende Konsequenzen für die nationale Steuerpolitik. Die Zunahme internationaler Handelsströme und Kapitalflüsse sowie die wachsende Bedeutung grenzüberschreitend tätiger Unternehmen können als Indizien dafür angesehen werden, in welchem Umfang die ökonomischen Chancen, die sich durch die beschleunigte Integration nationaler Güter- und Faktormärkte eröffnen, von privaten Akteuren wahrgenommen werden. Dies hat eine Verringerung der Gestaltungsspielräume des nationalen Steuergesetzgebers zur Folge, da grenzüberschreitende Mobilität bedeutet, dass sich die Steuerbasis dem nationalen steuerlichen Zugriff entziehen kann.⁶³ Aus diesem Grund ist die Entscheidung für eine außenwirtschaftliche Öffnung der Güter- und Finanzmärkte mit einem Verlust an nationaler Steuerautonomie und somit ebenfalls mit neuen Herausforderungen für die nationale Steuerpolitik verbunden.

Die verschiedenen Produktionsfaktoren und deren Einkommen erweisen sich allerdings in ganz unterschiedlichem Ausmaß als international mobil: Während die Standortentscheidung multinationaler Unternehmen ebenso wie die Entscheidungen privater Kapitalanleger häufig unbeeinflusst von nationalen Grenzen getroffen werden, ist die grenzüberschreitende Mobilität des Faktors Arbeit noch immer und wohl auch in Zukunft merklich weniger stark ausgeprägt.⁶⁴ Hieraus folgt, dass mobile Bemessungsgrundlagen unter Effizienzgesichtspunkten weniger stark belastet werden sollten als immobile Bemessungsgrundlagen.

Aus dieser Feststellung ergeben sich Konsequenzen für die Einschätzung des gegenwärtigen deutschen Steuersystems und für die Anforderungen, die an die Steuerpolitik in Zeiten der Globalisierung zu stellen sind. Eine Analyse der Besteuerung von Arbeitseinkommen ergibt, dass in diesem Bereich derzeit kein Reformbedarf besteht. Die Einkommensteuersätze in Deutschland liegen nach Inkrafttreten der letzten Stufe der Steuerreform auf einem historisch niedrigen und auch im internationalen Vergleich sehr moderaten Niveau.⁶⁵ Auch aufgrund der angespannten Lage der öffentlichen Haushalte sollte derzeit von weiteren Senkungen der Einkommensteuersätze, sowohl des Eingangs- als auch des Spitzensteuersatzes, abgesehen werden.

Dringender steuerpolitischer Handlungsbedarf besteht hingegen im Bereich der Unternehmensbesteuerung bzw. aller Kapitaleinkommen. Unternehmensgewinne und sonstige Kapitaleinkünfte unterliegen im gegenwärtigen System der synthetischen Einkommensteuer. Wie beschrieben, eröffnen sich den Eignern mobilen Kapitals in Zeiten der Globalisierung vielfältige Möglichkeiten, sich der Besteuerung in einem bestimmten Land durch eine Änderung ihrer Investitions- bzw. Anlageentscheidung zu entziehen.

---

*60 Vgl. Koch (2000), S. 106 und BDA (2005), S. 6.*
*61 Vgl. Sachverständigenrat (2004/05), S. 482.*
*62 Vgl. Sachverständigenrat (2004/05), S. 459.*
*63 Vgl. Schmidt (1998), S. 25.*
*64 Vgl. Rürup (2005), S. 50.*
*65 Vgl. Rürup (2005), S. 50.*

Internationale Steuerbelastungsvergleiche haben ergeben, dass sowohl die tarifliche als auch die effektive Belastung deutscher Kapitalgesellschaften höher ist als in jedem anderen europäischen Land.[66] Dieser Befund ist äußerst problematisch, da empirische Untersuchungen gezeigt haben, dass steuerrechtliche Rahmenbedingungen für die Standort- und Investitionsentscheidung von Unternehmen eine entscheidende Rolle spielen. Die tariflichen Steuersätze, die effektiven Durchschnittssteuersätze sowie die effektiven Grenzsteuersätze beeinflussen die Entscheidung, an welchem Ort und in welchem Umfang Auslandsinvestitionen getätigt werden.[67] Zudem spielen auch die steuerrechtlichen Abschreibungsmodalitäten eine Rolle. Aufgrund des zunehmenden Gewichts steuerrechtlicher Rahmenbedingungen für die Standortentscheidung der Unternehmen besteht die Notwendigkeit einer umfassenden Steuerreform mit dem Ziel einer Verbesserung der Investitions- und Wachstumsbedingungen in Deutschland.

Zur Stärkung der Investitionsbereitschaft und zur Verbesserung der Standortattraktivität sind deshalb aus steuerlicher Sicht die Kapitalkosten für Investitionen und damit die effektiven Durchschnittssteuerbelastungen zu verringern. Derzeit liegt die effektive Steuerbelastung von Unternehmensgewinnen bei 36 Prozent[68], dem höchsten Wert in Europa.[69] Es sollte ein Wert von 30 Prozent oder darunter angestrebt werden. Die im März 2005 zwischen Bundesregierung und Opposition vereinbarte Absenkung des Körperschaftssteuersatzes von derzeit 25 auf 19 Prozent hätte insofern eine richtige Maßnahme dargestellt, als man sich damit - unter Berücksichtigung der Gewerbesteuer - dieser 30-Prozent-Marge angenähert hätte.

Eine Senkung des tariflichen Körperschaftssteuersatzes ist aus diesem Grund zu begrüßen, jedoch reicht diese Maßnahme noch nicht aus, um eine ökonomisch sinnvolle Besteuerung von Unternehmens- und Kapitaleinkommen zu erreichen. Ein weiteres Problem besteht darin, dass die derzeitige Besteuerung in erheblichem Ausmaß die Rechtsform- und Finanzierungsentscheidungen von Unternehmen beeinflusst. In der Mehrzahl der Fälle begünstigen die steuerlichen Rahmenbedingungen auch nach einer Senkung des Körperschaftssteuersatzes die Rechtsform der Personengegenüber der Rechtsform der Kapitalgesellschaft.

In der öffentlichen Diskussion wird oft der Spitzensteuersatz bei der Einkommensteuer (42 Prozent) dem tariflichen Körperschaftsteuersatz (25 Prozent) gegenübergestellt. Übersehen wird hierbei, dass Gewinne von Kapitalgesellschaften zusätzlich der Gewerbesteuer unterliegen, während bei Personengesellschaften eine weitgehende Anrechnung der gezahlten Gewerbesteuer auf die Einkommensteuer erfolgt. Der vermeintliche Nachteil der Personengesellschaft wird durch diese Anrechnung deutlich reduziert, und bei geringeren Gewinnen, die sich in einem entsprechend geringeren persönlichen Einkommensteuersatz des Gesellschafters der Personengesellschaft niederschlagen, verkehrt sich das Verhältnis rasch ins Gegenteil. Dies gilt ebenfalls, wenn anstelle einbehaltener Gewinne der Fall der Gewinnausschüttung verglichen wird. Denn zur Beurteilung alternativer Steuerbelastungen ist es erforderlich, den Standpunkt des Investors, des Kapitalgebers, anzunehmen. Die von der Kapitalgesellschaft an die Anteilseigner gezahlten Dividenden werden im Rahmen des Halbeinkünfteverfahrens zur Hälfte der Einkommensteuer unterworfen, so dass Personengesellschaften in diesem Fall regelmäßig einer geringeren Belastung unterliegen.[70] Daraus folgt, dass Gewinne von Kapitalgesellschaften steuerlich benachteiligt werden.

Die Probleme bei der gegenwärtigen Unternehmensbesteuerung bestehen aber nicht nur darin, dass die Unternehmenssteuersätze in Deutschland vor dem Hintergrund der Globalisierung und des internationalen Steuerwettbewerbs zu hoch sind, es erfolgt zudem eine relativ unsystematische Besteuerung von Kapitaleinkommen: Neben einer uneinheitlichen Besteuerung unternehmerischer Rechtsformen und Finanzierungswege gilt dies ebenso für die höchst unterschiedliche

---

66 Vgl. Sachverständigenrat (2003/04), S. 36.
67 Vgl. Sachverständigenrat (2004/05), S. 492.
68 Vgl. Elschner, Lammersen, Schwager (2003), S. 10.
69 Vgl. Rürup (2005), S. 51.
70 Vgl. Rürup (2005), S. 52.

Belastung von Unternehmensgewinnen auf der einen Seite und alle übrigen der Einkommensteuer unterliegenden Kapitaleinkommen, z. B. Zins- und Mieteinkünfte, auf der anderen Seite.[71] Neben einer Vielzahl an Verzerrungen und Arbitragemöglichkeiten ist diese unsystematische Besteuerungsstruktur für die Komplexität der Besteuerung und für hohe Befolgungs- und Verwaltungskosten verantwortlich.

Die vor diesem Hintergrund vom „Sachverständigenrat zur Begutachtung der gesamtwirtschaftlichen Entwicklung" vorgeschlagene duale Einkommensteuer ist ein pragmatischer Ansatz zur Lösung der bestehenden Probleme. Diesem Ansatz zufolge werden sämtliche Kapitaleinkommen einem einheitlichen proportionalen Steuersatz unterworfen, der deutlich unter dem bisherigen Spitzensteuersatz bei der Einkommensteuer liegen sollte.[72] Parallel dazu sollte die Gewerbesteuer abgeschafft und durch ein Hebesatzrecht der Kommunen im Rahmen der Besteuerung von Arbeitseinkommen einerseits und von Kapitaleinkommen andererseits ersetzt werden.[73]

Damit könnte gewährleistet werden, dass die Steuersätze in Deutschland vor dem Hintergrund von Globalisierung und zunehmendem Steuerwettbewerb auf ein im internationalen Vergleich attraktives Niveau zurückgeführt würden. Gleichzeitig entfielen die mit erheblichen Effizienzverlusten verbundenen Anreize, allein aus steuerlichen Gründen bestimmte Rechtsform-, Finanzierungs- oder Anlageentscheidungen zu treffen. Denn im Rahmen der dualen Einkommensteuer unterliegen sämtliche Kapitaleinkommen derselben tariflichen Belastung und denselben Regelungen zur Berechnung des jeweiligen Kapital- oder Unternehmensertrags.[74]

Zwei weitere nicht zu unterschätzende Vorteile der dualen Einkommensteuer bestehen gerade mit Blick auf die angespannte Lage der öffentlichen Haushalte darin, dass dieses Konzept mit allenfalls nur geringen Steuerausfällen verbunden wäre und die derzeitige progressive Besteuerung der Arbeitseinkommen prinzipiell beibehalten werden könnte.

Die duale Einkommensteuer verknüpft den Vorteil einer besseren Positionierung Deutschlands im internationalen Steuerwettbewerb (niedrige und einheitliche Belastung von Kapitaleinkommen) mit vergleichsweise geringen oder gar keinen Steuerausfällen.[75] Sie ist deshalb die richtige steuerpolitische Antwort auf Globalisierung und zunehmende grenzüberschreitende Mobilität von Kapital- und Unternehmenseinkommen.

*10.1.3.2 Herausforderungen an den Sozialstaat*

Neben den steuerrechtlichen Rahmenbedingungen sind Lohnkostenunterschiede ein wichtiges Motiv der Verlagerung von Produktionsstätten ins Ausland.[76] Merkmal des Sozialversicherungssystems in Deutschland ist die Lohn- und Arbeitskostenzentrierung. Die durch die Globalisierung ausgelöste steigende Wettbewerbsintensität führt zu einem Druck auf Löhne und Beschäftigung. Die Mobilitätsanforderungen an die Arbeitnehmer steigen, und es kommt auch zu einer gewissen Auffächerung der Verteilungsstrukturen, woraus eine wachsende Bedeutung der Armutsvermeidung durch den Staat erwachsen kann.[77]

In einer Volkswirtschaft gibt es zwei Löhne, die für die Beschäftigung relevant sind: Die Produzentenlöhne, berechnet aus der Summe von Bruttolöhnen und Lohnnebenkosten (Arbeitskosten), und die Konsumentenlöhne, das sind die Bruttolöhne abzüglich der Lohnsteuer und der Arbeitnehmerbeiträge zu den Sozialversicherungen (verfügbare Einkommen). Die Differenz zwischen diesen beiden Löhnen ist der so genannte Abgabenkeil (Abbildung 10.1.1).

Wenn dieser Abgabenkeil breiter wird, führt dies entweder zu steigenden Arbeitskosten oder zu sinkendem verfügbaren Einkommen oder zu beidem gleichzeitig. Ein Aufspreizen dieses Keils ist daher entweder mit einem Rückgang der Nachfrage nach Arbeit durch

---

*71 Vgl. Rürup (2005), S. 53.*
*72 Vgl. Sachverständigenrat (2003/04), S. 522 ff.*
*73 Vgl. Sachverständigenrat (2003/04), S. 40, 41.*
*74 Vgl. Sachverständigenrat (2003/04), S. 523, 524.*
*75 Vgl. Sachverständigenrat (2003/04), S. 523, 524.*
*76 Vgl. Sachverständigenrat (2004/05), S. 492.*
*77 Vgl. Rürup (2005), S. 40, 41.*

10.1 Gesamtwirtschaftliche Perspektive

die Unternehmen verbunden und/oder mit dem Sinken des verfügbaren Einkommens der Arbeitnehmer, was ebenfalls zu unerwünschten Ausweichreaktionen, z. B. einem Abtauchen in die Schwarzarbeit, führt. Derzeit sind die Produzentenlöhne in Deutschland fast doppelt so hoch wie die Konsumentenlöhne, und ein relevanter Teil dieses Keils ist den lohnzentrierten Sozialabgaben geschuldet.[78]

Daraus folgt, dass es in einer durch einen intensiven nationalen und internationalen Wettbewerb gekennzeichneten Welt erforderlich ist, ein weiteres Aufspreizen dieses beschäftigungsfeindlichen Keils zu verhindern bzw. diesen Keil zu verkleinern. Daraus ergibt sich die Notwendigkeit, die Finanzierung der sozialen Sicherung weniger stark als bisher an die Löhne und damit die Arbeitskosten zu koppeln.[79]

Der notwendige Umbau des deutschen Sozialversicherungsstaats sollte nach den folgenden drei Leitsätzen erfolgen:

**1.** In den Systemen, bei denen die Leistungen nicht wie bei der Rentenversicherung und der Arbeitslosenversicherung von der Höhe der zuvor mit Beiträgen belegten Einkommen abhängen, sollte man die Finanzierung vom Faktor Arbeit, d. h. von den Löhnen und damit von den Arbeitskosten, abkoppeln. Die lohnsteuerähnlichen Beiträge zur gesetzlichen Kranken- und zur sozialen Pflegeversicherung sollten durch kostenorientierte Pauschalprämien ersetzt und der soziale Ausgleich aus dem Gesundheitssystem in das dafür deutlich kompetentere Steuersystem verlagert werden. Mit einem solchen Umbau des Finanzierungssystems der Kranken- und Pflegeversicherung ist erstens keine Verschlechterung der Absicherung des Krankheitsrisikos verbunden und zweitens wird die Chance eröffnet, den sozialen Ausgleich transparenter als auch zielgenauer zu gestalten und aus dem gesamten Steueraufkommen und nicht nur aus den Beiträgen bis zur Beitragsbemessungsgrenze zu finanzieren.[80]

**2.** In einer umlagefinanzierten Rentenversicherung, bei der die Höhe der Renten von der Versicherungsdauer und der Höhe des mit Beiträgen belegten Einkommens abhängen, müssen bei einem gleich bleibenden Rentenniveau und einer demografisch bedingten Verschiebung der Beitragszahler-Rentner-Relation die Beitragssätze steigen. Steigende Beitragssätze führen zu einer beschäftigungsfeindlichen Belastung des Faktors Arbeit und gefährden damit auch die Finanzierung der Renten und bedeuten zudem eine Benachteiligung der Jüngeren im Vergleich zu den Älteren. Denn um die gleichen Rentenansprüche zu erwerben, müssen die Jüngeren höhere Preise in Form höherer Beitragssätze bezahlen.[81] Um eine nachhaltige Stabilisierung der Rentenversicherung – gleichermaßen aus Beschäftigungsgründen wie aus Gründen einer intergenerativen Gleichbehandlung – zu erreichen, sind eine Heraufsetzung des gesetzlichen Renteneintrittsalters sowie Leistungsrücknahmen unumgänglich.[82]

Die damit im Zeitverlauf entstehenden Versorgungslücken sollten durch einen Ausbau kapitalgedeckter

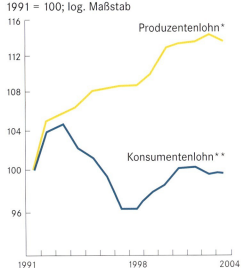

Abb. 10.1.1: Entwicklung realer Produzenten- und Konsumentenlohn
1991 = 100; log. Maßstab

\* Arbeitnehmerentgelt je Arbeitnehmer deflationiert mit dem Deflator der Bruttowertschöpfung
\*\* Nettolöhne und -gehälter je Arbeitnehmer deflationiert mit dem Deflator der privaten Konsumausgaben
Quelle: Deutsche Bundesbank

---

78 Vgl. Rürup (2005), S. 43.
79 Vgl. Rürup (2005), S. 43, 44.
80 Vgl. Sachverständigenrat (2003/04), S. 304 ff.
81 Vgl. Rürup (2005), S. 44, 45.
82 Vgl. Sachverständigenrat (2003/04), S. 332 ff.

Ergänzungssysteme geschlossen werden. Moderne Systeme der Altersversorgung sind mischfinanziert und bestehen aus einer Kombination von umlagefinanzierten und kapitalgedeckten Renten. Kapitaldeckung nutzt die Fähigkeit der Kapitalmärkte, wirtschaftliche Leistungsfähigkeit zu speichern und so die zukünftigen Belastungen – anders als im Umlageverfahren – vorzufinanzieren. Ein Ausbau der kapitalgedeckten Ergänzungssysteme hilft, den Druck auf die Beitragssätze im Sozialversicherungssystem zu reduzieren, verringert die intergenerative Umverteilung und kommt zudem der makroökonomischen Notwendigkeit entgegen, die deutsche Volkswirtschaft kapitalintensiver und international diversifizierter zu machen.[83]

**3.** Leistungen, die nicht durch Beitragszahlungen erworben wurden bzw. die so genannten versicherungsfremden Leistungen sollten nicht aus dem Beitragsaufkommen der Sozialversicherungen, sondern aus dem allgemeinen Steueraufkommen finanziert werden. Eine solche die Arbeitskosten entlastende und damit die Beschäftigungs- und Wachstumschancen erhöhende Umfinanzierung ist auch angesichts der Schieflage der Finanzierungsstruktur unseres Staates geboten. Denn Deutschland ist in den vergangenen 30 Jahren zu einem den Faktor Arbeit über Gebühr belastenden Sozialabgabenstaat geworden: Die volkswirtschaftliche Steuerquote in Deutschland liegt derzeit auf ihrem historischen Tiefstand; sie ist mit weniger als 21 Prozent die zweitniedrigste in Europa.

Die Summe der Zwangsabgaben beläuft sich derzeit auf etwa 860 Milliarden Euro; davon entfallen 380 Milliarden Euro auf die Sozialabgaben. Dies entspricht einem Mischungsverhältnis von etwa 55 Prozent Steuern zu 45 Prozent Sozialabgaben. Vor 35 Jahren machten die Sozialabgaben weniger als 30 Prozent aller staatlichen Zwangsabgaben aus.[84]

*10.1.3.3 Herausforderungen für die Arbeitsmarktpolitik*

Der Globalisierungsprozess beinhaltet ebenfalls erhebliche Herausforderungen an die nationale Arbeitsmarktpolitik. Der durch die Globalisierung forcierte dienstleistungsorientierte Strukturwandel wird ein Aufspreizen der Lohnstruktur zur Folge haben.

Denn im Dienstleistungssektor werden im Bereich der Finanzdienstleistungen einerseits die höchsten Gehälter gezahlt, andererseits bei den haushaltsbezogenen und distributiven Dienstleistungen aber auch die niedrigsten.

In Dienstleistungsökonomien sind daher die Entlohnungsstrukturen regelmäßig weniger homogen als in „alten" Industriestaaten mit standardisierter, relativ homogener und massenhaft organisierter Arbeit. Die zunehmende Lohnspreizung wird den Bedarf an sozialstaatlichen Absicherungs- und Ausgleichselementen erhöhen.

Zudem macht die hohe Arbeitslosigkeit von geringer qualifizierten Erwerbspersonen eine Aufspreizung der qualifikatorischen Lohnstruktur im Bereich gering qualifizierter Arbeit notwendig.[85] Einer der Gründe für die hohe Arbeitslosigkeit in diesem Bereich ist die zunehmende Konkurrenz aus Entwicklungs- und Schwellenländern, in denen die Arbeitskosten wesentlich geringer sind. Weitere Gründe sind im technischen Fortschritt und der damit verbundenen Freisetzung gering qualifizierter Arbeit sowie einer unflexiblen Lohnstruktur in Deutschland zu sehen. Mit einer stärker gespreizten qualifikatorischen Lohnstruktur könnten die Voraussetzungen für das Entstehen neuer rentabler Arbeitsplätze geschaffen werden.[86]

Die sich abzeichnende Heterogenität der Arbeitswelt wird auch die Tarifpolitik nicht unverändert lassen und letztlich zu einer weiteren Flexibilisierung der erhaltenswerten Flächentarifverträge führen. Die Transaktionskostenvorteile des kollektiven Tarifvertrags werden immer neu gegen die Transaktionskostennachteile, die sich aus dem Spannungsfeld von heterogener Arbeitswelt und homogenen Verträgen ergeben, abgewogen werden müssen. Das Tarifvertragsrecht ist zu flexibilisieren und auf eine beschäf-

---

83 Vgl. Rürup (2005), S. 45, 46.
84 Vgl. Rürup (2005), S. 46, 47.
85 Vgl. Sachverständigenrat (2003/04), S. 582.
86 Vgl. Sachverständigenrat (2003/04), S. 582, 583.

tigungsfreundliche Lohnpolitik auszurichten. Neben einem äußerst sparsamen Gebrauch von Allgemeinverbindlichkeitsregelungen sollten tarifvertragliche Öffnungsklauseln etabliert werden.[87]

Notwendige Veränderungen der Tarifpolitik beziehen sich aber nicht nur auf das Tarifvertragsrecht, sondern auch auf das Verhalten der Tarifvertragsparteien. Diese sollten einem beschäftigungsfreundlichen Kurs folgen und bei der Tariflohnentwicklung den von Produktivitätszuwächsen und der Zunahme der Erzeugerpreise abhängigen Verteilungsspielraum nicht voll ausschöpfen. Die Lohnpolitik sollte betriebsspezifische und qualifikatorische Belange sowie Veränderungen der Arbeitsproduktivität berücksichtigen. Unternehmen fragen nur dann zusätzliche Arbeit nach, wenn die realen Arbeitskosten unterhalb des zusätzlich erzielten Produktionsergebnisses liegen.[88] Wenn die Entwicklung der realen Arbeitskosten hinter der Produktivitätsentwicklung zurückbleibt, entstehen per Saldo neue Arbeitsplätze.

*10.1.3.4 Herausforderungen für die Bildungspolitik*

Für die Verlagerung von Produktionsstätten ins Ausland ist neben den bereits diskutierten steuerrechtlichen Rahmenbedingungen sowie den durch die Sozialversicherungsbeiträge und die Arbeitsmarktpolitik maßgeblich beeinflussten Lohnkostenunterschieden die Qualifikation der Arbeitskräfte entscheidend.

Um in wissens- und technologieintensiven Branchen Arbeitsplätze schaffen zu können, ist es für Deutschland wichtig, sehr hohe Bildungsstandards durchzusetzen.[89] Als Folge des schnellen Wandels der auf dem Arbeitsmarkt verwertbaren Qualifikationsstrukturen muss das System der Weiterbildung gestärkt werden, um Beschäftigungsrisiken zu senken bzw. Erwerbschancen zu erhöhen. Sowohl der individuelle als auch der gesellschaftliche Wohlstand sind von der auf dem Arbeitsmarkt verwertbaren Qualifikation der Erwerbstätigen abhängig. Somit wird Bildungspolitik zur Wachstumspolitik der Zukunft. Je rasanter der Strukturwandel voranschreitet, desto dringender ist eine Ausweitung der Weiterbildungsaktivitäten geboten.

### 10.1.4 Fazit

Der als Globalisierung bezeichnete Prozess ist nichts Zufälliges, sondern das Ergebnis einer bewussten und auch richtigen – da den Wohlstand steigernden – Entscheidung aller Staaten.

Die mit der Globalisierung einhergehenden Entwicklungen sind zum Teil mit Risiken für die beteiligten Staaten, Gruppen und Individuen verbunden, sie eröffnen jedoch auch viele Chancen, die es zu nutzen gilt.

Die Globalisierung stellt die nationale Steuer-, Sozial- und Arbeitsmarktpolitik vor neue Herausforderungen, denen der Staat allerdings nicht hilflos ausgeliefert ist. Sich diesen Herausforderungen zu stellen ist die Aufgabe eines jeden Staates. Der vorliegende Text gibt – im fiskalischen und distributionspolitischen Interesse wie im Interesse von Beschäftigung und Wachstum – Anregungen, diese Aufgabe zu meistern.

---

*87 Vgl. Sachverständigenrat (2003/04), S. 43.*
*88 Vgl. Sachverständigenrat (2003/04), S. 563.*
*89 Vgl. Hüther (2005), S. 238.*

## 10.2 Unternehmensperspektive

Jürgen Kluge*, Tobias Meyer**

Automobile, Werkzeugmaschinen, Kraftwerke – Deutschlands Exportschlager helfen der Konjunktur über gravierende Schwächen im Inland hinweg. Ohne Exportüberschüsse wäre die deutsche Wirtschaft in den vergangenen Jahren noch weniger gewachsen als ohnehin schon. Im weltweiten Vergleich verliert Deutschland wirtschaftlich zusehends an Bedeutung: Der Anteil an der globalen Wertschöpfung ist in den vergangenen zweieinhalb Jahrzehnten gesunken – von 8,5 Prozent 1980 auf 6,5 Prozent im Jahr 2004. Im Verarbeitenden Gewerbe war der Rückgang des Anteils an der globalen Wertschöpfung in den zurückliegenden 25 Jahren noch dramatischer: Er fiel von 12,4 auf 8,1 Prozent. Gleichzeitig reduzierten die Unternehmen dieses Sektors kontinuierlich die Zahl ihrer Mitarbeiter.[1]

Bricht also die Industrie als eine Säule des Wohlstands in Deutschland weg? Nein. Die abnehmende wirtschaftliche Bedeutung Deutschlands im weltweiten Vergleich ist zu einem erheblichen Teil demografisch bedingt – der Anteil Deutschlands an der Weltbevölkerung sinkt stetig – und für das immense Beschäftigungsproblem Deutschlands ist die vermeintliche Schwäche des Verarbeitenden Gewerbes zumindest nicht primär verantwortlich zu machen.

### 10.2.1 Die deutsche Industrie ist besser als ihr Ruf

Deutschland gehört nach wie vor zu den produktivsten Fertigungsstandorten der Welt und viele deutsche Unternehmen haben ihre Position in bestehenden Märkten und Produktsegmenten in den vergangenen Jahren ausbauen können. Dass sich dies nicht in stärkerem Wirtschaftswachstum und einer höheren Anzahl von Arbeitsplätzen niedergeschlagen hat, ist im Wesentlichen auf drei Ursachen zurückzuführen: Die beschäftigungsintensive Dienstleistungsbranche entfaltet sich in Deutschland nicht in dem Maße wie in anderen hoch entwickelten Volkswirtschaften, deutsche Unternehmen sind in Wachstumsindustrien nur unterdurchschnittlich vertreten und die Industrie hat in den vergangenen Jahren weniger investiert. Insgesamt ist aber deutlich, dass Deutschland von der Globalisierung profitiert: Der Außenhandel hat das insgesamt schwache Wirtschaftswachstum gerade in den vergangenen Jahren maßgeblich getragen (Abbildung 10.2.1).

#### Die Pro-Kopf-Wertschöpfung ist hoch

Der Anteil der Deutschen an der Weltbevölkerung ist in den vergangenen 25 Jahren von 1,8 auf knapp 1,3 Prozent gesunken. Während die Bevölkerung Indiens mit fast 2 Prozent, die Chinas mit 1,2 Prozent und die der USA noch mit beträchtlichen 1,1 Prozent pro Jahr gewachsen ist, stagniert die Einwohnerzahl hierzulande bei rund 80 Millionen Menschen.

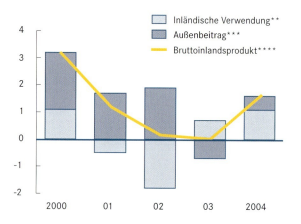

Abb. 10.2.1: Binnennachfrage und Außenhandel - Wachstumsbeiträge für Deutschland*
in Prozent (preisbereinigt)

\* Wachstumsbeiträge zur Entwicklung des Bruttoinlandsprodukts in Prozentpunkten
\*\* Konsumausgaben der privaten Haushalte, privater Organisationen ohne Erwerbszweck und des Staates sowie Bruttoinvestitionen
\*\*\* Exporte abzüglich Importe von Waren und Dienstleistungen
\*\*\*\* Veränderung gegenüber dem Vorjahr in Prozent
Quelle: Statistisches Bundesamt

---

\* Prof. Dr. Jürgen Kluge ist Director im Düsseldorfer Büro und seit 1999 Leiter des deutschen Büros von McKinsey & Company. Seit 2004 lehrt Jürgen Kluge als Honorarprofessor am PTW an der TU Darmstadt.

\*\* Tobias Meyer ist Senior Associate bei McKinsey & Company und arbeitet derzeit im Büro in Singapur.

*1 Siehe zu der Entwicklung der Beschäftigung im gesamten Produzierenden Gewerbe: Sachverständigenrat (2004), S. 373.*

Im Gegensatz zu anderen Ländern erhöht sich damit weder die Anzahl der Konsumenten noch die Anzahl der Erwerbspersonen. Die demografische Entwicklung relativiert den schrumpfenden Anteil Deutschlands an der weltweiten Wertschöpfung: Pro Kopf liegt die Wertschöpfung seit den siebziger Jahren nahezu konstant bei dem 4,7fachen des weltweiten Durchschnitts – trotz der Sonderbelastungen durch die Wiedervereinigung. Im Verarbeitenden Gewerbe ist die Pro-Kopf-Wertschöpfung sogar 6,4-mal so hoch wie der Weltdurchschnitt. Mit diesem Wert gehört Deutschland in puncto Wertschöpfung pro Kopf eindeutig in die Spitzengruppe der führenden Industrienationen.

Die Beschäftigungsmisere ist primär auf den stockenden Wandel zur Dienstleistungsgesellschaft zurückzuführen.

Allerdings wächst in Deutschland wie auch in den anderen hoch entwickelten Industrienationen die Wertschöpfung im Verarbeitenden Gewerbe kaum. Der weltweit zu beobachtende Strukturwandel von der Industrie- zur Dienstleistungs- und zur Informationsgesellschaft führt dazu, dass die hoch entwickelten Nationen bei moderatem Gesamtwachstum sinkende Anteile der Wertschöpfung im Verarbeitenden Gewerbe verzeichnen (Abbildung 10.2.2).

Die Stagnation der Nachfrage lässt sich vergleichsweise einfach erklären: Die Nachfrage nach physischen Gütern wie Kühlschränken, Fernsehgeräten, Textilien und nach den zur Herstellung dieser Konsumgüter benötigten Maschinen steigt in einer hoch entwickelten Volkswirtschaft nicht im gleichen Umfang wie die Gesamtwertschöpfung, denn gerade der Bedarf an einfachen Ge- und Verbrauchsgütern ist rasch gesättigt.

Der Export ist ein Ausweg, der aber nicht in allen Bereichen gangbar ist, weil Marktferne und die Kernkompetenz in der Entwicklung und Fertigung nur höherwertiger Produkte vielen Unternehmen den Eintritt in die noch wachsenden Märkte von Entwicklungs- und Schwellenländern verwehren.

Im Zuge des Strukturwandels baut das Verarbeitende Gewerbe tendenziell Arbeitsplätze ab, auch weil mit zunehmendem Wohlstand die Substitution von Arbeit

Abb. 10.2.2: Sektorale Wertschöpfungsverteilung
in Prozent des BIP

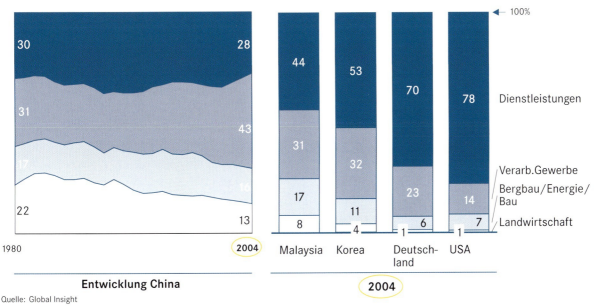

Quelle: Global Insight

durch Kapital immer wirtschaftlicher wird.² Der Roboter ist gerade bei flexibler Einsetzbarkeit in der Massenfertigung dann oftmals kostengünstiger als der Arbeiter. Dienstleistungsunternehmen stocken dagegen ihre Belegschaft auf, weil die Nachfrage nach Dienstleistungen mit steigendem Wohlstand überproportional zunimmt. Dieser Anstieg der Nachfrage lässt sich nur durch Neueinstellungen bewältigen, denn bei den meisten Dienstleistungen lässt sich menschliche Arbeit nur schwer durch Maschinen ersetzen.

Auch innerhalb des industriellen Sektors kommt es zu Umschichtungen: Branchen mit geringer Wertschöpfung, beispielsweise die Textilindustrie, verringern ihre Nachfrage nach Arbeitskräften. Unternehmen in Branchen mit hoher Wertschöpfung stellen dagegen zusätzliche Mitarbeiter ein. In Summe bleibt der Arbeitsbedarf in einer gesunden Volkswirtschaft konstant – oder nimmt sogar zu: In allen OECD-Ländern mit Ausnahme von Deutschland und Japan ist die Zahl der Erwerbstätigen in den vergangenen zehn Jahren weiter gestiegen. Der Anstieg der Beschäftigung im Dienstleistungsbereich kann den Rückgang im Verarbeitenden Gewerbe durchaus überkompensieren.

In den USA gehen beispielsweise annähernd 90 Prozent der Zunahme des Bruttoinlandsprodukts in den vergangenen zehn Jahren auf das Konto des **Dienstleistungssektors.** Im Gegensatz dazu basiert das rapide wirtschaftliche Wachstum der Entwicklungs- und Schwellenländer Asiens zu mehr als 50 Prozent auf dem Zuwachs im Verarbeitenden Gewerbe.

Und Deutschland? Im Gegensatz zu den USA ist uns der strukturelle Wandel zur Dienstleistungsgesellschaft bislang nicht geglückt. Der Anteil des Verarbeitenden Gewerbes am BIP ist in Deutschland mit 23 Prozent immer noch deutlich höher als in den USA (14 Prozent). Dies ist zugleich ein Zeichen der Stärke des Verarbeitenden Gewerbes und ein Zeichen der Schwäche des Dienstleistungssektors.

Insbesondere einfache, haushaltsnahe Dienstleistungen werden in Deutschland noch nicht in dem Maße über den Markt erbracht, wie dies möglich wäre. Daraus resultiert das dramatische Beschäftigungsproblem, das heute auf uns lastet. Einen erheblichen Anteil an diesem Problem haben die staatlichen Rahmenbedingungen: Durch hohe Steuern und Lohnnebenkosten sind wir uns gegenseitig zu teuer.

Vieles wird daher noch in Eigenleistung erbracht oder spielt sich in der Schattenwirtschaft ab. Schätzungen gehen von einem Volumen von rund 55 Milliarden Euro pro Jahr aus, die durch Schwarzarbeit bei haushaltsnahen Dienstleistungen erbracht werden. Das sind mehr als 2 Prozent des BIP. Das Beschäftigungsproblem Deutschlands lässt sich nicht auf die Globalisierung und die zunehmenden Auslandsaktivitäten von Unternehmen zurückführen, sondern ist im Wesentlichen hausgemacht.

Die deutsche Industrie zählte bislang zu den Gewinnern der Globalisierung

Die Globalisierung wirkt sich insgesamt positiv auf die deutsche Wirtschaft aus. Sogar im Handel mit Entwicklungs- und Schwellenländern erzielt Deutschland einen Exportüberschuss, was die Stärke der deutschen Unternehmen im internationalen Wettbewerb belegt.

Anders als die USA exportiert die deutsche Volkswirtschaft nach wie vor mehr Güter in Niedriglohnländer, als sie von dort importiert (Abbildung 10.2.3). Auch die Struktur der Importe unterscheidet sich: US-amerikanische Unternehmen importieren vor allem Konsumgüter, Deutschland führt in größerem Umfang auch industrielle Vorprodukte ein. Dies spart Kosten in der Fertigung und stärkt die internationale Wettbewerbsfähigkeit der eigenen Exporte. Aus diesem Grund stieg der Anteil der ausländischen Wertschöpfung an den Exporten von 26,7 Prozent im Jahr 1991 auf 38,8 Prozent im Jahr 2002.³ Trotzdem nahm im selben Zeitraum der exportinduzierte Anteil an der inländischen Wertschöpfung zu: Die stark gestiegenen Exporte haben den Effekt des geringeren Wertschöp-

---

*2 Vgl. Sinn (2005), S. 15 ff.*
*3 Siehe Sachverständigenrat (2004), S. 467.*

fungsanteils überkompensiert. Unter dem Strich hat Deutschland durch seine internationalen Handelsbeziehungen Wertschöpfung und Beschäftigung im Inland in den vergangenen zehn Jahren erhöhen können.

## 10.2.2 Stagnierende Binnennachfrage, unterdurchschnittliche Präsenz in Wachstumsbranchen und geringe Profitabilität

Die absehbare demografische Entwicklung wird den Kreis der Konsumenten in Deutschland nicht wachsen lassen. Durch die stagnierende Konsumentenbasis ist gerade der Bedarf an langlebigen Gebrauchsgütern weitgehend gesättigt; die Wiederbeschaffungsbedarfe sind zumindest mengenmäßig nahezu konstant.

Einzelne Unternehmen können zwar auch in einem solchen Markt durch ausgezeichnete Produkte Anteile gewinnen, der Kuchen der Binnennachfrage wird aber für das Verarbeitende Gewerbe kaum wachsen. Starke Wachstumsimpulse sind in den nächsten Jahrzehnten wohl nur aus dem Ausland zu erwarten, wobei zusätzliche Exporte auch zusätzliche Nachfrage durch heimische Unternehmen insbesondere nach Investitionsgütern auslösen sollten.[4]

Deutsche Unternehmen stehen vielfach im Verdrängungswettbewerb in etablierten Industrien und partizipieren wenig an profitablen Wachstumsbranchen. Im Zusammenspiel mit der schwachen Binnennachfrage und dem stockenden Wandel zur Dienstleistungsgesellschaft ziehen diese Entwicklungen eine all-

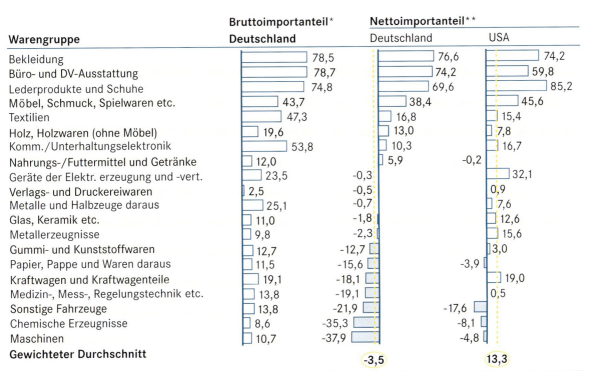

Abb. 10.2.3: Vergleich der Importe aus Niedriglohnländern (NLL)
in Prozent

\* Nettoimportanteil: Importe minus Exporte aus NLL dividiert durch die Summe aus inländischer Wertschöpfung plus Importe aus NLL weniger Exporte aus NLL
\*\* Bruttoimportanteil: Importe aus NLL dividiert durch die Summe aus inländischer Wertschöpfung und Importe aus NLL
Quelle: Global Insight, US Bureau of Statistics, Statistisches Bundesamt, McKinsey-Analyse

*4 Der traditionelle Effekt einer verstärkten exportinduzierten Nachfrage nach Investitionsgütern und eine verstärkte Investitionstätigkeit deutscher Unternehmen ist allerdings trotz des Exportbooms der vergangenen Jahre (Wachstum der Auslandsumsätze 1995 bis 2002 von fast 7 Prozent p.a.) ausgeblieben. Dies kann als Zeichen der Verunsicherung und einer schwierigen Wettbewerbssituation der deutschen Unternehmen interpretiert werden.*

gemeine wirtschaftliche Schwächung nach sich, die wiederum die Investitionstätigkeit lähmt und damit die zukünftige Wettbewerbsfähigkeit gefährdet.

Auf Zukunftsindustrien spezialisieren sich andere.

Momentan hat Deutschland an der weltweiten Wertschöpfung im Verarbeitenden Gewerbe in Höhe von etwa 6,5 Billionen US-Dollar einen Anteil von etwa 8,8 Prozent.[5] Die USA kommen auf gut 24 Prozent, China auf knapp 7 Prozent und Südkorea auf etwa 2,4 Prozent (Abbildung 10.2.4).

Der Anteil und Erfolg deutscher Unternehmen auf den internationalen Märkten unterscheidet sich stark nach Branchen. Vergleicht man die Entwicklung der einzelnen Industriesegmente in den vergangenen 25 Jahren, bilden sich zwei Gruppen heraus:

- Unternehmen in etablierten Industrien wie dem Automobil- und Maschinenbau haben ihre Position im internationalen Wettbewerb weitgehend gehalten oder sogar ausgebaut – obwohl sich die Rahmenbedingungen verschlechtert haben. Allerdings haben die Unternehmen in diesen Industrien im Durchschnitt nur magere Renditen von etwa 3 Prozent des Umsatzes erwirtschaftet.

- Die zweite Gruppe umfasst Unternehmen in Industrien, in denen Deutschlands Anteile an der Weltproduktion gesunken sind. Dabei handelt es sich zumeist um global stark wachsende Industrien wie

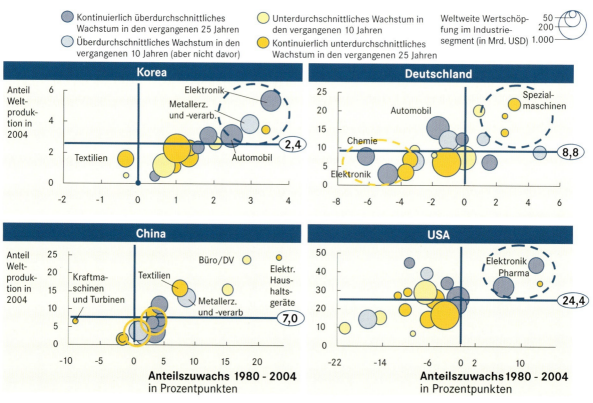

Abb. 10.2.4: Weltweite Entwicklung der Industriesegmente, 1980 - 2004
in Prozent

Quelle: Bloomberg

---

[5] *Bereiche wie die Gummi-, Rohöl- und Holzverarbeitung, in denen rohstoffarme Länder wie Deutschland naturgemäß einen Nachteil haben, sind bei dieser Berechnung ausgeklammert.*

Unterhaltungselektronik und Kommunikationstechnik oder Pharma. Die Gewinner in diesen Segmenten sind nicht China, Indien, Brasilien oder Mexiko, sondern primär andere Hochlohnländer wie die USA. Im Ergebnis spezialisieren sich deutsche Unternehmen zu wenig auf die wachstumsstarken Zukunftsbranchen.

Im Kampf um die Marktanteile war Deutschland in den vergangenen 25 Jahren in einigen traditionellen Industrien durchaus erfolgreich. Deutsche Unternehmen haben ihre starke Position weiter ausgebaut, etwa in der Fertigung von Spezialmaschinen, Kraftmaschinen und Turbinen sowie von Maschinen zur Metall- und Holzbearbeitung. Es ist ihnen gelungen, 2 bis 3 Prozentpunkte der weltweiten Wertschöpfung zusätzlich nach Deutschland zu holen. In diesen Industrien können sich deutsche Unternehmen trotz der hohen Arbeitskosten behaupten, auch indem sie stärker automatisieren und effizienter arbeiten, als dies bei der Fertigung in Niedriglohnländern bisher der Fall ist. Vor allem aber die hohe Innovationsleistung sicherte hier Wettbewerbsvorteile. Die große inländische Nachfrage nach effizienter Fertigungstechnik hat zu einem hohen Innovationsdruck geführt. Die deutsche Automobilindustrie ist beispielsweise ein bedeutender und anspruchsvoller inländischer Abnehmer von Maschinen zur spanenden Metallbearbeitung, zur Metallumformung, zum Verbindungsschweißen und zur automatischen Montage. Mit innovativen, für die Automobilhersteller entwickelten Betriebsmitteln waren die Unternehmen aber auch weltweit erfolgreich und konnten Wettbewerber verdrängen. Insgesamt sind diese etablierten Industriezweige aber deutlich unterdurchschnittlich gewachsen. Der Wettbewerb zwischen den etablierten Anbietern ist hart, die Rendite liegt unter dem Durchschnitt.

Die US-amerikanischen Unternehmen dagegen haben sich konsequenter aus weniger attraktiven Industrien mit geringem Wachstum und geringer Wertschöpfung pro Mitarbeiter zurückgezogen. Gleichzeitig haben sie ihre Position in den attraktiven Wachstumsindustrien der vergangenen Jahrzehnte deutlich ausgebaut, etwa in der Pharmaindustrie sowie der Kommunikations- und Unterhaltungselektronik.

Verkürzt man den Betrachtungszeitraum und konzentriert sich auf die Entwicklung in den zurückliegenden zehn Jahren, so tritt die Problematik für Deutschland noch deutlicher zu Tage: Das Land konnte seinen Anteil an der globalen Wertschöpfung in keiner der großen Wachstumsbranchen steigern. Im Pharmabereich verlor Deutschland; bei der IT-Ausrüstung gingen von den ohnehin schon niedrigen Weltmarktanteilen nochmals Prozentpunkte verloren. Lichtblicke gibt es aber in einigen Bereichen, die aus globaler Sicht eher Nischen darstellen, wie beispielsweise in der Lasertechnik zur Materialbearbeitung. Mit 40 Prozent Anteil an der Weltproduktion nimmt Deutschland hier eine führende Position in einem wachsenden Nischenmarkt ein. Da Deutschland bei der Nanotechnologieforschung Platz 2 hinter den USA belegt, könnte auch hier Wachstumspotenzial für die Zukunft liegen, auch wenn deutsche Unternehmen noch beweisen müssen, ob sie das Wissen auch kommerzialisieren können.[6]

Die Restrukturierung verläuft schleppend.

Wie in anderen hoch entwickelten Nationen sinkt in Deutschland die Wertschöpfung bei einfachen Produkten wie Lederwaren, Textilien und elektrischen Haushaltsgeräten. Den inländischen Bedarf decken überwiegend Importe aus Niedriglohnländern. Bei den betroffenen Industrien gehen in Deutschland weniger Arbeitsplätze verloren als in anderen Hochlohnländern – was bemerkenswert erscheint. Die US-amerikanische Volkswirtschaft etwa verzeichnete einen Beschäftigungsverlust von 0,13 Prozentpunkten p. a. per Prozentpunkt Erhöhung des Importanteils, die deutsche Volkswirtschaft lediglich 0,05 Prozentpunkte.

Dies wirkt auf den ersten Blick erfreulich, bleibt doch in Deutschland scheinbar mehr Beschäftigung erhalten. Im Vergleich zur abnehmenden Wertschöpfung bauen US-amerikanische Unternehmen überproportional Beschäftigung ab. Aber: Die verbleibenden Arbeitsplätze sind vergleichsweise hoch produktiv. Da es in den USA gleichzeitig gelingt, die freigesetzten

---

6 Vgl. BMBF (2004), S. 22 ff.

Arbeitskräfte in anderen Branchen zu beschäftigen, erhöht sich die durchschnittliche Produktivität der Arbeitnehmer sowohl in der Branche, in der Beschäftigung abgebaut wird, als auch im Hinblick auf die Gruppe der freigesetzten Arbeitnehmer. Die Arbeitnehmer bilden sich in größerem Umfang weiter und übernehmen dank ihrer neuen Qualifikation höheren Wert schöpfende Tätigkeiten. Der Wohlstand steigt.

In Deutschland gelingt dieser Wandel nicht. Die von der Importsubstitution betroffenen Industrien tun sich schwer mit der Anpassung an die neuen Gegebenheiten. Die verbleibenden Arbeitsplätze und Unternehmen werden – von Ausnahmen abgesehen – nicht produktiver. Wertschöpfung und Beschäftigung gehen mittelfristig etwa im selben Maße zurück.[7] Die freigesetzten Mitarbeiter finden keine neue Stelle – zumindest nicht so rasch. Ihr Wiedereinstieg in den Beruf, so er denn erfolgt, geht wesentlich seltener als in den USA mit einer höheren Wert schöpfenden Tätigkeit einher. Wohlstand geht verloren. Der trotz erster Reformansätze immer noch zu inflexible Arbeitsmarkt, mangelnde Wachstumsperspektiven und damit einhergehende deutlich sinkende Investitionsquoten sind als wesentliche Ursachen für die mangelnde Anpassungsfähigkeit zu nennen.

### Profitabilität, Investitionen und Wachstum lassen zu wünschen übrig.

Große deutsche Industrieunternehmen bringen es derzeit lediglich auf eine **Umsatzrendite** von durchschnittlich 2,8 Prozent.[8] Damit waren sie in den vergangenen fünf Jahren nicht einmal halb so profitabel wie ihre Konkurrenten in Spanien (7,2 Prozent) und Großbritannien (6,6 Prozent). Deutlich profitabler waren auch die großen Industrieunternehmen in den USA (5,1 Prozent) und China (4,4 Prozent). In puncto Profitabilität liegt Deutschland somit im unteren Drittel der führenden Industrienationen; nur die Industrieunternehmen Frankreichs und Japans waren unprofitabler.

Diese **Ertragsschwäche** führt zu niedrigen Investitionsquoten und Marktkapitalisierung – und gefährdet die globale Wettbewerbsfähigkeit der deutschen Wirtschaft. Die Investitionsquote in Deutschland ist seit Anfang der 90er Jahre von fast 7 auf geschätzte 4,2 Prozent in 2004 zurückgegangen.[9] Die geringe Marktkapitalisierung erschwert das externe Wachstum durch Akquisitionen und macht deutsche Industrieunternehmen zu potenziellen Übernahmekandidaten.

Ähnlich unbefriedigend wie die Profitabilität entwickelt sich das Wachstum, da auch hier der Rückenwind eines starken Heimatmarkts fehlt. Bereinigt um Konsolidierungseffekte durch Zusammenschlüsse und Übernahmen sind Deutschlands große Industrieunternehmen in den vergangenen fünf Jahren durchschnittlich nur um etwa 1 bis 2 Prozent pro Jahr gewachsen. Inflationsbereinigt bedeuten solche Wachstumsraten Stillstand. Zum Vergleich: Allein Chinas industrielle Produktion hat sich von 1999 bis 2004 fast verdoppelt.

### Der Wettbewerb wird sich verschärfen.

Deutschlands starke Stellung als Exportnation darf nicht darüber hinwegtäuschen, dass die Globalisierung und der Wettbewerb aus Niedriglohnstandorten den Preisdruck verschärfen werden. Dies zeichnet sich bereits heute ab: In Segmenten mit wenig Import aus Entwicklungs- und Schwellenländern, z. B. bei Lebensmitteln und Getränken, liegt die jährliche Steigerung der Erzeugerpreise etwa 1 bis 2 Prozentpunkte über dem Durchschnitt (ohne Rohstoffe und Bereiche, die durch Steuererhöhungen einen überdurchschnittlichen Preisanstieg aufwiesen, wie z. B. die Tabakindustrie).

Bei Produkten mit einem sehr hohen Anteil an Importen aus Niedriglohnländern, z. B. bei einfachen elektronischen Bauteilen, liegt die Preisentwicklung etwa 2 bis 3 Prozentpunkte unter der allgemeinen Teuerungsrate.

Die Ausrichtung der Niedriglohnländer auf vermeintlich attraktive Segmente kann die globale Entwicklung des entsprechenden Marktes erheblich beeinflussen.

*7 Vgl. auch Sachverständigenrat (2004), S. 479.*

*8 Datenbasis: Bloomberg.*

*9 Vgl. Statistisches Bundesamt (2005).*

Bei Geräten zur Datenverarbeitung und Büroausstattung beispielsweise ist das Marktvolumen nur unterdurchschnittlich gewachsen – trotz des Siegeszugs des PCs. Der enorme Preisverfall, hervorgerufen durch das Angebot aus Niedriglohnländern, hat den mengenmäßigen Absatzanstieg und die Verbesserung der Leistungsfähigkeit der Geräte nahezu nivelliert.

Die großen Niedriglohnländer, deren wirtschaftliche Entwicklung noch erheblich von staatlicher Regulierung und Steuerung abhängt, richten sich zunehmend auf etablierte Industrien aus. Entsprechend schwierig wird die Situation für Unternehmen aus Industrieländern werden, die technologisch weniger anspruchsvolle Fahrzeuge und Maschinen herstellen. Allein der vollständige Eintritt chinesischer Unternehmen in den Weltmarkt wird deutliche Spuren hinterlassen.

## 10.2.3 Den Aufbruch meistern.

Deutsche Unternehmen sollten in attraktiven Branchen globale Präsenz zeigen. Die höchste Attraktivität haben Branchen, die global betrachtet überdurchschnittlich wachsen und in denen der Standort und die heimischen Unternehmen besondere Stärken haben und diese nutzen können. Wachstum und Profitabilität bedingen sich dabei zumindest in Teilen gegenseitig, da in Wachstumsmärkten im Allgemeinen höhere Margen erwirtschaftet werden.

Ziel für die Unternehmen muss es sein, die verschiedenen Produktbereiche und Teile der Wertschöpfungskette rund um den Globus so zu platzieren, dass die jeweiligen Standortvorteile optimal genutzt werden. Neben dem richtigen Konzept sind dazu unternehmerischer Gestaltungswille und Umsetzungskraft unabdingbar. Ziel für den Standort Deutschland muss es sein, alte Vorteile zurückzugewinnen und noch bestehende Vorteile für die Zukunft zu sichern und auszubauen. Dazu sind deutlich stärkere Anstrengungen als bisher erforderlich: Deutschland ist in vielen Bereichen durch Jahrzehnte der Problemverschleppung zum Sanierungsfall geworden. Es bedarf grundlegender Reformen, um im internationalen Vergleich bei Bildung und Qualifizierung, Steuern und Abgaben, Arbeitszeit- und Arbeitsmarktflexibilität – um nur einige Bereiche zu nennen – besser zu werden. Auch müssen die Leistungsbereitschaft und -fähigkeit wieder gestärkt werden.

### Globale Präsenz in attraktiven Branchen zeigen.

In den einzelnen Branchen werden die Möglichkeiten zur Auslandsproduktion sehr unterschiedlich genutzt und die vielfältigen Chancen oftmals nicht hinreichend wahrgenommen. Der Grund dafür sind Wettbewerbsstrategien, die die spezifischen Standortvorteile nicht hinreichend berücksichtigen.

In vielen Bereichen verharren Unternehmen bei einem einfachen Exportmodell, können damit aber Wachstumspotenziale in neuen, attraktiven Märkten nicht voll ausschöpfen und werden wegen ihrer schlechten Kostenposition selbst in etablierten Märkten angreifbar. Unternehmen, die mit ihren bestehenden Strukturen und Produkten nicht mehr profitabel wachsen können, sollten sowohl ihr Produktprogramm als auch ihre Produktionsstandorte überdenken. Attraktive Märkte außerhalb des Premiumsegments sind in vielen Branchen von deutschen Unternehmen noch unerschlossen, weil die Fertigung am Hochlohnstandort Deutschland und die Zulieferung für Produkte, die auf ausländischen Massenmärkten konkurrieren müssen, schlichtweg zu teuer sind.

Gerade in den asiatischen Märkten lässt sich das Volumensegment oftmals nur durch einen hohen Anteil kostengünstiger Fertigung vor Ort erschließen. Der Erfolg in den Volumenmärkten Asiens ist eine strategische Notwendigkeit und muss durch gut geplante und durchdachte Schritte sichergestellt werden. Die Präsenz in den lokalen Märkten mit den richtigen Produkten und Technologien beugt auch dem Vordringen asiatischer Wettbewerber in den Heimatmarkt vor und hemmt deren Wachstum. Nicht zuletzt trifft das eigene Unternehmen im Heimatmarkt nicht unvorbereitet auf einen Wettbewerber mit einer deutlich günstigeren Kostenstruktur in der Fertigung.

Damit ist die Standortstruktur eines der Themen, die produzierende Unternehmen in den Mittelpunkt ihrer strategischen Planung rücken sollten. Die Gestaltung der Standortstruktur ist einer der wenigen Stellhebel, die einen strategischen, also längerfristigen und substanziellen Wettbewerbsvorteil bewirken können. Unternehmen müssen sich an teuren Standorten auf innovative und höherwertige Produkte bzw. auf höher wertschöpfende Fertigungsschritte in der Lieferkette konzentrieren. Für andere Produkte und Fertigungsschritte mit geringer Wertschöpfung müssen sie die Kostenvorteile der Produktion im Ausland nutzen. Es gilt, den optimalen Standort- und Produktmix zu finden.

Die Tatsache, dass im Bereich der industriellen Konsumgüterprodukte deutsche Unternehmen zumeist nur noch eine untergeordnete Rolle spielen und die inländische Nachfrage in einigen Segmenten zu 95 Prozent durch Importe gedeckt wird, sollte aufschrecken. Es gibt aber noch Bereiche, in denen zwar eine vollständige Produktion in Deutschland nicht wettbewerbsfähig ist, deutsche Unternehmen aber durchaus Arbeitsplätze erhalten können, wenn sie und nicht die ausländische Konkurrenz den Heimatmarkt versorgen. Deutsche Unternehmen sollten daher die Expansion ins Ausland sowie den Aufbau von Fertigung in neuen Märkten und Niedriglohnstandorten weiter und auch schneller als bisher vorantreiben, um – wo sinnvoll – auch selbst zu einem erfolgreichen Importeur zu werden.

Dies gelingt vor allem in solchen Branchen, in denen die Fertigung in Deutschland auf Grund der hohen Arbeitsintensität und schlechten Automatisierbarkeit nicht mehr wirtschaftlich ist. Unternehmen wie Adidas und Puma machen vor, dass auch deutsche Unternehmen in Branchen mit arbeitsintensiver Fertigung erfolgreich und hoch profitabel sein können, wenn sie ihre Produktion konsequent ins Ausland verlagern. Mit der Übernahme des Konkurrenten Reebok hat Adidas eindrucksvoll seine Stärke am Weltmarkt unter Beweis gestellt.

Die Anpassung der Standortstruktur muss auch zum Wohl des Heimatstandorts rechtzeitig und konsequent erfolgen. Produktionsverlagerungen unter hohem Druck sind risikoreich und schmerzhaft. Zusätzliche Investitionen und Einmalaufwendungen können in den ersten Jahren Einsparungen überkompensieren und damit keinen positiven, sondern einen negativen Erfolgsbeitrag leisten. Produktionsverlagerungen eignen sich deshalb kaum als Maßnahme zum kurzfristigen Turnaround. Ähnliches gilt bei der marktgetriebenen Globalisierung der Produktionsaktivität: Wer zu spät kommt, den bestraft der Markt – gerade nach Boomphasen mit preissensitiven Käufern.

Das mangelnde Wachstum des Gesamtvolumens erzwingt oftmals Arbeitsplatzverluste am Heimatstandort, da die neue Produktion nicht im Rahmen der Expansion aufgebaut wird, sondern die bestehende Fertigung ersetzt. Gestalten Unternehmen hingegen wohl überlegt und ohne Zeitdruck ihr Produktionsnetzwerk und wagen den Schritt ins Ausland, können sie durchaus sogar auch zusätzliche Beschäftigung am Heimatstandort aufbauen.

Das starke Mengenwachstum kann die geringeren Anteile der deutschen Werke an der gesamten Wertschöpfung ausgleichen und führt gleichzeitig zu einem höheren Bedarf an qualifizierten Mitarbeitern in der Forschung und Entwicklung, dem Marketing und anderen indirekten Funktionen. Die insgesamt geringeren Fertigungskosten stärken auch die Wettbewerbsposition im Inland.

Die Fähigkeit, alle relevanten Märkte zu minimalen Kosten und mit kurzen Lieferzeiten zu bedienen, ist aber auch erfolgskritisch für die Expansion im Ausland. Erfolgreiche Unternehmen nutzen ihr spezifisches Know-how und entstehende Skaleneffekte optimal. Hero Honda und Flextronics, aber auch Bosch oder Hyundai praktizieren dies täglich.

Die erfolgreiche Entwicklung der Automobilindustrie zeigt, wie es gehen kann: plus 15 Prozent Beschäftigung im vergangenen Jahrzehnt – und das angesichts eines gestiegenen Importanteils von Vorprodukten aus dem kostengünstigeren Ausland. Der Grund: Innovationsvielfalt und Modelloffensive führten zu Absatzwachstum und damit zu höherer Wertschöpfung in Deutschland. Der weltweite Wettbewerb macht es dabei erforderlich, alle Hebel zu nutzen: Nach der ersten Offensive muss die nächste folgen, bevor der Wettbewerber aufschließt, sonst droht der Verlust von Marktanteilen und Beschäftigung.

## Die Chancen des Hochlohnstandorts nutzen.

Wenn Unternehmen ihre Produktion ins Ausland verlagern, reagieren sie damit auf eine wichtige Erkenntnis: Einfache, arbeitsintensive Fertigungsprozesse sind in Deutschland nicht mehr wettbewerbsfähig. Von der Textilindustrie bis zur Fertigung von Konsumgüterelektronik – die Verlagerung einfacher Tätigkeiten ins Ausland ist in vielen Fällen bereits weitgehend vollzogen.

Allerdings hätte manches, wie etwa die Kamerafertigung, durch höhere Innovations- und Veränderungsraten intelligenter und länger verteidigt werden können. Nun aber ist ein Zurück nicht mehr zu erwarten, selbst wenn sich die Attraktivität des Standorts Deutschland substanziell verbessern würde.

Der statische Vergleich von Fertigungskosten hat nur eine begrenzte Aussagekraft und eignet sich deshalb nicht als alleiniges Entscheidungskriterium für eine Standortverlagerung. Zwar scheint die Fertigung an Niedriglohnstandorten fast immer kostengünstiger, wenn man davon ausgeht, dass sich Märkte nicht verändern, Fertigungsprozesse nicht verbessern lassen und keine neuen Produkte entwickelt werden. Die Realität sieht jedoch in vielen Branchen anders, d. h. dynamischer, aus. Dadurch eröffnen sich auch Chancen für die Produktion in Deutschland, wenn die Rahmenbedingungen stimmen. Außerdem können die Hochlohnländer zumindest in einigen Branchen den statischen Kostennachteil durch den Wettbewerbsvorteil kompensieren, dass die bedeutenden Märkte quasi vor der Haustür liegen (Abbildung 10.2.5).

Sogar innerhalb von Branchen lässt sich eine große Spreizung zwischen den dynamischen Vorteilen und dem statischen Kostennachteil von Hochlohnländern beobachten. Die Automobilindustrie ist hier ein gutes Beispiel, weil sie in den vergangenen Jahren immer näher an den Punkt gerückt ist, an dem sie über den Verbleib am Hochlohnstandort oder die Abwanderung entscheiden muss. Zum einen offenbaren sich beim Abwägen der Vor- und Nachteile von Hochlohnländern Unterschiede entlang der Wertschöpfungskette, bei Gewerken und Komponenten: Die Systemintegration ist komplexer als die Fertigung einfacher Bauteile mit bestehenden Technologien. Zum anderen

Abb. 10.2.5: Vor- und Nachteile der Produktion in Hochlohnländern

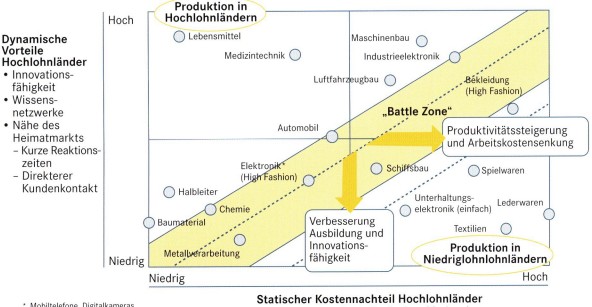

* Mobiltelefone, Digitalkameras
Quelle: McKinsey

etablieren sich Technologien im Laufe der Zeit: Galt die Fertigung eines Produkts vor 15 Jahren als anspruchsvoll, wird sie heute weitgehend beherrscht. Die technischen Probleme sind ausgeräumt, das Wissen über einen stabilen Produktionsprozess ist verbreitet. Die Vorteile von Hochlohnstandorten nehmen daher mit Fortschreiten des Produktlebenszyklus ab (Abbildung 10.2.6).

Die Aufteilung zwischen anspruchsvoller Fertigung an Hochlohnstandorten und der Produktion einfacherer Massenprodukte in Niedriglohnländern gerät dann aus der Balance, wenn schon in einer frühen Phase des Produktlebenszyklus die Nachteile einer Fertigung an Hochlohnstandorten die Vorteile überwiegen. So wurde zwar die Technologie der LC-Displays in Deutschland entwickelt, aber kein deutsches Unternehmen hat diese Geräte jemals in Serie gefertigt.

Deutschland hat in diesem Bereich die kritische Masse verloren: Das Umfeld für die Elektronikfertigung ist in Asien nicht nur auf Grund des Arbeitskostenvorteils besser, sondern auch in fast jeder anderen Hinsicht. Die Zulieferer von Bauteilen sind dort ebenso ansässig wie die großen OEMs, die Auftragsfertiger und Betriebsmittellieferanten.

**Fazit:** Chancen für die Produktion an einem Hochlohnstandort bieten sich durchaus. Unternehmen müssen jedoch wissen, wie man mit ihnen umgeht und dort die Produkte und Fertigungsschritte ansiedeln, die die Stärken des Standorts voll ausschöpfen können.

Deutschland zum attraktiven Standort machen.

Deutschland hat auch zukünftig Chancen als Produktionsstandort, wenn die Rahmenbedingungen stimmen. Es gilt, **zwei übergeordnete Stellhebel** zu betätigen: Abbau von Kostennachteilen gegenüber Niedriglohnstandorten und Ausbau der eigenen Stärken (Abbildung 10.2.7).

Deutschlands Wettbewerbsfähigkeit auf der Kostenseite lässt sich nur durch massive Produktivitätssteigerungen und eine Senkung der Arbeitskosten entscheidend verbessern. Anders lassen sich der Abwanderungsdruck

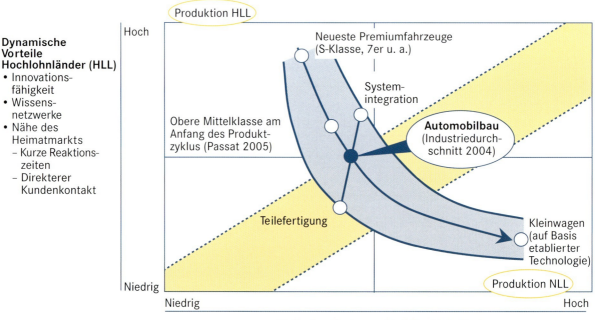

Abb. 10.2.6: Produktlebenszyklus und Standortwahl – Beispiel Automobilbau

Quelle: McKinsey

nicht mindern und neue Beschäftigung in Bereichen mit höherer Wertschöpfung schaffen. Im Vordergrund steht dabei die Produktivitätssteigerung[10]: Der globale Wettbewerb erfasst zunehmend **komplexe Produkte,** die angesichts hoher Qualitätsanforderungen und dem Trend zur Miniaturisierung automatisiert gefertigt werden müssen. Produktivitätsvorteile spielen auf Grund der höheren Kapitalintensität dieser Fertigungsverfahren eine zunehmend größere Rolle als niedrige Arbeitskosten. Außerdem muss Deutschland wieder seine Stärken pflegen. Insbesondere gilt es, die Ausbildung zu verbessern und die Innovationsfähigkeit zu erhöhen.

### Arbeits- und Kapitalproduktivität gleichermaßen erhöhen.

Die Produktivität lässt sich durch eine Vielzahl von Maßnahmen erhöhen, von denen hier nur eine Auswahl vorgestellt werden kann.

Programme zur **Effizienzsteigerung** zielen auf eine Optimierung der Abläufe. Sie können erhebliche Verbesserungen bewirken und insbesondere die Wettbewerbsposition bestehender Werke deutlich verbessern. Einsparungen von 30 Prozent sind keine Seltenheit, wenn verfügbare Arbeitszeit und Maschinen optimal genutzt werden. Die konsequente Optimierung von Abläufen nach den Prinzipien des *Lean Manufacturing* hat sich insbesondere in der Automobilindustrie, dem Luftfahrzeugbau und dem Maschinenbau, aber auch in anderen Industrien bewährt.

Die Effizienzsteigerung wirkt auf alle Inputfaktoren: Der effektive Arbeitsinhalt pro gefertigtes Produkt erhöht sich durch Elimination von unproduktiven Tätigkeiten, der Kapitalbedarf sinkt durch höhere Maschinenauslastungen, die Materialkosten sinken durch geringe Ausschussraten, die Flächennutzung wird verbessert und in den Beständen wird weniger Kapital gebunden. Die Wirkung des Stellhebels Effizienzstei-

Abb. 10.2.7: Hebel zur Erhöhung der Standortattraktivität – Produktivitätssteigerung und Faktorkosten

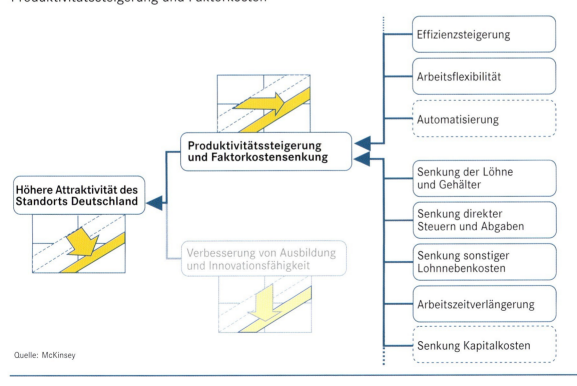

Quelle: McKinsey

*10 Zur zentralen Bedeutung der Produktivität vgl. Lewis (2004).*

gerung ist erheblich. Allerdings setzen Unternehmen diese Prinzipien heute auch schon sehr erfolgreich an Niedriglohnstandorten ein. Eine hohe Effizienz in der Fertigung läßt sich insbesondere dann erreichen, wenn ein Standort unter Berücksichtigung der bestehenden Erfahrungen neu aufgebaut wird. Das Unternehmen kann ihn dann optimal konzipieren und den neuen Mitarbeitern die Prinzipien des *Lean Manufacturing* gleich zu Beginn ihrer Beschäftigung vermitteln. Für Hochlohnstandorte sind Effizienzsteigerungen also dann ein Vorteil, wenn die Betriebe in der Lage sind, dauerhaft **höhere Verbesserungsraten** zu erzielen als Niedriglohnstandorte.

Die **Flexibilisierung der Arbeitszeit** hilft, Maschinen und Anlagen besser auszulasten und erhöht damit die Kapitalproduktivität. Diese Flexibilität wird immer wichtiger, da die Konsumenten zunehmend Nischenprodukte nachfragen und sich die Produktlebenszyklen verkürzen. Der Produktlebenszyklus von Mobiltelefonen liegt mittlerweile bei nur noch neun bis zwölf Monaten. 75 Prozent der Geräte werden in den ersten neun Monaten nach Markteinführung verkauft. Auf solche Nachfragespitzen können produzierende Betriebe nur dann ohne Beschaffung zusätzlicher Maschinen und Werkzeuge reagieren, wenn die Wochenarbeitszeit flexibel gehandhabt wird und auch Nacht- und Wochenendarbeit möglich sind.

Die weitergehende **Automatisierung der Fertigungsprozesse** stellt für Hochlohnstandorte einen Stellhebel mit geringerer Wirksamkeit dar. Die Kapitalintensität der Fertigung ist in vielen Bereichen schon so hoch, dass die Kosten einer weiteren Automatisierung den Grenznutzen in Form von niedrigeren Arbeitskosten übersteigen. Nirgendwo ist beispielsweise die Dichte vollautomatisierter Hochregallager und Materialflusssysteme so hoch wie in Deutschland.

Nur die intelligente Automatisierung, die bei vergleichbarem Kapitaleinsatz einen höheren Output oder bessere Fertigungsqualitäten bewirkt, kann die Attraktivität von Hochlohnstandorten erhöhen. Auch hier gilt allerdings: Der Vorteil besteht in der dynamischen Weiterentwicklung. Reife Fertigungsverfahren lassen sich auch an andere Standorte transferieren und stellen deshalb langfristig keinen Wettbewerbsvorteil dar.

Lohnnebenkosten verringern und Arbeitszeit wieder verlängern.

Die Senkung der **Löhne und Gehälter** ist angesichts der Vereinbarungen zwischen den Tarifparteien kurzfristig nur in Ausnahmefällen ein Hebel, etwa bei drohender Insolvenz. Gesamtwirtschaftlich wäre eine Absenkung der Nettolöhne ohnehin problematisch, weil dadurch Kaufkraft verloren ginge. Dies würde die Binnennachfrage weiter schwächen. Langfristig kann eine allenfalls maßvolle Steigerung der Löhne (unter der Produktivitätssteigerungsrate) aber helfen, den Abstand zwischen den Arbeitskosten in Deutschland und in anderen Ländern nicht noch größer werden zu lassen. Dabei kann es nicht darum gehen, mit Niedriglohnländern wie China zu konkurrieren. Schon ein besserer Platz im Feld der hoch entwickelten Länder wie den USA, Großbritannien und Frankreich wäre ein Erfolg.[11]

Vielversprechender ist die Senkung der direkten **Steuern und der Abgaben,** insbesondere der Sozialversicherungsbeiträge. Dies kann die Wettbewerbsfähigkeit Deutschlands erhöhen. Eine Reform der Finanzierung der sozialen Sicherungssysteme ist einer der wirkungsvollsten Hebel – allein schon wegen des schieren Volumens der dadurch betroffenen Lohnnebenkosten. Verringert man die Beitragssätze zur Finanzierung der Arbeitslosen- und Rentenversicherung, sinken die Arbeitskosten bzw. steigen die Nettolöhne. Dies betrifft naturgemäß nur die Beschäftigten im Inland. Eine Erhöhung indirekter Steuern, wie z. B. der Mehrwertsteuer, gilt hingegen auch für Waren, die im Ausland produziert und von dort eingeführt werden. Die Umschichtung von Beiträgen auf die Finanzierung durch Verbrauchssteuern wirkt sich auf Verbraucher und Unternehmen unterschiedlich aus. Für den einzelnen Arbeitnehmer handelt es sich weitgehend um ein Nullsummenspiel.

---

*11 Vgl. dazu auch Clement (2004).*

Höhere Nettolöhne und sinkende Nettopreise (auf Grund der geringeren Herstellkosten) gleichen die Belastung durch die höhere Mehrwertsteuer tendenziell aus. Für die Unternehmen und Privatpersonen in Deutschland wird Arbeitsleistung billiger. Infolgedessen verliert die Substitution von Arbeit durch Maschinen an Attraktivität, ebenso die Verlagerung von Produktion ins Ausland.

Eine Senkung der Lohnstückkosten kann auch durch eine **Arbeitszeitverlängerung** ohne (vollständigen) Lohnausgleich erreicht werden. Zugleich steigen dadurch auch die Auslastung der Kapazitäten und damit die Kapitalproduktivität. Ein Anfang wurde in Deutschland bereits gemacht: Siemens z. B. verlängerte in seinen inzwischen an BenQ verkauften Werken zur Fertigung von Mobiltelefonen die Arbeitszeit von 35 auf 40 Stunden. Bei der Deutschen Bahn wird seit Juli 2005 bei gleichzeitiger Flexibilisierung der Arbeitszeit eine Stunde pro Woche mehr gearbeitet und die Mitarbeiter verzichten auf einen Urlaubstag pro Jahr. Im Gegenzug werden die Mitarbeiter am Unternehmenserfolg beteiligt.

Jenseits dieser Einzelbeispiele zeichnet sich aber seit dem vergangenen Jahr auch eine gesamtwirtschaftliche Trendwende ab – die sich im internationalen Vergleich allerdings relativiert. Zum ersten Mal seit Jahren stieg die Jahresarbeitszeit je Beschäftigten um sechs Stunden pro Jahr. Von 1960 bis 2003 war die Jahresarbeitszeit um ein Drittel von rund 2.200 auf weniger als 1.440 Stunden gefallen. In 2004 lag sie wieder bei 1.443 Stunden. Verglichen mit etwa 1.600 Stunden in Großbritannien, gut 1.800 Stunden in den USA oder fast 2.300 Stunden in Hongkong, ist die Jahresarbeitszeit in Deutschland jedoch nach wie vor sehr niedrig (Abbildung 10.2.8).

Gleichzeitig braucht Deutschland auch eine Arbeitsmarktflexibilisierung. Internationale Vergleiche zeigen,

**Britische Arbeitnehmer arbeiten heute 12%, amerikanische 26% und chinesische 58% mehr als ihre deutschen Kollegen**

Abb. 10.2.8: Arbeitszeit im Vergleich
in effektiven Arbeitsstunden pro Mitarbeiter p. a.

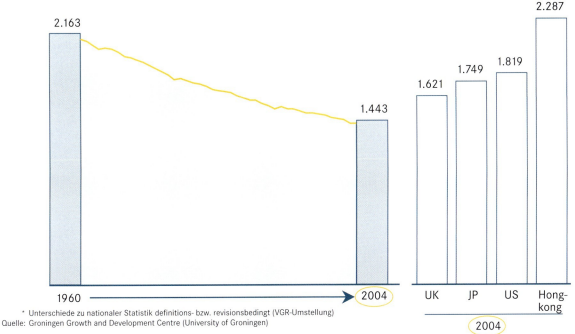

* Unterschiede zu nationaler Statistik definitions- bzw. revisionsbedingt (VGR-Umstellung)
Quelle: Groningen Growth and Development Centre (University of Groningen)

dass Länder mit besonders restriktiven Vorschriften zu Kündigungsschutz und befristeten Arbeitsverhältnissen ein signifikant geringeres Beschäftigungsniveau aufweisen als Volkswirtschaften mit flexiblen Arbeitsmärkten. Dabei müssen nicht einmal angelsächsische *Hire-and-Fire-Methoden* angewandt werden. Länder wie Dänemark oder Finnland können mit flexibleren aber stärker sozial gestalteten Arbeitsmarktregeln deutliche Erfolge aufweisen.

Die Senkung der **effektiven Kapitalkostensätze** ist ein Hebel, der in Ländern wie Deutschland weitgehend ausgereizt ist, aber nicht unerwähnt bleiben soll. Unternehmen sehen die hohe politische und soziale Stabilität als Standortvorteil westlicher Industriestaaten an. Entsprechend gering im Vergleich zu Entwicklungs- und Schwellenländern fallen die Risikoprämien auf Investitionen aus und bei Wirtschaftlichkeitsrechnungen werden niedrigere interne Kapitalkostensätze veranschlagt. Allerdings monieren nach wie vor gerade kleinere Betriebe in Deutschland die schlechte **Zugänglichkeit zu Eigen- und Fremdkapital.** Die zögerliche Etablierung von internationalen *Private-Equity*-Firmen in Deutschland stellt daher eine Chance dar, die genutzt werden sollte. Private-Equity-Firmen sind Gesellschaften, die das Kapital privater Investoren in Form von Unternehmensanteilen – also als Eigenkapital – professionell anlegen. Die politische Diskussion um die Regulierung dieses Marktes droht aber das Engagement dieser Firmen zu beeinträchtigen. Vor allem mittelständische Unternehmen brauchen jedoch zusätzliches Eigenkapital, um die Expansion ins Ausland finanzieren zu können. Gerade der Schritt ins Ausland lässt sich nur begrenzt durch Fremdkapital wie Bankdarlehen finanzieren, da beispielsweise Sicherungsübereignungen nicht oder nur mit wesentlich höherem administrativem Aufwand realisiert werden können als bei Investitionen im Inland.

## Mit Innovationsfähigkeit und exzellenter Ausbildung Standortvorteile schaffen.

Bei hochwertigen Elektronikprodukten wie Digitalkameras und Mobiltelefonen ist der Arbeitskostenanteil in der Fertigung oft nicht mehr als ein Hygienefaktor – die Optimierung des Arbeitskostenanteils ist bei Weitem nicht der größte Einfluss auf den Unternehmenserfolg. Lässt ein Unternehmen diesen Aspekt aber ganz außer Acht, wird es durch preisgünstigere Produkte langfristig dennoch anfällig für die Konkurrenz. Über den Erfolg entscheiden in diesen Hightech-Industrien die Innovationsfähigkeit und die schnelle Markteinführung neuer Produkte. Damit ein Produkt zügig auf den Markt gelangt, ist ein rascher, qualitätsgesicherter Produktionsanlauf ebenso notwendig wie ein schneller Übergang von der Produktidee zur Serienreife. Gerade diese Art von Produktion – von der Herstellung von Premiumautomobilen bis hin zur Feinchemie – macht in Deutschland einen erheblichen Anteil der industriellen Wertschöpfung aus. Kurzfristige Veränderungen und gar spektakuläre Entlassungen auf Grund von Produktionsverlagerungen sind dort noch nicht zu erwarten. Eine Verlagerung würde derart hohe Kosten verursachen, dass allenfalls eine sukzessive Abwanderung wirtschaftlich sein könnte.

Deutsche Unternehmen glänzen in einigen Bereichen mit **Hightech-Produkten,** die sie in Deutschland entwickeln und fertigen. Schlüsseltechnologien sind unter anderem die Kommunikations- und Informationstechnik sowie die Robotik und Nanotechnologie. Bei den Patentanmeldungen auf dem Gebiet der Nanotechnologie belegt Deutschland weltweit den zweiten Platz. Generell ist die technologische Leistungsfähigkeit der deutschen Wirtschaft nach wie vor hoch. Deutschland gehört zu den EU-Ländern mit dem höchsten Anteil von Ausgaben für Forschung und Entwicklung am Inlandsprodukt, allerdings werden die Ressourcen zu wenig konzentriert. Geschieht dies, stellen sich Erfolge ein: So hat z. B. das Engagement bei den optischen Technologien in den vergangenen dreißig Jahren dazu geführt, dass heute 40 Prozent aller weltweit produzierten Laser „made in Germany" sind. Mit 40 Prozent der Industriebeschäftigung in forschungsintensiven Branchen nimmt Deutschland innerhalb der OECD einen Spitzenplatz ein, und im Export von technologieintensiven Produkten steht Deutschland weltweit auf der „Pole Position".[12]

---

12 Vgl. *Commission of the European Communities (2004).*

## 10.2 Unternehmensperspektive

Abb. 10.2.9: Hebel zur Erhöhung der Standortattraktivität – Ausbildung und Innovationsfähigkeit

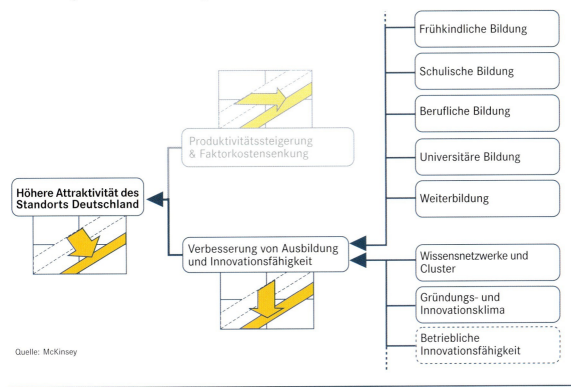

Quelle: McKinsey

Diese Position gilt es zu sichern und weiter auszubauen. In einigen stark wachsenden Bereichen hat Deutschland Nachholbedarf, in anderen ist der Anschluss bereits verloren. Effektive Kooperationen zwischen Wirtschaft, Wissenschaft und Bildung sind entscheidende Faktoren für einen attraktiven Standort mit Zukunftsperspektiven. Erst das Zusammenwirken von Bildung, Forschung und Entwicklung sowie Investitionen schafft die Basis für Innovationen, effiziente Netzwerklösungen und Synergieeffekte, die insgesamt nachhaltiges Wachstum fördern.

Wer zukünftig gewinnen will, muss in die Zukunft investieren. Die technologische Leistungsfähigkeit Deutschlands hängt davon ab, ob die hier ansässigen Unternehmen im internationalen Technologiewettbewerb langfristig erfolgreich sind.[13] Vor allem die Unternehmen sind Motor der Innovationen. Sie haben trotz schwieriger Rahmenbedingungen ihre Aufwendungen für Forschung und Entwicklung kontinuierlich erhöht; sie stärken und fördern dadurch dynamische Entwicklungen.

Nun müssen die Rahmenbedingungen geschaffen werden, die einen weiteren Ausbau von Hightech-Exporten ermöglichen und auf diese Weise eine Säule des Wohlstands in Deutschland stärken. Zu den notwendigen Maßnahmen gehört die Förderung der Spitzenforschung ebenso wie die Verbesserung des Wissensaustauschs in und durch Hightech-Cluster.

Gute Ideen allein reichen jedoch nicht aus. Ideen müssen kommerzialisiert werden, damit Arbeitsplätze entstehen. Die Erfindung des MP3-Verfahrens zur Komprimierung digital gespeicherter Musikstücke ist eine ebenso wegweisende Innovation deutscher Unternehmen und Forscher wie die Fortschritte bei den LC-Displays. Doch Arbeitsplätze in Deutschland haben diese Innovationen kaum geschaffen – der kommerzielle Nutzen geht weitgehend an andere Länder verloren.

---

[13] Zur grundsätzlichen Bedeutung von Innovationen für die Wettbewerbsfähigkeit von Volkswirtschaften vgl. Rammer (2005).

Es kommt also zusätzlich darauf an, dass Deutschland auch ein aufnahmefähiger Markt für neue Technologien wird. Dazu gehört nicht zuletzt, die Technikbegeisterung in der Bevölkerung wieder stärker zu wecken, aber auch, die europa- und weltweite Kooperation zu stärken, um Technologien zum Durchbruch zu verhelfen, die den einheitlichen technischen Standard setzen – beispielsweise beim Mobilfunk.

Ein weiteres Manko tritt zu Tage, wenn man sich die Situation des Humankapitals in Deutschland ansieht. Wenn Deutschland weiter innovativ bleiben bzw. seine Innovativität noch steigern will, dann sind exzellent ausgebildete Arbeitskräfte erforderlich. Gerade die Qualität der Ausbildung hat in den vergangenen Jahrzehnten jedoch massiv gelitten. Um wieder zur Weltspitze aufzuschließen, muss in allen Bereichen von der frühkindlichen Förderung über die universitäre Bildung bis zur beruflichen Weiterbildung entschlossen gehandelt werden (Abbildung 10.2.9). Die entsprechenden Stellhebel wurden an anderer Stelle diskutiert.[14]

### 10.2.4 Fazit

Deutschland könnte noch wesentlich stärker von der Globalisierung profitieren, wenn es dazu die Voraussetzungen im eigenen Land schaffen würde. Ein klarer Nutznießer der Globalisierung sind die USA, die einfache Tätigkeiten in Niedriglohnländer verlagern. Wenn Güter und Dienstleistungen dort günstiger produziert werden, müssen die amerikanischen Verbraucher dafür weniger Geld ausgeben. Die verbleibenden finanziellen Mittel können sie für zusätzliche Investitionen und Konsumausgaben nutzen. Derartige Einsparungen kommen auch der deutschen Volkswirtschaft zugute, wenn auch in geringerem Maße als der US-amerikanischen. Deutschland profitiert im Vergleich zu den USA auch deshalb weniger von der Globalisierung, weil deutsche Unternehmen einen geringeren Anteil ihrer durch die Verlagerung entstehenden Gewinne repatriieren und reinvestieren.

Der Hauptgrund für den Nutzenunterschied ist allerdings die schlechtere Wiederbeschäftigung im eigenen Land: Mitarbeiter in den USA, die wegen der Verlagerung ihrer Arbeitsplätze freigesetzt werden, finden meist schnell wieder ein neues Beschäftigungsverhältnis und übernehmen oftmals sogar höheren Wert schöpfende Tätigkeiten. In Deutschland gelingt dies nicht – die Arbeitsmarktstrukturen sind zu starr und der Wandel zur Dienstleistungsgesellschaft kommt nicht rasch genug voran.

Menschen, die ihren Arbeitsplatz verloren haben, finden nicht schnell genug wieder eine neue Arbeit. Das Land verliert an Wohlstand, wenn bestehende Wertschöpfung ins Ausland abwandert. Pro Euro verlagerter Wertschöpfung gehen in Deutschland etwa 25 Eurocent verloren, während die USA 12 Eurocent gewinnen – vor allem wegen der effektiveren Wiederbeschäftigung, aber auch wegen der Induzierung von Exporten in die Länder, in die Unternehmen hineinverlagern. Auch im indischen Callcenter werden PCs mit Intel-Prozessoren und Microsoft-Software eingesetzt und dadurch Hightech-Exporte induziert.

Wohlstand und ein hohes **Einkommensniveau** sind durchaus mit einem hohen **Beschäftigungsniveau** vereinbar. In wohlhabenden Ländern (BIP pro Kopf über 15.000 USD p. a.) beträgt die Arbeitslosenquote ca. 6,5 Prozent (ungewichtetes Mittel). Dieser Wert liegt deutlich unter der Arbeitslosenquote von weniger wohlhabenden Ländern, die sich auf durchschnittlich ca. 10,2 Prozent beläuft. Allein die Leistungsfähigkeit, d. h. die Arbeitsproduktivität und Innovationsfähigkeit, muss dem Arbeitskostenniveau entsprechen. Global gesehen ist das Angebot an gering qualifizierten Arbeitnehmern überaus hoch und wird es auch bleiben. Gleichzeitig steigt die Nachfrage nach qualifizierten Arbeitnehmern.

Die Konkurrenz um Absatzmärkte, aber auch um die Mitarbeiter mit dem besten Verhältnis von Leistung zu Kosten sollte von Unternehmen nicht unterschätzt werden. Es sollte auch nicht in Vergessenheit geraten, dass sich der Standortwettbewerb noch im Wesentlichen zwischen den etablierten Hochlohnländern abspielt. Deutschland verfügt dabei über Standortvorteile, die so leicht nicht kopierbar sind. Die **Deutungshoheit** im Automobil- und Flugzeugbau ist dafür ein Beispiel. Sie gilt es zu verteidigen und in anderen Wachstumsbranchen wiederzugewinnen.

---

*14 Vgl. Killius (2002), Killius (2003) und Kluge (2003).*

## 10.3 Arbeitnehmerperspektive

HUBERTUS SCHMOLDT*

### Globalisierung gerecht gestalten

Der Widerhall globalisierungskritischer Gruppen in der deutschen Öffentlichkeit zeigt: Wir brauchen in Deutschland eine breit angelegte Debatte über die Globalisierung. Die IG Bergbau, Chemie, Energie (BCE) hat eine solche Debatte in den Gewerkschaften angestoßen und der Politik angeboten, sich zu beteiligen. Die Globalisierung eröffnet große Chancen, unsere wirtschaftlichen und sozialen Probleme besser zu bewältigen. Die Risiken dürfen aber nicht übersehen werden.

Über die Globalisierung kann mehr Wachstum für Deutschland erreicht werden, aber die Gesellschaft als Ganzes muss an diesem Wachstum teilhaben. Dann werden die Menschen bereit sein, auch schwierige Wegstrecken mitzugehen. Sie werden sich aber verweigern, wenn sich die Gesellschaft in Globalisierungsgewinner und -verlierer teilt.

„Deutschland", so stellt die Harvard-Professorin Nicola Fuchs-Schündeln in einem Interview mit der *Frankfurter Allgemeinen Zeitung* (24.08.05) fest, „profitiert in hohem Maße von der Globalisierung, sei es durch seinen Export oder auch den Import preisgünstiger Konsumgüter. Im globalen Wettbewerb muss sich Deutschland auf seine komparativen Vorteile konzentrieren, und die liegen im Bereich der hoch qualifizierten Arbeit."[1]

Wenn hoch qualifizierte Arbeit die wichtigste Ressource Deutschlands ist, dann ist es höchst kontraproduktiv, wenn Unternehmen mit Arbeitsplatzverlagerungen in die weite Welt drohen, um sich an deutschen Standorten kurzfristig Vorteile zu verschaffen. Sie gefährden damit mittel- und langfristig ihre eigene wirtschaftliche Basis, die sie nur mit hoch qualifizierten und leistungsbereiten Arbeitskräften erhalten können. Mit Bedrohungsszenarien ist für den Standort Deutschland nichts gewonnen.

Zweifellos kann die Position Deutschlands im globalen Wettbewerb immer noch weiter verbessert werden: Das Potenzial hierfür ist vorhanden. Der schlechteste Weg wäre, das „Modell Deutschland" aufzugeben und „amerikanische Verhältnisse" herbeizuführen. Die Vorteile des Modells Deutschland sind offenkundig. Es zeichnet sich aus durch eine große politische Stabilität, verlässliche ökonomische Rahmenbedingungen und eine langfristig orientierte *Corporate Governance* mit den Kernelementen Tarifautonomie und Mitbestimmung sowie stabilen gesellschaftlichen Verhältnissen, nicht zuletzt gewährleistet durch die solidarischen Systeme der sozialen Sicherung. Hinzu kommen ein hohes Qualifikationsniveau der Beschäftigten und eine hervorragende Infrastruktur – alles Standortvorteile, die weiterentwickelt werden können. So dürfte es sich z. B. für die Unternehmen als hilfreich erweisen, wenn die gesetzlichen Sozialkosten in höherem Maße als bisher steuerfinanziert werden. Eine Mehrwertsteuererhöhung, die für diese Zwecke eingesetzt wird und wieder in die gesamtwirtschaftliche Nachfrage einfließt, sollte nicht tabuisiert werden. Das gilt gerade für exportierende Unternehmen, die ohnehin von der Mehrwertsteuererhöhung am wenigsten tangiert sind.

Die deutsche, verfassungsrechtlich garantierte Tarifautonomie und die in vielen Branchen bewährte Sozialpartnerschaft sind ebenfalls hohe Standortvorteile. So haben die stark exportorientierten Chemieunternehmen sich nicht zuletzt wegen der von den Tarifparteien vereinbarten Tarifnormen international hervorragend geschlagen. Im Flächentarifvertrag wurden Differenzierungen und Flexibilisierungen in sozialer Verantwortung umgesetzt. Öffnungsklauseln ermöglichen Anpassungen, sichern Beschäftigung und machen den Weg frei für zukunftsorientierte Investitionen. Vom Gesetzgeber verordnete Zwangsöffnungsklauseln würden dieses bewährte System aus den Angeln heben. Dann ist keineswegs auszuschließen, dass sich in Deutschland Verhältnisse wie in anderen europäischen und außereuropäischen Staaten einstellen, in denen deutlich häufiger gestreikt wird als in Deutschland.

---

\* *Hubertus Schmoldt ist Vorsitzender der IG Bergbau, Chemie, Energie*
1 FAZ (2005). *„Der Kommunismus sitzt vielen Ostdeutschen noch im Kopf". Frankfurter Allgemeine Zeitung, 24.08.2005.*

Gleiches gilt für die Mitbestimmung auf betrieblicher und Unternehmensebene. Nicht die Mitbestimmung beeinträchtigt die internationale Wettbewerbsfähigkeit der Unternehmen, sondern die Diffamierung der Mitbestimmung durch interessierte Unternehmerkreise, wenig kenntnisreiche Wissenschaftler und an Polemik orientierte Journalisten, deren Thesen dann auch leichtfertig von Politikern aufgegriffen werden. Ich bin überzeugt, dass die von mir angeregte „Kommission Mitbestimmung" bei Bundeskanzler Gerhard Schröder den hohen Wert der Mitbestimmung für die internationale Wettbewerbsfähigkeit Deutschlands bestätigen wird.

### Aktive Standortpolitik für die Industrie

Die Politik bekennt sich immer erneut zu ihrer Verantwortung für den Standort Deutschland. Dazu bedarf es einer industrie- und energiepolitischen Gesamtstrategie auf deutscher wie auf europäischer Ebene. Unter Kanzler Schröder ist die Industriepolitik in Deutschland und Europa wieder zum Thema gemacht worden. Sie ist integraler Bestandteil der „Lissabon-Strategie", mit deren Hilfe sich die Europäische Union zur weltweit dynamischsten und wettbewerbsfähigsten Wirtschaftsregion bis 2010 entwickeln soll. „Im Sinne dieser Strategie treibt eine starke Wirtschaft die Schaffung von Arbeitsplätzen voran und fördert soziale und ökologische Maßnahmen, welche wiederum eine nachhaltige Entwicklung und sozialen Zusammenhalt gewährleisten" (EU-Kommission 08/2005).

### Umweltpolitik

Die Europäische Union hat erkannt, dass die Umweltpolitik keinen Vorrang vor der Industriepolitik haben darf – sonst sind die Lissabon-Ziele nicht erreichbar.

Mit der Ratifizierung des Kyoto-Protokolls hat sich die Europäische Union zu weitreichenden Reduzierungen von Treibhausgasen, insbesondere $CO_2$, verpflichtet. Der europaweite Handel mit $CO_2$-Emissionen konnte bisher von den weltweit tätigen Unternehmen verkraftet werden und hat auch nicht zu wesentlichen Verzerrungen innerhalb der Europäischen Union geführt. Neuere Entwicklungen im Emissionshandel, insbesondere die Einpreisung von Kosten für $CO_2$-Zertifikate in die ohnehin steigenden Energiepreise, könnten diesen Erfolg gefährden. Es muss geprüft werden, wie der Treibsatz „$CO_2$-Handel" für Energiepreise entschärft werden kann.

Eines der größten umweltpolitischen Vorhaben in der Europäischen Union ist die neue Chemikalienpolitik, insbesondere die Einführung eines neues Systems für die Bewertung und Anmeldung von Chemikalien – und zwar sowohl von denen, die sich bereits im Verkehr befinden bzw von denen, die neu in Verkehr gebracht werden sollen (REACH).

Die ersten Entwürfe waren aus Sicht der Unternehmen wie auch der Arbeitnehmer inakzeptabel. Sie sind nun mehrfach überarbeitet worden. Trotz noch verbleibender Defizite und unübersehbarer Nachteile für kleine und mittlere Unternehmen gibt es gute Chancen zu einem praktikablen REACH-System zu kommen und damit auch die Position der europäischen Chemieunternehmen gegenüber ihren Herausforderern aus Japan und China und gegenüber den USA bestehen zu lassen.

### Innovationspolitik

Für die globale Positionierung Deutschlands sind Innovationen und die zugrunde liegende Forschung und Entwicklung von entscheidender Bedeutung. Es ist deshalb zu begrüßen, dass sich Wirtschaft und Politik darin einig sind, dass die Forschungs- und Entwicklungsausgaben der Bundesrepublik von derzeit 2,5 Prozent des Bruttoinlandsprodukts auf 3 Prozent steigen sollten. Diese Steigerung ist überfällig, auch im Interesse der von neuen Produkten abhängigen Beschäftigung qualifizierter Arbeitskräfte.

Unter den möglichen Schwerpunkten für zukünftige Forschungs- und Entwicklungsausgaben ragt die Biotechnologie im besonderen Maße heraus. Experten erwarten von ihr einen Zuwachs von mehreren 10.000 Arbeitsplätzen. Noch um vieles größer ist der positive Effekt für Gesundheit, Wohlstand und Lebensqualität der gesamten Bevölkerung und zwar durch alle Arbeitsfelder der Bio- und Gentechnologie. Trotzdem stößt die Bio- und Gentechnologie, insbesondere die auf Pflanzen abzielende „grüne" Bio- und Gentechnologie, immer wieder auf Widerstand, bis hin zur Zertrampelung von Versuchsfeldern und damit gleichzeitig einhergehender Zerstörung von Arbeitsplätzen.

Deutschland kann es sich keineswegs leisten, in der Bio- und Gentechnologie wieder den internationalen Anschluss zu verlieren, und wir können es uns erst recht nicht leisten, dass Forschung und Entwicklung und nachfolgende Produktion wieder wie in den 80er Jahren des vorigen Jahrhunderts vom Standort abwandern. Es muss ein gemeinsames Anliegen sein, die Bevölkerung für die Gentechnologie – gerade für die so genannte grüne Gentechnologie – zu gewinnen - und die Diskussion nicht militanten Gegnern zu überlassen.

Energiepolitik

Der Höhenflug der Energiepreise in den vergangenen Monaten und die teilweise recht düsteren Prognosen über die nähere wie fernere Entwicklung der Energiepreise hat der Bevölkerung, den Unternehmen und der Politik wieder einmal die offenen Flanken der Versorgung Deutschlands mit wirtschaftlicher, umweltverträglicher und vor allem sicherer Energie vor Augen geführt. Gefahren für den Standort Deutschland, insbesondere für energieintensive Industrien und insbesondere für die allgemeine internationale Wettbewerbsfähigkeit, drohen von einer allgemeinen Verknappung von Energie, von einer immer höheren Importabhängigkeit Deutschlands und Europas bei Energieressourcen und von möglichen Engpässen bei Energiekapazitäten, wenn notwendige Neu- und Ersatzinvestitionen, z. B. aufgrund des Kernenergieausstiegs, nicht rechtzeitig oder überhaupt nicht erfolgen. Die Energie erzeugenden Unternehmen wie auch die Energiegroßverbraucher in der Industrie sind sich bewusst, dass das Energieangebot nicht von kurzfristigen Marktsignalen abhängig gemacht werden darf. Vielmehr bedarf es stabiler politischer und ökonomischer Rahmenbedingungen, damit Energieerzeuger investieren und Energienachfrager ein bezahlbares Angebot einplanen können.

Ein abstraktes Bekenntnis der Politik zur Sicherung eines ausgewogenen Energiemix reicht nicht aus. Die Politik muss auch Taten folgen lassen. Hierfür hat die IG BCE eine Reihe von Eckpunkten formuliert, die unseres Erachtens konsensfähig unter allen Beteiligten sind:

- Die Basis der Energieversorgung ist und bleibt der Energiemix unter Einschluss der heimischen Braun- und Steinkohle; die Option für eine Kernenergie mit inhärent sicheren Reaktoren muss offen bleiben, insbesondere durch einschlägige Forschung.

- Alle Energieerzeuger und -verbraucher, auch Verkehr und Haushalte müssen zum Klimaschutz beitragen – und zwar im Rahmen der international eingegangenen Verpflichtungen. Ein permanentes Vorpreschen in der deutschen Klimapolitik über diese Verpflichtungen hinaus wird von uns abgelehnt.

- Wettbewerbsfähige Strompreise sind für viele Industrien absolut entscheidende Standortfaktoren.

- Grundsätzlich muss diskutiert werden, ob der $CO_2$-Handel nach 2012 noch in der jetzigen Form weitergeführt werden kann. Kurzfristig, das heißt für die nächste Zuteilungsperiode, müssen die $CO_2$-Zertifikate großzügig zugeteilt werden.

- Die Ausnahmen für energieintensive Unternehmen bei der Ökosteuer müssen fortgeführt werden. Die Ökosteuer darf nicht erhöht werden; die überzogene Förderung der regenerativen Energie muss auf ein wirtschaftlich vertretbares Maß zurückgeführt werden.

- Noch vorhandene Potenziale für Energieeinsparung und -effizienzsteigerung, zum Beispiel in Form der energetischen Gebäudesanierung, sollten zügig ausgeschöpft werden.

Internationale Verantwortung der Gewerkschaften

Eine Globalisierungspolitik, das wird gelegentlich übersehen, muss auch „global" aufgestellt sein. Deutschland ist in den entsprechenden internationalen Organisationen und Gremien recht gut vertreten und kann seine Stimme hörbar machen. Die Gewerkschaften verfolgen die internationale Politik aufmerksam und diskutieren sie in ihren eigenen internationalen Organisationen, und sie werden bei Bedarf mit ihren Positionen und Ideen vorstellig.

Zu den zentralen Aufgaben einer internationalen Wirtschafts- und Sozialpolitik gehören unter anderem:

- Eine Steigerung der Ausgaben und der Effektivität der Entwicklungshilfe

- Die Begrenzung ökonomisch ineffizienter Spekulationen im Finanz- und Rohstoffsektor

- Die Austrocknung von Steueroasen, wie von der OECD angestrebt, und eine Ordnung des Steuerwettbewerbs in der Europäischen Union

- Die Sicherung eines fairen Welthandels durch die WTO, der Abschluss der laufenden Verhandlungsrunde im Welthandel unter Berücksichtigung von Umwelt- und Sozialstandards

- Die Überwachung der Einhaltung von Kernarbeitsnormen, insbesondere im Rahmen der internationalen Arbeitsorganisation (ILO).

Die IG BCE sieht ihre Aufgabe darin, Unternehmen ihres Organisationsbereichs auf ihrem Internationalisierungsweg positiv zu begleiten. Dazu ist zunächst einmal erforderlich, dass die Unternehmen über ihre internationalen Strategien ausführlich informieren. Selbstverständlich muss es sein, dass die Unternehmen vor Auslandsinvestitionen alle inländischen Alternativen prüfen. Von weltweit tätigen Unternehmen kann erwartet werden, dass alle Investitionsprojekte überall auf der Welt nach gleichen Maßstäben beurteilt werden. Die Investition muss wirtschaftlich rentabel, ökologisch verantwortbar und vor allem sozial und politisch akzeptabel sein.

Selbstverständlich setzen wir uns als IG BCE in erster Linie für die Beschäftigten an den deutschen Standorten ein. Wir übernehmen aber, so weit wie irgend möglich, auch Verantwortung für unsere ausländischen Kolleginnen und Kollegen. Für alle Standorte gilt: Die Globalisierung muss mit den Unternehmen gestaltet werden, und dies ist uns auch bisher immer wieder gelungen. So fällt positiv auf, dass viele Unternehmen im Ausland soziale Standards realisieren, die über dem „lokal Üblichen" liegen. Eine Reihe von Unternehmen unterstützt diese Entwicklung zusätzlich mit unternehmerischen und sozialen Verhaltenskodices.

Solche Verhaltensnormen sind sehr viel leichter umsetzbar und erfolgreicher, wenn die Arbeitnehmer und ihre gewerkschaftlichen Interessenvertreter weltweit einbezogen werden, die Unternehmen sie konsultieren und mit ihnen in Dialoge eintreten.

Die Initiative des UN-Generalsekretärs Kofi Annan, der so genannte *Global Compact*, setzt hier ein wichtiges und gutes Zeichen. Eine große Zahl der Unternehmen, die den *Global Compact* unterstützen, gehört zu den von der Internationalen Föderation von Chemie-, Energie-, Bergbau- und Fabrikarbeitergewerkschaften (ICEM) organisierten Industrien. Unternehmen der deutschen Großchemie und der Pharmaindustrie engagieren sich besonders und lassen ihrer Unterschrift auch Taten folgen.

Überall auf der Welt sind starke Gewerkschaften und von den Beschäftigten selbst legitimierte Interessenvertretungen eine wichtige Voraussetzung für konstruktive Dialoge mit dem Management. Trotz aller Unterschiede in den gewerkschaftlichen Kulturen werden überall alte Konfliktlinien überwunden. Selbstverständlich muss auch das lokale Management hierzu bereit sein – und zwar aus eigener Überzeugung und nicht bloß aus Respekt vor den Konzernzentralen. Auf diesem Feld ist die Chemie weltweit vorangegangen.

So zeigen z. B. die gewerkschaftlichen Netzwerke an ausländischen Standorten großer Chemieunternehmen, welche großen Chancen für den Interessenausgleich in einem vernünftigen Dialog liegen. Wir haben diese Netzwerke von Anfang an begleitet und unterstützt und erfahren, dass die beteiligten Gewerkschaften dies auch so sehen und entsprechend sorgsam damit umgehen.

## 10.4 Branchenperspektive

DIETER BRUCKLACHER*

### 10.4.1 Einleitung

Die Globalisierung, d. h. der grenzüberschreitende Austausch von Kapital, Waren und Dienstleistungen, stellt insbesondere kleine und mittelständische Unternehmen vor große Herausforderungen. Während transnationale Großunternehmen über Märkte, Kontinente und Zeitzonen hinweg operieren, ist das weltweite Engagement der kleinen und mittelständischen Unternehmen mit großen Unsicherheiten verbunden. Doch auch sie geraten durch den Globalisierungstrend zunehmend unter Druck. Der Wettbewerb verschärft sich; neue Anbieter brechen in bislang sicher geglaubte Märkte ein. Allein auf die traditionell bewährte Strategie „In Deutschland produzieren, weltweit exportieren!" zu setzen, reicht daher nicht mehr aus, um zukunftsfähig zu bleiben.[1]

In öffentlichen Diskussionen werden der Aufbau von Produktionsstätten im Ausland und Produktionsverlagerungen oft einseitig als Bedrohung unseres Wohlstands wahrgenommen.[2] Allzu häufig wird oberflächlich argumentiert, dass Exporte Arbeitsplätze schaffen, während Auslandsinvestitionen Arbeitsplätze gefährden.[3] Vor dem Hintergrund der hohen Produktionskosten, der Wachstumsschwäche und der demografischen Entwicklung in Deutschland, der EU-Osterweiterung sowie des Wirtschaftswachstums in China und Indien werden jedoch deutsche Unternehmen neue globale Produktionsmöglichkeiten nutzen müssen. Die globale Produktion ist damit selbstverständlicher Bestandteil der weltweiten Unternehmensstrategie wie der globale Vertrieb und Service, die globale Beschaffung oder die globale Forschung und Entwicklung.[4]

Im Folgenden wird die globale Produktion aus Sicht des Maschinen- und Anlagenbaus dargestellt, einer Branche, die als Exportweltmeister seit jeher auf den Weltmärkten aktiv ist. Einer Branche aber auch, die gekennzeichnet ist durch mittelständische, großteils eigentümergeführte Unternehmen, und die daher vor besonderen Herausforderungen steht. Das Kapitel schließt mit wirtschaftspolitischen Schlussfolgerungen für einen international attraktiven Produktionsstandort Deutschland.

### 10.4.2 Der deutsche Maschinen- und Anlagenbau im weltwirtschaftlichen Umfeld

Der Maschinen- und Anlagenbau ist eine der Schlüsselindustrien in Deutschland. Mit einem Produktionsvolumen von 136 Milliarden Euro und 868.000 Beschäftigten ist sie der größte industrielle Arbeitgeber. Die Branche ist geprägt von vielen kleinen und mittelständischen, zum Teil hoch spezialisierten Unternehmen. Die durchschnittliche Mitarbeiterzahl beträgt 150 Beschäftigte. 95 Prozent der Unternehmen beschäftigen weniger als 500 Mitarbeiter, rund 87 Prozent weniger als 250 Mitarbeiter. Der Maschinen- und Anlagenbau investiert überdurchschnittlich viel in Forschung und Entwicklung.

*10.4.2.1 Internationale Wettbewerbslage*

Ein Blick auf die Welthandelsstatistik zeigt, dass der Maschinen- und Anlagenbau international sehr gut aufgestellt ist. Der weltweite Handel mit Produkten des Maschinen- und Anlagenbaus beträgt über 505 Milliarden Euro. Mit einem Anteil von 19,3 Prozent stammte im Jahr 2004 fast jede fünfte in der Welt grenzüberschreitend verkaufte Maschine aus Deutschland (Abbildung 10.4.1). Im Welthandel folgen Japan (13,3 Prozent) und die USA (12,4 Prozent). China belegt im

---

* *Dr. Dieter Brucklacher ist Präsident des Verbands Deutscher Maschinen- und Anlagenbau e.V. (VDMA) und Vorsitzender der Geschäftsführung der Leitz GmbH & Co. KG.*
1 *Vgl. Lay (2001).*
2 *Zum Teil wird in Veröffentlichungen nicht zwischen dem Aufbau von Produktionsstätten im Ausland und Produktionsverlagerungen ins Ausland unterschieden. Produktionsverlagerungen liegen vor, wenn Aktivitäten in Deutschland zugunsten eines ausländischen Standorts reduziert oder eingestellt werden.*
3 *Vgl. iwd (1999).*
4 *In vielen kleinen und mittelständischen Unternehmen beginnt der Einstieg in die weltweiten Aktivitäten mit dem globalen Vertrieb und Service. Ausgebaut werden die weltweiten Aktivitäten anschließend schrittweise mit der Beschaffung, der Produktion bis zur Forschung und Entwicklung (vgl. Lay [2001]).*

internationalen Handel mit einem Welthandelsanteil von über 4 Prozent bereits den siebten Platz. In 21 von 31 Fachzweigen führen die deutschen Maschinenbauer den internationalen Außenhandel an.

Der Titel „Exportweltmeister" ist zwar mit Vorsicht zu genießen, da in die Berechnungen auch immer Wechselkurseffekte mit einfließen, aber er zeigt das internationale Selbstverständnis der Branche.

Einer Umfrage des VDMA zufolge sehen sich 18 Prozent der Maschinenbauunternehmen als Weltmarktführer. Weitere 45 Prozent fühlen sich der weltweiten Spitzengruppe zugehörig. Begründet wird die Wettbewerbsfähigkeit mit dem Vorsprung in Technologie, Qualität und der Kompetenz als Problemlöser.

Die USA, Japan und Italien werden als die wesentlichen internationalen Wettbewerber angesehen. Allerdings wächst mit der Volksrepublik China ein neuer ernst zu nehmender Wettbewerber heran.[5]

Die Maschinenbauunternehmen kennen also den harten internationalen Wettbewerb, der an Schärfe rasch zunimmt, aus erster Hand. Sie spüren daher auch täglich mehr und mehr die Wettbewerbs- und Standortnachteile. Der Produktionsstandort Deutschland wird im internationalen Vergleich belastet durch hohe Arbeitskosten bzw. Personalzusatzkosten, hohe Steuersätze, staatliche Überregulierung, mangelnde Flexibilität auf dem Arbeitsmarkt und eine schwierige Unternehmensfinanzierung – aktuell kommen Wechselkursentwicklungen und hohe Rohstoffkosten hinzu. Kein Wunder also, dass die preisliche Wettbewerbsfähigkeit von den Maschinenbauunternehmen negativ beurteilt und als der entscheidende Wettbewerbsnachteil angesehen wird.

Ein deutlicher Beleg für die Standortschwäche ist der Investitionsstau in Deutschland. Entgegen früheren Konjunkturmustern ziehen die Exporterfolge der Industrie nur wenige Investitionen im Inland nach sich. Während die Inlandsnachfrage nach Investitionsgü-

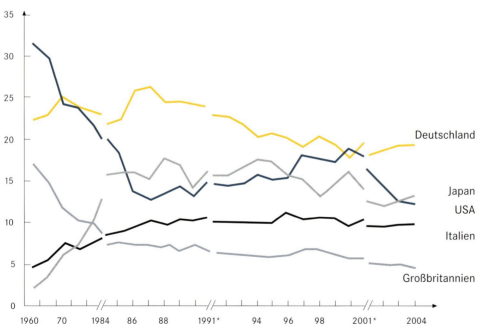

Abb. 10.4.1: Welthandelsanteil im Maschinen- und Anlagenbau
in Prozent

* ab 1991 sowie ab 2001 sind die Handelsanteile der ausgewählten Länder niedriger, weil der Kreis der ausgewerteten Lieferländer erweitert wurde
Quelle: VDMA

---

5 Vgl. Brucklacher (2004).

tern schwächelt, lebt der Maschinen- und Anlagenbau seit Jahren vom Export. Die steigende Bedeutung der Kunden und Märkte im Ausland hat selbstverständlich einen großen Einfluss auf die globale Unternehmens- und Produktionsstrategie.

*10.4.2.2 Wachstumsmärkte*

Rund 70 Prozent des Branchenumsatzes werden im Ausland erwirtschaftet. In allen Weltregionen zählt der deutsche Maschinen- und Anlagenbau zu den ersten drei Liefernationen, während die anderen großen Exportnationen vornehmlich in ihren regionalen Märkten ihre Stärke zeigen. Die US-Exporteure dominieren beispielsweise in Lateinamerika und die Japaner sind am stärksten in Asien jenseits des Nahen Ostens.[6]

Die traditionell bei Weitem wichtigste Region für den deutschen Maschinenbau ist die Europäische Union. Neue Impulse haben sich hier durch die EU-Beitrittsländer ergeben. Die größten Wachstumssprünge erfolgten jedoch in den vergangenen Jahren in China. Betrachtet man Absatzländer einzeln, so lagen im Jahr 2004 die USA auf Platz eins der wichtigsten Absatzmärkte, gefolgt von China und Frankreich, das traditionell zu den wichtigsten Absatzländern gehört. Die enorme Dynamik des chinesischen Wirtschaftsraums lässt sich an zwei Zahlen festmachen: Die Maschinenexporte nach China haben sich in den vergangenen vier Jahren verdreifacht. Dieses Wachstum machte rund ein Drittel des gesamten Wachstums der Maschinenausfuhren aus.

Auch wenn in China für die Maschinenexporte eine gewisse Wachstumspause zu erkennen ist, bleibt das Land doch weiterhin einer der interessantesten und wichtigsten Märkte. Als neue Wachstumsmärkte mit weit überdurchschnittlichen Steigerungsraten kündigen sich Indien (Platz 20 der wichtigsten Absatzmärkte), Russland (Platz 10) und die OPEC-Staaten an.

*10.4.2.3 Maßnahmen zur Steigerung der Wettbewerbsfähigkeit*

Wer in einem Hochlohnland wie Deutschland produziert, muss innovativ sein und seine Vorteile wie Qualität, technologischer Vorsprung, Zuverlässigkeit, Service und produktbegleitende Dienstleistungen ausbauen. Dies gilt im besonderen Maße für eine Hightech-Branche wie den Maschinen- und Anlagenbau. Um die Wettbewerbsfähigkeit zu steigern, forcieren die meisten Unternehmen laut einer VDMA-Umfrage ihre Produktinnovationen (Abbildung 10.4.2).[7]

Dabei nehmen die Mitarbeiter selbstverständlich eine Schlüsselrolle ein. Die Mitarbeiterqualifikation spielt daher bei der Wettbewerbssicherung ebenfalls eine entscheidende Rolle. Ein Thema, das sicherlich durch den absehbaren Mangel an qualifiziertem Personal in Zukunft weiter an Bedeutung gewinnen wird.

Auf Platz drei im Ranking der Maßnahmen zur Steigerung der Wettbewerbsfähigkeit wird die Markterschließung genannt. Aus der Tatsache, dass die – wie oben dargestellt – größten Wachstumsimpulse aus dem Ausland kommen, folgt, dass sich auch die Markterschließung in einem hohen Maße auf die ausländischen Wachstumsregionen bezieht. Auf diesen Gesichtspunkt werden wir im folgenden Kapitel noch eingehen.

Die Kostenreduzierung als Dauerthema nimmt analog zu dem oben genannten Befund der Wettbewerbsnachteile ebenfalls eine wichtige Rolle ein. Hier stehen vor allem organisatorische Maßnahmen im Vordergrund. Produktionsverlagerungen ins Ausland schließen viele Unternehmen als Ultima Ratio nicht aus, sie werden aber bei den Maßnahmen zur Verbesserung der Wettbewerbsfähigkeit nur unterdurchschnittlich häufig genannt.

### 10.4.3 Investieren im Ausland

In den vergangenen Jahrzehnten ist die Bedeutung der Tochterunternehmen im Ausland stetig gestiegen. Während 1980 die im Ausland ansässigen Maschinenbauunternehmen mit deutscher Beteiligung rund 13 Prozent des Umsatzes erwirtschafteten, den der

---

6 *Vgl. Steib (2005).*
7 *Vgl. Brucklacher (2004).*

Maschinenbau in Deutschland erzielte, lag dieser Anteil im Jahr 2000 bei knapp 30 Prozent.[8] Oder anders ausgedrückt: Der inländische Umsatz der Maschinenbauunternehmen in diesen zwanzig Jahren hat sich um den Faktor 2,4 erhöht. Der Umsatz der ausländischen Tochterunternehmen stieg um den Faktor 5,4.

### 10.4.3.1 Motive für den Aufbau von Produktionsstätten im Ausland und Produktionsverlagerungen

Die Motive für Auslandsinvestitionen sind ebenso vielfältig wie komplex. Wer Produktionsstätten im Ausland aufbaut, tut dies auf Basis eines ganzen Bündels von Gründen (Abbildung 10.4.3). Im Wesentlichen konzentrieren sich die Motive auf „Markterschließung", „Produktionskosten" und „Nähe zu Großkunden". Nur für eine verschwindend geringe Zahl von Investitionsentscheidungen im Ausland spielt keines dieser drei genannten Hauptmotive eine Rolle.[9]

Das Motiv „Markterschließung" spielt im Maschinen- und Anlagenbau bei dem Aufbau von Produktionsstätten im Ausland eine herausragende Rolle. Hier spiegelt sich die Tatsache wider, dass im Vergleich zu anderen Branchen der Metall- und Elektroindustrie der Maschinen- und Anlagenbau zum Teil sehr komplexe, erklärungsbedürftige Produkte anbietet, bei denen es auf Markt- und Kundennähe im besonderen Maße ankommt. Auch neue Untersuchungen des Deutschen Industrie- und Handelskammertags (DIHK) zeigen für die Industrie insgesamt einen Anstieg des Motivs „Markterschließung".[10] Dies mag ein Beleg dafür

**Abb. 10.4.2: Bedeutung von Strategien zur Verbesserung der Wettbewerbssituation der deutschen Maschinenbauer**

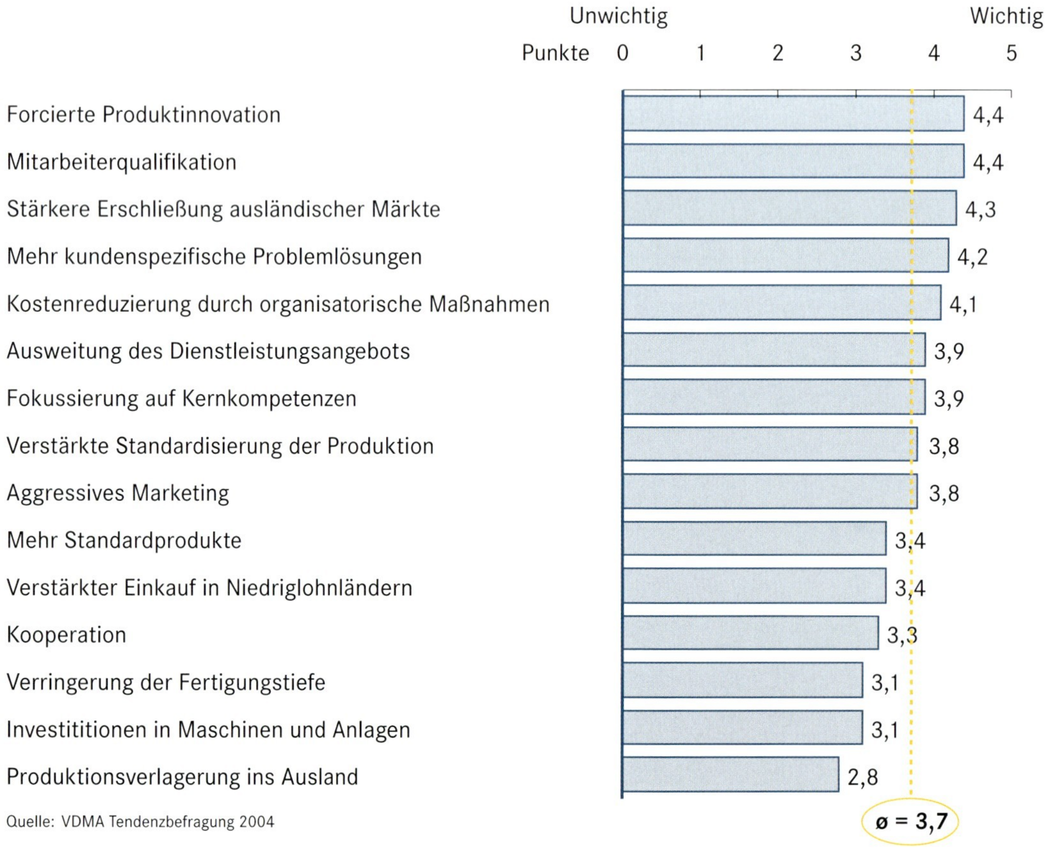

| Strategie | Punkte |
|---|---|
| Forcierte Produktinnovation | 4,4 |
| Mitarbeiterqualifikation | 4,4 |
| Stärkere Erschließung ausländischer Märkte | 4,3 |
| Mehr kundenspezifische Problemlösungen | 4,2 |
| Kostenreduzierung durch organisatorische Maßnahmen | 4,1 |
| Ausweitung des Dienstleistungsangebots | 3,9 |
| Fokussierung auf Kernkompetenzen | 3,9 |
| Verstärkte Standardisierung der Produktion | 3,8 |
| Aggressives Marketing | 3,8 |
| Mehr Standardprodukte | 3,4 |
| Verstärkter Einkauf in Niedriglohnländern | 3,4 |
| Kooperation | 3,3 |
| Verringerung der Fertigungstiefe | 3,1 |
| Investitionen in Maschinen und Anlagen | 3,1 |
| Produktionsverlagerung ins Ausland | 2,8 |

ø = 3,7

Quelle: VDMA Tendenzbefragung 2004

8 Vgl. Werner, M.: Auslandsproduktion und Produktionsverlagerung, Blitzumfrage des VDMA, Frankfurt, 2003.

9 Vgl. Kinkel (2002).

10 Vgl. Treier (2005).

sein, dass die Unternehmen sich angesichts der geringen Binnennachfrage verstärkt in den Wachstumsmärkten engagieren.

Nichtsdestotrotz sind Faktorkosten ein zentrales Motiv für den Aufbau von Produktionsstätten im Ausland. Vor allem in Untersuchungen, die explizit nach den Gründen von Produktionsverlagerungen fragen, tritt das Motiv der Kostensenkung besonders in den Vordergrund.[11] Zwar wird auch hier an zweiter Stelle das Argument der Markterschließung angeführt, das dominierende Motiv ist jedoch eindeutig die Senkung der Produktionskosten.

Tiefergehende Analysen der Ursachen für den Aufbau von Produktionsstätten im Ausland zeigen, dass gerade kapazitätserweiternde Investitionen in der Regel durch die Erschließung neuer Märkte motiviert sind, während die reine Verlagerung bestehender Produktionskapazität tendenziell eher auf Kostengründe zurückzuführen ist.[12]

Welche Motive für eine globale Produktionsstrategie entscheidend sind, hängt letztlich in hohem Maße von der Unternehmensstrategie und -kultur ab. So spielt z. B. für Unternehmen, die die Preisführerschaft anstreben, das Kostenmotiv eine weitaus größere Rolle als für Unternehmen, die sich in der Rolle des Technologie- oder Qualitätsführers sehen.

Das Motiv „Technologieerschließung" spielt offenbar bei vielen Maschinenbauunternehmen keine entscheidende Rolle bei dem Aufbau von ausländischen Produktionsstätten. Dieser Befund folgt der Beobachtung, dass der heimische Forschungs- und Entwicklungsstandort in der Regel als Vorteil gegenüber dem ausländischen Wettbewerber angesehen wird. Viele Unternehmen konzentrieren ihre Forschung und Entwicklung tradi-

Abb. 10.4.3: Motive für den Aufbau von Produktionsstätten im Ausland, 2001
in Prozent

Quelle: Fraunhofer ISI

11 Vgl. Werner (2005).
12 Vgl. Fehrecke (2005).

tionell im Stammhaus – in der räumlichen Nähe zum Produktionsschwerpunkt.

*10.4.3.2 Zielregionen für Produktionsstätten im Ausland*

Folgt man der These, dass die Einrichtung von Produktionsstätten des deutschen Maschinen- und Anlagenbaus im Ausland vornehmlich von den Motiven „Markterschließung" und/oder „Produktionskosten" getrieben ist, wird sich dies auch in den Zielregionen der Auslandsinvestitionen widerspiegeln.

In der Tat zeigt die Statistik der deutschen Direktinvestitionen im Ausland einen hohen Investitionsbestand in den klassischen Absatzmärkten wie den USA, Frankreich und Großbritannien, aber auch zunehmende Investitionen in China. Bestätigt wird dies durch Untersuchungen zu den Produktionsstandorten und ausländischen Tochterunternehmen des deutschen Maschinen- und Anlagenbaus. Bei den Produktionsstandorten liegen Nord- und Mittelamerika vor Westeuropa und den asiatischen Ländern.

Abbildung 10.4.4 zeigt die Zielregionen von Produktionsverlagerungen. Bei Produktionsverlagerungen haben die EU-Beitrittsländer und Asien eine große Bedeutung. Werden die Investitionsgründe differenziert nach Zielregionen, so bestätigt sich die Erwartung, dass Verlagerungen in die EU-Beitrittsländer und nach Osteuropa vorrangig durch eine angestrebte Senkung der Kosten motiviert sind. Bei Verlagerungen nach Nord- und Mittelamerika spielen hingegen auch die Markterschließung und die Nähe zum Großkunden eine wesentliche Rolle. Ähnliches gilt für Asien, wobei für die Zielregion das Kostensenkungsmotiv entscheidender ist als für Nord- und Mittelamerika.[13]

Allerdings ist nicht jede Auslandsinvestition erfolgreich. Es liegt auf der Hand, dass Investitionen re-

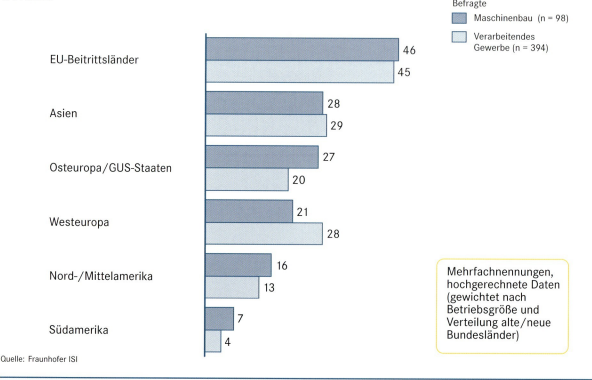

Abb. 10.4.4: Zielregionen für Produktionsverlagerungen, 2001 - 2003
in Prozent

Quelle: Fraunhofer ISI

---

13 Vgl. Werner (2005).

## 10.4 Branchenperspektive

gelmäßig überprüft werden müssen, ob sie die gewünschten Ziele erreichen. Häufig kommt es dann zu einer Rückverlagerung der Produktion, wenn die erwarteten Qualitäts- und Kostenziele nicht eingehalten werden können. Darüber hinaus spielen gerade bei Rückverlagerungen aus den EU-Beitrittsländern und Osteuropa/GUS auch Probleme mit der Lieferfähigkeit eine wichtige Rolle.

Ursache dafür ist, dass Produktionsstätten in diesen Ländern häufig als verlängerte Werkbänke aufgebaut werden, die entsprechend hohe Anforderungen hinsichtlich der qualitativen und terminlichen Zuverlässigkeit erfüllen müssen. Ebenso wenig überraschend ist in diesem Zusammenhang die Erfahrung, dass mit zunehmender Entfernung und größeren kulturellen Unterschieden die Koordinations- und Kommunikationskosten stark steigen.[14]

### 10.4.3.3 Leitz GmbH & Co. KG Werkzeugfabrik: Entwicklung zu einem Global Player

Die Internationalisierungsstrategie der Firma Leitz GmbH & Co. KG kann als Beispiel für die Entwicklung zu einem Global Player gelten. Als Hersteller von Werkzeugen zur Holzbearbeitung stand zunächst die regionale Holzbearbeitung im Fokus.

In den 50er Jahren wurden in den europäischen Nachbarländern der Direktvertrieb und Service mit eigenen Vertriebsgesellschaften aufgebaut. Die erste Auslandsproduktion erfolgte zu Beginn der 60er Jahre in Österreich für bessere Geschäfte im EFTA-Raum und mit den COMECON-Staaten. Gleichzeitig wurde das internationale Vertriebsnetz in allen wichtigen europäischen Märkten weiter ausgebaut. Weitere wichtige Internationalisierungsschritte folgten Mitte der 70er Jahre durch den Aufbau einer Produktionsstätte in Italien und Ende der 70er Jahre in Brasilien – der ersten

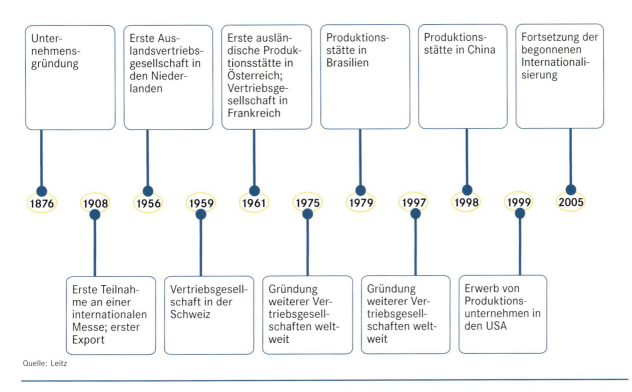

Abb. 10.4.5: Leitz GmbH & Co. KG Werkzeugfabrik – Entwicklung zu einem Global Player

Quelle: Leitz

---

[14] Vgl. Werner (2005).

Produktionsstätte außerhalb Europas. Die Internationalisierung von Leitz erreichte in den 90er Jahren einen weiteren Höhepunkt durch den Aufbau einer Produktionsstätte in China, den Erwerb eines Herstellerunternehmens in den USA sowie den Aufbau von zusätzlichen Vertriebs- und Servicefirmen weltweit, insbesondere aber in Osteuropa. Heute ist Leitz mit zahlreichen ausländischen Produktionsstandorten, über 30 Vertriebsgesellschaften in 30 Ländern und Vertretungen in 100 weiteren Ländern weltweit vertreten.

Aufgrund der enormen wirtschaftlichen Dynamik hat sich China seit Ende der 90er Jahre zu einem gewissen Schwerpunkt entwickelt. Rund 200 Mitarbeiter produzieren derzeit in Nanking Hightech-Werkzeuge für den chinesischen Markt. Das Produktionsunternehmen ist zu 100 Prozent im Besitz von Leitz und wird von einem Vertriebs- und Servicenetz in China unterstützt.[15]

Die Auslandsstrategie von Leitz gilt der Sicherung der weltweiten Wettbewerbsfähigkeit durch Technologieführerschaft sowie eine konsequente Markt- und Kundennähe. Dies erkennt man auch daran, dass sich die Produktionsstätten innerhalb eines Landes an den Abnehmerschwerpunkten orientieren und von einem Netz von Vertriebs- und Servicestätten unterstützt werden.

Im Stammhaus in Oberkochen liegt jedoch die Wissensbasis. Es ist daher auch kein Zufall, dass parallel zur Eröffnung der Produktionsstätte in China im Stammhaus ein Kompetenzzentrum errichtet wurde, in dem die Schlüsselfunktionen für die Bereiche Forschung und Entwicklung, Informationstechnik, Vertrieb und Service gebündelt werden.

Die Internationalisierung hat nicht zum Ziel, Arbeitsplätze in vermeintliche Niedriglohnländer zu verlagern. Dieses klare Commitment ist für die Internationalisierung und die globale Produktionsstrategie von besonderer Bedeutung. Letztlich sind es die Leitz-Mitarbeiter, die die Internationalisierung des Unternehmens zum Erfolg führen. Die Internationalisierung muss daher zur Unternehmenskultur passen. Die weltweiten Produktionsstätten dürfen sowohl aus technisch-organisatorischer als auch aus menschlicher Sicht nicht zu Fremdkörpern im Unternehmen werden.

Mit dieser Strategie ist es gelungen, ein weltweites, familiengeführtes Unternehmen mit 3.400 Mitarbeitern im Geschäftsfeld Maschinenwerkzeuge für die Holzbearbeitung aufzubauen.[16]

### 10.4.4 Wettbewerb der Produktionsstandorte – wirtschaftspolitische Schlussfolgerungen aus Produktionsverlagerungen

Die Motive für Auslandsinvestitionen können sehr stark variieren. Mit Blick auf wirtschaftspolitische Schlussfolgerungen ist daher zu unterscheiden, ob es sich um eine expansive Auslandsinvestition mit dem Ziel der Markterschließung oder um eine substitutive Produktionsverlagerung aus Kostengründen handelt.[17]

Der Prozess der internationalen Arbeitsteilung wird stets sowohl zu einer lokalen Spezialisierung für bestimmte Wertschöpfungsschritte als auch zu einer dezentralen Produktionsnetzwerkstruktur in der Nähe zu bedeutenden Kunden und Absatzmärkten führen. Das ist weder ein unpatriotischer Akt noch ein unternehmerisches Allheilmittel. Jedes Unternehmen muss darauf achten, seine Produktions-, Vertriebs- und Dienstleistungsstrukturen optimal auszurichten.

Bei der notwendigen Entscheidung agieren Unternehmer jedoch nicht in einem luftleeren Raum, sondern sehen sich mit wirtschaftspolitischen Rahmenbedingungen konfrontiert, die ihre Handlungsoptionen be-

---

*15 Angesichts der Dynamik des chinesischen Marktes ist dem Karrieretipp des ehemaligen CEO von General Electric, Jack Welch, sich kontinuierlich über den Markt China zu informieren, voll und ganz zuzustimmen (vgl. Welch et al. 2005). China wird die globale Wirtschaftsentwicklung in den nächsten Jahren und eine ganze Managergeneration prägen.*

*16 Neben den Holzbearbeitungswerkzeugen stellt der Leitz Firmenverbund auch noch Werkzeuge zur Metallverarbeitung her. Die LMT-Gruppe (Leitz Metal Technology) besteht aus sechs Herstellern von Metallbearbeitungswerkzeugen. Insgesamt beschäftigt der Leitz Firmenverbund rund 6.300 Personen.*

*17 Vgl. Kinkel (2004).*

einflussen. Bei der Auswahl der Produktionsstandorte werden die Vor- und Nachteile, Chancen und Risiken einander nüchtern gegenübergestellt. Selbstverständlich steht der Produktionsstandort Deutschland dabei in einem harten internationalen Wettbewerb.

Die hohe Anzahl von Unternehmen, die Produktionen aus Gründen der Produktionskosten verlagern, stimmt nachdenklich. Selbstverständlich kann ein Hochlohnland wie Deutschland nicht um jeden Preis den Kostenwettlauf mit anderen Ländern aufnehmen. Um die Wettbewerbsfähigkeit des Produktionsstandorts insgesamt zu steigern, ist eine Politik notwendig, die sowohl Innovationen als auch Investitionen am inländischen Standort fördert. Aus Sicht des Maschinen- und Anlagenbaus sind die folgenden vier Politikfelder von besonderer Bedeutung: Flexibilisierung des Arbeitsmarkts, Senkung der Lohnzusatzkosten, Forcierung der Aus- und Weiterbildung sowie Stärkung der Innovationskraft.

### 10.4.4.1 Arbeitsmarkt flexibilisieren

Die Nachfrage nach Investitionsgütern unterliegt starken zyklischen Schwankungen. Im Widerspruch zu diesen zyklischen Schwankungen der Auftragseingänge stehen die starren Arbeitsmarktregelungen, die nur eine geringe Flexibilität gegenüber einem dynamischen Markt mit einer weltweiten, heterogenen Kundschaft erlauben. Erfolgreiche Unternehmer sehen sich jedoch bei ihrer Leistungserbringung einzig der Kundenzufriedenheit verpflichtet. Viel wichtiger als Einheitsregelungen auf dem Arbeitsmarkt ist somit aus Sicht der Unternehmensleitung und der Mitarbeiter, dass der Kunde sein Problem gelöst sieht und Marktchancen genutzt werden, die das Unternehmen voranbringen.

Es ist daher notwendig, den Arbeitsmarkt zu reformieren. Ziel muss es dabei sein, auf der einen Seite den Flächentarifvertrag zu erhalten und auf der anderen Seite Tarifverträge je nach den betrieblichen Notwendigkeiten flexibel zu gestalten. Unternehmen brauchen daher in Zukunft einfache und vor allem legale Möglichkeiten, vermehrt betriebliche Bündnisse für Arbeit zu vereinbaren, in denen sich die Betriebsparteien auf Regelungen von Arbeitszeit und Entgelt eigenverantwortlich verständigen können. Diese betrieblichen Bündnisse müssen den speziellen Erfordernissen des Unternehmens Rechnung tragen und die langfristige Wettbewerbsfähigkeit verbessern.

Die unternehmerische Praxis zeigt, dass Mitarbeiter weit mehr an flexiblen Arbeitsformen interessiert sind, als dies die Kollektivlösungen der Tarifvertragsparteien unterstellen. Die Leistungspotenziale der qualifizierten Mitarbeiter können besser genutzt werden, wenn nicht nur länger, sondern vor allem flexibler und effizienter gearbeitet wird.

### 10.4.4.2 Lohnzusatzkosten senken

Die Arbeitskosten werden immer wieder als Hauptmotiv für die Verlagerung von Produktionsstätten herangezogen. Die im internationalen Vergleich zu hohen Lohnzusatzkosten hängen eng mit der demografischen Entwicklung und den auf Umlagefinanzierung basierenden Sozialversicherungssystemen zusammen. Ein weiteres Problem der sozialen Sicherungssysteme ist, dass die Versicherungs- und Arbeitsverhältnisse aneinander gekoppelt sind und die Arbeitgeberbeiträge proportional zu den Löhnen steigen. Die Reform und Sanierung der sozialen Sicherungssysteme sind damit Voraussetzung, um die Lohnzusatzkosten zu senken. Ohne eine grundlegende Reform und Sanierung der sozialen Sicherungssysteme auf Basis einer stärkeren Eigenverantwortung bei gleichzeitiger Beschränkung der staatlich verordneten sozialen Sicherung auf die Abdeckung der Grundrisiken wird dies nicht gelingen.

### 10.4.4.2 Aus- und Weiterbildung forcieren

Es wäre jedoch zu kurz gegriffen, nur auf die Flexibilisierung und die Senkung der Lohnzusatzkosten zu setzen. Hinzukommen müssen auch Investitionen in das Humankapital als der große komparative Vorteil Deutschlands. Produkt- und Prozessinnovationen sind die wesentlichen Schlüssel zur internationalen Wettbewerbsfähigkeit. Die Qualifizierung der Mitarbeiter und der Nachwuchskräfte spielt hierbei eine besondere Rolle. Die Basis für das spätere Berufsleben wird bereits in der Schule gelegt. Hier muss es unser Ziel sein, die Ausbildungsreife und die Studierfähigkeit junger Menschen zu erhöhen. Dies gilt in besonderem Maße für das technische Verständnis. Der Maschinen- und Anlagenbau kann im internationalen Wettbewerb seine Vorteile nur ausspielen, wenn er konsequent auf Hightech setzt.

Werden Geschäftsführer und Personalleiter nach den wichtigsten Kompetenzen von Nachwuchskräften gefragt, stehen die interkulturellen Kompetenzen und Auslandserfahrungen weit vorne. Hier spiegelt sich die Internationalisierung des Maschinen- und Anlagenbaus wider. Wenn die weltweiten Produktions-, Service- und Vertriebsgesellschaften vernetzt sind, sind gerade das Verständnis für andere Kulturen und Wirtschaftsräume sowie fundierte Sprachkenntnisse für den Erfolg einer Auslandsinvestition entscheidend. In die gleiche Richtung zielen die Anforderungen der Unternehmen, die interdisziplinären und methodischen bzw. sozialen Kenntnisse von Nachwuchskräften zu stärken.

Wer im weltweiten Wettbewerb seine Produkte an den Mann bringen will, darf sich nicht nur auf sein theoretisches Wissen verlassen. Gefragt sind Fähigkeiten, gemeinsam mit Kollegen aus anderen Disziplinen (ingenieur- oder naturwissenschaftlichen ebenso wie kaufmännischen) Problemlösungen für den Kunden zu entwickeln.[18] Der deutsche Maschinen- und Anlagenbau steht weltweit für diese Problemlösungskompetenz.

Diese für die internationale Wettbewerbsfähigkeit so wichtigen Qualifikationsanforderungen sind bei der Reform der Ingenieurausbildung hin zu international vergleichbaren Bachelor- und Master-Abschlüssen wichtig. Einerseits darf es zu keinen Qualitätseinbußen im theoretischen Grundlagenwissen kommen und andererseits müssen neue Kompetenzanforderungen gestärkt werden.

### 10.4.4.4 Innovationskraft stärken

Wer international die Nase vorn haben will, investiert in Forschung und Entwicklung. Der Erfolg des Maschinen- und Anlagenbaus basiert in hohem Maße darauf, neueste Technologien aus den Bereichen Sensorik, Elektronik, Informations- sowie Nanotechnologie zur Anwendung zu bringen.

Die Unternehmen des Maschinen- und Anlagenbaus geben daher rund 4 Prozent ihres Umsatzes für die vorrangig anwendungsorientierte Forschung und Entwicklung aus. Mit großem Erfolg: Mit 28 Prozent der weltweiten Patentanmeldungen in den Jahren 1998 bis 2000 liegt der deutsche Maschinenbau vor den USA und Japan an der Spitze. Dass die Anzahl der Mitarbeiter im Bereich Forschung und Entwicklung im Zeitraum von 2001 bis 2003 um 3 Prozent gestiegen ist, zeigt die Bedeutung von Innovationen für die Wettbewerbsfähigkeit.

Die industrielle Gemeinschaftsforschung stellt sich dabei als die effektivste und breitenwirksamste Fördermaßnahme heraus. Die Unternehmen des Maschinen- und Anlagenbaus können auf ein effektives Kompetenznetzwerk aus Hochschulen und außeruniversitären Forschungsstellen bauen.

Die anwendungsorientierte Forschung ist aber nur ein Teil der Forschungslandschaft, und auch Forschungsstandorte stehen im weltweiten Wettbewerb. So ist z. B. auf gesamtwirtschaftlicher Basis festzustellen, dass die Europäische Union bei den Ausgaben für Forschung und Entwicklung hinter die USA zurückfällt.[19]

Auch könnte die Entbürokratisierung zu vermehrten Aktivitäten in Forschung und Entwicklung ermutigen. Denn die Gefahr ist groß, dass aus dem Land, das so viele Innovationen und Innovatoren hervorgebracht hat, zunehmend ein Land der Zauderer wird, das vornehmlich technologische Risiken statt der Chancen sieht. Der *Brain Drain*, d. h. die Abwanderung wissenschaftlicher Nachwuchskräfte, tut sein Übriges, um die Forschungslandschaft langfristig zu gefährden.

---

18 Vgl. Felle (2005).
19 Vgl. Fehrecke (2005).

## 10.4.5 Fazit

Der deutsche Maschinen- und Anlagenbau ist weltweit gut positioniert und bezieht seine Wettbewerbsvorteile vor allem aus dem technologischen Vorsprung gegenüber den Mitbewerbern. Die traditionell hohe Exportquote zeigt die starke Einbindung der Unternehmen in die Weltwirtschaft.

Vor allem neue Wachstumsmärkte wie China und Indien bieten neue Absatzmöglichkeiten, allerdings treten Unternehmen aus diesen Ländern inzwischen verstärkt auch als Wettbewerber auf. Vor allem das hohe Faktorkostenniveau bedeutet für den deutschen Maschinen- und Anlagenbau einen Standortnachteil, der die gegenwärtige Wettbewerbsposition gefährdet. Daher zielt die Unternehmens- und Produktionsstrategie im Rahmen der Globalisierung darauf ab, die bestehenden technologischen Wettbewerbsvorteile auszubauen sowie neue Märkte zu erschließen und gleichzeitig die Kosten zu senken.

Dabei kann die hohe Komplexität von Produktionsnetzwerken mit global verteilten Standorten dazu führen, dass sich vor allem kleine und mittelständische Unternehmen überfordert fühlen. In der Regel bestimmt auch die Motivation für die Auslandsinvestition maßgeblich die zur Wahl stehenden Standorte. Während asiatische Standorte mit einem attraktiven Marktwachstum locken, werden Produktionsstätten in Osteuropa häufig als „verlängerte Werkbänke" aufgebaut, bei denen eine hohe qualitative und terminliche Zuverlässigkeit sichergestellt werden muss. Dies trifft vor allem auf Unternehmen zu, die aufgrund der Produktion in Großserie sowie einer geringen Quote in Forschung und Entwicklung tendenziell eher zu einer kosteninduzierten Produktionsverlagerung neigen.[20]

Auch wenn Auslandsinvestitionen und Produktionsverlagerungen unterschiedlich motiviert sind; eines ist ihnen gemeinsam: Sie stärken die Wettbewerbsfähigkeit des Unternehmens insgesamt. Die Markterschließung und der Bezug preisgünstiger Maschinenkomponenten sind wesentliche Beiträge zu einer wettbewerbsfähigen Produktionsstrategie.

Ob kostenmotivierte Produktionsverlagerungen in Zukunft weiter ansteigen werden, hängt im Wesentlichen vom wirtschaftspolitischen Umfeld ab. Auf die vorhandenen Standortvorteile wie z. B. das hohe Qualifikationsniveau, die Kreativität und die Leistungsbereitschaft der Mitarbeiter kann Deutschland aufbauen. Die Verbesserung der wirtschaftlichen Rahmenbedingungen und der Wettbewerbsfähigkeit des Produktionsstandorts Deutschland haben wir selbst in der Hand, wenn die Veränderungsbereitschaft vorhanden ist. Ein großer Fehler wäre es jedoch, die Globalisierung nur als Bedrohung zu sehen und zu versuchen, den damit verbundenen Standortwettbewerb durch Protektionismus einzudämmen. Dass die Globalisierung enorme Chancen bietet, zeigt die hohe Exportquote des Maschinen- und Anlagenbaus.

---

20 Vgl. Kinkel (2004).

# Anhang

## Hintergrundinformationen zur Initiative „ProNet" und der Analysemethodik

### A.1.1 Die Initiative „ProNet"

Die Initiative ProNet ist ein kooperatives Forschungsprojekt von McKinsey & Company, Inc. und dem Institut für Produktionsmanagement, Technologie und Werkzeugmaschinen (PTW) der Technischen Universität Darmstadt. Im Rahmen dieses Projektes wurde eine Unternehmens-Befragung durchgeführt, deren Ergebnisse mit in dieses Buch eingeflossen sind. Es wurden Interviews mit mehr als 100 Vertretern von 54 Unternehmen geführt, die schwerpunktmäßig aus der Automobilzulieferindustrie, dem Maschinenbau und der Elektronikindustrie stammen (Abbildung A.1). Die persönlichen Interviews mit Entscheidungsträgern und Entscheidungsvorbereitern ermöglichen die vertiefte Diskussion der unternehmensspezifischen Situation und der tieferliegenden Ursachen für den Erfolg und Misserfolg beim Aufbau globaler Produktionsstrukturen. Die Interviews haben insbesondere dazu beigetragen, dass Verständnis für die „weichen" Einflussfaktoren – wie den Know-how-Transfer oder die Probleme beim Einsatz von Expatriates – beim Aufbau neuer Produktionsstätten zu stärken. Zusätzlich wurden für etwa die Hälfte der Unternehmen detaillierte Informationen erhoben, die eine genauere Analyse der Fakten ermöglichte, die den Interviewpartnern im Gespräch naturgemäß nicht unmittelbar präsent waren.

Im Kontext der PoNet-Initiative wurden auch auf Basis zahlreicher Datenquellen Analysen zu Standortfaktoren durchgeführt, die teilweise mit in die Beiträge dieses Buches eingeflossen sind. Ähnliches gilt für das ProNet-Modell – ein quantitatives Optimierungsinstrument für Entscheidungen über Produktionsstandorte und Strukturen von Produktionsnetzen – das zur Erstellung der mit Unternehmen erarbeiteten Fallstudien genutzt wurde. Ferner ist auf den Beitrag der zahlreichen Gesprächspartner – von Produktionsleitern in Malaysia über den Leiter der Industriemontageabteilung eines deutschen Dienstleisters bis hin zum Qualitätsmanager in Mexiko – zu verweisen, die wertvolle Hinweise und Erkenntnisse beigesteuert haben. Dies gilt auch für zahlreiche Berater von McKinsey & Company in den USA, in Deutschland, Skandinavien, Italien und Japan sowie China, Indien, Mexiko und den osteuropäischen Büros.

### A.1.2 „Vorreiter vs. Nachzügler" – Analysemethodik zur ProNet-Umfrage

Anhand der Befragungsergebnisse wurden die „Vorreiter" der globalen Produktion – Unternehmen mit weit-

*Hintergrundinformationen zur Initiative „ProNet" und der Analysemethodik*

reichender Erfahrung und großem Erfolg in ihren internationalen Operations – sowie eine Vergleichsgruppe weniger ambitionierter „Nachzügler" gegenübergestellt. Nachzügler sind jene Unternehmen, die entweder nur wenig Erfahrung mit ausländischen Produktionsstandorten haben oder Schwierigkeiten, in den verlagerten Werken die volle Leistung zu erzielen bzw. diese Werke zu managen. Die Vorreiter stellen das obere Drittel und die Nachzügler das untere Drittel der Rangliste dar. Die Rangfolge leitet sich aus drei Kategorien von Einflussfaktoren ab:

**1.** Im Interview genannte Ergebniskennzahlen (gewichtet mit 25%) zur tatsächlichen Leistungsfähigkeit des Unternehmens im Rahmen der globalen Produktion: zu diesen Kennzahlen zählen Kostensenkung durch Standortverlagerung (gemessen im Vergleich zum Indus¬triebenchmark), Qualitätsniveau neuer Werke, Erzielung der Verlagerungsziele des Unternehmens sowie Hochlaufzeit zur Kammlinie (= Soll-Kapazität).

**2.** Finanzielle Leistungsfähigkeit des Unternehmens/Geschäftsbereichs (gewichtet mit 25%): In die Bewertung der finanziellen Leistungsfähigkeit flossen ein, die Gewinne des Jahres 2003, das Umsatzwachstum der letzten drei Jahre sowie die Gesamtkapitalrentabilität.

**3.** Unabhängige Einschätzung von Erfahrung und Kompetenzen des Unternehmens in der weltweiten Produktion (gewichtet mit 50%): Diese Abschätzung erfolgte anhand von Bewertungen in fünf Unterkategorien. Dies waren: Der aktuelle Anteil an der Gesamtproduktion in Niedriglohnländern, die Angemessenheit des Profils der globalen operativen Plattform des Unternehmens insgesamt (Produktion, FuE, Einkauf, Verwaltungsfunktionen), die Erfolgsquote bei der Verlagerung von Produktionsstätten ins Ausland, eine klar erkennbare globale Produktionsstrategie, die mit Konsequenz durch das Management vorangetrieben wird.

**Die Interviews wurden schwerpunktmäßig in Europa durchgeführt und waren relativ gleichmäßig über die Fokusbranchen verteilt.**

Abb. A.1: Anteil der Interviews
in Prozent

- 54 Unternehmen*
- 27 zusätzliche Interviews und Faktenbasis durch detaillierten Fragebogen

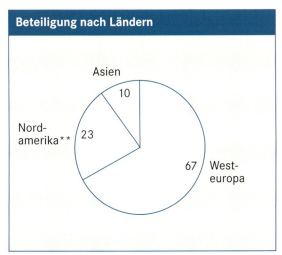
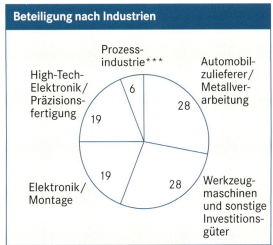

\* Teilweise mit mehreren Interviewpartnern
\*\* Einschl. Mexiko
\*\*\* Bspw. Feinchemie
Quelle: McKinsey/PTW (ProNet-Umfrage)

Die Untersuchung fußt auf Analysen mit einem statistischen Konfidenzniveau über 99% in fast allen Fällen (und immer mindestens 95%).

Ein interessanter Fakt im Kontext des Vergleichs von „Vorreitern" und „Nachzüglern" ist, dass weder innerhalb der Vorreiter- noch innerhalb der Nachzüglergruppe eine signifikante Tendenz hinsichtlich Industrie, geografischer Region oder Unternehmensgröße erkennbar war. Vorreiter und Nachzügler sind in allen Industrien und geografischen Gebieten zu finden und unter mittelständischen Unternehmen ebenso wie unter Großkonzernen.

# Abbildungsverzeichnis

## KAPITEL 1

| | | |
|---|---|---|
| Abb. 1.1: | Entwicklung der Globalisierung in drei Phasen | 4 |
| Abb. 1.2: | Entwicklung der Siemens-Auslandsaktivitäten | 5 |
| Abb. 1.3: | Direktinvestitionen* im Ausland | 7 |
| Abb. 1.4: | Entwicklung der internationalen Unternehmensaktivitäten* | 8 |
| Abb. 1.5: | Entwicklung der Anteile weltweiter Produktionsstandorte von Fernsehgeräten | 8 |
| Abb. 1.6: | Änderung des Produktionsnetzwerks durch die drei größten EMS*-Provider zwischen 1992 und 2002 | 9 |
| Abb. 1.7: | Entwicklung der Arbeitskostenunterschiede | 11 |
| Abb. 1.8: | Entwicklung der Transportkosten zwischen 1830 und 2004 | 12 |
| Abb. 1.9: | Industriespezifische Marktöffnung Chinas | 13 |
| Abb. 1.10: | Rahmenbedingungen globaler Produktion | 15 |
| Abb. 1.11: | Bedeutung des Produktionsstandorts Osteuropa für die deutsche Automobilzulieferindustrie | 17 |
| Abb. 1.12: | Reales Bruttoinlandsprodukt | 18 |
| Abb. 1.13: | Struktur des chinesischen Marktes, 2002 | 19 |
| Abb. 1.14: | Ergebnisse der Optimierung von Produktionsnetzwerken etablierter Unternehmen mit Produktion an Hochlohnstandorten | 20 |
| Abb. 1.15: | Beispiel eines erfolgreichen Aufbaus einer Produktion von Überlaufventilen in China | 21 |
| Abb. 1.16: | Lücke zum Wettbewerb | 23 |
| Abb. 1.17: | Kreditlinie gegenüber notwendigen Ausgaben für die Restrukturierung von Grundig | 24 |
| Abb. 1.18: | Clusterentwicklung Ventilatoren | 25 |
| Abb. 1.19: | Strukturelle Unterschiede der Branchen | 28 |
| Abb. 1.20: | Automobilproduktion deutscher Hersteller 1957–2004 | 29 |
| Abb. 1.21: | Produktionsnetzwerk der BMW Group | 30 |
| Abb. 1.22: | Nominale Weltproduktion Werkzeugmaschinen | 32 |
| Abb. 1.23: | Wertschöpfungsanteile in der Elektronik* | 33 |
| Abb. 1.24: | Eingesparte Produktionskosten bezogen auf das Stammwerk | 34 |

## KAPITEL 2

| | | |
|---|---|---|
| Abb. 2.1: | Einflussfaktoren der Standortwahl – Standort- und Prozessfaktoren | 38 |
| Abb. 2.2: | Relevanz von Kriterien bei der Auswahl von Produktionsstandorten | 40 |
| Abb. 2.3: | Betrachtungsumfang und Relevanz Einflussfaktoren | 42 |
| Abb. 2.4: | Reales Bruttoinlandsprodukt (BIP)* | 44 |
| Abb. 2.5: | Intensität des Stahlverbrauchs pro Land, 1980–2003 | 46 |
| Abb. 2.6: | Marktanteile Fahrzeuge unter 6 t, 2003 | 47 |
| Abb. 2.7: | Entwicklung Stahlkonsum/-produktion in China und Westeuropa | 48 |
| Abb. 2.8: | Entwicklung erfolgreicher Schwellenländer | 52 |
| Abb. 2.9: | BIP pro Kopf* | 53 |
| Abb. 2.10: | Vergleich der sektoralen Beschäftigungsstruktur, 2003 | 54 |
| Abb. 2.11: | Strukturelle Unterschiede bei den Arbeitskosten – Beispiele | 55 |
| Abb. 2.12: | Arbeitskostenaufschlag für internationale Unternehmen | 57 |
| Abb. 2.13: | Indikatorenschema und länderspezifische Kapitalkostensätze | 59 |
| Abb. 2.14: | Rohmaterial- und Energiekosten im Vergleich | 60 |
| Abb. 2.15: | Arbeitsproduktivität* – Beispiel: Automobilfertigung in Indien** | 62 |
| Abb. 2.16: | Vergleich von Werken in der Elektronikfertigung | 63 |
| Abb. 2.17: | Entwicklung von Ausbildungs- und Einkommensniveau | 64 |
| Abb. 2.18: | Anzahl junger, hoch qualifizierter Arbeitnehmer*, 2003 | 65 |

| | | | |
|---|---|---|---|
| Abb. 2.19: | Fertigungsqualitäten nach Ursprungsland | | 67 |
| Abb. 2.20: | Fertigungs- und Materialkosten bei Berücksichtigung diskreter Maschinenkapazität | | 69 |
| Abb. 2.21: | Luftfrachtraten (netto, *airport-to-airport*) | | 70 |
| Abb. 2.22: | Seefrachtraten – Einflussfaktoren | | 73 |
| Abb. 2.23: | Durchschnittliche Transportkosten zum Weltmarkt* mit See-/Landtransport | | 75 |
| Abb. 2.24: | Transportkosten – Trend | | 76 |
| Abb. 2.25: | Entscheidungsschema zur Errichtung von CKD*-Montagewerken | | 82 |
| Abb. 2.26: | Aufspannen von Karosserieteilen vor der Verschweißung mit handgeführten Klemmen | | 83 |
| Abb. 2.27: | Effekt von Währungskursschwankungen auf Produktprofitabilität | | 83 |
| Abb. 2.28: | Währungskurssicherung bei EADS/Airbus | | 86 |
| Abb. 2.29: | Preisindex für Molkereiprodukte in Deutschland und den USA sowie Wechselkursverhältnis | | 88 |
| Abb. 2.30: | Differenz der Preise von Molkereiprodukten in den USA und Deutschland vs. Währungseffekt | | 89 |
| Abb. 2.31: | Operative Maßnahmen* zur Reduktion des Risikos durch Währungskursschwankungen | | 90 |
| Abb. 2.32: | Beschlagnahmungen durch das Deutsche Zollamt | | 91 |
| Abb. 2.33: | Technologieschutz und Lohnniveau | | 92 |
| Abb. 2.34: | Produktvergleich Chevrolet Spark – Chery QQ | | 93 |
| Abb. 2.35: | Höhe und Struktur von Anlaufkosten | | 96 |
| Abb. 2.36: | Höhe und Art von Restrukturierungskosten | | 98 |
| Abb. 2.37: | Einkommensniveau und Abfindungshöhe in Jahresgehältern | | 99 |

## KAPITEL 3

| | | | |
|---|---|---|---|
| Abb. 3.1: | Betrachtungsumfang und Auswahlprozess | | 104 |
| Abb. 3.2: | Vorgehensmodelle bei der Standortwahl | | 105 |
| Abb. 3.3: | Betrachtungsumfang bei einfachem Ausschlussverfahren | | 106 |
| Abb. 3.4: | Betrachtungsumfang bei Portfolio-Analyse | | 109 |
| Abb. 3.5: | Portfolio-Analyse von Produktionsprozessen | | 110 |
| Abb. 3.6: | Betrachtungsumfang bei integriertem Vorgehen | | 111 |
| Abb. 3.7: | Integriertes Vorgehen und Bedeutung des lokalen Standortkonzepts | | 112 |
| Abb. 3.8: | Einfache Verfahren zur Standortwahl – Beispiele | | 118 |
| Abb. 3.9: | Finanzwirtschaftliche Betrachtungsweisen | | 121 |
| Abb. 3.10: | Einmalaufwand bei Produktionsverlagerungen | | 123 |
| Abb. 3.11: | Indikatoren zur Bewertung von Standortoptionen | | 123 |
| Abb. 3.12: | Verfahren und Analyseumfang bei der Standortwahl | | 128 |
| Abb. 3.13: | Betrachtungsumfang und Relevanz der Einflussfaktoren | | 129 |
| Abb. 3.14: | Einfaches Schema zur Ländervorauswahl – Eignungsklassifizierung für Produktionsprozesse | | 131 |
| Abb. 3.15: | Schema einer dynamischen Investitionsrechnung | | 134 |
| Abb. 3.16: | Praxisbeispiel: Pragmatische Investitionsrechnung für eine Produktionsverlagerung (in Mio. EUR p. a.) | | 136 |
| Abb. 3.17: | Investitionsplanungs- und Entscheidungsprozess bei Deutsche Post AG | | 137 |
| Abb. 3.18: | Gremien auf der Ebene des Konzernvorstands bei Deutsche Post AG | | 138 |

## KAPITEL 4

| | | | |
|---|---|---|---|
| Abb. 4.1: | Sensitivitätsanalyse | | 147 |
| Abb. 4.2: | Integrierte Globalisierungsstrategie – Übersicht | | 149 |
| Abb. 4.3: | Regionale Auftrags und Mitarbeiterverteilung | | 152 |
| Abb. 4.4: | Regionale Balance von Produktion und Absatz | | 154 |
| Abb. 4.5: | Vergleich der Arbeitskostenstruktur in der Produktion | | 155 |
| Abb. 4.6: | Veränderung von regionalen Produktionsanteilen | | 156 |

*Abbildungsverzeichnis*

| | | |
|---|---|---|
| Abb. 4.7: | Industriekostenstruktur | 156 |
| Abb. 4.8: | Aufstrebende Unternehmen mit Ursprung in Niedriglohnländern | 157 |
| Abb. 4.9: | Entwicklung von Preisen und Importen aus NLL, 1998–2003* | 158 |
| Abb. 4.10: | Kernprodukte und sonstiges Produktportfolio | 162 |
| Abb. 4.11: | Fertigungsschritte – Beispiel | 163 |
| Abb. 4.12: | Fertigung einer Komponente – Input-Output-Matrix | 164 |
| Abb. 4.13: | Modellhafte Beschreibung von Produktionsprozessen | 165 |
| Abb. 4.14: | Globale Produktionsnetzwerke – idealtypische Strukturen | 170 |
| Abb. 4.15: | Kosten der Verfügbarkeit im Markt (Total Landed Costs)* | 175 |
| Abb. 4.16: | Produktionskette für ein Automobilgetriebe | 177 |
| Abb. 4.17: | Produktionsnetzwerke in der Ausgangslage (Fallstudie) | 178 |
| Abb. 4.18: | Optimierungsstufen und Einflussfaktoren | 179 |
| Abb. 4.19: | Standortwahl ausschließlich nach Fertigungs- und Materialkosten (Fallstudie) | 180 |
| Abb. 4.20: | Standortwahl unter Einbeziehung von Markt und Logistik (Fallstudie) | 181 |
| Abb. 4.21: | Standortwahl unter Berücksichtigung von Skaleneffekten, Automatisierung und lokalen Fähigkeiten (Fallstudie) | 182 |
| Abb. 4.22: | Standortwahl bei Einbeziehung externer Faktoren (Fallstudie) | 185 |
| Abb. 4.23: | Nettocashflow, bezogen auf das Ausgangsszenario | 186 |
| Abb. 4.24: | Kapazitätsplanung je Fertigungsschritt – Werk Mexiko | 188 |
| Abb. 4.25: | Kosten der Verfügbarkeit im Markt (Total Landed Costs)* | 189 |
| Abb. 4.26: | Fertigung einer Rumpfstrukturkomponente – vereinfachtes Prozessmodell | 191 |
| Abb. 4.27: | Kosten der Verfügbarkeit im Markt (Total Landed Costs)* | 192 |
| Abb. 4.28: | Ranking der Standorte für die Teilefertigung | 194 |
| Abb. 4.29: | Kosten der Verfügbarkeit im Markt (Total Landed Costs)* | 195 |
| Abb. 4.30: | Produktionsprozessmodell (mehrere Produktlinien) | 196 |

## KAPITEL 5

| | | |
|---|---|---|
| Abb. 5.1: | Einsparungen durch Standortwahl und Änderung der Fertigungstechnik | 202 |
| Abb. 5.2: | Vergleich der Herstellkosten in Hoch- und Niedriglohnländern bei unterschiedlichem Automatisierungsgrad | 204 |
| Abb. 5.3: | Qualifikationsniveau und notwendige Berufserfahrung | 205 |
| Abb. 5.4: | Arbeitssysteme mit unterschiedlichem Automatisierungsgrad | 206 |
| Abb. 5.5: | Kostendegression bei zehnfacher Stückzahl | 207 |
| Abb. 5.6: | Optionen zur Anpassung der Fertigungstechnik und Produktkonstruktion | 210 |
| Abb. 5.7: | Anteil alternativer Produktkonstruktionen in verschiedenen Branchen* | 211 |
| Abb. 5.8: | Konzept der Technologiedifferenzierung am Beispiel eines Messgeräts | 212 |
| Abb. 5.9: | Vergleich der Wirtschaftlichkeit alternativer Fertigungsverfahren in der Montage | 215 |
| Abb. 5.10: | Bearbeitungskonzepte zur Herstellung einer Getriebeschnecke | 216 |
| Abb. 5.11: | Vorgehen zur Reduzierung des Automatisierungsgrads bei Verlagerung von Fertigung an Niedriglohnstandorte | 217 |
| Abb. 5.12: | Manuelle Montage von Motorrad-Schaltgetrieben bei Hero-Honda in Gurgaon, Indien | 218 |
| Abb. 5.13: | Automatisiertes Schweißen der Kraftstoffbehälter durch einen Roboter | 218 |
| Abb. 5.14: | Alternative Fertigungsverfahren und Produktkonstruktionen – Beispiel Luftfahrzeugbau | 220 |
| Abb. 5.15: | Alternative Fertigungsverfahren mit Änderung der Produktkonstruktion – Beispiele | 221 |
| Abb. 5.16: | Vollautomatisierte Anlage zum Auswuchten von Elektroankern | 222 |
| Abb. 5.17: | Wirtschaftliche Möglichkeiten der lokalen Anpassung in unterschiedlichen Branchen | 223 |
| Abb. 5.18: | Antriebsgelenkscheibe | 224 |
| Abb. 5.19: | Fertigung einer Antriebsgelenkscheibe – Hauptfertigungsschritte | 225 |
| Abb. 5.20: | Wickelautomat für Antriebsgelenkscheiben | 225 |

| | | |
|---|---|---|
| Abb. 5.21: | Alternative Verfahren zum Fügen eines Elektromotors und Getriebes | 227 |
| Abb. 5.22: | Alternative Fertigungsverfahren – Beispiel Ankerwellen für Elektromotoren | 229 |
| Abb. 5.23: | Änderung der Fertigungskosten, Kapitalintensität und Bauteilqualität | 230 |
| Abb. 5.24: | Anpassung der Fertigungstechnik – Einmalaufwendungen | 231 |
| Abb. 5.25: | Anpassung der Fertigungstechnik – laufende Mehraufwendungen | 233 |
| Abb. 5.26: | Wirtschaftliche Fertigungsalternativen für Niedriglohnstandorte | 234 |
| Abb. 5.27: | Wirtschaftliche Fertigungsalternativen – gesamthafte Bewertung | 235 |
| Abb. 5.28: | Kraftstofffilter – Struktur und Funktionsweise | 236 |
| Abb. 5.29: | Vergleich unterschiedlicher Montagesysteme | 236 |

## KAPITEL 6

| | | |
|---|---|---|
| Abb. 6.1: | Aufwand und Dauer der Standortgründung | 240 |
| Abb. 6.2: | Beispiele und Einflussfaktoren für Gründungen | 241 |
| Abb. 6.3: | Abgleich von Komplexität und Fähigkeiten | 243 |
| Abb. 6.4: | Standortwahl eines Automobilzulieferers in Südkorea | 246 |
| Abb. 6.5: | Vorgehen bei lokaler Standortwahl in der Zielregion | 247 |
| Abb. 6.6: | Häufigkeit und Erfolg von Eintrittsformen | 248 |
| Abb. 6.7: | Zusätzlicher Personalaufwand bei Standortgründung | 251 |
| Abb. 6.8: | Ansätze zur Stellenbesetzung an neuen Auslandsstandorten | 252 |
| Abb. 6.9: | Bewertung des Einsatzes von lokalem Management und *Expatriates* | 254 |
| Abb. 6.10: | Organigramm des Auslandsstandorts | 256 |
| Abb. 6.11: | Vorbereitung von Mitarbeitern auf Auslandseinsatz | 259 |
| Abb. 6.12: | Rekrutierung und Schulung von Fertigungspersonal an Auslandsstandorten | 265 |
| Abb. 6.13: | Geplante und tatsächliche Hochlaufkurve | 266 |
| Abb. 6.14: | Hochlaufstrategie – Modus 1 | 267 |
| Abb. 6.15: | Hochlaufstrategie – Modus 2 | 268 |
| Abb. 6.16: | Hochlaufstrategie – Modus 3 | 269 |
| Abb. 6.17: | Hochlaufstrategie – Modus 4 | 270 |
| Abb. 6.18: | Vergleich Maschinentransfer mit Neukauf (Standardmaschine)* | 271 |
| Abb. 6.19: | Erfolgsfaktoren beim Betriebsmitteltransfer | 272 |

## KAPITEL 7

| | | |
|---|---|---|
| Abb. 7.1: | Historie und Prinzipien von Organisationsstrukturen | 276 |
| Abb. 7.2: | Idealtypische Anpassung der Organisationsstruktur | 278 |
| Abb. 7.3: | Auswahlschema zum Grad der Unabhängigkeit der Werke | 281 |
| Abb. 7.4: | Kontinuierliches Spektrum zwischen Service Center und SBU | 283 |
| Abb. 7.5: | Ergebnis ProNet-Umfrage: Grad der Abhängigkeit | 284 |
| Abb. 7.6: | Pro und Contra der Ansätze zur Festlegung von Verrechnungspreisen | 286 |
| Abb. 7.7: | Idealtypische Entwicklung eines Produktionsstandorts | 287 |
| Abb. 7.8: | Themenfelder des Supply Chain Management | 288 |
| Abb. 7.9: | Änderungen für die Logistik durch die Globalisierung der Supply Chain | 289 |
| Abb. 7.10: | Beispiele für Hürden der Logistik in China | 290 |
| Abb. 7.11: | Segmentierung des Transportvolumens | 294 |
| Abb. 7.12: | Gestaltungsoptionen der Distribution bei auftragsbezogener Fertigung | 295 |
| Abb. 7.13: | Gestaltungsoptionen der Distribution bei Lagerfertigung | 297 |
| Abb. 7.14: | Optimiertes Distributionsnetzwerk zur Pharmabelieferung | 298 |
| Abb. 7.15: | Abhängigkeit der erzielbaren Kostenverbesserung von der Anzahl regionaler Lager | 299 |
| Abb. 7.16: | Regionale Distribution – Beispiel | 301 |

| | | |
|---|---|---|
| Abb. 7.17: | Optimale Transportpolitik | 303 |
| Abb. 7.18: | Durchschnittliche Anzahl Anläufe neuer Baureihen pro Jahr | 305 |
| Abb. 7.19: | Globale Produktionsprogrammplanung der Mercedes Car Group | 306 |
| Abb. 7.20: | Wirkungsmatrix der Regeln und Methoden | 313 |
| Abb. 7.21: | Material and Information Flow Analysis (MIFA) | 314 |
| Abb. 7.22: | Mercedes-Benz-Produktionssystem (MPS) | 317 |
| Abb. 7.23: | Mercedes-Benz-Produktionssystem – Methode 2.2.2: Visualisierung | 319 |
| Abb. 7.24: | Overall Equipment Effectiveness (OEE) | 320 |

## KAPITEL 8

| | | |
|---|---|---|
| Abb. 8.1: | Materialkostenanteil* in der deutschen Industrie | 326 |
| Abb. 8.2: | Kostensenkungspotenzial eines Automobilzulieferers durch Verlagerung und Beschaffung aus Niedriglohnländern | 327 |
| Abb. 8.3: | Einsparungspotenzial bei Zukaufteilen durch Beschaffung in Niedriglohnländern | 327 |
| Abb. 8.4: | Zeitplan für Lieferantenaufbau | 328 |
| Abb. 8.5: | Zehnstufiger Beschaffungsprozess für Niedriglohnländer | 332 |
| Abb. 8.6: | Verifikation von Drehteillieferanten in Osteuropa | 333 |
| Abb. 8.7: | Anfrageformular zur Lieferantenbewertung | 335 |
| Abb. 8.8: | Zusätzliche Preissenkungen durch Verhandlungen | 336 |
| Abb. 8.9: | Formular zur Ermittlung von Zielpreisen | 337 |
| Abb. 8.10: | Prozesscontrolling zur Teilevergabe | 339 |
| Abb. 8.11: | Typische Einkaufsorganisation in einem Niedriglohnland | 339 |
| Abb. 8.12: | Potenzialerschließung durch Lieferantenentwicklung | 343 |
| Abb. 8.13: | Clean-Sheet Costing – Beispiel Elektronikzubehör | 348 |
| Abb. 8.14: | Linear Performance Pricing – Beispiel Klimaanlagenmotor | 349 |

## KAPITEL 9

| | | |
|---|---|---|
| Abb. 9.1: | Auslandsanteil an FuE, Umsatz und Produktion – 2002 | 352 |
| Abb. 9.2: | Produktions- und Entwicklungsstandorte von ZF | 352 |
| Abb. 9.3: | Beispiel Schnittstelle Entwicklung/Produktion in der Automobilindustrie | 353 |
| Abb. 9.4: | Treiber für FuE-Ko-Lokation | 354 |
| Abb. 9.5: | Typische Phasen im Entwicklungsprozess | 355 |
| Abb. 9.6: | Modelle für die Lokalisation von FuE | 355 |
| Abb. 9.7: | Option 1 für Entwicklungs-Ko-Lokation | 356 |
| Abb. 9.8: | Leitwerkkonzepte: Parallelproduktion und Staffellauf | 357 |
| Abb. 9.9: | Standorte japanischer Autohersteller in Europa | 358 |
| Abb. 9.10: | Option 2 für Entwicklungs-Ko-Lokation | 359 |
| Abb. 9.11: | Option 3 für Entwicklungs-Ko-Lokation | 360 |
| Abb. 9.12: | Option 4 für Entwicklungs-Ko-Lokation | 361 |
| Abb. 9.13: | Marktanteil Ethanolfahrzeuge in Brasilien | 363 |
| Abb. 9.14: | Option 5 für Entwicklungs-Ko-Lokation (Mittel 1990–99) | 365 |
| Abb. 9.15: | Globaler Arbeitsmarkt für Ingenieure | 368 |
| Abb. 9.16: | Innovationen in der Automobilindustrie: Auswahl | 369 |
| Abb. 9.17: | Forschungseffizienz ausgewählter Länder im Vergleich | 370 |

## KAPITEL 10

| | | |
|---|---|---|
| Abb. 10.1.1: | Entwicklung realer Produzenten und Konsumentenlohn | 385 |
| Abb. 10.2.1: | Binnennachfrage und Außenhandel – Wachstumsbeiträge für Deutschland* | 388 |

| | | |
|---|---|---:|
| Abb. 10.2.2: | Sektorale Wertschöpfungsverteilung | 389 |
| Abb. 10.2.3: | Vergleich der Importe aus Niedriglohnländern (NLL) | 391 |
| Abb. 10.2.4: | Weltweite Entwicklung der Industriesegmente, 1980–2004 | 392 |
| Abb. 10.2.5: | Vor- und Nachteile der Produktion in Hochlohnländern | 397 |
| Abb. 10.2.6: | Produktlebenszyklus und Standortwahl – Beispiel Automobilbau | 398 |
| Abb. 10.2.7: | Hebel zur Erhöhung der Standortattraktivität – Produktivitätssteigerung und Faktorkosten | 399 |
| Abb. 10.2.8: | Arbeitszeit im Vergleich | 401 |
| Abb. 10.2.9: | Hebel zur Erhöhung der Standortattraktivität – Ausbildung und Innovationsfähigkeit | 403 |
| Abb. 10.4.1: | Welthandelsanteil im Maschinen- und Anlagenbau | 410 |
| Abb. 10.4.2: | Bedeutung von Strategien zur Verbesserung der Wettbewerbssituation der deutschen Maschinenbauer | 412 |
| Abb. 10.4.3: | Motive für den Aufbau von Produktionsstätten im Ausland, 2001 | 413 |
| Abb. 10.4.4: | Zielregionen für Produktionsverlagerungen, 2001–2003 | 414 |
| Abb. 10.4.5: | Leitz GmbH & Co. KG Werkzeugfabrik – Entwicklung zu einem Global Player | 415 |

**ANHANG**

| | | |
|---|---|---:|
| Abb. A.1: | Anteil der Interviews | 421 |

# Tabellenverzeichnis

| | | |
|---|---|---:|
| Tab. 1.1: | Anteil des intra-industriellen Handels am Außenhandel der Industrienationen | 6 |
| Tab. 1.2: | Zollsenkungen durch GATT-Runden | 14 |
| Tab. 1.3: | Gründe für die Attraktivität einzelner Länder/Ländergruppen | 16 |
| Tab. 2.1: | Durchschnittliche Arbeitskosten je tatsächlicher Arbeitsstunde (für 2004; bei langfristigen, durchschnittlichen Wechselkursen) | 51 |
| Tab. 2.2: | Übersicht über die Effekte unterschiedlicher Fertigungstechnik, Skalenerträgen und Verbundvorteilen auf die Standortwahl | 68 |
| Tab. 3.1: | Perspektiven der Wirtschaftlichkeitsanalyse | 114 |
| Tab. 4.1: | Währungsungleichgewichte (netto) durch unterschiedliche Anteile von Umsatz und Kosten in den Währungszonen. Die Werte gelten für das Produktionsnetzwerk des Fallbeispiels. | 184 |
| Tab. 5.1: | Anpassungsmöglichkeiten von Fertigungstechnik und Produktkonstruktion | 209 |
| Tab. 6.1: | Kriterien für Standortwahl | 244 |
| Tab. 6.2: | Mögliche Unterstützung durch lokale Partner | 248 |
| Tab. 7.B.1: | Durch das *Lean*-Konzept beleuchtete Schwachstellen, Symptome, mögliche Ursachen, wichtige Werkzeuge und Methoden | 322 |

# Literaturverzeichnis

Abele, E. und A. Bitzer (2005a). Praxiserfahrung wünschenswert – Ausbildung in China zu theorielastig. *Metallbearbeitung und Maschinenbau Deutschland: Informationen für die Wirtschaft,* Juli 2005, S. 8–9.

Abele, E. und J. Kluge, Hrsg. (2005b). *How to Go Global – Designing and Implementing Global Production Networks.* Projektbericht „ProNet", McKinsey & Company, Inc., Düsseldorf.

Abele, E., A. Bitzer und J. H. Ihrcke (2004a). Wachstumsmotor in China läuft auf vollen Touren. *Werkstatt und Betrieb (WB),* 7–8/2004, S. 10–12.

Abele, E. und A. Bitzer (2004b). Universitäre und gewerbliche Ausbildung im chinesischen Werkzeugmaschinenbau. *Zeitschrift für wirtschaftlichen Fabrikbetrieb (ZWF),* 99 (2004) 11, S. 609–613.

Abele, E. (2004c). Chinas Werkzeugmaschinenbau: Tiger auf dem Sprung? *Werkstatt und Betrieb (WB),* 7–8/2004, S. 3.

Abele, E., P. Radtke und A. Zielke (2004d). *Die smarte Revolution in der Automobilindustrie.* Redline Wirtschaft, Frankfurt am Main.

Abele, E., J. Elzenheimer und A. Rüstig (2003). Anlaufmanagement in der Serienproduktion. *Zeitschrift für wirtschaftlichen Fabrikbetrieb (ZWF),* 98 (2003) 3, S. 172–176.

ACMA (2005). *Vision 2015 for the Indian Automotive Components Industry: An ACMA-McKinsey Report.* Automotive Component Manufacturers Association of India, New Delhi.

Aggteleky, B. (1987). *Fabrikplanung – Werksentwicklung und Betriebsrationalisierung.* Band 1: Grundlagen – Zielplanung, Vorarbeiten, unternehmerische und systemtechnische Aspekte, Marketing und Fabrikplanung, 2. Auflage, Hanser, München/Wien.

Aksen, D. (1998). *Teach Yourself GAMS.* Bogazici University Press, Istanbul.

Alicke, K. (2005). *Planung und Betrieb von Logistiknetzwerken.* 2. Auflage, Springer, Berlin u. a.

Almeida, C., M. Kotek, M. Pereira und P. Albuquerque (2004). *Alternative Fuel in Brazil. Flex-Fuel Vehicles.* White Paper, UNC Kenan-Flagler Business School, University of North Carolina, Chapel Hill.

Almeida, P. und B. Kogut (1999). Localization of Knowledge and the Mobility of Engineers in Regional Networks. *Management Science,* 45 (1999) 7, S. 905–917.

ANFAVEA (2005). *Anuário Estatístico da Indústria Automobilística Brasileira – 2005.* Associação Nacional dos Fabricantes de Veículos Automotores, São Paulo.

Arntzen, B. C., G. G. Brown, T. P. Harrison und L. L. Trafton (1995). Global Supply Chain Management at Digital Equipment Corporation. *Interfaces,* Vol. 25 (1), S. 69–93.

Backhaus, K., T. Köhl und Y. Hong (2004). Einsatz der Projektfinanzierung in China – eine Analyse der Voraussetzungen und Anwendungsmöglichkeiten. *Arbeitspapiere des Betriebswirtschaftlichen Instituts für Anlagen und Systemtechnologien,* Nr. 23, Westfälische Wilhelms-Universität Münster, Münster.

Baldwin, R. und P. Martin (1999). Two Waves of Globalisation: Superficial Similarities, Fundamental Differences. *NBER Working Paper* 6904.

BCG (2004). *Capturing Global Advantage.* White Paper, The Boston Consulting Group, Inc., Boston.

BDA, Hrsg. (2005). *Auswirkungen der Globalisierung auf die deutsche Volkswirtschaft.* Volkswirtschaftlicher Informationsdienst, Nr. 51, Bundesvereinigung der Deutschen Arbeitgeberverbände, Berlin.

Beckmann, C. (1997). *Internationalisierung von Forschung und Entwicklung in multinationalen Unternehmen.* Zugl. Dissertation, TU Darmstadt. Shaker, Herzogenrath.

Bhutta, K. S. (2004). International Facility Location Decisions: A Review of the Modeling Literature. *International Journal of Integrated Supply Management,* Vol. 1 (1), S. 33–50.

Billio, M. (2002). Simulation-based Methods for Financial Time Series. *Working Paper,* März 2002, Università di Venezia, Venedig.

Bleicher, K. (1991). *Organisation, Strategien, Strukturen, Kulturen.* 2. Auflage, Gabler, Wiesbaden.

BMBF, Hrsg. (2004). *Nanotechnologie erobert Märkte. Deutsche Zukunftsoffensive für Nanotechnologie.* Bundesministerium für Bildung und Forschung, Berlin.

Bodnar, G. M. und R. C. Marston (2003). Exchange Rate Exposure: A Simple Model. In: Choi, J. J. und M. Power, Hrsg. *International Finance Review,* Band 3 (Global Risk Management: Financial, Operational, and Insurance Strategies), Elsevier Science, San Francisco, S. 107–117.

Boyabatli, O. und L. B. Toktay (2004). Operational Hedging: A Review with Discussion. *Working Paper,* INSEAD, Januar 2004.

Brankamp, K. (1999). Zielplanung. In: Eversheim, W. und G. Schuh, Hrsg. *Produktion und Management.* Band 3: Gestaltung von Produktionssystemen, Kapitel 9: Fabrikplanung, Springer, Berlin u. a., S. 31–39.

Brealey, R. und S. Myers (2000). *Principles of Corporate Finance.* McGraw-Hill/Irwin, Boston.

Breen, Bill (2004). Living in Dell Time. *Fast Company,* 88 (November 2004), S. 86.

Breitman, R. L. und J. M. Lucas (1987). PLANETS: A Modeling System for Business Planning. *Interfaces,* Vol. 17 (1), S. 94–106.

Breuer, P. und C. Eltze (2005). Die letzten Handelsschranken für Textilien sind gefallen. *Handelsblatt* (Online-Ausgabe), 30. März 2005.

Brucklacher, D. (2004). *Statement* zur Pressekonferenz am 19.10.2004 zur Vorstellung der VDMA-Trendumfrage 2004, Frankfurt.

Chandler, A. (1969). *Strategy and Structure: Chapters in the History of the American Industrial Enterprise.* The MIT Press, Boston.

China Today (2004). *The McKinsey Quarterly,* Special Edition: China Today.

CII (2004). *Made in India: The Next Big Manufacturing Export Story.* CII-McKinsey Report, Confederation of Indian Industry, Mumbai und New Delhi.

Clement, R. und J. Natrop (2004). Offshoring – Chance oder Bedrohung für den Standort Deutschland? *HWWA Wirtschaftsdienst,* Nr. 8, 2004, S. 519–528

Coenenberg, A. G. (2003). *Kostenrechnung und Kostenanalyse.* 5. Auflage, Schäffer-Poeschel, Stuttgart.

Coenenberg, A. G. (1997). *Jahresabschluß und Jahresabschlußanalyse.* 16. Auflage, Verlag moderne industrie, Landsberg/Lech.

Cohen, M. A. und A. Huchzermeier (1998). Global Supply Chain Management: A Survey of Research and Applications. In: Tayur, S. et al., Hrsg. *Quantitative Models for the Supply Chain Management,* Kluwer Academic Press, Boston.

Commission of the European Communities, Hrsg. (2004). *European Innovation Scoreboard 2004 – Comparative Analysis of Innovation Performance.* Commission Staff Working Papers, SEC 1475, Brüssel, 19.11.2004.

Copeland, T. E. und Y. Joshi (1996). Why Derivatives Don't Reduce FX Risk. *The McKinsey Quarterly,* No. 1, S. 66–79.

Czichy, R. (2002). *Leichtbau in Luft- und Raumfahrt.* Skriptum zum Vortrag im Rahmen des Innovationsforums am Leichtbauzentrum *panta rei,* 21./22. Juni 2002, Technische Universität Cottbus.

Davis, Ian (2005). The Biggest Contract. *The Economist,* 28. Mai 2005, S. 87–89.

Deutsches Zollamt (2005). *Gewerblicher Rechtsschutz.* Jahresbericht 2004, Berlin.

Domschke, W. und A. Drexl (1998). *Einführung in Operations Research.* 4. Auflage, Springer, Berlin u. a.

Dority, J. (1994). *HP Saves $3 Million per Month on Bulk Shippers for Deskjet.* http://www.lansmont.com/newsletters/html/94-10-p1.htm.

Drew, J., B. MacCallum und S. Roggenhofer (2005). *Unternehmen Lean.* Campus, Frankfurt am Main/New York.

Drewry (2004). *The Annual Container Market Review and Forecast 2004/2005.* Drewry Shipping Consultants, Ltd., London, UK.

Drewry (2003). *The Annual Container Market Review and Forecast 2003/2004.* Drewry Shipping Consultants, Ltd., London.

Drexl, A., B. Fleischmann, H.-O. Günther, H. Stadtler und H. Tempelmeier (1994). Konzeptionelle Grundlagen kapazitätsorientierter PPS-Systeme. *Zeitschrift für betriebswirtschaftliche Forschung (ZBF),* Vol. 46, S. 1022–1045.

Droege & Company/PTW (2004). The Emergence of China as an International Competitor to German Machinery Manufacturers. Singapore/Darmstadt/Frankfurt.

Drucker, P. F. (2001). *The Essential Drucker.* Butterworth-Heinemann, Oxford.

Dubbel (2005). *Dubbel – Taschenbuch für den Maschinenbau.* W. Beitz und K.-H. Küttner, Hrsg. 21. Auflage, Springer, Berlin u. a.

Dubbel (1994). *Handbook of Mechanical Engineering.* W. Beitz und K.-H. Küttner, Hrsg. Springer, London.

Economic Times (2005). Productivity-related Salaries. *The Economic Times,* 18. März 2005, New Delhi, S. 1 und S. 12.

Ehl, R. (1999). Realisierung und Inbetriebnahme der Fabrik. In: Eversheim, W. und G. Schuh, Hrsg. *Produktion und Management.* Band 3: Gestaltung von Produktionssystemen, Kapitel 9: Fabrikplanung, Springer, Berlin u. a., S. 93–117.

EIU (2004). *Country Reports.* The Economist Intelligence Unit Limited, London.

EIU (2003). *Country Commerce India.* The Economist Intelligence Unit, New York.

Elschner, Ch., L. Lammersen und R. Schwager (2003). *Der IBC Taxation Index. Die effektive Steuerbelastung von Unternehmen und hoch qualifizierten Arbeitskräften.* Zentrum für Europäische Wirtschaftsforschung, Mannheim.

Erling, J. (2005). Die Macht der Monokultur. *Die Welt,* 3. März 2005, S. 16.

Ernst & Young (2004). *Automobilstandort Deutschland in Gefahr? Automobilbranche auf dem Weg nach Osteuropa und China.* White Paper, Ernst & Young, Eschborn.

Eversheim, W. (1999). Standortplanung. In: Eversheim, W. und G. Schuh, Hrsg. *Produktion und Management.* Band 3: Gestaltung von Produktionssystemen, Kapitel 9: Fabrikplanung, Springer, Berlin u. a., S. 40–56.

Eversheim, W. und G. Schuh, Hrsg. (1996). *Hütte: Taschenbuch für den Betriebsingenieur (Betriebshütte).* 7. Auflage, Akademischer Verein Hütte e.V., Berlin, Springer, Berlin u. a.

Eversheim, W., M. Robens und K. W. Witte (1977). *Entwicklung einer Systematik zur Verlagerungsplanung.* Westdeutscher Verlag, Opladen.

FAS (2005). Fairness zahlt sich aus. (Interview mit Prof. Dr. A. Ockenfels). *Frankfurter Allgemeine Sonntagszeitung,* 27. März 2005, Nr. 12, S. 39.

Fawcett, S. E., L. Birou und B. Cofield Taylor (1993). Supporting Global Operations through Logistics and Purchasing. *International Journal of Physical Distribution & Logistics Management,* Vol. 23, Nr. 4, S. 3–11.

FAZ (2001). Der Süden Mexikos hinkt dem Norden hoffnungslos hinterher. *Frankfurter Allgemeine Zeitung,* 28. Februar 2001.

Fehrecke, H., J. Harre, S. Hartung, A. Kampker, R. Köppel, L. Laufenberg, F. Lehmann, T. Monsau, P. Schmidt, G. Schuh und P. Wegehaupt (2005). Globale Produktionsnetze – die Zukunft der Produktion in Deutschland. In: Brecher, C., F. Klocke, R. Schmitt und G. Schuh, Hrsg. *Wettbewerbsfaktor Produktionstechnik – Aachener Perspektiven.* Shaker, Herzogenrath.

Feldhusen, J. (2005). Konstruktionslehre I. *Gestalten unter Restriktionen.* Vorlesungsskript, Lehrstuhl und Institut für allgemeine Konstruktionstechnik des Maschinenbaus, RWTH Aachen.

Feller, C. (2005). Initiative Ingenieurausbildung. *VDMA-Nachrichten,* Nr. 7/2005, Frankfurt, S. 27.

Fernau, A. K. (1997). *Standortwahl als Komponente der Wettbewerbsfähigkeit.* Zugl. Dissertation, Deutscher Universitäts-Verlag, Wiesbaden.

Fortune (2004). *Asian Edition,* 27. Dezember 2004.

Franck, I. und D. M. Brownstone (1986). *The Silk Road: A History.* Facts on File Publications, New York.

Friedrich, R. (1995). *Produktionsverlagerung ins Ausland – Entscheidungshilfe für mittelständische Unternehmen.* Rationalisierungs-Kuratorium der Deutschen Wirtschaft (RKW) e. V., Eschborn.

Gassmann, O. und M. von Zedtwitz (1998). Organization of Industrial R&D on a Global Scale. *R&D Management,* 28 (1998) 3, S. 147–161.

Gassmann, O. (1997). *Internationales F&E-Management. Potentiale und Gestaltungskonzepte transnationaler F&E-Projekte.* Zugl. Dissertation, Oldenbourg, München/Wien.

Godau, M. (2001). *Die Bedeutung weicher Standortfaktoren bei Auslandsinvestitionen mit besonderer Berücksichtigung des Fallbeispiels Thailand.* Dissertation, Technische Hochschule Aachen.

Greb, R. und A. Hassan (2001). Die F&E-Produktivität von global verteilten F&E-Organisationen. *DBW,* 61 (2001) 4, S. 462–477.

Gutenberg, E. (1965). *Grundlagen der Betriebswirtschaftslehre.* Band 1: Die Produktion. Springer, Berlin u. a.

Hack, G. D. (1999). *Site Selection for Growing Companies.* Quorum Books, Westpoint, Connecticut.

Hammond, J. und H. Lee (2004). *China and the Global Supply Chain.* Online-Präsentation, Juli 2004, http://mba.tuck.dartmouth.edu/digital/programs/corporateroundtables/supplychainthoughtleaders/session7slides.pdf.

Hansmann, K.-W. (1974). *Entscheidungsmodelle zur Standortplanung von Industrieunternehmen.* Zugl. Dissertation, Gabler, Wiesbaden.

Harding, C.-F. (1988). Quantifying Abstract Factors in Facility-Location Decisions. *Industrial Development,* Mai/Juni 1988, S. 24–27.

Hardock, P. (2000). *Produktionsverlagerung von Industrieunternehmen ins Ausland: Formen, Determinanten, Wirkung.* Zugl. Dissertation, Deutscher Universitätsverlag/Gabler, Wiesbaden.

Hartung, J. (1999). *Statistik.* 10. Auflage, Verlag Vahlen, München.

Hartweg, E. (2003). *Instrumentarium zur Gestaltung innerbetrieblicher Produktionsnetzwerke.* Zugl. Dissertation, Shaker, Herzogenrath.

Hau, H. (1999). Comment on „Corporate Risk Management for Multinational Corporations: Financial and Operational Hedging Policies". *European Finance Review,* Vol. 2, S. 247–249.

Haug, P. (1992). An International Location and Production Transfer Model for High Technology Multinational Enterprises. *International Journal of Production Research,* Vol. 30, Nr. 3, S. 559–572.

Heidemann, T. und F. Rackwitz (2005). Aufbruch in den Zweiten Gürtel. Was bei Standortverlagerungen der Automobil- und Zulieferbranche zu beachten ist. *Ost-West Contact. Das Wirtschaftsmagazin für Ost-West-Kooperation,* 51 (2005), Spezialheft zur Ukraine, S. 24–25.

Heise (2005). Mehr als 100 Millionen Internetnutzer in China. URL: http://www.heise.de/newsticker/meldung/61173, 28. Juni 2005.

Henzler, H. und W. Rall (1985a). Aufbruch in den Weltmarkt (Teil 1). *ManagerMagazin,* 9/1985, S. 176–190.

Henzler, H. und W. Rall (1985b). Aufbruch in den Weltmarkt (Teil 2). *ManagerMagazin,* 10/1985, S. 254–262.

Henzler, H. und W. Rall (1985c). Aufbruch in den Weltmarkt (Teil 3). *ManagerMagazin,* 11/1985, S. 166–173.

Hippler, J. (2005). Failed States und Globalisierung. Zerfallende Staaten. *Aus Politik und Zeitgeschichte,* 28–29/2005, Bundeszentrale für politische Bildung, Bonn.

Holtbrügge, D. (2003). Personalmanagement in multinationalen Unternehmungen. In: Holtbrügge, D., Hrsg. *Management multinationaler Unternehmungen.* Springer, Heidelberg, S. 199–215.

Huchzermeier, A. und M. Cohen (1996). Valuing Operational Flexibility under Exchange Rate Risk. *Operations Research,* Vol. 44, Nr. 1, S. 100–113.

Huchzermeier, A. (1994). *Valuing Operational Flexibility under Exchange Rate Risk,* Präsentation an der Graduate School of Management, 2. Dezember 1994, University of Chicago.

Hüther, M. (2005). Globalisierung: Mehr Chancen als Risiken. In: Global Marshall Plan Initiative, Hrsg. *Impulse für eine Welt in Balance.* Hamburg.

Hur, Y.-H. (2002). *Konzept zur Kooperationsgestaltung in globalen Produktionsstrukturen.* Zugl. Dissertation, FBK-Produktionstechnische Berichte, Band 42, Universität Kaiserslautern.

IAS 37.

IATA (2003). *Air Cargo Annual*. International Air Transport Association, Aviation Information & Research Department, Geneva/Montreal.

ifo (2005). Basar-Ökonomie Deutschland – Exportweltmeister oder Schlusslicht? *ifo Schnelldienst*, 6/2005, ifo Institut für Wirtschaftsforschung e.V., München.

ILO (2004). *Yearbook of Labour Statistics*. International Labour Organization, Geneva (siehe auch URL: http://laborsta.ilo.org).

ILOG (2005). *ILOG Optimization Suite*. White Paper, ILOG SA, Gentilly.

IMD (2003). *World Competitiveness Yearbook 2003*. IMD, Lausanne.

International Textile Manufacturers Federation, Global Trade Information Service (Chinesisches Handelsministerium).

iwd (1999). *Arbeitsmarkt international. Vertrauen ist gut, Kontrolle ist besser.* Nr. 47 (25. November 1999), Informationsdienst des Instituts der deutschen Wirtschaft Köln.

Jacob, F. (2005). *Quantitative Optimierung dynamischer Produktionsnetzwerke*. Dissertation, Technische Universität Darmstadt (voraussichtliches Erscheinungsdatum Dezember 2005).

Japan Automobile Manufacturers Association (2004). *Common Challenges, Common Future. Japanese Automakers in an Enlarged Europe*. Bonn.

Jiang, B. (2003). What Pulled Sony out of China. *Supply Chain Management Review*, Nr. 1, S. 22–27.

Kammel, A. und D. Teichelmann (1994). *Internationaler Personaleinsatz*. Oldenbourg, München.

Karakaya, F. und C. Canel (1998). Underlying Dimensions of Business Location Decisions. *Industrial Management & Data Systems*, Vol. 7, S. 321–329.

Kaufmann, L., D. Panhans, B. Poovey und B. Sobotka (2005). *China Champions*. Gabler, Wiesbaden.

Killius, N., J. Kluge und L. Reisch, Hrsg. (2003). *Die Bildung der Zukunft*. Suhrkamp, Frankfurt am Main.

Killius, N., J. Kluge und L. Reisch, Hrsg. (2002). *Die Zukunft der Bildung*. Suhrkamp, Frankfurt am Main.

Kinkel, S. und G. Lay (2004). Produktionsverlagerungen unter der Lupe. *Mitteilungen aus der Produktionsinnovationserhebung*, Nr. 34, Karlsruhe.

Kinkel, S., P. Jung Erceg und G. Lay (2002). Auslandsproduktion – Chance oder Risiko für den Produktionsstandort Deutschland. *Mitteilungen aus der Produktionsinnovationserhebung*, Nr. 26, Karlsruhe.

Kirka, Ö. und M. M. Köksalan (1995). An Integrated Production and Financial Planning Model and Application. *IEE Transactions*, Vol. 28, S. 677–686.

Kluge, J. (2003). *Schluss mit der Bildungsmisere*. Campus, Frankfurt am Main/New York.

Koch, E. (2000). *Globalisierung der Wirtschaft*. Verlag Vahlen, München.

Krugman, P. R. und M. Obstfeld (2004). *Internationale Wirtschaft. Theorie und Politik der Außenwirtschaft.* 6. Auflage, Pearson Studium, München.

Krystek, U. und E. Zur, Hrsg. (2002). *Handbuch Internationalisierung: Globalisierung – eine Herausforderung für die Unternehmensführung*. 2. Auflage, Springer, Berlin u. a.

Kuhn, A. (2002). *Schneller Produktionsanlauf von Serienprodukten. Ergebnisbericht der Untersuchung „fast ramp-up".* Verlag Praxiswissen, Dortmund.

Kuhn, A. und H. Hellingrath (2002). *Supply Chain Management. Optimierte Zusammenarbeit in der Wertschöpfungskette.* Springer, Berlin u. a.

Kutschker, M. und S. Schmid (2005). *Internationales Management*. 4. Auflage, Oldenbourg, München.

Laick, T., G. Warnecke und J. C. Aurich (2003). Hochlaufmanagement. Sicherer Produktionshochlauf durch zielorientierte Gestaltung und Lenkung des Produktionsprozesssystems. *PPS Management*, 8 (2003) 2, S. 51–54.

Laick, T., M. Hiller, C. Wagenknecht und G. Warnecke (2001). Erfahrungssicherung bei der Fabrikplanung am Beispiel des Produktionsstandortaufbaus und dessen Anlauf. *Zeitschrift für wirtschaftlichen Fabrikbetrieb (ZWF)*, 96 (2001) 7–8, S. 365–368.

Lay, G., S. Kinkel, T. Eggers, A. Schulte und P. Le (2001). *Globalisierung erfolgreich meistern*. VDMA Verlag, Frankfurt.

Lee, D. (2005). Former Stock Capital Has Unraveled: China's Business Strategies Give Companies the Edge in the Production Battle Against U.S. Competitors. *Los Angeles Times*, 24. April 2005.

Lenga, G. (1999). Deutsch-russische Joint Ventures. In: Schaumburg, H., Hrsg. *Internationale Joint Ventures. Management – Besteuerung – Vertragsgestaltung*. Schäffer-Poeschel, Stuttgart, S. 549–608.

Lewis, W. W. (2004). *The Power of Productivity: Wealth, Poverty, and the Threat to World Stability.* The University of Chicago Press, Chicago.

Liebmann, H.-P. (1971). *Standortwahl als Entscheidungsproblem*. Zugl. Dissertation, Physica Verlag, Würzburg.

Liker, J. (2003). *The Toyota Way: 14 Management Principles from the World's Greatest Manufacturer.* McGraw-Hill, Boston.

Lindemann, U. (2005). *Produktentwicklung und Konstruktion*. Vorlesungsskript, Technische Universität München.

Long, D. (2003). *International Logistics: Global Supply Chain Management*. Springer, Berlin u. a.

Lustig, I. J. und J.-F. Puget (2001). Program Does Not Equal Program: Constraint Programming and Its Relationship to Mathematical Programming. *Interfaces*, Vol. 31 (6), S. 29–53.

Maddison, A. (2001). *The World Economy: A Millennial Perspective.* OECD, Paris.

Madura, J. (2003). *International Financial Management.* 7. Auflage, Thomson South-Western, Mason.

ManagerMagazin (2005). Defekte Dieselpumpen: Bosch und die Folgekosten. *ManagerMagazin* (Online-Ausgabe), 7. Februar 2005.

ManagerMagazin (2004). Trends: China. *ManagerMagazin*, 9/2004, S. 88–96.

ManagerMagazin (1995). Flucht nach Osten. *ManagerMagazin*, 10/1995, S. 250–265.

Masson, P. (2001). *Globalization:* Facts and Figures. International Monetary Fund, Oktober 2001, S. 6.

McKinsey (2005). Klare Signale. *McK-Wissen (Energie)*, 12/2005, McKinsey & Company, Inc., Hamburg, S. 24–25.

McKinsey (2002). *McK-Wissen (Cluster)*, 1/2002, McKinsey & Company, Inc., Hamburg.

Meijboom, B. und B. Vos (1997). International Manufacturing and Location Decisions: Balancing Configuration and Co-ordination Aspects. *International Journal of Operations & Production Management*, Vol. 17 (8), S. 790–805.

Meyer, T. (2005). *Globale Produktionsnetzwerke. Ein Ansatz zur Entwicklung strategischer Standortkonzepte.* Dissertation, Technische Universität Darmstadt (voraussichtliches Erscheinungsdatum Dezember 2005).

MGI (2003). New Horizons: *Multinational Company Investment in Developing Economies.* White Paper, McKinsey Global Institute, Oktober 2003, McKinsey & Company, Inc., San Francisco.

Min, H. und W. P. Galle (1991). International Purchasing Strategies of Multinational U.S. Firms. *International Journal of Purchasing and Materials Management*, Nr. 3 (Sommer 1991), Vol. 27, S. 9–18.

Mintzberg, H., B. Ahlstrand und J. Lampel (1999). *Strategy Safari.* Ueberreuther, Wien.

Müller-Stewens, G., S. Willeitner und M. Schäfer (2002). Stand und Entwicklungstendenzen von Cross-Border-Akquisitionen. In: Krystek, U. und E. Zur, Hrsg. *Handbuch Internationalisierung: Globalisierung – eine Herausforderung für die Unternehmensführung.* 2. Auflage, Springer, Berlin u. a., S. 141–170.

Murphy, J. V. und R. W. Goodman (1998). Building a Tax-Effective Supply Chain. *Global Logistics and Supply Chain Strategies*, November 1998, Digital Edition (siehe: www.supplychainbrain.com).

Neuhaus, M. (2005). Vorsprung durch Öffnung, Integration in Weltwirtschaft lässt Wachstumsrate steigen. *Deutsche Bank Research*, 325, 6. Juli 2005, Frankfurt am Main.

Nixdorf, A. (2003). Am Anfang war die Not. *McK Wissen (Operations)*, 5/2003, McKinsey & Company, Inc., Hamburg, S. 8–15.

OECD (2005). *Country Risk Classifications of the Participants to the Arrangement on Officially Supported Export Credits.* Organisation for Economic Co-operation and Development, Paris.

Owen, S. H. und M. S. Daskin (1998). Strategic Facility Location: A Review. *European Journal of Operational Research*, Vol. 111, S. 423–447.

Paquet, M., A. Martel und B. Montreuil (2003). *A Manufacturing Network Design Model Based on Processor and Worker Capabilities.* Technical Report, CENTOR Research Center, Université Laval, Québec.

Pawlik, A. (2003). *Personalmanagement und Auslandseinsatz. Kulturelle und personalwirtschaftliche Aspekte.* Gabler, Wiesbaden.

Peren, F. W. und R. Clement (1998). Direktinvestitionen: eine bessere Risikoanalyse. *Harvard Business Manager*, Nr. 6, S. 71–77.

Perlmutter, H. (1996). The Tortuous Evolution of the Multinational Corporation. *Columbia Journal of World Business*, Vol. 4, 1/2, 1969, S. 9–18.

Perridon, L. und M. Steiner (1999). *Finanzwirtschaft der Unternehmung.* 10. Auflage, Verlag Vahlen, München.

Ponder, J. (2005). Prinzip Vollgas. *Spiegel Online*, 22. August 2005.

Porter, M. E. (1998). *The Competitive Advantage of Nations.* Free Press, New York.

Porter, M. E. (1990). The Competitive Advantage of Nations. *Harvard Business Review*, 3–4/1990, S. 73–93.

Produktion (2004a). Neue Märkte: Wenn der beste Mann zu Hause fehlt. *Produktion*, Nr. 22, 2004.

Produktion (2004b). Mathe für Standort-Entscheidungen. *Produktion*, Nr. 23, 2004.

Produktion (2004c). Die Lohn-Konkurrenz. *Produktion*, Nr. 22, 2004.

ProNet-Umfrage (2005). Vgl. Abele (2005b).

Raghunatha, V. (2005). Economic Life vs. Depreciation Rate. *The Economic Times*, 19. März 2005, New Delhi, S. 8.

Rammer, C., B. Peters, T. Schmidt, B. Aschhoff, T. Doherr und H. Niggemann (2005). *Innovationen in Deutschland. Ergebnisse der Innovationserhebung 2003 in der deutschen Wirtschaft.* ZEW Wirtschaftsanalysen, Schriftenreihe des Zentrums für Europäische Wirtschaftsforschung (ZEW), Band 78, Baden-Baden.

Reich, R. (1996). *Die neue Weltwirtschaft.* Fischer, Frankfurt am Main.

Reichwald, R. und H. Wildemann (1995). *Kreative Unternehmen: Spitzenleistung durch Produkt- und Prozessinnovation.* Schäffer-Poeschel, Stuttgart.

Ricardo, D. (1817). *Principles of Political Economy and Taxation.* Prometheus Books, New York.

Rodrigue, J.-P. et al. (2005). *Transport Geography on the Web.* Hofstra University, Department of Economics and Geography, http://people.hofstra.edu/geotrans.

Rowthorn, R. und R. Ramaswamy (1999). *Growth, Trade, and Deindustrialization.* International Monetary Fund, IMF Staff Papers, Vol. 46, Nr. 1, März 1999.

Rürup, B. (2005). *Globalisierung und Alterung: Herausforderungen für den Sozial- und Steuerstaat.* Vortrag, gehalten anlässlich der Verleihung des Karl-Bräuer-Preises am 7. Juni 2005 in Frankfurt am Main.

Sachverständigenrat (2004). *Erfolge im Ausland - Herausforderungen im Inland.* Sachverständigenrat zur Begutachtung der gesamtwirtschaftlichen Entwicklung, Jahresgutachten 2004/2005, November 2004, Wiesbaden.

Sachverständigenrat (2003). *Staatsfinanzen konsolidieren - Steuersystem reformieren.* Sachverständigenrat zur Begutachtung der gesamtwirtschaftlichen Entwicklung, Jahresgutachten 2003/04, November 2003, Wiesbaden.

Samuelson, P. A. (2004) Where Ricardo and Mill Rebut and Confirm Arguments of Mainstream Economists Supporting Globalisation. *Journal of Economic Perspectives,* 3 (Sommer 2004) Vol. 18, S. 135–146.

Schaaf, J. und M. Weber (2005). Offshoring-Report 2005 - Ready for Take-off. *Deutsche Bank Research,* 52, 14. Juni 2005, Frankfurt am Main.

Schallner, H. (2001). *Eine generative Produktionsplattform für dynamische Produktionsnetzwerke.* Zugl. Dissertation, Shaker, Herzogenrath.

Schellberg, O. (2002). *Effiziente Gestaltung von Produktionsnetzwerken.* Zugl. Dissertation, Berichte aus der Produktionstechnik, Nr. 22/2002, RWTH Aachen, Shaker, Herzogenrath.

Scherm, E. (1999). *Internationales Personalmanagement.* Oldenbourg, München.

Schindler, C. (2002). Unternehmensbewertung im Rahmen von Cross-Border-Akquisitionen. In: Krystek, U. und E. Zur, Hrsg. *Handbuch Internationalisierung: Globalisierung – eine Herausforderung für die Unternehmensführung.* 2. Auflage, Springer, Berlin u. a., S. 171–182.

Schmidt, H. (1998). *Globalisierung: politische, ökonomische und kulturelle Herausforderungen. Düsseldorfer Vorlesungen.* Deutsche Verlags-Anstalt, Stuttgart.

Schreier, J. (2004). Schutzrechte. Theorie und Praxis. *Maschinenmarkt,* 41/2004, S. 16–18.

Schuh, G. und B. Franzkoch (2004). Fast Ramp-up. Anlaufstrategien, Deviationsmanagement und Wissensmanagement für den Anlauf. In: VDI, Hrsg. *Zeit gewinnen durch flexible Strukturen.* 5. Jahrestagung Automobillogistik, Leipzig, 22. und 23. September 2004, VDI-Gesellschaft Fördertechnik, Materialfluss, Logistik. VDI-Berichte, Nr. 1849, Düsseldorf, S. 69–80.

Schuh, G., H. Riedel, I. Abels und J. Desoi (2002). Serienanlauf in branchenübergreifenden Netzwerken. Eine komplexe Planungs- und Kontrollaufgabe. *Werkstattstechnik online,* 92 (2002) 11/12, S. 657–661.

Schulz, W. (2004). Taiwans neue High-Tech-Offensive. *VDI Nachrichten,* 30. April 2004, S. 30–31.

Siebert, H. (1997). *Weltwirtschaft.* UTB, Stuttgart.

Silver, E. A., D. F. Pyke und R. Peterson (1998). *Inventory Management and Production Planning and Scheduling.* 3. Auflage, John Wiley, New York.

Simchi-Levi D., P. Kaminsky und E. Simchi-Levi (2002). *Designing and Managing the Supply Chain.* 2. Auflage, McGraw-Hill/Irwin, Boston.

Simon, H. und A. von der Gathen (2002). *Das große Handbuch der Strategieinstrumente.* Campus, Frankfurt am Main/New York.

Sinn, H.-W. (2005). *Basar-Ökonomie Deutschland - Exportweltmeister oder Schlusslicht?* ifo Schnelldienst, Sonderausgabe, Nr. 6, 58. Jg., April 2005.

Sinn, H.-W. (2005). Lösen Sie mit am deutschen Rätsel: Wie ein Exportweltmeister zugleich auch Schlußlicht sein kann. *Frankfurter Allgemeine Zeitung,* 9. April 2005, S. 42.

Specht, G., C. Beckmann und J. Amelingmeyer (2002). *F&E-Management. Kompetenz im Innovationsmanagement.* 2. Auflage, Schäffer-Poeschel, Stuttgart.

Spiegel (2005). Nicht ins eigene Knie schießen. (Interview mit Berthold Huber). *Der Spiegel,* 6. Juni 2005, S. 77.

Spiegel Online (2004), US-Rüstungsmarkt: EADS-Cowboys reiten für Old Europe. *Spiegel Online,* 15. November 2004.

Stahl, G. (1998). *Internationaler Einsatz von Führungskräften.* Oldenbourg, München.

Statistisches Bundesamt (2005). *Statistisches Jahrbuch für die Bundesrepublik Deutschland und für das Ausland: Ausgabe 2004.* 2 Bände, Statistisches Bundesamt, Wiesbaden.

Steib, H. (2005). Deutsche Maschinenexporteure 2004 erneut Weltspitze. *VDMA-Nachrichten,* Nr. 8/2005.

Steinmüller, P. (1997). Betriebsverlagerung: Intensives Abstimmen spart Zeit. Garant für den Erfolg ist der minimale Produktionsausfall. *Industrieanzeiger,* 47–48 (1997), S. 24–26.

Stephan, K.-D. (1999). Vertragsgestaltung bei internationalen Joint Ventures. In: Schaumburg, H., Hrsg. *Internationale Joint Ventures. Management - Besteuerung - Vertragsgestaltung.* Schäffer-Poeschel, Stuttgart, S. 97–130.

Stremme, U. (2001). Internationales Produktionsmanagement: Strategiekonzept zum Management internationaler Produktionsaktivitäten. *Controlling,* 7/2001, S. 357–363.

Tempelmeier, H. (2003). *Material-Logistik - Modelle und Algorithmen für die Produktionsplanung und -steuerung und das Supply Chain Management.* 5. Auflage, Springer, Berlin u. a.

Tempelmeier, H. (1999). *Material-Logistik - Modelle und Algorithmen für die Produktionsplanung und -steuerung und das Supply Chain Management.* Springer, Berlin u. a.

Thommen, J.-P. und A.-K. Achleitner (1998). *Allgemeine Betriebswirtschaftslehre.* 2. Auflage, Gabler, Wiesbaden.

Thonemann, U. (2005). *Operations Management.* Pearson, München.

Thonemann, U., K. Behrenbeck, R. Diederichs, J. Großpietsch, J. Küpper und M. Leopoldseder (2003). *Supply Chain Champions – was sie tun und wie Sie einer werden.* Gabler, Wiesbaden.

Tong, H.-M. und C. K. Walter (1980). An Empirical Study of Plant Location Decisions of Foreign Manufacturing Investors in the United States. *Columbia Journal of World Business,* Nr. 1, S. 66-73.

Treier, V. (2005). *Investitionen im Ausland. Ergebnisse einer DIHK-Umfrage bei den Industrie- und Handelskammern.* Deutscher Industrie- und Handelskammertag, Berlin.

UBS (2003). UBS Price and Earnings Report 2003.

Uphoff, H. (1978). *Bestimmung des optimalen Standortes mit Hilfe der Profilmethode.* Dissertation, Berlin.

Vahs, D. (2005). *Organisation.* Schäffer-Poeschel, Stuttgart.

VDI Nachrichten (2004a). *Risiken neuer Standorte werden häufig unterschätzt.* VDI Nachrichten, Nr. 45, 5. November 2004, S. 4.

VDI Nachrichten (2004b). Einsparungen wurden überschätzt. *VDI Nachrichten,* 2. April 2004, S. 5.

VDW (2004). *Die deutsche Werkzeugmaschinenindustrie im Jahr 2004.* Verein Deutscher Werkzeugmaschinenindustrie, Frankfurt am Main.

Veloso, F. (2001). *Local Content Requirements and Industrial Development: Economic Analysis and Cost Modeling of the Automotive Supply Chain.* Dissertation, Massachusetts Institute of Technology (MIT), Boston.

Vidal, C. und M. Goetschalckx (1997). Strategic Production-Distribution Models: A Critical Review with Emphasis on Global Supply Chain Models. *European Journal of Operational Research,* Nr. 1/1998, S. 1-18.

Vogel, M. (2002). *Erfolgsfaktoren für Investitionen im Ausland. Equity Joint Ventures und deren Finanzierung. Ein rechtlicher Leitfaden.* FAZ-Institut für Management-, Markt- und Medieninformationen, Köln.

Vos, B. und H. Akkermans (1996). Capturing the Dynamics of Facility Location. *International Journal of Operations & Production Management,* Vol. 16 (11), S. 57-70.

Vögele-Ebering (2004). Osteuropa wird zur Boom-Region der Automobil-Zulieferindustrie. Blühende Landschaften auf der grünen Wiese. *Industrieanzeiger,* 39/2004, S. 27-29.

Walter, N. (2002). Die vielen Vorteile der Globalisierung. *Thüringische Landeszeitung,* 5. Januar 2002.

WEF (2005). *The World Competitiveness Report 2004-2005.* K. Schwab (Hrsg.), World Economic Forum.

Welch, J. und S. Welch (2005). *Winning.* Campus, Frankfurt am Main/New York.

Welge, M. W. und D. Holtbrügge (2003). *Internationales Management – Theorien, Funktionen, Fallstudien.* 3. Auflage, Schäffer-Poeschel, Stuttgart.

Werner, M. und R. Wiechers (2005). Produktionsverlagerungen im Maschinenbau. VDMA-Nachrichten, Nr. 2/2005.

Werner, M. (2003). *Auslandsproduktion und Produktionsverlagerung.* Blitzumfrage des VDMA, Frankfurt am Main.

Wiendahl, H.-P. (2005). *Betriebsorganisation für Ingenieure.* 5. Auflage, Hanser, München/Wien.

Wiendahl, H.-P. (1999). Grundlagen der Fabrikplanung. In: Eversheim, W. und G. Schuh, Hrsg. *Produktion und Management.* Band 3: Gestaltung von Produktionssystemen, Kapitel 9: Fabrikplanung, Springer, Berlin u. a., S. 1-30.

Wunderer, R. (1997). Internationales Personalmanagement – ausgewählte Problemfelder und Lösungsansätze. In: Clermont, A. und W. Schmeisser, Hrsg. *Internationales Personalmanagement.* Verlag Vahlen, München, S. 255-271.

Zedtwitz, M. (2003). Initial Directors of International R&D Laboratories. *R&D Management,* 33 (2003) 4, S. 377-393.

Zheng, L. und F. Possen-Dölken, Hrsg. (2002). *Strategic Production Networks.* Springer, Berlin u. a.

Zier, P. (2004). Produzieren in Russland. Was bei Greenfield- und Brownfield-Projekten zu beachten ist. In: Ost-Ausschuss der Deutschen Wirtschaft, Hrsg. *Investieren in Russland: Chancen für den Mittelstand. Fakten, Erfahrungen, Tipps.* OWC-Verlag für Außenwirtschaft, Berlin, S. 38-42.

Zirbik, J. (2003). Zick-Zack. *brand eins,* 6/2003, S. 98-102.

# Stichwortverzeichnis

## A

Abfindungszahlungen 98, 99
Ablauforganisation 287
Absatzverlagerung 151
Akquisition 5, 27, 247
alternative Fertigungstechnik 175, 229
Anforderungsprofil 118, 257
Anlaufaufwendungen 95
Anpassung Werkstückkonstruktion 219
Ansiedlungsvorhaben 239
Antriebsgelenkscheibe 225
Applikationsentwicklung 354
Arbeitsproduktivität 62 f., 179
Arbeitskosten 10, 40, 50 f., 146 f., 155, 179, 188, 219
– Angleichung 52
– Struktur 155
– Vorteile 50, 155
Arbeitslose 54
Arbeitslosenquote 55, 404
Arbeitsmarkt 367, 378 f., 394, 417
Arbeitsmarktpolitik 386 f.
Arbeitsproduktivität 61 f., 179, 387
Arbeitssystem 205
– manuelle 205
Arbeitszeit 51
– Flexibilisierung 51, 395
– Verlängerung 400
Aufbauorganisation 275
auftragsbezogene Fertigung 76, 293, 296
Ausbildung 64 f., 152, 202, 376, 402 f.
Ausbildungskapazitäten 66
Ausfallrisiko 59, 130
Auslandsinvestitionen 7, 43, 383, 408, 409 f.
Ausschlusskriterien 106, 107
Ausschlussverfahren 104
Auswahlkriterien 37 f.
Auswahlprozess 102, 108, 129, 245
Auswuchtanlagen 222
Automatisierung 62, 71, 205 f.
– im Niedriglohnland 217
Automatisierungsgrad 71, 206, 213, 214, 359
Automobilindustrie 29, 221, 392, 396, 404
Automobilmarkt 47
Automobilzulieferer 17, 156
Automobilzulieferindustrie 66, 174, 211

## B

Beitrittsländer 53, 411 f.
Beschaffung 15, 68 f. 89, 95, 106, 146, 288, 325 ff.
Beschaffungsprozess 332
Best of Benchmarking 336
Bestandskosten 76

Bestandsstrategie 295
Bestellmenge 293
Betriebsmitteltransfer 270

## C

Change-Management 318
CKD-Montage 6, 82 f., 207
Clean-Sheet Costing 347
Cluster 26, 84
Cost Center 281

## D

Deutungshoheit 153, 364
Dienstleistungssektor 43, 44, 386, 390
Differenzialbauweise 219
Direktinvestitionen 7, 379 f., 414
Distributionsnetzwerk 292
Drittland-Manager 253
dynamische Investitionsrechnung 135
dynamische Perspektive 42, 95

## E

„eingeschwungener" Zustand 116
Einflussfaktoren 39
Einkauf  siehe Beschaffung
Einmalaufwendungen 98, 226, 231
Eintrittsform (Markteintritt) 247
Electronics Manufacturing Services (EMS) Provider 8
Elektro- und Elektronikindustrie 29, 63, 212, 392, 397
Elektromotoren 228
Elementarfaktoren 50
Entscheidungsunterstützungssysteme 122, 126
Entsendung 251
Entwicklungsabteilungen 351
Entwicklungsanbindung 353
Entwicklungsstandorte 367
Erweiterungsinvestitionen 128
Erzeugnisstruktur 111
Expatriate(s) 56, 97, 246, 250, 251, 257, 260
externe Risiken 81

## F

Fach- und Führungskräfte 62, 65, 251
Faktorinputmengen 163
Faktorkosten 10, 38, 50 f., 61, 71, 201
Faktorkostenstruktur 150, 201
Faktorkostenunterschiede 84, 203
Fertigungspersonal 264
Fertigungsqualität 67, 215
Fertigungsstückkosten 230
Fertigungstechnik 71, 202, 209
– arbeitsintensive 63, 202
– branchenspezifische 221
– kapitalintensive 202

– innovative 224
– Optionen 209
– standortgerechte 71, 121
– Wechselwirkung mit Produktkonstruktion 209
Fertigungstechnik im Netzwerk 230
Fertigungsverfahren 39, 63, 71, 121, 177, 224, 226
– alternative 177
– Betreuungsaufwand 232
– Bewertung und Auswahl von 226
– dominante 224
– Flexibilität 203, 205 f.
Fixkosten 61, 68 f., 111, 205 f.
Flexibilität 86, 113, 203, 205, 289
Fluktuationsrate, Personal 58, 261
Forschung 354
forschungsintensiv 365
Forschungsstandorte 368
Frachtraten 74
Freihandelszonen 14
FuE 351
Führungsstil 253
Funktionsumfang 115

## G

GATT-Abkommen 6, 14
gesamtwirtschaftliche Entwicklung 62, 374
Geschäftssegmente 109
Gesellschaftliche Rahmenbedingungen 58, 375
gesellschaftliche Transformation 66
gewerbliche Schutzrechte 91
Gewinnsteuern 79
globale Beschaffung 329
Globalisierung 3, 41 f., 84 f., 145 f., 374 ff., 419
Grenzen einer manuellen Lösungsfindung 132
Grundstück 246

## H

Handelshemmnisse 10, 15, 78, 80 f., 182, 207, 346
Hauptfertigungsschritte 161, 225
Hauptlauf 298
Hedging 25, 85 f.
hierarchische Planung 108, 305
Hochlauf der Produktion 265
Hochlaufstrategie 265, 267

## I

Industrialisierung 45
Infrastruktur 62, 67, 165, 244
Inlandsnachfrage 45, 410
Innovation 25, 169, 226, 243, 353 f., 369 f., 376, 393, 397 f., 406, 411 f., 418
Inputfaktormengen 38, 193
Integralbauweise 219
integrierter Ansatz 104, 111, 113
Interdependenzen (Standortauswahl) 110

Investitionsbedarf 187
Investitionsquote 44, 394
Investitionsrechnung 103, 120 f., 128, 134, 136, 140 f.

## J

Jahresarbeitszeit *siehe Arbeitszeit*
Joint Venture 57, 81, 92, 93, 140, 247 f., 259

## K

Kaizen 312
Kapazitätshochlauf 266
Kapitalbindung 76
Kapitalbindungskosten 72, 300
Kapitalkosten 50, 130
Kapitalproduktivität 61 f.
Kapitalwertrechnung 109, 116
Karosseriebau 213
Karriereplanung 258
Kleinserienfertigung 205
Know-how
– Cluster 3, 152, 356, 367
– Träger 264
– Transfer 254
– Verlust 207
Ko-Lokation 354
Kommunikation 254
Komplexität 39, 107, 114, 125, 239, 241
komplexitätsmindernde Strategie 265
Komplexitätstreiber 242, 267
Konsolidierungsebenen 295
Konsumgüterelektronik 64, 153, 189
kontinuierliche Weiterentwicklung 226
Kontrollmechanismen 216
Kontrollrechte 250
Kooperationsanreiz 250
Kostensenkung 15, 145
Kostenstrukturen 161
Kostenvergleichsrechnung 116
Kundenanforderungen 40, 203, 206
Kundenfreigabe 232
Kundenpräferenzen 47, 210

## L

Lagerbestände 70, 97, 302, 313, 321
Lagerfertigung 293
Landed-Cost-Modell 114, 336
länderspezifischer Kapitalkostensatz 59, 117
Landwirtschaft 54
Lean-Transformation 312
leistungsabhängige Vergütungen 280
Leistungsträger 263
Leitwerkkonzept 357
Lenkpreis 284
Letter of Intent 336, 337

Lieferanten
- Audit 337
- Auswahl 332
- Entwicklung 341
- Struktur 153

Lieferbeziehungen 149
Lieferzeitanforderungen 38, 72, 123 f., 171
Linear Performance Pricing 347
Local Content 12, 413
Logistikkosten 179, 301
Lohnspreizung 50
lokale Beschaffung 329
lokale Partner 247
lokale Produktion 5, 170 f.
Low-Cost-Anbieter 8
Luftfracht 73, 303

## M

Managementteam 255
Markennamen 5, 91
Markterschließung 15, 16, 145
Markterschließungsdruck 43
Marktöffung 13
Marktpreise 87
Marktstruktur 201
Marktzugang 60, 375
Maschinenverfügbarkeit 67
Massenproduktion 3
Materialaufwand 59, 326
Materialfluss 213
MIFA-Ansatz 314
Migrationsplan 113
Mitarbeiterpool 253
Mitarbeiterverfügbarkeit 153
Modellierung der Geschäftsprozesse 125
modifizierte Kapitalwertmethode 128, 134
Monatsproduktionsprogramm 307
Montagesysteme 236
multimodaler Transport 301
Musterfreigabe 232

## N

Nachfolgeplanung 257
Nachfrageentwicklung 45
Netzwerkstrukturen 169
Netzwerktyp 172, 189, 192, 195
- „Hub and Spoke" 172, 195
- „Netzstruktur" 173
- „Kette" 172, 189
- „Weltfabrik" 192

Neukauf von Betriebsmitteln 271
Niedriglohnländer 157, 203
- Importe aus 157

## O

Offshoring 6
Operational Hedging 26, 85 f.
Operations Research 122
Opportunitätskosten 72, 231
Optimierungsmodell 119, 175, 188
Organisationsform 275
organisatorische Fähigkeiten 169
Overall Equipment Effectiveness (OEE) 319

## P

Partnerschaften 247
Patente 91, 368
Personalbeschaffung 261
Personalentwicklung 255, 257
Personalfluktuation 58, 204
Personalkosten 55, 253
Personalmanagement 58, 250, 261
Planungsaufwand 167
Plattformentwicklung 354
Plattformstrategie 360
politische Stabilität 107, 130
Portfolio-Analyse 104, 108
PPS-Systeme 307
Produktionsanlauf 95, 187, 265
Produktionsnetzwerk(e) 2, 9, 31, 37 f., 80, 104, 110, 116, 146, 173, 190, 193, 235
- Implementierung und Management 168
- Migration 146, 166, 184
- Neugestaltung von 146, 173
- Zielstruktur 146, 165, 178, 190, 193

Produktionsprogrammplanung 303
Produktionsprozessmodell 160
Produktionsstandort 169
- Aufbau 169

Produktionsstart 270
Produktionssysteme 312
Produktionsvolumen 205
Produktionsvorlauf 272
Produktivität 61, 72
Produktivitätssteigerungen 157
Produktkonstruktion 208, 209, 211
- Anpassung 211
- Optionen 209

Produktlebenszyklen 39, 77 f., 123, 232
Produktpiraterie 92 f., 207
Produktplattform 360
Produktportfolio 160
Produktqualität 215, 240
Profit Center 281
Prozessaudit 232
Prozessfaktoren 38, 160

## Q

Qualifikationsanforderungen 50, 65
Qualifikationsniveau 203
Qualität 2, 5, 61, 67, 71 f., 123, 201, 215, 217, 223, 240, 353, 399 f., 413
qualitative Bewertung 117
Qualitätsanforderungen 218, 230, 232
Qualitätsmanagement 342
Qualitätsprobleme 265
Qualitätssicherung 339
Quotensystems 84

## R

Rationalisierungsinvestitionen 128
reale Währungsungleichgewicht 88
Rekrutierung 260
Replacement Policy 263
Restrukturierungsaufwendungen 98, 186
Restwertabschreibungen 95, 98
Risiken 59, 83, 85, 119, 183, 203
– aus Währungskursschwankungen 85
Rückverlagerung 39

## S

Sättigungseffekte 45
Schnittstelle 351
Schulung 250
Schutzrechtsverletzung 94
Seefracht 73
Segmentierung 108, 160
semi-externe Faktoren 39
sequenzielle Einführung 267
Serienanlauf 97
Service Center 280
Servicegrad 292, 321
Sicherheitsbestände 72, 76, 296
Simulation 119
Single Sourcing 26
Skaleneffekte 3, 61, 68, 69, 70, 111, 206
– dynamische 70
– in der Beschaffung 69
Skalenerträge 69
SKD-Montage 6
soziale und politische Stabilität 59
staatliche Handelshürden 12
Stahlkonsum 45
Stahlproduktion 48
standardisierte Prozesse 360
Standortattraktivität 152
Standortwahl 104, 115
Standortfaktoren 38, 107, 179
– lokale 107
Standortgründungen 239
Standortkonzept siehe strategisches Standortkonzept
Standortoptionen 108
standortspezifisches Fachwissen 258

Standortstrategie 146
statische Perspektive 42
Stellenbesetzung 251
Steuern 78, 79, 107, 179, 386, 390, 395, 400, 413,
Strategie der langfristigen Beschäftigung (*Retention Policy*) 261
Strategie der minimalen Arbeitskosten (*Replacement Policy*) 263
strategische Geschäftseinheiten (*Strategic Business Units*) 282
strategische Zielsetzung 151
strategische Planung 103
strategisches Standortkonzept 110, 112, 148, 173
– Vorgehensmodell zur Erstellung 148
strategische Standortplanung 135
Stromversorgung 67
Stückzahl 39, 61, 68, 82, 143, 174, 202 f., 205
Subcontracting 247
Subventionen 78, 183, 245, 413
Sunk-Cost-Logik 311
Supplier Day (Lieferantentag) 334
Supply Chain Management 287
Szenario-Analysen 119

## T

taktische Planung 299
taktische Produktionsplanung 303
Tandem-Management 260
Technologiedifferenzierung 212
Technologieentwicklungsaufwand 233
Technologieportfolio 232
technologischer Verfahrens- und Variantenvergleich 210
Textilindustrie 7, 84
*Total Landed Costs* 20, 114, 173
Training on the Job 250
Trainingsaufwendungen 96
Trainingsmaßnahmen 257
transaktionale Kosten 6, 10, 117, 170
Transfer vorhandener Betriebsmittel 271
Transferpreis 284
Transport 68, 77, 85
– paralleler multimodaler 77, 288, 301 ff.
– serieller multimodaler 77
Transport- und Kommunikationskosten 10
Transportkosten 11, 72, 299
Transportmanagement 300
Transportmodi 77

## U

Überkapazitäten 46
Ungewissheit 83
Ungleichgewicht zwischen Markt- und Produktionsstruktur 154
Unternehmenssteuersätze 79
Ursprungsland (Country of Origin) 80

## V

Variantenpflege 233
Variantenvielfalt 72, 205
Verarbeitendes Gewerbe 43
Verbesserungspotenzial 115
Verbundvorteile 70, 159
Verfahrensentwicklung 354, 359
Verhandlungen 107
– parallele 107
Verlagerung 155
– expansive 155
– substituierende 155
Verlagerung von Produktionsmitteln 272
Verrechnungspreis 284
Verteilzentren 298
Volumenstruktur 293
Vorauswahl (bei der Standortauswahl) 107
Vorbereitungsmaßnahmen 258
Vorgehensmodelle bei der Standortwahl 104

## W

Wachstum 10, 46
Währungskurseffekte 81
Währungskurse 87
– wechselseitige Abhängigkeit 87
Währungskursschwankungen 83, 90
– Simulation 90
Währungsungleichgewicht 88, 89, 90, 175, 183, 193
– nominales 88
– Preisreaktionen 89
– reales 89, 90
Wanderarbeiter 55
Wechsel des Fertigungsverfahrens 214
Weltfabrik 170
Weltmarkt 43
Werkstückhandhabung 213
Werkzeugmaschinenbau 28
Wertdichte 31, 60, 72

Wertschöpfungskette 3, 10
Wertschöpfungstiefe 30
Wertverfall 76
Wettbewerbssituation 60, 146
Wettbewerbsumfeld 49, 151
wirtschaftliche Fertigungsalternativen 234, 235
wirtschaftliche Stabilität 130
Wirtschaftlichkeitsanalyse(n) 114, 116, 120, 122, 126, 311
– dynamische 114, 116
– Fristigkeit 114
– Funktionsumfang 114
– Interdependenzen 133
– Lösungsfindung 114
– Sensitivitätsanalysen 126
– statische 114, 116
– Systeme zur Entscheidungsunterstützung 122
– Unsicherheit 114
– unternehmerische Praxis 127
– zentrale Richtlinien 127
– Zielwert 120
– Zukunftsorientierung 116
Wissenscluster 213, 367
Wissenscluster und Märkte 351
Wohlstandsgefälle 10
Wohlstandsniveau 64

## Z

Zahlungsströme 116
Zeichnungsänderung 219
Zentralisierung 357
Zielkonflikt(e) 91, 116, 126
Zielland 41, 107
Zielstruktur 113
Zollbehörden 81, 94
Zölle 11, 14, 78, 80, 207
Zulieferer 62
Zulieferteile 326
Zweigwerke 357

# Herausgeber und Autoren

## Die Herausgeber

PROF. DR.-ING. EBERHARD ABELE ist Leiter des Instituts für Produktionsmanagement, Technologie und Werkzeugmaschinen (PTW) an der Technischen Universität Darmstadt und zurzeit Dekan des Fachbereichs. Bevor er dem Ruf an seinen jetzigen Lehrstuhl folgte, leitete er verschiedene Projekte zur Neuausrichtung von Produktionsnetzwerken und sammelte als Leiter der Fertigungsplanung/Technologieentwicklung und Werkleiter in der Industrie umfangreiche internationale Erfahrungen in China, Spanien und Frankreich. Sein Institut beschäftigt rund 50 Mitarbeiter. Diese befassen sich mit der Entwicklung neuer Ansätze im Produktionsmanagement, mit der Konstruktion und Erprobung von neuen Werkzeugmaschinenkonzepten und mit der Entwicklung neuer Verfahren in der spanenden Fertigung, insbesondere der Hochgeschwindigkeitsbearbeitung.

PROF. DR. JÜRGEN KLUGE ist Director im Düsseldorfer Büro von McKinsey & Company und seit 1999 Leiter des deutschen Büros. Seine Schwerpunkte sind Strategie, Technologiemanagement und Innovation vor allem bei international tätigen Unternehmen des Automobil-, Maschinen- und Anlagenbaus. Jürgen Kluge hat in Köln Physik mit Schwerpunkt experimentelle Laserphysik studiert und in diesem Bereich promoviert und gearbeitet. Seit 2004 lehrt er als Honorarprofessor am Institut für Produktionsmanagement, Technologie und Werkzeugmaschinen (PTW) an der Technischen Universität Darmstadt.

DR. ULRICH NÄHER ist Principal im Münchner Büro von McKinsey & Company. Er leitet die europäische Product Development Practice und ist Mitglied in den Sektoren High Tech und Automotive & Assembly. Ulrich Näher arbeitet für Automobilhersteller sowie für Unternehmen der Elektronik- und Halbleiterindustrie, die er in Fragen zu den Bereichen Forschung und Entwicklung, Produktion und Beschaffung berät. Ferner entwickelt er für Unternehmen Wachstums-, Technologie- und Portfolio-Strategien. Ulrich Näher hat Physik und Mathematik in München studiert und am Max-Planck-Institut in Stuttgart im Bereich Festkörperphysik promoviert.

## Die Autoren

DR. DIETER BRUCKLACHER ist Präsident des Verbands Deutscher Maschinen- und Anlagenbau e. V. (VDMA) und Vorsitzender der Geschäftsführung der Leitz GmbH & Co. KG, Oberkochen. Brucklacher hat Physik studiert und war wissenschaftlicher Mitarbeiter am Kernforschungszentrum Karlsruhe. 1974 wechselte er zum Familienunternehmen Leitz. Mit 6.300 Mitarbeitern in über 30 Ländern ist der Leitz-Firmenverbund heute ein führender Hersteller von Präzisionswerkzeugen für die Holz-, Kunststoff und Metallbearbeitung mit einem Umsatz von 570 Millionen Euro.

 Marina Dervisopoulos ist Diplom-Wirtschaftsingenieurin und arbeitet als wissenschaftliche Mitarbeiterin in der Forschungsgruppe Produktion & Management am Institut für Produktionsmanagement, Technologie und Werkzeugmaschinen (PTW) an der Technischen Universität Darmstadt. Ihre Forschungsschwerpunkte umfassen die Optimierung globaler Produktionsnetzwerke, allgemeine Fragestellungen aus den Bereichen Qualitätsmanagement und Prozessoptimierung sowie die Analyse der Lebenszykluskosten von Produktionsanlagen.

 Markus Leopoldseder ist Senior Practice Manager der europäischen Supply Chain Management Practice im Wiener Büro und Mitglied der Leitungsgruppe der europäischen Operations Practice von McKinsey & Company. Bei über 250 Supply-Chain-Management-Projekten konnte er Erfahrungen in verschiedenen Branchen mit Schwerpunkten in der Konsumgüter-, High-Tech- und Stahlindustrie sammeln. Vor seinem Eintritt bei McKinsey absolvierte Markus Leopoldseder ein Studium der Elektrotechnik an der Technischen Universität Wien und arbeitete bei IBM in Marketing-, Projektleitungs- und Unternehmensberatungsfunktionen.

 James Hexter ist Principal im Pekinger Büro von McKinsey & Company und leitet die Operations Practice in Asien mit Fokus auf den Bereichen Einkauf und Produktion. Er arbeitet vor allem an Themen in den Bereichen globale Beschaffung und Verbesserung der Beschaffungsmethoden und -prozesse sowie an operativen Verbesserungsprogrammen im Bereich der Fertigung.

 Tobias Liebeck ist Oberingenieur am Institut für Produktionsmanagement, Technologie und Werkzeugmaschinen (PTW) an der Technischen Universität Darmstadt und leitet die Gruppe Produktion & Management. Sein Forschungsschwerpunkt ist die Gestaltung globaler Produktionsnetzwerke. Darüber hinaus arbeitet er in Kooperation mit Unternehmen des Maschinen- und Anlagenbaus sowie der Automobilzulieferindustrie an aktuellen Fragestellungen zur schlanken Fabrikorganisation und Fertigungsplanung, des Technologie- und Innovationsmanagements sowie der Unternehmensstrategie.

 Frank Jacob ist Senior Associate im Frankfurter Büro von McKinsey & Company. Er berät Automobilhersteller und -zulieferer, Eisenbahnen und Unternehmen der Elektroindustrie. Sein funktionaler Fokus liegt auf operativen Themen wie der Auswahl von Produktionsstandorten, dem Instandhaltungsmanagement, der Produktionsplanung, dem Supply Chain Management und dem Einkauf. Frank Jacob ist Diplom-Physiker.

 Tobias Meyer ist Senior Associate bei McKinsey & Company und arbeitet derzeit im Büro in Singapur. Er arbeitet für Logistikunternehmen, Eisenbahnen und Unternehmen der Luft- und Raumfahrtindustrie und ist Mitglied des Sektors Travel & Logistic von McKinsey & Company. Sein funktionaler Fokus liegt auf operativen Themen wie der Standortwahl in Produktion und Logistik, der strategischen Distributionsplanung, dem Instandhaltungsmanagement und der Produktionsplanung. Tobias Meyer ist Diplom-Wirtschaftsingenieur.

**ANJA RANSCHT** ist Diplomwirtschaftsingenieurin und Wissenschaftliche Mitarbeiterin im Fachgebiet Finanz- und Wirtschaftspolitik an der Technischen Universität Darmstadt. Sie hat Wirtschafts- und Ingenieurwissenschaften an den Universitäten Darmstadt und Linköping (Schweden) studiert und mit einem Master in Manufacturing Management abgeschlossen. Ihre Forschungsschwerpunkte umfassen Familienpolitik, Bildungsökonomie sowie soziale Sicherung.

**SEBASTIAN SIMON** ist Fellow Associate im Frankfurter Büro von McKinsey & Company. Er arbeitet für Unternehmen aus der Automobilindustrie und aus dem High-Tech-Sektor. Sein funktionaler Fokus liegt auf den Themen Produktentwicklung, Einkauf und globale Produktionsnetzwerke. Sebastian Simon ist Diplom-Wirtschaftsingenieur.

**DR. NICOLAS REINECKE** ist Principal im Hamburger Büro von McKinsey & Company und hat zuvor in den Büros in New York und Silicon Valley gearbeitet. Er leitet innerhalb der europäischen Operations Practice den Bereich Purchasing and Supply Management (PSM). Er ist primär in den Industriesektoren High Tech und Chemie tätig und arbeitet dort vor allem in den Bereichen Produktion und Beschaffung. Nicolas Reinecke ist Diplom-Ingenieur und hat im Bereich Energie- und Verfahrenstechnik promoviert.

**HUBERTUS SCHMOLDT** ist Vorsitzender der IG Bergbau, Chemie, Energie. Nach einer Ausbildung zum Maschinenschlosser in der Firma Wolff Walsrode AG studierte Hubertus Schmoldt an der Hochschule für Wirtschaft und Politik in Hamburg. Seit 1969 arbeitet er hauptamtlich für die Gewerkschaft IG Papier-Chemie-Keramik. 1988 wurde er Mitglied des geschäftsführenden Hauptvorstandes der Gewerkschaft, seit 1995 übernahm er ihren Vorsitz. Mit der Fusion von IG Chemie-Papier-Keramik, IG Bergbau und Energie und der Gewerkschaft Leder im Oktober 1997 wird er zum Vorsitzenden der neuen IG Bergbau, Chemie, Energie, gewählt und im Oktober 2005 im Amt bestätigt.

**PROF. DR. DR. H. C. BERT RÜRUP** ist Inhaber des Lehrstuhls Finanz- und Wirtschaftspolitik am Institut für Volkswirtschaftslehre an der TU Darmstadt und Vorsitzender des Sachverständigenrats zur Begutachtung der gesamtwirtschaftlichen Entwicklung. Rürup studierte Wirtschaftliche Staatswissenschaften in Hamburg und Köln. 1975 übernahm er eine Professur an der Universität Duisburg-Essen, 1976 an der Technischen Universität Darmstadt im Fachgebiet Finanz- und Wirtschaftspolitik. 2000 folgte er dem Ruf in den Sachverständigenrat, dessen Vorsitz er im März 2005 übernommen hat.

**MICHAEL STOLLE** ist Fellow Senior Associate im Münchner Büro von McKinsey & Company. Er hat für Klienten in der Automobil- und produzierenden Industrie gearbeitet. Sein funktionaler Schwerpunkt liegt auf Operations, insbesondere Einkauf und Supply Management. Michael Stolle ist Diplom-Wirtschaftsingenieur.

## Danksagung

Die Herausgeber und Autoren danken den Mitarbeiterinnen und Mitarbeitern an dem Buchprojekt „Handbuch Globale Produktion":

Birgit Ansorge, Josef Arweck, Dagmar Böss, Renate Doyle, Constanze Hoyer, Ira Kontosis, Volker Kraus, Annette Lehnigk, Rainer Mörike, Daniel Münch, Kerstin Polchow, Hella Reese, Jutta Scherer, Rudolf Schnitzer, Ulrich Scholz, Peter Weigang und Mareike Wölfl.

Ein besonderer Dank geht an Lisa Hoffmann-Bäuml, Oswald Immel und Dr. Hermann Riedel vom Carl Hanser Verlag und Dr. Annerose Gündel und ihrem Team von PTP-Berlin GmbH für die gute Zusammenarbeit.